DIREITO EMPRESARIAL APLICADO

VOL. 4

CONTRACORRENTE

Fernando Antonio Maia da Cunha
Alfredo Sérgio Lazzareschi Neto
(Coordenadores)

DIREITO EMPRESARIAL APLICADO

VOL. 4

SÃO PAULO

2024

CONTRACORRENTE

Alameda Itu, 852 | 1º andar |
CEP 01421 002
www.editoracontracorrente.com.br
contato@editoracontracorrente.com.br

EDITORES
Camila Almeida Janela Valim
Gustavo Marinho de Carvalho
Rafael Valim
Walfrido Warde
Silvio Almeida

EQUIPE EDITORIAL
COORDENAÇÃO DE PROJETO: Erick Facioli
REVISÃO: Beatriz Duarte Lopes
PREPARAÇÃO DE TEXTO E REVISÃO TÉCNICA: Amanda Dorth
DIAGRAMAÇÃO: Gisely Fernandes
CAPA: Mariela Valim

EQUIPE DE APOIO
Carla Vasconcelos
Regina Gomes
Nathalia Oliveira

Dados Internacionais de Catalogação na Publicação (CIP)
(Câmara Brasileira do Livro, SP, Brasil)

Direito empresarial aplicado : vol. 4 /
Fernando Antonio Maia da Cunha, Alfredo Sérgio Lazzareschi Neto (coordenadores). -- São Paulo : Editora Contracorrente, 2024.

Vários autores.
ISBN 978-65-5396-184-5

1. Direito empresarial 2. Direito empresarial - Brasil 3. Direito empresarial - Legislação - Brasil I. Cunha, Fernando Antonio Maia da. II. Lazzareschi Neto, Alfredo Sérgio.

24-202715 CDU-34:338(81)

Índices para catálogo sistemático:

1. Brasil : Direito empresarial 34:338(81)
Cibele Maria Dias - Bibliotecária - CRB-8/9427

@editoracontracorrente
Editora Contracorrente
@ContraEditora
Editora Contracorrente

SUMÁRIO

SOBRE OS AUTORES

ANDRÉA GALHARDO PALMA

Master in Law (*LLM*) in International Commercial Arbitration pela PennState University (EUA). Especialista em *International Commercial Arbitration pela Columbia University* (EUA), em Arbitragem Doméstica pela Fundação Getúlio Vargas (FGV). Fellow do Chartered Institute of Arbitrators (FCiarb). Doutoranda em Ciências Empresariais pela Universidade Clássica de Lisboa (FDUL). Juíza de Direito da 2ª Vara Empresarial Regional e de Conflitos Relacionados à Arbitragem da 1ª RAJ de São Paulo.

ALEXANDRE DOMINGUES SERAFIM

Advogado em São Paulo, Vice-Presidente da Comissão de Direito Comercial da Ordem dos Advogados do Brasil – Subseção SP (2019-2021) e sócio de HRSA Sociedade de Advogados.

ANA BEATRIZ BULHÕES TOSTA

Advogada em São Paulo, Mestranda em Direito Econômico pela PUC/SP.

ARTHUR FERRARI ARSUFFI

Doutor, Mestre e Especialista em Direito Processual Civil pela PUC/SP. Professor do curso de Pós-Graduação *lato sensu* em Direito Processual Civil da COGEAE/PUC-SP e Universidade Presbiteriana Mackenzie. Membro do Instituto Brasileiro de Direito Processual (IBDP), do Centro de Estudos Avançados de Processo (CEAPRO), do Comitê Brasileiro de Arbitragem (CBAR), da Comissão de Direito Processual Civil da OAB/SP e da Comissão de Celeridade Processual do Conselho Federal da OAB (CFOAB). Advogado, sócio do Reis, Souza, Takeishi & Arsuffi Advocacia Empresarial.

BEATRIZ VALENTE FELITTE

Doutora e Mestra em Direito Processual Civil pela Faculdade de Direito da Universidade de São Paulo. Advogada.

CESAR CIAMPOLINI NETO

Desembargador do Tribunal de Justiça de São Paulo, com assento na 1ª Câmera Reservada de Direito Empresarial.

CLARISSA SOMESOM TAUK

Juíza de Direito da 3ª Vara de Recuperação e Falência do Foro Central de São Paulo, Doutora em Direito Empresarial (Uninove), autora de obras e artigos jurídicos.

DANIELLA GHELER ZAMPIETRO

Assessora de Ministro do Superior Tribunal de Justiça (STJ). Formada em Direito pela Faculdade de Direito de São Bernardo do Campo/SP (1998). Formada em História pela Universidade de São Paulo (2000). Pós-Graduada lato sensu em Direito Público – EPM – Escola Paulista da Magistratura (2012).

DANIEL CARNIO COSTA

Advogado. Ex-Juiz titular da 1ª Vara de Falências e Recuperações Judiciais de São Paulo. Conselheiro do CNMP (2021/2023). Professor titular do Programa de Doutorado da Uninove/SP. Professor do Departamento de Direito Comercial da PUC/SP.

DENISE VITAL E SILVA

Doutora em Direito Político e Econômico pela Universidade Presbiteriana Mackenzie, com Pós-Doutorado concluído em Direito do Trabalho e da Seguridade Social pela Faculdade de Direito do Largo de São Francisco, Professora, Advogada e Autora de diversas obras científicas.

EDUARDO AZUMA NISHI

Mestre em Direito Comercial pela PUC/SP, graduado em Direito pela Universidade de São Paulo e em Administração de Empresas pela Escola de Administração de Empresas de São Paulo da Fundação Getúlio Vargas. Desembargador do Tribunal de Justiça de São Paulo, membro da Primeira Câmara Reservada de Direito Empresarial

FERNANDO ANTONIO MAIA DA CUNHA

Advogado e sócio consultor do escritório Warde Advogados. Desembargador aposentado do TJSP. Presidente da Seção de Direito Privado e integrante do Conselho Superior da Magistratura (2010-2011). Diretor da Escola Paulista da Magistratura e Escola Judicial dos Servidores (2014-2016). Membro do Conselho Superior da ENFAM (2014-2016). Professor dos cursos de pós-graduação em Direito Empresarial da EPM (2012 a 2019). Coordenador das obras coletivas "CPC: Perspectivas da Magistratura" e "Direito Empresarial Aplicado, volumes 1, 2 e 3". Autor da obra "Autonomia patrimonial das Sociedades Limitadas vs. Desconsideração da Personalidade Jurídica: desafios e perspectivas da Lei de Liberdade Econômica".

Autor da obra "Comentários à Lei de Recuperação de Empresas e Falência", em coautoria com a Juíza Maria Rita Rebello Pinho Dias. Mestre em Direito Comercial pela PUC-SP.

FREDERICO DOS SANTOS MESSIAS

Juiz de Direito do TJSP. Especialista em Direito Público. Coordenador do Núcleo de Estudos em Direito Marítimo da Escola Paulista da Magistratura.

GABRIEL DE ORLEANS E BRAGANÇA

Doutor e Mestre em Direito Comercial pela Pontifícia Universidade Católica de São Paulo. Doutorando pela mesma universidade. Professor de Direito Comercial no Ibmec-SP. Advogado.

GEORGES ABBOUD

Advogado sócio do Warde Advogados, consultor jurídico, livre-docente pela PUC-SP e professor da PUC-SP e do IDP.

GUILHERME DE PAULA NASCENTE NUNES

Doutorando em Direito Comercial, USP. Mestre em Direito Processual Civil, PUC/SP. Graduado em Direito, PUC/SP. Juiz de Direito do TJSP, em exercício na 2ª Vara de Direito Empresarial e de Conflitos Relacionados à Arbitragem. Professor assistente na Pós-graduação em Direito Empresarial na Escola Paulista da Magistratura.

HOMERO BATISTA MATEUS DA SILVA

Desembargador do Tribunal Regional do Trabalho da 2ª Região, Professor da Faculdade de Direito do Largo de São Francisco e Autor de diversas obras trabalhistas, como a coleção Direito do Trabalho Aplicado e o Manual de Direito do Trabalho.

JOSÉ GUILHERME DI RIENZO MARREY

Juiz de Direito da 1ª Vara Regional Empresarial e de Conflitos Relacionados à Arbitragem das 4ª e 10ª RAJ, sede em Campinas. Doutorando em Direito Processual Civil. Professor e Mestre em Direito pela PUC-SP.

JOÃO DE OLIVEIRA RODRIGUES FILHO

Juiz de Direito do Tribunal de Justiça de São Paulo. Em exercício na 01ª Vara de Falências e Recuperações Judiciais da Comarca de São Paulo desde 2016. Doutorando em Direito pela UNINOVE. Especialista em Direito Empresarial pela Escola Paulista da Magistratura do Tribunal de Justiça de São Paulo. Palestrante, conferencista e autor de obras jurídicas.

JOICE RUIZ BERNIER

Mestra em Direito Comercial pela Faculdade de Direito da Universidade de São Paulo (FDUSP), em 2011. Bacharel em Direito da Universidade de São Paulo (FDUSP), com ênfase em Direito Empresarial (1993). Advogada e administradora judicial.

JORGE TOSTA

Magistrado em São Paulo, integrante da 2ª Câmara Reservada de Direito Empresarial do TJSP, Doutor e Mestre em Direito pela PUC/SP, Professor Universitário, Docente Formador e Instrutor do CNJ e da EPM, Autor de obras e artigos.

LEONARDO FERNANDES DOS SANTOS

Juiz de Direito no Estado de São Paulo. Mestre em Direito do Estado pela USP. Ex-Procurador do Estado de São Paulo.

MARCELO BARBOSA SACRAMONE

Livre docente em Direito Comercial pela Pontifícia Universidade Católica de São Paulo. Doutor e Mestre em Direito Comercial pela Universidade de São Paulo. Advogado e parecerista. Ex-juiz de Direito da 2ª Vara de Recuperações e Falências de São Paulo. Professor de Direito Empresarial na Pontifícia Universidade Católica de São Paulo e Ibmec-SP.

MAÍRA DE MELO VIEIRA TEMPLE

Doutoranda em Direito Comercial, USP. Pós-graduada em Direito Empresarial, Escola Paulista da Magistratura. Master (I) em Direito dos Negócios, Université d'Aix-Marseille (bolsa do *Programme de Bourses d'Excellence Eiffel*, do Ministério das Relações Exteriores da França). Graduação em Direito, com concentração em Direito de Empresa, USP. Autora de livro e de artigos publicados no Brasil e no exterior, nas áreas de Direito Societário, M&A, Arbitragem, Direito Internacional e Direito das Empresas em Crise. Duas décadas de experiência em resolução de disputas, na esfera arbitral e judicial, em bancas de advocacia internacionalmente reconhecidas, no Brasil e no exterior, e no Poder Judiciário.

MARIA FABIANA SEOANE DOMINGUEZ SANT'ANA

Mestra em Direito Comercial e Graduada pela Pontifícia Universidade Católica de São Paulo (PUC/SP). Doutoranda em Direito Comercial pela Universidade de São Paulo. Professora de Direito Empresarial na Faculdade de Direito da ESEG/SP. Sócia do PGLaw na área de Insolvência e Contencioso Cível e da RJ na Prática Treinamentos. Membra das Comissões de Direito Falimentar do IBRADEMP – Instituto Brasileira de Direito Empresarial e do IASP – Instituto dos Advogados de São Paulo. Membra do Comitê de Mediação do TMA – Turnaround Management Association. Membra do Centro de

Mulheres na Reestruturação Empresarial – CMR e do International Women's Insolvency and Restructuring Confederation – IWIRC.

MARIA RITA REBELLO PINHO DIAS

Doutora em Processo Civil pela USP, Mestra em Direito Constitucional pela PUC/SP, Juíza Titular da 3ª Vara de Falências e Recuperações Judiciais, autora da obra Novas Perspectivas de Gerenciamento Judiciário. Professora de Direito Comercial na PUC-SP.

MARIANA HOFMANN FUCKNER

Mestranda em Direito Comercial, USP. Graduação em Direito, UFPR. Advogada, sócia de Assis Gonçalves, Kloss Neto e Advogados Associados.

OCTAVIANO BAZILIO DUARTE FILHO

Mestre em Direito Processual Civil pela Faculdade de Direito da Universidade de São Paulo (FDUSP), em 2021. Bacharel em Direito da Universidade de São Paulo (FDUSP), com ênfase em Direito Processual Civil (1999). Advogado.

OCTAVIO WEICKER VALVERDE GUTIERREZ

Advogado com atuação nas áreas de arbitragem, contencioso e insolvência. Membro das Comissões Especiais de Arbitragem e Direito Bancário da OAB/SP. Graduado pela Faculdade de Direito da Universidade Presbiteriana Mackenzie.

ORESTE NESTOR DE SOUZA LASPRO

Professor Doutor de Direito Processual da Faculdade de Direito da Universidade de São Paulo. Advogado.

PAULO DIAS DE MOURA RIBEIRO

Ministro do Superior Tribunal de Justiça. Pós-Doutor em Direito pela Universidade de Lisboa Doutor em Direito Civil pela PUC/SP. Mestre em Direito Civil pela PUC/SP. Coordenador Científico do Curso de Direito da UNISA. Professor Titular da FDSBC. Professor do Curso de Pós-Graduação da UNINOVE.

PAULO ROBERTO GRAVA BRAZIL

Desembargador do TJSP, integrante da 2ª Câmara Reservada de Direito Empresarial.

PEDRO REBELLO BORTOLINI

Juiz de Direito do TJSP. Doutor e Mestre em Direito Comercial pela USP. Especialista em Direito Societário pela FGV-SP. Graduado em Direito pela PUC-SP. Professor da Escola Paulista da Magistratura (EPM), da Escola da Magistratura do Paraná (EMAP) e da Pós-Graduação da PUC-SP (COGEAE). Membro do Instituto Brasileiro de Estudos de Recuperação de Empresas (IBR).

RALPHO WALDO DE BARROS MONTEIRO FILHO

Juiz de Direito em exercício na 2ª Vara de Falências e Recuperações Judiciais da Comarca de São Paulo. Assessor da Presidência de Direito Público do Tribunal de Justiça de São Paulo (2018-2019). Foi Professor de Direito Civil e de Registros Públicos no Complexo Educacional Damásio de Jesus, curso preparatório para carreiras jurídicas e OAB; do Colégio Notarial do Brasil – CNBSP, da Uniregistral, vinculada à ARISP. Professor licenciado de Direito Civil na FMU-SP. Professor de Pós-Graduação na Escola Paulista da Magistratura, na Escola da Magistratura do Paraná, no Complexo Damásio de Jesus, no CERS, na Faculdade de Direito de São Bernardo do Campo e no Centro Universitário Ítalo-brasileiro, notadamente nas áreas de Direito Civil, Registros Públicos e Direito Imobiliário. Professor de Metodologia (do ensino, do estudo e do aprendizado). Membro do grupo de estudos de Direito Civil da Escola Paulista da Magistratura. Autor de diversas obras jurídicas (dentre as quais Manual de Direito Civil, pela Editora Foco; Direito Imobiliário, pela Editora RT; Negócios Jurídicos, pela Editora Juruá). Palestrante e conferencista. Mestre em Direito Civil. Especialista em Direito Civil, Direito Imobiliário, Processo Civil e Direito Empresarial.

RONALDO VASCONCELOS

Professor Doutor da Faculdade de Direito da Universidade Presbiteriana Mackenzie. Mestre e Doutor em Direito Processual pela Universidade de São Paulo (USP). Presidente da Comissão de Direito Falimentar e Recuperacional do Instituto dos Advogados de São Paulo (IASP). Sócio de VH Advogados.

SIDNEY PEREIRA DE SOUZA JUNIOR

Doutor em Direito Comercial pela PUC/SP. Mestre e Especialista em Direito Processual Civil pela PUC/SP. Membro do Comitê Brasileiro de Arbitragem (CBAR). Advogado, sócio do Reis, Souza, Takeishi & Arsuffi Advocacia Empresarial.

TATIANA FLORES GASPAR SERAFIM

Advogada, bacharel e mestra em Direito Comercial pela Universidade de São Paulo.

THAIS D'ANGELO DA SILVA HANESAKA

Bacharel pela Faculdade de Direito da Universidade Presbiteriana Mackenzie. LL.M Candidate na Northwestern University, class of 2024. Advogada no VH Advogados.

THIAGO LOURENÇO

Bacharel em Direito, pós-graduado em Direito Processual Civil pela Escola Paulista da Magistratura – EPM. Assistente Jurídico do Tribunal de Justiça do Estado de São Paulo.

THOMAZ LUIZ SANT'ANA

Sócio do escritório PGLaw. Especialista em Administração de Empresas pela Fundação Getúlio Vargas (CEAG – FGV/SP). Membro das Comissões de Direito Falimentar do IBRADEMP – Instituto Brasileira de Direito Empresarial e do IASP – Instituto dos Advogados de São Paulo (Vice-Presidente). Membro da Comitê de Legislação do TMA – Turnaround Management Association. Parecerista e Palestrante. Membro do GPAI – Grupo Permanente de Apoio à Insolvência, responsável pela Lei 14.112/20, que alterou a Lei 11.101/05 (Lei de Falência e Recuperação de Empresas). Executive LLM por CEU Law School.

NOTA DOS COORDENADORES

É com enorme satisfação que apresentamos à comunidade jurídica empresarial o volume 4 da obra coletiva Direito Empresarial Aplicado. Aos poucos, graças à confiança dos renomados autores que nos prestigiaram desde o início, temos levado adiante o projeto de retratar o momento atual do Direito Empresarial e Societário, bem como de formar um acervo doutrinário que no futuro possa servir de fonte de pesquisa idônea sobre a evolução de relevantes e controvertidos temas ligados às empresas, inclusive daquelas que não conseguiram passar pelos momentos difíceis sem o uso da recuperação judicial.

De início, registramos o nosso mais sincero agradecimento aos autores, deste e dos volumes anteriores, por nos terem honrado com artigos magníficos em todos os quatro volumes. O tempo sempre escasso de todos que aplicam o Direito Empresarial, magistrados, professores e advogados, torna ainda mais especial o prestígio dos seus artigos. E, obviamente, é extremamente especial a nossa sincera gratidão.

Em 28 artigos, os 40 renomados autores revelam à comunidade empresarial os mais variados e controvertidos temas envolvendo o cotidiano das empresas, seja na visão de quem os julga, seja na visão de quem os pratica, seja na visão de quem os ensina. Essa visão ampla propicia aos leitores um substancial contexto prático e teórico do Direito Empresarial e suas controvérsias.

A crise econômica que se seguiu à pandemia levou empresas de todo porte ao processo de recuperação judicial, sensibilizando o legislador a reformular a Lei n. 11.101/2005, trazendo, com a Lei n. 14.112/20, não só a positivação da jurisprudência consolidada, mas também diversas inovações no Direito Recuperacional. Era natural que, como reflexo da crise e do aumento dos pedidos de recuperação judicial, em especial por grandes empresas, 17 artigos tratassem das principais alterações e das suas consequências práticas.

Honrados pela confiança dos autores, esperamos que a leitura seja útil aos que estudam e aplicam o Direito Empresarial.

FERNANDO ANTONIO MAIA DA CUNHA

ALFREDO SÉRGIO LAZZARESCHI NETO

PREFÁCIO

O lançamento do quarto volume da obra Direito Empresarial Aplicado confirma a dedicação de Fernando Antonio Maia da Cunha e Alfredo Sérgio Lazzareschi Neto e o seu merecido reconhecimento pela comunidade jurídica, que não apenas gozou do conhecimento propalado pelos volumes anteriores, como abraçou com renovado entusiasmo a nova empreitada.

O Direito Empresarial é, de fato, um dos ramos mais árduos, porém mais frutíferos de que dispõem os juristas. Em seu cerne está o delicado equilíbrio entre o ímpeto inovador e a ganância devastadora, entre a prosperidade e o desenvolvimento e o fracasso econômico e social, que mantém milhões de pessoas vivendo em condições miseráveis, pois entre eles está, além de outros fatores, a qualidade das normas jurídicas voltadas para disciplinar a atividade empresária e torná-la dinâmica, acessível, segura e profícua.

No âmago da atividade empresária está o espírito empreendedor, livre, ousado e inquieto do ser humano. De fato, a busca pela concretização dos sonhos, pela melhoria de produtos, serviços e da vida cotidiana é uma capacidade inerente ao ser humano. Friedrich Nietzsche escreveu que nada é tão nosso quanto os nossos sonhos. Contudo, a realidade das empresas no Brasil ainda é repleta de desafios, que foram agravados pela crise econômica que sucedeu à

Pandemia de Covid-19 e pelo beligerante panorama da geopolítica mundial.

No campo jurídico também são muitas as dificuldades. Ainda são avaliadas as mudanças realizadas pela Lei n. 14.112/2020 nos procedimentos de recuperação judicial e falência, com destaque para o prosseguimento das ações de execução fiscal (art. 6º, §7-B da Lei n. 11.101/2005), as novas possibilidades de parcelamento tributário para empresas em recuperação judicial (arts. 10-A, 10-B e 10-C da Lei n. 10.522/2022) e a imprescindibilidade da certidão negativa de débitos tributários (REsp. 2.053.240/SP[1]. O tema é abordado por Leonardo Fernandes dos Santos, ao escrever artigo com uma proposta de inclusão dos créditos fiscais na recuperação judicial. Em outra perspectiva, Pedro Rebello Bortolini defende a suspensão das execuções contra os fiadores de devedores em recuperação judicial.

Ainda sobre a recuperação judicial, Georges Abboud discute a potestatividade e a liquidez de cláusula do plano a partir da premissa da soberania da Assembleia Geral de Credores. Enfatizando os benefícios da análise econômica do Direito para a eficiência dos processos de recuperação judicial e falência, escreve João de Oliveira Rodrigues Filho. Dedicam-se ao interessante tema da fraude em empresas de recuperação judicial os autores Maria Fabiana Seoane Dominguez Sant'Ana e Thomaz Luiz Sant'Ana. Outro tema de relevante interesse social e econômico, a recuperação judicial da associação é o objeto do artigo escrito pelo Ministro Paulo Dias de Moura Ribeiro. De cariz mais prático, porém não menos relevante, é a discussão sobre os parâmetros de remuneração do administrador judicial, a partir da recomendação 141/2023 do CNJ, abordada com profundidade por Daniel Carnio Costa e Clarissa Somessom Tauk.

O viés processual da recuperação judicial é também objeto de artigos que compõem a obra. Nesse sentido é o artigo de Daniella

1 STJ, Recurso Especial n. 2.053.240/SP, rel. Min. Marco Aurélio Bellizze, Terceira Turma, j. 17.10.2023, *DJe* 19.10.2023.

Gheler Zampietro, no qual a autora discute os limites da competência do juízo da recuperação judicial e a jurisprudência do Superior Tribunal de Justiça levando em consideração o *stay period*. As tutelas de urgência e as funções do administrador judicial são abordadas na interessante contribuição de José Guilherme Di Rienzo Marrey. Da renovação do pedido de recuperação judicial tratam Paulo Roberto Grava Brazil e Thiago Lourenço. Ronaldo Vasconcelos e Thais D'Angelo da Silva Hanesaka apresentam a mediação como procedimento antecedente à recuperação judicial.

Não se pode ignorar, contudo, que os desafios empresariais no campo jurídico não estão restritos às crises financeiras. Uma discussão séria e atual sobre a disciplina jurídica da atividade empresarial perpassa também temas sociais relevantes, como o meio ambiente e a geração de emprego e renda.

Destacando a interdisciplinaridade entre o Direito Empresarial e o Direito do Trabalho, Andréa Galhardo Palma faz uma análise comparada das consequências da declaração de insolvência do empregador na cessação do contrato de trabalho no Direito Português, Espanhol e Brasileiro. Também voltado para a interface entre o Direito Empresarial e o Direito do Trabalho, a abordagem do regime dos créditos trabalhistas em processo falimentar é feita por Homero Batista Mateus e Denise Vital e Silva. A governança ambiental, social e corporativa (ESG) e os instrumentos de regulação e fiscalização próprios do mercado financeiro são apresentados à luz do Direito Ambiental Econômico, em artigo elaborado por Ana Beatriz Bulhões Tosta.

Temas especialmente relevantes para o Direito Empresarial no contexto de discussão da reforma do Código Civil de 2002 também foram prestigiados na obra que se apresenta ao leitor. Os critérios para apuração de haveres em sociedades limitadas são alvo dos instigantes artigos escritos por César Ciampolini Neto, Guilherme de Paula Nascente Nunes e Eduardo Azuma Nishi. A relevante contribuição de Tatiana Flores Gaspar Serafim e Alexandre Domingues Serafim é sobre os juros de mora nas obrigações mercantis ilíquidas.

Outras questões centrais para o Direito Empresarial e que não poderiam faltar em uma obra com tamanha versatilidade e atualidade também se fazem presentes. Assim a desconsideração da personalidade jurídica é revisitada com originalidade por Ralpho Waldo de Barros Monteiro Filho em debate sobre o requisito material do abuso de personalidade. A recuperação de crédito é objeto da exposição de Maria Rita Rebello Pinho Dias, voltada para explicar a política de recuperação dos créditos a partir de dados empíricos. As causas legais de suspensão dos direitos do acionista são abordadas por Maíra de Melo Vieira Temple, Guilherme de Paula Nascente Nunes e Mariana Hofmann Fuckner. Esta última autora enriquece a presente obra também com artigo sobre a reserva de lucros a realizar e o lucro não realizado que excede o dividendo mínimo obrigatório.

De modo semelhante, temas clássicos do Direito Civil não poderiam ser negligenciados, pois mesmo defendendo a autonomia histórica do Direito Empresarial, o próprio Ascarelli reconheceu a sua gênese no direito romano-canônico comum.[2] Desta forma, os artigos sobre a nulidade do negócio jurídico simulado, escrito por Joice Ruiz Bernier e Octaviano Bazilio Duarte Filho; as cláusulas de barreira em contratos empresariais, de autoria de Jorge Tosta; e a análise dos impactos da nova disciplina das garantias na satisfação dos créditos, elaborada por Marcelo Barbosa Sacramone e Gabriel de Orleans e Bragança, confirmam a fidelidade do Direito Empresarial as suas raízes e a relevância e atualidade dos clássicos institutos do Direito Civil. Além disso, a abordagem atual das figuras tradicionais corrobora o espírito desta obra, que não se pretende ser passageira, mas já em seu quarto volume, desponta como prestigiada e perene fonte de consulta para estudiosos e operadores do Direito Empresarial.

Coroando esse espírito duradouro e prático, típico deste ramo jurídico voltado para proporcionar segurança jurídica e praticidade nas transações mercantis, este volume conta com artigos que

2 ASCARELLI, Tullio. *Panorama do Direito Comercial*. São Paulo: Saraiva, 1947, p. 22.

exploram os problemas processuais do Direito Empresarial. Neste vasto campo, o leitor encontrará instigante exposição da compreensão das Câmaras Reservadas de Direito Empresarial do Tribunal de Justiça de São Paulo acerca da proteção da confidencialidade dos processos arbitrais, escrito por Fernando Antonio Maia da Cunha e Octavio Weicker Valverde Gutierrez. O valor dos precedentes na jurisdição arbitral é o tema escolhido por Frederico dos Santos Messias, com contribuição que enriquece grandemente a obra e o leitor. A produção da prova nos conflitos empresariais é o assunto do texto elaborado por Oreste Nestor de Souza Laspro e Beatriz Valente Felitte, complementado pela discussão sobre os limites para a utilização da produção antecipada de provas em litígios empresariais, que é alvo do artigo produzido em coautoria por Sidney Pereira de Souza Junior e Arthur Ferrari Arsuffi.

Apresentadas as qualidades mais explícitas da obra, é oportuno encerrar este prefácio e deixar que ela fale por si. Certamente, a pena de seus articulistas e a primorosa organização de Fernando Antonio Maia da Cunha e Alfredo Sérgio Lazzareschi Neto o farão de maneira superior a do autor deste breve prólogo. Apenas três pequenas frases são ainda necessárias.

A primeira, para expressar minha satisfação e gratidão por receber tão honroso convite para prefaciar obra com tamanha qualidade e versatilidade, sobretudo quando já o fizeram o Ministro Paulo Moura Ribeiro, o Ministro Humberto Martins e o desembargador Beretta da Silveira nos volumes anteriores. A segunda é voltada para parabenizar os autores que, com suas colaborações, abrilhantam não apenas este livro, mas iluminam os horizontes vastos – e nem sempre claros – do Direito Empresarial. A terceira e última são os votos de profunda reflexão e aprendizado ao leitor das páginas a seguir.

MARCO AURÉLIO BELLIZZE

Ministro do Superior Tribunal de Justiça

CAPÍTULO I

CONSEQUÊNCIAS DA DECLARAÇÃO DE INSOLVÊNCIA DO EMPREGADOR NO REGIME DE CESSAÇÃO DO CONTRATO DE TRABALHO: UMA VISÃO DO DIREITO COMPARADO (PORTUGAL, BRASIL E ESPANHA)

ANDRÉA GALHARDO PALMA

RESUMO

O presente artigo é uma homenagem póstuma ao Prof. Dr. Pedro Romano Martinez, ser humano e Professor essencial à minha trajetória no rumo à fase da tese de Doutoramento em Ciências Empresariais na Universidade de Lisboa, cuja disciplina em Direito do Trabalho era obrigatória, matéria árida para uma magistrada empresarial brasileira, que sequer atuou na área trabalhista, navegando em águas lusitanas. A generosidade, a competência e visão internacional do Prof. Dr. Romano Martinez constituiu um norte. Infelizmente, em 24 de outubro de 2023, soube de seu falecimento, sem que pudesse agradecer pessoalmente o voto de confiança. Segue a homenagem, desde já agradecendo ao Dr. Fernando Maia da Cunha a oportunidade de registrar a homenagem nessa obra coletiva, que certamente será imortalizada e presenteada à biblioteca da Universidade de Lisboa.

Pois bem, esse estudo visa à investigação dos efeitos da insolvência do empregador nos contratos de trabalho, com foco pessoa coletiva. Quais as consequências da declaração judicial de insolvência para o regime dos contratos de trabalho vigentes à época da quebra, bem como em que hipótese se opera o regime da caducidade peculiar ao sistema português, e como tem decidido a jurisprudência portuguesa quanto à interpretação do art. 347º, do Código de Trabalho em conjunto com o art. 111º, 1, do Código de Insolvência e Recuperação de Empresas (CIRE).O propósito desse trabalho é explorar, também, os efeitos transfronteiriços da insolvência, nomeadamente quando a pessoa coletiva tem diversas ramificações e contratações de trabalho em diferentes países ou Estados-membros, e quais seriam consequências direta ou indireta para os contratos de trabalho e respectivo regime aplicável.

Será feita uma abordagem conjugada das fontes normativas portuguesas: Código de Trabalho Português (Lei n. 7/2009, de 12 de fevereiro), Código da Insolvência e da Recuperação de Empresas (CIRE), Decreto-Lei n. 53/2004, de 18 de março e o Regulamento (UE) 2015/848 do Parlamento Europeu e do Conselho, de 20 de maio de 2015, este último no tocante às definições de competência, processo principal ou secundário e medidas de coordenação nos casos de insolvências transfronteiriças. Por fim, faremos uma breve incursão no Direito Comparado, designadamente nas regras do Brasil e da Espanha, quanto aos efeitos da insolvência na cessação do contrato de trabalho.

Introdução

O presente estudo visa à investigação dos efeitos da insolvência do empregador nos contratos de trabalho, com foco pessoa coletiva. Quais as consequências da declaração judicial de insolvência para o regime dos contratos de trabalho vigentes à época da quebra, bem como em que hipótese se opera o regime da caducidade peculiar ao sistema português, e como tem decidido a jurisprudência portuguesa quanto à interpretação do art. 347º, do Código de Trabalho (CT) em conjunto com o art. 111º, 1, do Código de Insolvência e Recuperação de Empresas (CIRE).

Embora haja insolvência do empregador, pessoa singular, a ideia aqui é explorar também os efeitos transfronteiriços da insolvência, nomeadamente quando a pessoa coletiva tem diversas ramificações e contratações de trabalho em diferentes países ou Estados-membros, e quais seriam consequências direta ou indireta para os contratos de trabalho e respectivo regime aplicável.

Faremos uma abordagem conjugada das fontes normativas portuguesas: Código de Trabalho Português (Lei n. 7/2009, de 12 de fevereiro), Código da Insolvência e da Recuperação de Empresas (CIRE), Decreto-Lei n. 53/2004, de 18 de março e o Regulamento (UE) 2015/848 do Parlamento Europeu e do Conselho, de 20 de maio de 2015, este último no tocante às definições de competência, processo principal ou secundário e medidas de coordenação nos casos de insolvências transfronteiriças.

Por fim, faremos uma abordagem de Direito Comparado com referência ao Brasil e à Espanha, e quanto aos efeitos da insolvência transfronteiriça na cessação do contrato de trabalho.

1 Breve escorço histórico. Conceito de insolvência. Natureza jurídica. Enquadramento do CIRE

Historicamente, na tradição portuguesa, segundo Menezes Cordeiro, a situação jurídica do comerciante incapaz de assegurar os seus pagamentos era dita quebra: expressão que se manteve no Código Comercial de Ferreira Borges, de 1833, lado a lado com a falência. Já, a insolvência era reservada para o não comerciante.

A falência, do latim *fallens* (*fallentis*), de *fallo* (*fefelli, falsum*): enganar, trair ou dissimular, era termo pejorativo, mas que persistiu no Código de Processo Civil de 1939 (arts. 1.135; 1.313 e seguintes) como situação qualitativa do comerciante incapaz de honrar os seus compromissos, reservada o termo insolvência para designação da situação quantitativa do não-comerciante cujo passivo superasse o ativo. "Entendia-se que o comerciante, mesmo com um passivo superior ao ativo, poderia continuar o seu manejo na base do crédito; já o não-comerciante não teria tal possibilidade.

O Código de Processos Especiais e de Recuperação de Empresa e de Falência (CPEREF), aprovado pelo Decreto-Lei n. 132/93, de 23 abril não mais fez essa distinção, passando a denominar insolvência a insuficiência patrimonial consubstanciada na falta de pagamentos; e a situação jurídica dela decorrente, assente em decisões judiciais com regras complexas, passou a ser falência.[1] Esse diploma legal tinha como escopo principal o estímulo à recuperação da empresa, prevendo procedimentos distintos para a insolvência e recuperação, objeto de críticas que culminou com a reforma feita pelo legislador do CIRE. Ainda, no regime do CPEREF, a insolvência, por si só, não ensejava a cessação do contrato de trabalho, mas apenas o

---

1 CORDEIRO, António Menezes. *Direito Comercial*. 4ª ed. Coimbra: Almedina, 2019, pp. 463/464.

encerramento definitivo da empresa. O destino dos contratos de trabalho tinha uma disposição específica ao dispor no art. 172º que:

> aos trabalhadores do falido aplica-se, quanto à manutenção dos seus contratos após a declaração de falência, o regime geral da cessação do contrato de trabalho, sem prejuízo da transmissão de contratos que acompanhe a alienação de estabelecimentos industriais e comerciais.[2]

Com o advento do Código da Insolvência e da Recuperação de Empresas (CIRE), aprovado pelo Decreto-Lei n. 53/2004, de 18 de março, aboliu-se a expressão pejorativa falência e passou-se a usar o termo insolvência,[3] tanto para o comerciante (pessoa singular ou coletiva), como para não comerciante. A inspiração veio da §17º da legislação alemã – Insolvenzordnung – que absorveu o antigo Konkursrecht (Direito de Falência – ou liquidação universal do património) e a *Vergleichrecht* (regras que possibilitam recuperação do devedor e manutenção de sua atividade).[4]

---

2 Cf. MARTINEZ, Pedro Romano. "Repercussões da Falência nas Relações Laborais". *RFDUL*, 1995, pp. 417 e ss. V. tb. análise crítica do CPEREF em: SERRA, Catarina. *O regime Português da Insolvência*. 5ª ed. Coimbra: Almedina, 2012, pp. 425 e ss.

3 Em relação ao conceito de insolvência Cf. tb. LEITÃO, Luís de Menezes. *Direito da Insolvência*. 6ª ed. Coimbra: Almedina, 2015, pp. 15/16 e 83-87; EPIFÂNIO, Maria do Rosário. *Direito da Insolvência*. 6ª ed. Coimbra: Almedina, 2014, pp. 19-21; CORDEIRO, António Menezes. *Direito Comercial*. 4ª ed. Revista e atualizada. Coimbra: Almedina, 2019, p. 465. Para este autor o termo insolvência traduzirá uma situação daquele que não paga. A expressão apresentaria duas vantagens em relação ao termo "falência": semanticamente surge mais neutra do que a falência, e conceitualmente abrange quer a liquidação universal, quer as medidas de recuperação que venham a ser adotadas.

4 HÄSEMEYER, Ludwig. *Insolvenzrecht*. 4ª ed. Köln: Heymann, 2007, p. 5. Cf. tb. CORDEIRO, António Menezes. *Direito Comercial*. 4ª edição revista e atualizada. Coimbra: Almedina, 2019, p. 464; LEITÃO, Luís de Menezes. *Direito da Insolvência*. 6ª ed. Coimbra: Almedina, 2015, p. 368.

A legislação de 2004, com alterações pontuais feitas pelo Lei n. 16/2012 e Decreto-Lei n. 84/2019, de 28 de junho, em seu artigo 1º, 2, conceitua a insolvência como uma situação jurídica de impossibilidade de cumprimento de obrigações vencidas pelo devedor.[5] Impossibilidade que pode ser total ou parcial, temporária ou definitiva, levando à extinção da empresa ou à sua recuperação pelo regime especial, desde que haja aprovação dos credores.

Isso porque, diferentemente do regime legal anterior, a finalidade precípua do processo de insolvência, segundo o legislador do CIRE, é promover a satisfação do direito dos credores da forma mais eficiente possível.[6] A possibilidade de recuperação passou a ser secundária, apenas se os credores assim aprovarem soberanamente, por assembleia, cabendo ao juiz apenas a mera homologação. Mas, embora mais difícil, nada impede que durante o processo, após declaração judicial da insolvência, haja a possibilidade de um plano de revitalização da empresa (art. 17º, A à J, do CIRE), visando à manutenção de sua atividade, desde que haja a aprovação da maioria dos credores.[7]

5 Art. 3º, 1 – é considerado em situação de insolvência o devedor que se encontre impossibilitado de cumprir as suas obrigações vencidas. Cf. *Código da Insolvência e da Recuperação de Empresas*. 7ª ed. Almedina: Lei e Processo, 2021, p. 28.

6 Art. 1º, 1- O processo de insolvência é um processo de execução universal que tem como finalidade a satisfação dos credores pela forma prevista num plano de insolvência, baseado, nomeadamente, na recuperação da empresa compreendida na massa insolvente, ou quando tal não se afigure possível, na liquidação do patrimônio do devedor. Cf. *Código da Insolvência e da Recuperação de Empresas*. 7ª ed. Almedina: Lei e Processo, 2021, p. 27.

7 Sobre uma visão crítica da finalidade e objetivos da CIRE, tendo a recuperação de empresas insolventes apenas uma das finalidades do processo de insolvência, em alternativa à liquidação, mas de consecução prática muito difícil. Cf. SERRA, Catarina. *O regime Português da Insolvência*. 5ª ed. Coimbra: Almedina, 2012, pp. 21/22.

Aliás, a criação do plano especial de revitalização (PER) para as empresas insolventes, nada mais é que o plano de recuperação, criado pela Lei n. 16/2012 (art. 1º, 2 c.c art. 17º, A à 17º- J), que promoveu a sexta alteração pontual no CIRE estabelecendo outras alterações como: a simplificação de procedimentos de citação e notificação dos interessados e de publicidade do processo de insolvência, reforço dos poderes judiciais de gestão processual, proteção dos credores que intervenham em processo de reestruturação de devedores, a agilização e simplificação do incidente de verificação e graduação dos créditos, simplificação da venda antecipada de bens, redução do prazo para apresentação à insolvência, alteração ao regime de abertura do incidente de qualificação da insolvência culposa e a revisão deste, alargamento das causas de encerramento do processo de insolvência.[8]

O CIRE deixou, contudo, uma lacuna no tratamento do efeito da insolvência nos contratos de trabalho, não havendo disposição expressa sobre esse tipo de contrato, apenas aduzindo genericamente no art. 111º, que os contratos de prestação duradoura de serviço não se suspendem com a declaração de insolvência; e de forma conflitante no art. 277º, ao dispor: "os efeitos da declaração de insolvência relativamente a contratos de trabalho e à relação laboral regem-se exclusivamente pela lei aplicável ao contrato de trabalho". Havendo divergência na doutrina sobre a interpretação dessas duas normas e a do art. 347º, do Código do Trabalho (CT), que abordaremos mais adiante.

Para o objeto do nosso trabalho, cumpre focarmos nos efeitos da declaração judicial de insolvência do empregador, enquanto pessoa coletiva, e sua repercussão nos contratos de trabalho vigentes quando da decretação judicial da quebra, aliado ao peculiar regime português da caducidade.

---

8 SERRA, Catarina. *O regime Português da Insolvência*. 5ª ed. Coimbra: Almedina, 2012, pp. 21-25.

Partiremos da análise das regras do CIRE aliadas aos artigos 343º, b, 346°, 3 e 347° do Código de trabalho Português, com especial atenção às exigências procedimentais introduzidas com a reforma de 2003 (art. 346, 3 e 4, CT), associadas à caducidade do contrato de trabalho por encerramento definitivo da empresa, impostas pela diretiva nº 98/59/CE, do Conselho, de 20 de julho, como forma de reforçar a proteção dos trabalhadores, com o controle por meio da adoção das regras despedimento coletivo.[9]

1.1 Breve nota histórica das razões da reforma de 2003 no regime da caducidade e a imposição da diretiva nº 98/59/CE

Antes de adentrarmos à análise propriamente dita sobre os efeitos da insolvência no contrato de trabalho, necessário fazermos uma breve nota histórica sobre as razões da revisão legislativa de 2003, designadamente no art. 346º, 2 e 3[10] do Código de Trabalho Português que trata das hipóteses de caducidade por extinção de pessoa coletiva e encerramento da empresa prevendo um mesmo procedimento semelhante ao despedimento coletivo, em caso de extinção do ente coletivo. Isso porque, antes da revisão legislativa,

---

9 RAMALHO, Maria do Rosário Palma. *Grupos Empresariais e Societários e Incidências Laborais*. Coimbra: Almedina, 2008, pp. 574 e ss.; Cf. ainda XAVIER, Bernardo da Gama Lobo. *O despedimento colectivo no dimensionamento da empresa*. Lisboa: Verbo Editora, 2000, pp. 289 e ss.; XAVIER, Bernardo da Gama Lobo. "A repercussão do Encerramento Definitivo do estabelecimento do Contrato de Trabalho". *RDES*, 1973, pp. 1 e ss.

10 Ver td. *Código do Trabalho/Código de Processo do Trabalho. 7ª ed. Lisboa: Almedina, 2021, p. 140*. Dispõe o art. 346º, 2, do CT: A extinção da pessoa coletiva empregadora, quando não se verifique a transmissão da empresa ou do estabelecimento, determina a caducidade do contrato de trabalho. Já, o art. 346, 3, do CT: O encerramento total e definitivo de empresa determina a caducidade do contrato de trabalho, devendo seguir-se o procedimento previsto nos arts. 360º e seguintes, com as necessárias adaptações.

Portugal não teria aderido ao sistema da União Europeia, determinado pela Diretiva n. 98/59/CE, do Conselho, de 20 de julho, prevendo as mesmas regras de despedimento coletivo para essas hipóteses.

O regime Europeu não faz distinção entre o regime de caducidade e o despedimento coletivo, tratando as supramencionadas hipóteses de caducidade, como se despedimento puro simples fosse prevendo um procedimento de controle que vai desde a forma de comunicação dos trabalhadores, motivação do despedimento a forma de compensação dos trabalhadores, como forma de evitar arbitrariedade e garantir a proteção dos trabalhadores. Segundo Maria do Rosário Palma Ramalho[11], a evolução legislativa de 2003 não foi alheia à condenação de Portugal pelo Tribunal de Justiça da União Europeia, em processo relativo ao conceito de despedimento coletivo, para efeito de reconhecimento do direito dos trabalhadores a uma compensação, nos termos da Diretiva Comunitária sobre despedimento coletivo.

O Ac. Do TJ de 12/10/2004 (Proc. C-55-02), Comissão contra República Portuguesa (CJ2004, I-09387), entendeu que a caducidade do contrato de trabalho por motivo atinente ao empregador deveria ter sido qualificada como um caso de despedimento coletivo em sentido amplo (no sentido de cessação do contrato de trabalho por iniciativa do trabalhador), devendo os trabalhadores afetados terem direito a uma compensação e as entidades representativas serem ouvidas no processo respectivo[12].

O regime apresentado pela reforma de 2003, na época inovador, teve o condão de atender à imposição da diretiva, mas também,

---

11 RAMALHO, Maria do Rosário Palma. *Tratado de Direito do Trabalho – Parte II – Situações Laborais Individuais*. 8ª ed. Coimbra: Almedina, 2021, p. 862, cit. 234.

12 RAMALHO, Maria do Rosário Palma. *Tratado de Direito do Trabalho – Parte II – Situações Laborais Individuais*. 8ª ed. Coimbra: Almedina, 2021, p. 862, cit. 234.

segundo Pedro Romano Martinez[13] garantir que sendo a hipótese de caducidade, por encerramento definitivo da empresa (e não parcial), o trabalhador não seja confrontado de imediato com a cessação do vínculo, sem observância dos critérios legais e do procedimento de controle de proteção dos interesses dos trabalhadores.

Daí porque, na construção do art. 347º, 3 do CT, que trata da insolvência e recuperação de empresa do empregador, haja previsão da utilização antecedente das regras procedimentais do despedimento coletivo, com algumas adaptações (art. 360º, e s. CT), para a hipótese de dispensa dos trabalhadores por encerramento definitivo do estabelecimento da empresa insolvente. Os preceitos do art. 346, 2 e 3 não foram alterados pela revisão de 2009.

A revisão de 2012, acabou por aclarar a forma de compensação devida aos trabalhadores em caso de caducidade, na sequência da insolvência, por encerramento definitivo do estabelecimento da empresa falida (art. 347º, 3 e 6, CT), prevista inicialmente na redação para as hipóteses genéricas do art. 346º, 2 e 3, do CT, sendo o procedimento o do nº 5, do art. 346, analogicamente aplicado até então. Agora aclarada, com a nova redação do art. 347º, 5, do CT, introduzida pela Lei nº n. 53/2011, tendo os mesmos parâmetros da compensação comum por cessação lícita do contrato de trabalho (art. 366º, CT). Fez-se a ressalva apenas que o procedimento do art. 360º do CT, previsto no n. 5, do art. 347º não se aplica às microempresas.[14]

---

13 MARTINEZ, Pedro Romano; MONTEIRO, Luiz Miguel; VASCONCELOS, Joana; BRITO, Pedro Madeira de; DRAY, Guilherme; SILVA, Luís Gonçalves da. *Código de Trabalho Anotado*. 13ª ed. Lisboa: Almedina, 2020, p. 822.

14 Para maior compreensão sobre os efeitos da reforma de 2009 e 2012, designadamente relativa ao art. 347º, 3, e 6, do CT, no âmbito da cessação do contrato de trabalho por caducidade, na sequência da insolvência, e forma de compensação dos trabalhadores, cf. MARTINEZ, Pedro Romano; MONTEIRO, Luiz Miguel; VASCONCELOS, Joana; BRITO, Pedro Madeira de; DRAY, Guilherme; SILVA, Luís Gonçalves

Feita a necessária digressão histórico-legislativa, especialmente para esclarecer como Portugal conseguiu coordenar o tradicional regime da caducidade dos contratos de trabalho, com a imposição da diretiva europeia para tratamento unívoco do procedimento de despedimento coletivo, de controle da motivação e forma da cessação do contrato de trabalho e respectiva proteção dos trabalhadores, cumpre-nos seguir na investigação do tema em estudo.

2 Os efeitos da insolvência no regime laboral português

Com a declaração judicial de insolvência (art. 36º, 1 a 5, do CIRE), requerida a pedido do devedor ou do (s) credor (es), surge uma série de efeitos jurídicos materiais e processuais, sobre os créditos e principalmente sobre o patrimônio do devedor, seus negócios e serviços por ele contratos, sendo o principal deles, como regra geral, a privação dos poderes de administração e disposição dos bens integrantes da massa insolvente, que passam a partir da "quebra" e a serem geridos por um administrador judicial (art. 81º, 1, CIRE).

No Título V, do Capítulo I do CIRE, artigos 81º e 82º há um rol de consequências importantes, todas relacionadas à privação de administração e disposições dos bens patrimoniais pelo devedor, atuais ou futuros, sendo ineficazes atos contrários às referidas disposições legais; vencimento antecipado das dívidas (art. 91º, CIRE), suspensão das execuções contra o devedor.[15] Instaura, ainda, o juízo universal para todas as ações e execuções que versem sobre o

---

da. *Código de Trabalho Anotado*. 13ª ed. Lisboa: Almedina, 2020, pp. 823-825.

15 Sobre a natureza jurídica da condição do devedor insolvente, sua *capitis deminutio* privado dos poderes de administração e disposição dos bens, se incapacidade relativa, inabilitação, ilegitimidade Cf. SERRA, Catarina. "Os efeitos patrimoniais da declaração de insolvência, após a Alteração da Lei n. 16/2012 ao Código da Insolvência". *Julgar*, nº 18, 2012, pp. 176-178.

interesse da massa, estabelecendo a partir de agora a *par conditio creditorum*, e uma ordem legal para verificação e graduação dos créditos a serem satisfeitos até a liquidação da massa.

Excepcionalmente, a administração da massa pode permanecer com o devedor, exclusivamente na hipótese de este ser empresa (arts. 223º, e 224º, 1 a 3, CIRE), desde que preenchidos os requisitos legais (art. 224º, a, b, c e d):

a) o devedor tenha requerido;

b) o devedor tenha apresentado o plano de insolvência ou se comprometa a apresentá-lo no prazo de 30 dias, contados da sentença de declaração de insolvência;

c) não haja razões para recear atrasos na marcha do processo ou outras desvantagens aos credores;

d) o requerente da insolvência dê seu acordo, caso não seja o devedor.

Nos casos de conversão do processo de liquidação, em plano de revitalização (art. 17º- A à 17º- J, CIRE), também é possível que o devedor permaneça na administração.

O CIRE, também, dispõe em capítulos próprios efeitos sobre os negócios do devedor insolvente (arts. 102º a 108º), bem como sobre serviços por ele contratados de forma duradoura (art. 111º), sendo este último o foco de nosso interesse, já que há discussão doutrinária relevante sobre se esse dispositivo do CIRE aplicar-se-ia também aos contratos de trabalho, espécie do gênero contratos de prestação duradoura de serviço, vigentes na época da declaração de insolvência.

Mas, no CIRE há uma lacuna quanto aos contratos de trabalho, nada mencionando expressamente quanto aos efeitos, dificultando a atividade do intérprete e causando divergência na doutrina laboral.

Para Pedro Romano Martinez deve-se aplicar o art. 111º, do CIRE aos contratos de trabalho, de forma conjugada com a disposição dos artigos 347º, do CT e 277º, do CIRE, porque:

> a insolvência do empregador não traz, imediatamente, como consequência a cessação do contrato de trabalho, por caducidade, como ocorre em determinados contratos de prestação de serviço (art. 110º, do CIRE), nem sequer a suspensão do vínculo, que corresponde à regra geral (arts. 102º e s.s., do CIRE); não obstante a declaração judicial de insolvência, o contrato de trabalho subsiste, continuando a ser executado, mas pode ser denunciado por qualquer das partes.[16]

Subsistindo dessa forma, em tudo o mais, o regime constante do art. 347º, do CT quanto aos efeitos da insolvência, não resultando, contudo, do dispositivo do art. 277º, do CIRE, que as normas da insolvência seriam inaplicáveis aos contratos de trabalho.

Contrariamente, Luís Manuel Teles de Menezes Leitão defende que o art. 111º, do CIRE não se aplica aos contratos de trabalho, sendo o art. 347º, do CT a norma que expressamente trata dos efeitos da insolvência sobre o contrato de trabalho dispondo claramente que, em regra, não cessam os contratos de trabalho.[17]

Já, para Luís Carvalho Santos e João Labareda, o art. 111º, do CIRE não se aplica aos contratos de trabalho, mas tão-somente aos "contratos de prestação de serviços duradouro", fazendo uma interpretação restritiva do art. 277º, do CIRE, o qual traz normas de conflito e de direito substantivo. É o art. 347º, do CT[18] tão-so-

---

16 MARTINEZ, Pedro Romano. *Direito do Trabalho*. 9ª ed. Coimbra: Almedina/IDT, 2019, pp. 961/962.

17 LEITÃO, Luís Manuel Teles de Menezes. *Direito da Insolvência*. 3ª ed. Lisboa: Almedina, 2011, pp. 202 e ss.

18 FERNANDES, Luís de Carvalho; LABAREDA, João. *Código da Insolvência e Recuperação de Empresas Anotado*. 2ª ed. Lisboa: Quid

mente o ponto de partida para determinação das consequências da declaração de insolvência nos contratos de trabalhos, os quais são regidos pelas normas de Direito do Trabalho, e não da insolvência.

Também, Maria do Rosário Palma Ramalho reconhecendo a lacuna do CIRE nesta matéria considera que a aplicação do art. 111º, do CIRE aos contratos de trabalho não parece adequada, tampouco o art. 277º, do CIRE supre a lacuna, por se tratar de norma de conflitos e não de remissão geral, não consentindo essa aplicação. A autora elenca, ainda, os motivos pelos quais o art. 111º, do CIRE não se aplica:

> (...) porque essa norma visa diretamente os contratos de prestação de serviço duradouro e aos contratos de trabalho "stricto sensu", sendo certo que as duas figuras são claramente delimitadas tanto na lei, como em termos dogmáticos; o próprio CIRE distingue entre os dois tipos de contrato, referindo-se ao contrato de trabalho em diversas disposições, não sendo, por isso, de crer que, nesta situação, pretenda incluir o contrato de trabalho numa referência supostamente mais genérica ao contrato de prestação de serviço; porque a atribuição do direito da livre denúncia dos contratos de trabalho ao administrador da insolvência suscita um problema de inconstitucionalidade, por violação do princípio da proibição dos despedimentos coletivos sem justa causa; e, por fim porque esta solução depõe contra a possibilidade de recuperação da empresa insolvente, que também pode resultar da declaração judicial de insolvência.[19]

Iuris Editora, 2009, p. 415. Cf. FERNANDES, Luís de Carvalho. "Efeitos da Declaração de Insolvência no Contrato de Trabalho segundo o Código da Insolvência e da Recuperação de Empresas". *RDES*, ano XLV (XVIII, 2ª Série), nºs 1 a 3, 2004, pp. 20-22.

19 RAMALHO, Maria do Rosário Palma. *Tratado de Direito do Trabalho* – Parte II – Situações Laborais Individuais. 8ª ed. Coimbra: Almedina, 2021, p. 866.

Logo, para a autora supracitada remanesce o art. 347º, do CT, tratando o CIRE tão-somente da intervenção dos trabalhadores no processo de insolvência (art. 66º, 3; art. 72º, 6; art. 75º, 3, art. 156º, 1, do CIRE) e a tutela dos direitos dos trabalhadores enquanto credores da massa insolvente (art. 47º, 4 e art. 97°, CIRE).

Por fim, Catarina Serra[20] propõe para a resolução da lacuna do CIRE a interpretação do art. 277º, do mesmo diploma, que manda aplicar a lei laboral à matéria dos efeitos da insolvência em relação aos trabalhadores do insolvente em caso de conflito de normas, tendo a função de regra de remissão geral, substituindo-se à regra do antigo art. 172, do CPEREF.

Indiscutível a lacuna do CIRE, mas a meu ver a melhor interpretação seria de se aplicar tão-somente o art. 347º, do CT, de forma conjugada com o art. 277º, do CIRE, já que a legislação portuguesa de insolvência, não faz menção expressa sobre os efeitos da declaração de insolvência nos contratos de trabalho, tratando apenas de contratos outros, de natureza civil, daí, porque ousamos divergir do posicionamento do Prof. Dr. Pedro Romano Martinez, quanto à interpretação de que é possível a aplicação analógica do art. 111º, do CIRE aos contratos de trabalho, para se inferir que estes não se suspendem ou extinguem com a declaração de insolvência. Entendemos que o art. 347, do CT já regula especificamente este efeito e a respectiva possibilidade do despedimento coletivo, na hipótese de encerramento total definitivo da empresa insolvente; bem como também parcial, nas hipóteses de dispensa parcial de alguns trabalhadores, considerados desnecessários ao funcionamento da empresa.

Observa-se, ainda, que a jurisprudência portuguesa não tem aplicado o art. 111º, do CIRE aos contratos de trabalho, mas tão-somente o art. 347° do CT, em combinação com o art. 277º do CIRE, como podemos ver a seguir:

---

20 SERRA, Catarina. *O Novo Regime Português da Insolvência*. 4ª ed. Lisboa: Almedina, 2010, p. 44.

Processo: 711/12.8TTMTS. P1 Relator: M. Fernanda Soares – 1143. Fonte: https://jurisprudencia.pt/acordao/11071/. Data: 14 outubro 2013. Tribunal de relação do Porto.

É possível perceber através deste julgado pelo Tribunal da Relação do Porto que o dispositivo prevalecente é o do artigo 347º do CT.

> De facto, a declaração judicial de insolvência, não extingue os contratos de trabalho, devendo o Administrador da Insolvência continuar a satisfazer integralmente as obrigações para com os trabalhadores enquanto o estabelecimento não for definitivamente encerrado – artigo 347º do Código do Trabalho, aplicável por força do artigo 277º do CIRE.

Nesta decisão a questão discutida é quanto aos créditos de trabalho, por conta da extinção do contrato, serem à cargo da insolvente e não da massa insolvente.

Aparentemente por conta desta cassação contratual indevida, justamente por não apreciar o artigo. 347º do CT gerou uma indenização a ser analisada e aplicada.

A sentença que determinou ser de direito do trabalhador o reparo por cessação de contrato, por conta da continuação das atividades da empresa, mesmo estando em processo de insolvência foi mantida.

Processo: 775/12.4TTMTS.P3. S1. Relator: Gonçalves Rocha Fonte: https://jurisprudencia.pt/acordao/126200/. Data: 16 junho 2016. Supremo Tribunal de Justiça.

Neste outro acórdão, assim como nos demais, a jurisprudência firma entendimento de que o dispositivo prevalecente é o determinado do artigo 347 da CT.

> De facto, a declaração judicial de insolvência, não extingue os contratos de trabalho, devendo o Administrador de Insolvência

de continuar a satisfazer integralmente as obrigações para com os trabalhadores enquanto o estabelecimento não for definitivamente encerrado - (art. 347° do Código de Trabalho, aplicável por força do art. 277°, do CIRE.

- Processo: 373/07.4TYVNG-V. P1. Relator: Soares de Oliveira. Fonte: https://jurisprudencia.pt/acordao/15078/. Data: 07 junho 2010. Tribunal de Relação do Porto

Percebe-se neste acórdão a prevalência dos contratos de trabalho quando homologada a insolvência.

I. A declaração judicial de insolvência do empregador não faz cessar os contratos de trabalho.

II. O encerramento do estabelecimento após a declaração tem de cumprir o formalismo exigido pelos arts. 347º, 3, 319º, 3 e 419º do Código de trabalho.

III. A decisão do Administrador de proceder a esse encerramento e sua comunicação aos trabalhadores com respectiva recepção, faz nascer para cada um deles o direito a ser indemnizado pela massa insolvente.

Em que pese o posicionamento da jurisprudência, mais fácil seria que o próprio legislador do CIRE tivesse preenchido a lacuna deixando claro ali, na norma especial de insolvência, também os efeitos da insolvência também nos contratos de trabalho.

De acordo com o art. 111º, do CIRE:

> Os contratos que obriguem à realização de prestação duradoura de um serviço no interesse do insolvente, e que não caduquem por efeito do disposto no artigo anterior, não se suspendem com a declaração de insolvência, podendo ser denunciados por qualquer das partes, aplicável com as devidas adaptações.

O art. 108°, 1, por sua vez faculta a denúncia do contrato de locação de serviço pelo administrador da insolvência, com o pré-aviso de 60 (sessenta) dias. Se nos termos da Lei ou do contrato não for suficiente um pré-aviso inferior. Ocorre que o CIRE nada fala do contrato de trabalho.

Ao nosso ver, o art. 347° do CT conjugado ao art. 277°, do CIRE, é que devem ser aplicados, embora a tarefa do intérprete não seja por tal facilitada, mas parece ser mais coerente com o sistema previsto pela legislação laboral. O art. 347, do CT trata especificamente dos efeitos da declaração de insolvência do empregador nos contratos de trabalho, disciplinando que:

a) os contratos de trabalham não cessam (extinguem ou suspendem) pela simples declaração de insolvência (art. 347°,1, CT);

b) os contratos de trabalho cessam com o encerramento definitivo da empresa (art. 347°, 3 c.c art.346°, 3, do CT- uma das hipóteses de caducidade do direito laboral);

c) o administrador judicial pode fazer cessar o contrato de trabalhador cuja colaboração não seja indispensável ao funcionamento da empresa (art. 347°, 2, CT).

Sobre tais efeitos falaremos pormenorizadamente mais adiante, fazendo-se ainda a necessária distinção das hipóteses de caducidade e mero despedimento coletivo.

Por ora, cumpre levantar alguns questionamentos para serem aclarados no âmbito de nossa investigação, no plano do direito laboral. É a declaração de insolvência um fato jurídico superveniente que, por si só, leva o empregador insolvente a ficar impossibilitado de receber o serviço do trabalhador? Conduz necessariamente à caducidade? Entendemos que não, senão vejamos.

A insolvência do empregador não acarreta, por si só, a suspensão (art. 102°, e ss. do CIRE) ou extinção dos contratos de trabalho vigentes.[21] O art. 111º, do CIRE, supramencionado, deixa claro sobre a faculdade do administrador judicial da massa insolvente em dar continuidade ou denunciar antecipadamente do contrato (art. 108º, 1, CIRE ex vi do art. 111º, CIRE). A denúncia antecipada, efetuada pelo administrador judicial, acarretará o pagamento de uma compensação, cujo cálculo deverá ser efetuado, nos termos do art. 108º, n. 3, do CIRE.

Nada impede, contudo, tratando-se de contrato bilateral, que o trabalhador postule a cessação do contrato de trabalho.[22] Mas, a rigor o fato jurídico da insolvência não leva à suspensão ou cessação do contrato de trabalho ou caducidade deste por impossibilidade fática superveniente. É o que se infere, também da interpretação conjunta do art. 111º, do CIRE e do art. 347º, 1, do Código do Trabalho (CT), este último que dispõe:

> a declaração judicial de insolvência do empregador não faz cessar o contrato de trabalho, devendo o administrador da insolvência continuar a satisfazer integralmente as obrigações para com os trabalhadores enquanto o estabelecimento não for definitivamente encerrado.

Mas, faculta no art. 347, 2º, do Código do Trabalho (CT), a cessação antecipada do contrato de trabalho de trabalhador, pelo administrador judicial, antes do encerramento definitivo do estabelecimento, do contrato de trabalho de trabalhador cuja colaboração

---

21 MARTINEZ, Pedro Romano. *Direito do Trabalho*. 9ª ed. Coimbra: Almedina/IDT, 2019, pp. 961/962.

22 No sentido de que, só a declaração de insolvência do empregador acarreta a possibilidade de denúncia antecipado do contrato de trabalho; já a insolvência do trabalhador não suspende o contrato de trabalho, e o cumprimento dos deveres contratuais só pode ser exigido pelo empregador ao trabalhador insolvente e não pelo administrado judicial. Cf. MARTINEZ, Pedro Romano. *Direito do Trabalho*. 9ª ed. Coimbra: Almedina/IDT, 2019, p. 962.

não seja indispensável ao funcionamento da empresa. Mas, sempre precedida de procedimento de previsto para despedimento coletivo, com as necessárias adaptações[23] (art. 360º, 1 a 6, do CT), cabente ainda o pagamento das verbas rescisórias.[24]

---

23 Cf. tb. RAMALHO, Maria do Rosário Palma. *Tratado de Direito do Trabalho* – Parte II – Situações Laborais Individuais. 8ª ed. Coimbra: Almedina, 2021, pp. 438/439, quanto ao procedimento adotado em caso de insolvência, seguindo em grande parte o do despedimento coletivo, mas com algumas adaptações: a) não se exige que o empregador tenha posto à disposição do trabalhador despedido a compensação do art. 366, do CT até ao termo do prazo de aviso prévio; b) bem como os créditos vencidos ou exigíveis em virtude da cessação do contrato de trabalho, ao contrário do que dispõe o art.383, c (cf. tb. o art. 363, nº 5). A autora acrescenta não haver dúvidas de que os trabalhadores têm direito à indenização, contudo tais créditos constituirão dívidas da massa insolvente (art. 51, nº 1, c, CIRE), cuja satisfação observa um regime especial diferenciado. Cf. tb. FERNANDES, Luís Carvalho. "Efeitos da Declaração de Insolvência no Contrato de Trabalho segundo o Código da Insolvência e da Recuperação de Empresas". *Revista de Direito e de Estudos Sociais*, ano XLV (XVIIII, da 2ª Série), nºs 1 a 3, 2004, pp. 27/28, quanto ao procedimento adaptado de despedimento em caso de insolvência, o qual segundo o autor seriam muitas as adaptações a efetuar elencado alguma delas: desnecessidade do empregador por à disposição do trabalhador compensação, como condição do despedimento coletivo (art. 363º, 5, do CT); b) desnecessidade que a comunicação venha acompanhada da justificativa do despedimento, bastando a menção da situação de insolvência (art. 360º, 2, a, do CT); c) desnecessidade de indicação dos critérios utilizados para a seleção dos trabalhadores a despedir (art. 360º, 2, c, do CT); d) e impossibilidade do administrador judicial fixar indenização aos trabalhadores despedidos acima dos critérios legais, pois lhe é vedado agravar a situação econômica financeira da empresa (art. 360, nº 2, f, do CT); e) Inaplicabilidade das informações e negociações previstas no art. 361º, CT.

24 Idem, p. 964. Para o Prof. Pedro Romano Martinez, "diferentemente do que poderia resultar do art. 108º, nº 1 *ex vi* do art. 111º, do CIRE, a cessação do contrato de trabalho não depende tão-só de um aviso prévio (de quinze a setenta e cinco dias), mas também da instauração de um procedimento previsto nos arts. 360º e ss. do CT, pois o art. 347º, do CT constitui norma especial relativamente às normas do Código da Insolvência, diploma que não regula expressamente a questão da Insolvência do empregador.

Nem o Código de trabalho, nem o CIRE são expressos quanto às adaptações a serem feitas no despedimento coletivo, previsto no art. 360º, e ss. do CT, em caso de insolvência. Em regra, o procedimento de despedimento coletivo, que em geral pressupõe causas objetivas (racionalidade empresarial, crise na empresa, extinção de posto de trabalho etc.) é composto de três fases, sempre acompanhada dos órgãos de representação dos trabalhadores, sem prejuízo da sindicalidade judicial:

a) a primeira fase consistente na comunicação do despedimento coletivo (art. 360°, CT);

b) a segunda fase consistente na informação e negociação (art. 361º, CT);

c) a terceira e última a decisão motivada e explicitando o critério.

Tratando-se de insolvência não há exatamente uma disposição específica, determinando o legislador no art. 347º, 3, do CT apenas fazer adaptações, mas sem dizer quais são. A doutrina, contudo, com algumas divergências estabelece alguns parâmetros para entendermos quais seriam essas adaptações quanto ao procedimento adotado em caso de insolvência:

a) não se exige que o empregador tenha posto à disposição do trabalhador despedido a compensação do art. 366, do CT até ao termo do prazo de aviso prévio;

b) bem como os créditos vencidos ou exigíveis em virtude da cessação do contrato de trabalho, ao contrário do que dispõe o art.383, c (cf. tb o art. 363, nº 5);

c) desnecessidade do empregador por à disposição do trabalhador compensação, como condição do despedimento coletivo (art. 363º, 5, do CT);

d) desnecessidade que a comunicação venha acompanhada da justificativa do despedimento, bastando a menção da situação de insolvência (art. 360º, 2, a, do CT);

e) desnecessidade de indicação dos critérios utilizados para a seleção dos trabalhadores a despedir (art. 360º, nº 2, c, do CT);

f) impossibilidade de o administrador judicial fixar indenização aos trabalhadores despedidos acima dos critérios legais, pois lhe é vedado agravar a situação econômico-financeira da empresa (art. 360, nº 2, f, do CT);

g) Inaplicabilidade das informações e negociações previstas no art. 361º, CT.[25]

Melhor seria que o legislador do CIRE ou do CT fixasse o procedimento despedimento coletivo, específico para insolvência, com vistas a dar mais segurança jurídica tanto ao trabalhador, como ao empregador sobre quais as adaptações necessárias.

No caso, de microempresa o Código do Trabalho não impõe a necessidade de um procedimento análogo ao despedimento coletivo, mas tão-somente o aviso prévio de sessenta dias (art. 108, CIRE);[26] para outras empresas, ao aviso prévio do CIRE, soma-se ainda o procedimento do art. 360º e s.s. do Código do Trabalho (CT), para despedimento coletivo, com ou sem a adaptações.

Cumpre esclarecer que, no caso da recuperação judicial a que o CIRE denomina processo de revitalização da empresa (art.17º- A a 17º, J, CIRE) não há falar também em suspensão ou extinção do vínculo laboral.

25 Cf. notas de rodapé nºs 23 e 24.

26 Em sentido contrário, dizendo não ser necessário um aviso prévio tão dilatado de 60 (sessenta) dias, Cf. tb. RAMALHO, Maria do Rosário Palma. *Tratado de Direito do Trabalho* – Parte II – Situações Laborais Individuais. 8ª ed. Coimbra: Almedina, 2021, p. 440.

Trataremos a seguir de forma específica do encerramento da empresa em razão da insolvência como causa de caducidade do contrato de trabalho.

3 Encerramento da empresa como hipótese de caducidade (fato superveniente impossibilidade o empregador receber trabalho)

Embora a insolvência propriamente dita, bem como a recuperação judicial, não acarretem a suspensão e extinção imediata do contrato de trabalho, o encerramento definitivo da empresa cria uma impossibilidade fática objetiva absoluta de o empregador receber o trabalho,[27] operando-se aí, expressamente, uma das hipóteses de caducidade prevista no art. 346º, 3, do Código de Trabalho, por fato superveniente, levando-se à caducidade (extinção) do vínculo laboral.

Importa considerar aqui, nos termos do art. 343º, b, do Código de Trabalho, que a aplicação ao contrato de trabalho do regime geral da impossibilidade da prestação, constante do art. 790º, do Código Civil. Logo, conforme preleciona Maria do Rosário Palma Ramalho,[28] a impossibilidade tem que ser superveniente, porque se for originária acarretaria a invalidade do negócio jurídico (art. 401º, CC), e precisa ser absoluta, importando inviabilidade total de o empregador receber o trabalho (e ou o trabalhador de prestar), não bastando uma mera dificuldade ou contrariedade.

Deve, ainda, a impossibilidade do empregador (ou o trabalhador) ser definitiva, pois se temporária aplicar-se-ia o regime de faltas

---

27 RAMALHO, Maria do Rosário Palma. *Tratado de Direito do Trabalho* – Parte II – Situações Laborais Individuais. 8ª ed. Coimbra: Almedina, 2021, p. 439. Cf. tb. MARTINEZ, Pedro Romano. *Direito do Trabalho*. 9ª ed. Coimbra: Almedina/IDT, 2019, pp. 958/959.

28 RAMALHO, Maria do Rosário Palma. *Tratado de Direito do Trabalho* – Parte II – Situações Laborais Individuais. 8ª ed. Coimbra: Almedina, 2021, p. 437.

justificadas (art. 249, nº 2, do CT) ou a suspensão do contrato de trabalho (art. 249º, 2, d, do CT). Cumpre esclarecer, que no regime geral da caducidade, a impossibilidade também pode ser só subjetiva, no caso de o trabalhador não poder se fazer substituir por outrem.

Questão interessante, divergente na doutrina, é sobre a impossibilidade absoluta, no caso da impossibilidade do trabalhador de prestar determinada atividade contratada, mas podendo o empregador lhe atribuir outras, se ainda assim se aplicaria a caducidade do contrato.

António Menezes Cordeiro[29] e Maria do Rosário Palma Ramalho[30] entendem que não se operaria aí a caducidade do contrato por uma simples diminuição das qualidades do trabalhador. Já, Pedro Romano Martinez[31] defende que é possível a caducidade na hipótese, caso o trabalhador não se encontre em condições de as executar, pois "não há um dever genérico de o empregador modificar o objeto negocial em função das limitações do trabalhador".

Outra hipótese, defendida pela doutrina como caducidade, seria a desnecessidade do serviço de determinados trabalhadores. Mas, tal não importaria tecnicamente, uma impossibilidade absoluta de receber o trabalho, mas apenas seria dispensabilidade (art. 347º, 2, do CT), distinta da hipótese, com base no fato superveniente intransponível, prevista no art. 346º, 3, do CT.[32] Contudo, o efeito

---

29 CORDEIRO, António Menezes. *Manual de Direito do Trabalho*. Coimbra: Almedina, 1991, p. 793.

30 RAMALHO, Maria do Rosário Palma. *Tratado de Direito do Trabalho* – Parte II – Situações Laborais Individuais. 8ª ed. Coimbra: Almedina, 2021, p. 437.

31 MARTINEZ, Pedro Romano. *Direito do Trabalho*. 9ª ed. Coimbra: Almedina/IDT, 2019, p. 943.

32 Defendendo a desnecessidade como hipótese de caducidade v. MARTINEZ, Pedro Romano. *Direito do Trabalho*. 9ª ed. Coimbra: Almedina/IDT, 2019, p. 963. Em sentido contrário: FERNANDES, Luís Carvalho. "Efeitos da Declaração de Insolvência no Contrato

prático para o trabalhador seria o mesmo, posto que cabível, em ambas as hipóteses, a compensação prevista no art. 366º, do Código do Trabalho.

Ressalte-se que, o conceito de caducidade no âmbito laboral implica na ocorrência de um fato jurídico *stricto sensu* que leve à extinção da relação contratual, seja pela extinção do seu objeto com a consecução da prestação fixada a termo, seja pela ocorrência de fato superveniente que leve à sua extinção.

Também, a caducidade pode advir da lei ou da convenção entre as partes (art. 140º, do Código do Trabalho) ou da impossibilidade absoluta não imputável a uma das partes (art. 795º, n. 1, do Código Civil). Regra geral, a caducidade, em sentido amplo, não depende de uma declaração de vontade, mas da ocorrência de um fato jurídico objetivo que leve à extinção do vínculo laboral.

No presente caso, é o encerramento da empresa, objetivamente, após a liquidação do ativo que leva à extinção do vínculo laboral. Posicionamento com o qual concordamos. Nas demais hipóteses, de não necessidade do serviço e dispensa antecipada pelo administrador judicial (art. 346º, 2 Código de Trabalho ex vi do art. 108º, 3 e art. 111º, do CIRE) entendemos que seja a hipótese de mero despedimento.

Contudo, a doutrina[33] faz uma necessária distinção entre a figura do despedimento coletivo e o encerramento definitivo, com

---

de Trabalho segundo o Código da Insolvência e da Recuperação de Empresas". *Revista de Direito e de Estudos Sociais*, ano XLV (XVIIII, da 2ª Série), nºs 1 a 3, 2004; FERNANDES, Luís Carvalho. "Repercussões da Falência nos Contratos de Trabalho". *In*: MARTINEZ, Pedro Romano. *Estudos do Instituto de Direito do Trabalho*. Coimbra: Almedina, 2001, p. 25.

33 RAMALHO, Maria do Rosário Palma. *Tratado de Direito do Trabalho – Parte II* – Situações Laborais Individuais. 8ª ed. Coimbra: Almedina, 2021, p. 863. Para problemas específicos do encerramento definitivo envolvendo grupos de empresa Cf. tb. RAMALHO, Maria do Rosário

base nas alterações introduzidas de Código de Trabalho de 2003,[34] porque embora procedimentalmente se aproximem, os fundamentos de ambos são distintos. No despedimento coletivo, a extinção do vínculo laboral toma por base critérios de mercado, estruturais e tecnológicos elencados no art. 359º, nº 2, do Código do Trabalho.

Já, no encerramento definitivo de empresa, toma-se por base a caducidade do vínculo laboral, por impossibilidade superveniente absoluta e objetiva de o empregador receber o serviço, seja por fato natural (uma catástrofe), seja por decisão de terminar a empresa ou mesmo por insolvência.

O despedimento não precisa abranger todos os trabalhadores, porque decorreria de um contexto de crise da empresa ou de redimensionamento, que gera uma impossibilidade parcial, levando à escolha da cessação de alguns vínculos laborais. Mas, na hipótese do encerramento definitivo da empresa, o contexto é de caducidade

---

Palma. *Grupos Empresariais e Societários e Incidências Laborais*. Coimbra: Almedina, 2008, pp. 574 e ss.

34 RAMALHO, Maria do Rosário Palma. *Grupos Empresariais e Societários e Incidências Laborais*. Coimbra: Almedina, 2008, p. 861, mencionando a autora que as alterações procedimentais associadas à caducidade do contrato de trabalho por encerramento definitivo da empresa "reforçou a proteção dos trabalhadores nesta situação, evitando, designadamente, que o empregador, por meio da qualificação da modalidade de cessação dos contratos dos seus trabalhadores como caducidade por encerramento da empresa (e não como despedimento coletivo) escapasse ao controlo mais rigoroso da sua atuação que é proporcionado pelo processo de despedimento coletivo. Contudo, a lei nada esclarece sobre as consequências da inobservância das formalidades processuais previstas no art. 346º, nºs 3 e 4. Sendo certo que não faz sentido aplicar aqui as consequências gerais da ilicitude do despedimento por falta ou irregularidades de procedimento (art. 389º, a e b), já que a reintegração do trabalhador na empresa é inviabilizada pelo encerramento desta e que a compensação do trabalhador está assegurada pelo art. 346º, 5, fica, pois, a dúvida sobre o alcance prático destas exigências processuais".

por impossibilidade superveniente absoluta. Logo, a dispensa deve abranger todos os trabalhadores, sem distinção.

A caducidade por encerramento da empresa, motivada pela insolvência, há que se levar em conta os múltiplos efeitos que a declaração de insolvência gera nas relações entre empregador e trabalhador, desde:

a) efeitos sobre os contratos de trabalho vigentes na empresa e de destino da empresa insolvente (art. 347º, do Código de Trabalho);

b) possibilidade de recrutamento de novos trabalhadores no curso do procedimento de insolvência, a termo certo ou incerto (art. 55º, nº 4, do CIRE);

c) sobre os créditos privilegiados dos trabalhadores que passam a ser credores da massa insolvente (art. 47º, nº 4, do CIRE e art. 333º, do Código de Trabalho);

d) e a própria intervenção dos trabalhadores no procedimento de insolvência, para acompanhamento e controle da atuação e preservação de direitos, por meio de uma comissão (art. 66º, 3º, e art. 72º, 6; art. 75º, nº 3; art. 156º, nº 1 do CIRE).

O Código de trabalho cuida primordialmente da alínea “a”, supracitada, nos termos do art. 347º, nº 7, e de aspectos importantes da proteção dos créditos dos trabalhadores (alínea b acima), tais como os salariais, os decorrentes da violação do contrato de trabalho ou de cessão do contrato de trabalho).

Assim, a declaração de insolvência, embora por si só, não enseje a caducidade do contrato de trabalho cria uma situação jurídica que passa a ser regulada pelo regime da insolvência, pois o administrador judicial substitui-se (sub-rogação), legalmente, na figura do empregador (arr. 36º, 1, d, g, f, do CIRE) cabendo a ele manter ou não alguns contratos de trabalho, durante o procedimento da insolvência, justificando a denúncia antecipada (art. 33º, I, do

CIRE; e art. 347º, nº 2, do Código do Trabalho), se necessária; pois a regra geral é a manutenção dos contratos de trabalho durante o processo de insolvência, porque pode ser que a empresa se recupere ou se revitalize durante a tramitação. Essa é também a orientação da jurisprudência portuguesa.[35]

Nesse sentido, também:

- Acórdão TRE, de 14.06.2012, Processo nº 177/09.0TBVR-S-F.E1, Rel. Bernardo Domingos (interpretação do art.347º, caducidade e efeitos);[36]
- Acórdão RG, de 14.11/2016, Processo nº 6034/13.8TTBRG-I.GI (art.347°, CT-declaração de insolvência não tem efeito de extinção dos contratos).

Todavia, se houver o encerramento definitivo da empresa, operar-se a figura da caducidade prevista no art. 346º, nº 3, do Código do Trabalho conjugando-o com o art. 347º, nºs 3 e 4, do mesmo diploma, aplicando-se o procedimento do despedimento coletivo, com as necessárias adaptações,[37] sendo efeito acessório a indenização ao trabalhador como forma de compensação.

Entretanto, o recebimento não é imediato, mas vinculado à ordem de pagamentos das dívidas da massa, de acordo com o regime do CIRE, ainda que qualificado como privilegiados, os créditos dos

35 Cf. www.gsi.pt: Acórdão RC, de 07.07.2005, CJ, 2005, IV, 58; e Acórdão RG de 14.01.2006 (Proc.nº6034/13.8TTBRG-I.GI).

36 Cf. www.gsi.pt.

37 RAMALHO, Maria do Rosário Palma. *Tratado de Direito do Trabalho – Parte II – Situações Laborais Individuais*. 8ª ed. Coimbra: Almedina, 2021, p. 865, cit. 240. No sentido de que a norma do art. 33º, I, do CIRE, que atribui o dever do administrador judicial de assegurar a continuidade dos contratos e da exploração da empresa, exceto se considerar que a suspensão da atividade seja mais vantajosa para os credores, e desde que a mediada de suspensão seja autorizada pelo juiz. O mesmo dever é atribuído ao administrador judicial da insolvência pelo art. 55º, nº1, do CIRE".

trabalhadores que passam a ser credores da massa insolvente (art. 47º, nº 4, do CIRE e art. 333º, do Código do Trabalho).

Já, a denúncia antecipada pelo administrador judicial de trabalhadores não indispensáveis ao funcionamento da empresa não gera a caducidade, mas antes resolução[38] (art. 347º, 2, CT), diferente da hipótese do art. 347º, 3, do CT, cujo encerramento definitivo do estabelecimento conduz à caducidade, conforme acima mencionado, mas em ambas aplicar-se-á as normas do despedimento coletivo, arts. 360 e s., com as adaptações necessárias às respectivas hipóteses, sem prejuízo das compensações aos trabalhadores em ambas as hipóteses.

Deve-se, ainda, ter em conta a Diretiva 2008/94 da Comunidade Europeia, de 22 de Outubro de 2008 (Diretiva de Reformulação) referente à proteção dos trabalhadores em caso de insolvência do empregador – que substitui a Diretiva 80/987/CEE, de 20 de outubro, alterada pela Diretiva 2002/74/CE, de 23 de setembro de 2002, estabelecendo algumas medidas de tutela dos trabalhadores perante as vicissitudes das empresas, com especial atenção à proteção dos créditos laborais, "cujo fundamento é a denominada função alimentar do salário e que e devem ser respeitadas no processo de insolvência".[39]

Interessante questão é sobre a limitação do privilégio dos créditos dos trabalhadores sobre bens imóveis do empregador (privilégio

---

38 LEITÃO, Luís Manuel Teles de Menezes. *Direito da Insolvência*. 3ª ed. Lisboa: Almedina, 2011, p. 206. Ver tb. Nota de citação acima de nº 29, sobre os diferentes posicionamentos. Anote-se, ainda o posicionamento de GOMES, Júlio Vieira. *Direito do Trabalho*: relações individuais de trabalho. vol. I. Coimbra: Coimbra Editora, 2007, p. 799. Gomes para quem a cessação do contrato de trabalho por iniciativa do administrador judicial, com base na dispensabilidade dos trabalhadores não indispensáveis ao funcionamento da empresa seria uma "nova e autônoma causa de despedimento no contexto da insolvência", já que o rol das hipóteses legais de cessação do contrato de trabalho, por iniciativa do empregador, é taxativo.

39 RAMALHO, Maria do Rosário Palma. *Direito Social da União Europeia*. Coimbra: Almedina, 2022, pp. 91 e ss.

imobiliário especial sobre imóveis do empregador), no qual o trabalhador desenvolva sua atividade, mesmo que seja locado ou arrendado não pode sofrer a constrição ou venda (art. 33º, nº 1, b, do CT), porque afetados à atividade empresarial, e por conseguinte laboral. Ver nesse sentido, o incidente de uniformização de jurisprudência: Acórdão STJ, 23.02.2016, 6ª Secção, Processo 1444/08.5TBAMT-A.P1.S1-A, Rel. Pinto Almeida (privilégio imobiliário especial, art. 377º, 1, "b", do Código do Trabalho) – Uniformização de Jurisprudência, levando a crer que o imóvel sede da empresa e da atividade laborar é considerado bem essencial no processo de insolvência, especialmente levando em consideração a possibilidade de recuperação da empresa em crise, durante a tramitação do processo de insolvência.

Outra importante abordagem investigativa, considerando os efeitos globais da insolvência, em especial quando o empregador é empresa com múltiplas sedes ou filiais espalhadas por outros países, é saber que regime aplicar aos trabalhadores quanto aos efeitos transfronteiriços da insolvência. Traremos brevemente da questão a seguir.

4 Insolvência transfronteiriça e o regime legal aplicável à cessação dos contratos de trabalho

Por força do art. 189º, do Tratado de Roma (de 25 de março de 1957), que instituiu a comunidade Europeia, da qual Portugal é signatária, os regulamentos emitidos pelos órgãos da União Europeia, no exercício legítimo de suas funções, têm força vinculante e geral, aplicando-se diretamente.

O Regulamento Europeu (EU) n. 2015/848 do Parlamento Europeu disciplina, no âmbito da Comunidade Europeia, as insolvências transfronteiriças aplicando-se aos processos coletivos públicos de insolvência, incluindo processos provisórios, de empresa ou grupo de empresas, com exceção das empresas de seguro, instituições de crédito, empresas de investimento e outras empresas e instituições, desde que estejam abrangidas pela Diretiva 2001/24/CE e organismos de investimento coletivo.

O Regulamento da União Europeia sobre insolvência transfronteiriça prevalece em relação ao Código de Insolvência e Recuperação de Empresas, por força do disposto expressamente no art. 275º, nºs 1 e 2, do próprio CIRE, que estabelece a primazia do regulamento, ou seja, aplicando-se o CIRE apenas naquilo em que não conflitua com o regulamento europeu, e na falta de disposição em contrário, o processo de insolvência e os respectivos efeitos regem-se pelo direito do em que o processo tenha sido instaurado (art.276º, CIRE) naquilo em que não conflitua com a norma interna.

A finalidade do regulamento é criar uma ação coordenada, uniforme e eficiente na gestão da insolvência de empresas ou mesmo pessoa singular, a proteção dos credores de diferentes países, disciplinando questões desde competência para processamento do processo principal ou secundário, como medidas de urgência, de constrição e de cooperação entre os Estados-membros.

No que concerne à relação laboral o art. 277º, do CIRE, dispõe que os efeitos da declaração de insolvência relativamente aos contratos de trabalho e à relação laboral regem-se exclusivamente pela Lei aplicável ao contrato de trabalho. Assim, na nota 72 do relatório preambular do Regulamento Europeu (EU) 2015/848, visando à proteção dos trabalhadores e os postos de trabalho, está disposto que:

> Os efeitos da insolvência sobre a continuação ou cessação da relação laboral e sobre os direitos e obrigações de todas as partes dessa relação deverão ser determinados pela lei aplicável ao contrato de trabalho em causa, de acordo com as regras gerais sobre conflitos de leis. Além disso, nos casos em que a resolução dos contratos de trabalho requer a aprovação de um órgão jurisdicional, ou de uma autoridade administrativa, o Estado-membro em que se situa o estabelecimento do devedor, deverá manter a competência para conceder essa aprovação, mesmo que não tenham sido abertos quaisquer

processos de insolvência nesse Estado-membro. Qualquer outra disposição legal em matéria de insolvência, como a de saber se os créditos dos trabalhadores se encontram protegidos por privilégios creditórios e a de determinar o estatuto desses privilégios creditórios, deverá ser regulada pela Lei do Estado-Membro em que foi aberto o processo de insolvência (principal ou secundário), salvo no caso de ter sido dada uma garantia para evitar um processo secundário de insolvência, nos termos do presente regulamento.[40]

O regulamento estabelece regras à escala da EU[41] para determinar:

a) qual o órgão jurisdicional competente para abrir o processo de insolvência;

b) a lei nacional aplicável, o reconhecimento da decisão;

c) o reconhecimento da decisão do órgão jurisdicional quando uma empresa, um comerciante ou um particular se torna insolvente;

d) o tratamento dos processos de insolvência de grupo;

e) a Competência definida pelo local onde situe o centro de interesses principais do devedor, presumindo-se este como: a) o local da sede estatutária, no caso de uma empresa ou pessoa coletiva; b) o local de atividade principal, no caso de um

---

40 *Código da Insolvência e da Recuperação de Empresas*. 8ª ed. Coimbra: Almedina, 2019. Nota 72 do preâmbulo do Regulamento EU 2015/848, do Parlamento Europeu e do Conselho, de maio de 2015, p. 307. Cf. tb. FERNANDES, Luís A. Carvalho; LABAREDA, João. *Insolvências Transfronteriças (CE) n.1346/2000, do Conselho, de 29.05.2000*. Lisboa: Quid Iuris? Sociedade Editora, 2003, pp. 11-59.

41 Para mais informações sobre as regras mais eficazes sobre os processos de insolvência para além das fronteiras da União Europeia: https://euro-lex.europa.eu. Síntese do Regulamento (EU) 2015/848 – Processos de Insolvência.

particular que exerce uma atividade comercial ou profissional; c) o local de residência habitual, no caso de qualquer outro particular. Essas presunções não se aplicam se o local tiver mudado num determinado período, antes do início do processo de insolvência. Se o devedor tiver um local de atividade num país da EU distinto daquele onde se situa o centro de interesses principais do devedor, o país da EU em causa pode também abrir um processo de insolvência relativo ao devedor. Contudo, esses "processos secundários" limitar-se-ão aos ativos situados no território desse país.

O regulamento melhora as possibilidades de recuperação das empresas, evitando a abertura de processos secundários paralelos, se os interesses dos credores locais forem garantidos de outra forma. Em geral a Lei aplicável é a do país onde decorre o processo principal, regendo as condições de abertura e encerramento, bem como a tramitação para determinar os devedores que podem ser objeto do processo de insolvência, os bens pertencentes à massa insolvente, os direitos dos credores, imputação e custas processuais.

É questão controvertida, se os créditos trabalhistas preservarão seus privilégios, se o processo principal de insolvência for estrangeiro, por exemplo, nos EUA, onde não há privilégios creditórios entre credores, em regra. A regra geral do art. 7º, 1, do Regulamento Europeu é a da Lei do Estado-Membro em cujo território foi aberto (Estado de abertura do processo), salvo disposição em contrário.

5 Breve análise do Direito Comparado: Brasil e Espanha

Com o intuito apenas de ilustrar como tem sido tratado os efeitos da declaração de insolvência nos contratos de trabalho, sem a pretensão de esgotar nesse estudo um trabalho investigativo metodológico científico aprofundado de Direito Comparado, de natureza quantitativa e qualitativa, cujo tempo hábil para aprofundamento de toda sistemática normativa e jurisprudencial hábil não teríamos, cabe aqui fazer, para os fins desse relatório, algumas considerações de como o Brasil e a Espanha tem tratado a matéria objeto de nosso estudo.

5.1 Brasil

A Lei n. 11.101/2005, de 09.02/2005, alterada pela Lei n. 14.112/2020, não fala em caducidade; traz como regra geral, o art. 117 dispondo que os contratos bilaterais não se resolvem pela falência e podem ser cumpridos pelo administrador judicial, se o cumprimento reduzir ou evitar o aumento do passivo da massa falida ou for necessário à manutenção e preservação de seus ativos, mediante autorização do comitê de credores os contratos bilaterais não se resolvem pela falência e podem ser cumpridos pelos administrador judicial.

Os contratos de trabalho se inserem nessa regra. A nossa Lei de recuperação judicial e falência (LREF) não especifica "contratos de trabalho", mas o coloca na categoria de contratos bilaterais. Contudo, pela legislação laboral brasileira a insolvência, por si só, não constitui justo motivo ou causa necessária para a rescisão do contrato de trabalho, que, em tese, pode prosseguir com o síndico, atualmente chamado administrador judicial.

Na verdade, a extinção do contrato em face apenas da decretação da insolvência equivale à dispensa sem justa causa, caso em que o empregado dispensado terá direito ao aviso prévio nos termos do art. 487 da CLT. É de se lembrar ainda que, segundo o caput do art. 449 da CLT, "os direitos oriundos da existência do contrato de trabalho subsistirão em caso de falência, concordata ou dissolução da empresa".

Nesse sentido a jurisprudência brasileira:[42]

---

42 Disponível em: https://pje.trt3.jus.br.

- Acórdão TST (SBDI-1), 16.12.2007, Processo n.TST-E--RR-666.497/200.5, Rel. João Batista Brito Ferreira (interpretação do art.449, da CLT, os direitos oriundos da existência do contrato de trabalho subsistirão em caso de falência, concordata ou dissolução da empresa)

- Acórdão TRT3, de 13.03.2019, Recurso Ordinário, Processo n.0010239-35.2018.5.03.0063, Rel. Weber Leite de Magalhães Pinto Filho (falência não acarreta dissolução automática dos contratos de trabalho);

- Acórdão TST, 8ª Turma (GMDMC/Jj/Dmc/g1/ao), 16.12.2020, Processo n.TST-AIRR-10288-91.5.03.0176, Rel. Dora Maria da Costa (falência não acarreta dissolução automática dos contratos de trabalho);

- Acórdão TST (SBDI -1), 16.12.2007, Processo n. TST-E--RR-666.497/200.5, Rel. João Batista Brito Ferreira (interpretação do art. 449, da CLT, os direitos oriundos da existência do contrato de trabalho subsistirão em caso de falência, concordata ou dissolução da empresa).

- Acórdão: RR 299600-77.2007.5.04.0341. Órgão: TST. Data: 21 de agosto de 2013. Relator: José Roberto Freire Pimenta.

> O fato de ter sido decretada a falência da empregadora não acarreta a resolução automática dos contratos de trabalho de seus empregados nem a isenta do pagamento da citada parcela aos demitidos sem justa causa, em razão da falência, consoante estabelece o artigo 449 da CLT, *in verbis*: – os direitos oriundos da existência de contrato de trabalho subsistirão em caso de falência –. Esta Corte adota o entendimento de que, para o empregado dispensado por motivo de falência, subsistem todos os direitos oriundos do contrato de trabalho, inclusive a indenização consistente na multa de 40% sobre o FGTS,

> pois cabem ao empregador os riscos da atividade empresarial, nos termos do artigo 2o, caput, da CLT.[43]

- Acórdão: AIRR 478-51.2020.5.07.0013. Órgão: TST. Data: 20 de maio 2022. Relator: Alberto Bastos Balazeiro.

> A falência, por si só, não constitui justo motivo ou causa necessária para a rescisão do contrato de trabalho, que, em tese, pode prosseguir com o síndico. Assim, a extinção do contrato em face apenas da decretação da falência equivale à dispensa sem justa causa, caso em que o empregado dispensado terá direito ao aviso prévio nos termos do art. 487 da CLT e ao acréscimo de 40% sobre os depósitos do FGTS, conforme estabelece o art. 18, § 1o, da Lei 8.036/90. É de se lembrar ainda que, segundo o caput do art. 449 da CLT, "os direitos oriundos da existência do contrato de trabalho subsistirão em caso de falência, concordata ou dissolução da empresa".[44]

O §1º, do art. 117, da LREF prevê a possibilidade de interpelação do administrador judicial (AJ), pelo contratante, para que se manifeste se ira ou não cumprir o contrato. Prazo para interpelar: 90 dias da nomeação do AJ. Ainda, dita o §2º que "o silêncio do AJ e a declaração negativa confere ao contratante o direito à indenização".

Os créditos trabalhistas gozam de privilégio, conforme art. 83, da LREF, são os primeiros da Lista, denominados "créditos derivados da legislação trabalhista, limitados a 150 salários-mínimos por credor e créditos decorrentes de acidente do trabalho (o que superar o valor mencionada, segue como crédito quirografário).

---

43 Disponível em: https://tst.jusbrasil.com.br/jurisprudencia/24064633/recurso-de-revista-rr-2996007720075040341-299600-7720075040341-tst/inteiro-teor-111865939.

44 Disponível em: https://tst.jusbrasil.com.br/jurisprudencia/1511591770/agravo-de-instrumento-em-recurso-de-revista-airr-4785120205070013/inteiro-teor-1511594306.

I. Créditos trabalhistas e acidentes do trabalho;

II. Créditos gravados com direito real de garantia até o limite do valor do bem gravado;

III. Créditos tributários;

IV. Créditos quirografários;

V. Multas (tributárias, penais e administrativas), penas pecuniárias;

VI. Créditos subordinados (previstos em lei ou contrato; dos sócios e administradores sem vínculo empregatício);

VII. Juros vencidos.

Quanto à insolvência transfronteiriça, o Brasil adotou integralmente a Lei Modelo da Uncitral (Comissão das Nações Unidas sobre Direito Comercial) Internacional) na Lei n. 14.112, de 25.12.2020, que alterou a LREF (Lei n. 11.101/05), criando um capítulo inteiro disciplinando questões como competência, processo principal e secundário, bem como regras para sua definição tendo como base o COMI- centro principal de interesses do insolvente como critério para se fixar a competência. Regras de coordenação, medidas de urgência, preservação e maximização dos ativos, prevenção contra fórum shopping estão inseridos na Lei.

A preocupação do legislador brasileiro, a exemplo do Regulamento Europeu (EU) 2015/848, do Parlamento Europeu[45] e da Uncitral Model Law on Cross-Border Insolvency[46] é assegurar a eficiência, segurança jurídica, maximização do ativo, preservação da empresa e/ou de suas externalidades. Havendo conflito com a ordem

45 Disponível em: https://eu-lex.europa.eu. O regulamento está em vigor desde 26 de junho de 2017, e revê e substitui o Regulamento (EU) n.1346/200 e posteriores alterações.

46 Disponível em: https://uncitral.un.org.

pública brasileira, prevalecerá a Lei do país, se o processo principal for estrangeiro (art.167-A, §4º, LREF) Arts.167-A a 167-Y, LREF.

Com relação aos créditos trabalhistas, considerados privilegiados pela legislação brasileira, tratando-se de processo principal com sede e competência no Brasil esses serão sempre preservados. A questão é polêmica, ainda não resolvida pela jurisprudência nacional, ou mesmo internacional é saber se o COMI for em país que não estabelece privilégio creditório aos trabalhadores, se tal irá afrontar a ordem pública brasileira, ao não privilegiar o pagamento dos créditos dos trabalhadores. Entendemos que não, pois é processo principal é quem ditará as regras gerais sobre a forma de liquidação do ativo e satisfação dos credores. Mas, a questão ainda não é pacífica.

5.2 Espanha

No Direito Concursal Espanhol o processo de insolvência (concurso) tem duas fases: 1ª) primeira se inicia com a declaração de insolvência judicial, apresentação de relatórios dos administradores, verificação de créditos e impugnações; 2ª) a segunda fase: possibilidade alternativa de recuperação, com base num acordo de credores (art. 99 a 141, LC) ou liquidação do ativo (arts.142 a 162, da LC.).

Segundo, Catarina Serra:

> A LC associa ao convenio medidas mais moderadas do que aquelas que compõe o regime da liquidação. Um dos exemplos é a regra de que todo o sujeito que se apresenta à insolvência (concurso voluntario) fica, em princípio, isento da privação dos poderes de administração e disposição do patrimônio, exceto no caso de o processo evoluir para liquidação.

A Ley Concursal n. 22/2003, foi alterada pela Ley n. 38/2011, de 10 outubro, e posteriormente pontualmente pela Ley n. 9/2015, fomenta o princípio da recuperação da empresa, e não mera satisfação dos credores, estimulando a manutenção dos contratos e da atividade empresarial por meio de várias medidas, sendo a liquidação a última ratio (Exposição de Motivos da Ley Concursal – 22/2003, 09 de Júlio;),[47] centralizando na figura do juiz concursal (Juez de Lo Mercantil) as decisões sobre a manutenção ou não dos contratos, e se são ou não prejudiciais à massa. Diferentemente da Lei Portuguesa que centraliza na figura do administrador judicial o poder decisório sobre a permanência ou não dos contratos, inclusive os contratos de trabalho.

A Ley Concursal no art. 61º dispõe que a declaração de insolvência não enseja a modificação, suspensão ou extinção dos contratos, por si só das relações de trabalho, não constituindo causa de suspensão ou extinção, por si só.[48] Segundo María Gomez Mendoza, a Ley Concursal estabelece nos artigos 61 a 70 o princípio da vigência de todos os contratos com obrigações recíprocas, sem prejuízo de se poder recorrer ao juiz para que resolva alguma relação quando conveniente ao interesse da massa, e as consequências do incumprimento tanto anterior, como posterior ao concurso.[49]

Em relação aos contratos de trabalho, também cabe ao juiz a decisão de manutenção ou não dos contratos, ou mesmo sua alteração

---

47 Cf. *Exposição de Motivos da Ley Concursal* (22/2003, de 09 de Julio), pp. 15/16. V. tb. SERRA, Catarina "*Os efeitos patrimoniais da declaração de insolvência, após a Alteração da Lei nº 16/2012 ao Código da Insolvência*". Coimbra editora, 2012, Julgar nº 18, p.181.

48 FLÓREZ, Aurora Martinez. *Comentários a la Legislación Concursal.* Tomo I. 1ª ed. Espanha: Thomson Civitas Editora, 2004, p. 1116.

49 "*Lo que importa recalcar ahora es que La Ley Concursal (artículos 61 a 70) da uma respuesta tajante a muchos de los interrogantes, establece el princíoio de vigência de todos los contratos com obligaciones reciprocas, sin prejuicio de poder recurrir al juez para que resuelva alguna relación cuando sea conveniente al interés del concurso y regula, passado tambíen por el juez, las consequencias del incumplimiento tanto posterior como anterior al concurso*". (GÓMEZ, María Mendoza. *Comentários à Legislación Concursal.* Tomo II. Directores: Juan Sánchez-Calero/Vicente Guilarte Gutiérrez. Espanha: Editorial Lex Nova, 2004, p. 1142).

e efeitos, conforme expressamente disposto no art. 64º sobre os "Contratos de Trabajo". O art. 61º, 1, ainda dispõe expressamente que:

> los procedimientos de modificación sustancial de las condiciones de trabajo de caráter colectivo, de traslado colectivo, de despido colectivo y de suspensión de contratos y reducción de jornada, uma vez declarado el concurso, se tramitarán ante el juez del concurso por las reglas estabelecidas em el presente artículo.

Indiscutível ainda a intervenção estatal no domínio da autonomia privada dos contratos, que em muito difere da legislação portuguesa. Há a possibilidade de suspensão, modificação ou extinção do contrato de trabalho a pedido da administración concursal, do devedor ou representante dos trabalhadores (arts. 64º 1, 64º, 2, LC) cuja análise caberá ao juez del concurso (art. 64, 1e 6 LC). Vê-se uma atuação mais intervencionista do Judiciário, porque é deste, e não do administrador judicial a última palavra quanto à manutenção, suspensão ou extinção dos contratos, incluindo os contratos de trabalho.

A Ley Concursal Espanhola faz uma distinção entre os contratos de trabalho dos trabalhadores comuns e os dos trabalhadores de altos cargos (administradores e executivos), quanto à manutenção ou não e forma de despedimento (art. 65, LC). Os trabalhadores comuns seriam os subordinados a cargos superiores, que executam tarefas sob supervisão; já os trabalhadores de altos cargos seriam os que gestores ou administradores que desempenham funções de gestão empresarial. Os primeiros estariam sujeitos ao Estatuto Del Trabajador; já os segundos a um regime especial, previsto no Real Decreto Legislativo n. 1382/1985, e 1º de agosto (art. 9º, 1 e 2).

No caso desses trabalhadores de altos cargos, com remuneração em geral alta, cuja manutenção pode comprometer o interesse da massa, há competência também dos administradores da empresa para promover a cessação do contrato de trabalho, como um critério de racionalidade empresarial, cabendo não só ao juiz a discricionaridade de manutenção ou não desses trabalhadores, mas também da própria administração da massa. A forma do despedimento nesse caso difere da prevista no Estatuto Del Trabajador, bem como a forma de cálculo do pagamento da indenização, cujos detalhes não esmiuçaremos nesse estudo.

Seguindo a Diretiva Europeia n. 98/59/CE, do Conselho, de 20 de julho, a Espanha utiliza o despedimento coletivo como único procedimento tanto na hipótese de suspensão ou extinção do contrato de trabalho de trabalhadores comuns, como no de altos cargos, distinguindo apenas a forma de cálculo dos pagamentos de indenização, e a iniciativa se exclusiva do juiz ou concorrente, no caso dos trabalhadores de altos cargos[50]. Não há aqui a hipótese de caducidade prevista no regime Português.

Quanto à insolvência transfronteiriça, a Espanha, a exemplo de Portugal, como membro também da Comunidade Europeia está sujeita ao Regulamento Europeu (EU) n. 2015/848, de 20 de maio, cabendo aqui as mesmas considerações quanto a prevalência ou não dos créditos trabalhistas, como privilegiados, dependendo de onde se encontra o processo principal da insolvência, definido pelo COMI, o centro de principal interesse da empresa insolvente, no caso do empregador ser empresa com múltiplas sedes e ativos em diversos países.

Conclusão

Acreditamos até aqui termos atingindo o objeto de nossa breve investigação condizente com a natureza do relatório, abordando os

---

50 GÓMEZ, María Mendoza. *Comentários à Legislación Concursal*, Tomo II, Directores: Juan Sánchez-Calero/Vicente Guilarte Gutiérrez, Espanha: Editorial Lex Nova, 2004, p. 1200.

principais tópicos relativos aos efeitos da insolvência do empregador nos contratos de trabalho, com foco na "pessoa coletiva".

Esmiuçamos os diversos posicionamentos doutrinários a respeito das consequências da declaração judicial de insolvência para o regime dos contratos de trabalho português, vigentes à época da quebra, bem como o tradicional e peculiar o regime da caducidade do direito laboral português, além da visão jurisprudencial quanto à interpretação do art. 347º, do Código de Trabalho em conjunto com o art. 111º, 1, do Código de Insolvência e Recuperação de Empresas (CIRE).

Também, exploramos de forma sucinta os efeitos transfronteiriços da insolvência e quais seriam as consequências diretas ou indiretas para os contratos de trabalho e respectivo regime aplicável, além da abordagem conjugada das fontes normativas portuguesas: Código de Trabalho Português (Lei n. 7/2009, de 12 de fevereiro), Código da Insolvência e da Recuperação de Empresas (CIRE), Decreto-Lei n. 53/2004, de 18 de março e o Regulamento (UE) 2015/848 do Parlamento Europeu e do Conselho, de 20 de maio de 2015, este último no tocante às definições de competência, processo principal ou secundário e medidas de coordenação nos casos de insolvências transfronteiriças.

Por fim, fizemos uma breve incursão no Direito Comparado, para ilustrar como os efeitos da insolvência se operam no Brasil e na Espanha e o tratamento que é dado aos contratos de trabalho pós decretação da insolvência.

Referências bibliográficas

ALMEDINA. *Código da Insolvência e da Recuperação de Empresas*. 8ª ed. Coimbra: Almedina, 2019.

AMADO, João Leal. *Contrato de Trabalho e Direitos Fundamentais*. Coimbra: Editora Coimbra, 2005.

CORDEIRO, António Menezes. *Direito Comercial*. 4ª edição revista e atualizada. Coimbra: Almedina, 2019.

_____. *Direito do Trabalho II, Direito Individual*. Coimbra: Almedina, 2019.

COSTA, Daniel Carnio (Coord.). *Comentários Completos à Lei de Recuperação de Empresas e Falências*. 1ª ed. vol. 1, 2 e 3. Curitiba: Juruá, 2015.

COSTA, Daniel Carnio. "Reflexões sobre processos de insolvência: divisão equilibrada de ônus, superação do dualismo pendular e gestão democrática de processos". *In*: MENDES, Bernardo Bicalho de Alvarenga (Coord.). *Aspectos Polêmicos e Atuais da Lei de Recuperação de Empresas*. 1ª ed. vol. 1. Belo Horizonte: D'Plácido, 2016.

EPIFÂNIO, Maria do Rosário. *Direito da Insolvência*. 6ª ed. Coimbra: Almedina, 2014.

FERNANDES, Luís A. Carvalho; LABAREDA, João. *Insolvências Transfronteiriças (CE) n.1346/2000, do Conselho, de 29.05.2000*. Lisboa: Quid Iuris? Sociedade Editora, 2003.

FERNANDES, Luís A. Carvalho. "Efeitos da Declaração de Insolvência no Contrato de Trabalho segundo o Código da Insolvência e da Recuperação de Empresas". *Revista de Direito e de Estudos Sociais*, ano XLV (XVIIII, da 2ª Série), nºs 1 a 3, 2004.

GUTIÉRREZ, Juan Escribano; SANFULGENCIO, José Antoio. "Efectos de la declaración sobre las relaciones laborales del deudor". *In*: GÁNDAR, Luís Fernández de la; ALVAREZ, Manuel Maria Sánchez (Coord.). *Comentários a la Ley Concursal*. Espanha: Marcial Pons, Ediciones Jurídicas y Sociales, 2004.

HÄSEMEYER, Ludwig. *Insolvenzrecht*. 4ª ed. Köln: Heymann, 2007.

JACKSON, Thomas H. *The logic and limits of bankruptcy law*. USA: Beard Books, 2001.

LEITÃO, Luís de Menezes. *Código da Insolvência e Recuperação de Empresas Anotado*. 8ª ed. Coimbra: Almedina, 2015.

_____. *Direito da Insolvência*. 6ª ed. Coimbra: Almedina, 2015.

LEY CONCURSAL España n. 38/2011, de 10 de Octubre, e reforma de a Ley 22/2003, de 09 de Julio. In *Boletín Oficial Del Estado-Legislación Consolidada*. BOE, NÚM. 245, de 11 de Octubre de 2011. Referência: BOE-A-2011-15938.

MADRI, Carlos Romero de Sanz de. *Derecho Concursal*. Madrid: Civitas, 2005.

MARTINEZ, Luciano. *Curso de Direito do Trabalho*. 12ª ed. São Paulo: Saraiva, 2021.

MARTINEZ, Pedro Romano. "Repercussões da Falência nas Relações Laborais". *RFDUL*, 1995.

_____. *Da Cessação do Contrato de Trabalho*. 3ª ed. Coimbra: Almedina/IDT, 2021.

_____. *Direito do Trabalho*. 9ª ed. Coimbra: Almedina/IDT, 2019.

MARTINEZ, Pedro Romano; MONTEIRO, Luiz Miguel; VASCONCELOS, Joana; BRITO, Pedro Madeira de; DRAY, Guilherme; SILVA, Luís Gonçalves da. *Código de Trabalho Anotado*. 13ª ed. Lisboa: Almedina, 2020.

MARTINS, Alexandre de Soveral. *Um curso de Insolvência*. 2ª ed. Coimbra: Almedina, 2016.

RAMALHO, Maria do Rosário Palma. "Aspectos laborais da insolvência: notas breves sobre as implicações laborais do regime do Código da Insolvência e da Recuperação de Empresas". *Questões Laborais*, nº 26, 2005.

_____. *Grupos Empresariais e Societários e Incidências Laborais*. Coimbra: Almedina, 2008.

_____. *Tratado de Direito do Trabalho* – Parte II – Situações Laborais Individuais. 8ª ed. Coimbra: Almedina, 2021.

SACRAMONE, Marcelo Barbosa. *Comentários à Lei de Recuperação de Empresas e Falências*. São Paulo: Saraiva, 2021.

SATIRO, Francisco; BECUE, Sabrina Maria Fadel. "A adoção da Lei Modelo da Uncitral e os Graus de Cooperação Internacional: Processo Estrangeiro Principal, Processo Estrangeiro Não principal e Processos Concorrentes". *In*: VASCONCELOS, Ronaldo; PIVA, Fernanda Neves; BRAGANÇA, Gabriel José de Orleans; HANESAKA, Thaís D'Angelo da Silva; SANT'ANA, Thomaz Luiz (Coord.). *A Reforma da Lei de Recuperação e Falência* (Lei n. 14.112/20). São Paulo: Editora IASP, 2021.

SERRA, Catarina. *O regime Português da Insolvência*. 5ª ed. Coimbra: Almedina, 2012.

VASCONCELOS, Joana. "Insolvência do Empregador e contrato de Trabalho". *In*: ABRANTES, José (Coord.). *Congresso Europeu de Direito do Trabalho*. Coimbra: Almedina, 2014.

_____. "Insolvência do Empregador, Destino da Empresa e Destino dos Contratos de Trabalho". *VIII Congresso Nacional de Direito do Trabalho*, Coimbra, 2005.

VASCONCELOS, Ronaldo; PIVA, Fernanda Neves; BRAGANÇA, Gabriel José de Orleans; HANESAKA, Thaís D'Angelo da Silva; SANT'ANA, Thomaz Luiz (Coord.). *A Reforma da Lei de Recuperação e Falência* (Lei n. 14.112/20). São Paulo: IASP, 2021.

XAVIER, Bernardo da Gama Lobo. "A repercussão do Encerramento Definitivo do estabelecimento do Contrato de Trabalho". *RDES*, 1973.

_____. *O Despedimento Colectivo no Dimensionamento da Empresa*. Lisboa: Verbo Editora, 2000.

JURISPRUDÊNCIA

- **Portugal:** www.dgsi.pt.

Acórdão TRC, de 07/07/2005, CJ.2005, IV, 58 (GI (declaração de insolvência não tem efeito de extinção dos contratos).

Acórdão TRP, 29.010.2007, Processo n. 0714018, Rel. Ferreira da Costa (créditos e ações pendentes- questão da universalidade).

Acórdão TRE, de 14.06.2012, Processo n. 177/09.0TBVRS-F.E1, Rel. Bernardo Domingos (interpretação do art. 347º, caducidade).

Acórdão RG, de 14.11/2016, Processo n. 6034/13.8TTBRG-I.GI (declaração de insolvência não tem efeito de extinção dos contratos).

Acórdão STJ, 23.02.2016, 6ª Secção, Processo n. 1444/08.5TBAMT-A.P1.S1-A, Rel. Pinto Almeida (privilégio imobiliário especial, art.377, 1, "b", CT)-Uniformização de Jurisprudência.

Acórdão STJ, de 30.05/2017, Processo n. 1385/13.4TJCBR-H.CI.S1, Rel. (necessidade de comunicação e aviso prévio, no caso de despedimento coletivo decorrente da insolvência).

Acórdão RG, de 25.06.2020, Processo n. 2139/19.0t8VCT-A.G1 (a falta de formalidade legais no despedimento coletivo não impede o reconhecimento da caducidade, se a causa for o encerramento definitivo da empresa.

- **Brasil:** https://pje.trt3.jus.br.

Acórdão TST (SBDI-1), 16.12.2007, Processo n. TST-E-RR-666.497/200.5, Rel. João Batista Brito Ferreira (interpretação do art.449, da CLT, os direitos oriundos da existência do contrato de trabalho subsistirão em caso de falência, concordata ou dissolução da empresa).

Acórdão TRT3, de 13.03.2019, Recurso Ordinário, Processo n. 0010239-35.2018.5.03.0063, Rel. Weber Leite de Magalhães Pinto Filho (falência não acarreta dissolução automática dos contratos de trabalho).

Acórdão TST, 8ª Turma (GMDMC/Jj/Dmc/g1/ao), 16.12.2020, Processo n. TST-AIRR-10288-91.5.03.0176, Rel. Dora Maria da Costa (falência não acarreta dissolução automática dos contratos de trabalho).

Acórdão TST (SBDI-1), 16.12.2007, Processo n. TST-E-RR-666.497/200.5, Rel. João Batista Brito Ferreira (interpretação do art. 449, da CLT, os direitos oriundos da existência do contrato de trabalho subsistirão em caso de falência, concordata ou dissolução da empresa).

Lista de abreviações

Al. - alínea

Ac. - Acórdão

Art./Arts. - Artigo/Artigos

AJ – Administrador Judicial

CC – Código Civil Brasileiro

Cf. – Conferir

CIRE – Código de Insolvência e Recuperação de Empresas

CLT – Consolidação das Leis Trabalhistas

COMI – Center of Main Interest

CPEREF – Código de Processos Especiais e de Recuperação de Empresa e de Falência.

CT – Código do Trabalho
EU – Regulamento Europeu
EUA – Estados Unidos da América
LC – Ley Concursal
LREF – Lei de Recuperação Judicial e Falência
nº/nºs - número/números
p. /pp. ou pps. – página/páginas
PER – Plano Especial de Revitalização
Proc. – Processo
Ss. – Seguintes
STJ – Supremo Tribunal de Justiça
Tb. – Também
TRT – Tribunal Regional do Trabalho
TST – Tribunal Superior do Trabalho
UE – União Europeia
Vol. – Volume

CAPÍTULO II

ESG E OS INSTRUMENTOS DE REGULAÇÃO E FISCALIZAÇÃO DO MERCADO FINANCEIRO À LUZ DO DIREITO AMBIENTAL ECONÔMICO

ANA BEATRIZ BULHÕES TOSTA

Introdução

Os padrões ESG têm trazido a promessa de conciliar a atividade empresarial com a preservação do meio ambiente, especialmente no mercado financeiro. No entanto, o mercado financeiro é predominantemente autorregulatório, e os dados de sustentabilidade são, muitas vezes, divulgados pelas próprias empresas através de auditorias internas. Isso acaba por gerar dúvidas quanto à credibilidade da empresa na aplicação dos padrões ESG, especialmente frente ao fenômeno do *greenwashing*, dificultando uma análise conclusiva sobre a conformidade da atuação empresarial com as disposições constitucionais da ordem econômica, fundada na função social da propriedade e defesa do meio ambiente.

Assim, para trazer maior segurança à análise da aplicação das políticas ESG no mercado financeiro, é preciso assegurar que as informações prestadas pelas instituições financeiras e empresas sejam completas e técnicas, o que exige a devida regulação e fiscalização constante por órgãos competentes que atuem de forma transparente, com a divulgação de dados objetivos e imparciais. O presente trabalho consiste justamente em analisar esses instrumentos de regulação e fiscalização das políticas ESG, a partir de uma análise integrativa das diretrizes normativas do Conselho Monetário Nacional, Banco Central do Brasil e Comissão de Valores Mobiliários, bem como das bases teóricas e normativas do direito ambiental econômico.

1 ESG e os fundamentos jurídicos do direito ambiental econômico

1.1 Fundamentos do Direito Ambiental Econômico

A introdução do direito ambiental econômico no ordenamento jurídico brasileiro depende de uma compreensão do direito econômico e do direito ambiental, separadamente, para explorar os pontos de intersecção entre eles e desenvolver um estudo próprio dessa área intrinsecamente interdisciplinar.

O direito econômico busca unir as ciências da economia e do direito, a partir da ideia de que a teoria do direito é uma teoria política e, consequentemente, a teoria de direito econômico é uma teoria de política econômica,[1] sendo o direito responsável por normatizar essa política. Assim, as normas jurídicas trazem orientação para a política econômica, com o objetivo de enquadrá-la no ordenamento

---

1 DERANI, Cristiane. *Direito ambiental econômico*. 3ª ed. São Paulo: Saraiva, 2008, p. 37.

jurídico e na ideia de justiça social,[2] sendo essa uma relação mútua, vez que a política econômica utiliza do direito como instrumento da macroeconomia, havendo uma cooperação entre esses institutos.

A lógica desse ramo é que, dentro de um Estado de Direito, cujo fundamento de existência e regramento se encontra no âmbito jurídico, a partir da Constituição Federal, não é diferente com a ordem econômica, que está sujeita às determinações constitucionais e legais.[3] É claro que, dentro da ciência econômica e uma análise histórico-social, a ordem econômica existe de forma independente da organização estatal, mas o que se busca para o direito econômico é o seu enquadramento de uma perspectiva jurídica, englobando normas cujo conteúdo é capaz de efetivamente influenciar a vida econômica.

A natureza dessa disciplina é híbrida, mesclando direito público e privado, pois mescla interesses e relações privadas e públicas,[4] com o objetivo de regular as práticas econômicas tanto para concretizar a política econômica quanto para limitá-las, a fim de conciliar o desenvolvimento econômico com a ordem social. Na definição de Vicente Bagnoli:

> Direito Econômico é a disciplina autônoma do Direito, interdisciplinar jurídica e econômica, que se ocupa do tratamento jurídico da política econômica do Estado e da relação entre os indivíduos e os agentes do mercado, para alcançar o bem-estar social e, consequentemente, promover o desenvolvimento

---

2 BAGNOLI, Vicente. *Direito econômico*. 6ª ed. São Paulo: Grupo GEN, 2013, p. 23. Disponível em: https://integrada.minhabiblioteca.com.br/#/books/9788522484331/. Acessado em: 27.09.2023.

3 DERANI, Cristiane. *Direito ambiental econômico*. 3ª ed. São Paulo: Saraiva, 2008, p. 40.

4 SOUZA, Washington Peluso Albino de. *Primeiras linhas de direito econômico*. 5ª ed. São Paulo: LTr, 2003, p. 28.

socioeconômico, a partir da utilização do princípio da economicidade, traduzindo o conceito de eficiência em justiça.[5]

O direito ambiental, por sua vez, surge após a intensificação do uso de recursos naturais, decorrente do crescimento industrial e tecnológico, a qual resultou em tamanha degradação ambiental que colocou a existência da vida humana na Terra em risco. Dessa forma, esse ramo da ciência jurídica vem da necessidade de preservar a própria espécie humana a partir da preservação do meio ambiente,[6] partindo de uma visão antropocêntrica.

Para maior compreensão da abrangência do direito ambiental, é de suma importância trazer o art. 3º, inciso I, da Lei n. 6.938/81 (Política Nacional do Meio Ambiente), que define meio ambiente como "o conjunto de condições, leis, influências e interações de ordem física, química e biológica, que permite, abriga e rege a vida em todas as suas formas". Nota-se que o conceito amplo de meio ambiente adotado em nosso ordenamento jurídico engloba não somente os aspectos naturais de fauna, flora, solo etc., mas também o meio ambiente cultural, econômico e social, criados pelo ser humano,[7] tendo sido dividido pela doutrina em quatro dimensões: meio ambiente natural, artificial, cultural e do trabalho.[8]

5 BAGNOLI, Vicente. *Direito econômico*. 6ª ed. São Paulo: Grupo GEN, 2013, p. 23. Disponível em: https://integrada.minhabiblioteca.com.br/#/books/9788522484331/. Acessado em: 14.03.2024.

6 ANTUNES, Paulo de B. *Direito Ambiental*. São Paulo: Grupo GEN, 2023. Disponível em: https://integrada.minhabiblioteca.com.br/#/books/9786559773787/. Acessado em: 26.09.2023.

7 RAMOS, Erasmo Marcos. *Direito ambiental comparado Brasil-Alemanha-EUA*: uma análise exemplificada dos instrumentos ambientais brasileiros à luz do Direito Comparado. Maringá: Midiograf II, 2009, p. 58.

8 D'ISEP, Clarissa. *Direito Ambiental Econômico e a ISO 14000*: análise jurídica do modelo de gestão ambiental e certificação ISO 14001. 2ª ed. São Paulo: Revista dos Tribunais, 2009, pp. 79-84.

Dada sua abrangência inata, o Direito Ambiental comporta diversas definições em diferentes sistemas jurídicos, mas, para o presente estudo, o conceito trazido por Luís Paulo Sirvinskas parece mais apropriado:

> (...) direito ambiental é a ciência jurídica que estuda, analisa e discute as questões e os problemas ambientais e sua relação com o ser humano, tendo por finalidade a proteção do meio ambiente e a melhoria das condições de vida no planeta.[9]

Com essas premissas já consolidadas, fica clara a relação do Direito Econômico e Direito Ambiental, que se interceptam em seu compartilhado objetivo de "*buscar a melhoria do bem-estar das pessoas e a estabilidade do processo produtivo*".[10] Acontece que, apesar de se estruturarem com fundamentos constitucionais diversos – o direito econômico tendo como base o art. 170 e o direito ambiental o art. 225, ambos da Constituição Federal – sua finalidade é, essencialmente, a mesma: regular as atividades humanas para assegurar a todos qualidade de vida e dignidade.

É nesse ponto de intersecção que surge o direito econômico ambiental, conciliando ambos os ramos para que ajam em conjunto, de forma complementar, na busca pela qualidade de vida, a qual abrange tanto o bem-estar econômico,[11] proporcionado pela política econômica instrumentalizada no direito econômico; quanto o bem-estar físico e espiritual, decorrente do direito ao meio ambiente ecologicamente equilibrado. Em verdade, a divisão entre econômico

---

9 SIRVINSKAS, Luís P. *Manual de direito ambiental*. São Paulo: Saraiva, 2022, p. 41. Disponível em: https://integrada.minhabiblioteca.com.br/#/books/9786553620438/. Acessado em: 27.09.2023.

10 DERANI, Cristiane. *Direito Ambiental Econômico*. 3ª ed. São Paulo: Saraiva, 2008, p. 58.

11 D'ISEP, Clarissa. *Direito Ambiental Econômico e a ISO 14000*: análise jurídica do modelo de gestão ambiental e certificação ISO 14001. 2ª ed. São Paulo: Revista dos Tribunais, 2009, p. 48.

e ambiental acaba sendo meramente teórica, pois na prática seus preceitos são indissociáveis, vez que não é possível criar uma política ambiental sem considerar a atividade econômica ou uma política econômica sem considerar a relação produção-natureza.[12] Por isso, para efetivar os princípios trazidos nos arts. 170 e 225 da Constituição Federal, devemos superar essa visão setorizada.

Nesse sentido, dois princípios merecem destaque: prevenção e desenvolvimento sustentável.

O princípio da prevenção surge da ideia de que os efeitos de um dano ambiental tomam proporções inimagináveis por tempo indeterminado, pois a restauração natural do meio ambiente é um processo demorado que envolve todo o ciclo ecológico. Torna-se necessário, portanto, tomar medidas para evitar ao máximo o dano ambiental (que por vezes é irreversível), antecipando sua ocorrência. Portanto, a prevenção parte do conhecimento científico de que determinada ação/atividade causa determinado dano, adotando práticas que mitiguem esse risco, de modo a prevenir o dano, como o próprio nome já diz.

É o princípio basilar do direito ambiental, já que a efetiva proteção do meio ambiente depende da preservação de seu estado natural, de forma que "*a prevenção deve constituir-se em regra e a reparação em exceção*".[13] Merece menção o princípio da precaução, que consiste em uma expansão da prevenção, só que contra riscos incertos ou desconhecidos de dano ambiental, não plenamente conhecidos pela ciência. Note-se que, ao mitigar os riscos ambientais decorrentes da atividade econômica, a prevenção efetiva o desenvolvimento sustentável, como se verá adiante.

---

12 DERANI, Cristiane. *Direito ambiental econômico*. 3ª ed. São Paulo: Saraiva, 2008, p. 68.

13 D'ISEP, Clarissa. *Direito Ambiental Econômico e a ISO 14000*: análise jurídica do modelo de gestão ambiental e certificação ISO 14001. 2ª ed. São Paulo: Revista dos Tribunais, 2009, p. 63.

O princípio do desenvolvimento sustentável está consagrado no art. 225 da Constituição Federal ao determinar o dever estatal e social de defender e preservar o meio ambiente para as "presentes e futuras gerações". O art. 170, VI, da CF também traz esse princípio dentro da ordem econômica, ao incluir a defesa do meio ambiente como aspecto fundamental da atividade econômica, prezando pela harmonização entre eles. A nível infraconstitucional, destaca-se o art. 4º, I e VI, da Lei n. 6.938/81, o qual preza pela compatibilização do desenvolvimento econômico com a preservação do meio ambiente a fim de assegurar sua qualidade e disponibilidade permanente de recursos.

O desenvolvimento sustentável busca equilibrar a balança entre o econômico e o ecológico, conciliando-os e possibilitando que prosperem simultaneamente. Para que isso aconteça, é inevitável que ambas as partes tenham que ceder, em busca do pleno bem-estar social, motivo pelo qual Derani[14] afirma haver uma valoração dos recursos ambientais, para que se faça uma opção política quanto à estratégia de risco a ser adotada, priorizando determinados bens ambientais. Todavia, nesse processo, não se pode perder a visão do todo, visto que o sistema ecológico está interligado, devendo a política ambiental avaliar os riscos e efeitos da atividade econômica numa perspectiva global e unificada, à luz do princípio da dignidade humana, contemplando aspectos sociais, ambientais e econômicos.

1.2 ESG: surgimento, definição e relação com os Objetivos de Desenvolvimento Sustentável da ONU

O termo ESG (*environmental, social and governance*) surge dentro desse contexto jurídico-econômico, pela necessidade de adotar nas práticas do mercado uma visão global e integradora de sustentabilidade, sob a premissa de que o desenvolvimento econômico se

---

14 DERANI, Cristiane. *Direito ambiental econômico*. 3ª ed. São Paulo: Saraiva, 2008, p. 121.

concretiza apenas com o desenvolvimento sustentável. Ele faz referência ao comprometimento dos agentes econômicos em três dimensões da sustentabilidade (ambiental, social e governança), direcionando a atuação empresarial no mercado com maior transparência.

Interessante apresentar a leitura de que "*na própria sigla ESG, 'ambiental' e 'social' aparecem como adjetivos do substantivo 'governança'*",[15] de maneira que as dimensões ambiental e social seriam qualificadoras da governança corporativa. Afinal, a concretização de uma política socioambiental depende de uma gestão organizada, efetiva e transparente. Nesse sentido:

> A concepção jurídica de governança aqui considerada implica **transparência ativa**, sob o primado de políticas públicas de participação e de efetividade de justiça socioambiental de participação. Portanto, o conceito de governança ESG invoca o fortalecimento da cultura de governança corporativa que **internalize os custos da evitação dos riscos ambientais e sociais, assim como os da prevenção do dano ambiental** (...).[16]

É importante destacar que quando falamos de "critérios" ou "padrões"[17] ESG não nos referimos a um conjunto pré-determinado

---

15 YOSHIDA, Consuelo; VIANNA, Marcelo; KISHI, Sandra (Coord.). *Finanças sustentáveis*: ESG, compliance, gestão de riscos e ODS. 2022, p. 72. Disponível em: http://www.mpsp.mp.br/portal/page/portal/documentacao_e_divulgacao/doc_biblioteca/bibli_servicos_produtos/BibliotecaDigital/BibDigitalLivros/TodosOsLivros/Financas-sustentaveis%3DESG.pdf.

16 YOSHIDA, Consuelo; VIANNA, Marcelo; KISHI, Sandra (Coord.). *Finanças sustentáveis*: ESG, compliance, gestão de riscos e ODS. 2022, p. 72. Disponível em: http://www.mpsp.mp.br/portal/page/portal/documentacao_e_divulgacao/doc_biblioteca/bibli_servicos_produtos/BibliotecaDigital/BibDigitalLivros/TodosOsLivros/Financas-sustentaveis%3DESG.pdf. (Grifo nosso).

17 YOSHIDA, Consuelo; VIANNA, Marcelo; KISHI, Sandra (Coord.). *Finanças sustentáveis*: ESG, compliance, gestão de riscos e ODS. 2022, p. 71. Disponível em: http://www.mpsp.mp.br/portal/page/

de regras em que o enquadramento das práticas econômicas dentro desse conceito depende de um *checklist* específico. A ideia de ESG é trazer uma perspectiva quântica[18] tridimensional à gestão empresarial, ou seja, adotar uma política ESG significa aplicar conjuntamente e simultaneamente o fator ambiental, social e de governança em suas práticas. Dessa forma, normas ESG devem ser entendidas como aquelas que trazem exigências cuja abordagem se relaciona com uma de suas dimensões, visando *(a)* a proteção do meio ambiente; *(b)* respeito aos direitos humanos e desenvolvimento social; *(c)* gestão transparente e eficiente.

Embora o termo ESG tenha surgido em 2004, na publicação "*Who Cares Wins: Connecting Financial Markets to a Changing World*" do Pacto Global da ONU e do Banco Mundial, ou seja, antes mesmo da adoção dos ODS pela ONU em 2015, atualmente seu conceito e aplicação são indissociáveis. Afinal, os critérios ESG buscam, em última análise, justamente o desenvolvimento sustentável a que os ODS se propõem a cumprir, sendo que

> *padrões e critérios ambientais, sociais e de governança referem-se à adoção de medidas proativas de integridade por governanças corporativas, públicas ou privadas, à luz de diretrizes ESG e numa agenda que deve coincidir com os Objetivos de Desenvolvimento Sustentável (ODS).*[19]

---

portal/documentacao_e_divulgacao/doc_biblioteca/bibli_servicos_produtos/BibliotecaDigital/BibDigitalLivros/TodosOsLivros/Financas-sustentaveis%3DESG.pdf.

18 Utiliza-se o termo "quântico", emprestado da física, para demonstrar que, tal como se entende na física quântica, as múltiplas dimensões existem simultaneamente e interagem entre si, sendo indissociáveis.

19 YOSHIDA, Consuelo; VIANNA, Marcelo; KISHI, Sandra (Coord.). *Finanças sustentáveis*: ESG, compliance, gestão de riscos e ODS. 2022, p. 71. Disponível em: http://www.mpsp.mp.br/portal/page/portal/documentacao_e_divulgacao/doc_biblioteca/bibli_servicos_produtos/BibliotecaDigital/BibDigitalLivros/TodosOsLivros/Financas-sustentaveis%3DESG.pdf.

A ONU define os ODS como "um apelo global à ação para acabar com a pobreza, proteger o meio ambiente e o clima e garantir que as pessoas, em todos os lugares, possam desfrutar de paz e de prosperidade",[20] sendo cada um dos 17 ODS um direcionamento para que a Agenda 2030 seja cumprida, agenda esta que o Brasil se comprometeu a cumprir na Assembleia Geral das Nações Unidas de 2015.

A fim de posicionar o papel do ESG na consecução dos objetivos da Agenda 2030, cruciais para a interpretação e evolução do ordenamento jurídico brasileiro, vale mencionar alguns objetivos e metas cuja relação é mais evidente, quais sejam: ODS 8 (trabalho decente e crescimento econômico), 9 (indústria, inovação e infraestrutura) e 12 (consumo e produção responsáveis).

Dentro do ODS 8, mostrou-se claro o papel do ESG na meta 8.4, em que o foco é a melhora da eficiência dos recursos globais no consumo e na produção, buscando dissociar o crescimento econômico da degradação ambiental, que é justamente a proposta dos critérios ESG. Quanto ao ODS 9, é preciso dar destaque à meta 9.4, a qual tem como finalidade a modernização da infraestrutura e reabilitação das indústrias para torná-las sustentáveis, com maior adoção de tecnologias e processos industriais limpos e ambientalmente corretos. Como os critérios ESG contribuem com o desenvolvimento de projetos de tecnologia sustentável e incentivam as empresas a buscar meios de produção menos danosos ao meio ambiente, é promissora sua atuação no cumprimento da referida meta.

No ODS 12, apesar de as políticas ESG auxiliarem em mais de uma meta, dependendo de sua finalidade e direcionamento, a meta 12.6 mostrou-se a mais evidente, vez que busca incentivar as empresas a adotar práticas sustentáveis e a integrar informações de sustentabilidade em seu ciclo de relatórios. Isso porque o enquadramento

20 ONU. *Agenda 2030*. Disponível em: https://nacoesunidas.org/pos2015/agenda2030/. Acessado em: 03.03.2022.

da empresa dentro dos padrões ESG incentiva a adoção de práticas sustentáveis por meio de determinados benefícios, a exemplo do Decreto n. 10.387/2020, cujo objetivo é incentivar o financiamento de projetos de infraestrutura com benefícios ambientais e sociais, incluindo-os como prioritários e simplificando seus requisitos para aprovação, inclusive conferindo tratamento regulatório e benefício fiscal às debêntures de infraestrutura verdes (Decreto n. 11.498/2023).

Atualmente, com a expansão do mercado financeiro, a importância conferida aos critérios ESG nesse setor se intensificou, uma vez que os investidores consideram as práticas sustentáveis um critério crucial para investimento, vez que mitigam os riscos ambientais e sociais, e acompanham mais de perto a atividade empresarial. Tanto é que a BlackRock, maior empresa de gestão de ativos e investimentos do mundo, foi uma das primeiras a adotar práticas ESG.[21]

Os relatórios do Banco Central do Brasil[22] e do Pacto Global,[23] referentes à evolução do ESG no Brasil, demonstram inequivocamente que nos últimos anos houve um aumento na preocupação de adequação aos seus critérios tanto por parte das empresas quanto dos consumidores e investidores. Isso se deve aos benefícios diretos e indiretos à empresa que adotar os padrões ESG,[24] tal como a

---

21 BLACKROCK. *Larry Fink CEO Letter*. 2020. Disponível em: https://www.blackrock.com/br/larry-fink-ceo-letter. Acessado em: 15.09.2022.

22 BANCO CENTRAL DO BRASIL. *Relatório de Riscos e Oportunidades Sociais, Ambientais e Climáticas*. Disponível em: https://www.bcb.gov.br/publicacoes/relatorio-risco-oportunidade. Acessado em: 14.03.2024.

23 PACTO GLOBAL REDE BRASIL. *A evolução do ESG no Brasil*. Disponível em: https://www.pactoglobal.org.br/pg/esg. Acessado em: 05.03.2022.

24 Segundo pesquisa inédita realizada pelo Anuário da Justiça Direito Empresarial, realizada com consultoria da FGV e do IPESPE (Instituto de Pesquisas Sociais, Púbicas e Enconômicas), "*As empresas brasileiras estão desencantadas com a arbitragem, que é cara e pouco transparente, entendem que o Judiciário e órgãos de controle administrativos, como o Carf e o Cade, tendem a favorecer o Fisco contra o contribuinte, e* ***acreditam que têm muito a ganhar aderindo às boas práticas de***

facilidade na captação de recursos, mitigação de riscos e indicação de solidez e comprometimento sustentável perante os investidores, fatores esses que conferem maior segurança e igualmente motivam os stakeholders. No entanto, determinar se uma empresa está de fato aplicando os padrões ESG exige a devida regulação e fiscalização constantes por órgãos competentes que atuem de forma transparente, com a divulgação de dados.

1.3 Estrutura do mercado financeiro

A fim de analisar a inserção dos critérios ESG no mercado financeiro, é preciso compreender a extensão e funcionamento desse mercado. Para tanto, iniciaremos com um estudo do Sistema Financeiro Nacional (SFN), consagrado no art. 192 da Constituição Federal.

Referido artigo estabelece como objetivo do sistema financeiro promover o desenvolvimento equilibrado do país e servir aos interesses da coletividade. A previsão constitucional do SFN é muito restrita, reduzindo-se, após a EC n. 40/2003, ao sucinto caput, o qual prevê a criação de lei complementar que o regule. Acontece que referida lei não foi criada após a promulgação da Constituição Federal de 1988, tendo sido as leis ordinárias que tratam do SFN, anteriores à CRFB/88, recepcionadas com status de lei complementar. Por isso, o SFN se estrutura principalmente pela Lei n. 4.595/64 (estrutura e regula o sistema financeiro nacional), Lei n. 4.728/65 (disciplina o

governança, sustentabilidade e compliance" (CONJUR. *Anuário da Justiça*, 2023, p. 30. Disponível em: https://anuario.conjur.com.br/pt-BR/profiles/78592e4622f1-anuario-da-justica/editions/anuario-da-justica-direito-empresarial-2023/pages/page/28. Acessado em: 08.04.2024). Na pesquisa, segundo informa, ouviu-se 155 executivos jurídicos dentre as 1.000 maiores empresas do país, entre os dias 1 de março e 23 de abril de 2023.

mercado de capitais) e a Lei n. 6.385/76 (disciplina sobre o mercado de valores mobiliários).[25]

Essas leis constituíram como autoridades monetárias, que compõem a divisão normativa do sistema financeiro, o Conselho Monetário Nacional (CMN), o Banco Central do Brasil (BCB) e a Comissão de Valores Mobiliários (CVM), sendo esta última considerada uma autoridade de apoio.[26] Sobre suas funções institucionais, afirmam os economistas Armando Mellagi Filho e Sérgio Ishiwaka, em sua obra "Mercado Financeiro e de Capitais":

> Em linhas gerais, as autoridades monetárias procuram **disciplinar o mercado financeiro**, a fim de evitar abusos, e colocar em prática a política emanada do governo federal. Podemos ainda dizer que a principal função das autoridades monetárias é salvaguardar o valor da moeda nacional e a **confiança geral do sistema financeiro**. Já as autoridades de apoio lidam com um contexto de financiamento mais específico (setorialmente ou operacionalmente) do que macroeconômico.[27]

De forma simplificada, Otavio Yazbek diz que "*a função básica do sistema financeiro é a de mobilizar e canalizar recursos para atividades produtivas*".[28] O jurista traz o termo "mercado financeiro" como gênero, cujas espécies são o "mercado financeiro em sentido estrito" (mercado de crédito ou mercado bancário) e o "mercado de capitais". No primeiro, há uma intermediação no processo de financiamento pelas instituições bancárias, que se colocam

---

25 MELLAGI FILHO, Armando; ISHIKAWA, Sérgio. *Mercado financeiro e de capitais*. 2ª ed. São Paulo: Atlas, 2008, p. 114.

26 MELLAGI FILHO, Armando; ISHIKAWA, Sérgio. *Mercado financeiro e de capitais*. 2ª ed. São Paulo: Atlas, 2008, p. 116.

27 MELLAGI FILHO, Armando; ISHIKAWA, Sérgio. *Mercado Financeiro e de Capitais*. 2ª ed. São Paulo: Atlas, 2008, p. 116 (grifo nosso).

28 YAZBEK, Otavio. *Regulação do mercado financeiro e de capitais*. Rio de Janeiro: Elsevier, 2007, p. 132.

entre o investidor e o beneficiário do investimento. Já no mercado de capitais, ou mercado de valores mobiliários,[29] o financiamento é direto entre o prestador de recursos e o beneficiário, através da aquisição de valores mobiliários (ações, debêntures etc.)[30] emitidos pelo beneficiário.

É a partir dessas espécies de mercado financeiro que as autoridades monetárias foram criadas, sendo o escopo do BCB o mercado de crédito e da CVM o mercado de capitais, com o CMN como autoridade máxima do mercado financeiro *lato sensu*. Portanto, quando se trata de regulação e fiscalização do mercado financeiro, esses são os principais órgãos a serem considerados. Antes, porém, de destrinchar seu funcionamento e funções, de rigor delimitarmos o escopo do presente estudo com o conceito e pressupostos de "regulação" que trataremos a seguir.

Para melhor compreender a regulação, é preciso esclarecer sua origem: com o avanço da indústria e das tecnologias num contexto globalizado, houve um aumento dos riscos gerados pela atividade econômica, de maneira que toda a sociedade passou a suportá-los, e não apenas os agentes privados, tal como os riscos ambientais e à saúde pública. Impõe-se, assim, a regulação externa das atividades financeiras, via de regra estatal, a fim de proteger a sociedade e o próprio sistema financeiro.[31]

---

29 EIZIRIK, Nelson; GAAL, B. Ariádna; PARENTE, Flavia; HENRIQUES, Marcus de Freitas. *Mercado de capitais*: regime jurídico. 2ª ed. Rio de Janeiro: Renovar, 2008, p. 8.

30 O art. 2º da Lei n. 6.385/76 traz o elenco de valores mobiliários.

31 YAZBEK, Otavio. *Regulação do mercado financeiro e de capitais*. Rio de Janeiro: Elsevier, 2007, p. 176.

Ou seja, a regulação surge de uma necessidade de intervenção estatal na atividade econômica, buscando preservá-la e proteger os interesses sociais difusos. Para Eizirik,[32]

> *a regulação constitui uma função administrativa, que não decorre da prerrogativa do poder político, e sim da "abertura" da lei para que o agente regulador pondere, de forma neutra,* ***conflitos entre os interesses público e privado, sejam eles potenciais ou efetivos.***[33]

A atividade regulatória é, portanto, o estabelecimento de regras específicas de comportamento, enquanto a fiscalização, parte essencial desse processo, visa certificar que essas regras estão sendo observadas.

Cumpre mencionar que no processo de evolução do Estado de Direito, muito se discutiu sobre a legitimidade do poder regulatório do Executivo e a função normativa a ele inerente, tendo em vista o princípio da separação de poderes e as atribuições normativas do Poder Legislativo. A esse respeito, Dallari[34] afirma que

> (...) a separação de poderes foi concebida num momento histórico em que se pretendia limitar o poder do Estado e reduzir ao mínimo sua atuação. Mas a evolução da sociedade criou exigências novas, que atingiram profundamente o Estado. Este passou a ser cada vez mais solicitado a agir, ampliando sua esfera de ação e intensificando sua participação nas áreas tradicionais. Tudo isso impôs a **necessidade de uma legislação**

---

32 EIZIRIK, Nelson. *Mercado de capitais*: regime jurídico. 2ª ed. Rio de Janeiro: Renovar, 2008.

33 EIZIRIK, Nelson; GAAL, B. Ariádna; PARENTE, Flavia; HENRIQUES, Marcus de Freitas. *Mercado de capitais*: regime jurídico. 2ª ed. Rio de Janeiro: Renovar, 2008, p. 255 (grifo nosso).

34 DALLARI, Dalmo de Abreu. *Elementos de teoria geral do Estado*. 33ª ed. São Paulo: Saraiva, 2016.

> **muito mais numerosa e mais técnica, incompatível com os modelos da separação de poderes.** O legislativo não tem condições para fixar regras gerais sem ter conhecimento do que já foi ou está sendo feito pelo executivo e sem saber de que meios este dispõe para atuar. O executivo, por seu lado, não pode ficar à mercê de um lento processo de elaboração legislativa, nem sempre adequadamente concluído, para só então responder às exigências sociais, muitas vezes graves e urgentes.[35]

Foi nesse contexto e à vista da necessidade de criação de normas mais específicas e flexíveis que surgiu o poder regulatório, através do qual surgem funções diferentes daquelas reservadas ao Poder Legislativo. Afinal, a função legislativa é uma espécie de função normativa, e dentro desta última está também a função regulatória, reservada ao Poder Executivo. Não há, portanto, de se falar em invasão ou delegação de competência, uma vez que se tratam de competências diferentes.

Tanto é que o ex-Ministro do Supremo Tribunal Federal, Célio Borja, no julgamento do Conflito de Atribuições n. 35, reforça a ideia de que a função regulatória é uma espécie da função normativa própria do Poder Executivo:

> (...) O cartesianismo da classificação exaustiva das funções do Estado, fundado na suposição de que todas as atividades e atos dos poderes públicos inserir-se-iam numa das três espécies, logo defrontar-se-ia, historicamente, com a impossibilidade organizacional de deferir a um único órgão a exclusividade de um só tipo de atuação, e com o imperativo existencial do surgimento de novos e diferenciados encargos do Estado, notadamente o de **tutelar relações econômicas de**

35 DALLARI, Dalmo de Abreu. *Elementos de teoria geral do Estado*. 33ª ed. São Paulo: Saraiva, 2016, p. 218 (grifo nosso).

> **natureza privada, através do exercício dos chamados poderes regulatórios.**
>
> Esses revestem, simultaneamente, a natureza do poder de polícia e da atividade normativa; daquele porque visam a tutela de certos bens individuais e sociais, mediante atos que se exaurem quando alcançados o seu fim imediato, participam, também, de algumas notas do conceito de norma, especialmente a da generalidade, quando alcançam uma pluralidade de sujeitos e lhes conferem direitos e lhes **impõem deveres e obrigações**, sempre com vistas à consecução dos fins referidos (...). Logo se perceberá em cada um deles (art. 4º) a natureza regulatória a que, acima, aludiu-se. Porque **são atos de competência da Administração** e seu conteúdo se aproxima do que é próprio do poder de polícia, não há que ver neles, *data venia*, o objeto de uma delegação legislativa, pois não se pode dar a outrem o que não se possui. (BRASIL. Supremo Tribunal Federal, Conflito de Atribuições n. 35, do Tribunal Pleno. Suscitantes: Banco Brasileiro de Descontos S/A e outros. Suscitados: Juiz de Direito da 2ª Vara Cível da Comarca da capital do Estado do Rio de Janeiro, Conselho Monetário Nacional e Banco Central do Brasil. Agravante: Ministério Público do Estado do Rio de Janeiro. Relator: Ministro Sydney Sanches. Brasília, DF, 2 de dezembro de 1987, pp. 81/82 *apud* SANT'ANA, 2010; grifo nosso).

Essas nuances foram consolidadas na Constituição Federal de 1988, em especial no art. 174, *caput*, ao estabelecer que

> *como agente normativo e regulador da atividade econômica, o Estado exercerá, na forma da lei, as funções de fiscalização, incentivo e planejamento, sendo este determinante para o setor público e indicativo para o setor privado.*

Dessa forma, ao conferir ao Estado a função de agente normativo e regulador da atividade econômica, esse artigo se torna o fundamento constitucional do poder regulatório do Executivo. Importante ressaltar, no entanto, que como qualquer função estatal, ela não é absoluta; para que essa regulação seja válida, a lei precisa atribuir essa competência específica aos órgãos do Poder Executivo,[36] em consonância com o princípio da legalidade da Administração Pública (art. 37, *caput*, CF).[37]

No que tange especificamente à regulação no mercado financeiro, Otavio Yazbek afirma que a intervenção estatal "*se dá predominantemente por 'direção', ou seja, pelo estabelecimento de 'mecanismos e normas de comportamento compulsório' para os agentes que ali operam*".[38] Ou seja, a regulação financeira pode então ser resumida em normas que direcionam a atividade dos agentes atuantes no mercado financeiro ao impor-lhes determinados comportamentos, tendo em vista as modalidades de riscos e formas de administração.

De uma perspectiva socioeconômica, o objetivo da regulação é determinar, controlar ou influenciar o comportamento dos agentes econômicos para garantir maior eficiência e bem-estar social, sendo necessária "*uma estrutura de incentivos, de fácil implementação (baixo custo), para alinhar a conduta dos agentes (regulados) com o desejo do principal (regulador)*",[39] devendo prezar sempre pela transparência para conferir maior segurança ao mercado e, evidentemente, ter em vista os interesses sociais definidos na Constituição Federal para orientar os agentes em direções socialmente desejáveis.[40]

---

36 ZANOTTA, Alexandre. *Regulação e auto-regulação no mercado de capitais brasileiro*. São Paulo: Pontifícia Universidade Católica de São Paulo, 2005, p. 25. (Dissertação Mestrado em Direito).

37 Art. 37. A administração pública direta e indireta de qualquer dos Poderes da União, dos Estados, do Distrito Federal e dos Municípios obedecerá aos princípios de legalidade, impessoalidade, moralidade, publicidade e eficiência e, também, ao seguinte: (...).

38 YAZBEK, Otavio. *Regulação do mercado financeiro e de capitais*. Rio de Janeiro: Elsevier, 2007, p. 179.

39 VIEGAS; MACEDO, 2010, p. 102.

40 ZANOTTA, Alexandre. *Regulação e auto-regulação no mercado de capitais brasileiro*. São Paulo: Pontifícia Universidade Católica de São Paulo, 2005, p. 47. (Dissertação de Mestrado).

Com essas premissas já consolidadas, passamos ao exame do funcionamento e funções das autoridades monetárias, responsáveis pela regulação e fiscalização do mercado financeiro, quais sejam o Conselho Monetário Nacional (CMN), o Banco Central do Brasil (BCB) e a Comissão de Valores Mobiliários (CVM).

O Conselho Monetário Nacional integra o Ministério da Fazenda e é a autoridade máxima do mercado financeiro, englobando tanto o mercado de crédito quanto o de capitais, responsável por estabelecer normas e limites ao sistema financeiro, fornecendo as principais diretrizes de política econômica aos demais órgãos reguladores. É um órgão normativo, sem função executiva, enquanto o BCB e a CVM funcionam como órgãos executores das Resoluções do CMN. Conforme apontado por Otavio Yazbek, "*se o CMN é entidade deliberativa e normativa por definição, cabe ao BCB e à CVM realizar sobretudo os atos de execução das regras e políticas por ele definidas, dentro de suas respectivas esferas de competência*".[41]

O art. 4º da Lei n. 4.595/64 determina as competências do Conselho Monetário Nacional, dentre as quais: estatuir normas para as operações das instituições financeiras públicas; disciplinar as atividades das Bolsas de Valores; regular o funcionamento e fiscalização de estabelecimentos bancários, sociedades de crédito, financiamento e investimentos, bolsas de valores, e as pessoas físicas ou jurídicas que exerçam atividade relacionada com a compra e venda de ações e outros quaisquer títulos, realizando nos mercados financeiros e de capitais operações ou serviços de natureza dos executados pelas instituições financeiras, nos termos do art. 18, § 1º, da Lei n. 4.595/64.

O Banco Central do Brasil é uma autarquia federal responsável por disciplinar as instituições financeiras e "*zelar por um sistema financeiro sólido, eficiente e competitivo, e fomentar o bem-estar*

---

41 YAZBEK, Otavio. *Regulação do mercado financeiro e de capitais*. Rio de Janeiro: Elsevier, 2007, p. 200.

econômico da sociedade".[42] Dentro do Sistema Financeiro Nacional (SFN), assume a função reguladora no âmbito do mercado de crédito, atuando não somente como executor da política econômica do CMN (art. 9º da Lei n. 4.595/64), mas também como gestor do SFN, a partir da edição de normas e da fiscalização das instituições financeiras, incumbindo-lhe inclusive a autorização para funcionamento destas e a aplicação de penalidades,[43] nos termos do art. 10, IX e X, da Lei n. 4.595/64.

A Comissão de Valores Mobiliários é uma autarquia federal em regime especial, com *status* de agência reguladora,[44] responsável pela regulação do mercado de valores mobiliários (ou mercado de capitais). Dentro dessa competência, possui função normativa e fiscalizadora, utilizando seu poder de polícia para coibir atos danosos ao mercado, em prol do interesse público. Detém, portanto, poder normativo e executivo. Sobre o fundamento de validade desses poderes, Eizirik destaca:

> Em determinadas áreas em que o interesse público se revela patente, mesmo as relações puramente privadas deverão ser reguladas. A ação estatal passa, dessa forma, a induzir o comportamento dos particulares à produção de resultados úteis à coletividade – diga-se, comportamentos estes que, sem o necessário estímulo, diriam respeito tão-somente à maximização dos lucros dos agentes privados.[45]

---

42 BANCO CENTRAL DO BRASIL. *Quem somos*. Disponível em: https://www.bcb.gov.br/publicacoes/rig21-quemsomos. Acessado em: 14.03.2024.

43 MELLAGI FILHO, Armando; ISHIKAWA, Sérgio. *Mercado financeiro e de capitais*. 2ª ed. São Paulo: Atlas, 2008, p. 121.

44 EIZIRIK, Nelson; GAAL, B. Ariádna; PARENTE, Flavia; HENRIQUES, Marcus de Freitas.. *Mercado de capitais*: regime jurídico. 2ª ed. Rio de Janeiro: Renovar, 2008. p. 244.

45 EIZIRIK, Nelson. *Mercado de capitais*: regime jurídico. 2ª ed. Rio de Janeiro: Renovar, 2008, p. 252.

Dentre as competências da CVM previstas nos arts. 1º e 8º da Lei n. 6.385/76, destacamos: a regulamentação e fiscalização da emissão e distribuição de valores mobiliários no mercado; do funcionamento das operações das Bolsas de Valores; da auditoria das companhias abertas; dos serviços de consultor e analista de valores mobiliários. Além disso, o art. 8º, I, da Lei n. 6.385/76 permite à CVM, inclusive, o estabelecimento de padrões de cláusulas e condições a serem adotadas nos títulos ou contratos de investimento, podendo a CVM recusar a admissão ao mercado da emissão que não satisfaça a esses padrões, com fulcro no art. 2º, § 3º, IV, da referida lei.

É crucial para o enquadramento no ordenamento jurídico das normas regulatórias expedidas por esses órgãos uma análise de sua hierarquia normativa dentro dos instrumentos de regulação. Temos, em ordem decrescente de hierarquia, a Constituição Federal, as leis federais, as resoluções do CMN, as instruções (ou resoluções de órgãos financeiros inferiores, como o BCB e a CVM), circulares e deliberações dos órgãos reguladores, estatutos e resoluções das entidades autorreguladoras.

A partir dessas considerações sobre a estrutura e funcionamento do mercado financeiro, passamos propriamente à análise jurídica de seus instrumentos de regulação e fiscalização no que tange aos fatores ESG, estudando-os à luz do direito ambiental econômico.

2 Os instrumentos financeiros de regulação e fiscalização ESG à luz do direito ambiental econômico

2.1 Os instrumentos regulatórios e fiscalizadores de ESG

Os estudos prévios sobre o mercado financeiro brasileiro apontaram que sua regulação e fiscalização, inclusive quando se trata de ESG, é responsabilidade do Conselho Monetário Nacional, do Banco Central do Brasil e da Comissão de Valores Mobiliários, cada um dentro de suas competências, quais sejam, respectivamente: mercado financeiro *lato sensu*, mercado financeiro *stricto sensu* e mercado de capitais. É necessário, portanto, a fim de aprofundar nos instrumentos vigentes de regulação e fiscalização no que tange aos critérios ESG, analisar as principais resoluções do CMN, do BCB e da CVM sobre o assunto.

Uma das mais importantes resoluções do CMN quando tratamos de política sustentável compatível com os valores ESG é a Resolução 4.945/2021. Essa norma infralegal determina que as instituições financeiras devem estabelecer uma Política de Responsabilidade Social, Ambiental e Climática (PRSAC), implementando ações que garantam sua efetividade, conforme disposto no art. 2º da referida resolução. A PRSAC aqui tratada é definida como o

> *conjunto de princípios e diretrizes de natureza social, de natureza ambiental e de natureza climática a ser observado pela instituição na condução dos seus negócios, das suas atividades e dos seus processos, bem como na sua relação com as partes interessadas* (art. 3º, *caput*, da Resolução CMN 4.945/2021).

É possível visualizar aspectos concretos relacionados aos critérios ESG na exigência de que as instituições financeiras contribuam na transição para uma economia de baixo carbono e na preservação e a reparação do meio ambiente, além de proteger e promover direitos e garantias fundamentais dos clientes, investidores, funcionários, fornecedores e prestadores terceirizados (art. 3º, § 1º, I, III, IV e V, da Resolução CMN 4.945/2021).

Interessante notar a exigência de que a PRSAC possua um amplo escopo e sem generalidades abstratas, considerando a *proporcionalidade* ao modelo de negócio, à natureza das operações e à complexidade dos produtos, dos serviços, das atividades e dos processos da instituição, bem como sua *adequação* à dimensão e à relevância da exposição ao risco social, ao risco ambiental e ao risco climático, nos termos do art. 2º, parágrafo único, da Resolução CMN 4.945/2021. A fim de assegurar a efetiva implementação das ações necessárias à concretização da PRSAC, estas devem ser monitoradas continuamente e avaliadas a partir de critérios pré-estabelecidos claros e passíveis de verificação, medindo sua real contribuição, conforme exigido no art. 4º da resolução *in casu*.

Outro aspecto da Resolução CMN 4.945/2021 que serve como instrumento de regulação dos padrões ESG no mercado financeiro são os critérios de governança estabelecidos para efetivar a PRSAC. Tendo em vista a necessidade de haver uma boa governança para implementar e efetivar as políticas ESG, os arts. 5º e 6º determinam a designação de diretor responsável pelo estabelecimento e monitoramento da PRSAC perante o Banco Central do Brasil, bem como a constituição de comitê de responsabilidade social, ambiental e climática que avalie o grau de aderência das ações implementadas à PRSAC e proponha recomendações para aperfeiçoamento.

Com o objetivo de garantir maior transparência quanto às ações tomadas pela instituição, o art. 10 da Resolução CMN 4.945/2021 reforça a obrigatoriedade de divulgação ao público externo da PRSAC, as ações implementadas para sua efetividade e os critérios de avaliação interna; além de, se o caso, apresentar uma relação de produtos e serviços oferecidos pela instituição que contribuam ambientalmente ou socialmente.

Essa exigência vai ao encontro do princípio do acesso à informação ambiental, um dos pilares da participação pública em matéria ambiental,[46] consagrado no art. 4º, V, da PNMA e no Princípio 10

---

46 SARLET, Ingo W.; FENSTERSEIFER, Tiago. *Princípios do direito ambiental*. São Paulo: Saraiva, 2017, p. 55. Disponível em: https://integrada.minhabiblioteca.com.br/#/books/9788547218607/. Acessado em: 27.09.2023.

da Declaração sobre Meio Ambiente e Desenvolvimento do Rio/92,[47] com base no qual "*toda pessoa deverá ter acesso adequado à informação sobre o ambiente de que dispõem as autoridades públicas, incluída a informação sobre os materiais e as atividades que oferecem perigo a suas comunidades*", sendo inclusive um dever do Estado disponibilizar as informações ambientais em sua posse (art. 5º, XXXIII, CF).

No que tange à fiscalização de todas essas estipulações mencionadas, os arts. 13 e 14 da Resolução CMN 4.945/2021 dispõem que toda a documentação relativa ao estabelecimento da PRSAC deve estar à disposição do Banco Central do Brasil – responsável por executar e fiscalizar as normas regulatórias do CMN (arts. 9º e 10, IX, da Lei n. 4.595/64) –, o qual poderá determinar aperfeiçoamentos nos controles e procedimentos de implementação.

Outra norma infralegal que regula a aplicação das políticas ESG é a Resolução CMN 4.557/2017, ao dispor que as instituições financeiras devem implementar uma estrutura de gerenciamento contínuo e integrado de riscos sociais e ambientais, a fim de identificar, mensurar, monitorar, controlar e mitigar esses riscos, instituindo uma política de divulgação dessas informações, conforme o art. 2º, I e III, e art. 6º, VI, VII, VIII.

Para maior compreensão do alcance da resolução supramencionada, é preciso analisar a definição trazida para esses riscos. O art. 38-A define risco social como "*a possibilidade de ocorrência de perdas para a instituição ocasionadas por eventos associados à violação de direitos e garantias fundamentais ou a atos lesivos a interesse comum*", o que inclui, por exemplo, a não observância da legislação trabalhista e previdenciária e a exploração do trabalho infantil. Já o art. 38-B define risco ambiental como "*a possibilidade*

47 ONU. *Declaração do Rio sobre Meio Ambiente e Desenvolvimento*. Rio de Janeiro, 1992. Disponível em: https://cetesb.sp.gov.br/proclima/wp-content/uploads/sites/36/2013/12/declaracao_rio_ma.pdf. Acessado em: 25.09.2023.

de ocorrência de perdas para a instituição ocasionadas por eventos associados à degradação do meio ambiente, incluindo o uso excessivo de recursos naturais", tal como a poluição do ar, água ou solo, desmatamento e maus-tratos contra animais.

Essa análise de risco imposta às instituições financeiras evidencia uma questão crucial das políticas ESG dentro de uma perspectiva econômica: quanto mais medidas forem tomadas para adequar a empresa a valores socioambientais, priorizando a sustentabilidade, menor serão os riscos sociais e ambientais e a consequente possibilidade de perdas para a instituição, tornando-a mais atrativa aos investidores, consumidores e parceiros negociais. Ou seja, a Resolução CMN 4.557/2017 traz uma obrigação às instituições financeiras que se traduz em incentivo econômico para que busquem mitigar os riscos socioambientais da sua atividade.

A resolução também vai ao encontro da postura preventiva adotada na Política Nacional do Meio Ambiente (PNMA)[48] e no Princípio 15 da Declaração sobre Meio Ambiente e Desenvolvimento do Rio/92.[49] Ao implementar uma estrutura de gerenciamento de riscos socioambientais a fim de mitigá-los, observa-se os princípios da prevenção e precaução, basilares do direito ambiental.

No campo de atuação do Banco Central do Brasil, destacamos a Resolução BCB 139/2021, a qual determina que as instituições financeiras devem divulgar o Relatório de Riscos e Oportunidades Sociais, Ambientais e Climáticas (Relatório GRSAC). O art. 3º

---

48 Embora a Lei n. 6.938/81 não preveja expressamente o princípio da prevenção, os princípios trazidos em seu art. 2º demonstram sua natureza preventiva, em especial a preservação da qualidade ambiental (*caput*); o planejamento e fiscalização do uso racional dos recursos ambientais (incisos II, III e VI); controle e zoneamento das atividades potencial ou efetivamente poluidoras (inciso V).

49 ONU. *Declaração do Rio sobre Meio Ambiente e Desenvolvimento*. Rio de Janeiro, 1992. Disponível em: https://cetesb.sp.gov.br/proclima/wp-content/uploads/sites/36/2013/12/declaracao_rio_ma.pdf. Acessado em: 25.09.2023.

da resolução lista as informações que o relatório precisa conter, associadas ao risco social, ambiental e climático, quais sejam: governança do gerenciamento dos riscos, incluindo as atribuições e as responsabilidades das instâncias da instituição envolvidas com o gerenciamento; impactos reais e potenciais dos riscos nas estratégias adotadas pela instituição a curto, médio e longo prazos, considerando diferentes cenários, segundo critérios documentados; e processos de gerenciamento dos riscos.

Preza-se, também, pela transparência e facilitação de acesso das informações, visto que o Relatório GRSAC deve ser divulgado anualmente no *site* da instituição, devendo lá permanecer por cinco anos em local de fácil localização (arts. 10 e 11). Para assegurar a veracidade das informações divulgadas, caso sejam identificadas inconsistências no relatório, este deverá ser republicado com as devidas correções, nos termos do art. 13 da Resolução BCB 139/2021.

No campo do mercado de valores mobiliários, uma norma de suma importância para a regulação dos critérios ESG é a Resolução CVM 80/2022, a qual dispõe sobre o registro e prestação de informações dos emissores de valores mobiliários, cuja negociação em mercados regulamentados depende desse prévio registro na CVM. De acordo com a resolução (art. 22 II), o emissor deve enviar periodicamente à CVM informações referentes ao cumprimento das obrigações legais e regulatórias ligadas a questões ambientais e sociais (item 1.6, *b*, do Anexo C).

Nesse aspecto, verifica-se que as normas do direito ambiental econômico, tal como os princípios estabelecidos nos arts. 170 e 225 da Constituição Federal e a Lei n. 6.938/81 (Política Nacional do Meio Ambiente), estão incluídas na resolução, vez que exigem o cumprimento das obrigações legais ambientais pelas empresas emissoras.[50]

---

50 D'ISEP, Clarissa. *Direito Ambiental Econômico e a ISO 14000*: análise jurídica do modelo de gestão ambiental e certificação ISO 14001. 2ª

É crucial compreender o significado jurídico da exigência apresentada pela CVM, vez que "*ao integrar a lei, o regulamento torna-se compulsório, dotado de poder coativo, ensejador de sanções, geralmente na modalidade multas*".[51] Observa-se, assim, a validação material do direito regulatório dentro do ordenamento jurídico, visto que as normas reguladoras e a lei interagem entre si e se complementam, possibilitando o alcance em camadas do direito ambiental econômico. Reforça, ainda, a função sancionatória da CVM, estipulada no art. 11 da Lei n. 6.385/76, o qual permite a imposição de advertência, multa etc. aos infratores de suas resoluções.

Há, ainda, previsão expressa na Resolução CVM 80/2022 quanto à prestação de informações ESG no item 1.9 do Anexo C, devendo o emissor indicar, por exemplo: se divulga informações ESG em relatório anual; a metodologia ou padrão seguidos na elaboração do relatório; se o relatório é auditado ou revisado por entidade independente, identificando-a; se o relatório considera os Objetivos de Desenvolvimento Sustentável (ODS) estabelecidos pela ONU e quais são os ODS materiais para o negócio do emissor. Nesse sentido, se, por algum motivo, o emissor não divulgar informações ESG; não adotar indicadores-chave de desempenho ESG; não realizar auditoria ou revisão sobre as informações ESG que divulga; ou não considerar os ODS nas informações ESG divulgadas, é preciso apresentar uma justificativa para a não adoção dessas práticas à CVM, seguindo o conceito "pratique ou explique".[52]

---

ed. São Paulo: Revista dos Tribunais, 2009, p. 206.

51 D'ISEP, Clarissa. *Direito Ambiental Econômico e a ISO 14000*: análise jurídica do modelo de gestão ambiental e certificação ISO 14001. 2ª ed. São Paulo: Revista dos Tribunais, 2009.

52 GOVERNO FEDERAL. *A agenda ASG e o mercado de capitais*: uma análise das iniciativas em andamento, desafios e oportunidades para futuras reflexões da CVM. Disponível em: https://www.gov.br/cvm/pt-br/centrais-de-conteudo/publicacoes/estudos/a-agenda-asg-e-o-mercado-de-capitais.pdf/view. Acessado em: 14.03.2024.

Para assegurar o propósito da exigência, as informações divulgadas devem ser verdadeiras, completas e consistentes, não induzindo o investidor a erro, conforme disposto no art. 15 da Resolução CVM 80/2022. Dessa forma, evita-se o *greenwashing*, uma vez que este ocorre "*quando a empresa manipula informações para passar ao público uma imagem ecologicamente responsável e é apenas uma maquiagem verde*",[53] pois evita alegações de sustentabilidade sem provas que as sustentem ou referências vagas às práticas da empresa, bem como a exposição de um cenário apenas parcial de suas atividades.

No que tange à fiscalização dos padrões ESG no mercado de capitais, a partir de sua regulação, destaca-se a competência fiscalizadora da Comissão de Valores Mobiliários quanto à emissão de valores mobiliários, operações das Bolsas de Valores e auditoria das companhias abertas, bem como da veiculação de informações relativas ao mercado, conforme o disposto nos arts. 1º e 8º, III, da Lei n. 6.385/76. Isso significa que, quando se trata de fiscalizar o cumprimento dos padrões ESG pelas empresas atuantes no mercado de capitais, a CVM é o ente administrativo responsável.

Vale ressaltar que o art. 4º, VI, da Lei n. 6.385/76 determina ser de responsabilidade do Conselho Monetário Nacional e da Comissão de Valores Mobiliários assegurar o acesso ao público a informações sobre os valores mobiliários negociados e as companhias que os tenham emitido. Nesse sentido, apesar de muitas companhias realizarem auditoria interna dos relatórios ESG que apresentam, a CVM pode exigir que as informações prestadas sejam auditadas por auditor independente nela registrado, conforme o art. 2º, § 3º,

---

53 INSTITUTO BRASILEIRO DE DEFESA DO CONSUMIDOR. *Mentira verde*: a prática de *greenwashing* nos produtos de higiene, limpeza e utilidades domésticas no mercado brasileiro e suas relações com os consumidores. São Paulo, 2019. Disponível em: https://idec.org.br/sites/default/files/relatorio_greenwashing_2019.pdf. Acessado em:14.03.2024.

II, da Lei n. 6.385/76, a fim de garantir a imparcialidade e realizar um *double check* das informações divulgadas ao público.

Ainda dentro dessa competência, a CVM pode extrair cópias de registros contábeis, livros, documentos e papéis de trabalho de auditores independentes (art 9º, I, da Lei n. 6.385/76) e, caso verifique irregularidades, poderá determinar que a companhia republique os relatórios e informações divulgadas com as respectivas correções (art 9º, IV, da Lei n. 6.385/76). Dessa forma, a autarquia possui os instrumentos necessários para confirmar a veracidade do alegado pelas empresas e assegurar a credibilidade das informações disponíveis ao público, trazendo maior segurança ao investimento.

Consolidamos, assim, os instrumentos de regulação e fiscalização pertinentes ao presente estudo.

2.2 Análise dos instrumentos à luz do Direito Ambiental Econômico

Para melhor compreender esses instrumentos dentro do contexto em que os fatores ESG se inserem na atuação empresarial no mercado financeiro, é preciso compreender o conceito de gestão ambiental, que é basicamente o processo de implementação do ESG dentro da empresa. Ele surge da ideia de que, como a degradação ambiental é uma consequência das atividades da empresa, a solução do problema deve partir delas mesmas, a nível interno. Seria, essencialmente, uma política privada de gerenciamento ambiental,[54] permeando toda a estrutura de governança empresarial.

A implantação de uma gestão ambiental por agentes econômicos se traduz na concretização dos princípios constitucionais de defesa do meio ambiente e função social da propriedade (art. 170, III e

54 DERANI, Cristiane. *Direito ambiental econômico*. 3ª ed. São Paulo: Saraiva, 2008, p. 174.

VI), que possui dentro de suas dimensões a função ambiental,[55] bem como o princípio da cooperação consolidado no art. 225, *caput*, ao prever a ação conjunta do Estado e da coletividade na preservação do meio ambiente.[56] Portanto, impõe-se aos agentes econômicos que busquem efetivamente colocar esses princípios em prática por meio da adoção de um gerenciamento ambiental, dado que uma vez previsto na Constituição Federal, "*o desempenho da gestão ambiental não é voluntário; é compulsório*".[57]

O desafio encontrado no que tange à gestão ambiental, que se evidencia nas normas reguladoras analisadas, é a padronização do sistema. Não há um critério objetivo qualitativo do que deve estar incluso na gestão ambiental e como ela deve ser desempenhada, de forma que cada empresa desenvolve o seu próprio sistema dentro dos setores que lhe forem de interesse. Nesse sentido:

> (...) a necessidade da padronização de um sistema de gestão ambiental, sobretudo no interior de uma dada organização, só vem denunciar mais uma vez – posto já ter a PNMA o feito – a impossibilidade do tratamento setorial do meio ambiente, exigindo uma norma/política que disponha acerca da abrangência do todo.[58]

55 D'ISEP, Clarissa. *Direito Ambiental Econômico e a ISO 14000*: análise jurídica do modelo de gestão ambiental e certificação ISO 14001. 2ª ed. São Paulo: Revista dos Tribunais, 2009, p. 158.

56 DERANI, Cristiane. *Direito ambiental econômico*. 3ª ed. São Paulo: Saraiva, 2008, p. 142.

57 D'ISEP, Clarissa. *Direito Ambiental Econômico e a ISO 14000*: análise jurídica do modelo de gestão ambiental e certificação ISO 14001. 2ª ed. São Paulo: Revista dos Tribunais, 2009, p. 169.

58 D'ISEP, Clarissa. *Direito Ambiental Econômico e a ISO 14000*: análise jurídica do modelo de gestão ambiental e certificação ISO 14001. 2ª ed. São Paulo: Revista dos Tribunais, 2009, p. 213.

É claro que cada empresa pode adaptar a gestão ambiental à sua estrutura, de forma a enquadrá-la dentro de suas atividades próprias, mas a questão aqui apresentada é a falta de um sistema geral capaz de direcionar as empresas em uma atuação integrativa e global, abandonando a visão fragmentada que divide o gerenciamento ambiental em setores da empresa e restringe sua atuação de forma parcelada e individualista. Afinal, é somente a partir de uma visão unitária do meio ambiente, abrangendo simultaneamente suas dimensões natural (flora, fauna, água etc.), artificial, cultural e do trabalho, que se terá uma gestão ambiental verdadeiramente capaz de promover o desenvolvimento sustentável.

Nessa senda, a análise da regulação dos critérios ESG no mercado financeiro não pode ser diferente. Para que cumpra o seu propósito, ela deve ser capaz de direcionar a contribuição da empresa com o desenvolvimento sustentável, dentro de um contexto amplo de avaliação do impacto ambiental, e não de ações isoladas. Pelas normas reguladoras estudadas, é possível concluir que partem de uma abrangência do todo, buscando atuar em diversas camadas da estrutura das instituições e empresas; inclusive, puramente pelo fato de considerarem todos os fatores ESG (environmental, social and governance), já demonstra uma busca pela atuação multidimensional da atividade econômica.

Apesar de demonstrar a preocupação por uma gestão socioambiental efetiva, é preciso ter em mente a ressalva trazida por Clarissa Macedo D'Isep em sua obra Direito Ambiental Econômico e a ISO 14000: análise jurídica do modelo de gestão ambiental e certificação ISO 14001:

> Cumpre ressaltar, uma vez mais, que o fato de uma organização (...) adotar um sistema de gestão ambiental, seja ele qual for, não significa que ela não seja poluidora, mas tão-somente que ela monitora por meio de um sistema, conhecido (se

padronizado e trazido a público como é o caso da ISO 14001) ou não, o seu desempenho ambiental.[59]

Significa dizer que o fato de haver normas reguladoras do mercado financeiro no quesito ESG não é, por si só, um demonstrativo concreto, quantitativo ou qualitativo, do grau de aplicabilidade das práticas ESG ou da eficiência da gestão ambiental adotada pela empresa. Sem dúvidas, a implementação de uma política privada de gerenciamento ambiental e a latente preocupação em incluir critérios ESG já representam grande avanço e diminuem o impacto ambiental, de forma que os instrumentos regulatórios permitem a identificação das instituições e empresas que adotam práticas de governança voltadas à gestão ambiental. No entanto, avaliar de forma objetiva os aspectos quantitativos e qualitativos dos seus efeitos práticos em todas as suas dimensões ainda é um desafio tanto da seara jurídica quanto da econômica.

Portanto, apesar do alcance do CMN, do BCB e da CVM no mercado financeiro, a regulação e fiscalização dos critérios ESG ainda encontra obstáculos, o que se deve à falta de padrões universais e a complexidade das métricas ESG, pois "*ainda que as empresas façam seus relatórios, as informações geralmente não são suficientemente relevantes, comparáveis, confiáveis ou fáceis de acessar e usar*",[60] além disso, "*também existem muitos padrões e estruturas de relatórios*

59 D'ISEP, Clarissa. *Direito Ambiental Econômico e a ISO 14000*: análise jurídica do modelo de gestão ambiental e certificação ISO 14001. 2ª ed. São Paulo: Revista dos Tribunais, 2009, p. 215.

60 YOSHIDA, Consuelo; VIANNA, Marcelo; KISHI, Sandra (Coord.). *Finanças sustentáveis*: ESG, compliance, gestão de riscos e ODS. 2022, p. 136. Disponível em: http://www.mpsp.mp.br/portal/page/portal/documentacao_e_divulgacao/doc_biblioteca/bibli_servicos_produtos/BibliotecaDigital/BibDigitalLivros/TodosOsLivros/Financas-sustentaveis%3DESG.pdf. Acessado em: 29.09.2022 (e-book).

sobrepostos, dificultando um relato mais consistente e integrado".[61] Isso porque as resoluções analisadas exigem a apresentação de um relatório sobre certas questões ambientais e sociais pelas instituições financeiras e empresas, mas não apresenta a *forma* de fazê-lo.

Ciente dessas dificuldades, alguns fundos de investimentos, bolsas de valores, e empresas de consultoria e auditoria produzem índices ESG e concedem certificações independentes. Dentre os índices ESG, vale citar o Índice de Sustentabilidade Empresarial (ISE) da B3 (bolsa de valores brasileira), cujo objetivo é medir os fatores ESG.

A B3 forma uma carteira especial do ISE através de um processo seletivo que envolve, a partir de um questionário, uma avaliação quantitativa e qualitativa dos critérios propostos, avaliados de 0 a 100 com base na consistência das respostas dadas pelas empresas e as evidências documentais, buscando "*incentivar as empresas a serem rigorosas e conservadoras em suas respostas ao questionário, promovendo maior consistência, precisão e comparabilidade nos resultados*".[62] No caso do ISE, todas as dimensões ESG são abrangidas, visto que o questionário para ingressar na carteira envolve informações de governança corporativa, gestão da sustentabilidade empresarial, políticas e práticas de gestão ambiental, sustentabilidade do modelo de negócio, impactos ecológicos, direitos humanos e relações com a comunidade etc.[63]

---

61 YOSHIDA, Consuelo; VIANNA, Marcelo; KISHI, Sandra (Coord.). *Finanças sustentáveis*: ESG, compliance, gestão de riscos e ODS. 2022, p. 137. Disponível em: http://www.mpsp.mp.br/portal/page/portal/documentacao_e_divulgacao/doc_biblioteca/bibli_servicos_produtos/BibliotecaDigital/BibDigitalLivros/TodosOsLivros/Financas-sustentaveis%3DESG.pdf. Acessado em: 29.09.2022 (e-book).

62 B3. *Diretrizes do Índice de Sustentabilidade Empresarial (ISE B3)*. 2023. Disponível em: https://iseb3-site.s3.amazonaws.com/ISE_B3_-_Diretrizes_2023-vf-07jul2023.pdf. Acessado em: 14.03.2024.

63 B3. *Diretrizes do Índice de Sustentabilidade Empresarial (ISE B3)*. 2023. Disponível em: https://iseb3-site.s3.amazonaws.com/ISE_B3_-_Diretrizes_2023-vf-07jul2023.pdf. Acessado em: 14.03.2024.

No entanto, como não há uma padronização nacional ou internacional, os índices e certificações independentes variam entre si e acabam não resolvendo o desafio de comparar as informações fornecidas entre eles. Com isso em mente, atualmente tramitam no Congresso Nacional dois projetos de lei que tem como objetivo criar um selo único nacional para empresas que se enquadrem nos critérios ESG: o PL 735/2022, na Câmara dos Deputados, o qual propõe a criação do Selo Investimento Verde, e o PL 4363/2021, no Senado Federal, que propõe a criação do Selo Nacional ASG.

A iniciativa demonstra um interesse pela padronização dos critérios ESG no Brasil, entretanto, não há como prever se serão de fato capazes de assegurá-la, uma vez que ambos os projetos de lei são rasos e dependem de regulamentação posterior, conforme o art. 5° do PL 4363/2021 e art. 2° do PL 735/2022. Dessa forma, os efeitos práticos e jurídicos da criação de um selo ESG nacional estariam sujeitos à abrangência do regulamento – que traria uma obrigação quantitativa além da obrigação de comportamento trazida pela lei[64] –, caso um dos projetos de lei seja aprovado.

Sobre as certificações ESG, YOSHIDA e col. afirma:

> (...) é necessário que haja uma conscientização de todos os envolvidos e principalmente dos órgãos de certificação, para que haja a correta verificação do cumprimento, de fato, dos conceitos ESG, ou seja, que as empresas não estão somente adotando medidas para serem bem vistas pela sociedade, seus consumidores e também para obter compensação pela sua preocupação.[65]

---

64 D'ISEP, Clarissa. *Direito Ambiental Econômico e a ISO 14000*: análise jurídica do modelo de gestão ambiental e certificação ISO 14001. 2ª ed. São Paulo: Revista dos Tribunais, 2009, p. 211.

65 YOSHIDA, Consuelo; VIANNA, Marcelo; KISHI, Sandra (Coord.). *Finanças sustentáveis*: ESG, compliance, gestão de riscos e ODS. 2022, p. 112. Disponível em: http://www.mpsp.mp.br/portal/page/portal/documentacao_e_divulgacao/doc_biblioteca/.

Trata-se, novamente, de evitar o *greenwashing*, pois:

> (...) não basta a empresa comprovar que atende sua quota ambiental com compensações de carbono (plantando árvores em uma reserva ambiental, por exemplo), que atua com igualdade com seus funcionários, estimulando a inclusão social, e que adota os mais altos critérios de governança, se **não se preocupa com todo o seu processo produtivo**, a partir da origem da sua matéria prima, da energia e da água que consome, da reciclagem das embalagens de seus produtos, da reciclagem dos próprios produtos e com o impacto que seus produtos podem vir a gerar no meio ambiente.[66]

Assim, para assegurar que os fatores ESG estejam realmente sendo tratados integralmente em todas as suas dimensões e trazer mais segurança ao consumidor e investidor:

> A **certificação do ESG deve ser extremamente criteriosa e clara**, evitando que empresas que não atendam o conceito ESG, ou que atendam somente de forma **parcial**, não tirem partido disso, quer para valorização da empresa quer para avaliação dos gestores, mas também, por outro lado, as definições e avaliações precisam ser claras, para que a empresa possa se adequar.[67]

---

bibli_servicos_produtos/BibliotecaDigital/BibDigitalLivros/TodosOsLivros/Financas-sustentaveis%3DESG.pdf. Acessado em: 29.09.2022 (e-book).

66 YOSHIDA, Consuelo; VIANNA, Marcelo; KISHI, Sandra (Coord.). *Finanças sustentáveis*: ESG, compliance, gestão de riscos e ODS. 2022, p. 112 (grifo nosso). Disponível em: http://www.mpsp.mp.br/portal/page/portal/documentacao_e_divulgacao/doc_biblioteca/bibli_servicos_produtos/BibliotecaDigital/BibDigitalLivros/TodosOsLivros/Financas-sustentaveis%3DESG.pdf. Acessado em: 29.09.2022 (e-book).

67 YOSHIDA, Consuelo; VIANNA, Marcelo; KISHI, Sandra (Coord.). *Finanças sustentáveis*: ESG, compliance, gestão de riscos e ODS. 2022, p. 113 (grifo nosso). Disponível em: http://www.mpsp.mp.br/portal/

É nesse contexto que surgem as taxonomias[68] de finanças sustentáveis, que, ao fornecer um sistema mais padronizado e comparável, buscam superar as dificuldades enfrentadas devido à falta de padrões universais e a complexidade das métricas ESG. Afinal, a criação de um sistema de classificação capaz de identificar as atividades com impacto ambiental positivo é crucial para a aplicação dos critérios ESG, uma vez que define qualitativa e quantitativamente o que realmente contribui com a sustentabilidade. Ademais, "*a identificação de critérios e definições pautados em sustentabilidade pode promover maior transparência, agilidade e eficiência na alocação de recursos financeiros*".[69]

No Brasil, não há uma taxonomia nacional oficial, mas apenas de mercado, como é o caso da Taxonomia Verde da FEBRABAN, motivo pelo qual o Ministério da Fazenda, seguindo a tendência, lançou recentemente uma consulta pública para a Taxonomia Sustentável Brasileira, com base em uma estrutura geral apresentada, sobre a qual a sociedade poderá contribuir. A ideia é que o desenvolvimento

---

page/portal/documentacao_e_divulgacao/doc_biblioteca/bibli_servicos_produtos/BibliotecaDigital/BibDigitalLivros/TodosOsLivros/Financas-sustentaveis%3DESG.pdf. Acessado em: 29.09.2022 (e-book).

68 De acordo com o Laboratório de Inovação Financeira, "*a taxonomia, no contexto das finanças (sustentáveis), é um sistema de classificação que permite identificar atividades, ativos e/ou projetos que apresentem objetivos sustentáveis (ambientais e/ou sociais) com base em métricas e/ou metas preestabelecidas*". (LABORATÓRIO DE INOVAÇÃO FINANCEIRA (LAB). *Taxonomia em Finanças Sustentáveis*: panorama e realidade nacional. 2021. Disponível em: https://labinovacaofinanceira.com/wp-content/uploads/2021/04/Taxonomia-em-finan%C3%A7as-sustent%C3%A1veis-Panorama-e-Realidade-Nacional.pdf. Acessado em: 14.03.2024).

69 LABORATÓRIO DE INOVAÇÃO FINANCEIRA (LAB). *Taxonomia em Finanças Sustentáveis*: panorama e realidade nacional. 2021, p. 25. Disponível em: https://labinovacaofinanceira.com/wp-content/uploads/2021/04/Taxonomia-em-finan%C3%A7as-sustent%C3%A1veis-Panorama-e-Realidade-Nacional.pdf. Acessado em: 14.03.2024.

da taxonomia oficial se inicie em janeiro de 2024 e seja publicada em novembro do mesmo ano, sendo seu uso obrigatório a partir de janeiro de 2026.[70] Os principais objetivos da taxonomia brasileira são: mobilizar investimentos para áreas de impacto positivo, fomentar inovações tecnológicas para uma economia mais verde e estabelecer uma base sólida para a produção de informações confiáveis relacionadas às finanças sustentáveis,[71] visando responder aos desafios ambientais e sociais primordiais do Brasil.

A proposta apresentada no plano de ação para consulta pública traz objetivos ambientais e sociais, quais sejam: mitigação da mudança do clima; adaptação às mudanças climáticas; proteção e restauração da biodiversidade e ecossistemas; uso sustentável do solo e conservação, manejo e uso sustentável das florestas; uso sustentável e proteção de recursos hídricos e marinhos; transição para economia circular; prevenção e controle de contaminação; geração de trabalho decente e elevação da renda; reduzir desigualdades socioeconômicas, considerando aspectos raciais e de gênero; reduzir desigualdades regionais e territoriais do país; promover a qualidade de vida, com ampliação do acesso a serviços sociais básicos.

Quanto aos critérios para cada um dos objetivos, são apresentadas duas possibilidades, a depender do objetivo. No que tange ao objetivo de mitigação das mudanças climáticas, a ideia é usar critérios binários, determinando apenas se houve ou não o curmprimento; enquanto para o objetivo de uso sustentável do solo e conservação, manejo e uso sustentável das florestas, considera-se uma metodologia

---

70 BRASIL. Ministério da Fazenda. *Taxonomia Sustentável Brasileira*: plano de ação para consulta pública. Brasília, 2023. Disponível em: https://www.gov.br/fazenda/pt-br/orgaos/spe/taxonomia-sustentavel-brasileira/taxonomia-sustentavel-brasileira.pdf. Acessado em: 11.10.2023.

71 BRASIL. Ministério da Fazenda. *Ministério da Fazenda lança consulta pública para a Taxonomia Sustentável Brasileira*. Disponível em: https://www.gov.br/fazenda/pt-br/assuntos/noticias/2023/setembro/ministerio-da-fazenda-lanca-consulta-publica-para-a-taxonomia-sustentavel-brasileira. Acessado em: 14.03.2024.

não binária, que traga níveis de cumprimento, o que permitiria identificar o comprometimento da empresa com os critérios ESG.

O plano de ação da taxonomia brasileira traz três critérios simultâneos que deverão ser cumpridos para que a atividade seja qualificada como sustentável: contribuir substancialmente a um ou mais dos objetivos definidos; não fazer dano significativo a nenhum dos outros objetivos definidos; e cumprir com as salvaguardas mínimas, que visam assegurar o cumprimento de padrões de governança corporativa sustentável, em suas dimensões ambientais e sociais, a serem definidas por legislações e normas brasileiras existentes, bem como por convenções e diretrizes internacionais.

Nesse aspecto, verifica-se que a taxonomia brasileira buscará concretizar as normas internas, inclusive de direito ambiental, utilizando-as como diretriz para a definição dos critérios de sustentabilidade. As metas estabelecidas em compromissos internacionais, como os Objetivos de Desenvolvimento Sustentável da ONU, também servirão de guia orientador para a elaboração da taxonomia, conforme consta no plano de ação, onde se afirma que

> *para que o Brasil alcance as metas no nível nacional, uma taxonomia é um instrumento chave para orientar os fluxos de capital para uma economia de baixo carbono, resiliente às mudanças climáticas, baseada na conservação do meio ambiente e no bem-estar social.*[72]

Na definição dos critérios específicos da taxonomia, os princípios apresentados no plano de ação a serem considerados são:

---

72 BRASIL. Ministério da Fazenda. *Taxonomia Sustentável Brasileira*: plano de ação para consulta pública. Brasília, 2023, p. 34. Disponível em: https://www.gov.br/fazenda/pt-br/orgaos/spe/taxonomia-sustentavel-brasileira/taxonomia-sustentavel-brasileira.pdf. Acessado em: 14.03.2024.

- Base científica: os critérios para os objetivos climáticos e ambientais devem ser cientificamente informados.

- Critérios técnicos: preferencialmente, devem ser aplicados critérios quantitativos e, quando não for possível, serão definidos critérios qualitativos, utilizando um método adequado de acordo com o tipo da atividade e métricas baseadas no impacto ou desempenho absoluto; no melhor desempenho no setor ou na classe (*best-in-class*); e em boas práticas ou processos em casos qualitativos.

- Impactos de ciclo de vida: as atividades devem ser avaliadas considerando os impactos de ciclo de vida, observado o princípio de custo-efetividade da verificação.

- Coerência: os critérios devem ser coerentes com as políticas públicas e os compromissos internacionais assumidos pelo Brasil.

- Consistência: os critérios devem seguir uma metodologia consistente para assegurar um nivelamento das exigências entre os diferentes setores e atividades.

- Proporcionalidade: os critérios devem ser proporcionais à capacidade dos usuários, estabelecendo um modelo inclusivo e aplicável por uma ampla gama de usuários para orientar sua transição.

- Usabilidade/aplicabilidade: os critérios devem ser facilmente aplicáveis e compreensíveis pelos usuários, buscando um equilíbrio entre a simplicidade na sua aplicação com a complexidade necessária para assegurar credibilidade e induzir a transição sustentável.

- Ferramenta evolutiva: a taxonomia deve ser uma ferramenta evolutiva, que possa ser atualizada e aprimorada ao longo do tempo.

- Atividades de transição: as atividades que ainda não alcançaram a neutralidade climática devem ser consideradas na taxonomia, de forma a incentivar a mitigação do impacto ambiental e a transição para uma economia mais sustentável.

- Atividades viabilizadoras: as atividades que não fazem uma contribuição direta substancial positiva por si, mas permitem a realização de outras atividades, também devem ser consideradas na taxonomia, como pesquisa e tecnologias de informação.

É interessante notar que as linhas gerais da futura taxonomia brasileira se inspirou em taxonomias internacionais, em especial da União Europeia, México e Colômbia, alinhando os objetivos ambientais a fim de promover a interoperabilidade entre elas, ou seja, a facilitação de um modelo comparável e funcionalmente equivalente, através da utilização de padrões e princípios comuns. Se o Brasil tiver sucesso nesse objetivo, a taxonomia brasileira terá reconhecimento internacional e proporcionará maior alinhamento e integração com o mercado internacional, fomentando o crescimento dos fatores ESG no mercado nacional.

Ademais, é imprescindível que os instrumentos estudados sejam analisados de uma perspectiva do princípio do desenvolvimento sustentável, o qual consiste em satisfazer as necessidades atuais da sociedade do ponto de vista econômico sem comprometer o bem-estar das gerações futuras, explorando os recursos naturais e direcionando investimentos de forma a manter o potencial presente e futuro.[73] Nessa perspectiva, temos que os instrumentos de regulação incentivam o comprometimento das empresas em cumprir os critérios ESG, o que contribui para o desenvolvimento sustentável no âmbito dos investimentos.

---

73 COMISSÃO MUNDIAL SOBRE MEIO AMBIENTE E DESENVOLVIMENTO. *Nosso futuro comum*. 2ª ed. Rio de Janeiro: Fundação Getúlio Vargas, 1991, p. 49.

Vale mencionar a ressalva de Clarissa D'Isep de que o

> *desenvolvimento sustentável não é um conceito milagroso, deve constituir-se em uma prática incessante (prever-prevenir e tornar a prever... – como uma espiral) a ser impregnada de instrumentos capazes de efetivá-lo.*[74]

Ou seja, se não houverem instrumentos dinâmicos e eficazes para direcionar o desenvolvimento sustentável nas práticas econômico-financeiras, ele se reduzirá à inanidade e não será efetivado.

É por isso que as normas reguladoras analisadas neste trabalho servem de complemento à efetivação dos princípios do direito econômico ambiental e do direito ao meio ambiente ecologicamente equilibrado, expostos nos arts. 170 e 225 da Constituição Federal, eis que estes, por si sós, não são capazes de orientar de forma concreta a atividade econômica, já que trazem preceitos gerais e não disposições específicas necessárias para fornecer direcionamento estrutural às práticas financeiras.

Dessa forma, a concretização da existência digna e a justiça social pela ordem econômica depende de toda uma estrutura jurídica formada por normas de diferentes posições hierárquicas, cada uma dentro de suas competências, criando um conjunto capaz de efetivar os preceitos do direito ambiental econômico em diversas camadas. É justamente nesse aspecto que se comprova a relevância jurídica das resoluções do CMN, do BCB e da CVM, responsáveis por efetivar esses preceitos no âmbito do mercado financeiro.

Nesse sentido, constata-se que a regulação das entidades administrativas e a preocupação das empresas em se adaptar aos critérios ESG parte não somente de uma busca por mitigar riscos

---

74 D'ISEP, Clarissa. *Direito Ambiental Econômico e a ISO 14000*: análise jurídica do modelo de gestão ambiental e certificação ISO 14001. 2ª ed. São Paulo: Revista dos Tribunais, 2009, p. 51.

socioambientais, potencializando seus lucros, mas de um dever constitucional e legal. Destarte:

> A obrigação de gerir uma empresa de forma a promover um desempenho ambiental satisfatório – sendo esse o verdadeiro significado de *gestão ambiental – bate às portas* da empresa, seja pela via econômica (art. 170, III c/c o inc. VI), seja pela via ambiental (art. 225 da CF/1988; arts. 2º e incisos; 3º, III, a; 4º, I; e 5º, parágrafo único, todos da Lei 6.891/1981), ou seja até mesmo pela via do direito do consumidor (art. 51, XIV, do CDC), que, ao primar pela incolumidade física e psíquica do ser humano, não compactua com a agressão ambiental trazida pelo produto final.[75]

Em resumo, os diversos instrumentos estudados enquadram-se no ordenamento jurídico brasileiro a partir do dever constitucional do Poder Público e da coletividade de preservar o meio ambiente, nos termos do art. 225, *caput*, da Constituição Federal. A própria ordem econômica é fundada nos princípios da função social da propriedade e defesa do meio ambiente, conforme o art. 170, III e VI, da CF, o que significa dizer que a atividade econômica não pode se dissociar desses deveres, ainda que, em sua essência, vise ao lucro. Nesse mesmo diapasão, o art. 4º, I, da Lei n. 6.938/81, estabelece como objetivo da Política Nacional do Meio Ambiente a compatibilização do desenvolvimento econômico-social com a preservação do meio ambiente, consolidando a premissa de que a prática econômica é indissociável da ecologia,[76] o que se concretiza com o ESG e a regulação que o envolve.

---

75 D'ISEP, Clarissa. *Direito Ambiental Econômico e a ISO 14000*: análise jurídica do modelo de gestão ambiental e certificação ISO 14001. 2ª ed. São Paulo: Revista dos Tribunais, 2009, pp. 168/169.

76 DERANI, Cristiane. *Direito ambiental econômico*. 3ª ed. São Paulo: Saraiva, 2008, p. 102.

Conclusão

Ficou demonstrado que o Direito conforma e estrutura os mercados em todas as suas dimensões, uma vez que a atividade econômica é regulada pelo Estado para determinar, controlar ou influenciar o comportamento dos agentes econômicos a fim de promover o bem-estar social. Dessa forma, a regulação setorial no mercado de capitais, desempenhada pelo CMN, pelo BCB e pela CVM, deve ser orientada pelos princípios do direito ambiental econômico, cujo objetivo é conciliar interesses individuais de mercado e interesses coletivos de preservação do meio ambiente. Isso significa que os instrumentos de regulação e fiscalização dos critérios ESG encontram seu fundamento de validade nas normas do direito ambiental econômico, vez que enquadram-se no ordenamento jurídico brasileiro a partir do dever constitucional do Poder Público e da coletividade de preservar o meio ambiente, nos termos do art. 225, *caput*, da Constituição Federal. Afinal, ao regular a atividade empresarial, garante-se o cumprimento da função socioambiental da propriedade, consagrada no art. 170, III e VI, da Constituição Federal, e concretizam-se os princípios da prevenção e do desenvolvimento sustentável.

A conclusão não poderia, de fato, ser diferente, pois apesar de a regulação setorial se conter a tratar de questões específicas de determinado setor econômico, ela não pode se eximir de cumprir os preceitos constitucionais do direito ambiental econômico, tendo em vista a posição hierárquica normativa em que se encontra. As normas regulatórias e sua fiscalização pelas autoridades financeiras devem, portanto, fornecer direcionamento estrutural às práticas financeiras e garantir a observância de suas disposições, servindo de complemento à efetivação dos princípios do direito ambiental econômico e do direito ao meio ambiente ecologicamente equilibrado, expostos nos arts. 170 e 225 da Constituição Federal.

Apesar do alcance do CMN, do BCB e da CVM no mercado financeiro, a regulação e fiscalização dos critérios ESG ainda encontram obstáculos, o que se deve à falta de padrões universais e a complexidade das métricas ESG, o que dificulta uma análise integrada e a comparação das informações prestadas pelas instituições financeiras e empresas às autoridades monetárias. De fato, os instrumentos regulatórios direcionam a atividade dos agentes atuantes no mercado financeiro ao impor-lhes determinados comportamentos relativos às práticas ESG, mas para que haja o efetivo cumprimento dos preceitos constitucionais de direito ambiental econômico, é preciso estabelecer padrões e métricas capazes de avaliar os resultados práticos das ações adotadas pelas empresas visando a sustentabilidade. Demonstra-se, pois, a importância da iniciativa do Ministério da Fazenda para criação de uma Taxonomia Sustentável Brasileira, que trará as definições e métricas necessárias para direcionar a atividade empresarial sustentável do país, proporcionando padronização a nível nacional.

Referências bibliográficas

ANTUNES, Paulo de B. *Direito Ambiental*. São Paulo: Grupo GEN, 2023. Disponível em: https://integrada.minhabiblioteca.com.br/#/books/9786559773787/. Acessado em: 26.09.2023 (e-book).

B3. *Diretrizes do Índice de Sustentabilidade Empresarial (ISE B3)*. 2023. Disponível em: https://iseb3-site.s3.amazonaws.com/ISE_B3_-_Diretrizes_2023-vf-07jul2023.pdf. Acessado em: 14.03.2024.

BAGNOLI, Vicente. *Direito Econômico*. 6ª ed. São Paulo: Grupo GEN, 2013. Disponível em: https://integrada.minhabiblioteca.com.br/#/books/9788522484331/. Acessado em: 26.09.2023 (e-book).

BANCO CENTRAL DO BRASIL. *Quem somos*. Disponível em: https://www.bcb.gov.br/publicacoes/rig21-quemsomos. Acessado em: 14.03.2024.

______. *Relatório de riscos e oportunidades sociais, ambientais e climáticas*. Disponível em: https://www.bcb.gov.br/publicacoes/relatorio-risco-oportunidade. Acessado em: 14.03.2024.

BLACKROCK. *Larry Fink CEO Letter*. 2020. Disponível em: https://www.blackrock.com/br/larry-fink-ceo-letter. Acessado em: 15.09.2022.

BRASIL. Ministério da Fazenda. *Ministério da Fazenda lança consulta pública para a Taxonomia Sustentável Brasileira*. Disponível em: https://www.gov.br/fazenda/pt-br/assuntos/noticias/2023/setembro/ministerio-da-fazenda-lanca-consulta-publica-para-a-taxonomia-sustentavel-brasileira. Acessado em: 14.03.2024.

_____. Ministério da Fazenda. *Taxonomia sustentável brasileira*: plano de ação para consulta pública. Brasília, 2023. Disponível em: https://www.gov.br/fazenda/pt-br/orgaos/spe/taxonomia-sustentavel-brasileira/taxonomia-sustentavel-brasileira.pdf. Acessado em: 14.03.2024.

CALADO, Luiz Roberto. *Regulação e autorregulação do mercado financeiro*: conceito, evolução e tendências num contexto de crise. São Paulo: Saint Paul Editora, 2009.

COMISSÃO MUNDIAL SOBRE MEIO AMBIENTE E DESENVOLVIMENTO. *Nosso futuro comum*. 2ª ed. Rio de Janeiro: Fundação Getúlio Vargas, 1991.

DALLARI, Dalmo de Abreu. *Elementos de teoria geral do Estado*. 33ª ed. São Paulo: Saraiva, 2016.

DERANI, Cristiane. *Direito Ambiental Econômico*. 3ª ed. São Paulo: Saraiva, 2008.

D'ISEP, Clarissa. *Direito Ambiental Econômico e a ISO 14000*: análise jurídica do modelo de gestão ambiental e certificação ISO 14001. 2ª ed. São Paulo: Revista dos Tribunais, 2009.

EIZIRIK, Nelson. *Mercado de capitais*: regime jurídico. 2ª ed. Rio de Janeiro: Renovar, 2008.

GOVERNO FEDERAL. *A agenda ASG e o mercado de capitais*: uma análise das iniciativas em andamento, desafios e oportunidades para futuras reflexões da CVM. Disponível em: https://www.gov.br/cvm/pt-br/centrais-de-conteudo/publicacoes/estudos/a-agenda-asg-e-o-mercado-de-capitais.pdf/view. Acessado em: 14.03.2024.

INSTITUTO BRASILEIRO DE DEFESA DO CONSUMIDOR. *Mentira verde*: a prática de *greenwashing* nos produtos de higiene, limpeza e utilidades domésticas no mercado brasileiro e suas relações com os consumidores. São Paulo, 2019. Disponível em: https://idec.org.br/sites/default/files/relatorio_greenwashing_2019.pdf. Acessado em:14.03.2024.

LABORATÓRIO DE INOVAÇÃO FINANCEIRA (LAB). *Taxonomia em Finanças Sustentáveis*: panorama e realidade nacional. 2021. Disponível em: https://labinovacaofinanceira.com/wp-content/uploads/2021/04/Taxonomia-em-finan%C3%A7as-sustent%C3%A1veis-Panorama-e--Realidade-Nacional.pdf. Acessado em: 14.03.2024.

MELLAGI FILHO, Armando; ISHIKAWA, Sérgio. *Mercado financeiro e de capitais*. 2ª ed. São Paulo: Atlas, 2008.

MIOLA, Iagê *et al*. *Finanças verdes no Brasil*: perspectivas multidisciplinares sobre o financiamento da transição verde. São Paulo: Blucher, 2022. Disponível em: https://www.blucher.com.br/financas-verdes-no-brasil. Acessado em: 14.03.2024.

ONU. *Agenda 2030*. Disponível em: https://nacoesunidas.org/pos2015/agenda2030/. Acessado em: 14.03.2024.

______. *Declaração do Rio sobre Meio Ambiente e Desenvolvimento*. Rio de Janeiro, 1992. Disponível em: https://cetesb.sp.gov.br/proclima/wp-content/uploads/sites/36/2013/12/declaracao_rio_ma.pdf. Acessado em: 25.09.2023.

PACTO GLOBAL; STILINGUE. *A evolução do ESG no Brasil*. Disponível em: https://www.pactoglobal.org.br/pg/esg. Acessado em: 05.03.2022.

RAMOS, Erasmo Marcos. *Direito Ambiental Comparado Brasil-Alemanha-EUA*: uma análise exemplificada dos instrumentos ambientais brasileiros à luz do Direito Comparado. Maringá: Midiograf II, 2009.

SARLET, Ingo W.; FENSTERSEIFER, Tiago. *Princípios do Direito Ambiental*. São Paulo: Saraiva, 2017. Disponível em: https://integrada.minhabiblioteca.com.br/#/books/9788547218607/. Acessado em: 27.09.2023 (e-book).

SCHAPIRO, Mario Gomes (Coord.). *Direito Econômico*: Direito Econômico regulatório. São Paulo: Saraiva, 2010.

SIRVINSKAS, Luís P. *Manual de Direito Ambiental*. São Paulo: Saraiva, 2022. Disponível em: https://integrada.minhabiblioteca.com.br/#/books/9786553620438/. Acessado em: 27.09.2023 (e-book).

SOUZA, Washington Peluso Albino de. *Primeiras linhas de Direito Econômico*. 5ª ed. São Paulo: LTr, 2003.

YAZBEK, Otavio. *Regulação do mercado financeiro e de capitais*. Rio de Janeiro: Elsevier, 2007.

YOSHIDA, Consuelo; VIANNA, Marcelo; KISHI, Sandra (Coord.). *Finanças sustentáveis*: ESG, compliance, gestão de riscos e ODS. Disponível em: http://www.mpsp.mp.br/portal/page/portal/documentacao_e_divulgacao/

doc_biblioteca/bibli_servicos_produtos/BibliotecaDigital/BibDigitalLivros/TodosOsLivros/Financas-sustentaveis%3DESG.pdf. Acessado em 29.09.2022.

ZANOTTA, Alexandre. *Regulação e auto-regulação no mercado de capitais brasileiro*. São Paulo: Pontifícia Universidade Católica de São Paulo, 2005. (Dissertação de Mestrado).

CAPÍTULO III

APURAÇÃO DE HAVERES NA SOCIEDADE LIMITADA: A POSSIBILIDADE DE CONVIVÊNCIA, EXCEPCIONAL, DO BALANÇO DE DETERMINAÇÃO COM OUTRO CRITÉRIO DE CÁLCULO QUE CONSIDERE A PROJEÇÃO DE RENTABILIDADE FUTURA DE DETERMINADO ATIVO

CESAR CIAMPOLINI NETO

GUILHERME DE PAULA NASCENTE NUNES

Introdução

O presente artigo tem o escopo de analisar a jurisprudência mais atual, notadamente das Câmaras Reservadas de Direito Empresarial do Tribunal de Justiça de São Paulo e do Superior Tribunal de Justiça, sobre os critérios para a apuração dos haveres do sócio retirante/excluído da sociedade, quando inexistente previsão específica no contrato social.

Cuida-se de tema que sempre causou profunda controvérsia na doutrina e na jurisprudência e que, nos últimos anos, ganhou mais destaque, diante do julgamento, pelos Tribunais, de casos de repercussão em que difícil a mensuração do valor patrimonial das sociedades, que, não raras as vezes, detêm, como ativos, apenas um software, uma única marca, uma patente ou até mesmo uma ideia, ainda não completamente desenvolvida para aplicação prática. Se, na normalidade dos casos, o valor da sociedade, em grande parte, encontrava-se contabilizado e refletido em bens tangíveis, como imóveis, semoventes e automóveis, atualmente, muitos são os casos em que o patrimônio tangível da sociedade não supera o valor de alguns poucos computadores, encontrando-se a riqueza representada por bens intangíveis, quase sempre não contabilizados nos balanços ordinários levantados.[1]

A complexidade de apuração do patrimônio intangível da sociedade, somada à natural animosidade existente quando do desligamento de um sócio faz com que a apuração judicial dos haveres seja procedimento especial de elevado grau de beligerância, trazendo, consequentemente, desafios ao juiz que o preside, mesmo porque

1 Nesse sentido, Marcelo Gudes Nunes: "A evolução de um mercado industrial e agrícola para um mercado de prestação de serviços e, mais recentemente, de empresas tecnológicas, afetou essa equação [avaliação patrimonial], afastando por demasiado a avaliação patrimonial da sociedade no mercado. Empresas prestadoras de serviços e de tecnologia são capazes de gerar robustos fluxos de caixa sem a propriedade de ativos de valor significativo" (NUNES, Marcelo Guedes; COELHO, Fábio Ulhoa (Coord.). *Sociedades*: normas societárias do Código Civil comentadas. vol. 1. São Paulo: Thomson Reuters, 2023, p. 274).

exige conhecimento técnico em áreas de estudo que o magistrado, tradicionalmente, não domina.[2]

Ao longo das últimas décadas, houve, por certo, evolução legislativa e jurisprudencial, como se confere da redação do art. 1.031 do Código Civil de 2002 e, mais recentemente, do art. 606 do Código de Processo Civil de 2015. A jurisprudência também passou a dedicar-se com mais profundidade sobre o tema. O Superior Tribunal de Justiça, exercendo seu papel constitucional de uniformizador da jurisprudência, mostrou-se preocupado com o tema, como se vê de substanciosos e elucidativos acórdãos, no bojo dos quais há votos que refletem a dificuldade da temática e uma maior preocupação do julgador com a *Análise Econômica do Direito*. Aliás, a análise econômica do Direito, felizmente, vem ganhando, ano a ano, espaço

---

2 Com precisão Fábio Ulhoa Coelho, ao comentar o processo de desligamento do sócio da sociedade empresária e seu direito de se reembolsar frente à sociedade, bem sintetiza o delicado momento que é o da apuração de haveres: "O cálculo do reembolso compreende uma série de procedimentos, referidos pela expressão apuração de haveres (Estrella, 1960), e representa, no campo do direito societário, a questão em que se concentra a maior parte das disputas entre os sócios. Com efeito, os interesses antagônicos – que convivem com os confluentes, nas relações entre empreendedores e investidores – manifestam-se nos momentos de repartição dos sucessos gerados pelo negócio comum. A apuração de haveres é um desses momentos. O sócio desligado, ou seu sucessor, tem interesses em elevar, ao máximo, o crédito; aos que permanecem na sociedade, porém, interessa exatamente o oposto. A discussão sobre o valor atualizado e real dos bens componentes do ativo, a avaliação dos intangíveis, a consideração das perspectivas de rentabilidade, a receita dos contratos de execução continuada e outros temas representam os pontos de embate do conflito. A adoção de um ou outro critério na mensuração da quota apurada representa majoração ou redução do valor do reembolso, em favor de quem sai ou de quem continua na sociedade" (COELHO, Fábio Ulhoa. *Curso de Direito Comercial*: Direito de empresa. vol. 2. 10ª ed. São Paulo: Saraiva, 2007, p. 470).

nos cursos de Direito e, consequentemente, nas decisões judiciais, como não poderia deixar de ser.[3]

---

3 A propósito, Maílson da Nóbrega, em sua coluna publicada na Revista Veja, edição 2862, de 6 de outubro de 2023, comemora o movimento de incorporação da análise econômica do direito na academia e nas cortes de justiça: "A crescente complexidade da economia exige que magistrados dominem questões básicas da teoria econômica. O desconhecimento pode resultar em erros judiciais causadores de perdas. Os respectivos custos reduzirão o potencial de crescimento da economia, do emprego e da renda. Preparar adequadamente juízes nesse campo é fundamental para a segurança jurídica. Nos anos 1940, firmou-se nos Estados Unidos a necessidade de preparar juízes para decidir sobre casos complexos. Nos anos seguintes, suas melhores escolas de direito criaram a disciplina *Law and Economics* (Direito e Economia). Juízes concluíram cursos de pós-graduação em economia. Não é raro, em processos envolvendo grandes empresas, que os respectivos magistrados ostentem o título de MBA (Master of Business Administration). A Análise Econômica do Direito (AED) é presença habitual nos cursos de direito e economia dos Estados Unidos. Nos anos 1960 e 1970, a AED floresceu em prestigiosas escolas americanas. Autores como Ronald Coase (Prêmio Nobel de Economia de 1991), Guido Calabresi e Richard Posner tiveram seus trabalhos publicados no *Journal of Law and Economics* da Universidade de Chicago. No Brasil, até o final do século passado, esses e outros autores eram praticamente desconhecidos das nossas escolas de direito. A AED era, então, uma ilustre ausente, mas isso mudou, felizmente. Muitas faculdades brasileiras introduziram o curso de direito e economia. Na Universidade de São Paulo, suas escolas de economia e direito criaram um doutorado composto de economistas e advogados. Ao longo dos últimos vinte anos, a AED vem ganhando paulatinamente espaço no pensamento jurídico nacional. Pesquisa em desenvolvimento na Fundação Getulio Vargas – Escola de Direito do Rio de Janeiro (FGV Direito Rio) identificou 68 607 decisões judiciais que citavam conceitos da AED, tais como "custos de transação", "assimetria de informação" ou "seleção adversa", entre outros (...) A pesquisa encontrou essas expressões em julgados publicados entre 2013 e 2022 nos principais ramos da Justiça. Seus resultados mostram um claro aumento do emprego da AED por juízes brasileiros nos últimos anos, sobretudo de 2018 para cá. O Judiciário tem demonstrado interesse nos efeitos econômicos de suas decisões. Juízes participam crescentemente de cursos e seminários específicos promovidos pela FGV. Juristas precursores nesse campo têm falado ao Supremo Tribunal Federal. Argumentos econômicos são citados com frequência em decisões de alguns de seus ministros. Em

Ocorre que a introdução no ordenamento jurídico de dispositivos de lei que procuram definir os parâmetros para apuração de haveres do sócio que se retira ou que é excluído (art. 1.031 do CC-02 e art. 606 do CPC-15), bem como a evolução da jurisprudência no sentido de definir um único critério para se atingir um valor justo para o sócio que se retira do quadro societário, de modo a conferir a almejada previsibilidade que se espera do Estado de Direito, embora louvável, não pode, à toda evidência, desconsiderar, completamente, a análise econômica da sociedade que se está dissolvendo. O julgador tem o dever de encontrar o valor patrimonial da sociedade, a fim de que o sócio retirante possa receber o que é seu por direito, mesmo que para tanto tenha que conjugar o critério eleito (do balanço de determinação) com outro critério contábil que não desconsidere a projeção de rentabilidade futura de determinado ativo (*v.g.* fluxo de caixa descontado), sob pena de negar vigência a superior princípio de direito que veda o enriquecimento sem causa, mandando que a cada um se dê o que é seu (*suum cuique tribuere*).

Nas linhas que seguem, procuramos, na extensão e profundidade que o artigo permite, demonstrar como tem se posicionado a jurisprudência frente ao comando legal, que, aparentemente, impõe apenas o uso de balanço de determinação para apuração dos haveres. Procuramos, também, anotar a dificuldade de utilização apenas desse critério para a precificação de determinados bens intangíveis que integram o patrimônio da sociedade, como, por exemplo, o fundo de comércio e o aviamento, razão pela qual defendemos que nada obsta – pelo contrário, impõe-se como solução – a utilização,

---

2021, a Resolução 75 do Conselho Nacional de Justiça (CNJ) incluiu a AED como tema oficial dos concursos de magistratura. A relevância da AED para a prática jurisdicional tem estimulado estudantes de direito a se engajar em debates sobre a eficiência das leis e instituições. Hoje, há cerca de 1800 cursos de direito e alguns deles incluem a AED em suas grades curriculares. A AED veio para ficar. Isso é bom para o Judiciário e para o Brasil".

concomitante, de outro critério de cálculo de considere a projeção de rentabilidade futura de determinado ativo.

1 Apuração do valor patrimonial da sociedade pelo balanço de determinação

Como dito na introdução, não havendo menção expressa e específica no contrato social, a apuração dos haveres da sociedade que se busca dissolver deverá ser realizada em conformidade com o art. 1.031 do CC-02 ("*Nos casos em que a sociedade se resolver em relação a um sócio, o valor da sua quota, considerada pelo montante efetivamente realizado, liquidar-se-á, salvo disposição contratual em contrário, com base na situação patrimonial da sociedade, à data da resolução, verificada em balanço especialmente levantado*". – destacamos) e com o art. 606 do CPC-15 ("*Em caso de omissão do contrato social, o juiz definirá, como critério de apuração de haveres, o valor patrimonial apurado em balanço de determinação, tomando-se por referência a data da resolução e avaliando-se bens e direitos do ativo, tangíveis e intangíveis, a preço de saída, além do passivo também a ser apurado de igual forma*". – destacamos).

Da leitura dos dispositivos, decorre, a nosso pensar, que a demonstração de resultados especialmente levantada para fins de apuração de haveres, denominada pelo Código de Processo Civil de *balanço de determinação*, deverá levar em consideração *não apenas* os bens constantes do balanço ordinário, isto é, aqueles bens escriturados pela contabilidade da empresa.[4]

---

4 Aliás, Sérgio Campinho, ao comentar a regra do art. 15 da antiga Lei das Limitadas (Decreto 3.708/1919), que determinava que ao sócio que se retirava da sociedade seria devido apenas "o reembolso da quantia correspondente ao seu capital, na proporção do último balanço aprovado", observa que os tribunais, atentos à realidade que o balanço contábil aprovado não correspondia, na imensa maioria das vezes, à verdadeira situação econômica e financeira da sociedade, passaram a consagrar a figura do balanço especial de determinação, que deve refletir

Deverá o balanço de determinação incluir todos os bens tangíveis, escriturados ou não, mas que sejam identificáveis e que integrem o patrimônio da sociedade, bem como todos os bens *intangíveis*, que sejam identificáveis e que também integrem o patrimônio da sociedade quando da resolução da sociedade em relação ao sócio retirante, independentemente de estarem escriturados ou não.[5]

A base de cálculo para a apuração dos haveres, assim, compreende todos os bens, corpóreos e incorpóreos, que integram a sociedade, razão pela qual deve incluir o fundo de comércio, marca, aviamento, *etc.* Até mesmo porque, "seria injusto e ilógico que a apuração de haveres do sócio, que se retira da sociedade, não fosse feita com a maior amplitude possível, com a exata verificação física e contábil dos valores que integram o ativo da empresa".[6] Impõe-se, portanto, que a apuração assim se faça, de modo a aferir-se o real

---

um levantamento contemporâneo à época de despedida do sócio, a fim de que a apuração de haveres se faça pelos valores reais do patrimônio da sociedade (aí incluídos bens corpóreos e incorpóreos) e não pelos valores contabilizados, sem qualquer sanção ao sócio retirante, excluído, ou ao seus sucessores que não venham a sucedê-lo na sociedade em caso de seu falecimento (CAMPINHO, Sérgio. *O direito de empresa à luz do Código Civil.* 13ª ed. Rio de Janeiro: Renovar, 2014, p. 234).

5 Walfrido Jorge Warde Júnior e Ruy de Mello Junqueira Neto, antes da vigência do CPC-15, apoiados em julgados do Tribunal de Justiça de São Paulo, anotam que "a apuração do valor de quotas de sociedade deve observar, preferencialmente, o método previsto no contrato social e, em caso de omissão, a norma do art. 1.031 do CC, tomando-se por base a situação patrimonial da sociedade na data da resolução". Prosseguem os autores: "O método empregado na apuração de haveres deve perquirir o valor justo da empresa, pelo que, observado esse critério, deve-se sobrepor a qualquer outro eventualmente contratado. Os elementos do fundo de comércio, inclusive os bens incorpóreos, devem ser considerados na apuração de haveres" (WARDE JR., Walfrido Jorge; JUNQUEIRA NETO, Ruy de Mello. *Direito societário aplicado*. São Paulo: Saraiva, 2004, pp. 67/68).

6 NOLASCO, Alexandre Linares. "Aspectos práticos dissolução parcial de sociedade limitada segundo a jurisprudência do STJ". *In*: CIAMPOLINI NETO, Cesar; WARDE JR., Walfrido Jorge (Coord.). *O Direito de*

valor da sociedade, uma vez que balanço ordinário da sociedade não contempla, via de regra, intangíveis.

Dentre as inúmeras formas de apuração de valores das quotas sociais de sociedades (pelo valor nominal, de negociação, econômico ou patrimonial), a jurisprudência acabou consolidando o entendimento de que deve ser aplicado o balanço de determinação, que é aquele que melhor representa o valor patrimonial da sociedade no momento da resolução em relação ao sócio retirante.

O balanço de determinação enquadra-se, dentre as formas de apuração dos valores das quotas sociais de sociedades, como *método de apuração de valor patrimonial*, pois apura não o valor contábil ou econômico, mas sim o valor patrimonial real da sociedade na data da a resolução, avaliando-se bens e direitos do ativo, tangíveis e intangíveis, a preço de saída, isto é, de mercado, além do passivo, apurado de igual forma.[7] Cuida-se, conforme defende parte da dou-

---

empresas nos tribunais brasileiros. São Paulo: Quartier Latin, 2010, p. 90.

7 Fábio Ulhoa Coelho sintetiza e diferencia o balanço patrimonial ordinário (BPO), o balanço patrimonial especial (BPE) e o balanço de determinação (BPD), concluindo que o CPC-15 corrigiu o erro conceitual contido no art. 1.031 d0 CC-02. Para o autor, "o BPE tem por referência temporal qualquer dia do exercício social, exceto o último. Destina-se a fotografar, por assim dizer, a situação patrimonial da sociedade, na data em que se verificou um evento societário relevante, como, por exemplo, o da realização de assembleia de sócio que motivou o exercício do direito de recesso. O BPE atualiza o BPO até essa data. Atualiza, no entanto, não os valores monetários das rubricas do BPO; faz a atualização contábil, que resulta da apropriação dos fatos contábeis (celebração de contratos, condenações judiciais, prescrição, etc.) verificados desde o dia do encerramento do exercício social anterior até a data do levantamento do BPE. Quanto aos critérios de apropriação, por isto, o BPE deve sempre adotar os mesmos empregados no levantamento do BPO, fundados no princípio do conservadorismo, isto é, a regra geral do 'custo de aquisição' e a inadmissibilidade de contabilização dos intangíveis, entre outros". Já o balanço de determinação, por sua vez, tem por referência temporal qualquer dia do exercício, inclusive o último. Para o eminente professor, "o que o distingue dos demais

trina e da jurisprudência, do método que melhor reflete a cautela que se deve ter na apuração do valor da quota, pois não traz consigo a insegurança e a imprevisibilidade inerentes a outros métodos que projetam rentabilidade futura, como o fluxo de caixa descontado.[8]

Aliás, nesse sentido, destaca-se lição de Fábio Ulhoa Coelho, para quem, quando se cuidar de dissolução parcial da sociedade, a avaliação das quotas pelo valor econômico não se mostra a mais apropriada, podendo conduzir a distorções irremediáveis nos

---

tipos de balanço são os critérios de apropriação dos bens e direitos do ativo (e, em alguns casos, também do passivo). Nele, o contador deita ao largo os parâmetros ditados pelo princípio do conservadorismo e contabiliza cada item pelo valor de mercado ou custo de saída; isto é, pelo valor que cada bem ou direito da sociedade tem ou teria, caso fosse vendido. A frota de veículos, por exemplo, é contabilizada pelo custo de aquisição, com as depreciações legais, no BPO e BPE; no BPD, faz-se a reavaliação dos veículos e eles são apropriados pelo quanto a sociedade receberia caso decidisse, naquela data, vendê-los. O BPD também deve levar em conta os intangíveis da sociedade e apropriá-los como ativos, pelo valor que teriam no mercado, caso fossem negociados" (COELHO, Fábio Ulhoa. "Ação de dissolução parcial de sociedade". *Revista de informação legislativa*, ano 48, nº 190, abr.-jun. 2011).

8 Sobre o método de avaliação do fluxo de caixa descontado, ensina a doutrina que: "[O] produto contábil fluxo de caixa descontado é uma tecnologia científica contábil que tem por objeto a movimentação do caixa, e, por objetivo, a mensuração monetária do saldo de caixa pelo sistema denominado regime de caixa em um longo período, normalmente de cinco a dez anos. Demonstra esta tecnologia o saldo final de caixa a valor presente por uma taxa de desconto igual ao dobro da taxa de remuneração do capital investido, taxa média ponderada de juros entre o capital próprio e o de terceiros, conhecida como taxa de atratividade. Tem por função 'ser um instrumento de gestão', revelar pelo demonstrativo a situação projetada do caixa, que procura avaliar, assim, apenas o negócio retorno do capital e o valor estimado da perpetuidade do negócio, o resultado futuro, entendendo-se este negócio como o objeto social de uma sociedade, 'empresa', uma ou mais atividades (...)" (HOOG, Wilson Alberto Zappa. *Resolução de sociedade e avaliação do patrimônio na apuração de haveres*. 4ª ed. Curitiba: Juruá, 2010, pp. 104-107).

fundamentos econômicos da própria figura do investimento em atividade econômica. Explica o autor que:

> Como o valor econômico tenta captar o quanto os sócios lucrarão com a sociedade no futuro, fixado determinado prazo para o cálculo, o pagamento do reembolso a partir desse critério implicaria a estranha noção de alguém que lucra com determinada empresa sem correr risco nenhum. Se a sociedade fica obrigada a pagar àquele que a deixa o mesmo valor que receberia caso não a deixasse, o lucro em investimento empresarial passa a não depender mais do risco, e isto é uma distorção profunda no conceito. Se lucro é o retorno da disposição de alguém em assumir certo risco, ele não pode desvincular-se dos reveses que o risco empresarial embute. E tal desvinculação é inevitável se à sociedade for imposta a obrigação de pagar o que ela tende a gerar de lucro a quem, por não fazer mais parte dela, encontra-se a salvo de qualquer prejuízo derivado dos riscos empresariais.[9]

O método do balanço de determinação, previsto no art. 1.031 CC-02 e no art. 606 CPC-15, demonstra a preocupação do legislador com que o valor da quota do sócio retirante corresponda ao mais próximo possível do real valor dos ativos da sociedade, refletindo seu valor patrimonial real, de forma a possibilitar da melhor forma o equilíbrio entre a estabilidade da empresa e o exercício do direito potestativo de retirada dos sócios de sociedades limitadas por tempo indeterminado, quando o contrato social não contenha previsão diversa.

A opção do legislador pelo valor patrimonial é justificada por dois argumentos, como observa Marcelo Guedes Nunes. Primeiro, porque o desinvestimento é socialmente indesejado e o reembolso de participação societária ao sócio retirante não pode ser incentivado

---

9 COELHO, Fábio Ulhoa. "Ação de dissolução parcial de sociedade". *Revista de informação legislativa*, ano 48, nº 190, abr.-jun. 2011.

por meio de regras que transformam a desistência em correr riscos produtivos em um bom negócio. Segundo, porque o pagamento de valores da sociedade ao sócio reduz o patrimônio da empresa gerando potencial prejuízo aos credores.[10]

Forte nessa visão que se pode chamar de conservadora, recentemente, foi assim que se posicionou a 3ª Turma do Superior Tribunal de Justiça. Por ocasião do julgamento do recurso especial nº 1.877.331-SP, por maioria de votos, tendo ficado vencida a relatora sorteada Ministra Nancy Andrighi, firmou-se o entendimento no sentido de que se mostra inadequada a aplicação do método de fluxo de caixa descontado para a apuração de haveres de sócio retirante, porquanto a inclusão de expectativas futuras do negócio permeia o cálculo de subjetividade e incertezas que vão contra os arts. 1.031 e 606 em tela.

Do corpo do voto do Ministro Ricardo Villas Bôas Cueva, relator designado, apoiado em julgados da Corte e na doutrina de

---

10 "O valor patrimonial é adotado pela lei, por ser um critério de avaliação conservador. A sociedade vale e seu patrimônio a preço de mercado em uma situação análoga à da sua falência, ou seja, no pior cenário possível. Em qualquer outra situação na qual prossiga, a sociedade tende a valer mais. O valor patrimonial também desconsidera os ganhos decorrentes da organização do estabelecimento empresarial. As sinergias geradas através da organização da empresa correspondem a uma parcela substancial de seu valor. Em sociedades empresárias, o todo é maior do que a soma das partes e a avaliação patrimonial restringe-se a uma soma das partes. Esse conservadorismo, no entanto, não é equivocado; a bem da verdade, ele é correto como princípio. A adoção de um critério conservador objetiva preservar ao máximo o patrimônio da sociedade em benefício de seus credores e, ao mesmo tempo, não criar incentivos para os sócios desistam de correr riscos empresariais e exerçam um direito de retirada. A adoção de um critério de avaliação econômica generoso, que tomasse em consideração sinergias e perspectivas futuras de rentabilidade, anteciparia um lucro futuro e incerto a quem não está disposto a manter recursos investidos e correr o risco inerente à atividade empresarial" (NUNES, Marcelo Guedes; COELHO, Fábio Ulhoa (Coord.). *Sociedades*: normas societárias do Código Civil comentadas. vol. 1. São Paulo: Thomson Reuters, 2023, p. 273).

Fábio Ulhoa Coelho, Wilson Alberto Zappa Hoog e Luis Guilherme Aidar Bondioli, dentre outros autores, destacam-se os motivos pelos quais o balanço de determinação parece mais acertado quando comprado ao método do fluxo de caixa descontado, espécie do gênero de avaliação econômica, que acomoda projeção de rentabilidade futura. O método do fluxo de caixa descontado, diz o voto, além de parecer permeado de incertezas, pode ensejar consequências perniciosas, tais como (i) desestímulo ao cumprimento dos deveres dos sócios minoritários; (ii) incentivo ao exercício do direito de retirada, em prejuízo da estabilidade das empresas, e (iii) enriquecimento indevido do sócio desligado em detrimento daqueles que permanecem na sociedade:

> Ora, da análise dos precedentes acerca do tema, constata-se sempre presente a preocupação de que o valor da quota do sócio retirante corresponda ao mais próximo possível do real valor dos ativos da sociedade, de modo a refletir o seu valor patrimonial real.
>
> Para tanto não se presta a avaliação, com base no valor econômico, feita por modelos como o de fluxo de caixa descontado, destinado a nortear negociações ou investimentos, porquanto comporta, como visto, relevante grau de incerteza e prognose, sem total fidelidade aos valores reais dos ativos.
>
> Com efeito, tendo em vista que a rentabilidade de cada setor empresarial é muito diversa, há grande variação dos múltiplos utilizados. Há também muita subjetividade quanto à taxa de desconto aplicável, sem contar o fator risco envolvido.
>
> Comprador e vendedor fazem, na verdade, uma aposta de que determinada sociedade continuará a se comportar de certa maneira no futuro, com certa rentabilidade, estável ou crescente, tudo baseado em avaliações de especialistas, por vezes discrepantes quanto ao desempenho futuro da empresa e do setor. A álea, portanto, é parte essencial do negócio que se resolve graças à bilateralidade e ao acordo de vontades.
>
> Na determinação do preço a pagar ao sócio retirante, por outro lado, só haverá encontro de vontades se estipulada cláusula contratual prevendo o cálculo na respectiva apuração

> de haveres. Caso contrário, ocorrerá imposição de valor, que deve ser, por força da lei, da doutrina e da jurisprudência, o mais próximo possível do real, ou seja, sem elementos arbitrários como as prognoses acerca de eventos futuros e incertos (faturamento e lucratividade futuros, taxa de juros utilizada no desconto, etc.).
>
> Essa incerteza – que advém de fatores macroeconômicos (taxa de crescimento do PIB, taxa de juros, taxa de desemprego), jurídicos (normas regulatórias e normas que criem ou ampliem incidências tributárias) e também internos (a própria gestão da empresa) – torna, a meu ver, a metodologia do fluxo de caixa descontado desaconselhável na apuração de haveres do sócio dissidente (j. 13/04/2021, DJe 14/05/2021).[11]

---

11 Não se pode olvidar que a Ministra relatora sorteada, Nancy Andrighi, mesmo vencida, lançou aos autos primoroso voto, no qual defende que a aplicação da metodologia do fluxo de caixa descontado é, sim, compatível com a legislação vigente, além de encontrar suporte na doutrina e na jurisprudência, justamente por ser aquele que, a depender do caso analisado, melhor pode refletir o valor patrimonial da sociedade quando da dissolução parcial da sociedade: “28. Não se ignora o fato de que, ao se desligar da sociedade, o dissidente perde a condição de sócio, não mais se sujeitando aos riscos do negócio, ou seja, deixando de participar de eventuais lucros ou prejuízos apurados. 29. Entretanto, não se pode descurar, igualmente, que a saída do dissidente ontologicamente não difere da alienação de sua participação societária. Vale dizer, a dissolução parcial acaba equivalendo, em certa medida, à alienação de quotas sociais, com a única diferença de que a adquirente é a própria sociedade (ou os sócios remanescentes). 30. Portanto, se na alienação de participação societária se aceita de forma pacífica que o valor de mercado das quotas seja apurado mediante aplicação da metodologia do fluxo de caixa descontado, não se vislumbra motivo para que esse mesmo método não seja utilizado na apuração de haveres do sócio retirante. 31. Afinal, não há como reembolsar de forma digna e justa o sócio dissidente sem incluir na apuração de haveres a o valor alcançado pela sociedade no mercado. 32. Por outro lado, não se pode esquecer que o cálculo do fluxo de caixa descontado considera resultados futuros trazidos a valor presente, mediante aplicação de uma taxa de desconto que contempla, dentre outros, o custo de oportunidade do capital empregado. Dessarte, sofrendo tais resultados futuros uma redução a valores presentes, a partir da consideração de fatores de risco, a rigor

No mesmo sentido, ainda, encontra-se julgado da 4ª Turma do Superior Tribunal de Justiça, cuja ementa, no que interessa, rechaça a aplicação do método do fluxo de caixa descontado: "O fluxo de caixa descontado – método para avaliar a riqueza econômica de uma empresa dimensionada pelos lucros a serem agregados no futuro – não é adequado para o contexto da apuração de haveres". (REsp nº 1.904.252-RS, relatora Ministra Maria Isabel Gallotti, j. 22/8/2023).

Afinados com os acórdãos do Superior Tribunal de Justiça em parte acima transcritos, encontram-se, ainda, diversos julgados das Câmaras Reservadas de Direito Empresarial do Tribunal de Justiça de São Paulo, dentre os quais, destacam-se: Apelação Cível 1060003-65.2018.8.26.0100, rel. Des. Alexandre Lazzarini, 1ª Câmara Reservada de Direito Empresarial, j. 26/05/2021; Agravo de Instrumento 2253663-45.2020.8.26.0000, rel. Des. Ricardo Negrão, 2ª Câmara Reservada de Direito Empresarial, j. 20/07/2021; Agravo de Instrumento 2149343-70.2022.8.26.0000, rel. Des. Ricardo Negrão, 2ª Câmara Reservada de Direito Empresarial, j. 09/02/2023; Apelação Cível 1049487-18.2020.8.26.0002, rel. Des. Sérgio Shimura, 2ª Câmara Reservada de Direito Empresarial, j. 31/03/2023; Apelação Cível 1001943-56.2021.8.26.0048, rel. Des. Natan Zelinschi de Arruda, 2ª Câmara Reservada de Direito Empresarial, j. 04/10/2023; Agravo de Instrumento 2170359-46.2023.8.26.0000, rel. Des. J. B. Paula Lima; 1ª Câmara Reservada de Direito Empresarial, j. 18/10/2023; Apelação Cível 1001272-16.2020.8.26.0453; rel. Des. Azuma Nishi, 1ª Câmara Reservada de Direito Empresarial, j. 14/03/2023; e Agravo de Instrumento 2275008-96.2022.8.26.0000, rel. Des. Fortes Barbosa, 1ª Câmara Reservada de Direito Empresarial, j. 26/04/2023.

---

não se pode falar, ao contrário do que afirmado pelo Tribunal *a quo*, que tal metodologia confira ao sócio dissidente participação nos lucros futuros da empresa. 33. Acrescente-se, por oportuno, que embora a jurisprudência consolidada mencione que a apuração de haveres há de ser feita como se se tratasse de dissolução total (que se realiza mediante balanço de liquidação, com exclusão dos ativos intangíveis), os próprios precedentes estabelecem a utilização do balanço de determinação, em que o patrimônio intangível é levado em consideração".

No mesmo sentido, colhe-se, ainda, valiosa doutrina do Desembargador Eduardo Azuma Nishi, que muito bem sintetiza a metodologia do balanço de determinação, que, explica,aquele que melhor atende aos princípios contábeis geralmente aceitos e aplicáveis, dentre os quais os custos de aquisição como base de avaliação dos ativos e o conservadorismo:

> O critério do artigo 606 do CPC prevê ajustes ao valor patrimonial contábil apurado em balanço levantado na data da resolução da sociedade, pelo valor dos ativos, tangíveis e intangíveis, pelo seu preço de saída. A preços de saída entende-se a valores de realização, venda ou liquidação, considerados os valores líquidos, ou seja, descontadas as despesas para a realização das vendas, como custos com corretagem e demais despesas.
>
> É nestes ajustes que reside a mudança trazida pela Lei processual em relação ao critério definido no art. 1.031 do CC, que estabelecia como critério o valor patrimonial contábil levantado em balanço especial na data da resolução da sociedade. Embora possa haver alguma discussão quanto à exata interpretação deste dispositivo do CC, clara a opção legislativa baseada na escrituração contábil, devendo o valor do quinhão do sócio retirante basear-se no patrimônio líquido contábil, atendidos os princípio contábeis geralmente aceitos e normativos contábeis aplicáveis, dentre os quais custos de aquisição como base de avaliação dos ativos e o conservadorismo, que são incompatíveis com a metodologia do valor econômico baseado em premissas e projeções futuras, que por princípio envolve incertezas decorrentes do risco próprio de cada negócio, além de fatores conjunturais e macroeconômicos muitas vezes não controláveis ou precisamente avaliáveis pelos agentes econômicos.
>
> Ao se reconhecer que os itens patrimoniais, do ativo e do passivo, podem, com o tempo, se distanciar dos valores de realização ou de mercado ou mesmo não representá-los adequadamente, é que o CPC veio inovar, de forma a prever ajustes aos valores contábeis do ativo e do passivo, aos valores de realização (ou de

> saída), contemplando não só os tangíveis como os intangíveis, como forma de melhor avaliar o patrimônio que é de direito do sócio que se retira ou é excluído da sociedade.
>
> A despeito das críticas existentes em relação ao critério constante do artigo 606 do CPC, a Lei processual veio aprimorar o critério do artigo 1.031 do CC, para que o quinhão do sócio retirante ou excluído melhor reflita o valor de mercado ou de realização dos itens que compõem o acervo social da empresa, de forma a evitar apropriação indevida ou enriquecimento ilícito, seja por parte do sócio retirante, quanto pelos sócios remanescentes ou pela própria sociedade. Isso porque é inegável que os valores contábeis, por terem critérios de contabilização distintos do de realização ou venda, acabam tendo a sua representação quantitativa distanciada dos valores de saída, que o legislador elegeu como o mais adequado para mensurar o quinhão do patrimônio da sociedade atribuída ao sócio retirante ou excluído. Tal ajuste a valores de realização dos itens patrimoniais das contas do ativo e do passivo pode ser para mais ou para menos, inclusive em relação aos intangíveis como mencionaremos mais adiante.[12]

Em resumo, hoje, parece não haver dúvida de que, em se cuidando de dissolução parcial de sociedade, na apuração dos haveres do sócio retirante, conservadoramente, aplica-se o balanço de determinação para apuração do valor patrimonial dos bens tangíveis e intangíveis que compõem à sociedade, mostrando-se, a princípio, equivocado o emprego de metodologia que avalie as quotas ou qualquer bem que integre a sociedade por critérios econômicos ou que contemple, de qualquer forma, metodologia que apure rentabilidade futura da sociedade.

Ousamos discordar, com a devida vênia àqueles que pensam de modo diferente. O balanço de determinação, que visa apurar justamente o valor patrimonial da sociedade, não pode excluir, em

12 NISHI, Eduardo Azuma. *Apuração de Haveres*: novos paradigmas na Ordem Jurídica. São Paulo: Quartier Latin, 2022, pp. 156/157.

toda e qualquer hipótese, o empréstimo de metodologia de cálculo que contemple a projeção de rentabilidade futura de determinado ativo intangível presente na sociedade a ser avaliada, sob pena de, como dito acima, negar vigência ao superior princípio de direito que veda o enriquecimento sem causa.

2 A possibilidade de convivência do balanço de determinação com emprego de metodologia de cálculo que contemple a perspectiva de rentabilidade futura de determinado ativo

Não obstante tendência de uniformização da jurisprudência no sentido acima exposto, a prática tem mostrado que a simplificação das balizas do critério a ser adotado não resolve *a totalidade* das questões que se apresentam em juízo, especialmente naqueles casos em que o patrimônio da sociedade exige a quantificação de bens intangíveis de complexa mensuração – propriedade industrial, ponto comercial, carteira de clientes, aviamento, *etc.*

Sem querer tomar partido de qualquer posição doutrinária a respeito do conceito, da natureza, semelhanças e diferenças de fundo de comércio e aviamento,[13] ou entre eles e o *goodwill*,[14] não

13 Renato Vilela, bem expõe, a respeito, que "[a] a distinção entre aviamento como um atributo do estabelecimento comercial ou como um elemento do fundo de comércio não traz repercussões práticas relevantes para fins de apuração de haveres. Se o pano de fundo conceitual é a capacidade de geração de lucros, independente do seu local teórico, essa capacidade pode ser fonte de expectativa de lucros futuros sujeita a avaliação no contexto de apuração de haveres". Trocando em miúdos, tanto o fundo de comércio como o aviamento dizem respeito a elementos incorpóreos geradores de valor e, portanto, integram o patrimônio da sociedade para fins de apuração de haveres (VILELA, Renato. *Avaliação para fins de apuração de haveres nas sociedades limitadas*: apreciação de ativos intangíveis. São Paulo: Dialética, 2023, p. 55).

14 Ainda tomando por referência a classificação proposta por Renato Vilela, que, em nosso entendimento, é a que melhor se amolda à redação dos vigentes arts. 1.031 do CC-02 e 606 do CPC-15, o *goodwill* seria

se pode olvidar, como dito mais acima, que os bens intangíveis que compõem a sociedade devem ser levados em consideração na apuração dos haveres do sócio retirante, até mesmo porque excluí-los significaria negar vigência aos art. 1.031 do CC-02 e 606 do CPC-15, que impõem a apuração do valor patrimonial da sociedade. É que "todo recurso incorpóreo com potencial de geração de benefícios econômicos classificados pela doutrina como fundo de comércio ou aviamento é um ativo intangível"[15] e, por isso, a princípio, não pode ser excluído no cálculo do valor da quota. Assim, para fins de apuração dos haveres do sócio retirante, a perícia deverá levar em consideração todos os ativos, tangíveis e intangíveis, mesmo quando não escriturados no balanço ordinário.

Daí por que o balanço especialmente levantado para fins de apuração de haveres deverá considerar todos os ativos, tantos os tangíveis, como também os intangíveis, que possam ser destacados do todo e precificados isoladamente, como, por exemplo, propriedade industrial, direitos decorrentes de contratos, ponto comercial, dentre outros. Ao contrário, os bens intangíveis que não são passíveis de serem destacados do todo, como, por exemplo, "qualidade da administração" e "eficiente organização de vendas ou prestação de serviços", por não terem preço quando isolados do todo, não devem compor o balanço a ser levantado, sob pena de fazer com que o cálculo do valor da quota social se impregne de inaceitável subjetivismo, o que, por óbvio, cumpre sempre evitar.

---

o ativo intangível não passível escrituração, porque não identificável; diferentemente do fundo de comércio e do aviamento, que são bens intangíveis identificáveis e, portanto, passíveis de escrituração. Segundo o autor, deve ser tratado como *goodwill* o ativo intangível que não satisfaz os requisitos de identificação e, consequentemente, não está sujeito a escrituração contábil" (VILELA, Renato. *Avaliação para fins de apuração de haveres nas sociedades limitadas*: apreciação de ativos intangíveis. São Paulo: Dialética, 2023, p. 60).

15 VILELA, Renato. *Avaliação para fins de apuração de haveres nas sociedades limitadas*: apreciação de ativos intangíveis. São Paulo: Dialética, 2023, p. 62.

Quer-se, portanto, propor e defender que o magistrado responsável pela condução do processo de apuração de haveres deva determinar que o perito nomeado identifique todos os bens intangíveis que compõem o acervo patrimonial da sociedade, precificando aqueles que, isoladamente ou em conjunto com outros, possuam preço de mercado; isto é, os bens intangíveis que podem ser quantificados independentemente do todo, e, ainda, independentemente de serem passíveis de escrituração, ou não. Identificados os bens intangíveis que possuam preço de saída, há que se resolver a metodologia de cálculo que a eles deve ser aplicada.

Ora, se o balanço de determinação resolve a precificação da quase totalidade dos bens tangíveis, não tem o mesmo condão quanto aos intangíveis.

Assim, cada um dos bens deverá ser avaliado separadamente, utilizando-se, em regra, o método do balanço de determinação, tal qual imposto pela lei. Entretanto, no que toca aos bens intangíveis, identificáveis (fundo de comércio, aviamento) e não identificáveis para fins contábeis (*goodwill*), se existentes e desde que passíveis de precificação de forma isolada, poderão, se necessário, ser avaliados por outro método que contemple uma perspectiva de rentabilidade futura, como, por exemplo, *fluxo de caixa descontado*,[16] até mesmo porque, como visto mais acima, tantos os julgados como a doutrina que defendem a aplicação da metodologia do balanço de determinação não negam que os bens intangíveis devem compor a avaliação para fins de apuração de haveres na dissolução parcial de sociedade.

No Tribunal de Justiça de São Paulo, não obstante a jurisprudência majoritária pela aplicação do balanço de determinação, encontram-se julgados no sentido de que é possível, diante das peculiaridades do caso em análise, aplicar-se a metodologia do fluxo

16 Nesse sentido, conferir a já mencionada tese de doutorado de: VILELA, Renato. *Avaliação para fins de apuração de haveres nas sociedades limitadas*: apreciação de ativos intangíveis. São Paulo: Dialética, 2023.

de caixa descontado – que nada mais é que espécie de critério de cálculo que traz para o presente a projeção de rentabilidade futura, com aplicação de uma taxa de desconto – a fim de se encontrar o almejado valor patrimonial da quota. Isto significa, a depender do caso *sub judice*, a aplicação de metodologia que busque aferir o valor da quota por meio de avaliação econômica de algum ou alguns bens que integrem a sociedade a ser avaliada. Como exemplo, confiram-se ementas de julgados da 1ª e da 2ª Câmara Reservada de Direito Empresarial do Tribunal de Justiça de São Paulo:

> Agravo de Instrumento. Ação de dissolução parcial de sociedade c.c. apuração de haveres. Fase de apuração de haveres. Decisão que determina a realização de perícia, com exclusão do goodwill. Inconformismo dos autores. Acolhimento em parte. Balanço especial de determinação, que não afasta, necessariamente, o aviamento. Inteligência dos arts. 1.031, do CC, e 606, do CPC. Necessidade de análise da situação concreta. Perícia que deverá ser realizada sem desconsiderar o aviamento, verificando a viabilidade de se aferir o lucro futuro, sem olvidar que a dissolução foi fixada em 13.08.2018, portanto, há mais de três anos. Experto que deverá se pronunciar a respeito da possibilidade de apuração pelo Fluxo de Caixa Livre – FCLE, visto que foi o método empregado em dissolução de outra empresa comum às partes. Decisão reformada, para permitir que a perícia considere a hipótese de inclusão do goodwill. Recurso provido em parte. (Agravo de Instrumento 2084607-09.2023.8.26.0000, relator Des. Grava Brazil, 2ª Câmara Reservada de Direito Empresarial, j. 15/06/2023)
>
> Apelação. Direito Empresarial. Direito societário. Sociedade Limitada. Ação de apuração de haveres. (...) Metodologia de avaliação de empresas ou apuração de haveres de sócio. Balanço especial. Balanço de determinação. Fluxo de Caixa Descontado que melhor corresponde ao valor real das sociedades, considerando seus ativos tangíveis e intangíveis, bem como o Fundo de Comércio conquistado ao longo dos 25 anos de atividade. Goodwill. Contratos sociais que não excluem o

> Fundo de Comércio da apuração dos haveres, reproduzindo o disposto no art. 1.031 do Código Civil e, inclusive, apontando a necessidade de levantamento de balanço especial a preço de mercado. Descabimento da apuração dos haveres tão somente com base no patrimônio líquido das sociedades, que atuam no mercado de prestação de serviços de corretagem de seguros e não possuem ativos tangíveis significativos. Precedentes desta Corte Bandeirante e do Colendo Superior Tribunal de Justiça sobre o tema. Impossibilidade, contudo, de homologação dos haveres apurados em laudo unilateralmente amealhado pelos autores, produzido à míngua do contraditório e em hipótese de transação não forçada no mercado. Laudo pericial produzido nos autos que foi conclusivo e esclarecedor, sem qualquer contradição ou omissão a respeito dos quesitos das partes e de seus assistentes técnicos. Solidariedade legal, imposta aos réus, sócios pessoas naturais com as sociedades empresárias componentes do Grupo econômico, com fundamento nos artigos 601 (litisconsórcio necessário) e 604, § 1º, ambos do CPC, este, regra de direito material que determina à sociedade e aos sócios que permanecerem, após a apuração dos haveres, que depositem em juízo a parte incontroversa dos valores. Apelos parcialmente providos. (Ap. 10688505620188260100, rel. Des. Pereira Calças, 1ª Câmara Reservada de Direito Empresarial, j. 16/12/2020).[17]

---

17 No mesmo sentido, autorizando a aplicação do balanço de determinação em conjunto com o fluxo de caixa descontado, por ser o melhor critério a refletir o real valor patrimonial da empresa, encontra-se outro julgado da 2ª Câmara Reservada de Direito Empresarial, este de relatoria do Desembargador Sérgio Shimura: "A utilização do balanço de determinação, em conjunto com o fluxo de caixa descontado, é o melhor critério a refletir o real valor patrimonial da empresa – Pelo 'fluxo de caixa descontado', tem-se a projeção do fluxo de caixa futuro e sua capacidade de geração de riqueza com base no desempenho dos últimos exercícios, trazendo-o a valor à data da resolução" (Agravo de Instrumento 2160743-52.2020.8.26.0000, j. 20/01/2021). No mesmo sentido, outro julgado da mesma 2ª Câmara Reservada de Direito Empresarial do Tribunal de Justiça de São Paulo, este de relatoria do saudoso Desembargador Araldo Telles: "Agravo de instrumento.

Apuração de haveres. Homologação de laudo pericial. Procedimento que tem como norte o balanço especialmente levantado na data de retirada do sócio, avaliados, os ativos intangíveis, pelo fluxo de caixa descontado. Possibilidade. Busca pelo valor patrimonial real da sociedade em virtude de seu objeto social. Precedentes. Decisão mantida. Recurso desprovido" (AI 2143387-44.2020.8.26.0000, rel. Des. Araldo Telles, 2ª Câmara Reservada de Direito Empresarial, j. 14/10/2020). Destacam-se, ainda, os seguintes julgados: "Sociedade Limitada – Ação anulatória e de apuração de haveres julgada parcialmente procedente – Liquidação por arbitramento – Exame pericial destinado à fixação do valor dos haveres de sócio retirante – Laudo pericial homologado – Método de avaliação pelo fluxo de caixa descontado utilizado – Compatibilidade com as características da empresa examinada, cujas atividades são voltadas, preponderantemente, para a prestação de serviços de consultoria e o desenvolvimento de programas de informática – Critério patrimonial proposto pelos agravantes conflitante com a realidade econômica e financeira da pessoa jurídica – Decisão mantida- Recurso desprovido". (AI 22766671420208260000, rel. Des. Fortes Barbosa, 1ª Câmara Reservada de Direito Empresarial, j. 10/02/2021); "Agravo de instrumento. Dissolução de sociedade e apuração de haveres. Liquidação. Homologação do laudo pericial. Decisão reformada. Art. 480 do CPC. Necessidade de realização de nova perícia, respeitando-se, quanto à determinação do fundo de comércio (*goodwill*), o método de fluxo de caixa descontado, segundo anteriormente estabelecido na r. decisão de fls. 893 originais, não impugnada pelas partes. Recurso provido". (AI: 22593267220208260000, rel. Des. Alexandre Lazzarini, 1ª Câmara Reservada de Direito Empresarial, j. 25/10/2021). Ainda, admitindo a aplicação do fluxo de caixa descontado para sociedade prestadoras de serviços: "Ação de dissolução parcial de sociedade ajuizada por sócio contra sociedade e sócios remanescentes. Decisão que julgou procedente sua primeira fase, decretando a dissolução parcial e fixando critérios para apuração de haveres, na forma do art. 604 do CPC. Agravo de instrumento dos réus. (...) Agravo de instrumento corretamente interposto contra decisão de natureza interlocutória, já que, no caso concreto, houve concordância de ambas as partes com a dissolução parcial. Critério para apuração dos haveres. Omisso o contrato social, aplica-se o disposto no art. 606 do CPC (valor patrimonial apurado em balanço de determinação). Não é este caso de aplicação do método de fluxo de caixa descontado, como requerem os agravantes. Nas excepcionais circunstâncias em que admitem o método, as Câmaras Reservadas de Direito Empresarial o fazem considerando sociedades cujos principais ativos sejam intangíveis, como no caso das de prestação de serviços,

Aliás, a metodologia do fluxo de caixa descontado já era considerada pelas Câmaras da 1ª Seção de Direito Privado do Tribunal de Justiça de São Paulo quando esta era competente para julgar ação de dissolução parcial de sociedade, como se confere do seguinte julgado:

> Dissolução parcial de sociedade em fase de execução (apuração de haveres). Competência desta 10ª Câmara de Direito Privado, em que pese a criação das Câmaras Reservadas ao Direito Empresarial na Corte. Art. 105 do Regimento Interno. Prevenção. Preliminar de nulidade que se rejeita. Decisão agravada que, embora sucinta, contém fundamentação suficiente. Apuração feita com base em método comparativo, cotejada a sociedade de que se cuida com outra do mesmo segmento empresarial. Inadmissibilidade. Não há forma razoavelmente aceitável para encontrarem-se parâmetros de comparação confiáveis, o que leva a avaliação a resultados distorcidos. Cada empresa tem em razão de sua dinâmica de risco, de sua estrutura de capital, da qualidade de seus ativos, da estrutura de seus gastos, da tradição que tem no mercado a que se dirige, da maior ou menor ousadia na tomada de decisões por seus dirigentes, etc., características próprias. Difícil ocorrer ser uma empresa igual, ou mesmo muito parecida, com outra. Apuração de haveres que se há de fazer pelo levantamento de balanço, na forma do art. 1.031 do Código Civil se a empresa como um todo, com seus ativos, tangíveis e intangíveis, fundo

---

em que, dadas suas especificidades, o balanço de determinação pode não refletir valor patrimonial real. No caso concreto, pelo contrário, a sociedade dissolvenda tem imóveis como principal ativo. Inadequação, portanto, para a estimativa, 'in casu', da sistemática do fluxo de caixa descontado, sendo de se privilegiar o balanço de determinação, método legal". (...) (AI: 22028759020218260000, rel. Des. Cesar Ciampolini, 1ª Câmara Reservada de Direito Empresarial, j. 16/02/2022). Por fim, mencionam-se ainda: Ap. 00323054820108260564, rel. Des. Fortes Barbosa, 1ª Câmara Reservada de Direito Empresarial, j. 4/03/2020; e AI 22466708820178260000, rel. Des. Hamid Bdine, 1ª Câmara Reservada de Direito Empresarial, j. 15/01/2018.

> de comércio inclusive, bem assim os passivos, estimados a mercado. Sobre o valor apurado, aplicar-se-á o percentual de cotas cabente à dissidente, chegando-se, deste modo, ao quanto que lhe será pago. Conveniência, também, de emprego do método do fluxo de caixa descontado, adequado à apuração da situação econômica e da capacidade de geração de riqueza da empresa. A perícia, assim, deverá procurar a justa estimativa do valor a ser pago à sócia dissidente tanto pelo levantamento do balanço, quanto por esta metodologia. Juros de mora que se contam, consoante o melhor entendimento a respeito, a partir da citação inicial. Caso concreto, todavia, em que, não tendo havido recurso da credora, para evitar-se descabida "reformatio in pejus", se mantém o decidido na origem, isto é, o cômputo dos interesses desde o trânsito em julgado da decisão da ação na fase de conhecimento. Justa preocupação da credora e do Juízo "a quo" com a demora no processo que não pode levar ao acolhimento do laudo feito a partir do inaudito método comparativo. O valor Justiça e o princípio imemorial de direito que veda o enriquecimento sem causa hão de prevalecer sobre a sempre desejável rapidez no julgamento. A efetividade do direito da credora poder-se-á dar, anota-se, se o caso, mediante medidas antecipatórias de tutela, a importar, conforme o caso, no curso do processo de execução, em parciais satisfações definitivas do crédito exequendo. Agravo de instrumento da empresa devedora a que se dá parcial provimento, anulada a perícia, determinando-se a realização de outra. (TJSP; Agravo de Instrumento 2166095-64.2015.8.26.0000; Relator (a): Cesar Ciampolini; Órgão Julgador: 10ª Câmara de Direito Privado; Foro de Catanduva – 3ª Vara Cível; Data do Julgamento: 03/05/2016; Data de Registro: 10/05/2016).

No mesmíssimo sentido, destaca-se recente decisão monocrática da Ministra Maria Isabel Gallotti, na qual, após mencionar outros julgados da Corte em que se impunha a realização do balanço de determinação, assentou o cabimento, no caso que apreciava, do emprego conjunto dos métodos de levantamento de balanço de determinação e de fluxo de caixa descontado. Na ocasião, S. Exa. deixou consignado que a metodologia do fluxo de caixa descontado é modelo avaliativo que objetiva, em última análise, estabelecer o preço de mercado da sociedade, isto é, o valor patrimonial real da empresa, sendo, portanto, rotineiramente utilizada em operações de aquisição, fusão e incorporação de participações societárias.

No corpo da decisão, assinala a Ministra que "no cálculo do fluxo de caixa descontado, há, em regra, a inclusão do patrimônio imaterial da sociedade, que corporifica uma expectativa futura de capacidade de geração de caixa ou de excesso de valor do negócio", razão pela qual "pode-se afirmar, seguramente, que essa metodologia de apuração de haveres compatibiliza-se com o entendimento do STJ, ao possibilitar o cálculo do valor real da empresa". Revolvendo a jurisprudência da Corte, observa a Ministra que a 4ª Turma do STJ já decidiu, no julgamento do recurso especial nº 968.317-RS, de relatoria do Min. João Otávio de Noronha, publicado no DJE de 11.05.2009, que

> não configura ofensa ao art. 1.031 do CC/02 o acolhimento das conclusões do laudo pericial que, ao apurar o valor do fundo de comércio, utiliza-se de sistemática de cálculo consistente na projeção da rentabilidade futura trazida ao valor presente, de modo a aferir os efeitos provocados pela perda da parcela intangível do patrimônio (contas de clientes), que seguira juntamente com os sócios retirantes, no patrimônio da sociedade.

Daí por que, "à luz da jurisprudência do STJ, não há nenhuma ilegalidade na adoção da metodologia do fluxo de caixa descontado, para a apuração dos haveres do sócio falecido" (Pet. no recurso especial nº 1.445.106, j. em 20/5/2022).

Marcus Elidius Michelli de Almeida, ao versar acerca da apuração de haveres na dissolução parcial de sociedade, também defende a aplicação do fluxo de caixa descontado, à consideração de que o método aponta o valor do ativo da empresa, que é um dos elementos do balanço de determinação, e tem por finalidade apurar o valor da empresa da forma mais justa possível. O autor, citando Eliseu Martins, sustenta que nada obsta que se conjuguem os métodos do balanço de determinação e do fluxo de caixa descontado, na busca do valor justo:

> Na elaboração do balanço de determinação, o perito deve buscar um valor econômico justo para a empresa avaliada; em decorrência disto é possível a aplicação do balanço de determinação juntamente com o fluxo de caixa descontado, método amplamente utilizado em negociações de fusão e aquisições, que melhor revela a situação econômica e a capacidade de geração de riqueza de uma empresa. A tarefa mais complexa para o perito avaliador é determinar o valor do goodwill não adquirido, que será evidenciado no balanço de determinação, que pode ser apurado via fluxo de caixa descontado, que apura o valor da empresa de forma global, refletindo o valor dos intangíveis, que contribuíram para a geração de lucros e fluxos de caixa futuros.[18]

Aliás, este é o entendimento que propõe a já mencionada tese de doutorado de Renato Vilela,[19] recentemente publicada em versão comercial. Defende o autor, na linha dos julgados acima mencionados, que a aplicação do balanço de determinação, tal qual determina a lei, especificamente no art. 1.031 do CC-02 e no art. 606 do CPC-15,

18 ALMEIDA, Marcus Elidius Michelli de. "Sociedade Limitada: causas de dissolução parcial e apuração de haveres". *In*: BRUSCHI, Gilberto Gomes; COUTO, Monica Bonetti; SILVA, Ruth Maria Junqueira de Andrade Pereira e; PEREIRA, Thomaz Henrique Junqueira de Andrade (Coord.). *Direito processual empresarial*: estudos em homenagem a Manoel de Queiroz Pereira Calças. Rio de Janeiro: Elsevier, 2012, p. 552.

19 VILELA, Renato. *Avaliação para fins de apuração de haveres nas sociedades limitadas*: apreciação de ativos intangíveis. São Paulo: Dialética, 2023, p. 162.

não afasta, necessariamente, a utilização da metodologia de avaliação pelo valor econômico do bem intangível por meio da técnica do fluxo de caixa descontado quando essa mostrar-se mais adequada para a aferir o valor patrimonial da quota do sócio retirante ou excluído:

> É comum, sobretudo na jurisprudência, o afastamento de avaliações econômicas pela técnica do fluxo de caixa descontado sob o fundamento de que se estaria entregando ao sócio retirante lucros futuros da sociedade, a serem realizados em momento que este retirante não comporá mais o quadro social. Portanto, não terá mais trabalhado para a construção do resultado e nem terá ficado sujeito ao risco inerente da atividade empresarial. Essa conclusão carece de precisão técnica.
>
> Como visto o que se busca é o valor de mercado do ativo em separado da sociedade, cuja adequada avaliação pode ser conduzida pela projeção de rentabilidade futura. O conceito que embasa a técnica do fluxo de caixa descontado é justamente a aplicação da taxa de desconto aos valores esperados para o futuro para trazê-los a valores atuais. Ou seja, trata-se de técnica para fixar o valor de mercado de um ativo na data da avaliação, valor este que o terceiro interessado pagaria para adquirir o ativo avaliado em condições correntes de mercado.

Seriam, nesse contexto, desejáveis alterações da redação dos art. 1.031 e 606 em tela, a fim de evitar o engessamento e a obrigatoriedade da aplicação única do balanço de determinação a que, em leitura literal de seus textos, tende o STJ, com exclusão de emprego de qualquer outra metodologia, independentemente da situação concreta e da existência de bem intangível, como, por exemplo, fundo de comércio – cuja avaliação exige critério de cálculo que englobe a perspectiva de rentabilidade futura do ativo, como o faz, com certa segurança, na linha dos julgados acima transcritos, o fluxo de caixa descontado.

Espera-se que a comissão de juristas designada pelo Senado Federal para entregar proposta de revisão e atualização do Código

Civil – capitaneada, na seara do Direito Empresarial, pela Professora Paula A. Forgioni – discuta uma nova redação para o art. 1.031, para o que ousamos sugerir:

> *Nos casos em que a sociedade se resolver em relação a um sócio, o valor de sua quota liquidar-se-á consoante disposição contratual, se existente, ou então com base na situação patrimonial da sociedade à data da resolução, verificada em balanço especialmente levantado. Em situações em que, dada a especificidade do ativo, o balanço de determinação não refletir o valor patrimonial real da sociedade, poderá ser adotado, alternativa ou conjuntamente, outra metodologia de cálculo que não desconsidere perspectiva de rentabilidade futura.*

Aliás, a precificação da participação acionária pelo emprego de mais de uma metodologia de cálculo não é novidade na legislação. Embora não mencione fluxo de caixa descontado, a Lei das Sociedades por Ações (Lei n. 6.404/1976), no art. 170, § 1º, ao cuidar do aumento de capital mediante subscrição de ações, possibilita que o preço de emissão da ação seja fixado, *alternativa* ou *conjuntamente*, pela *perspectiva de rentabilidade da companhia* (I); pelo o valor do patrimônio líquido da ação (II); e/ou pela cotação de suas ações em Bolsa de Valores ou no mercado de balcão organizado, admitido ágio ou deságio em função das condições do mercado (III).

Nelson Eizirik, ao comentar o art. 170 da Lei n. 6.404/76, explica que o legislador, ao determinar que a emissão de ação ocorra por meio de seu valor econômico, e não pelo valor nominal, teve como objetivo evitar a redução injustificada da participação do acionista que não acompanha o aumento de capital. É que, sob a vigência do Decreto-Lei n. 2.627/1940, a prática de emitir ações pelo valor nominal, quando a companhia podia colocá-las no mercado por muito mais, trazia duas consequências negativas, quais sejam: proporcionava um ganho injustificado aos acionistas que exerciam o seu direito de preferência pelo valor nominal, e depois vendiam as ações na Bolsa por preço muito superior, ao mesmo tempo em que diluía injustificadamente a participação dos antigos acionistas que não tinham condições de acompanhar o aumento de capital.[20]

Em se cuidando de sociedade de capital aberto negociada em bolsa de valores ou no mercado de balcão organizado, por certo, o parâmetro mais adequado será aquele que coincida com a cotação de suas ações, não obstante a prática demonstre a utilização de certo deságio quando da emissão, o que é admitido pela lei. Entretanto, se a companhia é fechada, o preço de emissão deverá levar em consideração os outros dois parâmetros: a perspectiva de rentabilidade da companhia; e o valor de patrimônio líquido da ação, isoladamente ou em conjunto, a critério da companhia.[21] Isso porque, como anota o autor,

> o valor patrimonial contábil apresenta uma "fotografia" estática da companhia em uma determinada data, não refletindo toda a dinâmica da atividade empresarial, principalmente a futura, que é um dos principais componentes da formação do valo valor da empresa.[22]

Daí por que, corretamente, o legislador previu a possibilidade de utilização, em conjunto ou isoladamente, de critério que capte a perspectiva de rentabilidade da companhia, que, por sua vez, pode se valer de diversos métodos, dentre os quais: modelo do valor dos dividendos descontados; método baseado no indicador preço/lucro

---

20 EIZIRIK, Nelson. *A Lei das S/A comentada*. vol. III. 3ª ed. São Paulo: Quartier Latin, 2021, p. 320.

21 EIZIRIK, Nelson. *A Lei das S/A comentada*. vol. III. 3ª ed. São Paulo: Quartier Latin, 2021, p. 324.

22 EIZIRIK, Nelson. *A Lei das S/A comentada*. vol. III. 3ª ed. São Paulo: Quartier Latin, 2021, p. 325.

(P/L) de ações similares; modelo de capitalização de lucros; e modelos múltiplos de fluxo de caixa e/ou EBITDA.[23]

Para Eizirik, exatamente na linha do posicionamento adotado nos diversos julgados mencionados ao longo do texto, "dentre todos os modelos de avaliação econômica, atualmente o fluxo de caixa livre descontado é aquele tido como o que melhor representa a efetiva capacidade de geração de riqueza de determinado empreendimento, já que se propõe a retratar o seu potencial econômico, nele incluído o seu *goodwill*", sem, contudo, desconsiderar o risco existente no negócio. Representa ele "o potencial de geração de riqueza que seus ativos propiciam, dentro de um período determinado (o período de projeção), trazidos a valor presente, mediante uma taxa de desconto que represente adequadamente o risco desse fluxo".[24]

José Waldecy Lucena, valendo-se lição de Lamy Filho dada em parecer sobre a intepretação do § 1º do art. 170 da Lei n. 6.404, conclui que não há como a legislação optar apenas por um critério de cálculo para atingir o preço de emissão da ação:

> Temos para nós, a respeito dessa tríade de critérios, que há de ser acatada a lição de Lamy Filho, com conotação de interpretação autêntica, já que emanada de um dos co-autores do anteprojeto da lei atual, de que o parágrafo 1º em comento foi incluído na Lei, para acentuar que as ações deveriam ser emitidas pelo seu valor econômico – que não é a soma, nem a média, mas a resultante dos três critérios de referência enumerados na Lei, como parâmetros para informar a decisão dos administradores. E faz, em conclusão, asserto definitivo que há de ser sempre levado em conta, no trato da matéria: "Mas, nenhuma lei jamais poderia impor um preço, ou um critério único para fixá-lo, tantas as variáveis que influem,

---

23 EIZIRIK, Nelson. *A Lei das S/A comentada*. vol. III, 3ª ed. São Paulo: Quartier Latin, 2021, p. 326.

24 EIZIRIK, Nelson. *A Lei das S/A comentada*. vol. III, 3ª ed. São Paulo: Quartier Latin, 2021, p. 327.

> ou podem influir, nessa decisão de mercado. Essa é zona de discricionariedade do administrador, e da assembleia geral, de seu direito de escolher entre alternativas, de tomar decisões que nenhuma lei pode invadir, pois são ditadas pelo mercado, sob pena de esclerosar a atividade econômica.[25]

Igualmente, Modesto Carvalhosa, ao comentar o mesmo dispositivo da Lei 6.404, elogia sua redação, que colocou o critério de rentabilidade da companhia acima do valor patrimonial, destacando que o critério econômico é o que realmente revela, com maior clareza, o preço justo das ações que a companhia pretende emitir em aumento de capital.[26] Mais à frente, sobre o fluxo de caixa, destaca o Professor Carvalhosa:

> A adoção desse método de aferição de preço das ações [valor econômico, que é denominado pela Lei de perspectiva de rentabilidade], que nos parece o mais adequado, notadamente quando há ingresso de novos acionistas, decorre do consenso que o fundamental para a verificação do valor de uma companhia é o *fluxo de caixa descontado* (DCF). O valor da companhia não mais se afere pelo seu patrimônio líquido (art. 178), mas por sua capacidade de produção *de dinheiro*.[27]

Mutatis mutandis, o que, há muito, prevê a Lei das Sociedades por Ações para emissão de novas ações, é o que se propõe se faça na apuração de haveres de sócio retirante de sociedade limitada. O emprego de método de avaliação único, do balanço de determinação, pode não refletir, em determinados casos, o valor patrimonial da empresa, mostrando-se necessário, a depender da empresa e do

---

25 LUCENA, José Waldecy. *Das sociedades anônimas – comentários à Lei, vol. II*. Rio de Janeiro: Renovar, 2009, p. 842.

26 CARVALHOSA, Modesto. *Comentários à lei de sociedades anônimas*. 3º vol. 6ª ed. São Paulo: Saraiva, 2014, p. 726.

27 CARVALHOSA, Modesto. *Comentários à lei de sociedades anônimas*. 3º vol. 6ª ed. São Paulo: Saraiva, 2014, p. 729.

ativo intangível que dela faça parte, o emprego de critério que não desconsidere a perspectiva de rentabilidade futura da sociedade.

Ainda, a Lei falimentar (Lei n. 11.101/2005), em seu art. 51, igualmente, ao cuidar do pedido de recuperação judicial, prevê que a petição inicial deverá ser instruída não apenas com o seu balanço patrimonial, mas também com o relatório gerencial de fluxo de caixa e de sua projeção (alínea "d"), o que destaca a importância de se avaliar a sociedade não apenas pelo seu valor patrimonial, mas também pela projeção de rentabilidade futura, tendo em vista que, a depender da empresa em crise, seu balanço ordinário, pouco dirá sobre sua real precificação para fins de mercado.[28]

Parece ser esse, enfim, o caminho mais correto para se aferir o justo valor da quota social do sócio que se retira. Deverão ser levados em consideração apenas os bens que satisfaçam os requisitos necessários para que integrem o valor patrimonial da sociedade, em identificação autônoma – independentemente de serem passíveis de escrituração contábil – e quantificação para alienação de forma isolada do todo, afastando-se incertezas e subjetividades do cálculo. Deverão ser identificados os bens tangíveis e intangíveis de forma isolada, avaliando-se cada um deles separadamente, pelo critério que melhor represente seu valor. Este critério pode exigir o emprego de metodologia que leve em conta perspectiva de rentabilidade futura, como, por exemplo, o faz o fluxo de caixa descontado.

---

28 Fábio Ulhoa Coelho anota que "esse relatório [fluxo de caixa] é imprescindível à avaliação do potencial reerguimento da empresa em crise" (COELHO, Fábio Ulhoa. *Comentários à lei de falências e de recuperação de empresas*. 15ª ed. São Paulo: Revista dos Tribunais, 2021, p. 208) Marcelo Barbosa Sacramone, por sua vez, pontua que o fluxo de caixa projetado cuida-se de importante documento "no qual serão expostas as expectativas de entrada e despesas futuras", de modo a permitir "analisar a maior ou menor necessidade de capital pelo empresário em relação aos gastos futuros necessários e à previsão da data de seus recebimentos a fazer frente a tais despesas" (COELHO, Fábio Ulhoa. *Comentários à lei de recuperação de empresas e falência*. 2ª ed. São Paulo: Saraiva, 2021, p. 294).

Aliás, nesse ponto, sempre precisa a lição de Hernani Estrella, que, ao comentar a participação do perito na apuração de haveres, pontua que compete ao magistrado dar as diretrizes para que os técnicos em contabilidade encontrem o valor patrimonial da quota.[29]

Em resumo, a apuração de haveres deverá ser realizada por meio de balanço especialmente levantado a fim de apurar o valor patrimonial das quotas do sócio retirante, avaliando o patrimônio real da sociedade por meio dos bens e direitos do ativo, tangíveis e intangíveis, a preço da saída, além do passivo também a ser apurado de igual forma, nos termos do artigo 606 do CPC-15, empregando-se, em regra a metodologia do balanço de determinação, sem prejuízo de utilização de outra metodologia que não desconsidere a projeção de rentabilidade futura de determinado ativo, caso se identifique bem intangível que o exija.

Conclusão

Sem querer esgotar a discussão sobre o assunto, pretendemos ter demonstrado que a inclinação da jurisprudência no sentido de eleger – em literal leitura dos textos – um único critério para aferir o valor da quota do sócio que se retira da sociedade, embora valorosa, não soluciona com justiça o tormentoso procedimento de apuração de haveres e tampouco atende, integralmente, aos comandos legais pertinentes (arts. 1.031 do CC-02 e 606 do CPC-15).

---

29 "Não é, portanto, no parecer destes profissionais ou nos ensinamentos dos teóricos da ciência contábil, embora atendíveis para outros efeitos, que se irá encontrar o roteiro para a exata solução do problema. Este é, antes de tudo, de índole essencialmente jurídica; diz respeito ao direito dos que são figurantes no contrato societário. Neste e nas normas legais pertinentes (Cód. Com., arts. 291 e 302), ter-se-á de buscar, em cada caso particular, a diretriz adequada e segura que conduzirá ao objetivo típico do processo que, adotando o conceito de Osmida Innocente, que reputamos correto, se denomina determinação e liquidação da quota" (ESTRELLA, Hernani. *Apuração dos haveres de sócio*. 5ª ed. Rio de Janeiro: Forense, 2010, p. 148).

A prática tem mostrado que a uniformização das balizas de critério de cálculo não resolve a totalidade das questões que se apresentam em sede de apuração de haveres, especialmente naqueles casos em que o patrimônio da sociedade exige a quantificação de bens intangíveis de complexa mensuração – propriedade industrial, ponto comercial, carteira de clientes, aviamento, *etc*.

O balanço de determinação, como visto, resolve a precificação da quase totalidade dos bens tangíveis. Entretanto, não tem o mesmo êxito quando se cuida de bens intangíveis. Estes, desde que satisfaçam os requisitos necessários para integrar o valor patrimonial da sociedade, isto é, identificação autônoma e quantificação para alienação de forma isolada do todo, devem ser levados em consideração para fins de apuração de haveres. E nem sempre o balanço de determinação logra bem precificar o bem intangível, mostrando-se necessária a avaliação econômica, que considere uma perspectiva de rentabilidade futura do ativo, o que pode atrair o emprego de outra metodologia de cálculo, como, por exemplo, o fluxo de caixa descontado.

Aliás, a metodologia de cálculo sob perspectiva de rentabilidade futura é prevista, sem qualquer questionamento, como visto, na Lei das Sociedades por Ações (art. 170) e também na Lei n. 11.101/2005 (art. 51). Não há, portanto, qualquer razão para que seja vedado ao juiz, na apuração de haveres, valer-se desse critério quando o ativo intangível componente da empresa que se busca dissolver exija o empréstimo dessa metodologia para se encontrar valor justo da quota social do sócio retirante.

A leitura literal da lei nunca é a melhor; deve ser descartada.[30] [31]

---

30 MAXIMILIANO, Carlos. *Hermenêutica e aplicação do Direito*. 4ª ed. Rio de Janeiro: Freitas Bastos, 1947, p. 133.

31 No mesmo sentido, SILVEIRA, Alípio. *Hermenêutica no Direito brasileiro*. 2º vol. São Paulo: Editora RT, 1968, p. 30.

Tullio Ascarelli, talvez o maior tratadista moderno da interpretação do Direito (assim não normalmente lembrado por não ter escrito a respeito obra sistematizada), cuidando do ato de sentenciar, em que o juiz, a partir do texto legal – mediante processo de compreensão – cria norma de regência do caso, aponta que, nesse momento,

> pur si fanno valere le esigenze e le convinzioni dell'interprete, sì che quella condanna morale che tuttavia non si erige eticamente contro la norma negandola, pur si fa operosa interpretandola e plasmandola (...); respettandola e così rimanendo sensibile a quell'esigenza di ordine e certeza que questa pur sempre rappresenta, am insieme transformandola e così adeguandola a un sempre mutevole equilibri de contrastanti forze e valutazioni.[32] [33]

Que nossos Tribunais apartem-se de indesejável leitura literal dos arts. 1.031 do CC-02 e 606 do CPC-15, não se submetendo, destarte, à crítica dos doutos. Que façam, a cada momento, o que o juiz sempre deve fazer, isto é, dar concretude ao que dizem os textos, transformando-os e, desse modo, adequando-os "a um sempre mutável equilíbrio de contrastantes forças e valorações".

---

32 "Norma Giuridica e realtà sociale", *in Il Diritto dell'economia*. Citação colhida em GRAU, Eros Roberto. *Por que tenho medo dos juízes*. 7ª ed. refundida, de seu consagrado *Ensaio e discurso sobre a interpretação/aplicação do direito*. São Paulo: Malheiros, 2016, p. 34.

33 Tradução do Prof. Eros: "*E nesta interpretação se fazem valer as exigências e as convicções do intérprete, assim como aquela condenação moral que, todavia, não se ergue eticamente contra a norma, negando-a, mas se concretiza interpretando-a e plasmando-a (...); respeitando-a e assim respeitando a exigência de ordem e de certeza que está sempre pressente mas, ao mesmo tempo, transformando-a e, assim, adequando-a a um sempre mutável equilibro de contrastantes forças e valorações*".

Referências bibliográficas

ALMEIDA, Marcus Elidius Michelli de. "Sociedade Limitada: causas de dissolução parcial e apuração de haveres". *In*: BRUSCHI, Gilberto Gomes; COUTO, Monica Bonetti; SILVA, Ruth Maria Junqueira de Andrade Pereira e; PEREIRA, Thomaz Henrique Junqueira de Andrade (Coord.). *Direito processual empresarial*: estudos em homenagem a Manoel de Queiroz Pereira Calças. Rio de Janeiro: Elsevier, 2012.

BARBI FILHO, Celso. *Dissolução parcial de sociedades limitadas*. Belo Horizonte: Mandamentos, 2004.

CALÇAS, Manoel de Queiroz Pereira. *Sociedade limitada no novo código civil*. São Paulo: Atlas, 2003.

CAMPINHO, Sérgio. *O direito de empresa à luz do Código Civil*. 13ª ed. Rio de Janeiro: Renovar, 2014.

CARVALHOSA, Modesto. *Comentários à lei de sociedades anônimas*. 3º vol. 6ª ed. São Paulo: Saraiva, 2014.

COELHO, Fábio Ulhoa. "Ação de dissolução parcial de sociedade". *Revista de informação legislativa*, ano 48, nº 190. abr.-jun. 2011.

_____. "Apuração de haveres na sociedade limitada". *In*: YARSHELL, Flávio Luiz; PEREIRA, Guilherme Setoguti (Coord.). *Processo societário*. São Paulo: Quartier Latin, 2012.

_____. *Comentários à lei de falências e de recuperação de empresas*. 15ª ed. São Paulo: Revista dos Tribunais, 2021.

_____. *Curso de Direito Comercial*: Direito de empresa. vol. 2. 10ª ed. São Paulo: Saraiva, 2007.

EIZIRIK, Nelson. *A Lei das S/A comentada*. vol. III. 3ª ed. São Paulo: Quartier Latin, 2021.

ESTRELLA, Hernani. *Apuração dos haveres de sócio*. 5ª ed. Rio de Janeiro: Forense, 2010.

FERREIRA, Waldemar. *Tratado de Direito Comercial*. vol. 3. São Paulo: Saraiva, 1961.

GARBI, Carlos Alberto. "A apuração de haveres em grupos societários". *In*: CUNHA, Fernando Antonio Maia da; LAZZARESCHI NETO, Alfredo Sérgio (Coord.). *Direto empresarial aplicado*. vol. 3. São Paulo: Contracorrente, 2023.

GRAU, Eros Roberto. *Por que tenho medo dos juízes*, refundida do *Ensaio e discurso sobre a interpretação/aplicação do direito*. 7ª ed. São Paulo: Malheiros, 2016.

HOOG, Wilson Alberto Zappa. *Resolução de sociedade e avaliação do patrimônio na apuração de haveres*. 4ª ed. Curitiba: Juruá, 2010.

LUCENA, José Waldecy. *Das sociedades anônimas*: comentários à Lei. vol. II. Rio de Janeiro: Renovar, 2009.

MARCATO, Antonio Carlos. *Procedimentos especiais*. 17ª ed. São Paulo: Atlas, 2017.

MARTINS, Eliseu. *Avaliação de empresas*: da mensuração contábil à econômica. São Paulo: Atlas, 2001.

MAXIMILIANO, Carlos. *Hermenêutica e aplicação do direito*. 4ª ed. Rio de Janeiro: Freitas Bastos, 1947.

NISHI, Eduardo Azuma. *Apuração de Haveres*: novos paradigmas na Ordem Jurídica. São Paulo: Quartier Latin, 2022.

NÓBREGA, Maílson da. *Coluna publicada na Revista Veja*. Edição 2862, 6 de outubro de 2023.

NOLASCO, Alexandre Linares. "Aspectos práticos dissolução parcial de sociedade limitada segundo a jurisprudência do STJ". *In*: CIAMPOLINI NETO, Cesar; WARDE JR., Walfrido Jorge (Coord.). *O Direito de empresas nos tribunais brasileiros*. São Paulo: Quartier Latin, 2010.

NUNES, Marcelo Guedes; COELHO, Fábio Ulhoa (Coord.). *Sociedades*: normas societárias do Código Civil comentadas. vol. 1. São Paulo: Thomson Reuters, 2023.

SACRAMONE, Marcelo Barbosa. *Comentários à lei de recuperação de empresas e falência*. 2ª ed. São Paulo: Saraiva, 2021.

SILVEIRA, Alípio. *Hermenêutica no Direito brasileiro*. 2º vol. São Paulo: RT, 1968.

VILELA, Renato. *Avaliação para fins de apuração de haveres nas sociedades limitadas*: apreciação de ativos intangíveis. São Paulo: Dialética, 2023.

WARDE JR., Walfrido Jorge; JUNQUEIRA NETO, Ruy de Mello. *Direito societário aplicado*. São Paulo: Saraiva, 2004.

CAPÍTULO IV

A REMUNERAÇÃO DO ADMINISTRADOR JUDICIAL DE ACORDO COM A RECOMENDAÇÃO N. 141/2023 DO CONSELHO NACIONAL DE JUSTIÇA

DANIEL CARNIO COSTA

CLARISSA SOMESOM TAUK

Introdução

O administrador judicial presta um papel de relevância no procedimento de insolvência, afastando-se da figura de mero auxiliar do juízo para ocupar o posto de agente imparcial, desvinculado da tutela dos interesses dos credores ou dos devedores e comprometido com o resguardo dos interesses sociais e econômicos decorrentes do exercício empresarial.

A função da administração judicial, de acordo com a lei, será preferencialmente prestada por profissionais que detenham conhecimento nas áreas de Direito, Administração de Empresas, Economia e Contabilidade. Mas, ainda mais importante do que a formação acadêmica, é essencial que o profissional desenvolva sua atividade de maneira eficiente, com experiência e estrutura organizacional adequada ao bom desempenho dessas funções.

O sistema legal de tratamento da crise da empresa inaugurado em 2005 idealizou o administrador judicial como um agente de mercado que desenvolve suas atividades de forma empresarial. Desse modo, a avaliação de sua atuação deve também atender aos mesmos rigores de excelência aplicados aos agentes de mercado.

A grande reforma de 2020 reforçou essa visão sobre a atuação do administrador judicial, estabelecendo de forma evidente que faz parte de suas funções a atuação transversal, transformando-se num agente indutor e catalizador de consensos de boas soluções, sempre com o objetivo de preservar os benefícios econômicos e sociais que decorrem da atividade empresarial, seja pela manutenção da atividade empresarial – no caso da recuperação da atividade viável –, seja pela realocação de ativos em outras cadeias produtivas – no caso da liquidação de atividades inviáveis.

Nesse contexto, e tendo em vista as expectativas relativas à atuação desse profissional, preocupou-se o legislador com o estabelecimento de garantia de que a remuneração do administrador judicial também seja estabelecida com parâmetros de mercado. E nem poderia ser diferente, na medida em que não seria possível atrair os melhores profissionais de mercado para o exercício dessa função sem a correspondente e justa remuneração pelo trabalho desenvolvido.

A lei estabeleceu apenas um limite: a remuneração estabelecida com parâmetros de mercado não poderá exceder a 5% do valor do passivo sujeito à Recuperação Judicial ou, no caso de falência, 5% do total de ativos efetivamente realizados.

Assim, cabe ao magistrado fixar a remuneração do administrador judicial cujo valor, a um só tempo, seja adequado aos padrões utilizados nas atividades privadas de mercado e não exceda os limites legais.

Diante da delicadeza dessa tarefa, o FORUM NACIONAL DE RECUPERAÇÃO DE EMPRESAS E FALÊNCIAS – FONAREF propôs a edição de recomendação pelo CONSELHO NACIONAL DE JUSTIÇA – CNJ para orientação aos magistrados brasileiros sobre as melhores práticas para a fixação da remuneração do administrador judicial.

Essa recomendação é, portanto, o objeto da nossa análise no presente texto.

1 A criação do FONAREF – um breve e necessário histórico

O Conselho Nacional de Justiça – CNJ, preocupado em promover um necessário aprimoramento no ambiente institucional de aplicação da lei de recuperação de empresas e falências, criou em 2018, por iniciativa do Ministro Dias Toffoli, o grupo de trabalho em recuperações judiciais e falências com o propósito de propor medidas de incentivo e disseminação de boas práticas na gestão de processos de insolvência, bem como de indicar os necessários aprimoramentos na estrutura do Poder Judiciário a fim de garantir resultados mais efetivos em processos de insolvência.

Esse Grupo de Trabalho (GT) se revelou um dos mais produtivos do CNJ, tendo proposto diversos atos normativos (recomendações e resoluções) aprovados pelo plenário do CNJ e que foram responsáveis por um grande avanço institucional nessa área de atuação. Estão entre as medidas propostas o reconhecimento e incentivo ao uso da Constatação Prévia, que posteriormente foi incorporada ao texto da lei (art. 51-A), o incentivo aos Tribunais de Justiça para criação das varas especializadas de competência regional (que atualmente se tornaram uma realidade no TJRS, TJSC, TJSP, dentre outros) e para a instalação de CEJUSCs empresariais, o incentivo ao uso da mediação e conciliação em processos de insolvência (antecedentes e incidentais), a regulação da comunicação direta entre juízos de insolvência em processos transnacionais, o manual de atuação do administrador judicial (com indicação das melhores práticas esperadas desse profissional), o incentivo aos Tribunais para criação dos cadastros de administradores judiciais, dentre outras.

Em razão da profícua produção desse GT, o CNJ decidiu transformá-lo em fórum permanente. Assim, a Resolução n. 466/2022 do Conselho Nacional de Justiça (CNJ) criou o Fórum Nacional de Recuperação Empresarial e Falências (FONAREF) que dentre outras finalidades volta-se a elaborar estudos e propor medidas de aperfeiçoamento da gestão de processos de recuperação empresarial e falências; propor atos normativos voltados à implantação e modernização de rotinas, à organização, à especialização e à estruturação dos órgãos competentes para atuação na gestão de processos recuperacionais ou falimentares; aperfeiçoar o sistema de gestão processual na seara de recuperação judicial e falências, e uniformizar métodos de trabalhos e procedimentos.

Um dos primeiros atos normativos propostos pelo FONAREF e já aprovado pelo plenário do CNJ pretende estabelecer um procedimento objetivo e transparente para auxiliar os magistrados a fixar a remuneração do administrador judicial.

2 A Recomendação n. 141/2023 do Conselho Nacional de Justiça

Nos termos do art. 24° da Lei n. 11.101/05 a fixação do valor da remuneração do administrador judicial deve considerar a capacidade de pagamento do devedor, o grau de complexidade do trabalho e os valores praticados no mercado para o desempenho de atividades semelhantes. Entretanto, esse valor não poderá ser maior do que 5% do valor devido aos credores submetidos à recuperação judicial ou do valor da venda dos bens na falência; tratando-se de microempresas ou empresas de pequeno porte, o limite da remuneração é de 2% (dois por cento), conforme art. 24º, parágrafo 5º, da Lei n. 11.101/2005.

Pretende a lei, como já foi anotado, que a remuneração seja estabelecida com parâmetros de mercado, buscando incentivar a participação de agentes de mercado em processos de insolvência. Entretanto, além de preocupar-se em arbitrar um valor compatível com os valores de mercado e com a complexidade do caso concreto, deve o magistrado também observar a capacidade de pagamento do devedor e o limite global da remuneração, que não poderá exceder a 5% ou 2% (micro ou pequenas empresas) do valor devido aos credores, no caso da recuperação de empresas, ou dos ativos realizados, no caso da falência.

Na prática, essa não tem sido uma tarefa fácil. Equilibrar os valores de mercado com a capacidade de pagamento da devedora e com os limites legais tem representado um grande desafio para os magistrados brasileiros.

Tem-se observado, em muitos casos e notadamente em juízos não especializados (e, portanto, não acostumados a realizar essa difícil tarefa) que há uma frequente confusão com os critérios legais. É relativamente frequente que os juízos arbitrem os honorários do administrador judicial nas recuperações empresariais com a fixação direta de um percentual sobre o valor do passivo. Assim, se o caso não envolve valores de passivo muito elevados, os honorários são fixados mais próximos de 5%; nos casos envolvendo passivos elevados, os percentuais ficam mais próximos de 1%.

É comum também que alguns juízos vinculem o percentual de limite legal à complexidade do caso. Assim, em casos muito complexos a remuneração é fixada mais próxima de 5% e em casos mais simples esse percentual fica mais próximo de 1%.

Esses são equívocos evidentes, pois o percentual referido (até 5%) é um limite legal e não um critério de fixação da remuneração do administrador judicial.

Os critérios são os valores praticados pelo mercado, a complexidade do caso e a capacidade da devedora. Aplica-se o limitador de 5% apenas se o valor a que se chegou com utilização dos critérios legais ultrapasse o limitador legal.

Outro ponto de preocupação é a fundamentação adequada para a fixação do valor da remuneração do administrador judicial. Esse é um momento delicado do processo de insolvência no qual a um só tempo deve o magistrado estabelecer uma remuneração adequada ao profissional da administração judicial, mas também deve explicar de forma clara e objetiva aos credores, à devedora e à população em geral como é que se chegou à fixação do referido valor.

Em muitos casos, notadamente os mais complexos, os valores adequados para remunerar a equipe de administração judicial são expressivos e de grande monta, chamando a atenção de credores, devedores e das pessoas em geral em razão de sua dimensão.

Por isso, é importante que o magistrado observe e aplique de maneira adequada, transparente e objetiva os critérios e limites legais no momento da fixação da remuneração do administrador judicial.

Ademais, a fixação de valores inadequados, estabelecidos sem base nos critérios legais, podem prejudicar os resultados do processo de insolvência. A aplicação ineficaz das ferramentas legais do sistema de insolvência empresarial gera prejuízos sociais gravíssimos, seja pelo encerramento de atividades viáveis, com a perda dos potenciais empregos, tributos e riquezas, seja pela manutenção artificial do funcionamento de empresas inviáveis, circunstância que impede a produção de benefícios econômicos e sociais e atua em prejuízo do interesse da sociedade e do adequado funcionamento da economia.[1]

---

1 Recomendação nº 141/2023 do FONAREF.

Sopesando estas ponderações e com o objetivo de conferir ao magistrado subsídios que o permitam fazer uma correta análise do cenário que lhe é apresentado para uma melhor decisão sobre a remuneração do administrador judicial, o Fórum Nacional de Recuperação Empresarial e Falências (FONAREF) do Conselho Nacional de Justiça (CNJ) aprovou na Recomendação n. 141, de 10 de julho de 2023, direcionada aos julgadores e com o estabelecimento de parâmetros de análise mais objetivos que podem ser adotados no momento da fixação dos honorários, em processos recuperacionais e falimentares.

Dentro deste cenário, a importância da função desenvolvida pelo profissional ganha relevo. O processo de insolvência, tradicionalmente, pauta-se em duas linhas de trabalho, paralelas e simultâneas, chamadas de "funções lineares", que são direcionadas ao administrador judicial. Tais linhas preocupam-se com as funções normalmente desenvolvidas por este agente no curso do processo.

No âmbito das atribuições do administrador judicial na recuperação judicial, opera-se como ponto de destaque a função fiscalizatória que exerce sobre os atos praticados pelo devedor. A fiscalização deve incidir sobre fatos relevantes ao transcurso saudável do processo concursal, garantindo com isso o cumprimento dos objetivos do processo de insolvência, traduzindo-o em benefícios sociais e econômicos, com respeito aos princípios nele incidentes.

Esta notável função se orienta pela tutela dos interesses dos credores, devendo o administrador judicial acompanhar o cumprimento do plano de recuperação judicial e das obrigações impostas à recuperanda, bem como averiguar a lisura na gestão patrimonial durante o período de vida do processo.

Deve ainda o administrador judicial acompanhar o decurso das tratativas e a regularidade das negociações entre devedor e credor, assegurando, inclusive, que tais partes não adotem posturas protelatórias, inúteis ou, em geral, prejudiciais ao regular andamento das negociações, devendo as tratativas serem regidas pelos termos convencionados pelos interessados. É dado ao administrador judicial, na falta de acordo, propor regras que serão homologadas pelo juízo. Sendo o profissional da administração agente que detém conhecimento mais aprofundado sobre os aspectos fáticos e jurídicos do caso, estando em constante aproximação com as partes, saberá identificar o empecilho nas negociações, incentivando solução construtiva de consensos, que acarretem maior efetividade econômico-financeira e proveito social para os agentes envolvidos (art. 22º, II, alíneas "e" "f" "g" da Lei n. 11.101/2005).

Para além das funções lineares, deve o administrador judicial atuar de forma ampliada, exercendo trabalhos que decorrem não do texto expresso da norma, mas de sua adequada interpretação, garantindo que o procedimento de insolvência atinja seus objetivos com eficiência. Assim, verifica-se a nítida a visão de uma "função transversal" do administrador judicial, direcionando sua atuação para a busca do sucesso dos processos de insolvência.

Esses objetivos somente serão atingidos, com eficiência, se o administrador judicial atuar de forma comprometida com o resultado do processo, exercendo funções que vão além daquelas expressamente previstas em lei e que perpassam simultaneamente as duas linhas de trabalho paralelas e simultâneas previstas para os procedimentos falimentares e recuperacionais. Essas outras atribuições são chamadas de funções transversais do administrador judicial. A reforma da Lei n. 11.101/05, implementada pela Lei n. 14.112/20, acolheu a percepção da existência de funções transversais do administrador judicial, relacionadas à interpretação adequada de suas funções e à necessidade de que sua atuação seja pautada pelo comprometimento com o resultado eficaz do processo, com a economia processual, com independência e profissionalismo.[2]

---

2 COSTA, Daniel Carnio; NASSER DE MELO, Alexandre. *Comentários à lei de recuperação de empresas e falência*. Curitiba: Juruá, 2021, p. 102.

Desta forma, verifica-se na recuperação judicial que deve o profissional voltar-se para a manutenção dos benefícios sociais e econômicos que decorrem da atividade empresarial, viabilizando a negociação entre credores e devedores em um ambiente transparente e confiável, ao passo que, na falência, deve o profissional pautar-se na venda célere dos ativos, permitindo a retirada do mercado de uma empresa improdutiva, abrindo espaço para a movimentação da economia através de sua substituição por uma atividade produtiva, ou garantindo a venda da empresa em bloco, preservando diretamente empregos e rendas.

Por estas diretrizes, espera-se que o administrador judicial desempenhe suas funções amplamente, tanto as lineares quanto as transversais, pautado no comprometimento com o sucesso e eficiência social dos processos de insolvência, contribuindo ativamente para a economia do país.

É evidente, portanto, que o administrador judicial deve exercer um importante papel de auxiliar do juízo, voltado à execução de atos que maximizem a utilidade do processo de recuperação judicial ou de falência. Nesse sentido, o arbitramento de seus honorários é momento de alta sensibilidade, na medida em que o estabelecimento de remuneração inadequada, para mais ou para menos, poderá prejudicar os resultados úteis do processo de insolvência.

Por isso, o CNJ preocupou-se em auxiliar os juízes com o oferecimento de um procedimento que busca garantir objetividade, transparência e respeito aos critérios e limites estabelecidos em lei para a fixação da remuneração do administrador judicial.

Passemos, agora, à análise desse procedimento.

Logo nos primeiros artigos, a recomendação deixa claro que os critérios para fixação dos honorários do AJ não se confundem com o limitador legal.

Diz o art. 1º que

> *(...) os critérios que deverão ser considerados pelo magistrado no momento de fixar os honorários do administrador judicial, seja em processos recuperacionais, seja em processos falimentares, são: a capacidade de pagamento do devedor, o grau de complexidade do trabalho a ser desenvolvido e os valores praticados no mercado para o desenvolvimento de atividades semelhantes.*

O art. 2º complementa essa ideia ao dizer que

> *o art. 24, § 1º, da Lei n. 11.101/2005 não estabelece um critério de fixação dos honorários, mas apenas um limitador do seu valor, de modo que os honorários fixados pelo juiz levando em consideração a capacidade de pagamento do devedor, o grau de complexidade do trabalho a ser desenvolvido e os valores praticados no mercado para o desenvolvimento de atividades semelhantes não podem ser maiores do que 5% (cinco por cento) do valor devido aos credores submetidos à recuperação judicial ou do valor da venda dos bens na falência; tratando-se de microempresas ou empresas de pequeno porte, o limite da remuneração é de 2% (dois por cento), conforme art. 24, parágrafo 5º, da Lei n. 11.101/2005.*

Fixadas essas premissas, a Recomendação 141/23 passa a estabelecer um procedimento que deve ser seguido pelo magistrado para encontrar o valor devido, através da análise adequada dos critérios legais. Nesse sentido, assim dispõe o art. 3º da Recomendação:

> *Art. 3º - A fim de que o(a) Magistrado(a) possa fixar os valores de honorários com observação dos critérios legais nos processos de recuperação judicial, recomenda-se o seguinte procedimento:*
>
> *I – ao nomear o administrador judicial, providencie a sua intimação para que, no prazo de 5 (cinco) dias, apresente orçamento detalhado do trabalho a ser desenvolvido, informando o número de pessoas que serão envolvidas na equipe*

> *de trabalho, suas remunerações e a expectativa de volume e de tempo de trabalho a ser desenvolvido no caso concreto;*
>
> *II – apresentado o orçamento detalhado pelo administrador judicial, recomenda-se ao(a) Magistrado(a) que possibilite a ciência, por meio de publicação no Diário Oficial da Justiça, para eventual manifestação da(s) devedora(s), dos credores e do Ministério Público no prazo comum de 5 (cinco) dias;*
>
> *III – diante do orçamento apresentado e das eventuais impugnações apresentadas pela(s) devedora(s), pelos credores e pelo Ministério Público, o Juiz deverá arbitrar um valor de honorários com demonstração concreta de que tal valor atende ao valor de mercado, à capacidade de pagamento da devedora e à complexidade do trabalho; e*
>
> *IV – o(a) Magistrado(a) deverá atentar-se para que esse valor não supere o limite de 5% (cinco por cento) do valor devido aos credores submetidos à recuperação judicial.*

Inicialmente, o magistrado deve exigir do administrador judicial nomeado um "orçamento detalhado" do trabalho que será realizado. Nesse momento, o AJ vai indicar o valor que pretende receber, mas também vai justificá-lo com base no trabalho que pretende desenvolver. É importante saber o número de pessoas envolvidas no trabalho e a expectativa de tempo de prestação desse trabalho, a fim de se aferir se o valor da hora-trabalhada está compatível com os valores de mercado. O valor de mercado para remuneração da hora de trabalho de um advogado sênior é maior do que a remuneração da hora trabalhada de um advogado júnior ou de um estagiário, por exemplo. A remuneração da equipe de trabalho do AJ compõe o custo da sua atividade e deve ser conhecida para fins de avaliar se o preço cobrado está de acordo com o mercado. Nesse orçamento, o valor pretendido pelo administrador judicial também levará em conta a complexidade do trabalho a ser desenvolvido.

Evidentemente, o juiz pode ter dificuldade de aferir se aqueles valores informados são compatíveis com o mercado por uma simples razão: o juiz não é um agente de mercado. Assim, a recomendação estabelece que o juiz deve ouvir credores e devedoras sobre o valor pedido pelo administrador judicial. Ora, credores e devedores são agentes de mercado e saberão avaliar o orçamento apresentado a partir desses critérios. E mais. A oitiva da devedora permitirá ao magistrado avaliar mais um dos critérios legais, a capacidade de pagamento da devedora. Já o Ministério Público poderá trazer elementos úteis para essa análise a partir de sua atividade investigativa e experiência na atuação em processos de insolvência.

Depois da manifestação de credores, devedores e MP, o magistrado terá melhores condições de fixar o valor da remuneração com observação dos critérios legais (valor de mercado, complexidade do caso e capacidade de pagamento da devedora) e também com aplicação eventual do limite legal (5% ou 2%).

A razoabilidade deve permear a inteligência do magistrado de modo que possa calcular um valor à título de remuneração que permita ponderar a complexidade do trabalho exigido e a capacidade de pagamento do devedor ou da massa falida, afastando a possibilidade de enriquecimento ilícito do administrador judicial, em detrimento da massa ou da recuperanda, ou uma remuneração não condizente com o padrão de celeridade e eficiência exigido.

Certo é que o estímulo gerado por uma remuneração adequada ocasiona a fidelização do profissional para atuar como administrador judicial, permitindo que o mercado se fortaleça com agentes idôneos e que estejam bem-preparados para o exercício deste múnus.

Nos processos de Recuperação Judicial, a lei é silente no estabelecimento da forma pela qual será realizado o pagamento dos honorários, ficando tal critério submetido à deliberação do magistrado. Caberá ao magistrado estabelecer a forma de pagamento da remuneração do administrador, de acordo com um critério de conveniência, pautado no melhor interesse da sociedade recuperanda, a fim de viabilizar a sua recuperação.

Com base nisto, a recomendação estabelece, no art. 4º, caput, que a remuneração deverá ser "preferencialmente feita em até 36 (trinta e seis) parcelas mensais, o que corresponde à duração máxima de um processo de recuperação judicial com prazo integral de fiscalização de cumprimento do plano".

O pagamento parcelado garante um fluxo adequado de recursos financeiros ao administrador judicial, necessários para suportar o transcorrer do processo de recuperação empresarial. E mais. O pagamento parcelado também compatibiliza o pagamento dessa verba com as condições delicadas de uma empresa em recuperação judicial, fazendo com que essa verba seja suportada pela devedora sem prejuízo de suas atividades e do pagamento aos credores.

Quando se decide pelo parcelamento dos honorários, é justo que os valores sejam atualizados anualmente, dentro dos índices legais, para recomposição da inflação. Deve ser ponderado que, por vezes, o trabalho da administração judicial, em razão da complexidade inerente aos processos de insolvência, pode ter duração maior do que o tempo previsto em lei para o processamento e encerramento deste feito. Nessa direção, Mariana Gluszcynski Fowler Gusso e Maria Clara Favetti defendem que:

> Apesar da lei determinar que a fiscalização deve ocorrer por no máximo dois anos, na prática sabe-se que em alguns casos tal supervisão necessita ser prorrogada, ultrapassando o prazo legal. Isso, contudo, ocorre de forma pontual, a depender das circunstâncias da recuperação judicial ao final do biênio, devendo o magistrado analisar de forma objetiva a necessidade de tal prorrogação.

Em tais casos, necessária a reavaliação do Juízo acerca dos honorários devidos, conforme o art. 5º, *caput*. Para tanto, recomenda-se ao (a) magistrado(a) reavaliar o valor dos honorários inicialmente fixados pelo administrador judicial diante da demonstração concreta de que o processo envolveu trabalho extraordinário e/ou duração não previstos no orçamento apresentado pelo administrador judicial. Entretanto, ainda nesses casos, o total deve observar a limitação de 5% (cinco por cento) do valor devido aos credores submetidos à recuperação judicial.

Ao fixar a majoração, deve o magistrado considerar o tempo e o trabalho ainda a ser realizado até a conclusão do serviço de administração judicial. Em precedente jurisprudencial, no julgamento de agravo de instrumento,[3] no qual o processo ultrapassou os dois anos de fiscalização judicial, gerando novas obrigações que ocasionaram inclusive o acréscimo de obrigações ao administrador judicial, se reconheceu que "findo o prazo de que trata o artigo 61, da Lei n.

---

3 AGRAVO DE INSTRUMENTO. RECUPERAÇÃO JUDICIAL. INSURGÊNCIA EM FACE DA EXPEDIÇÃO DE OFÍCIOS A ORGÃOS ADMINISTRATIVOS E FISCAIS, A FIM DE INVESTIGAR O PAGAMENTO DE CRÉDITOS EXTRACONCURSAIS. PROVIDÊNCIA CUMPRIDA. PERDA DO OBJETO. RECURSO NÃO CONHECIDO NESSE TÓPICO. HONORÁRIOS DE ADMINISTRADOR JUDICIAL. ACORDO INICIAL PARA PAGAMENTO DE HONORÁRIOS DO ADMINISTRADOR. NOVA FIXAÇÃO. POSSIBILIDADE. TRANSCURSO DO PRAZO DE DOIS ANOS, PREVISTO NO ART. 61, DA LEI N. 11.101/2005. NOVO ARBITRAMENTO, JUSTIFICÁVEL EM FACE DO RUMO QUE TOMOU A RECUPERAÇÃO JUDICIAL. REMUNERAÇÃO CONSENTÂNEA COM OS REQUISITOS DO ART. 24, DA LEI N. 11.101/2005. AVALIAÇÃO DO PARQUE FABRIL DA RECUPERANDA. DELIBERAÇÃO TOMADA EM ASSEMBLEIA GERAL DE CREDORES. SOBERANIA DA DECISÃO. HONORÁRIOS DO AVALIADOR. VALOR MANTIDO, ATÉ PORQUE SOBRE ELE NÃO HOUVE INSURGÊNCIA OPORTUNA DA RECUPERANDA. LITIGÂNCIA DE MÁ-FÉ. NÃO OCORRÊNCIA. RECURSO PARCIALMENTE CONHECIDO E, NA EXTENSÃO, NÃO PROVIDO. (TJPR – 18ª C. Cível – 0042741-73.2019.8.16.0000 – Francisco Beltrão – Rel.: Desembargador Vitor Roberto Silva - J. 13.07.2020)

(TJ-PR – AI: 00427417320198160000 PR 0042741-73.2019.8.16.0000 (Acórdão), Relator: Desembargador Vitor Roberto Silva, Data de Julgamento: 13/07/2020, 18ª Câmara Cível, Data de Publicação: 13/07/2020).

11.101/05, não havia óbice a que o administrador requeresse novo arbitramento de honorários, como fez".

Relativamente ao processo de falência, a estipulação da remuneração do administrador judicial não depende de tantas variáveis como as já consideradas para o processo de recuperação judicial na abordagem acima, baseando-se, em geral, nas quantias arrecadadas pelo profissional e que serão utilizadas para o pagamento dos credores. Desta forma, a Recomendação, no art. 6º, *caput*, direciona ao(à) magistrado(a) que fixe valor inicial de honorários ao administrador judicial com validade de 6 (seis) meses levando em consideração que esse valor não poderá exceder os 5% (cinco por cento) do valor dos ativos já inicialmente identificados na massa falida.

No cenário falimentar o administrador judicial desempenha como função principal a busca pela rápida realocação e maximização do valor dos ativos, devendo envidar esforços neste sentido. Desta feita, tão logo assinado o termo de compromisso, o primeiro ato desempenhado pelo profissional será a arrecadação dos ativos e documentos do falido e lavratura do auto de arrecadação inventariando os bens da massa falida, previstos nos art. 108º, *caput*, e art. 110º, *caput*, respectivamente.

Nesta toada, a liquidação célere dos ativos arrecadados cumpre com o objetivo do processo de falência, que deve ser observado pelo profissional, e reside na transformação dos bens em pecúnia direcionando os valores auferidos para a satisfação dos credores da massa, retirando do mercado aquela empresa falida que tem seus ativos vinculados a uma atividade improdutiva.

Permite-se, igualmente, a majoração dos honorários incialmente fixados, que não tenham sido estipulados na limitação legal, sendo que alguns fatores devem ser considerados pelo magistrado, tais como a complexidade do feito que se demonstrou muito superior ao esperado, a economia gerada pelo administrador judicial com as providências tomadas ao longo do processo e os esforços demandados para essa realização ou o zelo na condução dos processos judiciais.

Nesta toada, seguindo o art. 6º, parágrafo 1º, recomenda-se que, no processo de falência, a cada 6 (seis) meses o(a) magistrado(a) possa reavaliar o valor dos honorários anteriormente arbitrados, sempre tendo em consideração o valor dos ativos arrecadados e realizados pelo administrador judicial no período respectivo.

Seguindo as diretrizes do parágrafo 2º do art. 24º da Lei n. 11.101/05, a Recomendação, em seu art. 6º, parágrafo 2º, indica que apenas 60% da remuneração fixada pode ser paga antes da aprovação das contas do administrador judicial pelo juiz e da apresentação do relatório final na falência. Desta forma, impõe-se a reserva do valor de 40% (quarenta por cento) do montante devido ao administrador judicial para pagamento após o atendimento do previsto nos artigos 154 e 155 da Lei n. 11.101/2005.

Outrossim, o art. 7º, em seu caput, recomenda que as parcelas de pagamento dos honorários possam ser pagas diretamente pela devedora à administradora judicial, mediante comprovação mensal nos autos do processo principal, para controle judicial, garantia de transparência e para evitar burocracia cartorária de emissão de guias de levantamentos judiciais, sugerindo-se a abertura de incidente próprio para juntada dos comprovantes de pagamento.

Conclusão

A crise empresarial produz efeitos que se espraiam ao redor de um amplo leque de interesses: empregados, fornecedores, agentes financeiros, fisco e outros. Nesse sentido, é clara a percepção que as alterações realizadas pela Lei n. 14.112/20 foram substancialmente favoráveis para conferir celeridade ao processo de insolvência, sem se descuidar da tutela dos interesses de todos os envolvidos neste cenário.

A eficiência dos processos de insolvência empresarial traduz-se em preservação dos benefícios econômicos e sociais que decorrem da atividade empresarial.

O administrador judicial é peça fundamental para garantir maior eficiência ao processo de insolvência. Nesse sentido, a fixação adequada da sua remuneração representa circunstância de fundamental importância, pois diz respeito diretamente à atração dos melhores profissionais para o exercício dessa função.

Não se deve permitir que a remuneração do administrador judicial se transforme numa loteria geradora de enriquecimento sem causa desse profissional em detrimento dos objetivos maiores dos processos de insolvência. Mas também não se deve permitir que a remuneração do administrador judicial seja aviltada e arbitrada em valores inferiores aos que são praticados no mercado, sob pena de não mais se encontrar profissionais capacitados para garantir os melhores resultados sociais e econômicos dos processos de insolvência empresarial.

Por outro lado, a respeitabilidade do Poder Judiciário exige que a fixação desses valores remuneratórios seja feita de forma objetiva, transparente e fundamentada, eliminando dúvidas sobre os motivos ensejadores da referida decisão judicial.

Daí os méritos da Recomendação n. 141/23 do Conselho Nacional de Justiça.

Referências bibliográficas

BONTEMPO, Joana Gomes Baptista; SANT'ANA, Maria Fabiana Soares Dominguez; OSNA, Mayara Roth Isfer (Coord.). *Comentários à lei de recuperação de empresas e falência*. Indaiatuba: Foco, 2022.

BRASIL. Poder judiciário do Estado do Paraná (18ª câmara cível). *Agravo de Instrumento 0042741-73.2019.8.16.0000*. Acordão PR 0042741-73.2019.8.16.0000. Relatora: Desembargador Vitor Roberto Silva, 13 de julho de 2020. TJ-PR.

COSTA, Daniel Carnio; NASSER DE MELO, Alexandre. *Comentários à lei de recuperação de empresas e falência*. Curitiba: Juruá, 2021.

GUSSO, Mariana Gluszcynski Fowler; FAVETTI, Maria Clara. "O período de fiscalização judicial". *In*: MELO, Alexandre Nasser Correa de; AGUSTINHO, Eduardo Oliveira; RODRIGUES FILHO, João de Oliveira (Coord.). *Falência e recuperação de empresas*: análises do sistema brasileiro de insolvência empresarial. Curitiba: Juruá, 2022.

REZENDE, Bruno Galvão S. P de; MAURO, Maria da Penha Nobre; ALVES, Luís Alberto Carvalho. "A lei de recuperação de empresas em perspectiva". *Revista Justiça & Cidadania*, Rio de Janeiro, 2018.

SALLES DE TOLEDO, Paulo F. C. "Remuneração do administrador judicial". *In*: ABRÃO, Carlos Henrique; TOLEDO, Paulo F. C. Salles de (Coord.). *Comentários à lei de recuperação de empresas e falência*. 6ª edição revista, atualizada e ampliada. São Paulo: Saraiva, 2016.

SALOMÃO, Luis Felipe; GALDINO, Flávio (Coord.). *Análise de impacto legislativo na recuperação e na falência*. Rio de Janeiro: JC, 2020.

SALOMÃO, Luis Felipe; PENALVA, Paulo. *Recuperação judicial, extrajudicial e falência*: teoria e prática. 5ª ed. São Paulo: Forense, 2020.

SCALZILLI, João Pedro; SPINELLI, Luis Felipe; TELLECHEA, Rodrigo. *Recuperação de empresas e falência*: teoria e prática na Lei 11.101/05. 3ª edição revista, atualizada e ampliada. São Paulo: Almedina, 2018.

SOUZA NETTO, Antônio Evangelista; TSOUROUTSOGLOU, Irini. "Utilização de procedimentos autocompositivos pré-processuais para resolução de disputas empresariais decorrentes dos efeitos da pandemia do Covid-19". *Migalhas*, 17 jan. 2020.

SPINELLI, Luis Felipe; SCALZILLI, João Pedro; TELLECHEA, Rodrigo. "A remuneração do administrador judicial". *In*: BERNIER, Joice Ruiz; SCALZILLI, João Pedro (Coord.). *O Administrador Judicial e a Reforma da Lei 11.101/05*. São Paulo: Almedina, 2022.

CAPÍTULO V

OS NOVOS LIMITES DA COMPETÊNCIA DO JUÍZO DA RECUPERAÇÃO JUDICIAL O *STAY PERIOD* E A CONSTRUÇÃO JURISPRUDENCIAL DO STJ

DANIELLA GHELER ZAMPIETRO

Introdução

A Constituição Federal de 1988 prevê vários princípios relacionados ao exercício do Direito Empresarial, sobretudo à preservação da empresa. Dentre eles destaca-se o princípio da função social da empresa (art. 5º, XXIII), concebido como a conjunção dos interesses do empresário e dos interesses da sociedade, de modo que haja equilíbrio entre eles.

Em razão da importância da empresa para o desenvolvimento sócio-econômico do país, eventual crise, geradora de mora ou inadimplemento no cumprimento de suas obrigações, acarreta o desequilíbrio do mercado com a consequente falta de confiabilidade e segurança no adimplemento das obrigações empresariais.

A importante função social das empresas, geradoras de empregos e riquezas, norteia a busca pela preservação da atividade empresarial com o uso de mecanismos que facilitem a retomada da situação financeira da empresa em crise no mais breve tempo possível.

Na Lei n. 11.101/2005, a recuperação judicial é norteada pelo princípio da preservação da empresa, prestigiando, assim, a função social da propriedade.

O princípio da preservação da empresa tem por objetivo viabilizar a superação da situação de crise econômico-financeira do devedor, a fim de permitir a manutenção da fonte produtora, do emprego dos trabalhadores e dos interesses dos credores (art. 47).

A recuperação judicial deve favorecer tanto o devedor, para que possa continuar produzindo e gerando os benefícios econômicos e sociais de uma empresa saudável, quanto o credor, que deve receber seu crédito, ainda que em termos renegociados e compatíveis com a situação econômica da fonte produtora.

Observe-se que a recuperação judicial somente pode ser concedida ao devedor que tem condições de se soerguer, cuja crise de liquidez poderá ser superada por créditos ou operações do devedor no mercado financeiro. Na hipótese de patrimônio menor que as dívidas ou passivo maior que o ativo (déficit patrimonial), a impossibilidade de soerguimento é definitiva, devendo ser decretada a falência.

A preocupação nos precedentes do Superior Tribunal de Justiça sobre o tema buscou preservar a empresa, bem como evitar, o quanto possível, a convolação da recuperação judicial em falência, em prejuízo de todos os credores, sejam eles anteriores ou posteriores à recuperação judicial.

O presente artigo pretende demonstrar a construção jurisprudencial do Superior Tribunal de Justiça quanto aos novos limites da competência do juízo da recuperação judicial após a reforma implementada pela Lei n. 14.112/2020.

Os precedentes da Terceira e da Quarta Turma, que compõem a Segunda Seção da Corte Superior, tradicionalmente, atribuíam ao juízo da recuperação uma competência universal para deliberar sobre toda e qualquer constrição judicial efetivada na execução de crédito extraconcursal, inclusive após o decurso do *stay period*, a pretexto de sua essencialidade para o desenvolvimento da atividade da empresa recuperanda.

Esse entendimento, a partir de 2023, tem sido alterado na Terceira Turma (REsp n. 1.991.103/MT, de relatoria do Ministro Marco Aurélio Bellizze), em atenção aos novos dispositivos legais inseridos na Lei n. 11.101/2005 pela Lei n. 14.112/2020, no que diz respeito à prorrogação do *stay period* e aos poderes do juízo da recuperação judicial para obstar os atos de constrição contra o patrimônio da empresa recuperanda nas execuções de crédito extraconcursal.

Na Segunda Seção a matéria é objeto de debate no julgamento do CC n. 196.553/PE, de relatoria do Ministro Ricardo Villas Bôas Cueva, do CC n. 191.533/MT e do CC n. 196.846/RN, ambos de relatoria do Ministro Marco Aurélio Bellizze. Os votos até então proferidos sinalizam para uma mudança no entendimento no sentido de limitar os poderes do juízo da recuperação judicial para apreciar as medidas constritivas que recaírem sobre o patrimônio do devedor. Desde 13/9/2023 os autos estão com pedido de vista para o Ministro Moura Ribeiro, com previsão de continuidade do julgamento para a sessão de julgamento do dia 22/2/2024.

1 O *stay period* após as alterações da Lei n. 14.112/2020: a limitação da competência do juízo da recuperação judicial

O instrumento mais importante conferido pela lei para socorrer a empresa em crise é o *stay period*, uma ordem judicial que determina a pausa momentânea das ações e execuções judiciais com o objetivo de dar fôlego à empresa para organizar suas dívidas e elaborar um plano para superar a crise de liquidez.

A razão de ser do *stay period*, portanto, é a de permitir que o devedor em crise consiga negociar, de forma conjunta, com todos os credores, e elaborar um plano de recuperação. Ao mesmo tempo, visa preservar o patrimônio da empresa, o qual se verá liberto, por um lapso de tempo, de eventuais constrições de bens imprescindíveis à continuidade da atividade empresarial, impedindo o seu fatiamento, além de afastar o risco da falência.

A previsão do *stay period* na legislação pátria cumpre com o objetivo da insolvência previsto nas diretrizes do Banco Mundial, visando *impedir o desmembramento prematuro dos ativos de um devedor por credores individuais que buscam julgamentos rápidos.*[1]

Do mesmo modo, esse importante instrumento também está de acordo com a diretriz estabelecida pela Comissão de Comércio Exterior da Organização das Nações Unidas – UNCITRAL, incentivando a preservação do patrimônio do insolvente para permitir distribuição equitativa aos credores:

> (...) *uma lei de insolvência deve preservar o patrimônio e impedir o desmembramento prematuro dos ativos do devedor por ações de credores individuais, pois essa conduta, além de reduzir o valor total do conjunto de ativos disponíveis para liquidar todas as reivindicações contra o devedor, impede a reorganização ou a venda do negócio como um todo.*[2]

1 COSTA, Daniel Carnio; MELO, Alexandre Nasser de. *Comentários à Lei de Recuperação de Empresas e Falência*: Lei 11.101, de 09 de fevereiro de 2005. Curitiba: Juruá, 2021, p. 41.

2 COSTA, Daniel Carnio; MELO, Alexandre Nasser de. *Comentários à Lei de Recuperação de Empresas e Falência*: Lei 11.101, de 09 de fevereiro de 2005. Curitiba: Juruá, 2021, p. 43.

A preservação do patrimônio da empresa em busca da solução coletiva da crise são aspectos do *stay period* destacados pela doutrina:

> *O deferimento do processo de recuperação judicial retira momentaneamente a exigibilidade da obrigação, requisito indispensável à execução. A suspensão da exigibilidade é adequada, já que o direito de ação do credor deve ser harmonizado com o direito de recuperação, pelo qual o coletivo (representado pela função social da empresa, no interesse de credores, em sua coletividade, devedor, empregados, no interesse de credores, em sua coletividade, devedor, empregados, fornecedores, Estado etc.) prevalece sobre o individual. Assim, a suspensão das execuções (rectius, da exigibilidade das obrigações) é instrumento harmônico ao espírito de preservação da empresa, à ética da solidariedade e à busca de soluções cooperativas comuns.*[3]

As transformações econômicas e sociais exigem uma atualização constante da legislação de modo a adequá-la à nova realidade. Diante da maior rapidez do desenvolvimento econômico, as leis relacionadas à organização empresarial logo se encontram desatualizadas e exigem uma reformulação e readequação ao contexto fático vivenciado nas relações empresariais.

Foi o que ocorreu com o *stay period*, instrumento objeto de reformulação pela Lei n. 14.112/2020. Mas essa não foi a primeira alteração no período de suspensão dos atos constritivos levados a efeito contra a empresa recuperanda.

Antes da Lei n. 11.101/2005 estava em vigor o Decreto-Lei n. 7.661/1945, prevendo como medida saneadora da situação de crise da empresa a concordata, que, no entanto, alcançava apenas

---

3 BARROS NETO, Geraldo Fonseca de. *Aspectos processuais da recuperação judicial*. Florianópolis: Conceito Editorial, 2014, pp. 119/120.

os credores quirografários e permitia que os demais credores executassem seus créditos.

A concordata, na maioria das vezes, impossibilitava a recuperação da empresa, condenando-a ao decreto de falência, como bem observou a doutrina:

> *A falência (...) e a concordata, ainda que timidamente permitissem a busca da recuperação da empresa, no decorrer da longa vigência do Decreto-lei 7.661/45 e ante as mutações havidas na economia mundial, inclusive com a sua globalização, bem assim nas periódicas e inconstantes variações da economia brasileira, se mostram não só defasadas, como também se converteram em verdadeiros instrumentos da própria extinção da atividade empresarial. Raramente, uma empresa em concordata conseguia sobreviver e, mais raramente ainda, uma empresa falida era capaz de desenvolver a continuidade de seus negócios. Foram institutos que deixavam as empresas sem qualquer perspectiva de sobrevida.*[4]

Diante da necessidade de salvaguardar a empresa foi elaborado o Projeto de Lei n. 4.376/1996, que deu origem à Lei n. 11.101/2005, prevendo, inicialmente, o sobrestamento das execuções por dívidas não sujeitas aos efeitos da recuperação, sem a fixação de um prazo para a suspensão:

> *Art. 16. Deferindo o pedido de recuperação, cabe ao juiz:*
>
> *(...)*
>
> *III - suspender a realização do ativo, inclusive a venda dos bens que constituam o objeto de garantia real ou de privilégio;*

---

4 MACHADO, Rubens Approbato. *Comentários à Nova Lei de Falências e Recuperação de Empresas*. São Paulo: Quartier Latin, 2005, p. 22.

Durante o trâmite do projeto as discussões evoluíram para limitar a suspensão das execuções pelo prazo de 180 dias, prorrogável por até 90 dias, conforme a redação do art. 7º, § 5º, da Emenda ao Substitutivo apresentada pelo Deputado Osvaldo Biolchi:

> *Art. 7º. (...)*
>
> *§ 5º. Deferido o processamento da recuperação judicial, a suspensão referida no inciso I do caput limitar-se-á ao prazo necessário à aprovação e homologação judicial do plano de recuperação, que não excederá a 180 (cento e oitenta) dias, facultado ao juiz estender esse termo por até 90 (noventa) dias, com base em pedido fundamentado do Comitê de Recuperação Judicial.*

Por fim, foi fixado o prazo improrrogável de 180 dias para a suspensão das ações e execuções sujeitas à recuperação, consoante o disposto no art. 6º, § 4º, da Lei n. 11.101/2005:

> *Art. 6º. (...)*
>
> *§ 4º Na recuperação judicial, a suspensão de que trata o caput deste artigo em hipótese nenhuma excederá o prazo improrrogável de 180 (cento e oitenta) dias contado do deferimento do processamento da recuperação, restabelecendo-se, após o decurso do prazo, o direito dos credores de iniciar ou continuar suas ações e execuções, independentemente de pronunciamento judicial.*

O contemporâneo movimento reformista da legislação de recuperação judicial e falência teve início com o Projeto de Lei n. 10.220/2018, com a proposta de afastar a limitação de 180 dias para o *stay period*, passando a prever que a suspensão perduraria até o encerramento da recuperação judicial. Além disso, o termo inicial do *stay period* foi antecipado para a data de ajuizamento do pedido de recuperação:

> *Art. 6º A decretação da falência ou o ajuizamento do pedido de recuperação judicial suspende o curso da prescrição e de todas as ações e execuções contra o devedor, além de qualquer forma de retenção, arresto, penhora ou constrição judicial ou extrajudicial contra o devedor, incluídas aquelas dos credores particulares do sócio solidário.*
>
> *(...)*
>
> *§ 4º Na recuperação judicial, a suspensão de que trata o caput perdurará até a data de seu encerramento.*

Na exposição de motivos do Projeto de Lei n. 10.220/2018 foi esclarecido que a título de prevenir ações dos credores visando recuperar o crédito antes do início da RJ, antecipou-se o momento da suspensão das ações da data da homologação da RJ para a data do ajuizamento do pedido pelo devedor.

Sobre o stay period, foi justificado que o encerramento da suspensão das ações passou a ter um prazo melhor definido, já que o prazo previsto hoje (período improrrogável de 180 dias) era sistematicamente ignorado. (Exposição de Motivos nº 00053/2018 MF, 3/5/2018, item 11).

Posteriormente foi elaborado o substitutivo ao Projeto de Lei n. 10.220/2018, sob o comando do Deputado Hugo Leal, com a proposta de manter o prazo de 180 dias de suspensão das execuções, possibilitando uma única prorrogação, em caráter excepcional, mantido o início do prazo a partir do deferimento do pedido de recuperação:

> *Art. 6º. (...)*
>
> *§ 4º Na recuperação judicial, as suspensões e a proibição de que tratam os incisos I, II e III do caput deste artigo perdurarão pelo prazo de 180 (cento e oitenta) dias, contado do deferimento do processamento da recuperação, prorrogável por igual período, uma única vez, em caráter excepcional,*

> *desde que o devedor não haja concorrido com a superação do lapso temporal.*

A justificativa no projeto de lei substitutivo repetiu o argumento de que a improrrogabilidade do prazo de 180 dias era sistematicamente ignorado por muitas decisões judiciais (Projeto de Lei n. 6.229/2005 – Parecer do Deputado Hugo Leal apresentado em Plenário na Câmara dos Deputados aos 27/11/2019, pág. 13).

A redação do art. 6º, § 4º, do projeto de lei substitutivo foi aprovado na Câmara dos Deputados e no Senado Federal sem alterações, e sancionada pelo Presidente da República (Lei n. 14.112, de 24/12/2020).

A alteração implementada pela Reforma de 2020 reconheceu que o prazo de 180 dias era insuficiente para a deliberação do plano pela Assembleia Geral de Credores, admitindo, de forma excepcional, sua prorrogação uma única vez por igual período, desde que o retardamento do feito não pudesse ser imputado à empresa devedora.

Acredita-se que a solução adotada pela Lei n. 14.112/2020 prestigia a segurança jurídica com o cumprimento do prazo nela fixado:

> *A alteração legislativa que permite a citada prorrogação do prazo uma única vez foi elaborada sob o fundamento de possibilitar um ambiente de relativa estabilidade para o devedor enquanto formula e negocia o plano de recuperação. Isso ocorre porque em diversos casos a complexidade das operações pode acarretar dificuldade de conclusão das negociações e aprovação do plano dentro dos 180 dias iniciais de suspensão.*
>
> *Assim, esse ponto da reforma da Lei soluciona um dos pontos centrais de discussão em processos de recuperação judicial: o tempo máximo de duração do período de* stay. *Há casos específicos que demandaram constante renovação do* stay period, *mas isso acarretou grande alongamento do processo, desrespeitando o princípio da celeridade. Agora, com o*

> *estabelecimento do prazo máximo devidamente previsto em lei, as recuperandas terão que trabalhar com o período limite de 360 dias (180 dias renovados por mais 180 dias), tempo razoável para a conclusão das negociações).*[5]

Além da prorrogação excepcional uma única vez, a Reforma de 2020 previu a possibilidade de apresentação de um plano alternativo pelos credores, caso em que ocorrerá a prorrogação por mais 180 dias (art. 6º, § 4º, II).

A faculdade concedida aos credores para a propositura de plano alternativo, caso ocorra a perda de prazo ou a rejeição do plano de recuperação proposto pela empresa devedora (art. 6º, § 4º-A), visou evitar manobras para postergar o andamento do processo de soerguimento. O devedor, portanto, deve apresentar um plano que atenda aos interesses dos credores, sob pena de ver aprovado o plano alternativo por eles elaborado.

Outra hipótese de prorrogação do *stay period* é por deliberação da maioria dos credores em assembleia geral (art. 42), caso em que a assembleia geral é livre para prorrogar a suspensão das constrições contra o patrimônio do devedor por mais tempo, conforme destaca a doutrina de Fábio Ulhôa Coelho:

> *A terceira hipótese de prorrogação do prazo de suspensão da exigibilidade das obrigações sujeitas aos efeitos da recuperação judicial decorre de deliberação da maioria dos credores em AGE. É muito comum, sobretudo nas recuperações mais complexas, que uma única e mesma assembleia (desde que assim referida na ata) se desdobre em sessões sucessivas, realizadas em intervalos normalmente mensais, necessárias ao amadurecimento das negociações em torno do plano de*

5 COSTA, Daniel Carnio; MELO, Alexandre Nasser de. *Comentários à Lei de Recuperação de Empresas e Falência*: Lei 11.101, de 09 de fevereiro de 2005. Curitiba: Juruá, 2021, pp. 69/70.

> *recuperação judicial. É comum, nesse cenário também, que a maioria dos credores, ao se aproximar o término do prazo de suspensão ordinário (180 ou 360 dias), aprove o seu alongamento, com o objetivo de manter as condições mínimas para a existência do ambiente racional de negócios. E, nesse caso, a AGC é livre para prorrogar o prazo por tempo indeterminado (até a sessão de votação do plano, por exemplo) ou determinado (por mais x tempo, por exemplo). O quórum é o geral, do art. 42.*[6]

No que diz respeito ao crédito extraconcursal, a Reforma de 2020 delimitou o espaço temporal em que o juízo da recuperação judicial pode controlar os atos constritivos sobre referido crédito privilegiado.

Esclareça-se que são extraconcursais os credores por créditos originados após a distribuição do pedido de recuperação judicial (art. 49, *caput*), os credores titulares da posição de proprietários fiduciários de bens móveis ou imóveis, de arrendador mercantil, de proprietário ou promitente vendedor de imóvel cujos respectivos contratos contenham cláusula de irrevogabilidade ou irretratabilidade, inclusive em incorporações imobiliárias, ou de proprietário em contrato de venda com reserva de domínio (art. 49, § 3º), o credor de adiantamento de contrato de câmbio para exportação (art. 49, § 4º), e os credores tributários (art. 6º, § 7º-B).

A Lei n. 14.112/2020 estabeleceu, quanto ao crédito extraconcursal, a possibilidade de o juízo do soerguimento suspender os atos de constrição sobre bens de capital durante o prazo de 180 dias (art. 6º, § 7º-A). No caso das execuções fiscais, o juízo recuperacional tem competência para determinar a substituição dos autos de constrição sobre bens de capital até o encerramento da recuperação judicial (art.

---

6 COELHO, Fábio Ulhôa. *Comentários a lei de falências e de recuperação de empresas*. 15ª ed. São Paulo: Saraiva, 2021, p. 72.

6º, § 7º-B). Em ambos os casos as medidas devem ser implementadas mediante a cooperação jurisdicional. Confira-se o texto legal:

> *Art. 6º. (...)*
>
> *§ 7º-A. O disposto nos incisos I, II e III do caput deste artigo não se aplica aos créditos referidos nos §§ 3º e 4º do art. 49 desta Lei, admitida, todavia, a competência do juízo da recuperação judicial para determinar a suspensão dos atos de constrição que recaiam sobre bens de capital essenciais à manutenção da atividade empresarial durante o prazo de suspensão a que se refere o § 4º deste artigo, a qual será implementada mediante a cooperação jurisdicional, na forma do* art. 69 da Lei nº 13.105, de 16 de março de 2015 (Código de Processo Civil), *observado o disposto no* art. 805 do referido Código. (Incluído pela Lei nº 14.112, de 2020) (Vigência)
>
> *§ 7º-B. O disposto nos incisos I, II e III do caput deste artigo não se aplica às execuções fiscais, admitida, todavia, a competência do juízo da recuperação judicial para determinar a substituição dos atos de constrição que recaiam sobre bens de capital essenciais à manutenção da atividade empresarial até o encerramento da recuperação judicial, a qual será implementada mediante a cooperação jurisdicional, na forma do* art. 69 da Lei nº 13.105, de 16 de março de 2015 (Código de Processo Civil), *observado o disposto no* art. 805 do referido Código. (Incluído pela Lei nº 14.112, de 2020) (Vigência)

De acordo com as alterações implementadas na lei, não subsiste a competência do juízo da recuperação para exercer o controle sobre atos constritivos de crédito extraconcursal após o prazo de blindagem previsto no art. 6º, § 4º, da Lei n. 11.101/2005.

O crédito extraconcursal não é passível de novação pelo plano recuperacional, razão por que seus efeitos podem apenas ser suspensos durante um prazo limitado, o período de blindagem, para atingir o objetivo pretendido de reorganização da empresa.

Destaque-se que a recuperação judicial não pode ser considerada uma execução concursal, por não se sobrepor às execuções individuais em curso, uma vez que nem todos os credores estão submetidos ao plano de recuperação judicial, como é o caso dos credores extraconcursais, continuando suas ações a tramitarem normalmente.

Segundo a doutrina, a universalidade, como característica da atribuição exclusiva a um único juiz para realizar as constrições sobre bens do devedor, é típica do procedimento falimentar e desnecessária ao processo de recuperação judicial:

> *Com a nova redação do art. 6º, §§ 7º-A e 7º-B, a competência dos juízos da recuperação judicial foi atribuída exclusivamente para determinar a suspensão dos atos de constrição que recaiam sobre bens de capital essenciais à manutenção da atividade empresarial e exclusivamente durante o prazo de suspensão e relacionados aos créditos previstos no art. 49, §§ 3º e 4º. Assim como determinou-se a competência do juízo da recuperação judicial para determinar a substituição dos atos de constrição que recaiam sobre bens de capital essenciais à manutenção da atividade empresarial até o encerramento da recuperação judicial [na execução fiscal].*
>
> *Pelos novos dispositivos legais, a atribuição da referida competência ao juiz da recuperação judicial foi atribuída excepcionalmente apenas para os referidos créditos, dos credores proprietários e dos créditos fiscais. Quanto aos demais, pela falta de extensão do respectivo tratamento excepcional, os juízos das execuções ou que determinam medidas constritivas relacionadas aos créditos não sujeitos à recuperação judicial não sofreram qualquer limitação em sua competência e, portanto, poderiam realizar os atos de constrição normalmente, apenas atentando-se ao princípio da menor onerosidade do devedor.*
>
> *(...)*
>
> *Referida interpretação é corroborada com o fato de que o princípio da preservação da empresa não pode ser utilizado para beneficiar de modo ilimitado o empresário devedor ou*

> *os demais credores. O prosseguimento das execuções dos créditos não sujeitos à recuperação judicial foi determinado pela Lei em benefício dos referidos credores.*[7]
>
> *Destaque-se que a universalidade do juízo da falência prevista no artigo 76, a princípio, não é extensível ao juízo da recuperação judicial ou extrajudicial, já que nem todos os credores estão submetidos ao plano de recuperação judicial, tendo preservados os seus direitos originariamente adquiridos em face da recuperanda. Não há, pois, concurso de credores na recuperação, sendo desnecessária a previsão da universalidade do juízo. Tampouco há força atrativa do juízo da recuperação judicial, já que as ações e execuções contra a recuperanda terão o seu curso retomado no juízo singular competente, após decorrido* o stay period *(LREF, art. 6º, § 4º).*[8]

Desse modo, a lei explicitou que não se mostra possível conferir ao juízo da recuperação judicial uma competência universal para deliberar sobre toda e qualquer constrição judicial efetivada na execução de crédito extraconcursal, após o decurso do *stay period*, a pretexto de sua essencialidade para o desenvolvimento da atividade da empresa recuperanda. Limitou-se, assim, a competência do juízo do soerguimento, não mais sendo possível atribuir-lhe o cunho de universal.

---

7 SACRAMONE, Marcelo Barbosa. *Comentários à Lei de Recuperação de Empresas e Falências.* 3ª ed. São Paulo: SaraivaJur, 2022, pp. 100/101.

8 CUNHA, Fernando Antonio Maia da; DIAS, Maria Rita Rebello Pinho. *Comentários à Lei de Recuperação de Empresas e Falência*: Lei n. 11.101, de 09 de fevereiro de 2005. São Paulo: Contracorrente, 2022, p. 496.

2 A evolução jurisprudencial do STJ após a edição da Lei n. 14.112/2020

A jurisprudência do STJ se firmou no sentido de que o prazo legal de 180 dias para o cumprimento das obrigações estabelecidas no plano de recuperação, tratado no art. 6º, § 4º, da Lei n. 11.101/2005, deve ser flexível porque o simples decurso do prazo não enseja a retomada automática das execuções individuais.

O entendimento jurisprudencial justificava-se diante da constatação, na prática, da insuficiência do prazo de 180 dias para o desenvolvimento de todos os complexos atos processuais, a permitir, em tempo oportuno, adequada confecção do plano de recuperação judicial pela devedora e sua deliberação por todas as classes de credores.

Buscou-se, assim, estender o prazo de blindagem para assegurar que o destino dos bens da sociedade empresária seguirá o que estiver fixado no plano aprovado, evitando-se a alienação de bens por juízos diversos indispensáveis ao regular desenvolvimento das atividades da empresa recuperanda.

Confiram-se os precedentes:

> *CONFLITO POSITIVO DE COMPETÊNCIA. RECUPERAÇÃO JUDICIAL. AÇÃO DE REINTEGRAÇÃO DE POSSE. SUSPENSÃO DAS AÇÕES E EXECUÇÕES. PRAZO DE CENTO E OITENTA DIAS. USO DAS ÁREAS OBJETO DA REINTEGRAÇÃO PARA O ÊXITO DO PLANO DE RECUPERAÇÃO.*
>
> *1. O caput do art. 6º, da Lei 11.101/05 dispõe que "a decretação da falência ou deferimento do processamento da recuperação judicial suspende o curso da prescrição e de todas as ações e execuções em face do devedor, inclusive aquelas dos credores particulares do sócio solidário". Por seu turno, o § 4º desse dispositivo estabelece que essa suspensão "em hipótese nenhuma excederá o prazo improrrogável de 180*

(cento e oitenta) dias contado do deferimento do processamento da recuperação".

2. Deve-se interpretar o art. 6º desse diploma legal de modo sistemático com seus demais preceitos, especialmente à luz do princípio da preservação da empresa, insculpido no artigo 47, que preconiza: "A recuperação judicial tem por objetivo viabilizar a superação da situação de crise econômico-financeira do devedor, a fim de permitir a manutenção da fonte produtora, do emprego dos trabalhadores e dos interesses dos credores, promovendo, assim, a preservação da empresa, sua função social e o estímulo à atividade econômica".

3. No caso, o destino do patrimônio da empresa-ré em processo de recuperação judicial não pode ser atingido por decisões prolatadas por juízo diverso daquele da Recuperação, sob pena de prejudicar o funcionamento do estabelecimento, comprometendo o sucesso de seu plano de recuperação, ainda que ultrapassado o prazo legal de suspensão constante do § 4º do art. 6º, da Lei nº 11.101/05, sob pena de violar o princípio da continuidade da empresa.

4. Precedentes: CC 90.075/SP, Rel. Min. Hélio Quaglia Barbosa, DJ de 04.08.08; CC 88661/SP, Rel. Min, Fernando Gonçalves, DJ 03.06.08.

5. Conflito positivo de competência conhecido para declarar o Juízo da 1ª Vara de Falências e Recuperações Judiciais do Foro Central de São Paulo competente para decidir acerca das medidas que venham a atingir o patrimônio ou negócios jurídicos da Viação Aérea São Paulo - VASP.

(CC 79.170/SP, Rel. Ministro CASTRO MEIRA, Primeira Seção, j. 10/9/2008, DJe 19/9/2008)

AGRAVO NO CONFLITO DE COMPETÊNCIA. MEDIDA LIMINAR. JUÍZES VINCULADOS A TRIBUNAIS DIVERSOS. COMPETÊNCIA DO JUÍZO DA RECUPERAÇÃO JUDICIAL PARA A PRÁTICA DE ATOS QUE IMPLIQUEM RESTRIÇÃO PATRIMONIAL.

(...)

> *- Não obstante o processamento do pedido de recuperação tenha sido determinado há mais de 180 dias, estando, portanto, esgotado o prazo previsto no art. 6º, parágrafo 4º, da Lei 11.101/2005, o que autorizaria o prosseguimento da reclamação trabalhista, o STJ já decidiu que, em situações excepcionais, alheias à vontade da recuperanda, essa regra comporta temperamento.*
>
> *- Agravo não provido.*
>
> (AgRg no CC 125.893/DF, Rel. Ministra NANCY ANDRIGHI, Segunda Seção, j. 13/3/2013, DJe 15/3/2013)

> *AGRAVO INTERNO EM CONFLITO DE COMPETÊNCIA. RECUPERAÇÃO JUDICIAL. AÇÃO DE BUSCA E APREENSÃO. BEM OBJETO DE ALIENAÇÃO FIDUCIÁRIA EM GARANTIA. BEM ESSENCIAL AO CUMPRIMENTO DO PLANO DE RECUPERAÇÃO JUDICIAL. PRAZO DE SUSPENSÃO. CENTO E OITENTA DIAS. PRORROGAÇÃO. POSSIBILIDADE. COMPETÊNCIA DO JUÍZO DA RECUPERAÇÃO.*
>
> *(...)*
>
> *3. A suspensão das ações individuais movidas contra a recuperanda pode exceder o prazo de 180 dias caso as instâncias ordinárias considerem que tal prorrogação é necessária para não frustrar o plano de recuperação.*
>
> *4. Agravo não provido.*
>
> (AgInt no CC 159.480/MT, Rel. Ministro LUIS FELIPE SALOMÃO, Segunda Seção, j. 25/9/2019, DJe 30/09/2019)

No entanto, referido entendimento foi além para impedir a retomada das execuções individuais até o trânsito em julgado da sentença que declara o encerramento da recuperação judicial:

> *PROCESSUAL CIVIL. AGRAVO INTERNO NO CONFLITO DE COMPETÊNCIA. JUÍZO DO TRABALHO E JUÍZO DA RECUPERAÇÃO JUDICIAL. COMPETÊNCIA DO JUÍZO DA RECUPERAÇÃO JUDICIAL PARA A*

PRÁTICA DE ATOS EXECUTÓRIOS OU CONSTRITIVOS QUE PERSISTE ATÉ O TRÂNSITO EM JULGADO DA SENTENÇA QUE DECLARA O ENCERRAMENTO DO PROCESSO.

(...)

2. Não compete ao juízo trabalhista interferir no acervo patrimonial da suscitante enquanto não houver a certificação do trânsito em julgado da sentença que declara o encerramento da sua recuperação judicial.

3. Nos estreitos limites cognitivos do conflito de competência, cabe a esta Corte apenas declarar o juízo competente para dirimir a controvérsia. Qualquer questão referente à reserva e/ou registro do crédito do ora agravante no Quadro Geral de Credores deve ser apresentada ao juízo competente.

4. Agravo interno não provido.

(AgInt no CC 167.826/PA, Rel. Ministra NANCY ANDRIGHI, Segunda Seção, j. 18/8/2020, DJe 21/8/2020)

EMBARGOS DE DECLARAÇÃO. CONFLITO DE COMPETÊNCIA. SENTENÇA DE ENCERRAMENTO DA RECUPERAÇÃO JUDICIAL. SEM TRÂNSITO EM JULGADO.

1. A jurisprudência do STJ, em casos de recebimento, no duplo efeito, do recurso de apelação interposto contra sentença de encerramento da recuperação judicial, tem se erigido no sentido de que, não tendo ocorrido o trânsito em julgado dessa decisão, permanece a competência do juízo da recuperação para deliberar acerca do patrimônio da empresa recuperanda.

2. No caso, a sentença de encerramento da recuperação judicial ainda não transitou em julgado, encontrando-se o processo ainda ativo e com despachos recentes do Juízo recuperacional.

3. Embargos de declaração rejeitados.

(EDcl no AgInt no CC 169.765/MG, Rel. Ministro LUIS FELIPE SALOMÃO, Segunda Seção, j. 1/12/2020, DJe 10/12/2020)

O entendimento jurisprudencial do STJ autorizava a suspensão das ações e execuções em duas hipóteses: (1) antes da aprovação do plano, com a finalidade de preservar o patrimônio da empresa até a deliberação da assembleia geral de credores; e (2) após a aprovação do plano, que implica a novação dos créditos, nos termos do art. 59 da Lei n. 11.101/2005 (*aprovado o plano de recuperação judicial, os créditos serão satisfeitos de acordo com as condições ali estipuladas. Nesse contexto, mostra-se incabível o prosseguimento das execuções individuais* – CC 88.661/SP, Rel. Ministro FERNANDO GONÇALVES, Segunda Seção, DJ 3/6/2008).

Ocorre que a segunda hipótese, suspensão das execuções individuais após a aprovação do plano, revela-se anômala e dissociada da lei porque a partir da consolidação assemblear é imperativo que os créditos devidos sejam satisfeitos de acordo com o plano aprovado em assembleia de credores, sob o risco de o processo ser convolado em falência.

Aliás, aprovado o plano de recuperação, a empresa devedora nem sequer pode dispor do seu acervo patrimonial para o pagamento de credores, conforme julgado da Terceira Turma do STJ: *estando em curso processo recuperacional, a livre disposição, pela devedora, de seu acervo patrimonial para pagamento de créditos individuais sujeitos ao plano de soerguimento violaria o princípio segundo o qual os credores devem ser tratados em condições de igualdade dentro das respectivas classes* (REsp 1.873.081/RS, Rel. Ministra NANCY ANDRIGHI, Terceira Turma, j. 2/3/2021, DJe 4/3/2021).

A sentença que concede a recuperação judicial e aprova o plano da empresa devedora implica novação dos créditos anteriores ao pedido e obriga o devedor e todos os credores a ele sujeitos, sem prejuízo das garantias, observado o disposto no art. 50, § 1º, da Lei n. 11.101/2005.

Nesse contexto, considerando que o *stay period* somente foi previsto em lei para o momento anterior a aprovação do plano de soerguimento e levando-se em conta que a novação operada pela recuperação judicial extingue as execuções individuais, conclui-se que a alteração legislativa deixou de abraçar a jurisprudência do STJ no sentido de permitir que a suspensão das execuções individuais seja observada até o encerramento da recuperação judicial, com prorrogações sucessivas de um prazo de 180 dias não previsto para tal fase do processo de recuperação e, ainda, de forma ilimitada.

Ressalte-se que o encerramento da recuperação judicial, com o trânsito em julgado, somente ocorrerá quando esgotados todos os instrumentos de impugnação que o ordenamento jurídico disponibiliza a parte prejudicada, não guardando relação com o momento em que a sentença se reveste de eficácia executiva.

Após a aprovação do plano não há que se falar em suspensão das execuções individuais, mas no seu cumprimento. O descumprimento do plano descortinará a possibilidade de execução específica da sentença do processo de recuperação ou o decreto da falência. Ademais, caso o crédito não integre o plano aprovado, não há óbice legal ao prosseguimento da execução individual.

Além disso, a prorrogação do prazo de 180 dias após a aprovação do plano de soerguimento dava a norma do art. 6º, § 4º, da Lei n. 11.10/2005 uma elasticidade que o legislador não previu, encontrando-se dissociada do sistema recuperacional formulado pelo legislador que prevê o prazo de até no máximo dois anos para o encerramento da recuperação judicial (art. 61).

O objetivo da suspensão das ações e execuções visa garantir o funcionamento e possibilitar a reorganização da empresa devedora durante a negociação do plano de recuperação judicial e, ao mesmo tempo, impede que os credores da mesma classe recebam seus créditos com prioridade, em ações individuais ajuizadas anteriormente.

O prazo de 180 dias está relacionado com outros prazos e procedimentos, a saber: (1) o termo improrrogável de 60 dias para apresentar o plano de recuperação, contado da decisão que deferir o pedido recuperacional (art. 53); (2) a data designada para a realização da assembleia geral de credores não excederá 150 dias, contados do deferimento da recuperação judicial (art. 56, § 1º); e (3) rejeitado o plano de recuperação judicial, a assembleia geral terá o prazo de 30 dias para apresentar o plano elaborado pelos credores (art. 56, § 4º).

Constata-se, portanto, ter o legislador estabelecido prazos legais de contagem automática, com o objetivo de conferir celeridade e efetividade e evitar maiores prejuízos aos trabalhadores e à coletividade de credores, bem como à própria empresa devedora.

Os prazos da lei estão concatenados de modo a conferir uma rápida solução da crise da empresa, com vistas ao seu rápido soerguimento, aliado ao menor sacrifício dos credores. A lei tem o objetivo de minorar os prejuízos dos credores, diante do cenário de incertezas quanto à solvabilidade e à recuperabilidade da empresa devedora.

No que se refere ao crédito extraconcursal, a competência do juízo da recuperação judicial para deliberar sobre os atos de constrição contra o patrimônio da empresa recuperanda, após o decurso do *stay period*, se mostra ainda mais anômala e dissociada da lei.

A aprovação do plano de recuperação implica a novação de todas as obrigações a ele sujeitas, sem nenhum efeito para o credor extraconcursal. Não é possível admitir que o credor extraconcursal sofra o sobrestamento de sua execução individual, aguardando o cumprimento, ou não, do plano de soerguimento, cujos efeitos não lhe dizem respeito.

Ressalte-se que os créditos extraconcursais, por força de lei, possuem precedência sobre os concursais, não se submetendo ao quadro geral de credores, nem ao plano de recuperação, devendo a empresa recuperanda diligenciar em primeiro satisfazê-los.

Anote-se que antes da alteração legislativa da Reforma de 2020 já era possível adotar a conclusão de que, embora as execuções de créditos extraconcursais não fossem sobrestadas durante o *stay period*, não seria possível a venda ou a retirada dos bens de capital essencial a sua atividade. É o que se extrai do art. 49, § 3º, da Lei n. 11.101/2005, que não teve sua redação alterada na Reforma de 2020, porém, teve seus termos explicitados com a inclusão do § 7º-A do art. 6º:

> *Art. 49. Estão sujeitos à recuperação judicial todos os créditos existentes na data do pedido, ainda que não vencidos.*
> *(...)*
> *§ 3º Tratando-se de credor titular da posição de proprietário fiduciário de bens móveis ou imóveis, de arrendador mercantil, de proprietário ou promitente vendedor de imóvel cujos respectivos contratos contenham cláusula de irrevogabilidade ou irretratabilidade, inclusive em incorporações imobiliárias, ou de proprietário em contrato de venda com reserva de domínio, seu crédito não se submeterá aos efeitos da recuperação judicial e prevalecerão os direitos de propriedade sobre a coisa e as condições contratuais, observada a legislação respectiva, não se permitindo, contudo, durante o prazo de suspensão a que se refere o § 4º do art. 6º desta Lei, a venda ou a retirada do estabelecimento do devedor dos bens de capital essenciais a sua atividade empresarial.*

No entanto, a construção jurisprudencial do Superior Tribunal de Justiça se baseou na universalidade do juízo da recuperação judicial, permitindo ao magistrado analisar todas as questões imprescindíveis à superação da crise econômico-financeira pela qual passa o devedor, visando tutelar o cumprimento do plano de recuperação judicial com a satisfação dos credores.

Nesse contexto, os créditos constituídos após o deferimento do pedido de recuperação judicial, extraconcursais, portanto, *apesar de não se submeterem ao plano recuperacional, sujeitam-se ao juízo universal de modo a evitar que ocorra a expropriação de bens essenciais à continuidade das atividades da empresa em soerguimento* (AgInt no CC nº 171.765/PR, Rel. Ministro MOURA RIBEIRO, Segunda Seção, j. 9/12/2020, DJe 11/12/2020).

A razão de ser da supremacia dessa regra de competência é a concentração, no Juízo da recuperação judicial, de todas as decisões que envolvam o patrimônio da recuperanda, inclusive os valores objeto de constrição no juízo trabalhista, ainda que posteriores à recuperação ou mesmo os créditos extraconcursais, a fim de não comprometer a tentativa de mantê-la em funcionamento. (AgInt no CC 175.296/MG, Rel. Ministro LUIS FELIPE SALOMÃO, Segunda Seção, j. 30/3/2021, DJe 7/4/2021).

A competência para deliberar sobre os atos de constrição, ainda que o crédito fosse extraconcursal, era do juízo da recuperação judicial. Atribuiu-se, assim, uma competência universal ao juízo da recuperação.

Além disso, antes da Reforma de 2020, no sentido de evitar a alienação de bens por juízos diversos indispensáveis ao regular desenvolvimento das atividades da empresa recuperanda, a jurisprudência do Superior Tribunal de Justiça admitia a análise da essencialidade do bem pelo juízo do soerguimento.

Adotou-se, assim, a teoria da essencialidade de bens na recuperação judicial, impedindo a retirada dos bens que fossem essenciais à atividade empresarial, a ponto de paralisar ou tornar inviável o negócio.

Confiram-se os precedentes que atribuíam um caráter universal ao juízo da recuperação para deliberar sobre todos os atos de constrição efetivados sobre os bens da empresa recuperanda, além de permitir-lhe a análise da essencialidade do bem constrito:

> *PROCESSUAL CIVIL. AGRAVO INTERNO NOS EMBARGOS DE DECLARAÇÃO NO CONFLITO DE COMPETÊNCIA. RECURSO MANEJADO SOB A ÉGIDE DO NOVO CPC. RECUPERAÇÃO JUDICIAL. DISCUSSÃO SOBRE A CONCURSALIDADE DO CRÉDITO. VIA INADEQUADA. ESSENCIALIDADE DOS BENS.*

PRINCÍPIO DA PRESERVAÇÃO DA EMPRESA. COMPETÊNCIA DO JUÍZO DA RECUPERAÇÃO. AGRAVO NÃO PROVIDO.

1. Aplicabilidade do NCPC neste julgamento conforme o Enunciado Administrativo nº 3, aprovado pelo Plenário do STJ na sessão de 9/3/2016: Aos recursos interpostos com fundamento no CPC/2015 (relativos a decisões publicadas a partir de 18 de março de 2016)

serão exigidos os requisitos de admissibilidade recursal na forma do novo CPC.

2. O conflito positivo de competência se caracteriza na hipótese em que, mesmo sem nenhum dos juízos ter se declarado competente para processar e julgar a causa em curso perante outro, há a prática de atos que denotem implicitamente o reconhecimento da competência em paralelo com órgão judicial diverso.

3. Os créditos extraconcursais, apesar de não se submeterem ao plano recuperacional, sujeitam-se ao juízo universal de modo a evitar que ocorra a expropriação de bens essenciais à continuidade das atividades da empresa em soerguimento.

4. No estreito âmbito cognitivo do conflito de competência deve-se decidir apenas a quem compete julgar a questão de mérito, uma vez que o incidente não se presta como sucedâneo recursal nem se constitui em meio hábil para atacar decisões de instâncias inferiores.

5. Agravo interno não provido.

(AgInt nos EDcl no CC nº 178.339/PR, relator Ministro MOURA RIBEIRO, Segunda Seção, j. 15/2/2022, DJe de 17/2/2022)

AGRAVO INTERNO NO CONFLITO DE COMPETÊNCIA. RECUPERAÇÃO JUDICIAL. FALÊNCIA. EXECUÇÃO FISCAL. TRAMITAÇÃO. POSSIBILIDADE. AUSÊNCIA DE SUSPENSÃO. POSSIBILIDADE DE CITAÇÃO E PENHORA NO JUÍZO DA EXECUÇÃO FISCAL. NECESSÁRIO CONTROLE DOS ATOS DE

CONSTRIÇÃO PELO JUÍZO DA RECUPERAÇÃO. AGRAVO NÃO PROVIDO.

1. Os atos de execução dos créditos individuais e fiscais promovidos contra empresas falidas ou em recuperação judicial, tanto sob a égide do Decreto-Lei n. 7.661/45 quanto da Lei n. 11.101/2005, devem ser realizados pelo Juízo universal. Inteligência do art. 76 da Lei n. 11.101/2005.

2. Tal entendimento estende-se às hipóteses em que a penhora seja anterior à decretação da falência ou ao deferimento da recuperação judicial. Ainda que o crédito exequendo tenha sido constituído depois do deferimento do pedido de recuperação judicial (crédito extraconcursal), a jurisprudência desta Corte é pacífica no sentido de que, também nesse caso, o controle dos atos de constrição patrimonial deve prosseguir no Juízo da recuperação. Precedentes.

3. O deferimento da recuperação judicial não possui o condão de sobrestar a execução fiscal, todavia, conquanto o prosseguimento da execução fiscal e eventuais embargos, na forma do art. 6º, § 7º-B, da Lei 11.101/2005, com redação dada pela Lei 14.112, de 2020, deva se dar perante o juízo federal competente - ao qual caberão todos os atos processuais, inclusive a ordem de citação e penhora -, o controle sobre atos constritivos contra o patrimônio da recuperanda é de competência do Juízo da recuperação judicial, tendo em vista o princípio basilar da preservação da empresa.

4. Em outros termos, o Juízo da execução fiscal poderá determinar a constrição bens e valores da recuperanda, todavia, o controle de tais atos é incumbência exclusiva do Juízo da recuperação, o qual poderá substituí-los, mantê-los ou, até mesmo torná-los sem efeito, tudo buscando o soerguimento da empresa, haja vista a sua elevada função social.

5. Agravo interno não provido.

(AgInt no CC nº 177.164/SP, relator Ministro LUIS FELIPE SALOMÃO, Segunda Seção, j. 31/8/2021, DJe de 9/9/2021)

RECURSO ESPECIAL. PROCESSUAL CIVIL. NEGATIVA DE PRESTAÇÃO JURISDICIONAL. NÃO

OCORRÊNCIA. EXECUÇÃO DE TÍTULO EXTRAJUDICIAL. PARTE EXECUTADA. RECUPERAÇÃO JUDICIAL. BEM IMÓVEL. INTERVENÇÃO DO MINISTÉRIO PÚBLICO. POSSIBILIDADE. ADJUDICAÇÃO. ANULAÇÃO. ALIENAÇÃO DE BENS. COMPETÊNCIA. JUÍZO RECUPERACIONAL.

1. Recurso especial interposto contra acórdão publicado na vigência do Código de Processo Civil de 1973 (Enunciados Administrativos nºs 2 e 3/STJ).

2. Não há falar em falha na prestação jurisdicional se o Tribunal de origem motiva adequadamente sua decisão, solucionando a controvérsia com a aplicação do direito que entende cabível, ainda que em desacordo com a expectativa da parte.

3. A incompetência de órgão fracionário de tribunal deve ser alegada pela parte interessada na primeira oportunidade que tiver para se manifestar nos autos, sob pena de preclusão.

4. O papel institucional conferido ao Ministério Público, de zelar, em nome do interesse público (função social da empresa), pela consecução do plano de recuperação judicial, justifica a sua atuação nas execuções propostas contra a empresa recuperanda, ainda que não seja obrigatória a sua intervenção.

5. Os créditos constituídos após o deferimento do pedido de recuperação judicial, por serem extraconcursais, não se submetem aos seus efeitos, sendo facultado ao credor propor a respectiva execução, que se processa pelas regras ordinárias aplicáveis a qualquer outro feito executivo e perante o juízo competente, a quem cabe promover todos os atos processuais, exceto a apreensão e a alienação de bens.

6. Compete ao juízo da recuperação acompanhar e autorizar a excussão de bens da empresa em recuperação, ainda que destinados à satisfação de créditos extraconcursais.

7. Anulada a adjudicação de bem imóvel em virtude da efetiva competência do juízo recuperacional para acompanhar e autorizar a excussão de bens da empresa e convolada a recuperação em falência, não resta outra alternativa à credora senão habilitar seu crédito nos autos da falência, observada,

> *se for o caso, a preferência legal estabelecida no art. 84 da Lei nº 11.101/2005.*
>
> *8. Recurso especial não provido.*
>
> (REsp nº 1.935.022/SP, relator Ministro RICARDO VILLAS BÔAS CUEVA, Terceira Turma, j. 21/9/2021, DJe de 23/9/2021)

Esse posicionamento era unânime nas duas Turmas que compõem a Segunda Seção do Superior Tribunal de Justiça.

Porém, em julgado recente, a Terceira Turma, com base na Reforma de 2020, diante da inclusão do § 7º-A no art. 6º, da Lei n. 11.101/2005, limitou a competência do juízo da recuperação para restringir ao prazo do *stay period* o sobrestamento das execuções de crédito extraconcursal. Além disso, a Terceira Turma entendeu que o sobrestamento somente poderia ser declarado sobre bens de capital:

> *RECURSO ESPECIAL. 1. INCLUSÃO INDEVIDA DE CRÉDITO EXTRANCONCURSAL NA LISTA DE CREDORES PELA RECUPERANDA. SUBSISTÊNCIA DE SUA NATUREZA, INDEPENDENTEMENTE DA NÃO APRESENTAÇÃO DE IMPUGNAÇÃO. 2. CONTROVÉRSIA POSTA. 3. STAY PERIOD. NOVO TRATAMENTO CONFERIDO PELA LEI N. 14.112/2020. OBSERVÂNCIA. 4. DELIMITAÇÃO DA COMPETÊNCIA DO JUÍZO DA RECUPERAÇÃO JUDICIAL PARA DELIBERAR A RESPEITO DAS CONSTRIÇÕES REALIZADAS NO BOJO DAS EXECUÇÕES INDIVIDUAIS DE CRÉDITO EXTRACONCURSAL, SEJA QUANTO AO SEU CONTEÚDO, SEJA QUANTO AO ESPAÇO TEMPORAL. AFASTAMENTO, POR COMPLETO, DA IDEIA DE JUÍZO UNIVERSAL. 5. DECURSO DO STAY PERIOD (NO CASO, INCLUSIVE, COM A PROLAÇÃO DE SENTENÇA DE CONCESSÃO DA RECUPERAÇÃO JUDICIAL). EQUALIZAÇÃO DO CRÉDITO EXTRACONCURSAL. INDISPENSABILIDADE. 6. RECURSO IMPROVIDO, CASSANDO-SE A LIMINAR ANTERIORMENTE DEFERIDA.*

1. A indevida inclusão de crédito extraconcursal na lista de credores (concursais) elaborada pelo administrador judicial, a partir dos documentos apresentados pela recuperan da, tal como se deu na hipótese, não tem o condão de transmudar a sua natureza, não se exigindo de seu titular o manejo de qualquer providência no âmbito da recuperação judicial, cujos efeitos, por expressa disposição legal, não lhe alcançam. Violação do art. 8º da LRF. Não ocorrência.

2. Discute-se no presente recurso especial, também e principalmente, se, a partir da vigência da Lei n. 14.112/2020, exaurido o prazo de blindagem estabelecido no § 4º do art. 6º da LRF (no caso, inclusive, com sentença de concessão da recuperação judicial), seria possível subsistir a decisão proferida pelo Juízo da recuperação judicial que sobrestou a penhora on-line de R$ 13.887.861,17 (treze milhões, oitocentos e oitenta e sete mil, oitocentos e sessenta e um reais e dezessete centavos), determinada pelo Juízo da 1ª Vara Cível da Comarca de Colíder/MT, em que tramita a execução de crédito extraconcursal de titularidade dos recorridos (decorrente de inadimplemento do contrato de compra e venda de imóveis rurais, com cláusula de irrevogabilidade e de irretratabilidade), sob o fundamento de que o bem penhorado (pecúnia) afigura-se essencial à atividade empresarial.

3. Especificamente sobre o stay period, a Lei n. 14.112/2020, sem se afastar da preocupação de que este período de esforços e de sacrifícios impostos [por lei] aos credores não pode subsistir indefinidamente, sob o risco de gerar manifesta iniquidade, estabeleceu que o sobrestamento das execuções de créditos ou obrigações sujeitos à recuperação judicial (com vedação dos correlatos atos constritivos) perdurará pelo "prazo de 180 (cento e oitenta) dias, contado do deferimento do processamento da recuperação, prorrogável por igual período, uma única vez, em caráter excepcional, desde que o devedor não haja concorrido com a superação do lapso temporal".

3.1 A lei, em termos resolutivos (uma vez mais), estabelece a possibilidade de o período de suspensão perdurar por até 360 (trezentos e sessenta) dias. É importante registrar, no ponto, que todos os prazos que gravitam em torno do stay period, para a consecução dos respectivos atos processuais foram mantidos tal como originariamente previstos, ou seja, passíveis de serem realizados - não havendo nenhum evento extraordinário - dentro dos 180 (cento e oitenta) dias incialmente estipulados.

3.2 O disposto no inciso I do § 4º-A do art. 6º da LRF é claro em acentuar que as suspensões das execuções dos créditos submetidos à recuperação judicial e dos prazos prescricionais e a proibição dos correlatos atos constritivos "não serão aplicáveis caso os credores não apresentem plano alternativo no prazo de 30 (trinta) dias, contado do final do prazo referido no § 4º deste artigo ou no § 4º do art. 56 desta Lei". Por consequência, o inciso II do § 4º-A assinala que o sobrestamento das execuções dos créditos submetidos à recuperação judicial, bem como dos correlatos atos constritivos, persiste durante esse prazo de 30 (trinta dias), dentro do qual o plano de recuperação judicial dos credores deve ser apresentado, caso em que este período de blindagem subsistirá pelo prazo de 180 dias, contados do término do prazo de 180 dias iniciais ou de sua prorrogação, caso não tenha ocorrido a deliberação do plano pela assembleia de credores; ou contados da própria deliberação que rejeitou o plano apresentado pelo devedor.

3.3 O novo regramento ofertado pela Lei n. 14.112/2020, de modo expresso e peremptório, veda a prorrogação do stay period, após a fluência desse período máximo de blindagem (de até 360 dias), estabelecendo uma única exceção: a critério exclusivo dos credores, poderão, findo este prazo sem a deliberação do plano de recuperação judicial apresentado pelo devedor; ou, por ocasião da rejeição do plano de recuperação judicial, deliberar, segundo o quórum legal estabelecido no § 5º do art. 56, a concessão do prazo de 30 (trinta) dias para que seja apresentado um plano de recuperação judicial de sua autoria.

3.4 Diante dessa inequívoca mens legis - qual seja, de atribuir aos credores, com exclusividade, findo o prazo máximo de blindagem (de até 360 dias), a decisão de estender ou não o stay period (com todos os efeitos jurídicos daí advindos)

- qualquer leitura extensiva à exceção legal (interpretação que sempre deve ser vista com reservas) não pode dispensar a expressa autorização dos credores a esse propósito.

3.5 Em conclusão, a partir da nova sistemática implementada pela Lei n. 14.112/2020, a extensão do stay period, para além da prorrogação estabelecida no § 4º do art. 6º da LRF, somente se afigurará possível se houver, necessariamente, a deliberação prévia e favorável da assembleia geral dos credores a esse respeito, seja com vistas à apresentação do plano de recuperação judicial, seja por reputarem conveniente e necessário, segundo seus interesses, para se chegar a um denominador comum no que alude às negociações em trâmite. Ausente a deliberação prévia e favorável da assembleia geral dos credores para autorizar a extensão do stay period, seu deferimento configura indevida ingerência judicial, apartando-se das disposições legais que, como demonstrado, são expressas nesse sentido.

4. Com o advento da Lei n. 14.112/2020, tem-se não mais haver espaço - diante de seus termos resolutivos - para a interpretação que confere ao Juízo da recuperação judicial o status de competente universal para deliberar sobre toda e qualquer constrição judicial efetivada no âmbito da execuções de crédito extraconcursal, a pretexto de sua essencialidade ao desenvolvimento de sua atividade, exercida, inclusive, depois do decurso do stay period. A partir da vigência da Lei n. 14.112/2020, com aplicação imediata aos processos em trâmite (afinal se trata de regra processual que cuida de questão afeta à própria competência), o Juízo da recuperação judicial tem a competência específica para determinar o sobrestamento dos atos de constrição exarados no bojo de execução de crédito extraconcursal que recaiam sobre bens de capital essenciais à manutenção da atividade empresarial durante o período de blindagem. Em se tratando de execuções fiscais, a competência do Juízo recuperacional restringe-se a substituir os atos de constrição que recaiam sobre bens de capital essenciais à manutenção da atividade empresarial até o encerramento da recuperação judicial.

4.1 Esta Terceira Turma (por ocasião do julgamento do REsp 1.758.746/GO) e, posteriormente, a Segunda Seção do Superior Tribunal de Justiça (REsp 1.629.470/MS), na via recursal propugnada (CC 153.473/PR), adotou o posicionamento de que a avaliação quanto à essencialidade de determinado bem recai unicamente sobre bem de capital, objeto de garantia fiduciária (ou objeto de constrição).

Caso não se trate de bem de capital, o bem objeto de constrição ou o bem cedido ou alienado fiduciariamente não fica retido na posse da empresa em recuperação judicial, com esteio na parte final do § 3º do art. 49 da LRF, apresentando-se, para esse efeito, absolutamente descabido qualquer juízo de essencialidade. Em resumo, definiu-se que "bem de capital" a que a lei se refere é o bem corpóreo (móvel ou imóvel), utilizado no processo produtivo da empresa recuperanda, e que, naturalmente, encontre-se em sua posse.

4.2 A competência do Juízo recuperacional para sobrestar o ato constritivo realizado no bojo de execução de crédito extraconcursal restringe-se àquele que recai unicamente sobre bem de capital essencial à manutenção da atividade empresarial - a incidir, para a sua caracterização, todas as considerações acima efetuadas -, a ser exercida apenas durante o período de blindagem.

5. Uma vez exaurido o período de blindagem - sobretudo nos casos em que sobrevém sentença de concessão da recuperação judicial, a ensejar a novação de todas as obrigações sujeitas ao plano de recuperação judicial - é absolutamente necessário que o credor extraconcursal tenha seu crédito devidamente equalizado no âmbito da execução individual, não se mostrando possível que o Juízo da recuperação continue, após tal interregno, a obstar a satisfação de seu crédito, com suporte no princípio da preservação da empresa, o qual não se tem por absoluto. Naturalmente, remanesce incólume o dever do Juízo em que se processa a execução individual de crédito extraconcursal de bem observar o princípio da menor onerosidade, a fim de que a satisfação do débito exequendo se dê na forma menos gravosa ao devedor, podendo obter, em

> *cooperação do Juízo da recuperação judicial, as informações que reputar relevantes e necessárias.*
>
> *5.1 Deveras, se mesmo com o decurso do stay period (e, uma vez concedida a recuperação judicial), a manutenção da atividade empresarial depende da utilização de bem - o qual, em verdade, não é propriamente de sua titularidade - e o correlato credor proprietário, por outro lado, não tem seu débito devidamente equalizado por qualquer outra forma, esta circunstância fática, além de evidenciar um sério indicativo a respeito da própria inviabilidade de soerguimento da empresa, distorce por completo o modo como o processo recuperacional foi projetado, esvaziando o privilégio legal conferido aos credores extraconcursais, em benefício desmedido à recuperanda e aos credores sujeitos à recuperação judicial. O privilégio legal - registra-se - é conferido não apenas aos chamados "credores-proprietários", mas também a todos os credores que, mesmo após o pedido de recuperação judicial, em valoroso voto de confiança à empresa em dificuldade financeira, manteve ou com ela estabeleceu relações jurídicas creditícias indispensáveis à continuidade da atividade empresarial (aqui incluídos os trabalhadores, fornecedores, etc), sendo, pois, de rigor, sua tempestiva equalização.*
>
> *6. Recurso especial improvido, cassando-se a liminar deferida.*
> (REsp nº 1.991.103/MT, relator Ministro MARCO AURÉLIO BELLIZZE, Terceira Turma, j. 11/4/2023, DJe de 13/4/2023)

A Quarta Turma do Superior Tribunal de Justiça, até o momento da elaboração deste artigo, não alterou seu posicionamento, continuando a atribuir ao juízo da recuperação uma competência universal para a solução de todas as constrições que possam afetar a recuperação da empresa.

Como mencionado na introdução do presente artigo, na Segunda Seção do STJ está em julgamento o CC nº 196.553/PE, de relatoria do Ministro Ricardo Villas Bôas Cueva, o CC nº 191.533/MT e o CC nº 196.846/RN, ambos de relatoria do Ministro Marco Aurélio Bellizze, que tratam da competência do Juízo da recuperação judicial para exercer o controle dos atos constritivos contra o patrimônio da empresa recuperanda em execução de crédito extraconcursal, decorrido o prazo de blindagem estabelecido no art. 6º, § 4º, da Lei n. 11.101/2005, após as alterações implementadas pela Lei n. 14.112/2020. Somente com o julgamento do tema pela Segunda Seção, previsto para o primeiro semestre de 2024, será possível definir a interpretação dada pelo Superior Tribunal de Justiça sobre os limites da competência do juízo da recuperação judicial após a Reforma de 2020.

Conclusão

A Lei n. 14.112/2020 limitou a discricionariedade do juízo para prorrogar o prazo do *stay period* indeterminadamente, preferindo deixar claro que tal medida deve constituir exceção. Assim, foi adotada uma solução intermediária entre evitar o uso da recuperação para manobras fraudulentas e possibilitar o cumprimento do plano de soerguimento com a necessária suspensão das execuções individuais.

A dificuldade de conciliar os diversos interesses em jogo pode ser resumida no questionamento feito pelo saudoso Ministro Hélio Quaglia Barbosa, quando do julgamento do Conflito de Competência nº 73.380/SP:

> *A aparente clareza dos mencionados preceitos traduz a preocupação do legislador de evitar - a todo custo - que o instituto da recuperação judicial seja utilizado como estratagema para que a empresa em recuperação não pague seus credores e venha até mesmo a aumentar o volume das dívidas, uma vez que continua em operação; esconde, todavia, uma particularidade de ordem prática: caso voltem a ter curso várias execuções individuais, com determinação de penhoras sobre bens e/ou faturamento, ou mesmo ocorrendo venda de bem do patrimônio, como poderá o administrador judicial cumprir o plano de recuperação aprovado pelos credores e homologado judicialmente?*

(CC 73.380/SP, Rel. Ministro HÉLIO QUAGLIA BARBOSA, Segunda Seção, j. 28/11/2007, DJe 21/11/2008)

É certo que o restabelecimento das execuções e penhoras sobre os bens móveis e imóveis da recuperanda afetaria o cumprimento do plano, seguido de inevitável decretação da falência que, uma vez operada, resultaria novamente na atração de todos os créditos e na suspensão das execuções individuais, sem nenhum benefício para as partes envolvidas, tampouco para a sociedade. Porém, a prorrogação indiscriminada do prazo estabelecido em lei é prejudicial às partes envolvidas e à sociedade na medida em que a empresa devedora, ao deixar de honrar seus compromissos, deixa de exercer sua função social de colaborar com o desenvolvimento da economia.

A função social da empresa exige sua preservação, mas não a todo custo.

Não se pode conceber que, findo o *stay period*, o crédito extraconcursal, prioritário, nos termos da lei, tenha a sua satisfação diferida por sabe-se lá qual período de tempo, talvez até o encerramento da recuperação judicial, a pretexto da aplicação, de qualquer forma, ou a custo de poucos credores, do princípio da preservação da empresa.

Os créditos extraconcursais, por força de lei, possuem precedência sobre os concursais, não se submetendo ao quadro geral de credores, nem ao plano de recuperação, devendo a empresa recuperanda diligenciar em primeiro satisfazê-los.

O juízo da execução do crédito extraconcursal, diante da impossibilidade de excutir o patrimônio da empresa recuperanda e diante da impossibilidade de habilitar o crédito na recuperação, fica de mãos atadas, impossibilitado de dar andamento à execução.

Tal situação beneficia o mau pagador, que se esquivaria de todos os atos executórios, deixando de pagar, justamente, os credores a quem a lei conferiu um tratamento privilegiado.

A alteração legislativa, ao deixar clara a excepcionalidade da prorrogação do *stay period*, adotou o entendimento do Enunciado nº 42 da I Jornada de Direito Comercial, de que *o prazo de suspensão previsto no art. 6º, § 4º, da Lei n. 11.101/2005 pode excepcionalmente ser prorrogado, se o retardamento do feito não puder ser imputado ao credor.*

A limitação da prorrogação do *stay period* excepcionalmente, uma única vez, introduzida pela Lei n. 14.112/2020, aliada aos demais dispositivos que imprimem um andamento mais célere do processo de recuperação judicial, atende a proteção jurídica do mercado, conciliando os ônus entre credores e devedores.

O Constituinte fez uma nítida opção pela economia de mercado, ou seja, pelo modelo capitalista e de produção, cuja base é a livre iniciativa.

Apesar da nítida opção feita pelo Constituinte, o art. 174, da CF, mitiga a amplitude da economia de mercado para permitir a intervenção do Estado no domínio econômico como agente regulador e normativo, com a finalidade de exercer as funções de fiscalização, de incentivo e de planejamento ao setor privado.

O Estado, portanto, deve intervir na economia apenas para fiscalizar, incentivar ou ajudar no planejamento do setor econômico e produtivo. Nesse contexto, não se mostra possível admitir a judicialização das decisões que pertencem aos agentes de mercado, passando o juiz a desempenhar o papel de gestor do negócio.

A atividade econômica é eminentemente de risco, risco este assumido pelo empreendedor que se socorre do Judiciário para reorganizar suas dívidas, desde que exista a possibilidade de soerguimento.

O instituto da recuperação judicial somente cumpre seu objetivo se permitir o prosseguimento da atividade empresarial, com a *manutenção da fonte produtora, do emprego dos trabalhadores e dos interesses dos credores* (art. 47).

Constatada a crise econômico-financeira, a empresa deficitária, ao buscar o socorro do Poder Judiciário, já deve contar com um plano de reestruturação, demonstrando, assim, sua disposição em resolver o impasse o mais breve possível.

As novas regras da Lei n. 14.112/2020 ecoam essa necessidade, uma vez que a falta de deliberação a respeito do plano de soerguimento no prazo de 180 dias facultará aos credores a propositura de plano alternativo (art. 6º, § 4º-A).

A jurisprudência do STJ tem se preocupado com a efetividade da recuperação judicial, buscando a observância dos prazos pelas partes envolvidas e imprimindo a celeridade exigida no processo de soerguimento.

Em precedente sobre o prazo de dois anos para o encerramento da recuperação judicial, a Terceira Turma do STJ destacou que *a fixação de um prazo máximo para o encerramento da recuperação judicial se mostra indispensável para afastar os efeitos negativos de sua perpetuação, como o aumento dos custos do processo, a dificuldade de acesso ao crédito e a judicialização das decisões que pertencem aos agentes de mercado, passando o juiz a desempenhar o papel de muleta para o devedor e garante do credor* (REsp 1.853.347/RJ, Rel. Ministro RICARDO VILLAS BÔAS CUEVA, Terceira Turma, j. 5/5/2020, DJe 11/5/2020).

Por seu turno, no acórdão da Terceira Turma que tratou da existência de fraude e conluio, com a utilização do processo de recuperação judicial para fins diversos do previsto em lei, foi destacado que *a recuperação judicial tem como objetivo preservar a empresa, permitindo a manutenção da fonte produtora, do emprego dos trabalhadores e dos interesses do credores e não autorizar a falta de pagamento de dívidas previamente escolhidas, com a utilização do processo para fim não previsto em lei* (REsp 1.848.498/SE, Rel. Ministro RICARDO VILLAS BÔAS CUEVA, Terceira Turma, j. 6/10/2020, DJe 15/10/2020).

Como se pode perceber, o Tribunal da Cidadania está atento às vicissitudes que envolvem o processo recuperacional e, diante das alterações introduzidas pela Reforma de 2020, está abrindo os olhos para a excepcionalidade da prorrogação do *stay period*, uma única vez, desde que ausente conduta imputável à recuperanda em relação ao atraso no plano de recuperação judicial e diante da demonstração de que a empresa cumpriu rigorosamente suas obrigações legais no processo de soerguimento.

A Reforma de 2020 demonstrou não haver mais justificativa para a construção jurisprudencial sobre a universalidade do juízo da recuperação judicial para apreciar todas as medidas constritivas que recaírem sobre o patrimônio do devedor. O juízo da execução deverá observar o princípio da menor onerosidade e substituir o bem constrito por outro que não afete o plano de recuperação judicial, caso exista. Se não existir, pode ser um indício de que a atividade econômica exercida pela empresa recuperanda é inviável.

A recuperação judicial somente pode ser concedida ao devedor que tem condições de se soerguer, cuja crise de liquidez poderá ser superada por créditos ou operações do devedor no mercado financeiro.

O princípio da preservação da empresa não pode ser aplicado indiscriminadamente, a ponto de beneficiar empresas inaptas. Além do instituto da recuperação judicial, a falência também é um mecanismo de preservação de benefícios econômicos e sociais, pois promove a retirada do mercado um agente deficitário para que os seus ativos sejam realocados e assumidos por outras empresas capazes de produzir, gerar empregos e circular riquezas, produzindo, assim, os benefícios econômicos e sociais delas esperados.

Referências bibliográficas

BARROS NETO, Geraldo Fonseca de. *Aspectos processuais da recuperação judicial.* Florianópolis: Conceito Editorial, 2014.

BRASIL. *Lei n. 11.101*, de 9 de fevereiro de 2005. Disponível em: https://www.planalto.gov.br/ccivil_03/_ato2004-2006/2005/lei/l11101.htm. Acessado em: 15.03.2024.

_____. Superior Tribunal de Justiça. Primeira Seção. CC 79.170/SP, Rel. Ministro CASTRO MEIRA, j. 10/9/2008, DJe 19/9/2008.

_____. Superior Tribunal de Justiça. Segunda Seção. AgRg no CC 125.893/DF, Rel. Ministra NANCY ANDRIGHI, j. 13/3/2013, DJe 15/3/2013.

_____. Superior Tribunal de Justiça. Segunda Seção. AgInt no CC 159.480/MT, Rel. Ministro LUIS FELIPE SALOMÃO, j. 25/9/2019, DJe 30/09/2019.

_____. Superior Tribunal de Justiça. Segunda Seção. AgInt no CC 167.826/PA, Rel. Ministra NANCY ANDRIGHI, j. 18/8/2020, DJe 21/8/2020.

_____. Superior Tribunal de Justiça. Segunda Seção. EDcl no AgInt no CC 169.765/MG, Rel. Ministro LUIS FELIPE SALOMÃO, j. 1/12/2020, DJe 10/12/2020.

_____. Superior Tribunal de Justiça. Segunda Seção. CC 88.661/SP, Rel. Ministro FERNANDO GONÇALVES, DJ 3/6/2008.

_____. Superior Tribunal de Justiça. Terceira Turma. REsp 1.873.081/RS, Rel. Ministra NANCY ANDRIGHI, j. 2/3/2021, DJe 4/3/2021.

_____. Superior Tribunal de Justiça. Segunda Seção. AgInt no CC nº 171.765/PR, Rel. Ministro MOURA RIBEIRO, j. 9/12/2020, DJe 11/12/2020.

_____. Superior Tribunal de Justiça. Segunda Seção. AgInt no CC 175.296/MG, Rel. Ministro LUIS FELIPE SALOMÃO, j. 30/3/2021, DJe 7/4/2021.

_____. Superior Tribunal de Justiça. Segunda Seção. AgInt nos EDcl no CC nº 178.339/PR, relator Ministro MOURA RIBEIRO, j. 15/2/2022, DJe de 17/2/2022.

_____. Superior Tribunal de Justiça. Segunda Seção. AgInt no CC nº 177.164/SP, relator Ministro LUIS FELIPE SALOMÃO, j. 31/8/2021, DJe de 9/9/2021.

_____. Superior Tribunal de Justiça. Terceira Turma. REsp nº 1.935.022/SP, relator Ministro RICARDO VILLAS BÔAS CUEVA, j. 21/9/2021, DJe de 23/9/2021.

_____. Superior Tribunal de Justiça. Terceira Turma. REsp nº 1.991.103/MT, relator Ministro MARCO AURÉLIO BELLIZZE, j. 11/4/2023, DJe de 13/4/2023.

______. Superior Tribunal de Justiça. Segunda Seção. CC 73.380/SP, Rel. Ministro HÉLIO QUAGLIA BARBOSA, j. 28/11/2007, DJe 21/11/2008.

______. Superior Tribunal de Justiça. Terceira Turma. REsp 1.853.347/RJ, Rel. Ministro RICARDO VILLAS BÔAS CUEVA, j. 5/5/2020, DJe 11/5/2020.

______. Superior Tribunal de Justiça. Terceira Turma. REsp 1.848.498/SE, Rel. Ministro RICARDO VILLAS BÔAS CUEVA, j. 6/10/2020, DJe 15/10/2020.

COELHO, Fábio Ulhôa. *Comentários a lei de falências e de recuperação de empresas*. 15ª ed. São Paulo: Saraiva, 2021.

COSTA, Daniel Carnio; MELO, Alexandre Nasser de. *Comentários à Lei de Recuperação de Empresas e Falência*: Lei 11.101, de 09 de fevereiro de 2005. Curitiba: Juruá, 2021.

CUNHA, Fernando Antonio Maia da; DIAS, Maria Rita Rebello Pinho. *Comentários à Lei de Recuperação de Empresas e Falência*: Lei n. 11.101, de 09 de fevereiro de 2005. São Paulo: Contracorrente, 2022.

MACHADO, Rubens Approbato. *Comentários à Nova Lei de Falências e Recuperação de Empresas*. São Paulo: Quartier Latin, 2005.

SACRAMONE, Marcelo Barbosa. *Comentários à Lei de Recuperação de Empresas e Falências*. 3ª ed. São Paulo: SaraivaJur, 2022.

CAPÍTULO VI

O ART. 189, IV, DO CPC À LUZ DA JURISPRUDÊNCIA DAS CÂMARAS RESERVADAS DE DIREITO EMPRESARIAL DO TJSP

FERNANDO ANTONIO MAIA DA CUNHA

OCTAVIO WEICKER VALVERDE GUTIERREZ

Introdução

O objetivo do artigo é traçar um breve panorama acerca dos principais aspectos envolvendo a aplicação do art. 189, IV, do CPC – que dispõe sobre a tramitação em segredo de justiça no Poder Judiciário dos processos que versem sobre arbitragem – pela jurisprudência das Câmaras Reservadas de Direito Empresarial do Tribunal de Justiça de São Paulo.

A partir da análise dos precedentes mais recentes que discutem a matéria, mostraremos os principais fundamentos utilizados por cada uma das correntes jurisprudenciais existentes acerca da interpretação desse importante dispositivo do CPC.

Ao final, pontuaremos a conveniência de o Grupo de Câmaras Reservadas de Direito Empresarial do e. TJSP uniformizar a jurisprudência sobre a tramitação em segredo de justiça dos processos que versem sobre arbitragem, garantindo maior segurança jurídica sobre o tema.

1 O sigilo na arbitragem

Um dos principais fundamentos utilizados na defesa do sigilo das arbitragens repousa no fato de tratar-se de um método privado de solução de conflitos, no qual podem as partes convencionar livremente sobre as regras do procedimento, inclusive, estabelecendo que o litígio tramitará de forma sigilosa, de modo a evitar que terceiros tenham acesso às informações e decisões do procedimento. Essa característica, aliás, sempre foi destacada pela doutrina como uma das vantagens da arbitragem.[1]

Fato é que ao editar a Lei n. 9.307/96 ("Lei de Arbitragem"), o legislador foi omisso quanto ao tema da confidencialidade, limitando-se a estipular no artigo 13, §6º,[2] que o árbitro tem o dever de agir com discrição durante o desempenho de sua função. Mas, não

---

1 RENATO STEPHAN GRION destaca que "*entre as citadas vantagens da arbitragem, mostra-se particularmente interessante ao meio empresarial a possibilidade de as partes envolvidas em determinada contenda pactuarem a confidencialidade dela*", referindo-se à pesquisa realizada pela Universidade Queen Mary da Inglaterra, onde se constatou que "*87% das pessoas questionadas consideram a confidencialidade como um aspecto importante na escolha ela arbitragem*". (LEVY, Daniel; PEREIRA, Guilherme Setoguti (Coord.). *Curso de Arbitragem*. São Paulo: Thomson Reuters, 2018, p. 207).

2 *Art. 13. Pode ser árbitro qualquer pessoa capaz e que tenha a confiança das partes. § 6º No desempenho de sua função, o árbitro deverá proceder com imparcialidade, independência, competência, diligência e discrição.*

obstante a omissão legislativa, a prática revelava que o sigilo era a regra nas arbitragens.

A ausência de regulamentação do tema gerava, entretanto, uma série de questionamentos, conforme pontuaram JOSÉ ANTONIO FICHTNER, SÉRGIO MANNHEIMER E ANDRÉ MONTEIRO, em artigo publicado em 2014, destacando as dúvidas mais comuns sobre a confidencialidade na arbitragem:

> *(i) se a confidencialidade está implícita na arbitragem ou depende de previsão expressa, (ii) quais são os limites da confidencialidade, (iii) se a divulgação apenas da existência da arbitragem infringe a confidencialidade, (iv) se a divulgação dos documentos e das provas produzidas na arbitragem viola a confidencialidade, (vi) se a publicação da sentença arbitral e das demais decisões compromete a confidencialidade, (vii) se a confidencialidade vincula árbitros, instituição arbitral, partes e terceiros que tenham participado da arbitragem e (viii) como seria possível manter íntegra a confidencialidade quando for necessário o apoio prévio e a posteriori do Poder Judiciário, normalmente submetido ao princípio da publicidade dos atos processuais.*[3]

Foi nesse contexto que o legislador do CPC de 2015 estabeleceu que os casos que versem sobre arbitragem devem tramitar em segredo de justiça, desde que a confidencialidade seja comprovada perante o Poder Judiciário.

> *Art. 189. Os atos processuais são públicos, todavia tramitam em segredo de justiça os processos:*
>
> (...)

---

3 FICHTNER, José Antonio; MANNHEIMER, Sérgio; MONTEIRO, André. *Novos temas de arbitragem*. Rio de Janeiro: FGV, 2014, p. 92.

> *IV - que versem sobre arbitragem, inclusive sobre cumprimento de carta arbitral, desde que a confidencialidade estipulada na arbitragem seja comprovada perante o juízo.*

Ao comentar o referido dispositivo, RODRIGO GARCIA DA FONSECA destaca que

> *a nova lei processual, neste passo, incorporou uma hipótese de segredo de justiça convencional, ou contratual, estipulado pelas partes, previsão que antes inexistia no direito processual pátrio, ao menos expressamente. A hipótese é de segredo de justiça disponível ou facultativo. Há clara valorização legal da autonomia privada, característica primordial da arbitragem, no tocante ao sigilo.*[4]

De forma concomitante, o legislador editou a Lei n. 13.129/2015, que, além de alterar diversos pontos da Lei de Arbitragem, incluiu o art. 22-C, para estabelecer no parágrafo único a observância do segredo de justiça no cumprimento da carta arbitral, desde que comprovada a confidencialidade estipulada na arbitragem.

> *Art. 22-C. O árbitro ou o tribunal arbitral poderá expedir carta arbitral para que o órgão jurisdicional nacional pratique ou determine o cumprimento, na área de sua competência territorial, de ato solicitado pelo árbitro.*
> *Parágrafo único. No cumprimento da carta arbitral será observado o segredo de justiça, desde que comprovada a confidencialidade estipulada na arbitragem.*

A leitura das disposições acima indica que o CPC de 2015 e a reforma introduzida pela Lei n. 13.129/2015 eliminaram dúvida

---

4 Em: CARMONA, Carlos Alberto; LEMES, Selma Ferreira; MARTINS, Pedro Batista (Coord.). *20 Anos da Lei de Arbitragem*: homenagem a Petrônio R. Muniz. São Paulo: Atlas, 2017, p. 659.

relevante quanto à necessidade de as partes comprovarem a contratação da cláusula de confidencialidade para poderem pleitear o trâmite do processo em segredo de justiça perante o Poder Judiciário.[5]

Ou seja, a opção do legislador foi tutelar o sigilo das medidas de apoio à arbitragem no Poder Judiciário, reconhecendo, porém, que a confidencialidade não é inerente ao próprio procedimento arbitral, dependendo de estipulação pelas partes.

2 Precedentes das câmaras reservadas de Direito Empresarial do TJSP envolvendo a aplicação do art. 189, IV, do CPC

Entretanto, sobre a previsão contida no art. 189, IV, do CPC, cumpre anotar a existência de corrente jurisprudencial,[6] capitaneada

---

5 Nesse ponto, a jurisprudência do Superior Tribunal de Justiça também tem admitido a preservação do segredo de justiça nas hipóteses em que se comprovar a confidencialidade da arbitragem: "*RECURSO ESPECIAL. PREQUESTIONAMENTO. AUSÊNCIA. SÚM. 282/STF. AÇÃO DE EXECUÇÃO DE TÍTULO EXTRAJUDICIAL. PENHORA DE DIREITO LITIGIOSO NO ROSTO DOS AUTOS. ATO DE AVERBAÇÃO. PROCEDIMENTO DE ARBITRAGEM. POSSIBILIDADE. CONFIDENCIALIDADE. PRESERVAÇÃO. ORDEM DE PREFERÊNCIA DA PENHORA. EXCESSIVA ONEROSIDADE NÃO DEMONSTRADA. JULGAMENTO: CPC/15. (...) 10. Dentre as mencionadas peculiaridades, está a preservação da confidencialidade estipulada na arbitragem, à que alude a recorrente e da qual não descurou a Lei 9.307/96, ao prever, no parágrafo único do art. 22-C, que o juízo estatal observará, nessas circunstâncias, o segredo de justiça*" (STJ, REsp nº 1.678.224/SP, Rel. Min. Nancy Andrighi, 3ª Turma, j. 09/05/2019).

6 Em levantamento jurisprudencial aprofundado sobre o tema, Ana Olívia Antunes Haddad, analisando o teor das decisões proferidas pelas Varas Empresariais e de Conflitos Relacionados à Arbitragem da Capital de São Paulo destaca que "*os tribunais têm aplicado de forma consistente o previsto no art. 189, IV, do CPC. Portanto, é possível afirmar que se trata de entendimento minoritário*". (HADDAD, Ana Olívia Antunes. *Transparência no Processo Arbitral*. São Paulo: Almedina, 2021, p. 53).

por decisões das Varas Empresariais e de Conflitos Relacionados à Arbitragem da Capital de São Paulo, afastando a aplicação do referido dispositivo em razão de sua inconstitucionalidade, sob o fundamento de que a restrição à publicidade dos processos somente poderia ocorrer nas hipóteses de defesa da intimidade ou do interesse social, o que não estaria configurado nos casos que versam sobre arbitragem, em violação aos artigos 5º, LX, e 93, IX, da CF. Abaixo alguns trechos da fundamentação utilizada para tanto:

> (...) *a inovação introduzida pela Lei nº 13.105/2015 é incompatível com os artigos 5º, LX, e 93, IX, da Constituição Federal (...). Como se observa, a regra é a publicidade, que apenas pode ser restringida para salvaguardar a intimidade ou o interesse social (...). Assim, a opção da Constituição é por privilegiar a publicidade dos atos processuais, o que apenas pode ser restringido em hipóteses excepcionais, quando haja risco à intimidade e ao interesse social, repita-se. Outrossim, tratando-se de regra restritiva de direitos [a possibilidade de a lei limitar a publicidade dos atos processuais], por hermenêutica, sua interpretação deve necessariamente ser restritiva. Caso assim não fosse, estar-se-ia admitindo que o legislador infraconstitucional poderia ampliar as restrições de direitos estabelecidas pela Constituição, diminuindo, por consequência, a proteção de direitos tidos [pelo próprio constituinte] como de maior valia. Nesse sentido, os incisos I, II e III, do art. 189 do CPC instrumentalizam de forma restritiva a exceção autorizada pelos arts. 5º, LX, e 93, IX, da CF, o que não é observado no inciso IV, que amplia o segredo para além da intimidade e do interesse social, visando proteger interesses estritamente particulares. Ora, o art. 189, IV, do CPC prestigia interesses puramente privados, destacando, por um lado, o interesse do tribunal arbitral, que por razões próprias estabeleceu genericamente o sigilo dos seus procedimentos e, por outro, o interesse das partes envolvidas no litígio, que preferem manter a controvérsia em segredo. (...). Mais ainda, há que se reconhecer que a regra em questão é contrária ao interesse social. É que o objetivo*

da jurisdição é a pacificação social, o que, em muito, decorre da segurança e previsibilidade geradas pelas decisões reiteradas do Poder Judiciário, consolidando precedentes e formando jurisprudência. Na contramão, o art. 189, IV, do CPC possibilita que as orientações do Poder Judiciário sejam conhecidas apenas por poucos advogados e poucos julgadores, sendo desconhecidas pelo jurisdicionado. Aliás, o novo Código de Processo Civil prestigia a segurança e a previsibilidade, fortalecendo a influência dos precedentes e da jurisprudência. Tal fato é agravado em razão de os procedimentos arbitrais, via de regra, tramitarem em segredo de justiça. Portanto, além dos arts. 5º, LX, e 93, IX, da CF não autorizarem a restrição à publicidade criada pelo art. 189, IV, do CPC [uma vez que atende interesses puramente particulares e não condiz com o interesse social], a regra em questão é nociva ao sistema jurídico, por provocar assimetria de informações e obstar a formação do direito [consolidação dos precedentes e da jurisprudência]. Ademais, tal restrição à publicidade obsta o conhecimento e o controle social sobre temas relevantíssimos, inclusive por pessoas relacionadas de forma direta ou indireta com o litígio [como, por exemplo, os acionistas de companhias abertas], em razão da absoluta falta de acesso aos processos e aos provimentos jurisdicionais, seguido pela absoluta falta de acesso aos procedimentos arbitrais. Por consequência, há evidente prejuízo à tomada de decisões por pessoas que desconhecem a forma pela qual as normas abstratas são concretizadas, o que, ademais, sem razoabilidade, gera situação favorável aos pouquíssimos que têm acesso às informações socialmente tão relevantes. Diante do exposto, indefiro a tramitação do processo em segredo de justiça, ao menos com fundamento na aplicação automática do art. 189, IV, do CPC, reputando-o inconstitucional.[7]

7 Decisão proferida pelo Dr. LUIS FELIPE BEDENDI, MM. Juiz de Direito da 2ª Vara Empresarial e de Conflitos Relacionados à Arbitragem da Capital de São Paulo, nos autos do Processo nº 1086460-32.2021.8.26.0100.

No âmbito das Câmaras Reservadas de Direito Empresarial do e. TJSP, o tema também é controvertido.

Conforme destacado pelo DESEMBARGADOR ALEXANDRE LAZZARINI em recente julgado, "*o entendimento desta 1ª Câmara Reservada de Direito Empresarial na questão do segredo de justiça, mesmo envolvendo a tutela cautelar pré-arbitral, é que tal restrição à publicidade do processo judicial não pode prevalecer*".[8] Nesse sentido, citamos, por todos, trecho de voto prolatado pelo DESEMBARGADOR CESAR CIAMPOLINI:

> *Rejeito o pedido de tramitação em segredo de justiça, posto que a regra que vige em nosso sistema é a da plena publicidade dos atos processuais, conforme se depreende dos arts. 5º, LX e 93, IX, da Constituição Federal. (...) Por essa razão, qualquer norma infraconstitucional que limite a aplicabilidade da regra geral de publicidade, como o faz o art. 189 do CPC, deve ser interpretada restritivamente. Nesse sentido, veja-se precedente desta 1ª Câmara Reservada de Direito Empresarial, sob minha relatoria, em ação anulatória de sentença arbitral: '(...) Segredo de justiça. A regra do sistema é publicidade dos atos processuais, de acordo com os arts. 5º, LX, e 93, IX, da Constituição Federal. A luz do sol, como afirmado pelo Justice LOUIS BLANDEIS, é o melhor detergente, faz bem à administração da Justiça. A generalizada imposição de segredo nos juízos arbitrais, contrariamente ao que sucede nos processos e julgamentos do Poder Judiciário, 'é nociva ao sistema jurídico, por provocar assimetria de informações e obstar a formação do direito (consolidação dos precedentes e da jurisprudência)', afirma muito corretamente a decisão agravada, da lavra da Juíza de Direito PAULA DA ROCHA E SILVA FORMOSO. Os jurisdicionados têm o direito de conhecer a jurisprudência; os empresários, especificamente,*

8 TJSP, Agravo de instrumento nº 2193571-67.2021.8.26.0000, Relator Desembargador ALEXANDRE LAZZARINI, 1ª Câmara Reservada de Direito Empresarial, j. 09/03/22.

> *o de antever, pela coerência que sempre se espera dos que têm a nobre missão de julgar, o provável resultado dos veredictos, levando-o em consideração ao celebrar negócios mercantis. (...) Dessa forma, diante da inexistência de interesse público ou social a ser protegido, ou de violação à esfera íntima das partes, não há que se falar, no caso concreto, em segredo de justiça. De mais a mais, ao contrário, é de toda a conveniência, é de real interesse público, dar-se publicidade às relevantes questões que se discutem na presente demanda.*[9]

Em suma, a posição da 1ª Câmara Reservada de Direito Empresarial é no sentido de que não basta a previsão de confidencialidade para que o processo tramite em segredo de justiça; é necessário, também, a comprovação de perigo de vulneração à intimidade, que no caso de litígios empresariais poderiam ser informações sensíveis quanto ao desenvolvimento de determinada atividade empresarial ("*know how*"), informações estratégicas etc.[10]

Por sua vez, a 2ª Câmara Reservada de Direito Empresarial entende pela possibilidade de trâmite em segredo de justiça, desde que as partes comprovem a previsão de confidencialidade da arbitragem, nos termos do art. 189, IV, do CPC. A esse respeito, confira-se dois recentes acórdãos da Câmara enfrentado o tema:

---

9 TJSP, Apelação nº 2171492-02.2018.8.26.0000, Relator Desembargador CESAR CIAMPOLINI, 1ª Câmara Reservada de Direito Empresarial, j. 30/06/21.

10 Nesse sentido, citamos um acórdão de relatoria do Desembargador EDUARDO AZUMA NISHI, julgado em outubro de 2023: "*AGRAVO DE INSTRUMENTO. AÇÃO DE PRODUÇÃO ANTECIPADA DE PROVAS. Decisão agravada levantou o segredo de justiça. Inexistência de elementos que justifiquem a restrição ao princípio da publicidade dos atos processuais. Falta de demonstração de efetivo prejuízo a impor a adoção da excepcional regra de sigilo dos atos processuais. DECISÃO MANTIDA. RECURSO DESPROVIDO*" (TJSP, Agravo de instrumento nº 2111581-83.2023.8.26.0000, Relator Desembargador AZUMA NISHI, 1ª Câmara Reservada de Direito Empresarial, j. 08/10/23).

Observo, por fim, que respeitado o entendimento do D. Juízo de origem, quanto à declaração incidental de inconstitucionalidade do inciso IV, do art. 189, do CPC, não é o entendimento deste Relator, porquanto há interesse tutelável juridicamente que justificar a opção do legislador por excepcionar, em alguns casos, a publicidade prevista no art. 5°, LX, da CF.[11]

Com a devida vênia do entendimento manifestado pelo i. juízo de primeiro grau, este Relator não divisa inconstitucionalidade no art. 189, IV, do CPC. No entendimento deste Relator, há interesse social, que pode justificar a opção do legislador por excepcionar, em alguns casos, a regra constitucional da publicidade, no fomento de negócios realizados no Brasil e na atração de investimentos para o país. A possibilidade de escolha da arbitragem como meio de resolução de litígios e a confidencialidade que se lhe pode atribuir, extensível aos processos judiciais que sobre ela versem, são elementos importantes para muitos investidores. Ademais, não se está a tratar de caso envolvendo interesse coletivo, em relação ao qual, ao interesse de alguns na confidencialidade, se contraporia o interesse de outros na publicidade, notadamente para fim de tutela e garantia dos próprios direitos, como seria o caso de litígio envolvendo companhia aberta. O regulamento de arbitragem da Câmara FGV, eleita pelas partes, que rege o procedimento arbitral no caso, prevê que a arbitragem será sigilosa. Destarte, o caso atende ao disposto no inciso IV do art. 189 do CPC.[12]

---

11 TJSP, Agravo de instrumento nº 2273251-67.2022.8.26.0000, Relator Desembargador JORGE TOSTA, 2ª Câmara Reservada de Direito Empresarial, j. 19/07/23.

12 TJSP, Agravo de instrumento nº 2114763-14.2022.8.26.0000, Relator Desembargador GRAVA BRAZIL, 2ª Câmara Reservada de Direito Empresarial, j. 27/06/22.

Com efeito, o entendimento da 2ª Câmara Reservada de Direito Empresarial é no sentido de que existe um importante interesse social tutelado pelo CPC, ao excepcionar a regra constitucional geral da publicidade.

Pois bem. Como se depreende da qualidade dos excertos transcritos dos acórdãos das Câmaras Reservadas de Direito Empresarial do e. TJSP, mesmo após as inovações introduzidas pelo CPC de 2015 e pela Lei n. 13.129/2015, a questão da confidencialidade na arbitragem e o trâmite dos processos em segredo de justiça continua a suscitar debates.

Apesar dos relevantes fundamentos contidos nos votos da 1ª Câmara Reservada de Direito Empresarial, a posição adotada pela 2ª Câmara Reservada de Direito Empresarial parece atender mais objetivamente à intenção do legislador quando editou os artigos 22-C, parágrafo único, da Lei de Arbitragem e 189, IV, do CPC.

A respeito da constitucionalidade, lembre-se que, não obstante a Constituição Federal estabeleça como regra a publicidade dos atos processuais (art. 5º, LX e art. 93, IX), trata-se de "*mandamento constitucional de eficácia contida, pois se possibilita a edição de lei ordinária que, excepcionalmente, nas hipóteses de defesa da intimidade ou do interesse social, a restrinja*".[13] Nessa linha, em 2021, o Conselho da Justiça Federal editou o Enunciado n. 99 na II Jornada Prevenção e Solução Extrajudicial de Litígios, que dispõe:

> *O art. 189, IV, do Código de Processo Civil é constitucional, devendo o juiz decretar segredo de justiça em processos judiciais que versem sobre arbitragem, desde que a confidencialidade estipulada na arbitragem seja comprovada perante o juízo.*

---

13 MORAES, Alexandre de. *Constituição do Brasil interpretada e legislação constitucional*. São Paulo: Atlas, 2007, p. 347.

A justificativa para a edição do enunciado foi a seguinte:

> *A confidencialidade é normalmente citada como um dos atrativos para a escolha da arbitragem, na medida em que propicia a solução dos conflitos de modo privado e reservado. Ela não é obrigatória na Lei de Arbitragem, mas pode ser contratada pelas Partes e consta dos regulamentos de várias instituições arbitrais, salvo nos casos envolvendo a Administração Pública, que devem respeitar o princípio da publicidade (do art. 2º, § 3º, da Lei n. 9.307/1996). O sigilo da arbitragem permite a proteção da privacidade dos envolvidos, de segredos e estratégias comerciais, ajuda a proteger a reputação das empresas e pessoas, e pode colaborar com a redução da litigiosidade entre as partes. Justamente reconhecendo a relevância da confidencialidade das arbitragens, o CPC/2015 passou a permitir, no inciso IV do art. 189, a tramitação em segredo de justiça de ações relativas a arbitragens confidenciais, desde que comprovada em juízo a contratação da confidencialidade. Assim, a eventual necessidade de recorrer a juízo deixou de significar a publicidade necessária do caso, estendendo à fase judicial aquelas vantagens da confidencialidade da arbitragem. Algumas decisões recentes do Judiciário, porém, vêm afirmando que tal dispositivo do CPC seria inconstitucional, por violar o princípio da publicidade dos processos judiciais. A Constituição, ao prever a publicidade dos atos processuais, o faz como regra geral, mas admite que possa haver a criação de hipóteses de segredo de justiça. Ora, os valores protegidos pelo sigilo no CPC também têm dimensão constitucional, como a privacidade, a livre inciativa etc.*[14]

E esses também foram os fundamentos que levaram a 2ª Câmara Reservada de Direito Empresarial a entender pela possibilidade de

14 *II Jornada Prevenção e solução extrajudicial de litígios*: enunciados aprovados. Brasília: Conselho da Justiça Federal, 2021, p. 13.

trâmite em segredo de justiça, pois conforme bem destacado pelo DESEMBARGADOR GRAVA BRAZIL, na hipótese discutida "*há interesse social, que pode justificar a opção do legislador por excepcionar, em alguns casos, a regra constitucional da publicidade, no fomento de negócios realizados no Brasil e na atração de investimentos para o país*", de modo que, muitas vezes, a escolha da arbitragem como meio de resolução de conflitos vê na confidencialidade um importante atributo, à qual, por força dos dispositivos legais mencionados, é também extensível aos processos judiciais que sobre ela versem.

O v. acórdão relatado pelo DESEMBARGADOR GRAVA BRAZIL ressalvou, com pertinência, que o caso *sub judice* não versava sobre

> *interesse coletivo, em relação ao qual, ao interesse de alguns na confidencialidade, se contraporia o interesse de outros na publicidade, notadamente para fim de tutela e garantia dos próprios direitos, como seria o caso de litígio envolvendo companhia aberta.*

Essa premissa é relevantíssima na medida em que a confidencialidade da arbitragem não pode ser considerada absoluta a ponto de impedir que terceiros, legitimamente interessados, obtenham cópias dos autos para se informar, e, eventualmente, adotar as medidas de direito que entendam cabíveis.[15]

---

15 Sobre o tema, recomenda-se a leitura da Resolução nº 80 da Comissão de Valores Mobiliários, editada em 29.03.2022, que, dentre outras determinações, impõe às companhias abertas, "*a comunicação sobre demandas societárias, nos termos e prazos estabelecidos no Anexo I*", de modo a relativizar a confidencialidade das demandas societárias no âmbito do mercado de capitais, em prol de um maior fluxo de informações aos investidores.

Não por outra razão, os próprios regulamentos de determinadas Câmaras de Arbitragem costumam prever os casos de relativização do sigilo do procedimento arbitral,[16] tais como, as hipóteses previstas em lei ou nas normas dos órgãos reguladores, pelo acordo expresso das partes, por decisão judicial em sentido contrário. A propósito, SELMA FERREIRA LEMES e INES BALBINO destacam que as partes de uma arbitragem, diante de um pedido judicial de informações que recaia sobre dados, documentos ou decisões relativas a determinado procedimento arbitral, não podem se recusar a prestar informações ao Poder Judiciário, sob a simples alegação de que tais informações concernem a um procedimento arbitral confidencial.[17]

---

16 A título exemplificativo, o regulamento do Centro de Arbitragem e Mediação da CCBC traz, em seu art. 14.1, exceções à regra de sigilo: "*14.1. O procedimento arbitral é sigiloso, ressalvadas as hipóteses previstas em lei ou por acordo expresso das partes ou diante da necessidade de proteção de direito de parte envolvida na arbitragem*". Já o regulamento da Câmara do Mercado da B3 dispõe: "*9.1 Sigilo. O procedimento arbitral é sigiloso, devendo as partes, árbitros e membros da Câmara de Arbitragem abster-se de divulgar informações sobre seu conteúdo, exceto em cumprimento a normas dos órgãos reguladores, ou previsão legal*".

17 "*A parte também pode se deparar com um pedido judicial de informações que recaia sobre dados, documentos ou decisões relativas a um determinado procedimento arbitral, cobertos pelo dever de confidencialidade. Neste caso, haverá e obedecer ao dever de colaborar com a Justiça, que nada mais representa do que um dever legal de informar. Vários são os dispositivos do Código de Processo Civil, que preveem tal dever. O artigo 339 do CPC prescreve, como princípio geral, que 'ninguém se exime do dever de colaborar com o Poder Judiciário para o descobrimento da verdade'. Já o artigo 341 do mesmo CPC prevê que 'compete ao terceiro, em relação a qualquer pleito: I – informar ao juiz os fatos e as circunstâncias, de que tenha conhecimento; e II – exibir coisa ou documento que esteja em seu poder'. Todavia, dentre essas hipóteses não se insere o simples dever contratual de confidencialidade, de modo que, a princípio, a parte num procedimento arbitral não pode se recusar a prestar informações concernem a uma arbitragem confidencial em curso ou já encerrada*". (BALBINO, Inez; LEMES, Selma Ferreira. *Arbitragem*: temas contemporâneos. São Paulo: Quartier Latin, 2012, p. 430).

Conclusão

À luz das considerações acima, com a devida vênia dos relevantes posicionamentos contrários, é forçoso reconhecer que o objetivo do legislador ao editar o art. 189, IV, do CPC e o art. 22-C, parágrafo único, da Lei de Arbitragem foi prestigiar o sigilo das medidas de apoio à arbitragem no Poder Judiciário, ressaltando, porém, que a confidencialidade não é inerente ao próprio procedimento arbitral, de modo que a sua observância depende de estipulação pelas partes.

O fato é que, na aplicação do art. 189, IV, do CPC, há entendimentos divergentes entre as Câmaras Reservadas de Direito Empresarial do Egrégio Tribunal de Justiça de São Paulo.

A 1ª Câmara Reservada de Direito Empresarial do TJSP, tem decidido que a restrição à publicidade do processo judicial não pode prevalecer mesmo nos casos envolvendo a tutela cautelar pré-arbitral.[18] Há também decisões das Varas Empresariais e de Conflitos Relacionados à Arbitragem da Capital de São Paulo nessa mesma direção, afastando a aplicação do referido dispositivo, sob o argumento de que a restrição da publicidade não teria cabimento nos casos que versem sobre arbitragem, uma vez que a norma seria contrária ao interesse social.

A 2ª Câmara Reservada de Direito Empresarial, diferentemente, decide pela possibilidade de trâmite em segredo de justiça, desde que as partes comprovem a previsão de confidencialidade da arbitragem, nos termos do art. 189, IV, pois, há interesse social que justifica "*a opção do legislador por excepcionar, em alguns casos, a regra constitucional da publicidade, no fomento de negócios realizados*

18 TJSP, Agravo de instrumento nº 2193571-67.2021.8.26.0000, Relator Desembargador ALEXANDRE LAZZARINI, 1ª Câmara Reservada de Direito Empresarial, j. 09/03/22.

no Brasil e na atração de investimentos para o país".[19] Sopesa, no entanto, os casos que versem sobre interesse coletivo, uma vez que "*ao interesse de alguns na confidencialidade, se contraporia o interesse de outros na publicidade, notadamente para fim de tutela e garantia dos próprios direitos*", conforme ressalva feita no Agravo de Instrumento n. 2114763-14.2022.8.26.0000.

Assim, em que pese o legislador tenha permitido a tramitação em segredo de justiça dos processos relacionados às arbitragens sempre que se comprove a estipulação de confidencialidade, em determinadas hipóteses é necessário que se relativize o sigilo, em defesa do direito de terceiros interessados.

A qualidade da fundamentação de ambas as posições demonstra que, mesmo após as inovações introduzidas pelo CPC de 2015 e pela Lei n. 13.129/2015, a questão da confidencialidade na arbitragem e o trâmite judicial dos processos em segredo de justiça continua a suscitar debate.

É provável, no entanto, que prevaleça a posição em defesa da tramitação em segredo de justiça por se ajustar mais, no tocante à literalidade, aos objetivos do legislador quando editou os artigos 22-C, parágrafo único, da Lei de Arbitragem e o 189, IV, do CPC, já que, muitas vezes, a opção pela arbitragem leva em conta as vantagens da confidencialidade, que se estende aos processos judiciais que sobre ela versem por força dos dispositivos legais mencionados.

De qualquer forma, o ideal seria que o Grupo de Câmaras Reservadas de Direito Empresarial do e. TJSP pudesse uniformizar a jurisprudência sobre esse importante tema, de modo a garantir maior segurança jurídica e previsibilidade.

---

19 TJSP, Agravo de instrumento nº 2114763-14.2022.8.26.0000, Relator Desembargador GRAVA BRAZIL, 2ª Câmara Reservada de Direito Empresarial, j. 27/06/22.

Referências bibliográficas

BALBINO, Inez; LEMES, Selma Ferreira. *Arbitragem*: temas contemporâneos. São Paulo: Quartier Latin, 2012.

CARMONA, Carlos Alberto; LEMES, Selma Ferreira; MARTINS, Pedro Batista (Coord.). *20 Anos da Lei de Arbitragem*: homenagem a Petrônio R. Muniz. São Paulo: Atlas, 2017.

FICHTNER, José Antonio; MANNHEIMER, Sérgio; MONTEIRO, André. *Novos temas de arbitragem*. Rio de Janeiro: FGV, 2014.

HADDAD, Ana Olívia Antunes. *Transparência no Processo Arbitral*. São Paulo: Almedina, 2021.

LEVY, Daniel; PEREIRA, Guilherme Setoguti (Coord.). *Curso de Arbitragem*. São Paulo: Thomson Reuters, 2018.

MORAES, Alexandre de. *Constituição do Brasil interpretada e legislação constitucional*. São Paulo: Atlas, 2007.

CAPÍTULO VII

APURAÇÃO DE HAVERES NA DISSOLUÇÃO PARCIAL DE SOCIEDADES – A QUALIDADE DAS DEMONSTRAÇÕES FINANCEIRAS COMO PRESSUPOSTO DA APLICAÇÃO DO CRITÉRIO LEGAL

EDUARDO AZUMA NISHI

Introdução

Em matéria de contencioso societário, a apuração de haveres de sócio que deixa de integrar a sociedade, constitui, indiscutivelmente, a tônica principal das demandas judiciais societárias, razão de sua importância e que tem sido alvo de minhas preocupações quando da edição da obra "Apuração de Haveres – Novos Paradigmas na

Ordem Jurídica"[1] e de artigo que escrevi – "Apuração de Haveres na Dissolução Parcial de Sociedades e o Princípio da Preservação da Empresa – Novo Rumo Jurisprudencial" na coletânea em homenagem ao grande mestre de todos nós Modesto Carvalhosa,[2] pelos seus 90 anos.

Na ocasião em que escrevi este último artigo, apontei a evolução do entendimento jurisprudencial que havia se consolidado no sentido de admitir uma ampla apuração dos haveres do sócio retirante, com vistas à avaliação de sua participação societária, reconhecendo, inclusive, a inclusão do fundo de comércio e outros itens patrimoniais intangíveis. Apontei, no entanto, à época, recente julgado do STJ, de lavra do Ministro Cueva, da 3ª Turma, que apontei como um *turning point* da jurisprudência pátria no sentido de prestigiar o balanço patrimonial como base do critério legal de apuração de haveres do sócio retirante, não se admitindo o cômputo do fundo de comércio ou qualquer critério ou metodologia de avaliação que levasse em conta os resultados futuros da sociedade ou seu lucro econômico. Hoje tal posicionamento parece estar consolidado no STJ, com o julgado também da 4ª Turma no REsp AgInt 1.904.252 – RS, no mesmo sentido.

A despeito desta consolidação do entendimento no âmbito do STJ, corte que tem a atribuição constitucional de uniformização da jurisprudência nacional, remanescem ainda críticas ao critério legal que prestigia o valor patrimonial contábil como base da avaliação do quinhão do sócio retirante da sociedade.

---

1 NISHI, Eduardo Azuma. *Apuração de Haveres*: novos paradigmas na Ordem Jurídica. São Paulo: Quartier Latin, 2022.

2 NISHI, Eduardo Azuma. *Novas Perspectivas do Direito Empresarial*: 90 anos do Prof. Modesto Carvalhosa. Coordenação de Fernando Kyven. vol II 1ª ed. São Paulo: Quartier Latin, 2023; parte VI – Direito Societário e Empresarial, pp. 29-64.

Entretanto, as críticas ao valor patrimonial contábil como base do valor e à própria contabilidade parecem estar equivocadamente direcionadas. Não é o critério contábil inadequado, mas o seu uso inadequado que merece críticas e repúdio, pois acaba por alterar e impactar uma realidade, ou mesmo fraude, em atendimento a interesses ilegítimos, como se vê em recentes casos rumorosos como as fraudes contábeis nas Lojas Americanas.

Fica claro que mesmo nos casos de empresas sofisticadas e com elevado nível de governança a manipulação indevida dos dados contábeis por vezes ocorre, quanto mais nas sociedades limitadas, nas médias e pequenas empresas, desprovida, no mais das vezes, dos mecanismos de controle e gestão das empresas mais sofisticadas, notadamente as companhias abertas, o que acaba por macular a confiança nas demonstrações financeiras, um dos princípios basilares do mercado de capitas, do mercado de crédito e da relação com fornecedores e clientes.

Assim, diante da incapacidade das demonstrações financeiras de, por vezes, retratar a situação patrimonial real da sociedade, passa-se a defender a utilização de métodos alternativos para a apuração de haveres do sócio retirante tais como a avaliação do fundo de comércio ou valor econômico ou fluxo de caixa descontado que avaliam a empresa pela expectativa de geração futura de rendimentos e caixa, e não pelo valor constante da escrituração contábil.

Porém, inócua e indevida a defesa da utilização de métodos alternativos de avaliação dos haveres do sócio retirante, pois não é indevido o critério patrimonial contábil, nem indevida é a contabilidade, mas indevido e inadequado é o seu uso, conduta que deve ser evitada ou mitigada.

Para isso, medidas de natureza institucional devem ser tomadas para aprimorar a qualidade e adequação das demonstrações financeiras para poderem reproduzir adequadamente o valor da empresa.

No âmbito do procedimento judicial ou arbitral de apuração de haveres, a atuação do juiz ou árbitro afigura-se como decisiva para assegurar uma correta revisão dos registros contábeis da sociedade objeto da avaliação como medida prévia e necessária para a adequada apuração do balanço de determinação, nos termos do quanto prevê o artigo 606 do CPC.

Aos juízes e árbitros sabedores de que a apuração de haveres de sócio retirante, por envolver situação de natural conflito entre ele e a sociedade e os sócios remanescentes, o primeiro interessado na quantificação do seu quinhão em valor mais elevado possível a seu favor e, os segundos, interessados no menor valor possível, demanda uma atenção especial para que o levantamento do balanço de determinação seja feito tomando-se como marco inicial um balanço que reflita, com propriedade, a adequada situação patrimonial da sociedade, sem distorções ou fraudes.

1 A Legislação Aplicável. Critério legal baseado no Valor Patrimonial Contábil e não no Valor Econômico

A legislação pátria prevê no artigo 1.031 do Código Civil Brasileiro de 2002 e no artigo 606 do Código de Processo Civil 2015, critérios de apuração de haveres na retirada, exclusão ou falecimento de sócio do quadro societário, quando não há convenção específica no contrato social ou em acordo de sócios.

Ambos os dispositivos por tratarem de disposições de direito material, devem ser aplicadas no tempo à luz da disciplina dos artigos 2º e 6º da LINDB,[3] de maneira que por disciplinarem a mesma

---

3 Decreto – Lei 4.657/1942

Art. 2º – Não se destinando à vigência temporária, a lei terá vigor até que outra a modifique ou revogue.

matéria, aplica-se a legislação em vigor à época da resolução do vínculo societário (*tempus regit actum*).[4]

Segundo o artigo 1.031 do Código Civil, na falta de acordo entre as partes, os haveres do sócio retirante são apurados com base no balanço patrimonial da empresa, considerando a situação real do patrimônio da sociedade no momento da resolução da sociedade.

Embora possa haver alguma discussão quanto à exata interpretação deste dispositivo do CC 2002, é clara a opção legislativa baseada na escrituração contábil, devendo o valor do quinhão do sócio retirante basear-se no patrimônio líquido contábil, atendidos os princípios contábeis geralmente aceitos e normativos contábeis aplicáveis, dentre os quais o custo de aquisição como base de avaliação dos ativos e o conservadorismo.

O critério trazido pelo CPC 2015 não alterou os princípios que já constavam do Código Civil, baseados na primazia do quanto avençado pelos sócios em contrato social, e, apenas na sua ausência, o valor contábil patrimonial como a base para a apuração dos haveres do sócio retirante da sociedade. O critério previsto no artigo 606 do CPC 2015[5] prevê, diferente daquela constante do artigo

---

§ 1º A lei posterior revoga a anterior quando expressamente o declare, quando seja com ela incompatível ou quando regule inteiramente a matéria de que tratava a lei anterior. (...).

Art. 6º A Lei em vigor terá efeito imediato e geral, respeitados o ato jurídico perfeito, o direito adquirido e a coisa julgada (...).

4 *A discussão em relação à lei aplicável, se a do início da relação societária ou a do momento da dissolução parcial, é relevante quando resultem na aplicação de disposições legais distintas sobre a mesma matéria, Como a modificação trazida pelo CPC, que no meu entendimento veio aprimorar o critério previsto no Código Civil (como veremos mais a frente), baseado também no valor patrimonial contábil, parece-me que faz mais sentido aplicar a lei vigente quando da dissolução do vínculo societário.*

5 *CPC 2015 – Art. 606. Em caso de omissão do contrato social, o juiz definirá, como critério de apuração de haveres, o valor patrimonial*

1.031 do CC 2002[6], ajustes ao valor patrimonial contábil apurado em balanço levantado na data da resolução da sociedade, pelo valor dos ativos, tangíveis e intangíveis, pelo seu preço de saída. A preços de saída entende-se a valores de realização, venda, liquidação ou de mercado, considerados os valores líquidos, ou seja, descontadas as despesas para a realização das vendas, como custos com corretagem e demais despesas.

Ao se reconhecer que os itens patrimoniais, do ativo e do passivo, poderiam, com o tempo, se distanciar dos valores de realização ou de mercado ou mesmo não os representar adequadamente, é que o CPC 2015 veio inovar, de forma a prever ajustes aos valores contábeis do ativo e do passivo, aos valores de realização (ou de saída ou mercado), contemplando não só os tangíveis como os intangíveis, como forma de melhor avaliar o patrimônio que é de direito do sócio que se retira, é excluído da sociedade, ou falece.

A despeito das críticas existentes em relação ao critério constante do artigo 606 do CPC 2015, a lei processual veio aprimorar o critério do artigo 1.031 do CC 2002, para que o quinhão do sócio retirante ou excluído melhor refletisse o valor de mercado ou de realização dos itens que compõem o acervo social da empresa, de forma a evitar apropriação indevida ou enriquecimento ilícito, seja por parte do sócio retirante, quanto pelos sócios remanescentes ou pela própria sociedade. Isso porque é inegável que os valores contábeis, por terem critérios de contabilização distintos do de realização ou venda, acabam tendo a sua representação quantitativa distanciada

---

apurado em balanço de determinação, tomando-se por referência a data da resolução e avaliando-se bens e direitos do ativo, tangíveis e intangíveis, a preço de saída, além do passivo também a ser apurado de igual forma.

6 CC 2002 – *Art. 1.031. Nos casos em que a sociedade se resolver em relação a um sócio, o valor da sua quota, considerada pelo montante efetivamente realizado, liquidar-se-á, salvo disposição contratual em contrário, com base na situação patrimonial da sociedade, à data da resolução, verificada em balanço especialmente levantado.*

dos valores de saída, que o legislador elegeu como o mais adequado para mensurar o quinhão do patrimônio da sociedade atribuída ao sócio retirante ou excluído. Tal ajuste a valores de realização dos itens patrimoniais das contas do ativo e do passivo pode ser para mais ou para menos, inclusive em relação aos intangíveis como mencionaremos adiante.

É importante destacar que quanto ao critério legal, tanto o previsto no CC 2002, como o do CPC 2015, baseiam-se no patrimônio da sociedade, ou no seu valor patrimonial, ou seja, na sua atividade econômica desenvolvida até o momento de sua dissolução. Nos dizeres de Fábio Ulhoa Coelho, "*privilegia-se a história da sociedade, ou o que ela amealhou, em seu patrimônio, em razão de sua atividade econômica explorada até o momento da sua dissolução*".[7]

Distingue, Fábio Ulhoa Coelho, tal partido, adotado pela legislação pátria, baseado na história da sociedade, daquele baseado no futuro, no que a sociedade tende a gerar de lucros no futuro aos seus sócios, que se baseia na mensuração do valor econômico das quotas ou ações. Conclui, ainda, Ulhoa que:

> O valor patrimonial, e não o econômico, é o critério mais ajustado à avaliação das quotas da sociedade limitada, quando se trata de apurar haveres de sócio retirante, excluído ou dos sucessores do falecido, e também das ações da sociedade anônima heterotípica parcialmente dissolvida, na definição do reembolso devido aos acionistas que se desligam.[8]

---

7 COELHO, Fábio Ulhoa. "A dissolução de Sociedades no Código de Processo Civil". *In*: YARSHELL, Flávio Luiz; PEREIRA, Guilherme Setoguti J. (Coord.). *Processo Societário*. vol. III. São Paulo: Quartier Latin, 2018, pp. 161/162.

8 COELHO, Fábio Ulhoa. "A dissolução de Sociedades no Código de Processo Civil". *In*: YARSHELL, Flávio Luiz; PEREIRA, Guilherme Setoguti J. (Coord.). *Processo Societário*. vol. III. São Paulo: Quartier Latin, 2018.

Justifica o seu posicionamento principalmente no fato de que, na avaliação pelo valor econômico, que não é o partido legal adotado, seja pelo CPC 2015 ou pelo CC 2002, procura-se captar o quanto os sócios lucrarão com a sociedade no futuro, fixando-se determinado prazo para o cálculo, de maneira que o reembolso do sócio retirante, a partir deste critério, implicaria na noção de que estar-se-ia lucrando sem correr risco algum, vez que o sócio retirante não mais faria parte da sociedade e, portanto, passaria a não mais participar do risco empresarial, que é a contrapartida básica do lucro numa atividade empresarial:

> *A avaliação das quotas pelo valor econômico, no momento da dissolução parcial da sociedade, não é o mais apropriado, por conduzir a distorções irremediáveis nos fundamentos econômicos da própria figura do investimento em atividade econômica. Explico. Como o valor econômico tenta captar o quanto os sócios lucrarão com a sociedade no futuro, fixado determinado prazo para o cálculo, o pagamento do reembolso a partir desse critério implicaria a estranha noção de alguém que lucra com determinada empresa sem correr risco nenhum. Se a sociedade fica obrigada a pagar àquele que a deixa o mesmo valor que receberia caso não a deixasse, o lucro em investimento empresarial passa a não depender mais do risco, e isto é uma distorção profunda no conceito. Se lucro é o retorno da disposição de alguém em assumir certo risco, ele não pode desvincular-se dos reveses que o risco empresarial embute. E tal desvinculação é inevitável se à sociedade for imposta a obrigação de pagar o que ela tende a gerar de lucro a quem, por não fazer mais parte dela, encontra-se a salvo de qualquer prejuízo derivado dos riscos empresariais.*[9]

9 COELHO, Fábio Ulhoa. "A dissolução de Sociedades no Código de Processo Civil". *In*: YARSHELL, Flávio Luiz; PEREIRA, Guilherme Setoguti J. (Coord.). *Processo Societário*. vol. III. São Paulo: Quartier Latin, 2018, pp. 141-155.

Ademais, a metodologia do valor econômico baseia-se em premissas e projeções futuras, que, por princípio, envolve incertezas decorrentes do risco próprio de cada negócio, além de fatores conjunturais e macroeconômicos muitas vezes não controláveis ou precisamente avaliáveis pelos agentes econômicos, o que é incompatível com a situação certa e definida de saída do sócio da sociedade, e com o prazo também certo e definido de pagamento de tais haveres, que deve se dar em noventa dias da data da resolução do vínculo societário, ou conforme previsto em contrato social.[10]

2 Tratamento dos Intangíveis não deve considerar fundo de comércio, nem clientela

O critério previsto no CPC 2015 veio inovar em relação à avaliação dos intangíveis, em relação aos quais não havia previsão, pelo menos expressamente, no critério do artigo 1.031 do CC 2002, avaliação essa que também deverá ser feita ao preço de saída, de venda ou de mercado.

O balanço patrimonial possui registro de tangíveis e de intangíveis, alguns contabilizados e outros não.

Dentre os intangíveis, especial destaque deve ser dado ao fundo de comércio, também denominado g*oodwill* ou aviamento, que, em termos gerais, é a capacidade que o empreendimento tem de gerar lucros.

Segundo a doutrina, fundo de comércio é sinônimo de estabelecimento. Nas palavras de Rubens Requião, "o fundo de comércio ou estabelecimento comercial é o instrumento da atividade do empresário. Com ele o empresário aparelha-se para exercer sua atividade".[11]

10 *CC 2002 – § 2º do artigo 1.031 e CPC 2015 – artigo 609.*

11 REQUIÃO, Rubens. *Curso de Direito Comercial.* 29ª ed. rev. e atual. por Rubens Edmundo Requião. vol. 2. São Paulo: Saraiva, 2012 (e-book).

O estabelecimento vem regulamentado no título III, artigos 1.142[12] e ss do CC. O artigo 1.142 o define como um complexo organizado de bens para exercício da atividade empresarial. São bens, corpóreos e incorpóreos, organizados de forma a possibilitar o exercício da atividade empresarial.

Portanto, o estabelecimento comercial é composto pelo conjunto de bens corpóreos e incorpóreos, que o empresário une e organiza para o exercício de sua atividade. O complexo de bens deve estar organizado de forma que possibilite o exercício das atividades da empresa, ou seja, os bens devem estar ligados de forma funcional, pois a valia se encontra no todo e não de forma individual. O fundo de comércio não é um item específico do ativo ou do passivo, sendo um conjunto organizado de itens ativos e passivos, tangíveis e intangíveis.

E é evidente que o fundo de comércio ou o estabelecimento integra o patrimônio do empresário ou da sociedade, sendo relevante analisar se deve ser considerado quando da dissolução parcial da sociedade e da apuração do quinhão do patrimônio a que o sócio retirante faz jus.

Resta saber quais intangíveis devem ser considerados para fins de avaliação do quinhão patrimonial do sócio retirante, se todo e qualquer ativo intangível, inclusive fundo de comércio ("goodwill") e carteira de clientes (clientela).

A análise detida do texto legal (artigo 606 do CPC 2015) leva a interpretação no sentido de que os ativos tangíveis e intangíveis são aqueles constantes do balanço de determinação, que é o balanço contábil levantado na data da resolução da sociedade em relação ao sócio retirante, ajustando-se os itens do ativo e do passivo, pelos

---

12 *CC – Artigo 1.142. Considera-se estabelecimento todo complexo de bens organizado, para exercício da empresa, por empresário, ou por sociedade empresária.*

valores de saída ou de mercado. Ou seja, não é qualquer ativo ou passivo a ser considerado, mas apenas aqueles constantes do balanço, ou aqueles que devessem ser registrados na contabilidade.

Neste sentido relevante o Pronunciamento Técnico CPC -04 do Comitê de Pronunciamentos Contábeis do Conselho Federal de Contabilidade[13] que estabelece os critérios para que uma entidade deva reconhecer um ativo intangível.

Este pronunciamento elenca classes distintas de ativos intangíveis, dentre eles as marcas, softwares, licenças e franquias, direitos de autor, patentes, receitas, fórmulas, protótipos e o ágio (*goodwill*) (item 130).[14]

---

13 *O Comitê de Pronunciamentos Contábeis (CPC) é uma entidade privada sem fins lucrativos, criada em 2005, que tem como objetivo o estudo, o preparo e a emissão de Pronunciamentos Técnicos, suas interpretações e orientações sobre procedimentos de contabilidade societária, visando à convergência da contabilidade brasileira aos padrões internacionais. Seus pronunciamentos têm a finalidade de centralizar e uniformizar a emissão de normas contábeis no Brasil, proporcionando maior transparência e comparabilidade nas demonstrações financeiras das entidades. Esses pronunciamentos técnicos emitidos pelo CPC servem como base para a emissão de normas pelas entidades reguladoras brasileiras, permitindo a uniformização do processo de produção de normas contábeis.* (https://cfc.org.br/tecnica/cpc).

14 *130. Uma classe de ativos intangíveis é um grupo de ativos de natureza e com utilização similares nas atividades da entidade. Entre os exemplos* de classes distintas temos:

(a) ágio (goodwill);

(b) marcas;

(c) títulos de periódicos;

(d) software;

(e) licenças e franquias;

(f) direitos de autor, patentes e outros direitos de propriedade industrial, de serviços e operacionais;

(g) receitas, fórmulas, modelos, projetos e protótipos; e

(h) ativos intangíveis em desenvolvimento.

Este pronunciamento estabelece que o reconhecimento contábil de um intangível apenas é admitido se forem prováveis os benefícios econômicos futuros para a sociedade e se o custo deste ativo puder ser mensurado com segurança (item 21).[15] Quanto a este segundo requisito não me parece que as metodologias baseadas em premissas futuras (e incertas), que necessariamente se valem de julgamento subjetivo do avaliador, possam resultar em uma segura mensuração de seu valor.

Estabelece, ainda, a identificação como requisito para que o intangível seja passível de contabilização (item 12).[16] E para que tal identificação se verifique, estabelece que o ativo intangível deve ser separável, ou seja, segregado da entidade e passível de ser vendido, transferido, licenciado, alugado ou trocado. Ora, esta separação ou identificação é possível de ser feita com uma marca, patente, software, mas não com o goodwill ou fundo de comércio, nem com a carteira de clientes, uma vez que estes não se restringem a itens definidos e determinados, mas constituem um complexo de bens e direitos que constituem a atividade empresarial, razão pela qual o fundo de comércio e a carteira de clientes não cumpre o requisito da identificação.

Especificamente em relação ao *goodwill*, ágio ou fundo de comércio, o pronunciamento faz distinção em relação ao *goodwill* gerado internamente e aquele adquirido. É o gerado internamente,

---

15 *21. Um ativo intangível apenas deve ser reconhecido se: (a) for provável que os benefícios econômicos futuros esperados atribuíveis ao ativo serão gerados em favor da entidade; e (b) o custo do ativo possa ser mensurado com segurança.*

16 *12. Um ativo satisfaz o critério de identificação, em termos de definição de um ativo intangível, quando: (a) é separável, ou seja, pode ser separado da entidade e vendido, transferido, licenciado, alugado ou trocado, individualmente ou junto com um contrato, ativo ou passivo relacionado; ou (b) é gerado por direitos contratuais ou outros direitos legais, independentemente de tais direitos serem transferíveis ou separáveis da entidade ou de outros direitos e obrigações.*

ou seja, que não decorreu da aquisição de um negócio ou sociedade, o que é objeto da discussão. O goodwill identificado na aquisição de uma participação societária ocorre quando o preço pago por determinada participação societária é superior ao correspondente patrimônio líquido da participação adquirida, sendo justificado pela expectativa de lucros futuros do adquirente em relação à atividade ou negócio adquirido. Ou seja, não se confunde com o ágio gerado internamente, que seria a expectativa de rentabilidade futura do próprio negócio ou sociedade, pretensamente gerado pela sua atividade, não identificado ou reconhecido pelos registros contábeis.

O Pronunciamento Técnico CPC 04 é enfático em afirmar que o goodwill gerado internamente não deve ser reconhecido como ativo (item 59),[17] porque não é um recurso identificável e controlado pela entidade pelo seu custo (item 60).[18] Admite que o valor de mercado de uma entidade e o valor de seu patrimônio líquido contábil pode decorrer de uma série de fatores, porém para que os intangíveis possam ser reconhecidos ou controlados pela entidade devem ter uma referência de identificação e custo, que não ocorre no caso do fundo de comércio, sendo impossível segregar o custo incorrido com a geração interna do goodwill do custo ou manutenção das operações regulares da entidade (item 61 e 62).[19] É de se ressaltar, entretanto,

---

17 *59. O ágio (goodwill) gerado internamente não deve ser reconhecido como ativo.*

18 *60. Em alguns casos incorre-se em gastos para gerar benefícios econômicos futuros, mas que não resultam na criação de um ativo intangível que se enquadre nos critérios de reconhecimento estabelecidos no presente Pronunciamento. Esses gastos costumam ser descritos como contribuições para o ágio (goodwill) gerado internamente, o qual não é reconhecido como ativo porque não é um recurso identificável (ou seja, não é separável nem advém de direitos contratuais ou outros direitos legais) controlado pela entidade que pode ser avaliado corretamente ao custo.*

19 *61. As diferenças entre valor de mercado de uma entidade e o valor* contábil de seu patrimônio líquido, em determinado momento, podem incluir uma série de fatores que afetam o valor da entidade. No entanto,

que o goodwill gerado internamente quando decorrente de dispêndio (custo), clara identificação e que gera benefícios econômicos futuros, deve ser contabilizado.

É esse goodwill interno, que não possui dispêndio específico a ele atrelado ou identificável, que Massanori Monobe denomina de goodwil sinergístico:

> *O entendimento de que a combinação de determinado conjunto de ativos em uma atividade produtiva gera uma dinâmica de resultados econômicos diferente daquela existente em cada um dos ativos considerados per si leva a considerar a existência do que denomino de goodwill sinergístico (...) ocorrendo sinergia positiva, o valor da empresa seria sempre maior que a soma dos valores econômicos de todos os ativos utilizados, sem exceção. Assim, se o contador fosse onisciente, o goodwill seria atribuível à sinergia da organização, um conceito muito mais útil para avaliação do comportamento da empresa e suas potencialidades.*[20]

---

essas diferenças não representam o custo dos ativos intangíveis controlados pela entidade.

62. Por vezes é difícil avaliar se um ativo intangível gerado internamente se qualifica para o reconhecimento, devido a dificuldades para: (a) identificar se, e quando, existe um ativo identificável que gerará os benefícios econômicos futuros esperados; e (b) determinar com segurança o custo do ativo. Em alguns casos não é possível separar o custo incorrido com a geração interna de um ativo intangível do custo da manutenção ou melhoria do ágio (goodwill) gerado internamente ou com as operações regulares da entidade. Portanto, além de atender às exigências gerais de reconhecimento e avaliação inicial de um ativo intangível, a entidade deve aplicar os requisitos e orientações contidos nos itens 63 a 78 a seguir, a todos os ativos intangíveis gerados.

20 MONOBE, Massanori. *Contribuição à mensuração e contabilização do goodwill não adquirido*. São Paulo: USP, 1986, p. 61. (Tese de Doutorado).

Assim, sobre a ótica da escrituração contábil o fundo de comércio e a clientela não são passíveis de contabilização, pois além de não poderem ser mensurados com segurança, não podem ser identificados e segregados.

Diferente é o caso do *goodwill* identificado quando da aquisição de uma participação societária, que tem o seu montante definido pelo preço da aquisição do negócio. Este, sim, é passível de registro e contabilização pois o montante é identificado e seu custo existente e segregado (itens 48 a 50).[21] Da mesma forma, seria contabilizada a carteira de clientes adquirida de terceiros, dentro da mesma lógica de intelecção.

Este é o ágio que Sérgio Iudícibus destaca em combinações de negócios como as operações de aquisição de participações societárias

> *"é comum o surgimento de um valor pago a mais sobre o valor de patrimônio líquido contábil da ação ou quota da sociedade investida", montante extra que resulta da "diferença entre o valor de mercado de um imobilizado e o seu valor contábil líquido".*[22]

---

21 *48. O ágio por expectativa de rentabilidade futura (goodwill) adquirido numa concentração (ou combinação) de atividades empresariais, como mencionado no item 11, representa um pagamento feito como antecipação de benefícios econômicos futuros de ativos que não sejam capazes de serem identificados individualmente e reconhecidos separadamente. 49. A adquirente deve, na data da aquisição, reconhecer o ágio por expectativa de rentabilidade futura (goodwill) adquirido numa concentração (ou combinação) de atividades empresariais como um ativo. 50. Esse ágio (goodwill) deve ser inicialmente mensurado pelo seu custo, que é o excesso do custo da concentração (ou combinação) de atividades empresariais em relação ao valor justo, líquido dos ativos, passivos e passivos contingentes identificáveis, acima da participação da adquirente. A mensuração desse excesso de custo deve ser feita de acordo com o item 51.*

22 IUDÍCIBUS, Sérgio. *Manual de Contabilidade Societária*. São Paulo: Atlas, 2010, p. 263. *Mas mesmo depois da consideração dessa "mais*

No mesmo sentido Martinho Ornelas, para quem,

> *o goodwill adquirido, como a própria terminologia já indica, corresponde à parte do preço da alienação de determinado negócio, não identificada com os próprios ativos adquiridos, normalmente, materializado sob a figura de um ágio pago e registrado nos livros da sociedade adquirente.*[23]

Desta forma, voltando ao texto legal, do artigo 606 CPC, este deve ser interpretado, no sentido de que tangíveis e intangíveis devem ser considerados na apuração de haveres do sócio retirante, quando não houver disposição específica no contrato social, desde que contabilizados ou sujeitos à contabilização. Assim, não havendo a possibilidade de contabilizar o fundo de comércio, ou mesmo a clientela, estes não devem compor o valor patrimonial a ser apurado em balanço de determinação.

Tal entendimento encontra-se também em linha com o princípio que norteia o critério previsto no CPC, e que já era o definido no CC 2002, baseado no valor patrimonial apurado em balanço, que não contempla os resultados futuros, mas considera o valor contábil, apurado segundo princípios de contabilidade, notadamente os de conservadorismo e de escrituração pelo custo de aquisição. O critério de avaliação baseado no valor econômico da empresa, que é aquele utilizado para dimensionar o valor do fundo de comércio ou o valor de uma carteira de cliente, é incompatível com o critério legal baseado no valor patrimonial contábil, pois parte de princípios ou partidos diferentes. O do valor patrimonial contábil baseia-se na história construída da sociedade e, o baseado no valor econômico, no futuro.

---

valia", remanesceria ainda um ativo residual, que recebe a denominação amplamente aceita de goodwill (ou fundo de comércio).

23 ORNELAS, Martinho. *Avaliação de sociedades*: apuração de haveres em processos judiciais. São Paulo: Atlas, 2001, p. 135.

Admitir que o CPC 2015, ao prever a avaliação inclusive dos intangíveis, estaria admitindo a avaliação da empresa pelo valor econômico ou pelo fluxo de caixa descontado, é uma visão equivocada, respeitada a posição em sentido contrário. Equivocada, pois, como já acima mencionado, além de contrariar o princípio da apuração do valor baseado na história da sociedade, acabaria por reconhecer uma participação do sócio retirante ou excluído nos lucros futuros da sociedade, ainda que não mais participe do risco do negócio, o que é incompatível com a lógica da atividade empresarial, em que o lucro é a contrapartida direta do risco e do capital empregado em determinado negócio, que, com a saída do sócio, não mais subsistiriam.

Como o fundo de comércio constitui uma combinação de ativos, tangíveis e intangíveis, dentre eles inclusive a clientela, além de passivos gerados ou tomados no exercício da atividade empresarial, podemos dizer que a sua avaliação constitui a própria avaliação da empresa ou da sociedade, que detém esse composto organizado de ativos e passivos para desempenho de sua atividade empresarial. O fundo de comércio não constitui um item específico de ativo, nem corresponde a apenas os itens intangíveis, constituindo, sim, uma universalidade de fato que integra o patrimônio do empresário. Ou seja, o fundo de comércio não constitui um item intangível, tais como as marcas, patentes e softwares, mas o conjunto de todos os elementos, ativos e passivos organizados, dentre eles os intangíveis e a própria clientela. Assim, quando a lei se refere à avaliação de intangíveis (além dos tangíveis), não está se referindo à avaliação do fundo de comércio ou da clientela que demanda a adoção de critério de avaliação alternativo ao do valor patrimonial de mercado (fluxo de caixa descontado e valor econômico), que não tem previsão legal, por ser incompatível com o partido legal de avaliação da empresa baseada na sua história e não no seu futuro.

Embora seja inegável a preponderância do uso do valor econômico e do fluxo de caixa descontado no mercado de aquisições de empresas (*merges and acquisitions*) e no mercado de capitais, na apuração de haveres de sócio retirante não há uma situação negocial de valores da participação do sócio retirante. Houvesse uma situação de negociação em que as partes livremente chegassem ao valor consensado de negociação da participação societária, provavelmente se chegaria a um valor de conclusão do negócio próximo ao valor econômico da quota, se ambas as partes tivessem interesse na realização do negócio, que é a compra e venda da participação na sociedade, pelo simples motivo de que, se não se chegasse a um valor de consenso, a operação não se realizaria.

Mas não é essa a situação do sócio retirante, em que a saída é fato certo, e resta apenas a avaliação da quota do sócio que já se retirou. Não há situação negocial, devendo o montante ser apurado por meio de critérios definidos, como dispõe o artigo 606 CPC 2015, que é incompatível com a apuração baseada no valor econômico, que depende da adoção de uma série de premissas não objetivas, pois envolve a projeção de resultados futuros, o que contraria a necessária segurança jurídica, e que pode beneficiar o sócio retirante em detrimento da sociedade e dos sócios remanescentes, pois pode atribuir -lhe um valor adicional, além do valor patrimonial de mercado, baseado em resultados futuros da sociedade, cujos riscos da atividade empresarial não incorrerá.

3 A Evolução Jurisprudencial em relação à adoção do Fluxo de Caixa descontado e do Fundo de Comércio

A despeito da clara opção legislativa introduzida no nosso ordenamento jurídico pelo CC 2002 e pelo CPC 2015, em notório prestígio ao valor patrimonial histórico que considera a evolução patrimonial construída no passado e materializado no momento da dissolução do vínculo societário, e não na apuração baseada no futuro, a jurisprudência, mesmo com o advento dos referidos diplomas legais, manteve o entendimento reconhecido anteriormente aos referidos diplomas legais em relação à captura, em favor do sócio retirante, de resultados futuros. A avaliação do valor da quota do sócio retirante, considerando o valor econômico da empresa, já era reconhecida e prestigiada, antes mesmo do advento do CC 2002 e do CPC 2015.

A adoção deste entendimento dominante, pela jurisprudência, da apuração mais abrangente e benéfica em favor do sócio retirante, inclusive com a admissão da metodologia do valor econômico, se deu no âmbito da ausência de uma positivação legislativa em relação ao critério de apuração de haveres, que, posteriormente, com o advento do CC 2002 e do CPC 2015, passou a existir, com previsão expressa quanto ao critério de apuração do quinhão do sócio retirante, o que não existia até então, pelo menos em relação às limitadas.[24]

Tal orientação jurisprudencial favorável à adoção de métodos de apuração além daquele baseado no valor patrimonial apurado em balanço, denotava clara visão protetiva da jurisprudência em favor do sócio retirante, de forma a atribuir-lhe o melhor valor, baseado no melhor critério de avaliação, em franca contradição ao princípio da preservação e proteção da empresa e em contrariedade aos dispositivos legais que regem a matéria. Esta protetividade se encontrava, inclusive, na mitigação da *pacta sun servanta*, ao colocar o critério do quanto pactuado em contrato social como uma mera referência bem como na interpretação elástica (indevida) do critério legal de apuração de haveres.

Nesta linha de mitigação do quanto previsto no contrato social e na apuração de haveres considerando-se a melhor avaliação em benefício do sócio retirante da sociedade, manifestou-se a Ministra

---

24 *A lei 6.404/76 já previa já previa, em seu artigo 45, § 1º, o reembolso do acionista dissidente de deliberação em assembleia geral de sociedades anônimas baseado no valor do patrimônio líquido constante do último balanço aprovado, admitindo-se a adoção do valor econômico se existente previsão estatutária, e desde que não superior ao mencionado valor patrimonial.*

Nancy Andrighi no REsp 1335619/SP[25] em decisão paradigmática do STJ em que não só se admitiu a adoção da metodologia do fluxo de caixa[26] descontado na apuração do balanço patrimonial de determinação, para fins de apuração dos haveres do sócio retirante, por entender que melhor revelaria a situação econômica da empresa e a sua capacidade de geração de riqueza, como validou o critério previsto em contrato social apenas se houvesse consenso entre as partes quanto ao resultado alcançado na apuração dos haveres:

> *O atual posicionamento doutrinário e jurisprudencial dominante acerca da apuração de haveres na dissolução parcial de sociedades por quotas de responsabilidade limitada tem como pilar central o julgamento, pelo STF, do RE 989.464/SP, 2ª. Turma, Rel. Min. Cordeiro Guerra, Rel. p/ acórdão Min. Décio Miranda, DJ de 04.05.1979, no qual ficou decidido que "deve ser assegurada ao sócio retirante situação de igualdade na apuração de haveres, fazendo-se esta com a maior amplitude possível, com a exata verificação, física contábil, dos valores do ativo".*

25 *STJ. **REsp 1335619/SP**, Rel. Min. NANCY ANDRIGHI, Rel. p/ Acórdão – Min. JOÃO OTÁVIO DE NORONHA, TERCEIRA TURMA, julgado em 03/03/2015, DJe 27/03/2015.*

26 HOOG, Wilson Alberto Zappa. *Balanço especial ou determinação para apuração de haveres e reembolso de ações*. Curitiba: Juruá, 2017, p. 64. Segundo Wilson Hoog "*o fluxo de caixa descontado avalia o negócio em si (...) não na data do reembolso aos sócios, mas sim em data futura, pois está lastreado em eventos futuros, que pode ser uma projeção de caixa para 5 ou 10 anos trazidos a valor presente, por uma taxa de desconto, mais um valor residual a título de perpetuidade, logo, não se trata de um justo valor ou justa base referencial para um reembolso ao acionista que se desliga, e sim de uma expectativa, quiçá, uma especulação, ou premonição de um resultado que não é o presente, e sim um futuro presumido pela via da premonição, desde que várias hipóteses venham a ocorrer no futuro*".

Mais recentemente, em julgamento do REsp 187.731/SP, em 13/04/2021,[27] também paradigmático, de relatoria do Ministro Ricardo Villas Boas Cueva, que foi o voto divergente vencedor, inaugurou-se no STJ a tese vencedora que passou a entender que, na omissão do contrato social quanto ao critério de apuração de haveres, no caso de dissolução parcial de sociedade, o valor da quota do sócio retirante deve ser avaliado pelo critério patrimonial mediante balanço de determinação, que foi a escolha expressa do legislador, entendendo que o método do fluxo de caixa descontado não serviria para tais conclusões.

Tal entendimento dá eficácia às disposições trazidas com o CC 2002 e reforçadas com o advento do CPC 2015, após mais de 20 anos da edição da então nova codificação civil, configurando um "*turning point*" no entendimento jurisprudencial da corte superior, rompendo-se a inércia jurisprudencial formada anteriormente à sua edição, em prestígio à preservação da atividade empresarial, ao mesmo tempo em que respeita a prerrogativa de retirada do sócio que não mais deseja permanecer na sociedade, deixando de compartilhar do risco da atividade empresarial.

Segundo tal julgado, na ausência de previsão expressa no contrato social, deve-se recorrer ao balanço de determinação para apurar o valor patrimonial da empresa e, consequentemente, dos haveres do sócio retirante. Esse método considera os ativos e passivos da empresa na data de sua dissolução, ajustados pelos valores de mercado, e não inclui rendimentos futuros na avaliação.

Este critério patrimonial, fundamentado no artigo 1.031 do Código Civil de 2002 avaliação e apuração de haveres, para evitar litígios e garantir que a saída de sócios seja conduzida de maneira justa e conforme as regras estabelecidas.

---

27 STJ – REsp 1.877.331/SP, Relator para acórdão Min. RICARDO VILLAS BÔAS CUEVA, TERCEIRA TURMA, julgado em 13/4/2021, DJe de 14/5/2021.

O Ministro Cueva já manifestava em julgados anteriores, em que era vencido, críticas à adoção da metodologia do fluxo de caixa descontado na apuração de haveres do sócio dissidente, desaconselhando a sua adoção, que poderia desestimular o cumprimento dos deveres dos sócios minoritários, incentivar o exercício do direito de retirada, o que prejudicaria a estabilidade das empresas; e gerar enriquecimento ilícito daqueles que se desligam da sociedade. Diz ele:

> *Não se presta a avaliação, com base no valor econômico, feita por modelos como o de fluxo de caixa descontado, destinado a nortear negociações ou investimentos, porquanto comporta, como visto, relevante grau de incerteza e prognose, sem total fidelidade aos valores reais do ativo. (...) tendo em vista que a rentabilidade de cada setor empresarial é muito diversa, há grande variação dos múltiplos utilizados. Há também muita subjetividade quanto à taxa de desconto aplicável, sem contar o fator risco envolvido. Comprador e vendedor fazem, na verdade, uma aposta de que determinada sociedade continuará a se comportar de certa maneira no futuro, com certa rentabilidade estável e crescente, tudo baseado em avaliações de especialistas, por vezes discrepantes quanto ao desempenho futuro da empresa e do setor. A álea, portanto, é parte essencial do negócio que se resolve graças à bilateralidade e ao acordo de vontades.* ***Na determinação do preço a pagar ao sócio retirante, por outro lado, só haverá encontro de vontades se estipulada cláusula contratual prevendo o cálculo na respectiva apuração de haveres. Caso contrário, ocorrerá imposição de valor em que deve ser, por força da Lei, da doutrina e da jurisprudência, o mais próximo possível do real, ou seja, sem elementos arbitrários como as prognoses a cerca de eventos futuros e incertos (faturamento e lucratividade futuros, taxas de juros utilizada no desconto, etc.***[28] *(grifos nossos)*

---

28 ESTRELLA, Hernani. *Apuração dos haveres de sócio*. 5ª ed. Rio de Janeiro: Forense, 2010.

Tal entendimento já havia sido reconhecido em julgados das Câmaras Reservadas de Direito Empresarial do TJSP, como o acordão de relatoria do Desembargador Marcelo Fortes Barbosa Filho, integrante da 1ª Câmara Reservada de Direito Empresarial.[29] Fortes Barbosa entendeu que o método de avaliação pelo fluxo de caixa descontado não se compatibiliza com a maior parcela das sociedades limitadas, amoldando-se com maior pertinência à avaliação de investimento, para fins de fusão e aquisição, não tendo correlação com a avaliação de patrimônio para fins de apuração de haveres.

Em 02/10/2023, a Quarta Turma do Superior Tribunal de Justiça (STJ) consolidou entendimento sobre o método a ser utilizado na apuração de haveres na dissolução parcial de sociedades limitadas, ao julgar, por unanimidade, o REsp AgInt 1.904.252 – RS,[30] sob relatoria da Ministra Maria Isabel Gallotti, julgado em 22/08/2023 (DJe de 05/10/2023). Entendeu-se que o "o fluxo de caixa descontado – método para avaliar a riqueza econômica de uma empresa dimensionada pelos lucros a serem agregados no futuro – não é adequado para o contexto da apuração de haveres". Confirmou a impossibilidade de inclusão dos lucros futuros da empresa no cálculo da apuração de haveres tal como no julgado de relatoria do Ministro Cueva, da Terceira Turma. Ao afastar a inclusão dos lucros futuros, o principal fundamento da Corte Superior foi no sentido de que o sócio, ao se retirar da sociedade, não arcará com os riscos futuros do negócio, tornando a sua posição muito diferente daquela dos sócios remanescentes. Assim, os haveres do sócio retirante não devem compreender projeções futuras, mas somente a situação patrimonial da sociedade na data de sua retirada.

---

29 TJSP. AI.2071665-81.2019.8.26.0000; Rel. Des. Fortes Barbosa; Itaquaquecetuba; 1ª Câmara Reservada de Direito Empresarial; Data do Julgamento: 07/08/2019.

30 STJ - REsp 1.904.252/SP, Relatora Min. MARIA ISABEL GALLOTTI, QUARTA TURMA, julgado em 22/08/2023.

Sendo omisso o contrato social, de acordo com o voto da relatora, Ministra Maria Isabel Gallotti, observa-se a regra geral para a apuração do quinhão devido ao sócio dissidente, constante do artigo 606 do CPC, considerando-se

> o valor patrimonial apurado em balanço de determinação, tomando-se por referência a data da resolução e avaliando-se bens e direitos do ativo, tangíveis e intangíveis, a preço de saída, além do passivo também a ser apurado de igual forma.

Assim, diante da maioria que se formou na 3ª e 4ª Turma considera-se consolidado o entendimento na STJ, corte responsável pela padronização do entendimento judicial na interpretação da legislação infraconstitucional, após mais de 20 anos da edição do CC 2022, alinhando-se à posição majoritária da doutrina, no sentido de reconhecer a prevalência do critério contratual existente no contrato social e, na sua ausência, o valor patrimonial contábil, com os ajustes advindos com a edição do CPC 2015, em linha com o princípio da preservação da empresa, que motivou a própria criação do instituto da dissolução parcial, como alternativa à dissolução total da sociedade, com a saída de sócio de seu quadro social.

4 Crítica ao Valor Patrimonial Contábil na Aferição dos Haveres – endereçamento que deve ser feito ao uso indevido das demonstrações financeiras

A despeito da consolidação do entendimento do STJ em relação ao tema, remanescem ainda críticas ao critério legal que prestigia o valor patrimonial contábil como base da avaliação do quinhão do sócio retirante da sociedade. As críticas são no sentido de que, no mais das vezes, a contabilidade é incapaz de refletir a real situação patrimonial da sociedade, passando a prejudicar o sócio retirante que espera obter uma apuração justa do valor de sua participação.

O critério legal baseado no valor patrimonial contábil baseia-se nas demonstrações financeiras levantadas na data da dissolução parcial da sociedade, ou seja, nos registros contábeis da sociedade.

De acordo com Iudícibus, Marion e Faria,[31] a contabilidade é uma ciência social que tem como objeto o patrimônio. A sua aplicação visa fornecer informação estruturada de cunho econômico, financeiro e, paralelamente, física, de produtividade e social sobre tal patrimônio, incluindo suas modificações provocadas pelas ações humanas, mediante os registros contábeis que acabam por desaguar em demonstrações financeiras utilizadas para a fundamentação da tomada de decisão dos seus usuários, sejam eles internos ou externos.

É bem verdade que, como vimos, o legislador não elegeu o critério a resultar no valor máximo em favor do sócio retirante, mas elegeu, como base desta apuração, os registros contábeis da sociedade, que sabemos que, por vezes, acabam por distanciar os itens patrimoniais de seus valores de mercado, diante de princípios contábeis aceitos e praticados como o do conservadorismo, do custo de aquisição como base da escrituração, além dos efeitos inflacionários que acabam por corroer o valor dos ativos, diante da não mais existência de mecanismos para a atualização de tais valores.

O legislador do CPC 2015, ao determinar, para fins de apuração de haveres, o ajuste dos itens ativos e passivos aos valores de saída ou de mercado, procurou solucionar uma das principais críticas à avaliação pelo sistema contábil que é o de não refletir o valor de mercado dos itens patrimoniais, seja pela perda do poder aquisitivo da moeda em que realizada a escrituração, seja pela valorização ou desvalorização por fatores diversos.

---

31 IUDÍCIBUS, Sérgio de; MARION, José Carlos; FARIA, Ana Cristina de. *Introdução à teoria da contabilidade*: para graduação. 6ª ed. São Paulo: Atlas, 2017.

Eliseu Martins, em seu artigo "Avaliação de empresas: da mensuração contábil à econômica", aponta várias formas de se medir o patrimônio e o lucro de uma empresa. Desde o Custo Histórico, com base nas transações ocorridas (critério contábil tradicional), passando pelo Custo Corrente, considerando a reposição dos fatores de produção que são consumidos, avaliando cada ativo e passivo pelo seu Valor Líquido de Realização e chegando ao Valor Presente dos Fluxos de Caixa Futuros. Todas, no seu entender, consideram, no fundo, um único objeto: o caixa. Seja o caixa acontecido, ou o prestes a acontecer, o que aconteceria se ativos e passivos fossem vendidos, avaliando de uma forma ou de outra o caixa esperado por transações futuras. Conclui, Eliseu Martins, que os vários métodos ou formas de avaliar o patrimônio e o lucro não são modelos alternativos, que implicam, obrigatoriamente, na eliminação ou na não adoção dos demais, podendo simplesmente ser tratados como complementares.

No que toca o sistema contábil brasileiro, aponta como os únicos fatores que, no longo prazo, podem fazer divergir na mensuração do lucro e do patrimônio são a inflação e o custo de oportunidade, sendo tais fatores as principais deficiências do sistema contábil brasileiro.

O CPC 2015 ao definir em seu artigo 606 o balanço de determinação como base da apuração de haveres do sócio retirante, mandando avaliar os ativos e passivos ao preço de saída, de certa forma mitigou a deficiência apontada por Eliseu Martins em relação à inflação, na medida em que ajusta todos os elementos patrimoniais, do ativo e do passivo, a valores de efetiva realização.

Em artigo sobre o tema Sandro dos Santos Silva, Natália Fontanele Tibério, José Orcélio do Nascimento e Marcus Vinicius Zittei destacam que

> *com a harmonização e convergências das regras contábeis brasileiras aos padrões internacionais, dois critérios avaliatórios de ativos e passivos devem nortear a elaboração do*

> *balanço de determinação: "valor justo" (valor de mercado) e "valor presente" (...) Tendo em vista esses dois critérios avaliatórios, presente para que o balanço de determinação demonstre o real valor da entidade objeto de avaliação, faz-se necessário registrar a valor presente os direitos e obrigações, bem como o valor justo de ativos e passivos.*[32]

Já a deficiência apontada quanto ao custo de oportunidade do capital, acarreta, por vezes, num superdimensionamento do lucro, pois considera o custo de capital próprio como sendo zero, o que não é verdade. O nosso sistema contábil não abate do lucro o custo do capital, tal como o faz a metodologia baseada no valor econômico (EVA- Economic Value Added), que atribui um custo ao capital próprio que é deduzido do lucro. Assim, o lucro apurado sem que se considere o custo de oportunidade de capital poderia levar à distribuição de um lucro inexistente levando à descapitalização da empresa.

Tal deficiência, no entanto, não me parece impactar o balanço de determinação a ser levantado quando da resolução da sociedade em relação ao sócio retirante, não o prejudicando ou beneficiando.

Entende Wilson Hoog que

> (...) *o balanço de determinação utiliza um critério adequado de avaliação do ativo, que permite uma apuração fidedigna do patrimônio líquido, de forma razoável provável, proporcional e em simetria à epiqueia contabilística. (...) o balanço de determinação se baseia no valor de mercado, preço de saída e não de entrada, justo preço, correspondendo a uma simulação da liquidação de todos os bens do ativo e do pagamento do passivo, com o propósito de apurar qual seriam*

---

32 SILVA, Sandro dos Santos; TIBÉRIO, Natália Fontanele; NASCIMENTO, José Orcélio do; ZITTEI, Marcus Vinicius Moreira. "Apuração de haveres e as dificuldades do Perito Contador". *REPAE – Revista Ensino e Pesquisa em Administração e Engenharia*, vol. 7, nº 2, 2021.

> *os haveres ou deveres, ou seja, patrimônio líquido a preço de saída. (...) o balanço de determinação, à luz da teoria da essência sobre a forma e da teoria do valor, de fato se revela o mais adequado para um procedimento de* valuation, *a preço de saída, justo preço, sem qualquer forma de ágio ou de deságio.*[33]

Todavia, remanescem críticas em relação ao critério contábil e consequentemente ao balanço de determinação como sendo incapazes de determinar apropriadamente os haveres do sócio que se retira da sociedade.

Entretanto, as críticas ao valor patrimonial contábil como base do balanço de determinação e à própria contabilidade parecem estar equivocadamente direcionadas. Não é o critério contábil inadequado, mas o seu uso inadequado que merece críticas e repúdio, pois acaba por alterar e impactar uma realidade, ou mesmo acobertar ou engendrar fraudes, em atendimento a interesses ilegítimos, como se vê em recentes casos rumorosos como as recentes fraudes contábeis das Lojas Americanas,[34] que por anos dissimularam uma situação patrimonial inexistente ou irreal em pelo menos R$ 20 bilhões, iludindo uma completa gama de *stakeholders*, como instituições financeiras, fornecedores, acionistas, pelo menos os minoritários, empregados, gestores, fisco e até o cliente final, que entendiam transacionar com uma companhia ética e sólida. Isso ocorreu a despeito de todo aparato de controles e de governança de companhia aberta listada na B3 e no novo mercado, como comitês de auditoria, conselheiros independentes, conselho fiscal, auditoria independente, auditoria interna, etc.

---

33 HOOG, Wilson Alberto Zappa. *Resolução de sociedade & avaliação do patrimônio na apuração de haveres ou deveres*. 8ª ed. Curitiba: Juruá, 2022 (no prelo).

34 *Vide* MARTINS, Eliseu. "O que existe de fraude é muito mais do que a gente vê". *Valor Econômico*, 2024. Disponível em: https://leiaisso.net/we9hr/. Acessado em: 05.04.2024.

Fica claro que mesmo nos casos de empresas sofisticadas e com elevado nível de governança a manipulação indevida dos dados contábeis por vezes ocorre, como nos casos da Enron, WorldCom, Lehman Brothers, e, no Brasil, Petrobras e Banco Pan Americano, quanto mais nas sociedades limitadas, nas médias e pequenas empresas, desprovida, no mais das vezes, dos mecanismos de controle e gestão das empresas mais sofisticadas, notadamente as companhias abertas, o que acaba por macular a confiança nas demonstrações financeiras, um dos princípios basilares do mercado de capitas, do mercado de crédito e da relação com fornecedores, investidores, fisco e clientes.

Assim, diante da incapacidade das demonstrações financeiras de, por vezes, retratar a situação patrimonial real da sociedade, passa-se a defender a utilização de métodos alternativos para a apuração de haveres do sócio retirante tais como a avaliação do fundo de comércio, do valor econômico ou fluxo de caixa descontado que avaliam a empresa pela expectativa de geração futura de rendimentos e caixa, e não pelo valor constante das demonstrações financeiras e registros contábeis.

Porém, inócua e indevida a defesa da utilização de métodos alternativos de avaliação dos haveres do sócio retirante, pois o critério patrimonial contábil não é indevido, como vimos, ou indevida é a contabilidade, mas é o seu uso inadequado é que deve ser evitado ou mitigado.

Assim, manifestou Eliseu Martins em “Desabafo sobre a fraude na Americanas”:[35]

> *Utilizar a contabilidade para produzir demonstrações mentirosas desafia toda a tradição de uma área do conhecimento*

35 MARTINS, Eliseu. “Um desabafo sobre a fraude na Americanas”. *Valor Econômico*, 2024. Disponível em: https://leiaisso.net/cno88/. Acessado: 05.04.2024.

> *que tem como única missão bem informar os gestores, os investidores, os credores, o fisco, o corpo funcional, os sindicatos e outros tantos sobre o patrimônio empresarial e suas mutações (...) precisamos agir fortemente no sentido de divulgar a que realmente se presta a contabilidade. Conscientizar de que exceções não significam deterioração da área e da profissão e penalizar os que, de fora e de dentro, assim procedem, como forma de mitigar o mal e, principalmente, ajudar a desestimular eventos semelhantes.*

5 Medidas para aprimoramento da qualidade das demonstrações financeiras no âmbito da Apuração de Haveres – o protagonismo do juiz no processo

Para o aprimoramento da qualidade das demonstrações financeiras para melhor refletirem a situação patrimonial real da sociedade objeto de avaliação para fins de apuração de haveres, medidas de natureza institucional devem ser tomadas e, no âmbito, do procedimento judicial ou arbitral de apuração de haveres o comando do juiz ou árbitro tem um papel fundamental, de forma a tornar efetivo o comando legal que define, como base de apuração de haveres, o valor contábil patrimonial na apuração do balanço de determinação.

Para alcançar maior credibilidade e confiabilidade das demonstrações financeiras das empresas, várias medidas podem ser implementadas no âmbito institucional que envolvem tanto a regulamentação quanto a prática contábil e de auditoria. Dentre elas podemos elencar a adoção de normas contábeis rigorosas promovendo a transparência e comparabilidade das demonstrações financeiras, o incentivo da realização de auditorias externas independentes e de ata qualidade, o aprimoramento da formação de profissionais de contabilidade com atualização quanto às melhores práticas e normas, e, o fortalecimento da fiscalização de órgãos reguladores e de controle da atividade profissional, como a CVM e os conselhos profissionais de contabilidade.

Segundo Fernando Dal-Ri Murcia,

> (...) *é preciso que exista amplo debate do tema no mercado visando aprimorar a regulação no mercado brasileiro. Afinal, as fraudes contábeis atacam o combustível que move os participantes do mercado de capitais: a informação econômico-financeira confiável de qualidade sobre as companhias emissoras de títulos e valores mobiliários. Infelizmente, o tema ainda é "tabu" no cenário brasileiro diferentemente do mercado norte-americano, que depois das famosas fraudes no início do milênio (Enron, WorldCom, Adelphia, Global Crossing, Parmalat, Lucent, Tyco, Xerox etc.) promoveram diversas alterações legislativas como, por exemplo, a Lei Sarbanes-Oxley (SOX).*[36]

A lei processual de 2015 inovou ao reservar especial protagonismo ao juiz na presidência do processo de ação de dissolução parcial da sociedade, cabendo a ele definir, no despacho inaugural, da segunda fase da ação,[37] o critério a ser adotado na apuração de haveres, a data base da resolução do vínculo societário e o perito responsável pela apuração do balanço de determinação e a definição do quinhão do patrimônio atribuído ao sócio retirante, a teor do disposto no artigo 604.

Importante destacar que cabe ao juiz, e não ao perito ou às partes, definir o critério e a data da resolução do vínculo societário,

---

36 *Murcia*, Fernando Dal-Ri, professor da FEA/USP e Diretor de Pesquisas da Fipecafi *em artigo no Valor Investe de 27/01/2023.*

37 *O procedimento especial da ação de dissolução parcial de sociedade previsto no Capítulo V do CPC 2015 é bifásico, sendo que a primeira fase trata da dissolução do vínculo societário e, na segunda fase, é tratada a apuração dos haveres do sócio retirante, excluído ou dos sucessores do sócio falecido.*

embora os parâmetros de tais definições estejam previstos em lei, não tendo o juiz atuação discricionária ou aleatória na fixação de tais balizas.

Embora não expresso no texto legal, o juiz possui relevantíssima atuação com vistas a garantir que o balanço a ser considerado para a elaboração do balanço de determinação seja correto de forma a reproduzir com adequação as transações da sociedade e sua situação patrimonial, na data da resolução do vínculo societário. O juiz não deve simplesmente considerar como certas e adequadas as demonstrações financeiras apresentadas pela sociedade, mas deverá se certificar quanto à propriedade e adequação deste marco inicial para a apuração do balanço de determinação, que deverá ajustar todos os itens patrimoniais do ativo e passivo, a valores de saída ou de mercado. Se o balanço levantado não reproduzir a situação patrimonial da sociedade com adequação, certamente o balanço de determinação estará maculado de impropriedades, de maneira que se dados incorretos ou de baixa qualidade são considerados no balanço levantado, o resultado ou a saída, que é o balanço de determinação também será de baixa qualidade ou incorreto, nos exatos termos da expressão em inglês "*garbage in, garbage out*" (*lixo entra, lixo sai*).

Para isso o juiz deverá assegurar que o perito primeiramente se certificará da adequação e propriedade do balanço contábil apurado na data da resolução, se foram utilizados os princípios, critérios e normas da boa prática contábil, devendo propor ajustes que indiquem desconformidade com as normas e princípios contábeis aplicáveis e o impacto na apuração dos haveres do sócio retirante. Tal verificação é de fundamental importância pois, a partir daí, é que se efetuará os ajustes necessários para o levantamento do balanço de determinação, mediante o cotejo dos itens patrimoniais ativos e passivos escriturados, inclusive dos intangíveis, com os respectivos valores de saída ou de mercado.

Neste sentido ensina Caros Felisberto Martins:

> *O perito-contador deverá elaborar o Balanço de Determinação ou Especial partindo das demonstrações contábeis disponíveis da avaliada e obedecendo as disposições judiciais que comandam a resolução societária, efetuando ajustes técnicos e avaliatórios extracontábeis, a fim de refletir na data do evento os elementos patrimoniais a valores líquidos de realização.*[38]

Embora no parágrafo único do artigo 606 do CPC 2015 exista menção à nomeação preferencial de perito especializado em avaliação de sociedades, a escolha do perito não prescinde de sua qualificação de contador ou auditor, pois, embora o balanço de determinação não se esgote no balanço contábil, ele é o elemento de partida, cuja atestação de sua adequação é imprescindível para o seu correto levantamento definido no caput do referido artigo 606.

Se o juiz entender necessária ou conveniente a contratação de auditor independente, além do perito responsável pela elaboração do balanço de determinação, deverá fazê-lo, principalmente se a relevância econômica dos haveres envolvidos justificarem a sua contratação.

A auditoria proporciona uma avaliação profissional e imparcial dos registros contábeis, ajudando a identificar e corrigir possíveis erros, distorções ou inconsistências. Isso pode ser especialmente crucial em situações de conflito societário, onde a precisão das informações financeiras é fundamental para uma resolução justa e equitativa. Além disso, a auditoria pode trazer mais transparência e confiança para o processo, o que é benéfico tanto para os sócios envolvidos quanto para a justiça em geral.

A apuração de haveres de sócio retirante, por envolver situação de natural conflito entre o sócio retirante, a sociedade e os sócios

---

38 MARTINS, Carlos Felisberto Garcia. "Avaliação de empresas em apuração de haveres judiciais". *Docplayer*, 2016.

remanescentes, o primeiro interessado na quantificação do seu quinhão em valor mais elevado possível e, os segundos, interessados no menor valor possível em benefício do sócio retirante, demanda uma atenção especial e uma atribuição chave do juiz para que o levantamento do balanço de determinação seja feito tomando-se como marco inicial um balanço que reflita, com propriedade, a adequada situação patrimonial real, sem distorções, manipulações ou fraudes.

Na tese de doutorado, Mauricio Gomes de Ornelas, orientado pelo Prof. Eliseu Martins, expõe a dificuldade de se ter contabilidade adequada, principalmente nas pequenas empresas e nos negócios informais, o que impõe desafio ao juiz que preside o feito processual:

> *Quando do evento, é comum os sócios remanescentes esquecerem essa obrigação societária não elaborando demonstrações contábeis para a data. (...) E, quando as elaboram, procuram, às vezes, minimizar os valores patrimoniais, de modo a reduzir os haveres a serem pagos, quando não esvaziam a sociedade, transferindo os negócios e/ou tecnologia e mesmo bens para outra sociedade, reduzindo o valor das quotas do sócio falecido, dissidente ou excluído (...). Em tempos recentes, muitas sociedades limitadas sequer têm livros contábeis devidamente escriturados, especialmente as Microempresas (ME), e os peritos ainda têm que enfrentar questionamentos sobre negócios não registrados, ou seja, o que se popularizou como caixa dois.*[39]

Sandro dos Santos Silva, Natália Fontenele Tibério, José Orcélio do Nascimento, Marcus Vincius Moreira Zittei apontam as dificuldades do perito contador na avalição de empresas nos processos judiciais principalmente a ausência de informações estruturadas e apropriadas:

39 ORNELAS, Martinho Maurício Gomes de. *Contribuição à formulação de um sistema conceitual e operacional contábil de apuração de haveres em Processos Judiciais*. São Paulo: FEA/USP, 2000. (Tese de Mestrado).

> *Analisando os resultados obtidos observa-se que nas apurações de haveres em processos judiciais, os peritos contadores deparam com situações que, dependendo do seu grau de relevância, podem alterar o resultado de uma avaliação societária. Geralmente isso ocorre nas valorações de microempresas e nas empresas de pequeno porte, uma vez que as empresas enquadradas nesses grupos tendem a não apresentar uma contabilidade estruturada e efetiva ou então não possuem uma boa gestão. Dependendo do seu grau de relevância, as circunstâncias que podem alterar o resultado de uma avaliação empresarial comandada pelo judiciário são: a) ausência de escrituração contábil ou deficitária, b) falta de documentação que dão suporte aos fatos contábeis, c) falta do balanço especial à época da resolução societária e, d) omissão de dados e/ou informações pelas partes envolvidas no litígio.*[40]

Wilson Hoog aponta a importância e desafios na elaboração do balanço de determinação no âmbito da apuração de haveres, com atenção aos elementos não escriturados:

> É *conditio sine qua non*, que na modalidade de avaliação do patrimônio líquido a preço de saída, seja incluído todos os ativos e passivos contingentes não contabilizados, ajustando o balanço patrimonial, para adequá-lo ao princípio da veracidade, da competência e ao da epiqueia contabilística, portanto, sendo incluído o preço do fundo de comércio adquirido e o preço do fundo de comércio autodesenvolvido, preço intrínseco do fundo de comércio,[2] assim como, todos os ativos e passivos ocultos, e excluídos os ativos e passivos fictícios.

---

40 SILVA, Sandro dos Santos; TIBÉRIO, Natália Fontanele; NASCIMENTO, José Orcélio do; ZITTEI, Marcus Vinicius Moreira. "Apuração de haveres e as dificuldades do Perito Contador". *REPAE – Revista Ensino e Pesquisa em Administração e Engenharia*, vol. 7, nº 2, 2021.

> Inclusive os efeitos se houve, de uma contabilidade paralela com o seu ilícito caixa dois oriundo de omissões de receitas.[41]

Já Marcelo Perez e Rubens Famá apontam a complexidade do trabalhos de avaliação de empresas e os cuidados que devem ter o perito avaliador no desempenho de suas relevantes atribuições:

> *O método de avaliação de uma empresa é complexo e envolve aspectos subjetivos e ferramental técnico, sendo que a qualidade das informações utilizadas é essencial para a eficiência do produto final. Dessa forma, antes de definir as técnicas de avaliação que serão utilizadas, é fundamental uma prévia elaboração de diagnóstico preciso da empresa a ser avaliada, o cenário macroeconômico em que ela está inserida, o setor de atuação, o mercado consumidor, o seu desempenho passado e atual, seus aspectos econômicos e financeiros, sociais, jurídicos, fiscais, comerciais, tecnológicos e técnicos. A precisão dessas análises depende das características de cada caso, das informações disponibilizadas e da grandeza da empresa avaliada.*[42]

A conscientização dos juízes sobre a importância de demonstrações financeiras confiáveis é um aspecto crucial para uma adequada apuração judicial dos haveres do sócio retirante de uma sociedade. Juízes bem-informados e familiarizados com as nuances das demonstrações financeiras podem tomar decisões mais justas e precisas em casos judiciais envolvendo disputas societárias.

---

41 HOOG, Wilson Alberto Zappa. *Resolução de sociedade & avaliação do patrimônio na apuração de haveres ou deveres*. 8ª ed. Curitiba: Juruá, no prelo, 2022 (no prelo).

42 PEREZ, Marcelo Monteiro; FAMÁ, Rubens. *Avaliação de empresas e apuração de haveres em processos judiciais*: uma análise segundo a teoria de finanças. Anais. São Paulo: USP/FEA/PPGA, 2003.

Neste sentido, importante destacar a implantação das varas empresariais especializadas que recentemente, no ano de 2023, concluiu a cobertura jurisdicional em todo o estado de São Paulo, permitindo, com a especialização, maior expertise no tratamento dessas questões de avaliação patrimonial e o tratamento mais ágil e tecnicamente mais uniforme, em prol da previsibilidade das decisões que aprimora a segurança jurídica e o ambiente de negócios, contribuindo para reduzir a litigiosidade e incentivando a autocomposição.

A atuação condutora do juiz no processo promovendo, com maior rigor, a apresentação e interpretação das demonstrações financeiras, incentiva as empresas a manterem registros mais precisos e confiáveis. O preparo do juiz e a sua conscientização quanto à importância de seu papel na qualidade dos julgados que envolve a apuração de haveres em dissolução parcial de sociedades pode ser alcançada através de programas de educação continuada e seminários específicos para juízes, focados em aspectos contábeis e financeiros relevantes para a tomada de decisões judiciais, que é alvo da atenção da Escola Paulista da Magistratura que promove regularmente formação de juízes, servidores e advogados em matérias empresariais.

Considerações finais

Embora estejamos assistindo uma convergência no entendimento doutrinário e jurisprudencial na adoção do balanço de determinação para avaliar o quinhão patrimonial do sócio retirante, excluído ou dos sucessores do sócio falecido, existem ainda críticas ao que está se sedimentando como o critério legal da apuração de haveres baseado no valor patrimonial contábil e não em métodos e critérios alternativos de avaliação de empresas como o valor econômico e o fluxo de caixa descontado.

Tais críticas parecem estar injustamente endereçadas à propriedade e adequação do critério legal baseado no balanço de determinação, que tem por base o valor patrimonial contábil, ajustado pelos valores de saída ou de mercado, dos itens patrimoniais do ativo e do passivo. As críticas não deveriam ser endereçadas à contabilidade ou às demonstrações financeiras, ou ao partido legal adotado, baseado na história da sociedade e não nos resultados futuros da empresa a ser avaliada, mas à forma como as demonstrações financeiras tem sido manejadas que por vezes, ou no mais das vezes, passam a não refletir ou distorcer a verdadeira situação patrimonial da empresa.

Para isso entendo que além de medidas no âmbito institucional para aprimorar a prática, a elaboração e a confiança nas demonstrações financeiras, o juiz, no âmbito do processo de dissolução parcial da sociedade e apuração de haveres, tem um papel importante no sentido de orientar e fiscalizar o trabalho dos peritos na formação da base contábil sobre a qual será apurado o balanço de determinação.

Referências bibliográficas

COELHO, Fábio Ulhoa. "A ação de dissolução parcial de sociedade". *Revista de Informação Legislativa*, Brasília, vol. 190, nº 48, abr./jun. 2011.

______. "A dissolução de Sociedades no Código de Processo Civil". *In*: YARSHELL, Flávio Luiz; PEREIRA, Guilherme Setoguti J. (Coord.). *Processo Societário*. vol. III. São Paulo: Quartier Latin, 2018.

ESTRELLA, Hernani; PEREIRA, Caio Mário da Silva. *Apuração dos haveres de sócio*. 5ª ed. Rio de Janeiro: Forense, 2010.

HOOG, Wilson Alberto Zappa. *Balanço especial ou determinação para apuração de haveres e reembolso de ações*. Curitiba: Juruá, 2017.

______. Resolução de sociedade & avaliação do patrimônio na apuração de haveres ou deveres. 8ª ed. Curitiba: Juruá, 2022 (no prelo).

IUDÍCIBUS, Sérgio de; MARION, José Carlos; FARIA, Ana Cristina de. *Introdução à teoria da contabilidade*: para graduação. 6ª ed. São Paulo: Atlas, 2017.

IUDÍCIBUS, Sérgio. *Manual de Contabilidade Societária*. São Paulo: Atlas, 2010.

MARTINS, Carlos Felisberto Garcia. *Avaliação de empresas em apuração de haveres judiciais*. Site: Docplayer, 2016.

MARTINS, Eliseu. "O que existe de fraude é muito mais do que a gente vê". *Valor Econômico*, 2024. Disponível em: https://leiaisso.net/we9hr/. Acessado em: 05.04.2024.

______. "Um desabafo sobre a fraude na Americanas". *Valor Econômico*, 2024. Disponível em: https://leiaisso.net/cno88/. Acessado: 05.04.2024.

MONOBE, Massanori. *Contribuição à mensuração e contabilização do goodwill não adquirido*. São Paulo: USP, 1986. (Tese de Doutorado).

NISHI, Eduardo Azuma. *Apuração de haveres*: novos paradigmas na Ordem Jurídica. São Paulo: Quartier Latin, 2022.

______. *Novas Perspectivas do Direito Empresarial*: 90 anos do Prof. Modesto Carvalhosa. Coordenação de Fernando Kyven. vol II 1ª ed. São Paulo: Quartier Latin, 2023; parte VI – Direito Societário e Empresarial.

ORNELAS, Martinho Maurício Gomes de. *Contribuição à formulação de um sistema conceitual e operacional contábil de apuração de haveres em Processos Judiciais*. São Paulo: FEA/USP, 2000. (Tese de Mestrado).

______. *Avaliação de sociedades*: apuração de haveres em processos judiciais. São Paulo: Atlas, 2001.

PEREZ, Marcelo Monteiro; FAMÁ, Rubens. "Avaliação de empresas e apuração de haveres em processos judiciais: uma análise segundo a teoria de finanças". *Anais*. São Paulo: USP/FEA/PPGA, 2003.

REQUIÃO, Rubens. *Curso de Direito Comercial*. 29ª ed. rev. e atual. por Rubens Edmundo Requião. vol. 2. São Paulo: Saraiva, 2012 (e-book).

SILVA, Sandro dos Santos; TIBÉRIO, Natália Fontanele; NASCIMENTO, José Orcélio do; ZITTEI, Marcus Vinicius Moreira. "Apuração de haveres e as dificuldades do Perito Contador". *REPAE – Revista Ensino e Pesquisa em Administração e Engenharia*, vol. 7, nº 2, 2021.

CAPÍTULO VIII

A RELAÇÃO DO ÁRBITRO COM OS PRECEDENTES JUDICIAIS. UM DIÁLOGO NECESSÁRIO PARA A INTEGRIDADE DO SISTEMA DE JURISDIÇÃO

FREDERICO DOS SANTOS MESSIAS

1 Arbitragem como método adequado de solução de conflitos e sua inserção no sistema de jurisdição brasileiro

A arbitragem está inserida no conceito de justiça multiportas, em que várias formas de solução adequada de conflitos estão colocadas à disposição da parte para a resolução da controvérsia.

A arbitragem, em 1824, já estava contida na Constituição, com a previsão do artigo 160,[1] que trazia a possibilidade da nomeação de "juízes árbitros" e de sentenças executadas sem recurso, desde que convencionado pelas partes.

O próprio Código de Processo Civil a incentiva, elencando dentre os seus princípios fundamentais, os métodos adequados de solução de conflitos, destacando a arbitragem.[2]

Nessa quadra, a arbitragem é método heterocompositivo de solução de conflitos em que, um terceiro, escolhido pelas partes, no mais puro exercício da autonomia da vontade, é o responsável pela decisão do processo arbitral e pela atribuição do direito ao seu vencedor.

No processo arbitral, as partes, voluntariamente, outorgam a um terceiro o poder de decidir uma determinada contenda. Tal escolha é sempre inspirada pela confiança na idoneidade e na expertise dos árbitros. A arbitragem funda-se, portanto, na autonomia da vontade das partes, na sua capacidade de consentir em atribuir poderes a um terceiro para decidir uma controvérsia.[3]

Cabe, em fase inicial, porém relevante para mais adiante no texto, destacar que, a convenção de arbitragem, cláusula ou compromisso, possui dois efeitos de grande importância, o primeiro, de caráter positivo, sujeitar o litígio à arbitragem e, o segundo, de caráter negativo, a renúncia da justiça estatal.

---

1 Art. 160. Nas cíveis e nas penais civilmente intentadas poderão as partes nomear juízes árbitros. Suas sentenças serão executadas sem recurso, se assim convencionarem as mesmas partes.

2 Art. 3º Não se excluirá da apreciação jurisdicional ameaça ou lesão a direito. § 1º É permitida a arbitragem, na forma da lei.

3 LAMAS, Natalia Mizrahi. "Curso de Arbitragem". *In*: LEVY, Daniel; PEREIRA, Guilherme Setoguti J. *Introdução e princípios aplicáveis à arbitragem*. São Paulo: Revista dos Tribunais, 2018, p. 28.

A escolha da arbitragem, portanto, como método adequado de solução de conflitos, impõe uma escolha também pela renúncia da jurisdição estatal. Nesse cenário, a arbitragem passa a ser regra e a justiça estatal a exceção, esta última somente autorizada a cooperar ou intervir nos casos expressos em lei.[4]

Já é fruto do passado, penso eu, a discussão quanto ao exercício ou não de jurisdição pelo árbitro. No cenário atual da arbitragem, o árbitro, investido pelas partes com o poder de resolver o litígio, enquanto árbitro, exerce, inequivocamente, função jurisdicional.[5]

Convém lembrar que, por força da Lei de Arbitragem – LArb, o árbitro é juiz de fato e de direito para a solução da controvérsia para a qual foi escolhido pelas partes.[6]

É, portanto, nesse cenário, em que um terceiro – árbitro –, escolhido pelas partes, investido de poderes jurisdicionais para a solução do litígio, juiz de fato e de direito, está obrigado, na arbitragem de direito (brasileiro), a seguir os precedentes judiciais, estabelecendo um diálogo produtivo em prol da melhor decisão de mérito, consentâneo com os princípios da igualdade, da segurança jurídica e da integridade do sistema de direito.

---

4 Confira-se, a título de exemplo de cooperação, o disposto nos artigos 22-A e 22-B da LArb.

5 O fato de os litigantes confiarem a composição do litígio a pessoa ou órgão não integrante do Poder Judiciário estatal não pode ser erigido à óbice ao reconhecimento da natureza jurisdicional da função desempenhada pelo juízo arbitral. O julgamento dos árbitros atingirá o mesmo efeito de uma sentença judicial, produzindo coisa julgada e gerando título executivo da mesma natureza daquele emanado do juiz estatal (THEODORO JÚNIOR, Humberto. "Arbitragem e terceiros: litisconsórcio fora do pacto arbitral". *Revista de Direito Bancário, do Mercado de Capitais e da Arbitragem*, São Paulo, 2001, p. 371).

6 Art. 18. O árbitro é juiz de fato e de direito, e a sentença que proferir não fica sujeita a recurso ou a homologação pelo Poder Judiciário.

Esperamos, a seguir, dar nossa contribuição para esse debate, propondo reflexões necessárias, mas não conclusões definitivas, o que se revelaria temerário em tema da mais alta complexidade. A sua importância está a merecer estudo permanente, de modo a viabilizar a convivência em harmonia das justiças privada e estatal, em prol de valores relevantes ao direito.

Por fim, um recorte necessário, trataremos, exclusivamente, dos precedentes vinculantes das Cortes de Vértice – Supremo Tribunal Federal e Superior Tribunal de Justiça, formados nos julgamentos pela sistemática dos denominados "Recursos Repetitivos", ainda que a matéria de fundo, observadas as peculiaridades de outros geradores de precedentes, possa lhes ser útil.

2 Precedentes Judiciais

O precedente judicial, numa dimensão mais geral, significa uma decisão judicial anterior que vem considerada a partir do seu valor orientativo em relação à atuação judicial futura, relativamente à mesma questão decidida.[7]

Sobre o precedente judicial, convém o destaque de que ele não se confunde com a própria decisão do qual ele próprio nasce. O precedente está, portanto, nos motivos determinantes, contidos na decisão e que permitem sejam eles aplicados em outros casos futuros.

É o que se chama de *ratio decidendi*.

Compreender a diferença entre *ratio decidendi* e *obiter dicta* é essencial para que o sistema de precedentes possa se regular funcionamento. A informação técnica de que a *ratio decidendi* é a regra jurídica generalizável extraída da decisão, ou que pode haver afirmações no julgado sem caráter vinculativo, denominadas *obter*

---

7 ANDRADE, Américo; THEODORO JÚNIOR, Humberto. *Precedentes no Processo Brasileiro*. Rio de Janeiro: Forense, 2021, p. 9.

dicta, é essencial para se entender adequadamente como funciona um modelo decisório a partir dos precedentes.[8]

A decisão judicial hábil a produzir um precedente é aquela que contenha em sua fundamentação motivos determinantes gerais, ou seja, a abstração que é capaz de permitir que, diante de caso futuro, no mesmo contexto fático, sua aplicação seja implementada sem distinção.

Para efeito deste trabalho, releva fazer a distinção entre precedente persuasivo e precedente vinculante.

Guilherme Rizzo Amaral, citando *Schauer, Lamond, Bronaugh* afirma que um precedente persuasivo apresenta razões substanciais para alguém segui-lo. O julgador que segue um precedente persuasivo aprende com ele, acredita nele e somente o segue convencido do seu acerto. Ao se deparar com um julgamento defeituoso gerador do precedente persuasivo ou com razões substanciais para duvidar de sua correção, o julgador poderá decidir não seguir o precedente. É por isso que se diz que a ninguém é dado reconhecer o precedente como persuasivo, segui-lo, e expressar arrependimento ou inconformidade com o resultado.[9]

O precedente vinculante, como o próprio verbo vincular está a indicar, revela a necessidade de seguimento obrigatório pelo julgador. Não há espaço para o exercício do seu convencimento em seguir ou não, fundado no acerto das razões determinantes da decisão.

Em outras palavras, ainda que o julgador se convença do erro do precedente, seu caráter vinculativo impõe a sua aplicação, sem margem discricionária. É por essa razão que se afirma que o

8 BARIONI, Rodrigo. "Precedentes no direito brasileiro: desafios e perspectivas". *Revista de Processo*, vol. 310, dez. 2020, pp. 265-291.

9 AMARAL, Guilherme Rizzo. "Arbitragem e precedentes". *In*: LEVY, Daniel; PEREIRA, Guilherme Setoguti J. (Coord.). *Curso de Arbitragem*. São Paulo: Thomson Reuters Brasil, 2018, p. 282.

precedente vinculante impõe um agir ao julgador, um agir obrigatório, sendo irrelevante o poder de convencimento das razões substanciais da decisão.

Os pronunciamentos de uma autoridade teórica não devem ser aceitos se existe razão suficiente para duvidar de seu acerto. As instruções de uma autoridade prática, por contraste, ainda têm efeito mesmo na hipótese de erro.[10]

Mesmo o exercício da chamada Distinção (*distinguish*) não representa ação de deixar de seguir um precedente vinculante, mas apenas e tão somente fazer a distinção do caso concreto em relação às razões determinantes do precedente, afirmando-se, ao final, que a decisão anterior (precedente) não se aplica à decisão presente (caso concreto).

O Código de Processo Civil, em seu artigo 926,[11] veicula os princípios da uniformidade e estabilidade da jurisprudência, ideal garantidor do valor segurança jurídica, indispensável à higidez do Estado Democrático de Direito.

Por sua vez, o artigo 927,[12] do Código de Processo Civil, em seus incisos I a V, enumera as decisões a que Juízes e Tribunais estão obrigados a observar, os chamados precedentes vinculantes.

---

10 LAMOND, Grant. "Persuasive Authority in the Law". *The Harvard Review of Philosophy*, nº 17, 2010, p. 22.

11 Art. 926. Os tribunais devem uniformizar sua jurisprudência e mantê-la estável, íntegra e coerente. §1º Na forma estabelecida e segundo os pressupostos fixados no regimento interno, os tribunais editarão enunciados de súmula correspondentes a sua jurisprudência dominante. §2º Ao editar enunciados de súmula, os tribunais devem ater-se às circunstâncias fáticas dos precedentes que motivaram sua criação.

12 Art. 927. Os juízes e os tribunais observarão: I – as decisões do Supremo Tribunal Federal em controle concentrado de constitucionalidade; II – os enunciados de súmula vinculante; III – os acórdãos em incidente de assunção de competência ou de resolução de demandas repetitivas e em julgamento de recursos extraordinário e especial repetitivos; IV

Veja-se, por oportuno, o imperativo "observarão", contido, não por acaso, na redação do *caput*, a indicar dever e não faculdade.

No direito brasileiro, tendo o legislador estabelecido a vinculatividade de determinados precedentes, de modo a conferir a estes maior força, ou força propriamente vinculante, mais próxima, por exemplo, daquela da norma legal, ter-se-ia que não se pode cogitar de o sistema de precedentes vinculantes ferir propriamente a autonomia decisória ou independência do juiz, uma vez que o precedente se insere em contexto normativo, no campo das fontes de direito.[13]

É importante o reforço: o sistema de precedentes vinculantes estabelecido por previsão legal expressa não afeta a independência do julgador.[14]

3 Dever do Árbitro seguir Precedente Judicial

No início deste tópico, convém lembrar o que já afirmado em outro ponto, no sentido de que o árbitro, enquanto no exercício da função de árbitro, é juiz de fato e de direito, escolhido pelas partes para decidir uma controvérsia, em um sistema de justiça privada, inserido em um contexto de exercício da jurisdição.

– os enunciados das súmulas do Supremo Tribunal Federal em matéria constitucional e do Superior Tribunal de Justiça em matéria infraconstitucional; V – a orientação do plenário ou do órgão especial aos quais estiverem vinculados.

13 THEODORO JÚNIOR, Humberto; ANDRADE, Érico. *Precedentes no processo brasileiro*. Rio de Janeiro: Forense, 2021, p. 21.

14 MENDES, Aluísio Gonçalves de Castro. *Breves considerações sobre o caráter vinculativo da jurisprudência e dos precedentes no artigo 927 do novo Código de Processo Civil*. São Paulo: Revista dos Tribunais, 2017, p. 125. O Código de Processo Civil não afastou a independência dos magistrados e, mesmo no que diz respeito à interpretação das normas não efetuou vinculação absoluta. Isso porque não há um sistema absoluto de precedentes, ou seja, apenas nas situações indicadas no art. 927 haverá efeito vinculativo.

Outra lembrança importante é a existência de duas formas de julgamento previstas na LArb.

A primeira, o julgamento por equidade, depende de autorização expressa das partes.[15] Inclusive, a decisão do árbitro, por equidade, sem autorização das partes, é julgamento fora dos limites da convenção de arbitragem e permite a anulação da sentença arbitral com fundamento no artigo 32, inciso IV, da LArb.[16]

A segunda, o julgamento de direito, decorre da opção das partes ou da ausência de opção expressa pelo julgamento por equidade.

Ao árbitro não é dado o direito de não respeitar a convenção das partes sobre o direito aplicável e, mesmo na hipótese de ausência de indicação nesse sentido, lhe cabe solucionar a controvérsia ainda dentro das regras de direito.

Estabelecida a premissa de que a arbitragem será de direito e que esse direito será o brasileiro, ao meu sentir, a simples observação dos artigos 18, da LArb e 927, do Código de Processo Civil, revela a obrigatoriedade de o árbitro seguir os precedentes judiciais.

Isso porque o árbitro é juiz de fato e de direito e, portanto, exerce jurisdição plena na arbitragem em que escolhido para atuar.

Assim, se o árbitro é juiz de fato e de direito e, juízes e tribunais, nos termos da lei, observarão os precedentes enumerados nessa mesma lei, sem que o dispositivo legal faça distinção entre processo arbitral e processo estatal ou entre juiz e árbitro, não há, para mim, dúvida quanto ao dever do árbitro de seguir o precedente judicial.

---

15 Art. 11. Poderá, ainda, o compromisso arbitral conter: II – a autorização para que o árbitro ou os árbitros julguem por equidade, se assim for convencionado pelas partes.

16 Art. 32. É nula a sentença arbitral se: IV – for proferida fora dos limites da convenção de arbitragem.

Aliás, os artigos 926 e 927, do Código de Processo Civil, estão a veicular verdadeira regra de processo, de modo que sua aplicação não haverá de ser compreendida como exclusiva do processo estatal.

É preciso dizer, também, que a obrigatoriedade de o árbitro seguir precedentes judiciais atende aos princípios da Isonomia, da Segurança Jurídica e da Integridade do Sistema de Direito.

Sobre esse ponto, afirmo que um sistema de direito não pode conviver com múltiplas soluções para casos idênticos, sendo irrelevante tratar-se de justiça estatal ou justiça privada. Se as partes, na arbitragem, desejam uma solução fora do sistema de direito, devem fazer a opção pelo julgamento por equidade.

Os precedentes judiciais estão colocados justamente como garantia do ideal de igualdade, seja na justiça estatal, seja na justiça privada, de modo que, em sendo a solução da controvérsia a ser encontrada no campo do direito - brasileiro -, as partes, colocadas em situação idêntica fático/jurídica, deverão ter a previsibilidade de obter o mesmo resultado.

A arbitragem não é um sistema alienígena. Não há dois "direitos". Não há dois sistemas de jurisdição. O direito brasileiro a ser aplicado é o mesmo para o juiz e para o árbitro, sem distinção.

A aceitação da desconsideração pelo árbitro dos precedentes judiciais, em uma arbitragem de direito, estaria a permitir julgamento com fundamento em direito desconhecido, a violar o postulado da segurança jurídica com reflexo direto no ideal constitucional do Estado Democrático de Direito.[17]

Importante, ainda, considerar o fato de que o árbitro não possui o poder de império sobre atos coercitivos da fase de execução e, por

---

17 Art. 1º A República Federativa do Brasil, formada pela união indissolúvel dos Estados e Municípios e do Distrito Federal, constitui-se em Estado Democrático de Direito.

essa razão, a fase de cumprimento da decisão arbitral, quando necessária, se processa no juízo estatal, sob a condução do juiz estatal. Para isso, a sentença arbitral está listada como título executivo no artigo 515, inciso VII, do Código de Processo Civil.[18]

Não seria razoável, penso eu, imaginar que o título judicial formado a partir da sentença arbitral, a ser executado no juízo estatal, possa estar fundado em direito extravagante, contrapondo-se a todo um sistema de precedentes a que o juiz togado está obrigado a seguir também na fase de execução.

A igualdade das partes, a segurança jurídica e a integridade do sistema de direito dependem de que o árbitro respeite os precedentes judiciais.

4 Quais os Precedentes Judiciais que vinculam o Árbitro?

De logo, já afirmo que não se pode cogitar de obrigatoriedade de seguimento, seja pelo juiz, seja pelo árbitro, do precedente persuasivo.

Nesse caso, o que conduz o julgador a seguir o precedente é o seu convencimento sobre o acerto da quanto decidido e o cabimento da aplicação ao caso concreto em julgamento. O julgador se convence dos motivos determinantes da decisão (*ratio decidendi*) e, sem vinculação, mas por estar convencido, decide pela sua aplicação ao caso em julgamento.

Não há, aqui, qualquer força impositiva que obrigue a aplicação do precedente. Há puro convencimento. Portanto, sem força impositiva, sem vinculação, não há que se cogitar de obrigatoriedade de aplicação.

18 Art. 515. São títulos executivos judiciais, cujo cumprimento dar-se-á de acordo com os artigos previstos neste Título: VII – a sentença arbitral.

Quanto ao chamado precedente vinculante, a solução é diversa.

O Código de Processo Civil, no artigo 927, introduziu um modelo de vinculação imposto por expressa previsão legal, em regra de caráter geral, que se aplica ao processo estatal e ao processo arbitral.

É relevante, ainda que de forma breve, indicar quais precedentes judiciais vinculantes efetivamente vinculam o árbitro.

Não se pode desconsiderar, para esse fim, o fato de que o árbitro é autoridade jurisdicional que decide o conflito em única e última instância, cabendo a lembrança de que não existe revisão de mérito da decisão arbitral.

Em sendo assim, somente vinculam o árbitro os precedentes vinculantes com origem nas Cortes de Vértice do direito brasileiro, a saber: Superior Tribunal de Justiça e Supremo Tribunal Federal.

5 Mecanismos de controle

Sobre esse tema, ao meu sentir, dois são os mecanismos de controle possíveis quanto a não aplicação de precedentes judiciais vinculantes pelo árbitro na decisão arbitral, são eles: a Ação Anulatória e a Reclamação.[19]

Inicialmente, analiso o cabimento da Ação Anulatória, prevista no artigo 33, da LArb.[20]

---

19 Considerando o recorte deste artigo, deixo de analisar o cabimento da Impugnação ao Cumprimento de Sentença como mecanismo de controle sobre a aplicação de precedente vinculante pelo árbitro, em especial, a partir do § 12º, do artigo 525, do CPC, e artigo 33, §3º, da LArb.

20 Art. 33. A parte interessada poderá pleitear ao órgão do Poder Judiciário competente a declaração de nulidade da sentença arbitral, nos casos previstos nesta Lei.

Começo por afirmar que não é qualquer desconsideração de precedente vinculante pelo árbitro que possibilita a anulação da sentença arbitral.

Evidente que, se as partes convencionarem, na convenção de arbitragem, que os precedentes judiciais vinculantes serão observados na arbitragem, a sua não observância pura e simples, implicará em julgamento fora dos limites da convenção (artigo 32, IV, da LArb).[21]

Por outro lado, sendo omissa a convenção, duas situações merecem destaque: i) o árbitro reconhece e aplica o precedente vinculante, ainda que o tenha implementado ao caso concreto de modo equivocado; ii) o árbitro reconhece e deixa de aplicar o precedente, fazendo uso da distinção com o caso concreto, certa ou errada. São hipóteses em que não caberá a Ação Anulatória, por inexistir revisão de mérito da decisão arbitral. São erros de julgamento.

Sempre importante recordar que o artigo 489, §1º, inciso VI, do Código de Processo Civil, exige fundamentação expressa para o exercício da distinção.[22]

Na hipótese em que o árbitro deixa, de forma consciente, de aplicar o precedente judicial vinculante, ainda que não suscitado pelas partes, tem-se o cabimento da Ação Anulatória com fundamento no artigo 32, inciso IV, da LArb,[23] porquanto agiu fora dos limites

---

21 Um breve destaque. Não acredito seja possível, em arbitragem de direito brasileiro, as partes estabelecer na convenção a não observância dos precedentes judiciais vinculantes. Trata-se de disposição de ordem pública garantidora da integridade do sistema de jurisdição.

22 § 1º Não se considera fundamentada qualquer decisão judicial, seja ela interlocutória, sentença ou acórdão, que: VI – deixar de seguir enunciado de súmula, jurisprudência ou precedente invocado pela parte, sem demonstrar a existência de distinção no caso em julgamento ou a superação do entendimento.

23 IV – For proferida fora dos limites da convenção de arbitragem.

da convenção de arbitragem que lhe impôs o julgamento conforme o direito brasileiro.

Por fim, se as partes da arbitragem suscitam a incidência do precedente vinculante ao caso submetido a julgamento e o árbitro deixa de se manifestar sobre a sua aplicação ou não ao caso concreto, tem-se o cabimento da Ação Anulatória com fundamento no artigo 32, inciso III, c/c 26, inciso II, ambos da LArb,[24] por vício de fundamentação.

Portanto, são quatro as situações que se apresentam como possíveis, em uma arbitragem em que feita a opção pelo direito brasileiro, vejamos: 1) Árbitro reconhece e aplica o precedente, hipótese que não enseja anulação; 2) Árbitro reconhece o precedente e faz juízo de distinção fundamentado, ainda que equivocado, não enseja a anulação; 3) Árbitro ignora de forma consciente o precedente, enseja a anulação (LArb, 32, IV); e 4) Árbitro é provocado a se manifestar sobre o precedente e não o faz, enseja anulação por falta de fundamentação (LArb, art. 32, III, c/c 26, II).

Um ponto que penso merece reflexão e aprofundamento é o da utilização da Reclamação como mecanismo de controle da não aplicação dos precedentes judiciais vinculantes pelo árbitro na decisão arbitral.

A Reclamação possui previsão constitucional, estando seu procedimento regulado pelo Código de Processo Civil e, também, nos Regimentos Internos do Tribunais Superiores.[25]

---

24 III – não contiver os requisitos do art. 26 desta Lei; Art. 26. São requisitos obrigatórios da sentença arbitral: II – os fundamentos da decisão, onde serão analisadas as questões de fato e de direito, mencionando-se, expressamente, se os árbitros julgaram por equidade.

25 Art. 102. Compete ao Supremo Tribunal Federal, precipuamente, a guarda da Constituição, cabendo-lhe: I – processar e julgar, originariamente: l) a reclamação para a preservação de sua competência e garantia da autoridade de suas decisões; Art. 105. Compete ao Superior Tribunal

A Reclamação é um remédio constitucional de competência originária dos tribunais que tem por objetivo preservar a sua competência e/ou autoridade de suas respectivas decisões. Trata-se de ação de cognição exauriente e de natureza mandamental, motivo pelo qual, assim como ocorre no mandado de segurança, deve haver prova pré-constituída (art. 988, §2º, do CPC), já que não se admite dilação probatória.[26]

Aqui, vale o destaque da previsão constitucional para o cabimento da Reclamação visando preservar a autoridade das decisões das chamadas Cortes de Vértice – Supremo Tribunal Federal e Superior Tribunal de Justiça –, de modo que se revela, em minha opinião, evidente, que a utilização desse mecanismo de controle retira seu fundamento de validade diretamente da Constituição Federal e não do Código de Processo Civil, que apenas o regula.

O árbitro, portanto, ao, deliberadamente, deixar de aplicar um precedente judicial vinculante, em uma arbitragem de direito, suscitado ou não pelas partes, está violando uma decisão pronunciada pelas Cortes Superiores, surgindo a Reclamação como mecanismo capaz de recompor a autoridade da decisão descumprida.

Repito, por ser relevante, o fundamento da Reclamação está na Constituição Federal – garantia da autoridade das decisões do Tribunal – e não no Código de Processo Civil, este apenas regulamentador da norma, de modo que a previsão expressa dos incisos III e IV, do artigo 988, da norma infraconstitucional, seria mesmo

---

de Justiça: I – processar e julgar, originariamente: f) a reclamação para a preservação de sua competência e garantia da autoridade de suas decisões;

26 TAKOI, Sérgio Massaru. *Reclamação Constitucional*. São Paulo: Saraiva, 2013, p. 23, citado por Fernando Maluf e Letícia Tajara Fleury em Acima do Olimpo? Os Árbitros e a Reclamação constitucional, na obra Arbitragem e Constituição.

desnecessária, seja porque contida na Constituição, seja porque abarcada na repetição do seu inciso II.[27]

As levantadas objeções ao uso da Reclamação, trazidas no artigo 988, §5º, do Código de Processo Civil,[28] não se sustentam.

Primeiro, porque é possível a utilização da Reclamação, em sede de arbitragem, antes do trânsito em julgado da decisão arbitral, em face de uma decisão proferida no curso do procedimento ou, mesmo após a decisão final, ainda no prazo para o denominado "Pedido de Esclarecimentos".

Segundo, porque, diante da inexistência de recurso para outra esfera jurisdicional, quanto ao mérito da decisão arbitral, o árbitro decide a questão em última e única instância, estando esgotadas as instâncias ordinárias.

Conclusão

É preciso reconhecer a necessidade de uma convivência em harmonia entre a justiça privada e a justiça estatal, respeitando cada qual seu espaço de atuação, inclusive, reconhecendo a delimitação das intervenções naturais e excepcionais do poder judiciário no processo arbitral.

---

27 Art. 988. Caberá reclamação da parte interessada ou do Ministério Público para: II – garantir a autoridade das decisões do tribunal; III – garantir a observância de enunciado de súmula vinculante e de decisão do Supremo Tribunal Federal em controle concentrado de constitucionalidade; IV – garantir a observância de acórdão proferido em julgamento de incidente de resolução de demandas repetitivas ou de incidente de assunção de competência;

28 5º É inadmissível a reclamação: I – proposta após o trânsito em julgado da decisão reclamada; II – proposta para garantir a observância de acórdão de recurso extraordinário com repercussão geral reconhecida ou de acórdão proferido em julgamento de recursos extraordinário ou especial repetitivos, quando não esgotadas as instâncias ordinárias.

A harmonia na convivência entre as justiças estatal e privada, integrantes ambas de um mesmo e único sistema de jurisdição, é garantia da segurança jurídica e do estado democrático de direito, o que, em última análise, fortalece tanto a arbitragem, quanto o poder judiciário.

É justamente nesse contexto de harmonia entre justiças integrantes de um mesmo sistema de jurisdição, que se insere a obrigatoriedade de seguimento dos precedentes judiciais vinculantes das Cortes de Vértice pelo árbitro, em uma arbitragem de direito, escolhido que foi o direito brasileiro para a solução da controvérsia.

Não havendo "dois direitos", diante da opção legítima das partes pela aplicação do direito brasileiro na arbitragem, cabe ao árbitro respeitar precedentes vinculantes emanados das Cortes de Vértice – Superior Tribunal de Justiça e Supremo Tribunal Federal.

Para o controle da diligência do árbitro na aplicação dos precedentes vinculantes, dois mecanismos se apresentam como possíveis, a saber: a Ação Anulatória e a Reclamação.

Os mecanismos de controle estão distantes de representar intervenção indevida do poder judiciário no âmbito da Arbitragem. Constituem, em verdade, garantia segura de que partes, colocadas em uma mesma situação fático/jurídica, recebam de um sistema de jurisdição único, a mesma resposta jurisdicional.

Os valores igualdade e segurança jurídica não são negociáveis.

Referências bibliográficas

AMARAL, Guilherme Rizzo. "Arbitragem e precedentes". *In*: LEVY, Daniel; PEREIRA, Guilherme Setoguti J. (Coord.). *Curso de Arbitragem*. São Paulo: Thomson Reuters Brasil, 2018.

ARENHART, Sérgio Cruz. *Breves observações sobre o procedimento arbitral*. Disponível em: http://jus.com.br/artigos/7161. Acessado em: 18.03.2024.

BELLOCHI, Márcio. *Precedentes vinculantes e a aplicação do Direito brasileiro na convenção de arbitragem*. São Paulo: Revista dos Tribunais, 2017.

BERALDO, Leonardo de Faria. *Curso de Arbitragem*. São Paulo: Atlas, 2014.

BONILHA, Márcio Martins. "Do efeito vinculante da cláusula arbitral". *Revista de Arbitragem e Mediação*, nº 3. São Paulo: Revista dos Tribunais, 2004.

CAHALI, Francisco José. *Curso de Arbitragem*. 6ª ed. São Paulo: Revista dos Tribunais, 2017.

DANTAS, Marcelo Ribeiro Navarro. *Reclamação constitucional no Direito brasileiro*. Porto Alegre: Sérgio Antonio Fabris Editor, 2000.

DIDIER Jr., Fredie. *Curso de Direito Processual Civil*. Salvador: Juspodivm, 2016.

FARIA, Marcela Kohlbach de. "Vinculação do árbitro aos precedentes judiciais após a vigência do CPC/2015". *JusBrasil*. Disponível em: http://processualistas.jusbrasil.com.br/artigos/412259718/vinculacao-do-arbitro-os-precedentes-judiciais-apos-a-vigencia-do-cpc-2015. Acessado em: 18.03.2024.

FERREIRA, Olavo Augusto Viana Alves; ROCHA, Matheus Lins; FERREIRA, Débora Cristina Fernandes Ananias Alves. *Lei de Arbitragem Comentada*. 3ª ed. São Paulo: Juspodivm, 2023.

GRECO, Leonardo. "Controle Jurisdicional da Arbitragem". *Revista Brasileira de Arbitragem*, vol. 15, 2018.

LAMAS, Natalia Mizrahi. "Curso de Arbitragem". *In*: LEVY, Daniel; PEREIRA, Guilherme Setoguti J. *Introdução e princípios aplicáveis à arbitragem*. São Paulo: Revista dos Tribunais, 2018.

MARTINS, Pedro Batista. *Apontamentos sobre a Lei de Arbitragem*. Rio de Janeiro: Forense, 2008.

TALAMINI, Eduardo. "Arbitragem e precedentes: cinco premissas, cinco conclusões, um epílogo". *Migalhas*. Disponível em: http://migalhas.com.br/depeso. Acessado em: 18.03.2024.

THEODORO JÚNIOR, Humberto. "Arbitragem e terceiros: litisconsórcio fora do pacto arbitral". *Revista de Direito Bancário, do Mercado de Capitais e da Arbitragem*, São Paulo, 2001.

THEODORO JÚNIOR, Humberto; ANDRADE, Érico. *Precedentes no processo brasileiro*. Rio de Janeiro: Forense, 2021.

TUCCI, José Rogério Cruz e. "O árbitro e a observância do precedente judicial". *Consultor Jurídico*, 2016. Disponível em: http://www.conjur.com.br/2016-nov-01/paradoxo-corte-arbitro-observancia-precedente-judicial. Acessado em: 18.03.2024.

WALD, Arnold. "Os meios de judiciais de controle da sentença arbitral". *Revista de arbitragem e mediação*, nº 1. Rio de Janeiro: Revista dos Tribunais, 2004.

CAPÍTULO IX

POTESTATIVIDADE E LIQUIDEZ EM CLÁUSULA DE PLANO DE RECUPERAÇÃO JUDICIAL: ANÁLISE À LUZ DA SOBERANIA DA AGC COMO PRESSUPOSTO EPISTEMOLÓGICO DA RECUPERAÇÃO JUDICIAL

GEORGES ABBOUD

Introdução

O presente artigo tem como objeto analisar acórdão emitido pelo Tribunal de Justiça de São Paulo, após examinar o Agravo de Instrumento nº 2231597-71.2020.8.26.0000,[1] decidiu pela anulação de

1 AGRAVO DE INSTRUMENTO. DECISÃO QUE HOMOLOGOU PLANO DE RECUPERAÇÃO JUDICIAL. INSURGÊNCIA DE CREDOR

cláusulas integrantes do plano de recuperação judicial apresentado pela Novonor (antiga Odebrecht). A celeuma se instaurou quando um credor quirografário não financeiro repeliu o plano sob o argumento de que as condições de pagamento oferecidas a sua classe seriam ilegais, já que a sujeitariam à potestatividade das empresas Recuperandas, em flagrante violação ao art. 122 do CC.

Em apertada síntese, o plano de recuperação judicial em questão oferecia a todos os credores quirografários não financeiros, duas opções de pagamento. Uma, com vencimento a curto prazo, em montante certo e determinado, considerada válida pelo TJSP, e outra, com vencimento a longo prazo, sem deságio, com amortizações

---

QUIROGRAFÁRIO NÃO FINANCEIRO. CONSOLIDAÇÃO SUBSTANCIAL. DIREITO DE VOTO DAS INSTITUIÇÕES FINANCEIRAS. GARANTIAS. ALEGAÇÃO DE MANIPULAÇÃO DE VOTOS AFASTADA. CLÁUSULA ILÍQUIDA. PRAZO E INSTRUMENTOS DE PAGAMENTO. INADMISSIBILIDADE. RECURSO PARCIALMENTE PROVIDO. 1. Recurso interposto contra decisão que homologou o plano consolidado aprovado pelos credores, concedendo a recuperação judicial às empresas 'Kieppe Participações e Administração Ltda', 'Odebrecht Investimentos S.A', 'Odebrecht S.A', 'Edifício Odebrecht RJ S.A', 'Odebrecht Properties Investimentos S.A' e 'Odebrecht Energia Investimentos S.A'. 2. Ilegitimidade do agravante para questionar a rejeição da consolidação substancial da OSP Investimentos S.A, uma vez que não é credor da referida empresa. 3. Deliberação sobre a consolidação substancial que deveria respeitar a autonomia de cada uma das recuperandas, colhendo-se os votos de maneira individualizada. 4. Deve ser afastada a alegação de manipulação de votos, pois o plano consolidado seria aprovado, ainda que excluído o direito de voto dos bancos, o que indica a concordância da maioria dos credores com o plano apresentado. 5. Instrumentos de pagamento que impossibilitam ao credor saber se receberá ou não seu crédito na data de pagamento. Plano ilíquido. Incidência do art. 122 do Código Civil. 6. A extensão do prazo de pagamento por 15 anos reforça a incerteza do que acontecerá se, transcorrido os 25 anos previstos, a dívida não tiver sido adimplida. 7. Agravo de instrumento parcialmente provido (TJSP, 1ª Câmara Reservada de Direito Empresarial, Rel. Alexandre Lazzarini, j. 24/02/2021).

periódicas e devidamente atualizados, entendida, pelo Tribunal, como potestativa e ilíquida.

Chamemo-las Primeira e Segunda Opções. Por meio da Primeira Opção, previu-se o pagamento, em dinheiro, de até certa quantia, numa única parcela, com vencimento em data certa, a cada credor que a escolhesse. Como alternativa, o PRJ ofereceu dois componentes de pagamento, integrantes da Segunda Opção. O primeiro deles corresponde a pagamentos em dinheiro, no valor de até certa quantia (muito mais elevada que aquela da Primeira Opção), devidos até dezembro de 2025 (Pagamentos em Dinheiro), condicionados eles à distribuição de dividendos por parte de entidades controladas pelas Recuperandas, decorrentes de suas atividades e/ou da alienação de ativos, sujeitos a determinadas regras.

O segundo se trata da utilização do saldo remanescente do crédito concursal, do credor quirografário não financeiro, sem qualquer deságio, para a subscrição de determinados Instrumentos de Pagamento. Estes podem ser debêntures públicas, privadas ou o próprio Plano, conforme livremente optado pelos credores, as quais têm data certa de vencimento: 25 anos contados da homologação do PRJ, prorrogáveis por 15 adicionais, se preenchidos certos requisitos objetivos, além de taxa de juros de 100% do IPCA, observado o Bônus de Adimplência.

Nas linhas que seguem analisaremos a questão à luz da soberania da Assembléia-Geral de credores como categoria central do instituto da recuperação judicial e dos conceitos técnicos de potestatividade e liquidez.

1 A soberania da Assembléia-Geral de credores como pressuposto epistemológico da recuperação judicial

Como é de sabença, em regra a deliberação da assembleia é soberana, reconhecendo-se aos credores, diante da apresentação de laudo econômico-financeiro e de demonstrativos e pareceres acerca da viabilidade da recuperação, o poder de decidir pela conveniência de se submeter ao plano de recuperação, ou pela realização do ativo com a decretação da quebra. No caso em questão o Plano foi aprovado por expressiva e impressionante maioria em Assembleia-Geral de Credores realizada em meados de 2020.

A intervenção do Poder Judiciário se limita, em casos como esse, a verificar a ocorrência de alguma ilegalidade nos atos deliberativos, seja na formação da vontade dos credores, seja na conformação dos termos do plano aos ditames da lei, excluindo-se da sua apreciação aquilo que é de competência da AGC, repita-se: a viabilidade e o conteúdo econômicos do plano e a deliberação sobre os termos da proposta.

A soberania da assembleia é ressaltada por eminentes juristas que vêem um espaço importante, mas pequeno,[2] para a intervenção judicial. Aliás, o protagonismo dos credores é, como se sabe, uma das mais importantes notas distintivas do atual regramento recuperacional. Tratando especificamente das principais diferenças entre o sistema recuperacional instituído pela LRE e o revogado DL

---

2 Na mesma linha, ver CUNHA, Fernando Antonio Maia da; DIAS, Maria Rita Rebello Pinho. *Comentários à Lei de Recuperação de Empresas e Falência*: Lei n. 11.101, de 09 de fevereiro de 2005. São Paulo: Contracorrente, 2022: "*Embora o mérito da deliberação da AGC não se submeta ao magistrado, cabe-lhe assegurar a regularidade do procedimento de convocação, ao quórum de instalação e à invalidação das deliberações que afrontem a lei ou estejam em abuso de direito*" (p. 276, comentário ao art. 35 I "a" da LRE) e "*O artigo 50 estabelece rol exemplificativo dos métodos de recuperação judicial que poderão ser utilizados pela empresa em crise econômico-financeira. Nesse sentido, poderá a devedora optar por outros meios não incluídos no dispositivo, ou adotar mais de um método previsto legalmente, desde que não lesionem princípios e regras jurídicas estabelecidos pela LREF, e sejam especificados no plano de recuperação judicial e deliberados pela coletividade de credores*" (pp. 343/344, comentário ao art. 50 da LRE).

7.661/1945, Paulo Fernando Salles de Toledo e Adriana V. Pugliesi asseveram que:

> Ao contrário das engessadas fórmulas previstas na concordata, cuja finalidade era restrita ao pagamento dos credores quirografários; a Lei 11.101/2005 inovou ao conceber que a superação das dificuldades do devedor ocorrerá por intermédio de um plano de recuperação, cujo conteúdo é livre, podendo englobar todas as medidas necessárias para restabelecer o equilíbrio financeiro da atividade empresarial, em conformidade com as exigências de cada caso concreto.[3]

Como se vê, o próprio plano de recuperação, para o qual a AGC é soberana, é uma das mais importantes notas distintivas do atual regramento recuperacional, o que torna qualquer intervenção judicial algo ainda mais delicado de ser levado a cabo.[4] No mesmo sentido anota Marcelo B. Sacramone:

> Diante da atribuição legal aos credores para aferir a viabilidade econômica do plano de recuperação judicial, a Assembleia Geral dos Credores é autônoma. A consideração pelos credores

---

3 TOLEDO, Paulo Fernando Campos Salles de; PUGLIESI, Adriana Valéria. "A Preservação da Empresa e seu Saneamento". *In*: BEZERRA FILHO, Manoel Justino *et al.* (Coord.). *Tratado de Direito Empresarial*: recuperação empresarial e falência. vol. V. 2ª ed. São Paulo: Revista dos Tribunais, 2018, p. 89.

4 Nesse sentido, ensina Paulo Fernando Campos Salles de Toledo que "(c)om efeito, ao ingressar na análise econômico-financeira do plano o juiz estará ultrapassando o limite correspondente ao controle da legalidade. Estará penetrando no exame do mérito das negociações, e este é um terreno reservado exclusivamente às partes. Não lhe cabe substituí-las, e sim verificar se o acordo a que chegaram tem ou não respaldo jurídico" (TOLEDO, Paulo Fernando Campos Salles de; PUGLIESI, Adriana Valéria. "O Plano de Recuperação Judicial". *In*: BEZERRA FILHO, Manoel Justino *et al.* (Coord.). *Tratado de Direito Empresarial*: recuperação empresarial e falência. vol. V. 2ª ed. São Paulo: Revista dos Tribunais, 2018, p. 316).

> sobre a viabilidade econômica da empresa e a aprovação ou rejeição do plano de recuperação judicial não poderão sofrer alterações pelo Juízo. Ao Judiciário não é dado intervir no mérito do plano de recuperação judicial ou alterar a deliberação dos credores. O Judiciário apenas conduz a relação jurídica processual que permitirá ao devedor negociar com os seus credores a melhor alternativa para superarem, juntos, a crise que acomete o devedor.[5]

Não é por menos que, de acordo com a jurisprudência do STJ, o plano aprovado em assembleia possui natureza predominantemente contratual, sendo proibido ao magistrado se imiscuir nas especificidades de conteúdo econômico aprovadas entre o devedor e os seus credores, entre as quais se inclui, obviamente, a concessão

5 João Pedro Scalzilli, Luis Felipe Spinelli e Rodrigo Tellechea afirmam, corroborando: "Efetivamente, ao Estado-juiz foi atribuído o papel fundamental de supervisionar o procedimento e garantir a lisura da tomada de decisão pela assembleia. Cabe a ele assegurar que a deliberação esteja ao abrigo das garantias legais das partes e que não haja abusos. A decisão mais relevante, no entanto, foi transferida para os credores, sendo deles a prerrogativa de julgar a viabilidade do plano apresentado para recuperar a empresa em crise (...). Em síntese, a exequibilidade do plano e a viabilidade econômico-financeira da recuperanda não devem ser objeto de escrutínio judicial – nem objeto de perícia técnica judicial –, pois a assembleia é soberana no encaminhamento dessas questões. Em outras palavras, o exame de conveniência e de oportunidade da aprovação do plano é dos credores e somente deles" (SCALZILLI, João Pedro; SPINELLI, Luis Felipe; TELLECHEA, Rodrigo. *Recuperação de empresas e falência*: teoria e prática na Lei 11.101/2005. 3ª ed. São Paulo: Almedina, 2018, pp. 474 e 478. Cf. também AYOUB, Luiz Roberto; CAVALLI, Cássio. *A Construção Jurisprudencial da Recuperação Judicial de Empresas*. 4ª ed. Rio de Janeiro: Forense, 2020).

de prazos, descontos e alteração dos meios de pagamento para o adimplemento dos débitos.[6] [7]

Esse ponto é de tal relevância que deve ser novamente ressaltado. A recuperação judicial destina-se a

> gerar condições de negociação para superação da crise da empresa, criando-se um ambiente regulamentado, tanto para o devedor quanto para os credores, pois as regras de mercado são temporariamente substituídas pela vontade da lei.[8]

As formas pelas quais os créditos serão satisfeitos compõem o conteúdo do ambiente assegurado pela Lei. Noutras palavras, incumbe ao Judiciário zelar pelo espaço e pelas condições dentro

---

6 STJ, 3ª T., REsp 1634844-SP, rel. Min. Ricardo Villas Bôas Cueva, j. 12.3.2019, v.u., DJUe 15.3.2019; STJ, 3ª T., AgIntAREsp 1325791-RJ, rel. Min. Marco Aurélio Bellizze, j. 29.10.2018, v.u., DJUe 5.11.2018; STJ, 3ª T., REsp 1660313-MG, rel. Min. Nancy Andrighi, j. 15.8.2017, v.u., DJUe 22.8.2017; STJ, 4ª T., REsp 1359311-SP, rel. Min. Luis Felipe Salomão, j. 9.9.2014, v.u., DJUe 30.9.2014; STJ, 3ª T., REsp 1660195-PR, rel. Min. Nancy Andrighi, j. 4.4.2017, v.u., DJUe 10.4.2017.

7 Destacamos: "Afigura-se absolutamente possível que o Poder Judiciário, sem imiscuir-se na análise da viabilidade econômica da empresa em crise, promova controle de legalidade do plano de recuperação judicial que, em si, em nada contemporiza a soberania da assembleia geral de credores. A atribuição de cada qual não se confunde. À assembleia geral de credores compete analisar, a um só tempo, a viabilidade econômica da empresa, assim como da consecução da proposta apresentada. Ao Poder Judiciário, por sua vez, incumbe velar pela validade das manifestações expendidas, e, naturalmente, preservar os efeitos legais das normas que se revelarem cogentes". (STJ, 3ª T., REsp 1532943-MT, rel. Min. Marco Aurélio Bellizze, j. 13.9.2016, DJUe 10.10.2016).

8 TOLEDO, Paulo Fernando Campos Salles de; PUGLIESI, Adriana Valéria. "O Plano de Recuperação Judicial". *In*: BEZERRA FILHO, Manoel Justino *et al.* (Coord.). *Tratado de Direito Empresarial*: recuperação empresarial e falência. vol. V. 2ª ed. São Paulo: Revista dos Tribunais, 2018, p. 207.

dos quais credores e devedores irão negociar e, uma vez em acordo, devem ter suas respectivas vontades respeitadas.

No exato mesmo sentido caminha o Enunciado nº 46 da I Jornada de Direito Comercial do Conselho da Justiça Federal ao dispor que "Não compete ao juiz deixar de conceder a recuperação judicial ou de homologar a extrajudicial com fundamento na análise econômico-financeira do plano de recuperação aprovado pelos credores".

Logo, a simples aceitação pelos credores quirografários de um meio de pagamento que esteja vinculado a eventos que envolvam risco empresarial – que, conforme veremos em detalhes abaixo, possuem outra opção de pagamento – não configura, de forma alguma, ilegalidade apta a ensejar a intervenção do Judiciário. Como visto, trata-se de risco inerente às atividades das Recuperandas, sociedades *holding*, que já haviam sido assumidos pelos credores antes mesmo da recuperação judicial.

Muito ao contrário: trata-se de condição pactuada dentro do ambiente negocial garantido pela lei e em linha com as atividades de gestão de participações societárias e investimentos das Recuperandas. Ou seja, nos parece que, no caso em tela, o regramento legal cumpriu sua exata função. Lembramos que, no caso concreto, os Instrumentos de Pagamento previstos pelo PRJ possuem prazo de vencimento certo e determinado, sendo o Caixa para Distribuição um mero mecanismo de amortizações intermediárias até o vencimento das obrigações. E segundo a mecânica estabelecida pelo plano, os acionistas ficam em segundo plano até o pagamento parcial ou integral das dívidas, havendo completo alinhamento de interesses.

Para além do argumento jurisprudencial e dogmático, há uma razão teórica e filosófica pela qual o Judiciário paulista incorreu em flagrante ilegalidade, ao rejeitar a Segunda Opção de pagamento aos credores quirografários.

Processos de insolvência são procedimentos altamente complexos, nos quais conhecimentos de ordem técnica, produzidos pelos mais interessados e mais afetados pela Recuperação Judicial, orientam tomadas de decisão coletivas, que implicam sacrifícios e concessões.

Diante de situações assim, pede-se, do Poder Judiciário, uma postura deferente, respeitosa às deliberações dos credores e da Recuperanda. Não se quer dizer que o Judiciário não possa controlar tais processos, mas sim que ele – o Estado – deve exercer esse controle dentro de limites específicos. A análise deve recair sobre o cumprimento da lei, e não sobre a viabilidade econômica e financeira da proposta de recuperação.

A judicialização de temas de alta complexidade técnica é um dos objetos de estudos da vanguarda da atual teoria do direito. Entre os vários autores contemporâneos que a assumiram como tema de suas reflexões, gostaríamos de destacar Adrian Vermeule.

Retomando a ideia desenvolvida em obra intitulada *Interpretation and Institutions*, Vermeule defende que o contexto da adjudicação reclama, para alguns temas, um grau de qualidade epistêmica (*epistemic quality*) que só corpos coletivos de composição variada podem oferecer.[9]

O diagnóstico de Vermeule nos serve para afirmar o seguinte: em questões de uma complexidade tal que o direito não pode responder apelando para os códigos lícito/ilícito, constitucional/inconstitucional, é preciso que, em casos de recuperação judicial, a jurisdição reconheça seus limites epistemológicos, cultivando uma postura de genuína deferência às AGCs, no que diz respeito à expertise técnica, cognitiva e econômico-financeira desses órgãos de deliberação, notadamente quando se está diante de um caso em que a grande maioria dos credores possui perfil qualificado e profissional.

Não seria razoável pensar que as Recuperandas e seus respectivos credores não tivessem buscado o devido aconselhamento econômico-financeiro para decidir acerca de um ponto crucial em uma das maiores recuperações judiciais do Brasil.

---

9 VERMEULE, Adrian. *Law and the limites of reason*. Oxford: Oxford Univeristy Press, 2009, p. 59.

É notável que as condições acordadas tenham logrado uma impressionante porcentagem de adesão pelos credores, o que tão somente demontra que, ao revés dos julgados mencionados pelo acórdão em análise, os maiores interessados na manutenção do Grupo projetaram que as condições de pagamento oferecidas aos credores quirografários não financeiros, tal como negociadas, são uma boa solução ou uma solução razoável e, portanto, aceitável dentro das limitações inerentes a uma empresa em crise.

Rejeitar essa posição soberana, legal e legítima dos credores é, na esteira das lições de Vermeule, uma demonstração de fechamento epistemológico.

Não é por menos que a própria LRE, ao dispor sobre os limites da atuação judicial, poupa justamente esse núcleo duro do controle direto, proibindo o Poder Judiciário de se debruçar sobre tais matérias, diante do risco de proferir uma decisão não só ilegal, como cognitivamente deficiente.

Nessa perspectiva, instâncias especializadas, tais como a AGC, são mecanismos de geração e processamento de informações (*engines for generationg and processing information*).

A soberania dos credores, cientes de seus próprios interesses, adquire, assim, relevância ainda maior num contexto em que o próprio instituto da recuperação judicial deve ser constantemente reinterpretado para que possa contornar as novas complexidades que se apresentam na atual seara econômica.

Os credores reunidos em assembleia reúnem elementos econômico-financeiros que não são próprios do direito e, nessa condição, servem de acomplamento entre estruturas jurídicas e econômicas (que são, desde uma perspectiva sistêmica, ambiente para o sistema jurídico) para que o ambiente possa ser descomplexificado.[10]

---

10 LUHMANN, Niklas. *Rechtssoziologie*. 3ª ed. Opladen: Westdeutscher Verlag, 1987, pp. 40 e ss.; NEVES, Marcelo. *Constituição e Direito na Modernidade periférica*: uma abordagem teórica e uma interpretação

O fechamento epistemológico pode tornar esse acoplamento insuficiente, impedindo que as novas situações complexas sejam bem estruturadas e, como visto, até mesmo gerar situações de maior complexidade.[11]

Mesmo se assim não fosse, a matéria (opções de pagamento) integra, segundo uma perspectiva dogmática tradicional, a esfera de direitos disponíveis dos credores e pode ser livremente transacionada, graças à autonomia privada e liberdade contratual.

2 Exame da liquidez e da ausência de potestatividade na opção de pagamento contestada

Como visto acima, o TJSP considerou a Segunda Opção de pagamento ilegal posto que supostamente puramente potestativa e ilíquida.

Como bem se sabe, o art. 122 do CC toma por ilícitas as condições conhecidas por puramente potestativas no trecho em que se reporta àquelas que "sujeitarem ao puro arbítrio de uma das partes".

A condição vedada pelo ordenamento não é, portanto, a potestativa, ou seja, aquela que dependa, em algum grau, da vontade de um dos contratantes. Antes, é necessário que ela seja simplesmente potestativa, ou seja, que dependa somente do arbítrio de um dos contratantes.

---

do caso brasileiro. 1ª ed. São Paulo: WMF Martins Fontes, 2018, pp. 33-36.

11 Há uma carência muito elevada de capacidade funcional e capacidade de desempenho dos sistemas diferenciados; eles não estão em condição de estruturar ou determinar suficientemente a complexidade". (NEVES, Marcelo. *Constituição e Direito na Modernidade periférica*: uma abordagem teórica e uma interpretação do caso brasileiro. 1ª ed. São Paulo: WMF Martins Fontes, 2018, p. 15).

Dois aspectos precisam ser destacados. Em primeiro lugar, a condição puramente potestativa depende somente do arbítrio do contratante. Vale dizer, independe de quaisquer outras condições externas ou da conjunção de outras vontades, como é típico da administração empresarial.[12]

Em segundo lugar, o comportamento que se espera do contratante que pactuou a condição ilícita é a de que atue de forma arbitrária, ou seja, sem balizamento, quiçá de forma irracional ou puramente egoísta.[13]

Não é em absoluto difícil compreender as razões pelas quais a identificação da cláusula ilegal por potestatividade pura é tão tormentosa. Em primeiro lugar, há que se identificar se o implemento da condição depende exclusivamente da vontade do contratante e, em segundo lugar, se essa vontade é arbitrária, quiçá dolosa, e independente de condições externas que, muito embora a princípio não influenciem a eficácia do contrato diretamente, podem influir na formação da vontade do contratante.[14]

O REsp 291631-SP é um dos mais emblemáticos julgados do STJ acerca do tema da potestatividade pura.[15] Lá, tratou-se da

---

12 ASCENSÃO, José de Oliveira. *Direito Civil – Teoria Geral*: ações e fatos jurídicos. 3ª ed. nº 186. São Paulo: Saraiva, 2010 (e-book).

13 NERY JUNIOR, Nelson; NERY ANDRADE, Rosa Maria de. *Código Civil Comentado*. São Paulo: Revista dos Tribunais, 2022, coment. 5 ao CC 122 (e-book).

14 "A condição vedada, puramente potestativa, distingue-se da condição potestativa (ou meramente potestativa), que é lícita. As potestativas são aquelas que, embora condicionadas à vontade de uma das partes, não dependem tão só de seu arbítrio unilateral. Para essas condições, que dependem da vontade de uma das partes e também de outros fatores, objetivos e/ou subjetivos" (NERY JUNIOR, Nelson; NERY ANDRADE, Rosa Maria de. *Código Civil Comentado*. São Paulo: Revista dos Tribunais, 2022, coment. 6 ao CC 122 (livro digital).

15 STJ, 3ª T., REsp 291631-SP, rel. Min. Castro Filho, j. 4.10.2001, DJ 15.4.2002.

seguinte situação: o Ituano Futebol Clube cedeu certo jogador de futebol ao São Paulo Futebol Clube mediante contrato que previa uma participação do Ituano de 50% no lucro do São Paulo "caso o 'passe' do jogador fosse vendido a outro clube até 31.12.1994, ou 25%, se tal ocorresse entre 1º/01/1995 e 31/08/1995".[16]

Apesar de ter recebido propostas de transferência, o São Paulo as recusou, optando por vender o jogador apenas em 10.10.1995, ou seja, pouquíssimos dias após o fim da vigência da referida cláusula que beneficiaria o Ituano.

A possibilidade de o São Paulo recusar injustificadamente as propostas de compra do referido jogador, somado ao fato de que o mesmo clube cedeu-o poucos dias depois do prazo em que nada mais seria devido ao Ituano, demonstram que a decisão, de fato, dependia apenas do primeiro clube, que pôde, por sua vez, manejar o contrato de tal forma a torná-lo o mais rentável possível, ainda que às custas do segundo clube.

Identificam-se, portanto, as duas peculiaridades notadas acima: o "passe" do jogador dependia única e exclusivamente da vontade do São Paulo, vontade essa, ao menos aparentemente, arbitrária.

O caso em análise não identifica nem de longe a mesma simplicidade do julgado paradigma do STJ. Conforme mencionado acima, na Segunda Opção de pagamento, haverá a utilização do saldo remanescente do crédito concursal, do credor quirografário não financeiro, sem qualquer deságio, para a subscrição de determinados Instrumentos de Pagamento, que podem ser debêntures públicas, privadas ou o próprio Plano, conforme livremente optado pelos credores.

Os Instrumentos de Pagamento previstos na Segunda Opção estão sujeitos a condições que não dependem exclusivamente da

16 P. 3/21 do acórdão.

vontade das Recuperandas e não estão sujeitas ao seu puro arbítrio. Isso porque dependem de fatores externos e condições de mercado. A única condição a que estão sujeitos os Instrumentos de Pagamento é o desempenho financeiro das Recuperandas e a sua capacidade de geração de caixa, de modo a apurar o Caixa para Distribuição em cada bimestre a partir de 2023.

Veja-se que os recursos do Caixa para Distribuição, que deverão ser distribuídos aos credores por meio dos Instrumentos de Pagamento, vão além do lucro das Recuperandas. Na verdade, os Instrumentos de Pagamento conferem aos seus titulares o direito proporcional a todos e quaisquer recursos existentes no caixa das Recuperandas, em cada bimestre, que superar o valor mínimo de R$ 300 milhões, independentemente de haver ou não lucro no período.

Lembramos, ainda, que o Plano previu mecanismo de fiscalização da apuração do Caixa para Distribuição, nomeando Agente de Monitoramento independente, responsável por acompanhar e fiscalizar a formação do caixa ser distribuído para pagamento dos credores, afastando ainda mais qualquer potestatividade dessa condição de pagamento.

Tendo em vista as atividades desempenhadas pelas Recuperandas – sociedades *holding* – os recursos do Caixa para Distribuição poderão ser originidos da distribuição de dividendos por parte de entidades controladas pelas Recuperandas decorrente de suas atividades ou alienação de seu ativo.

Ora, presumir a potestatividade pura do recebimento de dividendos e geração de caixa oriundas de quaisquer fontes, sem restrição, pelas Recuperandas importa presumir sua má-fé num ponto específico do PRJ, sem fazê-lo nos demais, o que nos parece uma assunção de premissa um tanto arbitrária por parte do TJSP.

Ademais, ao presumir a má-fé das Recuperandas, o TJSP assume automaticamente a premissa de que as empresas descumprirão os comandos legais previstos na LSA 2º e 116 p.ú. Ora, toda e qualquer empresa busca lucro, e a consecução do objeto social das respectivas empresas é um dever de acionistas e administradores.

O TJSP também desconsidera que o risco empresarial relacionado às atividades das Recuperandas sempre foi assumido pelos credores, tendo em vista que se tratam de sociedades *holding*, gerando receitas a partir da distribuição de recursos de suas controladas e alienação de ativos para pagamento de seus credores. Noutras palavras, os credores estão sujeitos, agora, aos mesmos riscos empresariais a que sempre estiveram.

Supor que as Recuperandas arbitrariamente – como se tais decisões independessem de complexos raciocínios empresariais e de mercado e que a busca pelo lucro pudesse simplesmente ser abandonada sem quaisquer justificativas – pudessem deixar de exercer seu objeto social, significa corroer todos os pilares sob os quais se fundam não só as relações privadas em geral, como, também, o próprio elemento da confiança que deve existir entre credores e devedores.

Além disso, destaca-se que os Instrumentos de Pagamento previstos pela Segunda Opção podem ser imediatamente negociados pelos credores, de modo que seu crédito assumirá liquidez e materialidade imediatas e sem que as Recuperandas possam opôr qualquer tipo de objeção.

Isso para não mencionarmos que essa sequer é a única opção de pagamento – há, como visto, a Primeira Opção, de pagamento automático aos credores que por ela optarem, além dos Pagamentos em Dinheiro previstos na Segunda Opção a serem implementados até 2025.

Lembramos, acima, que a nota distintiva da atual LRE é a utilização de um plano para permitir que empresas viáveis superem suas crises. Certas práticas de mercado são momentaneamente relativizadas, e a função do direito é garantir um espaço de negociação lícito entre credores e devedores.

A previsão de meios de pagamento que levem ao compartilhamento do risco empresarial pode ser reconduzida àquilo que Daniel Carnio Costa denomina teoria da divisão equilibrada de ônus na recuperação judicial.[17]

Se, conforme Carnio Costa, o "ônus suportado pelos credores em razão da recuperação judicial só se justifica" se o desenvolvimento da empresa gerar os benefícios sociais reflexos, que "são decorrentes do efetivo exercício dessa atividade".[18] Pressupor que a empresa não atuará em prol do próprio desenvolvimento significa rejeitar a possibilidade de cumprimento de toda e qualquer cláusula do plano.

Se dentro do ambiente de negociação proporcionado pela LRE os credores poderiam aceitar deságios – ou sequer habilitar os próprios créditos, diga-se de passagem – por qual razão não poderiam assumir a possibilidade de receberem seus créditos em condições mais vantajosas mediante a verificação de sucesso da empresa no exercício do seu objeto social?

Ademais, a corroborar a complexidade por detrás das cláusulas puramente potestativas está o recentíssimo REsp nº 1990221-SC,

17 "A recuperação judicial deve ser boa para o devedor, que continuará produzindo para pagamento de seus credores, ainda que em termos renegociados e compatíveis com sua situação econômica. Mas também deverá ser boa para os credores, que receberão os seus créditos, ainda que em novos termos e com a possibilidade de eliminação desse prejuízo no médio ou longo prazo, considerando que a recuperanda continuará a negociar com seus fornecedores. Entretanto, não se pode perder de vista que tudo isso se faz em função do atingimento do benefício social e, portanto, só faz sentido se for bom para o interesse social" (COSTA, Daniel Carnio. "Reflexões sobre processos de insolvência: divisão equilibrada de ônus, superação do dualismo pendular e gestão democrática de processos". *Cadernos Jurídicos*, São Paulo, ano 16, nº 39, jan.-mar. 2015, p. 64).

18 COSTA, Daniel Carnio. "Reflexões sobre processos de insolvência: divisão equilibrada de ônus, superação do dualismo pendular e gestão democrática de processos". *Cadernos Jurídicos*, São Paulo, ano 16, nº 39, jan.-mar. 2015, p. 64.

no bojo do qual o STJ viu-se confrontado com a necessidade de analisar a "validade de estipulação que conferia ao credor a possibilidade de exigir, 'tão logo fosse de seu interesse', a transferência da propriedade de imóvel".[19]

Ainda que o Tribunal tenha cogitado a possibilidade de o avençado consubstanciar termo incerto ou indeterminado – e não propriamente uma condição puramente potestativa, frisou-se que "mesmo admitindo tratar-se de condição, seria de rigor verificar quem ela beneficiava (credor e devedor), não havendo falar, por isso, em falta de seriedade na proposta ou risco à estabilidade das relações jurídicas" (destaques nossos).

Ou seja, entendeu a 3ª Turma do STJ que, em tese mesmo uma condição puramente potestativa pode ser considerada válida se for útil ou conveniente às partes, razão adicional para se considerar que tal utilidade ou conveniência encontra-se na seara econômico-financeira dentro da qual não incumbe ao Judiciário se imiscuir.

Nos parece, portanto, irrazoável, quiçá ilógico, pretender que a movimentação de caixa da Companhia seja algo arbitrário. Primeiro porque contraria a própria razão de ser da empresa e os deveres de acionistas e administradores.

Outrossim, presumir a má-fé da Companhia – em descumprimento do art. 113 do CC – significaria dizer que as Recuperandas não estão seriamente engajada em se reerguer. Trata-se de contradição interna a que chega o TJSP, porque presume a boa-fé das Recuperandas no que diz respeito à imensa maioria dos deveres impostos, mas, casuisticamente – Segunda Opção de pagamento – presume a violação desse dever central.

Igualmente equivocado, nos parece, foi o uso feito pelo TJSP do conceito de *liquidez*, e que demanda alguma explicação.

---

19 STJ, 3ª T., REsp, nº 1990221-SC, rel. Min. Moura Ribeiro, j. 3.5.2022, DJe 13.5.2022.

Em primeiro lugar, é de todo recomendável anotarmos que esse não é um conceito jurídico, mas, antes, econômico. O termo *liquidez*, acordo com Gregory Mankiw, descreve "a facilidade com que um ativo pode ser convertido no meio de troca da economia",[20] ou seja, dinheiro. Dito de outra forma, um ativo "é considerado líquido se puder ser convertido em dinheiro rapidamente e com pouca perda de valor". (Samuelson/Nordhaus).[21]

No Código de Processo Civil, a liquidação a que se refere, por exemplo, o art. 509, tem essa função de expressar a obrigação em pecúnia ou identificar a "expressão monetária do pedido de tutela jurisdicional".[22] Mais do que isso – e mais adaptado à complexidade do caso em tela – é a posição do STJ segundo a qual o conceito de liquidez é atrelado *à identificação dos elementos* que permitam a definição dos "bens da vida a serem prestados":

> PROCESSUAL CIVIL. ADICIONAL DE INSALUBRIDADE. OBRIGAÇÃO LÍQUIDA. BASE DE CÁLCULO. ARTIGOS DE LEI INÁBEIS PARA COMBATER O ACÓRDÃO RECORRIDO. SÚMULA 284/STF. JUROS DE MORA A PARTIR DO INADIMPLEMENTO. SÚMULA 83/STJ. REVISÃO DA LIQUIDEZ. SÚMULA 7/STJ.
>
> (...)
>
> 2. É consolidada a jurisprudência do STJ de que é líquida a sentença que contém em si todos os elementos que permitem definir a quantidade de bens da vida a serem prestados, dependendo apenas de cálculos aritméticos apurados mediante critérios constantes do próprio título ou de fontes oficiais

---

20 MANKIW, Nicholas Gregory. *Principles of Economics*. 3ª ed. South-Western, 2003, p. 609.

21 SAMUELSON, Paul A.; NORDHAUS, William D. *Economics*. 19ª ed. McGraw-Hill, 2010, p. 288.

22 SCARPINELLA, Bueno Cassio *et al*. (Coord.). *Comentários ao Código de Processo Civil*: da liquidação e do cumprimento de sentença. vol. 10. São Paulo: Saraiva, 2018, p. 34.

> públicas e objetivamente conhecidas. Sendo líquida a obrigação, os juros de mora fluem a partir da data do vencimento, ou seja, do inadimplemento (art. 397 do CC/2002), também conforme firme posicionamento do STJ.
>
> Precedentes: AgInt no AREsp 2.058.722/AL, Rel. Min. Manoel Erhardt (Desembargador convocado do TRF5), Primeira Turma, DJe 19.4.2022;
>
> AgInt no AREsp 1.366.316/AL, Rel. Min. Francisco Falcão, Segunda Turma, DJe 26.6.2020; AgInt no REsp 1.817.462/AL, Rel. Min. Herman Benjamin, Segunda Turma, DJe 29.10.2019.
>
> (...).[23]

O já referido segundo mecanismo da Segunda Opção de pagamento consiste na utilização do saldo remanescente do crédito até dezembro de 2025, sem deságio, para a subscrição de instrumentos de pagamento com data certa de vencimento e vinculados à geração de caixa das Recuperandas e à materialização de eventos em si plenamente determinados.

Não nos parece haver iliquidez já que os contornos identificadores do bem da vida a ser recebido pelos Credores estão completa e evidentemente definidos.

As Recuperandas instituíram até um sofisticado mecanismo interno de controle que é o monitoramento das amortizações, determinado *pro rata* de acordo com a quantidade de Instrumentos titularizada por cada credor aplicada sobre o total a ser distribuído bimestralmente pelas Recuperandas, com base em relatório contábil conferido, revisado e fiscalizado por agente independente de monitoramento.

---

23 STJ, AgInt no AREsp n. 2.151.250/AL, relator Ministro Herman Benjamin, Segunda Turma, julgado em 15/12/2022, DJe de 19/12/2022.

Conclusão

Conforme explorado acima, a grande mudança de paradigma implementada pela L 11.101/2005 foi a adoção do uso de *planos* de recuperação judicial de conteúdo negocial como forma de superação das crises empresariais. Se por um lado o espaço aberto por um plano aumenta a complexidade das soluções possíveis, e, portanto, da quantidade de crises absorvíveis, por outro aumenta a responsabilidade do direito quanto a intervenções potencialmente lesivas.

Vale dizer, ao se valer de critérios próprios que não necessariamente são os mesmos dos outros sistemas com que dialoga – aqui, a economia – o Direito pode produzir uma regulação catastrófica, ou, no mínimo, sem efeito.[24] Se por liquidez compreende-se a possibilidade de conversão de um ativo em dinheiro, é razoável presumir que os qualificados credores das Recuperandas fizeram tais cálculos, e a decisão em análise incorreu numa espécie de paternalismo imbuído de boas intenções que, contudo, não é compatível com o *racional* do PRJ.

Impedir as Recuperandas de utilizar os mecanismos tidos por ilegais pelo TJSP significa impedi-la de executar um plano sofisticado por um problema essencialmente epistemológico: o direito não consegue compreender as comunicações já traduzidas em termos econômicos.

Instrumentos que dependem de projeção, com vencimentos de longo prazo e resgates periódicos e variáveis baseados em algum grau de incerteza são inerentes à forma como as econômicas complexas operam, e o direito deve contribuir para reduzir esse desnível de complexidade.

---

24 Cf. TEUBNER, Gunther. "After Legal Instrumentalism? Strategic Models of Post-regulatory Law". *In*: ______ (Coord.). *Dilemmas of Law in the Welfare State*. Nova Iorque-Berlim: Walter de Gruyter, 1988, pp. 299-325.

Em verdade, o TJSP criou uma espécie de simbiose entre os conceitos de iliquidez e potestatividade pura: os mecanismos são iliquidos *porque* supostamente dependentes do arbítrio puro das Recuperandas.

Ocorre que como já demonstrado acima, tais decisões estão longe de ser arbitrárias e refletem apenas um mecanismo específico de racionalidade que é o mercado. A incompreensão do sistema jurídico em relação a elas não pode ser simplesmente traduzida como iliquidez sob pena de utilizarmos a economia contra a recuperação das Recuperandas.

Referências bibliográficas

ASCENSÃO, José de Oliveira. *Direito Civil – Teoria Geral*: ações e fatos jurídicos. 3ª ed. São Paulo: Saraiva, 2010.

AYOUB, Luiz Roberto; CAVALLI, Cássio. *A Construção Jurisprudencial da Recuperação Judicial de Empresas*. 4ª ed. Rio de Janeiro: Forense, 2020.

COSTA, Daniel Carnio. "Reflexões sobre processos de insolvência: divisão equilibrada de ônus, superação do dualismo pendular e gestão democrática de processos". *Cadernos Jurídicos*, São Paulo, ano 16, nº 39, jan.-mar. 2015.

CUNHA, Fernando Antonio Maia da; DIAS, Maria Rita Rebello Pinho. *Comentários à Lei de Recuperação de Empresas e Falência*: Lei n. 11.101, de 09 de fevereiro de 2005. São Paulo: Contracorrente, 2022.

LUHMANN, Niklas. *Rechtssoziologie*. 3ª ed. Opladen: Westdeutscher Verlag, 1987.

MANKIW, Nicholas Gregory. *Principles of Economics*. 3ª ed. South-Western, 2003.

NERY JUNIOR, Nelson; ANDRADE NERY, Rosa Maria de. *Código Civil Comentado*. São Paulo: Revista dos Tribunais, 2022.

NEVES, Marcelo. *Constituição e Direito na modernidade periférica*: uma abordagem teórica e uma interpretação do caso brasileiro. 1ª ed. São Paulo: WMF Martins Fontes, 2018.

SAMUELSON, Paul A.; NORDHAUS, William D. *Economics*. 19ª ed. McGraw-Hill, 2010.

SCALZILLI, João Pedro; SPINELLI, Luis Felipe; TELLECHEA, Rodrigo. *Recuperação de Empresas e Falência*: Teoria e Prática na Lei 11.101/2005. 3ª ed. São Paulo: Almedina, 2018.

SCARPINELLA, Bueno Cassio *et al.* (Coord.). *Comentários ao Código de Processo Civil*: da liquidação e do cumprimento de sentença. vol. 10. São Paulo: Saraiva, 2018.

TEUBNER, Gunther. "After Legal Instrumentalism? Strategic Models of Post-regulatory Law". *In*: _____ (Coord.). *Dilemmas of Law in the Welfare State*. Nova Iorque-Berlim: Walter de Gruyter, 1988.

TOLEDO, Paulo Fernando Campos Salles de. "O plano de recuperação e o controle judicial da legalidade". *Revista de Direito Bancário e do Mercado de Capitais*, ano 16, vol. 60, abr.-jun. 2013.

TOLEDO, Paulo Fernando Campos Salles de; PUGLIESI, Adriana Valéria. "A Preservação da Empresa e seu Saneamento". *In*: BEZERRA FILHO, Manoel Justino *et al.* (Coord.). *Tratado de Direito Empresarial*: recuperação empresarial e falência. vol. V. 2ª ed. São Paulo: Revista dos Tribunais, 2018.

TOLEDO, Paulo Fernando Campos Salles de; PUGLIESI, Adriana Valéria. "O Plano de Recuperação Judicial". *In*: BEZERRA FILHO, Manoel Justino *et al.* (Coord.). *Tratado de Direito Empresarial*: recuperação empresarial e falência. vol. V. 2ª ed. São Paulo: Revista dos Tribunais, 2018.

VERMEULE, Adrian. *Law and the limites of reason*. Oxford: Oxford Univeristy Press, 2009.

CAPÍTULO X

CRÉDITOS TRABALHISTAS EM PROCESSO FALIMENTAR

HOMERO BATISTA MATEUS DA SILVA

DENISE VITAL E SILVA

Introdução

Se a tramitação de todo e qualquer processo deveria – como deve – ser efetuada com a máxima celeridade possível, tanto mais rapidez deveria e deve ser emprestada para os processos trabalhistas ajuizados em face de empregadores falidos.

Há notória dificuldade no recebimento de qualquer valor, a que vieram juntar-se alguns obstáculos adicionais, pela Lei n. 11.101/2005,[1] como a limitação da prerrogativa trabalhista ao teto

1 BRASIL. *Lei n. 11.101*, de 9 de fevereiro de 2005. Disponível em: https://www.planalto.gov.br/ccivil_03/_ato2004-2006/2005/lei/l11101.htm. Acessado em: 18.03.2024.

de 150 salários-mínimos (art. 83, I) e a possibilidade de ser feita a alienação do patrimônio da empresa sem que haja sucessão trabalhista (arts. 141 e 142, todos da apontada Lei n. 11.101/2005).

Para tal dilema, a ideia do art. 768 da CLT[2] é relativamente simples, no sentido de ser priorizado o processo trabalhista, cujo resultado deverá ser encaminhado para o Juízo Universal da massa falida, tanto no que diz respeito à primeira instância (antecipação na pauta de audiências, rapidez na prolação da sentença) quanto no que diz respeito à segunda instância (apreciação acelerada do Recurso Ordinário, parecer expedito do Ministério Público do Trabalho, se houver, e assim por diante).

Há, todavia, um elemento adicional escondido na redação do art. 768[3] da Consolidação: ele encampou efetivamente a tese de que a execução dos créditos trabalhistas contra a massa falida deve ser sim efetuada no Juízo Universal da falência, ou seja, perante a Justiça Comum.

Daí que tudo decorreda controvérsia a respeito da prerrogativa dos créditos trabalhistas. Se verdadeiramente os créditos trabalhistas detêm prioridade de recebimento, foi com naturalidade que alguns estudos desenvolveram a tese segundo a qual o Juiz do Trabalho nem ao menos estaria adstrito à arrecadação dos ativos, ao trabalho do administrador da massa e à quitação do passivo. A prioridade deveria ser zelada pelo próprio magistrado trabalhista, porque em nenhuma hipótese a decisão trabalhista estaria a violar a ordem

---

2 BRASIL. *Decreto-Lei n. 5.452*, de 1º de maio de 1943. Consolidação das leis do trabalho (CLT). Disponível em: https://www.planalto.gov.br/ccivil_03/decreto-lei/del5452.htm. Acessado em: 18.03.2024.

3 BRASIL. *Decreto-Lei n. 5.452*, de 1º de maio de 1943. Art. 768 da CLT: *Terá preferência em todas as fases processuais o dissídio cuja decisão tiver de ser executada perante o Juízo da falência*. Disponível em: https://www.planalto.gov.br/ccivil_03/decreto-lei/del5452.htm. Acessado em: 18.03.2024.

preferencial de nenhum outro credor, todos necessariamente abaixo do trabalhador.

Essa tese, contudo, envolve pelo menos três inconvenientes instransponíveis: (1) a discussão sobre a prioridade máxima do crédito do empregado; (2) a efetiva administração da massa falida (com os esforços do administrador na arrecadação e na compilação dos ativos) frente às sucessivas ordens de penhora emanadas dos autos dos processos trabalhistas; e, (3) a aludida limitação da prerrogativa trabalhista ao teto de 150 salários-mínimos (art. 83, I, da Lei n. 11.101/2005).

Dispensando-se considerações mais que conhecidas da Justiça Comum (como sujeitos da falência, incidência de juros e correção monetária em débitos falimentares e extinção das obrigações do falido), este estudo – feito de modo crítico e reflexivo, com a abordagem metodológica do questionamento de ideias, legislação, doutrina e jurisprudência – traz algumas peculiaridades atinentes às repercussões da falência do empregador, não esgotando o assunto, mas sim instigando o aprofundamento da pesquisa para a maior celeridade dos processos trabalhistas fadados à habilitação nos Juízos Universais.

1 Créditos trabalhistas na falência: preferências e dissonâncias

Sendo fato que o crédito de um empregado tem prioridade máxima, também seu colega de trabalho, cuja ação foi distribuída para outra Vara Trabalhista, teria a mesma prioridade, bem como os demais colegas de outras Comarcas e assim por diante.

Já se tentou conceber a ideia de um juízo universal trabalhista, concentrando todas as ações trabalhistas numa só Vara, mas isto depende de razoáveis modificações legislativas – inclusive quanto à competência em razão do lugar – que somente a boa vontade de alguns magistrados não consegue suplantar.

A fim de diminuir os impactos da falência sobre os créditos dos trabalhadores, a solução mais praticada pelo legislador historicamente foi a atribuição da prerrogativa de ser o primeiro pagamento a ser efetuado pelo Juízo Universal da massa falida.

> O Estado deve proteger os trabalhadores que têm como "único e principal bem sua força de trabalho". Por isso, tanto na falência, como na recuperação judicial, os trabalhadores devem ter preferência no recebimento de seus créditos, harmonizando-se, no entanto, tal prioridade, com tentativa de manutenção dos postos de trabalho.[4]

Nota-se, porém, que essa prerrogativa erodiu ao longo dos tempos e, de qualquer forma, não prestou serviços adequados à urgência do crédito trabalhista, sendo muito insuficiente em termos de solução concreta para a afirmação da dignidade do ser humano. Daí a triste associação entre a falência e o calote, mesmo que se trate de crédito de natureza estritamente alimentar, quando o correto deveria ser associar falência com ordem de pagamentos a serem conduzidos pela autoridade judicial para satisfazer ao menos parte das pendências deixadas pelo empreendimento fracassado.

Como o empresário não conseguirá honrar todos os compromissos, o legislador estabelece uma ordem de prioridades. Cuida-se da percepção de que alguns créditos, como o salário do empregado que empreendeu sua energia, deve ter maior agilidade na quitação do que os juros pendentes ou as multas contratuais, agora que o comerciante faliu.

> (...), este é o escopo louvável da nova lei de falências, não permitir que pelo acúmulo de dívidas a empresa tenha que

4 CALÇAS, Manoel de Queiroz Pereira. "A nova lei de recuperação de empresas e falências: repercussão no direito do trabalho (Lei nº 11.101, de 9 de fevereiro de 2005)". *Rev. TST*, Brasília, vol. 73, nº 4, out./dez. 2007, p. 41.

> encerrar suas atividades. Se tal ocorre temos uma situação socialmente indesejável, pois causará desemprego, bem como porque deixa a empresa de exercer sua função importante de colaborar com o fomento da economia. (...)
>
> Em realidade é necessário entender a intenção real do legislador (...), pois evidencia-se que determinadas alterações na estrutura jurídica da empresa sem dúvida afetam o contrato de trabalho, como, por exemplo, a alteração decorrente da sentença declaratória da falência, que faz desaparecer a então empregadora, surgindo outra pessoa jurídica, que é a massa falida. Por consequência, os contratos de trabalho em realidade são desfeitos, por impossibilidade da continuação da atividade empresarial.
>
> Então o que a CLT pretende afirmar é que qualquer alteração na estrutura jurídica da empresa não afetará os direitos dos empregados decorrentes do contrato de trabalho, contrato este que continua em curso ou que se expirou, dependendo da motivação da alteração havida na estrutura jurídica da empresa. (...) a Lei nº 11.101, de 09 de fevereiro de 2005, revogou o antigo Decreto-lei 7.661/45, passando a regular a recuperação judicial, a extrajudicial e a falência do empresário e da sociedade empresária.[5]

Nesse setor, dispõe o art. 449 da CLT:

> Art. 449 - Os direitos oriundos da existência do contrato de trabalho subsistirão em caso de falência, concordata ou dissolução da empresa.

---

5 MANUS, Pedro Paulo Teixeira. *Execução trabalhista*: responsabilidade subsidiária: momento do redirecionamento para o responsável subsidiário e a necessidade ou desnecessidade do término do processo falimentar. Páginas 51 e 52. Disponível em: https://juslaboris.tst.jus.br/bitstream/handle/20.500.12178/77930/2014_manus_pedro_execucao_trabalhista.pdf?sequence=1&isAllowed=y. Acessado em: 18.03.2024.

> § 1º - Na falência constituirão créditos privilegiados a totalidade dos salários devidos ao empregado e a totalidade das indenizações a que tiver direito. (...)
>
> § 2º - Havendo concordata na falência, será facultado aos contratantes tornar sem efeito a rescisão do contrato de trabalho e consequente indenização, desde que o empregador pague, no mínimo, a metade dos salários que seriam devidos ao empregado durante o interregno.[6]

Para além, no entanto, dos créditos preferenciais listados em ordem de prioridade, há também os chamados créditos extraconcursais e, ainda, as restituições em dinheiro por bens de terceiros que estavam em poder do falido.

Vista a questão por esse ângulo, os créditos preferenciais estão, em verdade, no terceiro lugar do podium e somente serão pagos depois de respeitadas as restituições em dinheiro e depois de pagas as dívidas da própria massa e as dívidas fora do concurso, de maneira geral. Isto explica, em parte, por que razão alguns processos falimentares não chegam a pagar nem mesmo o primeiro credor da fila preferencial.

Os créditos extraconcursais (créditos com garantia real, créditos constituídos depois do ingresso do pedido de recuperação judicial quando esta passa à falência) correspondem às despesas da própria massa – que não se confundem com despesas do falido – e que, portanto, têm precedência no pagamento, ao passo que as restituições correspondem ao direito do proprietário de bem arrecadado no processo de falência ou que se encontre em poder do devedor na data da decretação da falência e que não havia sido integralmente quitado, como ocorre com as modalidades de arrendamento mercantil (leasing) de máquinas e equipamentos.

---

6 BRASIL. *Decreto-Lei n. 5.452*, de 1º de maio de 1943. art. 449 da CLT. Disponível em: https://www.planalto.gov.br/ccivil_03/decreto-lei/del5452.htm. Acessado em: 18.03.2024.

O conceito de restituição objetiva protege do périplo falimentar o terceiro, que apenas havia cedido momentaneamente um bem ao falido ou que o havia vendido sem receber a contraprestação.

Não se tratava propriamente de um credor por dívidas vencidas nem de um comerciante em busca de ressarcimento de prejuízos causados. Cuida-se de um proprietário de boa-fé. O dispositivo nada tem de novo, mas novas discussões passaram a ser travadas em seu entorno.

Dois exemplos frisantes ajudam a entender como as restituições de bens podem impactar no recebimento dos créditos trabalhistas: a restituição das cotas pagas pelos consorciados que não foram contemplados e a restituição dos recolhimentos previdenciários e fiscais que foram retidos pelo empregador e não foram repassados à Secretaria da Receita Federal do Brasil. Explica-se.

Admitindo-se essa premissa, a restituição, em dinheiro, aos consorciados, tem prioridade até mesmo sobre as despesas da massa, para não dizer sobre as despesas do falido.

De outra banda, se o empregador deve recolhimentos previdenciários e fiscais, a pendência certamente se insere no conceito de tributos, mas dúvidas remanescem sobre qual o melhor enquadramento a ser efetuado para aqueles casos em que o empregador, na forma da lei, faz a retenção dos impostos e contribuições diretamente na fonte, ou seja, na folha de salários, e, depois, não repassa os valores para os cofres públicos.

Há expressa tipificação penal em crime de apropriação indébita previdenciária.

> A C Ó R D Ã O
>
> **1ª Turma)**
>
> (...)

Vistos, relatados e discutidos estes autos de Agravo de Instrumento em Recurso de Revista nº **TST-AIRR-1837-87.2011.5.15.0026**, (...).

Agravo de instrumento interposto pelas executadas contra decisão do eg. Tribunal Regional do Trabalho da 15ª Região, que denegou seguimento ao recurso de revista. Aponta violação aos artigos 5º, incisos XXI, XXXV, LIV e LV, 93, inciso IX, e 170, incisos I, II, III, IV, V, VI, VII, VIII e IX, e parágrafo único, da Carta Magna, 2º, § 2º, da CLT, 458, 620, 653 e 683, inciso III, do CPC, 135, do CTN, 6º, da Lei 11.101/2005, e 40 da Lei 6830/80, além de contrariedade à Súmula n. 430, do c. STJ e divergência jurisprudencial.

(...)

B. ILEGITIMIDADE PASSIVA. NULIDADE DE CITAÇÃO. EXCESSO DE PENHORA. AVALIAÇÃO DO BEM PENHORADO.

(...). A Lei 11.101/05 instituiu a recuperação judicial da empresa, implantando mecanismos judiciais benéficos para a permanência da empresa dentro do mercado, demonstrando por meio de tratamento diferenciado a importância da manutenção da empresa e sua necessidade perante o meio social. O plano de recuperação judicial nada mais é do que um aparo no momento de crise aos empresários, que hoje dentro da nossa economia possuem papel fundamental, contribuindo e desenvolvendo atividades para gerar empregos e fomentar a economia. O artigo 896, § 2º, da CLT permite a admissibilidade do recurso de revista, no processo de execução, se for demonstrada ofensa à literalidade de dispositivo constitucional. Temos que com relação aos créditos de natureza trabalhista, estes estão sujeitos ao plano de recuperação judicial, portanto, é o Juízo da Recuperação Judicial competente para dirimir as questões inerentes a sua satisfação. Neste ponto, o v. acórdão deve ser reformado, para determinar a suspensão da execução e a remessa e a expedição de certidão de crédito para habilitação junto ao MM. Juízo da Recuperação Judicial, tudo nos termos do que dispõe a Lei de Recuperação e Falência. Em regra, uma vez deferido o processamento ou aprovado o plano de recuperação judicial, revela-se incabível o prosseguimento automático das execuções individuas, mesmo que decorrido o prazo de 180 dias previsto no artigo 6°, da Lei 11.101/2005. Certo é que uma vez que obtido o deferimento do processamento da recuperação judicial, as execuções trabalhistas cujos créditos já estejam liquidados são suspensas pelo prazo de 180 dias, nos termos do artigo 6° da Lei 11.101/2005. Não existe decisão judicial válida determinando o bloqueio/constrição de bens dos Recorrentes, uma vez que a decisão proferida por juízo incompetente é nula. De se acrescentar que, de regra, o reconhecimento da incompetência absoluta do juízo implica a nulidade dos atos decisórios por ele praticados. Pois bem, a pretensão dos Recorrentes de ver reconhecida e declarada a incompetência da Justiça do Trabalho para o processamento e julgamento da execução trabalhista está fundamentada em jurisprudência majoritária deste C. Tribunal. Diante dos princípios da economia e celeridade processual, bem como o da primazia do interesse público, nada mais justo e compreensível que seja dado seguimento ao Recurso de Revista interposto pelos ora Agravantes, haja vista o Recurso preencheu todos os requisitos de admissibilidade quando da interposição. Neste tipo de recurso não se discute questões de fato, mas apenas o direito em tese, o fim último desta forma recursal é a uniformização da jurisprudência. A recorrente é parte no processo e, portanto, tem toda a legitimidade para recorrer para ver seu direito satisfeito. A interposição é tempestiva e o recurso é cabível, principalmente porque o acórdão vergastado ocasionou forte divergência jurisprudencial, o que deve ser combatido por este C. TST, bem como, foi proferido com violação direta e literal de dispositivo de norma da Constituição Federal (...). O v. acórdão guerreado viola ainda a jurisprudência majoritária de nossos tribunais superiores, no que tange a cobrança de contribuições previdenciárias, eis que, não se tratando de débitos de natureza trabalhista, não cabe a inclusão de pessoas no polo passivo da demanda. O Superior Tribunal de Justiça assentou que deve haver provas suficientes quanto ao período em que o sócio exerceu os poderes, bem como a existência de dolo ou fraude. Além disso, a impossibilidade do

> pagamento da dívida pela sociedade, ressaltando que o mero inadimplemento não configura, por si só, o redirecionamento da execução fiscal. A responsabilidade dos sócios, em relação à empresa a que integram, além de subjetiva, é subsidiária, havendo responsabilidade apenas por substituição, tão somente nas hipóteses de prática dos atos descritos no artigo 135, do CTN, sem os quais é inadmitida a execução fiscal à pessoa do sócio. É o posicionamento, há muito, consolidado pelo C. STJ. Calorosas celeumas jurídicas instalaram-se acerca da responsabilidade tributária dos sócios, como consequência do inadimplemento do crédito tributário. Isso porque, como exposto alhures, 'infração à lei' é ato/fato autorizador da indigitada responsabilidade. Contudo, em meados de maio de 2010, o Superior Tribunal de Justiça editou a súmula 430. Com efeito, o tema restou apaziguado, confirmando-se que o patrimônio da sociedade deve arcar integralmente pelas dívidas tributárias por ela assumidas, sobressaindo a interpretação, no sentido de que o redirecionamento da execução fiscal em face do patrimônio dos sócios deve ser deferido nas hipóteses em que houver início de prova de dissolução irregular da sociedade, que será analisada em tópico próprio. Por outro prisma, permanecem insistentes polêmicas quanto à definição de 'infração à lei', havendo exegeses divergentes quanto ao não recolhimento de tributo e a exigência de configuração de crime, ganhando importância a explanação das hipóteses de sonegação, apropriação indébita, crime falimentar etc. (...).[7] (**Grifos originários**)

A jurisprudência parece se inclinar favoravelmente à tese de que os valores são bens de propriedade do erário e que estavam indevidamente nas mãos do empresário quando a falência foi decretada

7 TRIBUNAL SUPERIOR DO TRABALHO (TST). Processo: AIRR - 1837-87.2011.5.15.0026. Órgão Judicante: 1ª Turma. Relator: Alexandre Teixeira de Freitas Bastos Cunha. Julgamento: 13/05/2015. Publicação: 15/05/2015. Disponível em: https://jurisprudencia.tst.jus.br/#7305b48adae1115e651ada7e525dd2e8.

– ou seja, essa importância deve ser objeto de pronta restituição e não de concurso de credores.

Reforça ainda mais esse argumento a disposição em norma previdenciária de custeio na linha de que o erário reivindicará os valores descontados pela empresa de seus empregados e ainda não recolhidos. Conquanto editada em 1964, ainda sob a égide da antiga Lei de Falências (Dec.-lei 7.661/1945), a Súmula 417 do Supremo Tribunal Federal também é citada como argumento favorável ao pleito restituinte do INSS: "Pode ser objeto de restituição, na falência, dinheiro em poder do falido, recebido em nome de outrem, ou do qual, por lei ou contrato, não tivesse ele a disponibilidade".[8]

Assim, as classes de credores concursais, como os créditos trabalhistas, até o teto legal de 150 salários-mínimos, os créditos com garantia real, os créditos tributários, os créditos com privilégio especial ou privilégio geral, os créditos sem privilégio, também chamados de quirografários, e as multas contratuais ou legais, somente são chamados ao pagamento após a depuração de todos os haveres predecessores.

Há, porém, mais alguns grãos de sal no percurso do crédito trabalhista.

Tradicionalmente a legislação não difere as parcelas de natureza salarial das parcelas de natureza indenizatória, todas oriundas de um contrato de trabalho, para os fins da prioridade na ordem de pagamentos em regime de falência. Poderia tê-lo feito. Não causaria maior perplexidade, por exemplo, a prioridade absoluta ao pagamento do salário atrasado, das horas extras e do adicional noturno,

8 BRASIL. Supremo Tribunal Federal (STF). Disponível em: https://portal.stf.jus.br/textos/verTexto.asp?servico=jurisprudenciaSumula&pagina=sumula_401_500#:~:text=S%C3%9AMULA%20417,n%C3%A3o%20tivesse%20%C3%AAle%20a%20disponibilidade. Acessado em: 18.03.2024.

ante uma prioridade média para o pagamento da indenização pela dispensa antes da data-base ou da multa pelo atraso na quitação.

Ao revés, o legislador optou pela via tumultuada de limitar a 150 salários-mínimos o valor máximo para a prioridade, relegando o excedente para a parte final da lista, junto com os credores quirografários.

É possível que o legislador tenha insistido na mescla de ambas as parcelas devido ao fato de que a separação nem sempre é fácil. Alguns exemplos são singelos, porque salário tem evidente natureza salarial e multas são indenizações. Outros exemplos, porém, são duvidosos, como alguns prêmios autênticos. Outros, ainda, são considerados não salariais pelo legislador, mas normalmente são canalizados para as necessidades básicas do operário, como o vale-refeição e o vale-transporte.

2 A efetiva administração da massa falida

O administrador da massa falida é o antigo síndico (Leis n. 859/1902 e n. 2024/1908) ou comissário (Dec.-lei 7.661/1945). E "(...) a alteração não se resumiu ao nome, uma vez que as atribuições e os requisitos para a sua escolha não são mais os mesmos dos antigos comissário e síndico".[9]

Devendo ser um "profissional idôneo, preferencialmente advogado, economista, administrador de empresas ou contador, ou pessoa jurídica especializada" (art. 21 da Lei n. 11.101/2005),[10] o administrador judicial não exerce atos de gerência sobre a massa

---

9 TOLEDO, Paulo Fernando Campos Salles de. "Recuperação judicial, a principal inovação da Lei de Recuperação de Empresas: LRE". *AASP*, São Paulo, nº 83, 2005, p. 104.

10 BRASIL. *Art. 21 da Lei n. 11.101/2005*, de 9 de fevereiro de 2005. Disponível em: https://www.planalto.gov.br/ccivil_03/_ato2004-2006/2005/lei/l11101.htm. Acessado em: 18.03.2024.

falida; ele apenas "fiscaliza, vela. Não intervém. (...). O devedor conserva a legitimação processual, ativa e passiva. (...). A administração não se pode dizer controlada, é apenas fiscalizada".[11]

Tendo sua competência definida pelo art. 22 da Lei n. 11.101/2005,[12] os esforços do administrador da massa falida na arrecadação e na compilação dos ativos não podem ser minados pelas sucessivas ordens de penhora emanadas dos autos dos processos trabalhistas, sob pena de nem ao menos se conseguir encerrar a atividade. Ao administrador cabe colaborar com a administração da Justiça, não podendo ser obstaculizado em seu mister.

> EMENTA: RECURSO ESPECIAL - COMERCIAL - ART. 212 DO DECRETO-LEI N. 7.661/45 - HONORÁRIOS DO PERITO CONTADOR - COMPATIBILIDADE COM O SERVIÇO A SER REALIZADO - FUNDAMENTO AUTÔNOMO - AUSÊNCIA DE IMPUGNAÇÃO ESPECÍFICA - APLICAÇÃO DA SÚMULA N. 283/STF - FALÊNCIA - SÍNDICO - AUXILIAR DO JUÍZO - REMUNERAÇÃO MENSAL - POSSIBILIDADE - ENCARGO DA MASSA FALIDA - DESCONTO, AO FINAL DO PROCESSO FALIMENTAR, DOS VALORES RECEBIDOS - NECESSIDADE - ATIVIDADE DE SINDICATURA - PRESERVAÇÃO - INTERESSE DOS CREDORES - RECURSO ESPECIAL PARCIALMENTE CONHECIDO E, NESSA PARTE, IMPROVIDO. I - Ausência de impugnação a fundamento por si só suficiente para manter o acórdão, qual seja, a compatibilidade da remuneração do contador ao serviço prestado. Incidência da Súmula nº 283-STF. II - O síndico, assim como seu sucedâneo - administrador judicial - não exerce profissão. Suas atividades possuem natureza jurídica de órgão auxiliar do Juízo, cumprindo verdadeiro

---

11 PONTES DE MIRANDA, Francisco Cavalcanti. *Tratado de Direito Privado*. 3ª ed. São Paulo: Revista dos Tribunais, 1984.

12 BRASIL. *Art. 22 da Lei n. 11.101/2005*, de 9 de fevereiro de 2005. Disponível em: https://www.planalto.gov.br/ccivil_03/_ato2004-2006/2005/lei/l11101.htm. Acessado em: 18.03.2024.

> múnus público, não se limitando a representar o falido ou mesmo seus credores. Cabe-lhe, desse modo, efetivamente, colaborar com a administração da Justiça. III - Os honorários do síndico constituem encargo da massa falida e, por isso, podem ser pagos ao síndico mensalmente, para suas despesas e manutenção, descontando-se, ao final do processo falimentar, os valores recebidos observando-se os índices previstos no art. 67 da antiga Lei de Falências. IV - Os interesses dos credores, em razão da atividade diligente do síndico, estarão preservados na medida em que se evitará a dilapidação do patrimônio da massa falida e se identificará eventual irregularidade que possa ocorrer no curso do processo falimentar, o que justifica sua remuneração mensal. VII - Recurso especial parcialmente conhecido e, nessa parte, improvido.[13]

Daí o significado da universalização de todas as ações num só juízo, no rumo de permitir ao menos uma visão panorâmica do passivo e das chances de rateio de alguns recursos entre os credores.

Some-se a essas dificuldades impingidas ao administrador da massa falida o fato de que, em regra, as penhoras em fase de falência tendem a ser seguidas pela ordem de remoção, haja vista que ninguém assumirá encargo de depositário, com a empresa lacrada. Ademais aos deveres de informação, diligência, fiscalização e administração do processo, o administrador judicial, ainda que não seja o depositário por bens perdidos na falência, responde solidariamente com o último.

> Nos processos de falência, mesmo com a nomeação de depositário, o administrador judicial continua responsável solidariamente no caso de desaparecimento dos bens. Contudo, essa responsabilidade, decorrente de dolo ou culpa do depositário, deve ser apurada em ação própria, com garantia de contraditório e ampla defesa.

---

13 SUPERIOR TRIBUNAL DE JUSTIÇA (STJ). REsp: 1032960PR (2008/0036352-7). Rel. Min. Massami Uyeda, 3ª Turma, j. 01/06/2.010.

O entendimento foi estabelecido por maioria de votos pela Terceira Turma do Superior Tribunal de Justiça (STJ) ao reformar acórdão do Tribunal de Justiça do Paraná (TJPR) que, em razão da não localização de bens arrecadados da massa falida para a realização de leilão, determinou que o administrador judicial depositasse os valores correspondentes aos bens perdidos.

Para o TJPR, não seria necessário a ação autônoma de responsabilização do gestor, garantindo-se a ele, entretanto, o direito de regresso contra o depositário em razão do desaparecimento dos bens.

Cautela na responsabilização do administrador por bem perdido pelo depositário

Relator do recurso, o ministro Moura Ribeiro explicou que, quando o administrador judicial escolhe diretamente o depositário dos bens e eles desaparecem, a princípio, é cabível a sua responsabilidade solidária pela culpa na indicação (*culpa in eligendo*).

O ministro, porém, chamou a atenção para a necessidade de cautela nessa responsabilização, com a previsão de ampla defesa e contraditório em processo legal específico.

"Do contrário, seria muito difícil encontrar pretendentes dispostos a aceitar o encargo, que se revela extremamente difícil de ser conduzido na prática, gerando desestímulo e prejudicando ainda mais o já tormentoso processo falimentar de uma empresa", completou.

Moura Ribeiro destacou que, conforme posição da doutrina, para a ação de responsabilização, o administrador judicial deve ser destituído de suas funções, cabendo à massa falida, por meio de novo gestor, promover a ação de responsabilidade.

Leia o acórdão no REsp 1.841.021.[14] (**Grifos originários**)

---

14 STJ – SUPERIOR TRIBUNAL DE JUSTIÇA. *Administrador responde com depositário por bens perdidos na falência, mas responsabilização deve ocorrer em ação própria*. Disponível em: https://www.stj.jus.br/sites/portalp/Paginas/Comunicacao/

Dentre tantas contendas, até mesmo a retirada dos bens pelos arrematantes também está fadada à controvérsia.

3 A limitação a 150 salários-mínimos pela Lei de Falência

O teto dos 150 salários-mínimos, apesar da saraivada de críticas, foi mantido pelos Tribunais Superiores e pelo STF – que rejeitou a ADIn 3.934/DF,[15] que se insurgia precisamente contra o art. 83, I, da Lei n. 11.101/2005. Assim nem ao menos se poderá dizer que o pagamento feito nas próprias Varas Trabalhistas respeitou necessariamente todos os outros credores. O valor que exceder de 150 salários é destinado ao final da fila do pagamento, como, nos termos referidos, crédito quirografário.

Nessa seara, argumenta-se que somente as despesas para a quitação das dívidas com os empregados já seriam suficientes para drenar 100% dos recursos que restavam à massa falida. Então, conquanto se entenda justo priorizar o pagamento salarial porque provido de natureza alimentícia em regra, o fato é que vários outros credores merecem semelhante atenção, como forma de não se desestimular a geração de emprego e renda na economia brasileira.

O raciocínio prossegue lembrando que as instituições financeiras e os fornecedores tendem a se afastar das empresas em dificuldades financeiras, porque sabedoras de que em eventual rateio falimentar ficarão privadas de qualquer ressarcimento pelos gastos havidos, ante a prioridade absoluta conferida aos trabalhadores.

Noticias/2023/03012023-Administrador-responde-com-depositario-por-perda-de-bens-na-falencia--mas-em-acao-propria.aspx#:~:text=-Not%C3%ADcias%20do%20STJ-,Administrador%20responde%20com%20deposit%C3%A1rio%20por%20bens%20perdidos%20na%20fal%C3%AAncia%2C%20mas,de%20ampla%20defesa%20e%20contradit%C3%B3rio. Acessado em: 18.03.2024.

15 STF. *ADI 3.934/DF*. Disponível em: https://redir.stf.jus.br/paginadorpub/paginador.jsp?docTP=AC&docID=605415.

Relata-se, até mesmo, o ardil utilizado por alguns falidos, que em outras épocas estimulavam empregados veteranos a ingressarem com ações trabalhistas forjadas, reivindicando largas quantias de horas extras e benefícios assistenciais inexistentes ou já satisfeitos. Deixava-se correr à revelia a ação trabalhista ou se apresentava uma defesa modesta, desprovida de prova documental ou sem a prova testemunhal no momento oportuno. Produzia-se coisa julgada material, reconhecendo valores exorbitantes de dívida trabalhista, que, num cenário diferente, não se teria formado.

Esse título executivo judicial desfrutará de prioridade máxima na ordem de pagamento da falência, sorvendo todos os recursos disponíveis. Às vezes, aliás, o valor nem ao menos vai para o empregado, sendo partilhado entre ele e o empregador falido, mancomunados para prejudicar os demais credores.

> (...) o legislador demonstra ter consciência de que, na vigência da Lei de 1945, a situação não deixa de apresentar-se paradoxal: administradores e delegatários incompetentes, ineficientes e culpados se habilitam na falência da empresa para receberem, prioritariamente, altos salários e verbas rescisórias, competindo em igualdade de condições com empregados de baixo escalão e baixos salários (...).[16]

Diante desse cenário e dessas percepções, a exposição de motivos da Lei n. 11.101/2005 fala abertamente que o Processo do Trabalho foi tomado por "demandas frívolas", o que justifica a imposição de uma limitação a pagamentos trabalhistas por força de lei.

Daí ter surgido o teto de 150 salários-mínimos para a prioridade de pagamento das parcelas trabalhistas, remetendo-se o excedente para a lista dos créditos quirografários, sem prerrogativa alguma.

---

16 CORRÊA-LIMA, Osmar Brina. "Questões polêmicas da nova lei de falências". *Revista de Direito Empresarial*, Curitiba, nº 3, jan.-jun. 2005, p. 20.

O legislador optou pela limitação rígida e objetiva, de 150 salários-mínimos, sem levar em conta que a fraude deveria ser ventilada nos autos ou sem instituir outras ferramentas possíveis, como a neutralização dos efeitos da revelia em caso de massa falida e demais mecanismos processuais existentes em outros casos parecidos em que interesses de terceiros sejam afetados. Mais uma vez, as condutas honestas pagarão pelos erros cometidos pelas condutas desonestas, sem maior aprofundamento da questão.

Não se levou em consideração, tampouco, o tempo de casa do empregado ou a atividade exercida. Com efeito, os 150 salários podem ser um teto muito alto para contratos de 6 ou 12 meses de duração, mas podem ter efeitos devastadores para pessoas com 20 ou 30 anos de contrato, cujas pendências de férias ou de fundo de garantia seriam suficientes para exceder a quantia. Não se diferenciam pessoas que ganham o piso da categoria dos altos empregados, que podem ter sofrido atrasos salariais de 1 ou 2 meses suficientes para atingir o teto.

O STF validou o procedimento de converter parte dos créditos trabalhistas em quirografários, assim entendidos aqueles desprovidos de qualquer prerrogativa. Os créditos trabalhistas passaram a ter um conceito bifronte no âmbito do processo falimentar, sendo parte prioritária e parte quirografária.

Cumpre sinalizar, porém, que a própria Organização Internacional do Trabalho admite a necessidade de limitação dos créditos privilegiados a determinados patamares, dentro de um conceito mais amplo relacionado à justiça distributiva, ou seja, garantir ao menos um pouco para muitos, em vez de muito para poucos.

De um lado, a Convenção 95[17] (1957 e ratificada pelo Brasil em 1987) corrobora que a prioridade de pagamento em processo

17 ORGANIZAÇÃO INTERNACIONAL DO TRABALHO (OIT). *C095 - Proteção do Salário*. Disponível em: https://www.ilo.org/brasilia/convencoes/WCMS_235184/lang--pt/index.htm.

falimentar pode se ater aos "salários que não ultrapassem limite prescrito pela legislação nacional". De outro lado, a Convenção 173[18] (1992, não ratificada pelo Brasil) reforça o argumento ao asseverar que a "legislação nacional poderá limitar o alcance do privilégio dos créditos trabalhistas a um montante estabelecido, que não deverá ser inferior a um mínimo socialmente aceitável".

4 Créditos trabalhistas que escapam do teto de 150 salários-mínimos

Há regras falimentares próprias para o pagamento de salários atrasados e regularização das parcelas trabalhistas, dentro do plano da recuperação judicial, se houver. O plano de recuperação pressupõe a quitação, em 30 dias, das pendências trabalhistas, vencidas nos últimos três meses, com o teto de 5 salários-mínimos por trabalhador e o saldo devedor dentro de 1 ano, com possibilidade de prorrogação. Esta regra de priorização dos créditos salariais consta da norma de 2005 e foi mantida nas reformas de 2021 (com a Lei n. 14.112/2020).[19]

Caso seja decretada a falência da empresa, esses créditos trabalhistas de natureza estritamente salarial, até o limite de 5 salários-mínimos por trabalhador, serão pagos "tão logo haja disponibilidade em caixa". É razoável concluir que estes cinco salários-mínimos não

---

18 ORGANIZAÇÃO INTERNACIONAL DO TRABALHO (OIT). *C173 - Proteção dos Créditos Trabalhistas na Insolvência do Empregador*. Disponível em: https://www.ilo.org/brasilia/convencoes/WCMS_242711/lang--pt/index.htm.

19 BRASIL. *Lei n. 14.112*, de 24 de dezembro de 2020 ("Nova Lei de Recuperação Judicial e Falência"), que "Altera as Leis n.os 11.101, de 9 de fevereiro de 2005, 10.522, de 19 de julho de 2002, e 8.929, de 22 de agosto de 1994, para atualizar a legislação referente à recuperação judicial, à recuperação extrajudicial e à falência do empresário e da sociedade empresária". Disponível em: https://www.planalto.gov.br/ccivil_03/_ato2019-2022/2020/lei/l14112.htm. Acessado em: 18.03.2024.

se confundem com o teto de 150 salários-mínimos, pois tais cinco salários servem para atenuar os impactos da crise financeira aguda pela qual a empresa atravessava, enquanto estes representam uma regra de rateio entre os credores, quando a empresa já não tem mais forças para enfrentar a crise e sucumbiu à quebra. Por conseguinte, sustenta-se serem salários extraconcursais.

Créditos decorrentes de acidente de trabalho também escapam ao conceito de pendências salariais limitadas aos 150 salários-mínimos.

É comum a lei falimentar fazer referência a créditos decorrentes da legislação trabalhista e créditos decorrentes de acidente de trabalho. Isto já ocorria com a antiga Lei de Falência (Dec.-lei 7.661/1945) e se repete no regime de 2005 e reforma de 2021.

O art. 186 do CTN[20] também mantém a dupla referência aos créditos trabalhistas e acidentários. Há, todavia, uma grave imprecisão terminológica neste binômio. Lidos os dispositivos legais sem maior aprofundamento, tem-se a impressão de que o falido é responsável pelo pagamento dos direitos trabalhistas e dos benefícios previdenciários em caso de acidente de trabalho, o que é falso. A confusão tem origem no fato de que, em 1945, não havia o Regime Geral de Previdência Social, de tal forma que as normas falimentares misturaram créditos trabalhistas com indenizações acidentárias na lista de pagamentos passíveis de serem demandados em processo de falência.

Muitas normas já foram alteradas, achando-se sobejamente consolidada no Brasil a estrutura previdenciária segundo a qual todos os empregados e empregadores custeiam o sistema em caráter solidário, para que a Previdência Social arque com as prestações em caso de contingências da vida humana, como a idade avançada, a

20 BRASIL. *Lei n. 5.172*, de 25 de outubro de 1966. Código Tributário Nacional (CTN). Disponível em: https://www.planalto.gov.br/ccivil_03/leis/l5172compilado.htm. Acessado em: 18.03.2024.

enfermidade, a invalidez, a maternidade e a reclusão do arrimo de família.

Logo, para que os créditos de origem acidentária fossem demandados em processo falimentar, ter-se-ia de imaginar a hipótese de ser decretada a falência do próprio INSS, caso em que estes pagamentos teriam prioridade absoluta. Como o INSS é uma autarquia federal, não sujeita a regime de falência, a situação se mostra impossível, obrigando o reconhecimento de que o legislador efetivamente errou ao prever que o auxílio-doença tenha prioridade na lista de pagamentos falimentares.

Como a lei não contém palavras inúteis, seria realmente grave se concluíssemos que o art. 83, I, da Lei n. 11.101/2005 ignora o fato de que acidentes de trabalho são suportados pelo INSS. É necessário refletir sobre a existência de alguma possibilidade de o falido ser o responsável pela dívida acidentária. Não se trata de situação comum, mas há duas hipóteses que podem ser ventiladas.

A primeira, mais singela, corresponde ao pagamento dos primeiros dias de licença médica, que sempre ficam a cargo do empregador, conforme art. 60, § 3º, da Lei de Benefício da Previdência Social (Lei n. 8.213/1991).[21] Normalmente, são os 15 primeiros dias, mas já houve normas emergenciais, como em 2014, que expandiram para 30 dias a incumbência salarial do empregador. Entende-se que estes dias de salário não deveriam entrar no cômputo dos 150 salários-mínimos, até mesmo para desocupar espaço.

A segunda hipótese, mais complexa, diz respeito à indenização por danos morais, estéticos ou materiais, a que o empregador foi condenado por haver concorrido para o acidente do trabalho.

---

21 BRASIL. *Lei n. 8.213*, de 24 de julho de 1991, que "Dispõe sobre os Planos de Benefícios da Previdência Social e dá outras providências". Disponível em: https://www.planalto.gov.br/ccivil_03/leis/l8213cons.htm. Acessado em: 18.03.2024.

Há enorme divergência jurisprudencial a respeito da natureza da responsabilidade do empregador, dividindo-se os julgados entre a responsabilidade subjetiva e objetiva. Na responsabilidade subjetiva, faz-se necessária a prova da culpa ou do dolo do empregador, como parece ser a solução do art. 7º, XXVIII, da CF/1988;[22] na responsabilidade objetiva, prescinde-se de qualquer conduta negligente do empregador e o penaliza pelo simples fato de ele haver assumido os riscos da atividade econômica, como se extrai do art. 225, § 3º, da Constituição, no tocante ao meio ambiente, e do art. 927, parágrafo único, do CC/2002,[23] sobre atividades de risco acentuado.

Qualquer que seja a vertente adotada, caso haja fixação de valor em dinheiro a ser pago pelo empresário pelo conceito de indenização decorrente de acidente de trabalho, é válido supor que este montante não entre no rol dos pagamentos como crédito trabalhista e, sim, como crédito acidentário. Urge que o julgado trabalhista distinga claramente as parcelas, a fim de não confundir a averbação dos valores em processo falimentar.

Por derradeiro, observa-se que em 2021 foi revogada a disposição da Lei de Falências de 2005 que fazia menção aos créditos dos empregados domésticos do falido, que ajudaram nos cuidados pessoais e familiares em seus últimos seis meses de vida. A referência ao art. 965 do Código Civil era confusa e dava a entender que o trabalhador doméstico deveria se habilitar na massa falida da empresa do patrão. Sua revogação, aliás, passou despercebida.

---

22 BRASIL. *Constituição da República Federativa de 1988* (CF/1988). Disponível em: https://www.planalto.gov.br/ccivil_03/constituicao/constituicao.htm. Acessado em: 18.03.2024.

23 BRASIL. *Lei n. 10.406*, de 10 de janeiro de 2002 (CC/2002). Disponível em: https://www.planalto.gov.br/ccivil_03/leis/2002/l10406compilada.htm. Acessado em: 18.03.2024.

5 A posição falimentar das cláusulas penais trabalhistas

Discute-se, igualmente, e dentre outros temas (como os créditos do representante comercial autônomo, o enquadramento dos honorários de advogados em regime falimentar, os créditos trabalhistas decorrentes do fundo de garantia), se as cláusulas penais se inserem no conceito de crédito trabalhista, a fim de desfrutar a prioridade no pagamento na forma do art. 83, I, da Lei n. 11.101/2005.

O Direito Falimentar não primou pela distinção entre as parcelas de natureza salarial e as parcelas de natureza indenizatória, dicotomia seminal para o Direito do Trabalho. No Direito Falimentar, porém, todos os créditos oriundos da relação de emprego são considerados trabalhistas para os fins da prioridade, o que, de certa forma, atende melhor aos anseios da celeridade e do destino quase sempre alimentício que tais prestações assumem na vida de um trabalhador.

Mesmo parcelas sabidamente indenizatórias, como a dobra das férias mal concedidas ou a multa de 40% sobre o fundo de garantia, são consideradas verbas trabalhistas para tal mister.

Crescem as dúvidas, todavia, acerca das cláusulas penais convencionais.

Não se trata das multas previstas na própria legislação trabalhista, como a multa de um salário prevista no art. 477, § 8º, da CLT, ou a multa de 40% sobre o fundo de garantia em caso de dispensa sem justa causa, assuntos que são considerados projeções naturais do contrato de trabalho e adquirem a prioridade trabalhista. Cuida-se da cláusula convencional em caso de descumprimento de acordo.

Alguns acordos são extrajudiciais, inclusive os assistidos pela Comissão de Conciliação Prévia (art. 625-A da CLT, introduzido pela Lei n. 9.958/2000), mas a imensa maioria é representada pelo acordo judicial, firmado na Justiça do Trabalho.

A cláusula penal normalmente fica no patamar de 30% ou 50%, mas também há acordos firmados com a multa de 100%. A rigor, o art. 846, § 2º, da CLT admite qualquer tipo e patamar de multa, sem nem ao menos respeitar o limite do valor do principal.

Essas multas, porém, sempre serão convencionais, oriundas de negócios jurídicos, o que as afasta das penalidades administrativas, inibindo que se busque inspiração nas antigas Súmulas 192 e 565 do Supremo Tribunal Federal.

Encontram-se julgados em ambos os sentidos: ora consideram as cláusulas penais convencionais como multa contratual, inserindo-as como crédito subquirografário (art. 83, VI, da Lei n. 11.101/05); ora consideram que a cláusula penal se aproxima da natureza indenizatória, mantendo intacto seu alcance trabalhista.

> O entendimento é de que a previsão de multa tem a mesma natureza da cláusula penal.
>
> A Subseção I Especializada em Dissídios Individuais do Tribunal Superior do Trabalho, em sessão com sua composição plena, limitou ao montante da obrigação principal o valor da multa a ser paga pela JBS S. A. por descumprimento de cláusula coletiva. Prevaleceu, no julgamento, o entendimento de que a cláusula normativa que estabelece multa nessa circunstância tem a mesma natureza jurídica da cláusula penal.
>
> Descumprimento
>
> O caso julgado teve início em ação de cumprimento proposta pelo Sindicato dos Trabalhadores nas Indústrias de Alimentação do Estado de Rondônia (Sintra-Intra) em relação à cláusula financeira da convenção coletiva de trabalho (piso e aumento salarial). De acordo com o sindicato, a norma coletiva previa que, em caso de descumprimento, a empresa ficava obrigada a pagar a multa convencional no valor de cinco pisos da categoria por empregado.
>
> A JBS, em sua defesa, argumentou que a aplicação da multa excedia seus fins sociais e econômicos e caracterizaria ato

abusivo imposto pelo sindicato, desvirtuando a essência da convenção coletiva e ferindo a boa-fé objetiva.

Obrigação principal

O pedido foi julgado improcedente pelo juízo de primeiro grau, mas o Tribunal Regional do Trabalho da 14ª Região (RO/AC) condenou a JBS ao pagamento da multa limitada ao montante da obrigação principal, ou seja, às diferenças salariais e aos valores resultantes do descumprimento da convenção devidamente corrigidos.

Sem limitação

A Segunda Turma do TST, ao julgar recurso de revista do sindicato, condenou a JBS ao pagamento da multa no seu valor total, de R$ 3,9 mil por empregado, sem limitação ao montante da obrigação principal. Segundo a Turma, o objetivo da multa é assegurar a efetividade da norma, e a limitação do valor enfraqueceria a força constitucional da negociação coletiva.

Obrigação acessória

Ao analisar os embargos interpostos pela JBS, o relator, ministro Augusto Cesar Leite de Carvalho, destacou que o TST tem entendido que a cláusula normativa que estabelece multa por descumprimento do ajustado coletivamente tem a mesma natureza jurídica de cláusula penal. Trata-se, segundo ele, de obrigação acessória pela qual as partes acordam indenização quando a obrigação não é cumprida, o que atrai a incidência da diretriz firmada na Orientação Jurisprudencial 54 da SDI-1.

Dessa forma, de acordo com o relator, o entendimento que prevalece é de que o valor da multa deve ser limitado ao valor da obrigação principal, conforme previsto no artigo 412 do Código Civil, que tem aplicação subsidiária ao artigo 8º da CLT.

Ficaram vencidos os ministros José Roberto Freire Pimenta, Cláudio Brandão, Vieira de Mello Filho e Alberto Bresciani. (DA/CF)

> Processo: E-ARR-12481-66.2014.5.14.0041.[24] (*Grifos originários*)

A razão parece estar com a segunda vertente mencionada.

Observação atenta do cotidiano forense trabalhista revela que os acordos normalmente são formados em bases menores do que os créditos pendentes, sendo socialmente aceito o desconto expressivo, por parte do empregado, por razões de celeridade e de premência para o recebimento. Sob este prisma, a cláusula penal não deve ser equiparada às multas dos negócios jurídicos em geral, como numa transação imobiliária ou bancária. A multa se aproxima, no particular, muito mais de uma indenização ou de uma satisfação ao empregado pela frustração de ver alterada a premissa de que o acordo era menor para ser pago mais rapidamente – e isto deixou de acontecer. Portanto, parece mais razoável deixar a cláusula penal do acordo no mesmo lugar em que o acordo está, ou seja, um crédito trabalhista como outro qualquer.

6 Consequências da cessão de créditos trabalhistas

O regime falimentar de 1945 era silente a respeito dos impactos da cessão de créditos para fins das prioridades do sistema concursal. O regime adotado a partir de 2005 no processo falimentar brasileiro desestimulou a prática da cessão de créditos, a título gratuito ou oneroso, ao prever que o cessionário iria para o fim da fila e não herdava as eventuais prerrogativas do cedente.

---

24 TRIBUNAL SUPERIOR DO TRABALHO NOTÍCIAS. *TST limita valor de multa normativa ao montante da obrigação principal*. nov. 2018. Disponível em: https://www.tst.jus.br/noticias/-/asset_publisher/89Dk/content/tst-limita-valor-de-multa-normativa-ao-montante-da-obrigacao-principal/pop_up. Acessado em: 18.03.2024.

Por exemplo, se o escritório ou qualquer agente "comprasse" os créditos dos trabalhadores, não poderia permanecer na lista com a natureza trabalhista do crédito, mas apenas como quirografário.

O principal fundamento dessa vedação pelo legislador decorria do fato de que o credor, que "comprou" o crédito trabalhista, não o utilizará como alimento ou como meio de subsistência, sendo provavelmente o gestor de uma carteira de clientes. Quem "compra" um crédito trabalhista o faz com deságio e pode esperar o desdobramento processual com mais sossego financeiro do que o trabalhador.

Ademais, a cessão de créditos trabalhistas sempre foi repelida para os fins do Processo do Trabalho: conquanto prevista pelo Código Civil, a cessão de crédito encontra óbice para ser operacionalizada no campo processual do trabalho, dado se tratar de um negócio jurídico entre empregado e terceiro que não se coloca em quaisquer dos polos da relação processual trabalhista.

O regime falimentar de 2021, entretanto, e que entrou em vigor após as reformas empreendidas sobre a Lei de Falência, retirou a vedação e acrescentou dispositivo expresso no sentido de que o cessionário herda as singularidades do crédito cedido, inclusive a preferência concorrencial.

Argumenta-se que, em realidade, o legislador apenas coonestou o que já era praticado à meia luz, no mercado secundário dos créditos falimentares de pequena chance de êxito, apenas com a diferença de que, doravante, o cessionário poderá aparecer de modo ostensivo e não mais sob a forma de contrato de gaveta. Antes, o trabalhador cedia o crédito e outorgava procuração para completa liberdade do cedente; agora, ele pode fazer a transmissão sem qualquer reserva e o cessionário pode dizer expressamente com quantos e quais empregados do falido ele negociou.

Tal como ocorre no regime de precatórios, permanece em observação se a medida de 2021 deve ser recebida como um avanço ou retrocesso do processo falimentar, ao oficializar a comercialização dos créditos de difícil recuperação, com as múltiplas consequências que o assédio processual naturalmente produz sobre a vida dos credores.

7 Prosseguimento do contrato de trabalho na falência

É viável o prosseguimento do contrato de trabalho após a decretação da falência. Isto já era possível à luz do Dec.-lei 7.661/1945 e se mantém intacto nas normativas de 2005 e atualizações de 2021.

Os contratos bilaterais, em verdade, não se resolvem automaticamente pela decretação da quebra, ao contrário do que supõe o senso comum. Podem ser cumpridos pelo administrador judicial, sobretudo se isto reduzir ou evitar o passivo da massa ou, especialmente, se for necessário à manutenção de seus ativos, como pode ser vislumbrado em funções de retaguarda estratégica, desde a zeladoria e segurança patrimonial até os centros de informática ou preservação de alto forno e equipamentos sensíveis. Carecerá o administrador de autorização do Comitê.

Todo contrato de trabalho se insere no bojo dos contratos bilaterais. Não há necessidade de baixa na Carteira de Trabalho nem de novo registro a ser efetuado pelo administrador da massa. Cuida-se do mesmo contrato de trabalho, inclusive no tocante ao cálculo do período aquisitivo e concessivo de férias e à concessão de vantagens de norma coletiva.

Se vier a ser dispensado pela massa, tem assegurado os mesmos direitos da rescisão dos demais empregados, inclusive aviso-prévio e 40% sobre o fundo de garantia.

Não é a falência a causa extintiva do contrato de trabalho. Ocorre que normalmente a falência envolve aspectos como lacração do imóvel, arrecadação de bens estratégicos, como máquinas e equipamentos, e completo bloqueio de capital de giro, o que representa a própria inviabilidade do prosseguimento da atividade econômica.

Daí a associação que se faz entre o decreto de falência e a rescisão contratual.

É realmente importante não se deixar influenciar por essa associação, porque no Direito do Trabalho a iniciativa da rescisão faz toda diferença: partindo do empregado o interesse no desligamento, perdem-se vários benefícios, como o seguro-desemprego, a indenização de 40% e o aviso-prévio indenizado; partindo do empregador (ou da massa), acrescentam-se tais vantagens, dentre outras.

Por fim, vale lembrar que a rescisão acarretada pela falência não se confunde com motivo de força maior. Este conceito, que no Direito do Trabalho representa a redução à metade das verbas rescisórias, pressupõe fatores externos não ligados à conduta do empregador, ou seja, a ocorrência de desventuras climáticas ou conjunturais para as quais o empregador não concorreu e as quais não poderiam ter sido evitadas – daí se dizer que a força maior era inevitada e inevitável.

Porque a falência é ligada diretamente aos riscos da atividade econômica, não pode ser tomada por motivo de força maior, quer o empregador tenha agido com diligência, quer tenha tido comportamento temerário na condução dos negócios.

8 Energia do trabalhador empreendida no estabelecimento

O Direito do Trabalho convive com o conceito de que a maior garantia a um trabalhador, de que receberá seus salários e demais formas de contraprestação pelos serviços prestados, é justamente a unidade produtiva para cujo sucesso ele concorre.

É como se o empregado, ao se dedicar a um estabelecimento comercial, tivesse deixado sua energia impregnada naquele empreendimento, sem que nada possa retirar seu empenho pessoal.

A energia do trabalhador corresponde a uma figura de linguagem bastante precisa para definir o motivo pelo qual os bens não podem ser simplesmente alienados, no todo ou em parte, sem que os débitos trabalhistas sejam saldados. Isto vale tanto para o contrato de venda e compra quanto para a alienação em hasta pública, porque do ponto de vista da dignidade do ser humano, ou melhor, do alcance das finalidades do Direito do Trabalho, o que conta é a contraprestação dos serviços prestados pelo ser humano e não a natureza jurídica da alienação da propriedade.

A energia do trabalhador concorreu para a formação de bens corpóreos, como a edificação da propriedade e a manutenção de máquinas e equipamentos, mas, sobretudo, para a prosperidade de bens incorpóreos, como a atração de clientela cativa, a boa fama do estabelecimento e o desenvolvimento da marca conhecida no mercado.

São esses os elementos impalpáveis que estimulam o Direito do Trabalho a considerar a atividade econômica uma só, quaisquer que sejam os proprietários à frente do empreendimento e qualquer que seja a alteração da estrutura jurídica da empresa, como recordam os arts. 10 e 448 da Consolidação. Aquele está ligado à figura do empregado ou do ex-empregado, ao passo que o último é especificamente voltado para o contrato de trabalho, que não deve ser rompido por simples alteração dos responsáveis pelo empreendimento.

A convivência do conceito da sucessão trabalhista, com a ênfase na manutenção da empresa como fonte geradora de emprego e renda, consagrada pela Lei de Falência de 2005, mostra-se um dos grandes desafios contemporâneos para o Direito do Trabalho e o Direito Empresarial.

Naturalmente, os estudos trabalhistas enxergam com desconfiança que uma norma comercial possa ter boas intenções em prol da satisfação dos créditos trabalhistas.

A matéria acabou desaguando em conflitos positivos de competência, direcionados ao Superior Tribunal de Justiça, deslocando o foco das atenções para temas de Direito Processual, inclusive sobre quem deve dizer o direito, e não para temas de direito material, sobre o conceito de arrematação e da desoneração trabalhista e tributária. Não conheceu o desenvolvimento esperado.

Conclusão

Por essas e outras razões, o art. 768 da CLT segue autêntico em seu propósito de imprimir maior celeridade a esses processos trabalhistas fadados à habilitação nos Juízos Universais.

Isso não impede, no entanto, que a execução prossiga na Justiça do Trabalho, por exemplo, na pessoa de integrantes do grupo econômico, para os quais a falência não tenha sido estendida, porque o Processo do Trabalho admite o redirecionamento da execução, até mesmo aos componentes do grupo que não constam do título executivo e não foram citados, haja vista a tese do grupo como empregador único. Isto foi muito discutido na década de 2000, com a falência de empresas aéreas inseridas em grandes conglomerados financeiros, e encontra jurisprudência pacífica no âmbito do Superior Tribunal de Justiça.

Também não impede que a execução siga na Justiça do Trabalho na pessoa dos sócios (e, sob certas circunstâncias, dos ex-sócios), quando do encerramento da falência, conforme disposição expressa dos arts. 33 e 133 do Dec.-lei 7.661/1945, ainda que não reproduzida na Lei n. 11.101/2005, embora as reformas nela empreendidas em 2021 sinalizem negativamente a este prosseguimento, caso o juízo falimentar declare que a extinção das obrigações do falido se estende aos sócios e controladores.

Não impede, ainda, a execução perante a Justiça do Trabalho na pessoa do tomador de serviços, dentro da responsabilidade solidária de que fala o art. 16 da Lei n. 6.019/1974.

Não há, tampouco, impedimentos à execução junto à Justiça do Trabalho na arrecadação dos encargos previdenciários e fiscais, conforme disposição expressa das reformas de 2021 sobre a Lei de

Falência (art. 6º, § 11, da Lei n. 11.101/2005), e na cobrança das multas impostas pelo Auditor-Fiscal do Trabalho, mantendo-se a execução da Certidão da Dívida Ativa integralmente no Processo do Trabalho (art. 6º, § 11, da Lei n. 11.101/2015), usando-se o percurso de cooperação judicial, de que trata o Código de Processo Civil de 2015, para conciliar a execução no processo trabalhista com as diretrizes da Justiça Comum no processo falimentar.

A Justiça do Trabalho segue, por fim, sendo a competente para a execução de créditos trabalhistas constituídos após o pedido de recuperação judicial, infensos ao Juízo Universal, se houver conversão da recuperação em falência, dado que legislador refere a sujeição à recuperação judicial dos créditos existentes na data do pedido, ainda que não vencidos. Tal cenário ocorre mormente em contrato de trabalho do autor firmado após o deferimento da recuperação judicial. E o marco temporal não foi alterado pelas reformas de 2021.

Não obstante a execução dos créditos trabalhistas contra a massa falida deva ser efetuada no Juízo Universal da falência, ou seja, frente à Justiça Comum, levando à discussão sobre a prerrogativa dos créditos trabalhistas (senão, antes, a constituição destes créditos), ou definida a Justiça do Trabalho como competente à execução alguns créditos, certa é a necessidade de se imprimir efetividade e celeridade à tramitação processual para o recebimento pelo trabalhador de todo e qualquer valor a que faz jus.

Referências bibliográficas

ALMEIDA, Amador Paes de. *Curso de falência e recuperação de empresa*. 25ª ed. São Paulo: Saraiva, 2009.

ARAÚJO, José Francelino de. *Comentários à Lei de Falência e Recuperação de Empresas*. São Paulo: Saraiva, 2009.

BADARÓ, Carlos Alberto. "Os créditos trabalhistas no processo de recuperação de empresas e de falência". *In*: MACHADO, Rubens Approbato (Coord.). *Comentários à nova Lei de Falências e Recuperação de Empresas*: doutrina e prática. 2ª ed. São Paulo: Quartier Latin, 2007.

BATALHA, Wilson de Souza Campos; RODRIGUES NETTO, Nelson; RODRIGUES NETTO, Sílvia Maria Labate Batalha. *Comentários à lei de recuperação judicial de empresas e falência*. 4ª ed. São Paulo: LTr, 2007.

BATISTA, Homero. *Direito do trabalho aplicado*: processo do trabalho. vol. 4. São Paulo: Revista dos Tribunais, 2021.

BEZERRA FILHO, Manoel Justino. *Lei de Recuperação de Empresas e Falências – Lei 11.101/2005*: comentada artigo por artigo. 14ª ed. São Paulo: Revista dos Tribunais, 2016.

BRASIL. *Constituição da República Federativa de 1988* (CF/1988). Disponível em: https://www.planalto.gov.br/ccivil_03/constituicao/constituicao.htm. Acessado em: 18.03.2024.

_____. *Decreto-Lei n. 5.452*, de 1º de maio de 1943. Consolidação das leis do trabalho (CLTclt). Disponível em: https://www.planalto.gov.br/ccivil_03/decreto-lei/del5452.htm. Acessado em: 18.03.2024.

_____. *Lei n. 10.406*, de 10 de janeiro de 2002 (CC/2002). Disponível em: https://www.planalto.gov.br/ccivil_03/leis/2002/l10406compilada.htm. Acessado em: 18.03.2024.

_____. *Lei n. 11.101*, de 9 de fevereiro de 2005 Disponível em: https://www.planalto.gov.br/ccivil_03/_ato2004-2006/2005/lei/l11101.htm. Acessado em: 18.03.2024.

_____. *Lei n. 14.112*, de 24 de dezembro de 2020 ("Nova Lei de Recuperação Judicial e Falência"), que "Altera as Leis n. os 11.101, de 9 de fevereiro de 2005, 10.522, de 19 de julho de 2002, e 8.929, de 22 de agosto de 1994, para atualizar a legislação referente à recuperação judicial, à recuperação extrajudicial e à falência do empresário e da sociedade empresária. Disponível em: https://www.planalto.gov.br/ccivil_03/_ato2019-2022/2020/lei/l14112.htm. Acessado em: 18.03.2024.

_____. *Lei n. 5.172*, de 25 de outubro de 1966. Código tributário nacional (CTN). Disponível em: https://www.planalto.gov.br/ccivil_03/leis/l5172compilado.htm. 18.03.2024.

_____. *Lei n. 8.213*, de 24 de julho de 1991, que "Dispõe sobre os Planos de Benefícios da Previdência Social e dá outras providências". Disponível em: https://www.planalto.gov.br/ccivil_03/leis/l8213cons.htm. Acessado em: 18.03.2024.

CALÇAS, Manoel de Queiroz Pereira. "A nova lei de recuperação de empresas e falências: repercussão no direito do trabalho (Lei n. 11.101, de 9 de fevereiro de 2005)". *Rev. TST*, Brasília, vol. 73, nº 4, out./dez. 2007.

CAMPINHO, Sérgio. *Falência e recuperação de empresa*: o novo regime da insolvência empresarial. 3ª ed. Rio de Janeiro: Renovar, 2008.

COELHO, Fabio Ulhoa. *Comentário à nova Lei de Falências e de Recuperação de Empresas*: Lei n. 11.101, de 9-2-2005. 3ª ed. São Paulo: Saraiva, 2005.

CORRÊA-LIMA, Osmar Brina. "Questões polêmicas da nova lei de falências". *Revista de Direito Empresarial*, Curitiba, nº 3, jan./jun. 2005.

DEL MASSO, Fabiano. "Direitos trabalhistas na falência e na recuperação de empresas". *In:* FAZZIO JÚNIOR, Waldo. *Nova Lei de Falência e Recuperação de Empresas*. 2ª ed. São Paulo: Atlas, 2005.

FRANCO, Vera Helena de Mello; SZTAJN, Rachel. *Falência e recuperação da empresa em crise*. Rio de Janeiro: Elsevier, 2008.

GOUVÊA, João Bosco Cascardo. *Recuperação e falência – Lei 11.101/2005*: comentários artigo por artigo. Rio de Janeiro: Forense, 2009.

KIRSCHBAUM, Deborah. *A recuperação judicial no Brasil*: governança, financiamento extraconcursal e votação do plano. São Paulo: USP, 2009. (Tese de Doutorado).

KOURY, Suzy Cavalcante. "As repercussões da nova lei de falências no direito do trabalho". *Revista LTr*, São Paulo, ano 69, ago. 2005.

MAMEDE, Gladstom. *Falência e recuperação de empresas*. 10ª ed. São Paulo: Atlas, 2019.

MANUS, Pedro Paulo Teixeira. *Execução trabalhista:* responsabilidade subsidiária: momento do redirecionamento para o responsável subsidiário e a necessidade ou desnecessidade do término do processo falimentar. Disponível em: https://juslaboris.tst.jus.br/bitstream/handle/20.500.12178/77930/2014_manus_pedro_execucao_trabalhista.pdf?sequence=1&isAllowed=y. Acesso em Acessado em: 18.03.2024.

MIRANDA, Pontes de. *Tratado de Direito Privado*. 3ª ed. São Paulo: Revista dos Tribunais, 1984.

ORGANIZAÇÃO INTERNACIONAL DO TRABALHO (OIT). *C095 – Proteção do Salário*. Disponível em: https://www.ilo.org/brasilia/convencoes/WCMS_235184/lang--pt/index.htm.

______. *C173 – Proteção dos Créditos Trabalhistas na Insolvência do Empregador*. Disponível em: https://www.ilo.org/brasilia/convencoes/WCMS_242711/lang--pt/index.htm.

PERIN JÚNIOR, Ecio. *Preservação da empresa na Lei de Falências*. São Paulo: Saraiva, 2009.

PONTES DE MIRANDA, Francisco Cavalcanti. *Tratado de Direito Privado*. 3ª ed. São Paulo: Revista dos Tribunais, 1984.

ROBORTELLA, Luiz Carlos Amorim. "Direito de empresa e direito do trabalho". *Revista da AASP*, São Paulo, nº 70, jul. 2003.

SILVA, Homero Batista Mateus da. *Responsabilidade patrimonial no processo do trabalho*. Rio de Janeiro: Elsevier, 2008.

SOUZA, Marcelo Papaléo de. *A Lei de recuperação e falência e as suas consequências no direito e no processo do trabalho*. 3ª ed. São Paulo: LTr, 2009.

TOLEDO, Paulo Fernando Campos Salles de. "Recuperação judicial, a principal inovação da Lei de Recuperação de Empresas: LRE". *AASP*, São Paulo, nº 83, 2005.

CAPÍTULO XI

NECESSÁRIA APLICAÇÃO DA ANÁLISE ECONÔMICA DO DIREITO PARA MELHORAR A EFICIÊNCIA DOS PROCESSOS DA LEI N. 11.101/2005

JOÃO DE OLIVEIRA RODRIGUES FILHO

Cada vez mais percebemos o interesse das pessoas sobre os institutos da Lei n. 11.101/2005, seja em razão de um (infeliz) contexto de dificuldades enfrentadas pelos agentes econômicos brasileiros, seja pela ampliação de mais oportunidades no mercado de trabalho para profissionais diversos.

Com o advento da Lei n. 14.112/2020, o direito das empresas em crise experimentou aprimoramento de seus institutos e a ele foram incorporados novos instrumentos, tudo com vistas à melhoria de sua eficiência, sob a justificativa de que, ao final, haveria melhoria do ambiente econômico brasileiro.

Mas esse argumento, de que o sistema de direito das empresas em crise possui relevância para a economia brasileira, vem desde o nascedouro da Lei n. 11.101/2005, como bem descrito no relatório do Senador Ramez Tebet,[1] por ocasião da discussão e construção da lei através da tramitação do PLC 71/2003 no Congresso Nacional, *verbis*:

> Em resumo, o quadro econômico, político e social mudou dramaticamente. A realidade bem-comportada do pós-guerra verdadeiramente explodiu numa miríade de novas estruturas sociais e econômicas cujas fronteiras são imprecisas e de caráter ainda pouco definido.
>
> A realidade sobre a qual se debruçou Trajano de Miranda Valverde para erigir esse verdadeiro monumento do direito pátrio, que é a Lei de Falências de 1945, não mais existe. Como toda obra humana, a Lei de Falências é histórica, tem lugar em um tempo específico e deve ter sua funcionalidade constantemente avaliada à luz da realidade presente. Tomar outra posição é enveredar pelo caminho do dogmatismo. A modernização das práticas empresariais e as alterações institucionais que moldaram essa nova concepção de economia fizeram necessário adequar o regime falimentar brasileiro à nova realidade.

Desta breve introdução, podemos extrair um importantíssimo aspecto da Lei n. 11.101/2005: o seu caráter econômico. Seja em qualquer modalidade de procedimento nela prevista (negociação antecedente, recuperação extrajudicial, recuperação judicial e falência), em todos eles há um objetivo implícito que é a busca de melhor eficiência no âmbito econômico de mercado. Ainda assim, temos caminhado para uma excessiva judicialização de questões que acabam por mascarar os aspectos econômicos ligados ao tema.

---

1 SENADO. *Parecer n.* , de 2004. Disponível em: https://bit.ly/3VRsH5J. Acessado em: 01.03.2024.

Na negociação antecedente, prevista no art. 20-B e na recuperação extrajudicial é mais fácil observarmos essa característica econômica, pois ambos são institutos nos quais prevalece a negociação entre as partes, havendo pouco espaço para a intervenção judicial.

A falência, por se tratar de um procedimento de liquidação, na qual se deva buscar a realocação de ativos da falida no mercado de maneira célere (art. 75, I e II, LRF), bem como o oferecimento do *fresh start* para o empresário malsucedido naquele empreendimento específico (art. 75, III, LRF), possui uma dinâmica mais estática e com seu viés jurídico mais acentuado, com poucos espaços para um ambiente na qual os credores possam decidir os destinos da empresa falida. Ainda assim, a efetividade do processo falimentar é de interesse da economia, mas reclama, para isso, um olhar mais objetivo do ponto de vista jurídico para sua implementação.

Já na recuperação judicial, tema ainda privilegiado no ambiente jurídico, o aspecto econômico é fundamental, por se tratar de um instituto do direito de insolvência voltado a conferir uma oportunidade à determinada atividade empresarial de superação de uma situação de crise econômico-financeira momentânea, na qual a solução será dada pelo mercado (credores), mediante um processo com supervisão do Poder Judiciário:[2]

> O desenho da recuperação judicial no PLC nº 71, de 2003, salvo pequenos ajustes, é adequado às necessidades das empresas brasileiras. Extinguindo a ineficiente concordata – que se limita a uma moratória das dívidas do concordatário, incapaz de soerguer devedores em dificuldade – o projeto abre um amplo leque de possibilidades de reorganização e aumenta, assim, as chances de recuperação efetiva das empresas. O Projeto também acerta ao apontar os credores – que participam do mercado em que está inserido o devedor e são, afinal, os

---

2 SENADO. *Parecer n.*, de 2004. Disponível em: https://bit.ly/3VRsH5J. Acessado em: 01.03.2024.

> maiores interessados no êxito do processo – como as pessoas mais indicadas para decidir acerca da viabilidade do plano de recuperação preparado pelo devedor.

Em abandono ao instituto da concordata, cuja solução era eminentemente legalista e com alta intervenção judicial, o legislador buscou conferir, através da recuperação judicial, uma solução de mercado à superação da crise da empresa, mediante a discussão e eventual aprovação pelos credores do empresário de um plano de soerguimento por ele apresentado.

Isso porque a recuperação de uma atividade empresarial necessita de soluções econômicas para que haja possibilidade de sucesso. Depende de escolhas inerentes ao exercício da livre iniciativa e somente aqueles que estão no mercado é que possuem condições de avaliar se as escolhas propostas pelo empresário podem ser suscetíveis de êxito no âmbito do empreendedorismo.

Portanto, a recuperação judicial deve ser considerada um instituto híbrido composto por elementos e questões tanto de ordem econômica como de ordem jurídica. Seu sucesso e o da atividade que busca o soerguimento depende da compreensão dessas características, a fim de que cada qual seja debatida e observada na sua esfera de incidência.

O soerguimento de uma atividade depende de um plano realista e consentâneo com elementos de mercado e é dependente do contexto econômico no qual será aplicado. Mas a sua construção deve respeitar os limites legais, de ordem processual e material, existentes no ordenamento jurídico, com vistas à garantia de higidez do procedimento e da livre manifestação de vontade das partes, num ambiente de transparência e supervisão judicial.

A jurisprudência é uníssona sobre esse entendimento. Os precedentes dos Tribunais de Justiça do país e do Colendo Superior Tribunal de Justiça ressoam ser dos credores a titularidade da análise de viabilidade da atividade empresarial, para fins de recuperação judicial, competindo ao Poder Judiciário apenas o controle sobre os aspectos de legalidade do plano votado, sem poder se imiscuir nos aspectos econômicos discutidos.

O problema enfrentado, atualmente, é a escorreita depuração sobre quais seriam elementos de ordem econômica e quais seriam elementos de ordem legal, para fins de controle do plano votado. A jurisprudência já tem alcançado diversas definições, mas o dinamismo da atividade empresarial sempre proporciona novos desafios a serem apreciados.

A consequência desse processo de depuração ainda em construção são as inúmeras discussões levadas ao Poder Judiciário, sob a tese de que se tratariam de aspectos de legalidade do plano, quando, na realidade, configurariam questões de ordem econômica em seu sentido puro ou, ainda, questões que podem se revestir de caráter econômico e jurídico ao mesmo tempo.

E ainda vivemos um cenário de certa imprevisibilidade sobre o âmbito de incidência de um dirigismo judicial acerca do plano votado, pois muitas dessas questões são interpretadas ora como de ordem legal, ora como de ordem econômica, não existindo completa definição sobre os limites de uma intervenção estatal nesse processo negocial.

Com os fenômenos do pós-positivismo e do neoconstitucionalismo houve uma profunda alteração na hermenêutica das regras de direito privado, através de um viés de busca da igualdade material em contraposição à antiga concepção de constitucionalismo liberal, abandonando os dogmas de individualismo e absenteísmo estatal para inserção de metodologias de um dirigismo comunitário liderado pelos poderes estatais voltando a visão do direito para um conteúdo mais social, no sentido de se exigir dos titulares de um determinado direito a observância do cumprimento de sua função social, mediante baldrames axiológicos de eticidade, socialidade e operabilidade.

Entretanto, a desmedida intervenção estatal na ordem econômica, sob os mais variados aspectos, impede o desenvolvimento do mercado e dificulta o exercício do empreendedorismo, ocasionado, em consequência, diminuição dos benefícios sociais decorrentes da atividade empresarial, como a geração de empregos, arrecadação de recursos para o Estado, a manutenção e a criação de novas relações comerciais, a inserção de melhores produtos e serviços no mercado pela livre concorrência entre atividades.

Sobrevém, então, a Lei da Declaração dos Direitos de Liberdade Econômica, cujo escopo é a melhora do ambiente para o exercício de atividades econômicas no país.

Segundo a exposição de motivos da MP 881, de 2019, convertida na Lei n. 13.874/2019:

> Por meio da Exposição de Motivos Interministerial (EMI) nº 00083/2019 ME AGU MJSP, datada de 11 de abril de 2019, a Medida Provisória (MPV) nº 881, de 2019, foi justificada pela necessidade urgente de afastar a percepção de que, no Brasil, o exercício de atividades econômicas depende de prévia permissão do Estado. Esse cenário deixaria o particular sem segurança para gerar emprego e renda. E daí decorre o fato de o Brasil figurar "em 150º posição no ranking de Liberdade Econômica da Heritage Foundation/Wall Street Journal, 144º posição no ranking de Liberdade Econômica do Fraser Institute, e 123º posição no ranking de Liberdade Econômica e Pessoal do Cato Institute".
>
> A liberdade econômica, continua a EMI, é fundamental para o desenvolvimento de um país, ainda mais no caso do Brasil, que atualmente está mergulhado em crise econômica. Estudos envolvendo mais de 100 países a partir da segunda metade do século XX comprovam essa relação entre a liberdade econômica e o progresso.
>
> A MPV empodera o particular e insurge-se contra os excessos de intervenção do Estado, com vistas a estimular o empreendedorismo e o desenvolvimento econômico.

A Lei n. 13.874/2019 buscou proporcionar a melhoria do ambiente negocial e de mercado em nossa economia de livre iniciativa, cujos preceitos possuem efeito vinculante aos entes federativos e imposição de interpretação e aplicação sistêmica das normas da Lei, mediante o estabelecimento do entendimento de que a intervenção do Estado nas atividades regidas pela livre iniciativa deve ocorrer somente em casos de imprescindibilidade, prestigiando-se, no mais e em maior medida, a liberdade de vontade e de atuação dos agentes.

Por se tratar de uma declaração de direitos, atribui-se ao sujeito privado o direito subjetivo de conteúdo determinado (disciplina jurídica mais precisa e determinada – fornecimento de soluções específicas), oponível diretamente ao Estado, para o livre exercício de atividades econômicas, respeitados os limites de boa-fé e do cumprimento da função social do direito respectivo, propondo, outrossim, um dirigismo estatal sobre a livre iniciativa mais otimizado e menos denso.

Um importante critério hermenêutico trazido pela lei está no brocardo *IN DUBIO, PRO LIBERTATEM*. Isso porque temos a cultura de interpretar em sentido oposto ao da liberdade, com entendimentos muitas vezes restritivos e formalistas que repercutem até mesmo no exercício do direito privado pelos agentes econômicos, através de uma "postura de prudência" para justificar a tomada de uma decisão, sob a falsa premissa de se respeitar o ordenamento constitucional. Pela adoção de tal critério hermenêutico, deve ser abandonada essa posição entendendo que a liberdade de iniciativa envolve o prestígio à escolha de objetivos particulares, de modo a tornar o direito privado cada vez mais privado.

No âmbito da recuperação, a aplicação da Lei n. 13.874/2019 pode funcionar como importante critério hermenêutico na depuração sobre quais são as questões efetivamente de natureza econômica, nas quais deve prevalecer a autonomia da vontade, e quais são as questões de natureza jurídica que devam ser enfrentadas pelo Poder Judiciário.

E, no âmbito da autonomia de vontade, importante rememorar o judicioso voto do Eminente Ministro Moura Ribeiro nos autos do REsp 1.532.943-MT, acerca da prevalência da vontade coletiva oriunda da deliberação em AGC sobre as vontades individuais, assim vernaculamente posto:

> A vinculação do plano a todos os credores, tanto os que expressaram sua anuência como aqueles que não concordaram com as deliberações da AGC, é destacada por HUMBERTO LUCENA PEREIRA DA FONSECA e MARCOS ANTÔNIO KOHLER:
>
> *(...) a nova Lei enfatiza o soerguimento de empresas viáveis que estejam passando por dificuldades temporárias, a fim de evitar que a situação de crise culmine com a falência. Nesse sentido, é extinta a ineficiente concordata e **criado o instituto da recuperação judicial, que tem como principal característica o oferecimento aos credores de um plano de recuperação que, na prática, envolverá negociações e concessões mútuas,** além de providências e compromissos do devedor visando a persuadir os credores da viabilidade do plano. **Esse plano deverá ser aprovado pela maioria dos credores em assembleia, e a decisão vinculará não só os que expressamente anuírem, mas também os que votarem contrariamente*** (*A nova lei de falências e o instituto da recuperação extrajudicial.* Texto para discussão 22. Consultoria Legislativa do Senado Federal. Brasília, abril/2005 – sem destaque no original).
>
> No mesmo sentido é a doutrina de PAULO FERNANDO CAMPOS SALLES DE TOLEDO:
>
> *O direito das empresas em crise tem como uma de suas características básicas o fato de reger relações em que se situa, de um lado, o devedor, e de outro a coletividade dos credores.*
>
> *(...)*
>
> *Ora, como se trata de uma coletividade, e, em especial, de uma comunhão, não pode deixar de existir um meio específico para a expressão da vontade comum. Aplica-se, para tanto, o **princípio da maioria**, consagrado no direito societário, e também no direito público quando prevê a eleição majoritária.*

> ***Assim, nas matérias submetidas à deliberação assemblear, a manifestação do órgão faz-se em obediência ao resultado da votação, prevalecendo a maioria,***
>
> ***atendidos os requisitos exigíveis.*** *Manifesta-se, desse modo, pela assembleia geral, a vontade coletiva dos credores. No dizer de* ***Marlon Tomazette****, de modo semelhante, a assembleia geral das sociedades anônimas, nos regimes instituídos pela LRE, "como órgão de deliberação, a assembleia tem a competência de expressar a vontade da massa de credores, isto é, a vontade coletiva interpretada como vontade unitária do grupo,* ***vinculando inclusive credores ausentes*** *(O Plano de Recuperação e o Controle Judicial da Legalidade. In Revista de Direito Bancário e do Mercado de Capitais: RDB, v. 16, n. 60, abr./jun. 2013 - sem destaque no original).*
>
> Portanto, em contraposição ao sistema anterior, em que não havia possibilidade de negociação, se descortina um sistema que prima pela composição das partes por meio do voto em assembleia. E esse novel sistema não teria eficácia sem a vinculação dos credores às deliberações majoritárias.

Logo, apenas em aspectos de legalidade, como o Colendo Superior Tribunal de Justiça também já decidiu em outras oportunidades, é que eventual situação não se sujeitará aos termos do plano aprovado, devendo prevalecer a regra de submissão de todos à vontade coletiva formada pela votação resultante da AGC.

Outro ponto que não pode ser desconsiderado no âmbito da recuperação judicial, em virtude da sua natureza econômica, são os poderes econômicos existentes e, por vezes divergentes, revelados nas pessoas dos credores que buscam recuperar os investimentos feitos na atividade empresarial.

E tais poderes econômicos irão se mostrar conforme a natureza do crédito sujeito e o vulto do investimento realizado na empresa. Assim, alguns credores podem assumir alguma posição de superioridade em relação a outros, como decorrência natural dos investimentos por eles realizados ou por negociações mais promissoras que lhes garantiram uma condição mais vantajosa no ambiente de negociação da recuperação judicial.

É importante que essa dinâmica seja preservada em respeito à confiança dos investidores no sistema. Certamente aquele que intenciona maior volume de investimentos numa atividade empresarial espera o retorno econômico de suas ações e, caso enfrente uma situação de crise do seu parceiro comercial, terá a legítima expectativa de preservar seu poder de negociação no plano a ser apresentado, na proporção dos investimentos realizados ou das garantias que detém, presumindo-se a boa-fé nas relações predecessoras que lhe conferiram tal posição econômica.

O que deve ser coibido pelo Poder Judiciário é o abuso de determinado poder econômico, que poderá se revelar por uma imposição irracional de sua vontade contra a possibilidade concreta de soerguimento da atividade, assim reconhecida pelos demais credores, ou mediante a imposição de sacrifícios desproporcionais ao devedor e aos demais credores em posição menos vantajosa, para o atendimento exclusivo de um direito descurado de sua função social por macular as finalidades contidas no art. 47 da Lei n. 11.101/2005.

Todas essas considerações são importantes porque a prática tem demonstrado que muitas discussões envolvendo questões de legalidade na análise do plano envolvem os pontos acima mencionados e que nem sempre são trazidos com um rigor na revelação de sua real natureza jurídica.

Não raro, muitas situações são trazidas ao Poder Judiciário sob a roupagem da discussão de um aspecto de legalidade quando, na realidade, tal postura busca pressionar o devedor em determinada negociação ou aumentar a vantagem de um poder econômico de menor expressão frente aos demais numa determinada negociação.

Todas essas demandas existem e merecem a devida atenção para evitar um dirigismo judicial sobre o ambiente de negociação sem justa causa para tal interferência, na medida em que a vontade coletiva da AGC pressupõe uma organização legal própria para sua composição, constante do art. 45 da Lei n. 11.101/2005 e fundado em situações anteriormente consolidadas pelas relações comerciais construídas entre o empresário em crise e seus credores.

Tais realidades não podem ser desprezadas e fazem parte do conjunto que compõe o processo de recuperação judicial. Embora ainda não analisada no âmbito de apreciação de planos votados em AGC, a Lei das Liberdades Econômicas pode funcionar como importante instrumento de depuração da intervenção judicial no processo de negociação entre o devedor e seus credores, privilegiando a liberdade da manifestação de vontade, o que já é visto inclusive nas situações envolvendo transações entre credores trabalhistas e consumeristas em face de seus devedores nas respectivas jurisdições, reservando a atuação judicial apenas para as hipóteses de clara violação de dispositivos legais de ordem pública ou evidente prejuízo ocasionado por abuso de direito.

Ao comentar a interpretação dos negócios jurídicos à luz da Lei n. 13.874/2019, Paula A. Forgioni[3] assim dispõe, *verbis*:

> 5. *As liberdade econômicas não são apenas um "poder agir", mas também a garantia de poder agir. Se a livre-iniciativa é constitucionalmente amparada, à empresa está outorgada a garantia de atuar conforme seus interesses, respeitados os limites postos pela própria Constituição e pelas Leis [princípio da legalidade]. Ao mesmo tempo, as* faculdades advindas das liberdades constitucionais não são atribuídas aos agentes para que eles possam "fazer o que quiser", mas para viabilizar o adequado funcionamento do mercado, gerando riquezas, impostos, empregos e bem-estar social.

3 MARQUES NETO, Peixoto Floriano; RODRIGUES JR., Otávio Luiz; LEONARDO, Rodrigo Xavier. (Coord.). *Comentários à Lei da Liberdade Econômica*: Lei 13.874/2019. São Paulo: Thomson Reuters, 2019, pp. 366/367.

> ...
>
> Nesse prisma, o *princípio da legalidade* é fundamental para a organização do sistema econômico. As liberdades econômicas constitucionais devem ser lidas em conjunto com o princípio da ***legalidade***, por serem verso e reverso da mesma medalha. A empresa é livre para agir, para empreender. Contudo, essa liberdade é limitada pela Lei; à empresa é facultado organizar-se e contratar, *desde que o faça dentro de parâmetros preestabelecidos pelo ordenamento jurídico*. Nenhum agente "será obrigado a fazer ou deixar de fazer alguma coisa senão em virtude de lei" [cf. Art. 5º, II, da Constituição Federal]. Para a empresa, *o texto normativo é, ao mesmo tempo, limite e garantia de sua liberdade.*

A recuperação judicial deve ser compreendida como componente do universo do exercício de livre-iniciativa e o seu resultado assemblear consistente na aprovação do plano pelos credores é reconhecido por ter natureza jurídica contratual, razão pela qual a forma de interpretação acima citada cabe perfeitamente quando a aplicação do instituto e, como dito alhures, já vem sendo reconhecida pela jurisprudência, devendo apenas o Poder Judiciário aprimorar a devida depuração sobre o que é aspecto de legalidade a ser por ele enfrentado e o que é questão atinente aos aspectos econômicos da recuperação judicial, a qual deverá circunscrever-se às deliberações entre devedor e credores, privilegiando-se, neste ponto, a liberdade inerente à autonomia de vontade sem vícios.

Ainda assim, é preciso compreender de uma vez por todas uma premissa básica, muitas vezes esquecida nos processos de recuperação judicial: reestruturar uma atividade econômica envolve analisar aspectos econômicos, muito mais do que readequações jurídicas. Segundo Eduardo Lemos:[4]

---

4 TOLEDO, Paulo Fernando Campos Salles de; SOUZA JÚNIOR, Francisco Satiro de (Coord.). *Direito das Empresas em crise*: problemas e soluções. São Paulo: Quartier Latin, 2012, p. 80.

> As linhas de ações necessárias para recuperar empresas englobam um campo muito mais amplo daquele ao qual se confina o trâmite judicial. Um arguto discernimento nas áreas comercial, financeira e de produção, e uma vigorosa implementação executiva dos fundamentos da Administração de Empresas devem ser respectivamente vistos e aplicados através de múltiplas lentes de competência conforme professa a disciplina do Turnaround Management.

Ora, se sabemos que para uma empresa superar sua crise econômico-financeira ela precisa estar apoiada em estratégias econômicas e de gestão, que serão discutidas entre ela e seus credores, porque no ambiente da recuperação judicial (em maior medida do que na falência, na recuperação extrajudicial e na negociação antecedente) ainda enfrentamos muita dificuldade decorrente de excessiva judicialização?

Um primeiro ponto que deve ser observado é a ausência de uma cultura de negociação no âmbito judicial. Embora nos últimos anos o legislador e o próprio Poder Judiciário tenham incentivado a existência de soluções extrajudiciais por meio de diversos institutos, tais como a mediação, a conciliação e a arbitragem, a cultura jurídica brasileira ainda é de se recorrer ao ajuizamento de demandas para solução de todos os problemas.

Deste primeiro ponto decorre a outra situação que impõe dificuldades para maior efetividade dos processos envolvendo o Direito das Empresas em Crise: a aplicação do direito no Brasil é excessivamente fundada na dogmática, decorrente de uma metodologia retórica deontológica.

Como bem salientam Luciano Benetti Timm e João Francisco Menegol Guarisse, ao promoverem breve estudo sobre a análise econômica do contrato, *verbis*:

> O estudo dogmático necessita de crenças *a priori*, que não repousam sobre hipóteses cientificamente verificáveis (como

por exemplo, as interpretações bíblicas ou do Corão, que dependem da crença na existência de Deus pelo intérprete). Na dogmática jurídica não é diferente. Pugnar pela "constitucionalização do Direito Civil", exemplificativamente, supõe uma crença *a priori* na superioridade normativa da Constituição. Não há teste observável para isso. Vale dizer, não há uma realidade subjacente que se queira descrever. Em outras palavras, teorias jurídicas dogmáticas do contrato nada dizem sobre a realidade das partes e do fenômeno social subjacente ao contrato.

Ao se aplicar o Direito a partir de uma visão dogmática, na qual a construção de uma solução muitas vezes se vale da aplicação de princípios, há, inexoravelmente, uma carga de subjetividade presente advinda do aplicador da norma. Isso é perfeitamente perceptível quando, numa determinada situação, há diversas formas de se pensar e aplicar o direito posto.

No Direito da Empresas em Crise não é diferente. Como exemplo, podemos avaliar que a utilização do valor "preservação da empresa" como argumento, não é suficiente, no caso concreto, para se decidir sobre a concessão de uma recuperação judicial da parte que a postula ou sua convolação em falência, numa hipótese em que se analisa o abuso do direito de voto. Isso porque a visão da preservação da empresa ou do voto abusivo dependerá exclusivamente da forma como o intérprete enxerga a função social da empresa e o direito de propriedade consubstanciado no crédito de que votou contra o plano, acaso a situação se resolva exclusivamente pela visão dogmática através de uma retórica deontológica.

Nesse contexto, a Análise Econômica do Direito (AED), pode ser um relevante instrumento de ampliação na aplicação do Direito, unindo-se ao dogmatismo hermenêutico já praticado, para que se avaliem as situações da realidade que estão presentes no caso concreto, bem como as alternativas normativas existentes para conferir uma maior objetividade na solução imposta.

A Análise Econômica do Direito não se circunscreve, simplesmente, a aplicar elementos da economia na interpretação e aplicação do Direito no caso concreto. Ela vai além. Segundo definição de Lionel Robbins:[5] "*Economics is the science which studies human behavior as a relationship between ends and scare means which have alternative uses*".

Para que se tenha uma melhor compreensão da dimensão da AED, é preciso relacionar a economia como uma metodologia para a tentativa de compreensão de toda e qualquer decisão individual ou coletiva que verse sobre recursos escassos (a escassez de recursos é uma premissa básica da ciência econômica), seja no ambiente de mercado, seja ambiente de relações pessoais, seja no ambiente que envolva o Poder Judiciário. Desse modo, é possível considerar que a passível de análise econômica qualquer atividade humana que tenha impacto na sua esfera pessoal e na de terceiros.

Muitos juristas possuem uma percepção equivocada de que a ciência econômica normalmente se relaciona com equações matemáticas, ou à ideia de subserviência do direito à economia. Não é nada disso. A economia é capaz de descrever a fundamentação de vários comportamentos racionais humanos, que estão além da garantia sobre a maximização monetária ou sobre o bem-estar subjetivo. Assim, pode-se dizer que a Análise Econômica do Direito é uma chave fundamental para contribuir na concretização do direito em si, justamente por se utilizar de elementos epistemológicos da economia na análise de situações e comportamentos, conferindo maior objetividade na aplicação de determinado instituto jurídico, quando este fica circunscrito à hermenêutica deontológica-retórica.

---

5 ROBBINS, Lionel. *An essay on the nature and significance of economic science*. Londres: Macmillan, 1932, p. 15. Disponível em https://mises.org/library/essay-nature-and-significance-economic-science. Acessado em: 01.03.2024.

A análise econômica do direito possui enfoque positivo e normativo. Em relação ao positivo tem-se o estudo daquilo que é, um critério de verdade. Trata-se de um juízo de prognose, avalorado (não imoral), no qual se busca a aferição de eficiência de um ponto mediante a identificação das possíveis alternativas normativas, com a investigação das prováveis consequências de cada uma e uma comparação da eficiência de cada uma delas dentro do problema proposto.

Já o enfoque normativo está voltado para aquilo que deve ser. Situa-se no campo normativo e o cotejo se faz mediante o direito posto. Isso é importante para se estabelecer uma vinculação da análise econômica do direito com o ordenamento jurídico vigentes, para afastar o subjetivismo que poderia incidir no enfoque positivo.

A expressão positiva é aquela em que se pode verificar por falseamento o mundo dos fatos. Já no que concerne aos valores que não são passíveis de falseamento, não se tem uma análise científica propriamente dita, daí o que se denomina de enfoque normativo.

Outrossim, com o acréscimo das proposições da nova economia institucional e da economia das organizações, a análise econômica do direito ganha mais cientificidade para aplicação na recuperação judicial, pela consideração de que as decisões de mercado estão inseridas no conceito de racionalidade limitada, não devendo se exigir dos credores, na escolha da alternativa que seja melhor ao seu direito de propriedade, que proponham sempre a melhor escolha coletiva na votação do plano, sobretudo diante do valor da preservação da empresa, bem como que o ambiente institucional relativo à atuação do Poder Judiciário, terá impacto direito nos incentivos de uso ou fuga da recuperação judicial como instrumento voltado à construção do soerguimento de uma operação empresarial, diante da forma pela qual dará sua intervenção no caso concreto.

Isso porque a aplicação da AED na Lei n. 11.101/2005 auxiliará na análise do conjunto de regras que permitirão a aferição dos custos e benefícios de determinado comportamento (INCENTIVOS) dentro de cada um dos institutos nela previstos, considerando: a escassez de recursos a serem partilhados entre os credores; custo de oportunidade – escolha de uma opção em detrimento de outra – se o melhor caminho para a reaver o crédito investido na empresa é o da cooperação na recuperação judicial ou da liquidação na falência; a ideia da racional maximizadora, considerando o elemento de falibilidade humana já apregoado pelos neoinstitucionalistas ou até mesmo por Posner, quando trata da heurística da oportunidade e; resposta aos incentivos dados pelo arcabouço jurídico, incluindo, aqui, a forma como o Poder Judiciário tratará de determinados assuntos dentro do âmbito da Lei n. 11.101/2005.

Algo que sempre deve ser considerado nos processos coletivos previstos na Lei n. 11.101/2005, é o que chamamos de ética consequencialistas, segundo a qual, considera-se que as pessoas respondem a incentivos. Nesse passo, quando as regras de incentivo forem alteradas (inclusive pela jurisprudência), o comportamento dos agentes também sofrerá alterações.

Outrossim, mesmo considerando a falibilidade humana, a AED, em qualquer de suas vertentes, preconiza a ideia de ESCOLHA RACIONAL,[6] na qual se verificam:

- preferências – agentes possuem gostos específicos (sem juízo de valor)
- utilidade – satisfação de qualquer ordem pela escolha feita

---

6 A escolha racional, para Posner, não estaria atrelada à ideia de cálculo consciente: para ele, a escolha é racional quando está em conformidade com o modelo de escolha, qualquer que seja o estado de espírito de quem a faz. Assim, o conceito econômico de racionalidade é objetivo e não subjetivo, uma vez que se traduz como a capacidade e a inclinação para utilizar o raciocínio para se viver a vida, o que não pressupõe consciência. (POSNER, Richard A. *Economic Analysis of Law*. 9ª ed. Nova York: Wolters Kluwer Law & Business, 2014, pp. 3-17).

- análise marginal – análise dos custos de desenvolvimento de certa atividade (perda da utilidade) + análise dos ganhos (ganho da utilidade)

Outro ponto importante da AED, que com ela não se confunde, mas está associada à sua aplicação é o consequencialismo jurídico, já positivado no art. 20 LINDB – *Nas esferas administrativa, controladora e judicial, não se decidirá com base em valores jurídicos abstratos sem que sejam consideradas as consequências práticas da decisão. Parágrafo único. A motivação demonstrará a necessidade e a adequação da medida imposta ou da invalidação de ato, contrato, ajuste, processo ou norma administrativa, inclusive em face das possíveis alternativas.*

Ao se propor a AED positiva, como mencionado anteriormente, não se deixa de avaliar as consequências da adoção de uma ou outra posição hermenêutica que pode ser adotada no caso concreto. Isso permitirá atribuir maior objetividade na escolha feita, seja pelo credor, seja pelo devedor ou até mesmo pelo Poder Judiciário, pois, ainda que a escolha racional seja dotada de falibilidade pela própria condição humana, em muitas situações, uma escolha não fará o menor sentido, mesmo havendo substrato jurídico para apoiá-la, pois, empiricamente, os conceitos de consequencialismo e pragmatismo são passíveis de falseamento com maior facilidade – isso proporciona condições de aferição de eficiência de sua utilização no caso concreto.

Vamos à análise de uma situação prática sobre o tema proposto.

Os artigos 57 e 68 da Lei n. 11.101/2005 determinam a apresentação de certidões negativas de débitos tributários ou a comprovação do parcelamento dos débitos tributários para a concessão da recuperação judicial. Todavia, até o momento em que este artigo foi escrito, as empresas vêm enfrentando dificuldades na obtenção de tais documentos. Logo, há de se harmonizar os interesses em jogo, com a compatibilização entre necessidade de tratamento dos passivos tributários das recuperandas, com o valor de preservação da empresa, valores estes positivados no ordenamento jurídico.

Houve profunda alteração do tema na Lei n. 11.101/2005 pela Lei n. 14.112/2020, com o fornecimento de diversos instrumentos de readequação do passivo fiscal das empresas em recuperação judicial, já não mais vigorando os termos do inconstitucional artigo 43 da Lei n. 13.043/2014.

Nesse sentido, foram introduzidas condições mais vantajosas para o equacionamento do passivo fiscal de recuperandas e, em favor do Fisco, foi incluída nova hipótese de convolação da recuperação judicial em falência, consistente no descumprimento do parcelamento ou da transação ajustados com a devedora (Lei n. 11.101/2005, art. 73, VI), tudo a corroborar a relevância do tema acerca do saneamento fiscal.

Assim, se o devedor já dispõe de mecanismos adequados para regularizar seu passivo tributário, não se pode mais desconsiderar o disposto nos art. 57 e 68, da Lei n. 11.101/2005, como anteriormente ocorria, com apoio da jurisprudência.

Além disso, um dos fatores de soerguimento da atividade é a demonstração da capacidade de cumprimentos das obrigações tributárias inerentes à atividade, como um dos elementos que permitam aferir o restabelecimento da saúde econômico-financeira do empresário em recuperação judicial.

O próprio instituto da recuperação judicial não pode servir como anistia às obrigações tributárias existentes até o momento do pedido, sob pena de se transformar um instrumento lídimo de reestruturação em um escudo para a prática de ilícitos.

O Tribunal de Justiça de São Paulo, por intermédio de suas Câmaras Reservadas em Direito Empresarial, lançou dois enunciados sobre o tema:

> Enunciado XIX – Após a vigência da Lei n. 14.112/2020, constitui requisito para a homologação do plano de recuperação judicial, ou de eventual aditivo, a prévia apresentação

> das certidões negativas de débitos tributários, facultada a concessão de prazo para cumprimento da exigência.
>
> Enunciado XX – A exigência de apresentação das certidões negativas de débitos tributários é passível de exame de ofício, independentemente da parte recorrente.

Em julgamento recente, atendo-se às alterações da Lei n. 14.112/2020, a Terceira Turma do STJ formulou entendimento confirmando a necessidade de comprovação da regularidade fiscal pelas recuperandas, no âmbito federal, sob pena de suspensão da recuperação judicial. Em relação aos débitos fiscais de titularidade dos entes municipais, estaduais e do Distrito Federal, essa exigência dependeria da edição de lei específica.

Assim, conforme se depreende do voto do Ministro Relator Marco Aurélio Bellizze, a exigência da regularidade fiscal, como condição à concessão da recuperação, garantiria o equilíbrio pretendido pelo legislador entre os relevantes fins do processo recuperacional, em atenção aos parâmetros de razoabilidade:

> RECURSO ESPECIAL. RECUPERAÇÃO JUDICIAL. DISCUSSÃO QUANTO À NECESSIDADE DE CUMPRIMENTO DA EXIGÊNCIA LEGAL DE REGULARIDADE FISCAL PELA RECUPERANDA, A PARTIR DAS ALTERAÇÕES PROMOVIDAS PELA LEI N. 14.112/2020, COMO CONDIÇÃO À CONCESSÃO DA RECUPERAÇÃO JUDICIAL. IMPLEMENTAÇÃO, NO ÂMBITO FEDERAL, DE PROGRAMA LEGAL DE PARCELAMENTO E DE TRANSAÇÃO FACTÍVEL. NECESSIDADE DE SUA DETIDA OBSERVÂNCIA. RECONHECIMENTO. RECURSO ESPECIAL IMPROVIDO.
>
> 1. A controvérsia posta no presente recurso especial centra-se em saber se, a partir da vigência da Lei n. 14.112/2020 (a qual estabeleceu medidas facilitadoras destinadas ao equacionamento das dívidas tributárias, conferindo ao Fisco, em contrapartida, maiores prerrogativas no âmbito da recuperação judicial, ainda que seu crédito a ela não se encontre subordinado), o

cumprimento da exigência legal estabelecida no art. 57 da Lei n. 11.101/2005 – consistente na apresentação de certidões de regularidade fiscal pela recuperanda – consubstancia ou não condição à concessão da recuperação judicial, nos termos do art. 58 do mesmo diploma legal. (...)

5.6 Em coerência com o novo sistema concebido pelo legislador no tratamento do crédito fiscal no processo de recuperação judicial, a corroborar a imprescindibilidade da comprovação da regularidade fiscal como condição à concessão da recuperação judicial, o art. 73, V, da LRF estabeleceu o descumprimento do parcelamento fiscal como causa de convolação da recuperação judicial em falência.

6. Não se afigura mais possível, a pretexto da aplicação dos princípios da função social e da preservação da empresa vinculados no art. 47 da LRF, dispensar a apresentação de certidões negativas de débitos fiscais (ou de certidões positivas, com efeito de negativas), expressamente exigidas pelo art. 57 do mesmo veículo normativo, sobretudo após a implementação, por lei especial, de um programa legal de parcelamento factível, que se mostrou indispensável a sua efetividade e ao atendimento a tais princípios.

7. Em relação aos débitos fiscais de titularidade da Fazenda Pública dos Estados, do Distrito Federal e dos Municípios, a exigência de regularidade fiscal, como condição à concessão da recuperação judicial, somente poderá ser implementada a partir da edição de lei específica dos referidos entes políticos (ainda que restrita em aderir aos termos da lei federal).

8. Recurso especial improvido, devendo a parte recorrente comprovar a regularidade fiscal, no prazo estipulado pelo Juízo a quo, sob pena de suspensão do processo de recuperação judicial, com a imediata retomada do curso das execuções individuais e de eventuais pedidos de falência, enquanto não apresentadas as certidões a que faz referência o art. 57 da LRF.

(STJ, REsp n. 2053240 – SP, Min. Relator MARCO AURÉLIO BELLIZZE, j. 17/10/2023)

Todavia, o C. STJ, em outros precedentes recentes, continuou a dispensar a apresentação de CNDs para concessão da recuperação judicial, mesmo após as alterações da Lei n. 14.112/2020.

> AGRAVO INTERNO. PEDIDO DE CONCESSÃO DE EFEITO SUSPENSIVO A RECURSO ESPECIAL. JUÍZO DE ADMISSIBILIDADE PENDENTE. DEFERIMENTO EXCEPCIONAL NO CASO DOS AUTOS.
>
> 1. Em situações excepcionais o Superior Tribunal de Justiça tem admitido a apreciação de pedido de tutela de urgência visando à concessão do efeito suspensivo a recurso especial ainda pendente de juízo de admissibilidade, condicionando sua procedência à demonstração da presença concomitante do fumus boni iuris e do periculum in mora, o que restou caracterizado no caso concreto.
>
> 2. Caso dos autos em que o acórdão que deu provimento do agravo de instrumento da Fazenda Nacional, anulando a decisão que homologara o plano de recuperação judicial, em razão da não apresentação de certidões negativas de débito tributário, tem o potencial de inviabilizar o soerguimento da empresa, função precípua do instituto da recuperação. Precedentes do STJ.
>
> 3. Plausibilidade do direito e perigo na demora cuja presença, em juízo de cognição sumária, justifica o deferimento da tutela provisória de urgência. Pedido deferido.
>
> 4. AGRAVO INTERNO DESPROVIDO.
>
> (AgInt no TP n. 4.113/SP, relator Ministro Paulo de Tarso Sanseverino, Terceira Turma, julgado em 13/3/2023, DJe de 16/3/2023).
>
> "AGRAVO INTERNO NO AGRAVO EM RECURSO ESPECIAL. RECUPERAÇÃO JUDICIAL. CERTIDÕES NEGATIVAS DE DÉBITO. APRESENTAÇÃO. OBRIGATORIEDADE. FINALIDADE DO INSTITUTO. INCOMPATIBILIDADE.
> 1. **A apresentação de certidão negativa de débitos fiscais pelo contribuinte não é condição imposta ao deferimento do seu pedido de recuperação judicial.** Precedentes. 2. Agravo interno

> não provido". (TJ-SP, AgInt no AREsp n. 1.841.841-RJ, 4ª T., Rel. Min. Luis Felipe Salomão, j. em 09.05.2022)
>
> "PROCESSUAL CIVIL. AGRAVO INTERNO NO AGRAVO EM RECURSO ESPECIAL. RECUPERAÇÃO JUDICIAL. CERTIDÕES NEGATIVAS DE DÉBITOS TRIBUTÁRIOS. ART. 57 DA LEI 11.101/05 E ART. 191-A DO CTN. EXIGÊNCIA INCOMPATÍVEL COM A FINALIDADE DO INSTITUTO. PRINCÍPIO DA PRESERVAÇÃO DA EMPRESA E FUNÇÃO SOCIAL. APLICAÇÃO DO POSTULADO DA PROPORCIONALIDADE. INTERPRETAÇÃO SISTEMÁTICA DA LEI 11.101/05. 1. Consoante a jurisprudência desta Corte, **a apresentação de certidões negativas de débitos tributários não constitui requisito obrigatório para concessão da recuperação judicial do devedor.** Isso porque os motivos que fundamentam a exigência da comprovação da regularidade fiscal do devedor (assentados no privilégio do crédito tributário), não tem peso suficiente – sobretudo em função da relevância da função social da empresa e do princípio que objetiva sua preservação – para preponderar sobre o direito do devedor de buscar no processo de soerguimento a superação da crise econômico-financeira que o acomete. 2. Agravo interno não provido". (TJ-SP, AgInt no AREsp n. 1.597.261-SP, 3ª T., Rel. Min. Nancy Andrighi, j. em 11.04.2022)

Portanto, não há ainda uma consolidação da jurisprudência sobre a questão da apresentação da CND para fins de concessão da recuperação judicial. E, dos debates existentes, alguns pontos merecem especial atenção para que a solução judicial possa ser equilibrada ao ponto de considerar fatos importantes na apreciação das questões relativas ao tema, não obstante ambas as teses confrontantes possuírem substrato jurídico para sua defesa.

Embora a nova legislação (Lei n. 14.112/2020) tenha trazido importantes instrumentos para facilitar a realização de transações tributárias em âmbito federal e, haja um histórico de empresas que não se ocuparam em readequar seus passivos fiscais, utilizando-se da recuperação judicial como um instrumento indireto para postergação do adimplemento de suas obrigações tributárias, os debates processuais em geral, pouco ou nada, falam da mora do fisco federal em promover os atos necessários à exação dos créditos tributários, bem como do descasamento temporal existente entre o procedimento de processamento da recuperação judicial e do procedimento de negociação da transação tributária, questão esta sem horizontes para a composição dessa questão.

Mesmo que a recuperanda faça seu pedido de transação tributária logo em seguida ao deferimento do processamento da recuperação judicial, ainda assim, a prática tem demonstrado que não lhe será possível, por circunstâncias alheias à sua vontade, a obtenção da CND para fins de concessão de recuperação judicial.

Essa realidade é perceptível, pois não houve o fornecimento de infraestrutura adequada à PGFN para atendimento de todas as demandas para as quais o órgão foi criado. Mesmo com o aumento de eficiência na sua atuação, não é possível que se exija do órgão um trabalho que caminhe *pari passu* ao processamento da recuperação judicial.

Desse modo, o quadro hoje é o de não coincidência de tramitação entre os procedimentos acima mencionados. Considerando esse fato, é preciso verificar se a recuperanda está em mora na sua postura.

Consideremos que a empresa em recuperação judicial, num determinado caso concreto, tenha formulado seu pedido de instauração de procedimento de transação tributária, logo no início do deferimento do processamento da recuperação judicial. Nesta situação, podemos afirmar que não houve mora da recuperanda, mas, segundo alguns entendimentos judiciais acima mencionados, ela não poderia obter a concessão de sua recuperação judicial. Como avaliar a melhor solução? Quais os impactos da utilização de uma ou outra alternativa?

O caso necessita de um olhar sob a Análise Econômica do Direito, para se avaliar, dentre as soluções normativas existentes, qual será aquela que melhor acomodará os interesses econômicos das partes envolvidas.

A suspensão da recuperação judicial e do seu *stay period* até que sobrevenha a CND, com as devidas vênias, desconsidera a existência de outros importantes créditos que já poderiam ser satisfeitos, tal como os créditos trabalhistas, os quais possuem caráter alimentar e gozam de preferência pela legislação brasileira, não possuindo o crédito tributário melhor posição. Outrossim, permitir o prosseguimento das ações e execuções contra a recuperanda poderá destruir o plano aprovado pelos credores, já que, por mora da PGFN, não se sabe quando haverá resolução do processo de transação tributária já engendrado. Ao se destruir um plano aprovado, no qual a viabilidade econômica foi reconhecida, corre-se o risco de haver o esvaziamento da própria empresa e perda do valor agregado da operação e de seus bens, o que se revela ruim do ponto de vista econômico até para a própria Fazenda Nacional.

Outrossim, seja a saída da suspensão da recuperação judicial ou, até como defendido por alguns, da extinção do processo sem resolução de mérito, há nítida violação do pacto federativo, pelo inegável desperdício de recursos do Poder Judiciário, que atuou com recursos materiais e humanos na condução do processo, mas que não conseguiu entregar a prestação jurisdicional pela mora de órgão do Poder Executivo, ainda que dentro de um contexto justificável pela ausência de infraestrutura adequada.

A convolação em falência também é medida que não permite o amálgama dos interesses econômicos envolvidos. Além da inexistência de previsão legal, que não encontra respaldo nos arts. 47 e 73, ambos da Lei n. 11.101/2005, a ruptura de uma atividade empresarial em desacordo com a solução de mercado dada pelos credores, traz nítido prejuízo a todos os *stakeholders* da atividade, pois haverá a perda de valor dos seus ativos, além da inadequação dos objetivos do instituto, o qual preconiza que as empresas avaliadas como viáveis devem ter a continuidade da operação preservada.

Como as soluções normativas acima mencionadas não refletem efetivo benefício econômico aos interessados, conceder prazo razoável à recuperanda para que proceda ao término da transação fiscal, sem comprometer o plano discutido e aprovado, com o imediato pagamento dos créditos, sobretudo os de natureza trabalhista, parece ser o melhor caminho a ser seguido.

Isso porque a empresa continuará em atividade, cuja viabilidade econômica foi reconhecida pelo mercado,[7] considerando ser essa a melhor saída para o recebimento de seus créditos, através de uma visão prospectiva da empresa, do plano e do cenário econômico que advirá, de modo a preservar o valor agregado de seus ativos, os quais funcionam como lastro para a responsabilidade patrimonial das obrigações assumidas pela empresa.

De mais a mais, créditos começarão a ser pagos, de modo que haverá a implementação dos benefícios sociais de uma empresa em funcionamento como a consequência almejada pelo legislador, com a inserção direta de recursos na economia, a manutenção de empregos, o cumprimento de contratos. Já no tocante à arrecadação de tributos, os de vencimento corrente poderão ser honrados e os vencidos poderão ser transacionados sem qualquer açodamento, de modo a proporcionar a melhor escolha para a empresa e o fisco federal.

Desse modo, através da utilização do sistema normativo vigente, proporciona-se uma avaliação das alternativas existentes para que a solução consiga alcançar os objetivos das partes envolvidas.

---

7 Considerando, como diz Posner: "*Essa discussão sobre custos irrecuperáveis deve ajudar a explicar a ênfase que os economistas colocam na perspectiva ex ante (ante do fato) em vez de ex post (depois do fato). As pessoas totalmente racionais baseiam suas decisões em expectativas do futuro e não em arrependimentos do passado*". (POSNER, Richard A. *Economic Analysis of Law*. 9ª ed. Nova York: Wolters Kluwer Law & Business, 2014, p. 8).

O mesmo método pode servir para se analisar se determinadas cláusulas do plano serão atrativas para os credores e, inclusive, ajudar na depuração sobre os limites de intervenção judicial no ambiente de negociação entre a empresa e seus credores.

Outrossim, a Análise Econômica do Direito, ao avaliar as alternativas existentes, pode auxiliar na imposição de maior objetividade do processo falimentar, quando alguns caminhos podem conferir um pragmatismo maior na solução de que envolva maximização de ativos para melhor aproveitamento econômico aos credores da massa falida.

Como se vê, a Análise Econômica do Direito pode contribuir muito para a eficiência da aplicação da Lei n. 11.101/2005, sem que se abandone a dogmática hermenêutica própria do sistema jurídico brasileiro.

Referências bibliográficas

MARQUES NETO, Peixoto Floriano; RODRIGUES JR., Otávio Luiz; LEONARDO, Rodrigo Xavier. (Coord.). *Comentários à Lei da Liberdade Econômica*: Lei 13.874/2019. São Paulo: Thomson Reuters, 2019.

POSNER, Richard A. *Economic Analysis of Law*. 9ª ed. Nova York: Wolters Kluwer Law & Business, 2014.

ROBBINS, Lionel. *An essay on the nature and significance of economic science*. Londres: Macmillan, 1932. Disponível em: https://mises.org/library/essay-nature-and-significance-economic-science. Acessado em: 01.03.2024.

SENADO. *Parecer n.* , de 2004. Disponível em: /https://legis.senado.leg.br/sdleg-getter/documento?dm=3499286&ts=1630434000927&disposition=inline&_gl=1*mnmm61*_ga*MTQxODc2NTk2OS4xNjgwODk5MjA1*_ga_CW3ZH25XMK*MTcwMjEyODI0NC4yLjEuMTcwMjEyODMyNC4wLjAuMA. Acessado em: 01.03.2024.

TOLEDO, Paulo Fernando Campos Salles de; SOUZA JÚNIOR, Francisco Satiro de (Coord.). *Direito das Empresas em crise*: problemas e soluções. São Paulo: Quartier Latin, 2012.

CAPÍTULO XII

A NULIDADE ABSOLUTA DO NEGÓCIO JURÍDICO SIMULADO

JOICE RUIZ BERNIER

OCTAVIANO BAZILIO DUARTE FILHO

Introdução

O presente artigo propõe o estudo do precedente formado pela Terceira Turma do Superior Tribunal de Justiça no julgamento do Recurso Especial n. 1.927.496/SP, sob a relatoria do Ministro Moura Ribeiro, a qual reconheceu a desnecessidade de ação própria para o reconhecimento da simulação de negócio jurídico.

Para a análise do referido precedente, serão abordados os elementos jurídicos que compõe o tema, por exemplo, as diferenças entre a simulação "absoluta" e a "relativa", bem como os efeitos do reconhecimento da nulidade absoluta do ato jurídico.

Além disso, serão analisadas as consequências jurídicas advindas do precedente formado na oportunidade, o entendimento da doutrina sobre o tema e a inovação jurídica que o referido precedente representou em relação ao entendimento anterior contido na Súmula 195 do Superior Tribunal de Justiça ("STJ").

Além da relevância jurídica sobre o tema, os Embargos de Terceiro que originaram o Recurso Especial possuíam como objeto a potencial desconstituição de uma constrição sobre uma das maiores obras de arte nacionais já produzidas, a famosa "A Caipirinha" de Tarsila do Amaral.

A referida obra de arte, avaliada em mais de R$ 40.000.000,00, foi objeto de constrição em uma Execução de Título Extrajudicial. Diante disso, foram opostos os Embargos de Terceiros em comento pelo filho do Executado, que pleiteava a desconstituição da penhora sobre o bem sob o fundamento de que a obra teria sido adquirida de seu pai no ano de 2012 pelo valor de R$ 240.000,00, através de um instrumento de compra e venda firmado entre pai e filho.

Conforme será abordado nos próximos capítulos, a nulidade absoluta do instrumento de compra e venda foi reconhecida não apenas em razão do ínfimo valor de aquisição da obra, mas também em decorrência de o pagamento da obra não ter sido comprovado e no fato de o bem sequer fora transferido ao Embargante, o que evidenciou a simulação do negócio jurídico.

1 Contexto fático da disputa nos autos do recurso especial n. 1.927.496/SP

O Recurso Especial n. 1.927.496/SP tem como origem os Embargos de Terceiro n. 1004443-07.2019.8.26.0100, opostos por Carlos Eduardo Schahin em face de Itaú Unibanco S/A – Nassau Branch e outros, objetivando a ineficácia da penhora da obra de arte "A Caipirinha, de Tarsila do Amaral", deferida nos autos da Execução de Título Extrajudicial n. 1052554-61.2015.8.26.0100, ajuizada pelos Embargados em face do genitor do Embargante, o Sr. Salim Taufic Schahin, que tramitou perante 27ª Vara Cível do Foro Central da Comarca de São Paulo.

Nos Embargos de Terceiro, o Embargante sustentou ser o proprietário da obra de arte, aduzindo que a adquiriu mediante contrato de compra e venda firmado com seu genitor no dia 15/07/2012 pelo valor de R$ 240.000,00. Alegou em seus embargos de terceiro que a data do referido contrato seria anterior a data do título executivo objeto da Execução de Título Extrajudicial originária.

Na primeira instância, foi proferida sentença julgando os Embargos de Terceiros improcedentes. Na referida sentença, o Juiz de Primeira Instância reconheceu a nulidade absoluta do negócio jurídico de compra e venda da obra de arte em razão de sua venda em simulação e determinou a retificação do valor da causa, de ofício, para que o valor da causa fosse adequado ao valor efetivo de mercado da obra, no importe de R$ 40.000.000,00.

Inclusive, ressalta-se que, no dia 17/12/2020, a referida obra foi arrematada por R$ 57,5 milhões, sendo o maior valor já pago por uma obra de arte nacional.[1]

A nulidade absoluta do referido negócio jurídico foi fundamentada com base no fato de o Embargante não ter comprovado o efetivo pagamento da obra, elemento essencial do contrato de compra e venda, no fato de o bem não ter sido transferido ao Embargante, bem como em razão de o valor estipulado no referido contrato ser apenas de 0,6% do efetivo valor de mercado do bem.

---

1 G1. "'A Caipirinha', de Tarsila do Amaral, é leiloada por R$ 57,5 milhões, maior valor já pago por uma obra brasileira em venda pública". *G1*, dez. 2020. Disponível em: https://g1.globo.com/sp/sao-paulo/noticia/2020/12/17/a-caipirinha-de-tarsila-do-amaral-e-leiloado-por-r--575-milhoes-maior-valor-ja-pago-por-uma-obra-brasileira.ghtml. Acessado em: 29.02.2024.

Após a interposição de recurso de apelação, foi proferido acórdão pela 13ª Câmara de Direito Privado do Tribunal de Justiça de São ("TJ-SP"), sob relatoria do Desembargador Gilberto dos Santos, ocasião em que a Câmara entendeu por negar provimento ao recurso de forma unânime.

Na ocasião, a Câmara consignou a possibilidade de reconhecimento da simulação do estipulado negócio jurídico, mesmo de ofício, em sede de Embargos de Terceiro, em razão da inaplicabilidade da Súmula nº 195 do STJ,[2] sob a fundamentação de que a fraude contra credores, causa de anulabilidade, não possui relação com a simulação em si, que é causa de nulidade, com fundamento nos artigos 167, 168, par. único e 169 do Código Civil de 2002.[3]

Além do reconhecimento da simulação do contrato de compra e venda da obra de arte, o TJ-SP também rejeitou o argumento do Embargante de que o bem, na realidade, lhe teria sido doado, em

---

2 *Sumula 195/STJ:* "Em embargos de terceiro não se anula ato jurídico, por fraude contra credores".

3 "Art. 167. É nulo o negócio jurídico simulado, mas subsistirá o que se dissimulou, se válido for na substância e na forma. § 1 o Haverá simulação nos negócios jurídicos quando:

I – aparentarem conferir ou transmitir direitos a pessoas diversas daquelas às quais realmente se conferem, ou transmitem;

II – contiverem declaração, confissão, condição ou cláusula não verdadeira;

III – os instrumentos particulares forem antedatados, ou pós-datados.

§ 2 o Ressalvam-se os direitos de terceiros de boa-fé em face dos contraentes do negócio jurídico simulado.

Art. 168. As nulidades dos artigos antecedentes podem ser alegadas por qualquer interessado, ou pelo Ministério Público, quando lhe couber intervir.

Parágrafo único. As nulidades devem ser pronunciadas pelo juiz, quando conhecer do negócio jurídico ou dos seus efeitos e as encontrar provadas, não lhe sendo permitido supri-las, ainda que a requerimento das partes.

Art. 169. O negócio jurídico nulo não é suscetível de confirmação, nem convalesce pelo decurso do tempo".

razão da ausência de transferência do bem e da intenção de doar. O TJ-SP também afastou o argumento de que o negócio jurídico teria sido realizado em função de planejamento sucessório, diante da existência de meios legais mais apropriados e mais econômicos para sua realização.

Adiante, o Embargante interpôs Recurso Especial em face do acórdão proferido pelo TJ-SP, aduzindo a ocorrência de violação aos artigos 167, §1º, inciso II, artigo 168, par. único e 169 do Código Civil e de dissídio jurisprudencial com o Agravo Regimental em Recurso Especial n. 1.267.627/SP.

Desta forma, a Terceira Turma do Superior Tribunal de Justiça, em acórdão de relatoria do Ministro Moura Ribeiro, negou provimento ao Recurso Especial n. 1.927.496/SP.

Na oportunidade, a Terceira Turma do STJ reconheceu que, embora a Súmula nº 195 do STJ também fosse aplicável a casos em que houvesse discussão acerca de simulação do negócio jurídico, tal entendimento merecia reforma. Isso porque, com a vigência do Código Civil de 2002, a simulação passou a figurar dentre as causas de nulidade do negócio jurídico, e não mais de anulabilidade.

Assim, a Terceira Turma do STJ consignou, na oportunidade, a desnecessidade do ajuizamento de ação própria para se pleitear o reconhecimento da nulidade do negócio jurídico simulado, bem como a possibilidade de reconhecimento da simulação pelo magistrado de ofício, a qualquer tempo, ou após alegação por qualquer parte interessada.

2 Diferenças entre a simulação "absoluta" e a simulação "relativa"

O primeiro elemento a ser analisado no presente artigo refere-se a diferença entre a simulação "absoluta" e simulação "relativa", a que se refere o acórdão em comento.

Antes de adentrar às particularidades de cada uma das modalidades de simulação, é importante destacar a definição de seu próprio gênero.

A simulação do negócio jurídico é observada quando tal negócio não existe de fato, ou ainda, quando sua aparência é diferente de seu real objeto. Neste sentido, Francisco Ferrara define que

> *esse negócio, pois, é destinado a provocar uma ilusão no público, que é levado a acreditar na sua existência ou na sua natureza, tal como aparece declarada, quando, na verdade, ou não se realizou um negócio ou se realizou outro diferente do expresso no contrato.*[4]

O próprio caso em comento serve como exemplo para a questão, pois o Executado e o Embargante firmaram um contrato de compra e venda fictício, no intuito de iludir os credores e o Poder Judiciário para obstar a penhora da obra de arte.

No entanto, no mundo real, este contrato de compra e venda nunca foi efetivado, seja pela ausência de pagamento, seja pela ausência de entrega do objeto negociado, o que acarretou o reconhecimento da simulação do ato e de sua nulidade absoluta.

Demonstrada a definição da simulação, importante abordar sobre a diferença entre suas espécies, a simulação "absoluta" e "relativa".

Na simulação absoluta as partes na realidade não realizam nenhum negócio jurídico no mundo real,[5] mas apenas cria-se um negócio jurídico fictício para enganar *outrem*.

---

4 FERRARA, Francisco. *Simulação dos Negócios Jurídicos*. São Paulo: Saraiva, 1939, p. 51.

5 GONÇALVES, Carlos Roberto. *Direito Civil Brasileiro*: parte geral. vol. 1. 20ª ed. São Paulo: SaraivaJur, 2022, p. 574.

Enquanto isso, na simulação relativa as partes pretendem realizar determinado negócio jurídico para prejudicar terceiros ou violar determinada legislação,[6] ou seja, para mascarar o verdadeiro negócio realizado entre as partes, disposto pela doutrina como dissimulação.

Como abordado anteriormente, no caso em análise é nítida a caracterização da simulação absoluta do contrato de compra e venda.

Vale destacar ainda que o Embargante aduziu que o contrato de compra e venda, na verdade, apenas teria sido firmado com a finalidade de planejamento patrimonial das partes. Segundo o Embargante, na realidade, tal contrato se referiria a um instrumento de doação da obra de arte, pugnando pela caracterização do ato como ato de simulação relativa, o que alteraria sua consequência jurídica, eis que, em sua linha de raciocínio, caso o negócio dissimulado (doação) subsistisse, a penhora sobre a obra de arte não poderia ocorrer, já que teria de se reconhecer que a propriedade do bem teria sido efetivamente transferida ao Embargante.

Isto porque, enquanto a simulação absoluta acarreta a nulidade de todo ato jurídico, a simulação relativa também acarreta sua nulidade, porém, o negócio dissimulado subsistirá se possuir validade em sua substância e em sua forma, conforme dispõe o artigo 167 do Código Civil.

Neste sentido, para Pablo Stolze Gagliano e Rodolfo Pamplona Filho:

> *em caso de simulação absoluta, fulmina-se de invalidade todo o ato; caso se trate de simulação relativa, declara-se a nulidade absoluta do negócio jurídico simulado, substituindo o que se dissimulou, se for válido na substância e na forma.*[7]

---

6 GONÇALVES, Carlos Roberto. *Direito Civil Brasileiro*: parte geral. vol. 1. 20ª ed. São Paulo: SaraivaJur, 2022, p. 574.

7 STOLZE GAGLIANO, Pablo; PAMPLONA FILHO, Rodolfo. *Curso de direito civil*: parte geral. vol. 1. 21ª ed. São Paulo: Saraiva, 2019, p. 465.

3 Os efeitos do reconhecimento da nulidade absoluta do ato jurídico

Considerando que o reconhecimento da simulação acarreta a nulidade absoluta do ato jurídico, é necessário analisar quais são os efeitos que decorrem de tal reconhecimento.

Para Maria Helena Diniz, a nulidade "*vem a ser a sanção, imposta pela norma jurídica, que determina a privação dos efeitos jurídicos do negócio praticado em desobediência ao que prescreve*".[8]

Em outras palavras, Carlos Roberto Gonçalves ensina que

> *o negócio é nulo quanto ofende preceitos de ordem pública, que interessam à sociedade. Assim, quando o interesse público é lesado, a sociedade o repele, fulminando-o de nulidade, evitando que venha a produzir os efeitos esperados pelo agente.*[9]

Considerando a existência de interesse social sobre o reconhecimento da nulidade de um negócio jurídico, a nulidade absoluta acarreta a extinção de seus efeitos jurídicos para todos os interessados, e não apenas para a parte que a requer, e, inclusive, não só pode, como deve ser determinada de ofício pelo magistrado, conforme dispõe o artigo 168 do Código Civil.

Em outras palavras, o negócio jurídico simulado não mais subsistiria no mundo real, não passando de mero negócio que não possui qualquer validade jurídica entre as partes que a firmaram, e também sem qualquer validade jurídica perante toda a sociedade.

Isto ocorre pois, com a vigência do "novo" Código Civil, a simulaçao do negócio jurídico passou a ser caracterizado como um

---

8 DINIZ, Maria Helena. *Curso de Direito Civil brasileiro*. vol. 1. 13ª ed. São Paulo: Saraiva, 1997.

9 GONÇALVES, Carlos Roberto. *Direito Civil brasileiro*: parte geral. vol. 1. 20ª ed. São Paulo: SaraivaJur, 2022, p. 559.

vício dos negócios jurídicos, cujo reconhecimento é de interesse público, afetando toda a sociedade, e não mais o interesse privado entre as partes signatárias do negócio simulado. Anteriormente, sob a vigência do Código Civil de 1916, a simulação do negócio jurídico era considerada um vício dos negócios jurídicos que afetava apenas o interesse privado das partes que o estipularam.

Neste ponto, é relevante destacar que a nulidade absoluta de um negócio jurídico é tão relevante para o interesse público que sequer é suscetível à prescrição ou decadência, conforme disposto expressamente pelo artigo 169 do Código Civil, e, ainda, como exposto anteriormente, pode ser reconhecida de ofício pelo Magistrado e pode ser pleiteada por qualquer parte interessada.

4 A possibilidade de ampliação do objeto da lide em sede de defesa apresentada pelo réu em embargos de terceiro

Uma consequência interessante do entendimento proferido no Recurso Especial diz respeito à possibilidade de ampliação do objeto da lide em sede de defesa apresentada em Embargos de Terceiro.

Isto porque, para a doutrina processual, via de regra, o Réu, em sede de contestação, apenas pode concordar com a demanda (pugnando pela sua procedência) ou se opor ao objeto da lide (pugnando por sua improcedência). A única modalidade de defesa do Réu teria o condão de ampliar o objeto da lide seria a reconvenção.

Neste sentido, Dinamarco leciona que a

> *defesa do réu não amplia jamais o objeto do processo. Ao contestar o réu simplesmente nega os fatos alegados pelo autor, ou nega-lhes a eficácia jurídica afirmada por este, ou alega fatos novos que excluem o direito afirmado na petição inicial, ou ainda suscita razões relacionadas com o direito de ação e o processo (...). Mas fica absolutamente inalterado o*

> *material a ser objeto do pronunciamento jurisdicional, ou seja, o objeto do processo.*[10]

No entanto, ao entender pela possibilidade da declaração de nulidade de negócio jurídico simulado suscitada pelo Réu em sede de contestação (sem reconvenção) nos Embargos de Terceiro, o precedente acaba por criar uma possibilidade concreta de ampliação do objeto da lide em sede de contestação apresentada em embargos de terceiro, mediante o reconhecimento uma alegação trazida pelo Réu em contestação.

Neste sentido, para Rosa Maria de Andrade Nery e Nelson Nery Júnior, os negócios jurídicos simulados: "*Podem ser alegados como objeção de direto material defesa) e devem ser reconhecidos de ofício pelo juiz a qualquer tempo e grau ordinário de jurisdição*".[11]

No caso em questão, a demanda proposta pelo Embargante em sede de Embargos de Terceiro tinha por objeto a defesa da titularidade do alegado bem de "*sua propriedade*" que estava sendo alvo de constrição dentro de uma demanda judicial executória movida em face de *outrem*.

No entanto, o resultado da ação não foi apenas o da improcedência da demanda de embargos de terceiro. Tradicionalmente, a sentença de improcedência de embargos de terceiro apenas geraria como consequência negativa ao Embargante a manutenção do ato constritivo sobre o bem, ao qual se pretendia desconstituir.

Todavia, a sentença de improcedência dos embargos de terceiro teve repercussão mais ampla, pois implicou na decretação de nulidade

---

10 DINAMARCO, Candido Rangel. *Instituições de direito processual civil*. vol. II. 7ª ed. São Paulo: Malheiros, 2017, p. 220.

11 NERY, Rosa Maria de Andrade; NERY JÚNIOR, Nelson. *Instituições de Direito Civil*. vol. I. Tomo II. São Paulo: Revista dos Tribunais, 2015, pp. 300/301.

do contrato de compra e venda que havia transferido a propriedade do bem constrito para a esfera patrimonial do Embargante.

Dessa forma, os efeitos dessa sentença de improcedência desses embargos de terceiro irradiaram para além das partes. Ou seja, ampliou-se o objeto da lide e os efeitos da sentença de improcedência dos embargos de terceiro para toda sociedade.

Tal entendimento acaba por trazer uma consequência negativa adicional em desfavor do Embargante, sem sequer se exigir do credor, beneficiário da manutenção da constrição sobre o bem, o ajuizamento de demanda própria ou reconvenção, com todos os ônus processuais que tais comportamentos processuais implicam.

Desta forma, denota-se que esse precedente é inovador, pois (i) excepciona um entendimento doutrinário de direito processual no sentido de que seria impossível a ampliação do objeto da lide através da apresentação de contestação; e (ii) estabelece uma possibilidade de ampliação do objeto da lide, em sede de contestação de embargos de terceiro, quando o Réu alega uma causa de nulidade do negócio jurídico que legitimaria a titularidade do Embargante sobre o bem constrito.

5 Da inovação jurídica apresentada em razão do entendimento contrário à súmula 195 do STJ – possibilidade do reconhecimento da simulação de ato jurídico, e de sua nulidade absoluta, em sede de defesa em embargos de terceiro

Mas essa não foi a única inovação jurídica relevante trazida pelo precedente ora comentado.

Um dos argumentos analisados no Recurso Especial foi a suposta existência de dissídio jurisprudencial entre o julgado proferido pelo TJ-SP e o Agravo Regimental em Recurso Especial n. 1.267.627/SP. O Embargante, ao interpor seu Recurso Especial, alegou que a

Súmula 195 do STJ também seria aplicável nas hipóteses de simulação do negócio jurídica. Desta forma, o Embargante, ao interpor seu Recurso Especial, alegava que, nos termos da Súmula n. 195 do STJ, seria imprescindível o ajuizamento de ação própria para o reconhecimento de simulação do negócio jurídico.

Em seu voto, o Ministro Relator Moura Ribeiro ressalvou que tal entendimento estaria ultrapassado e merecia reforma, citando, inclusive, a Chanceler Alemã Angela Merkel, dispondo que "*Erros devem ser chamados de erros e o mais importante, devem ser corrigidos a tempo*".

Na oportunidade, o Ministro reconheceu que a referida Súmula n. 195 do STJ fora editada em 1997, antes da vigência do Código Civil de 2002, época em que o vício da simulação não acarretava a nulidade do negócio jurídico, mas sim sua anulabilidade, conforme se infere do artigo 147, inciso II do Código Civil de 1916.[12]

Conforme consignado no precedente comentado, a partir da vigência do "novo" Código Civil, mediante disposição expressa de seu artigo 167, o negócio jurídico simulado passou a ser considerado nulo, e não mais anulável. Isso porque o legislador entendeu que a simulação seria matéria de ordem pública, o seu reconhecimento afeta o interesse público, ou seja, de toda sociedade, de forma que sua nulidade deveria ser absoluta. Tal conclusão foi firmada no Enunciado n. 294 da IV Jornada de Direito Civil, promovida pelo Conselho da Justiça Federal.[13]

Ainda neste sentido, Silvio de Salvo Venosa ensina que "*entender que o negócio simulado é nulo e não mais anulável é opção*

---

12 Art. 147. É anulável o ato jurídico:

II. Por vício resultante de erro, dolo, coação, simulação, ou fraude (art. 86 a 113).

13 Sendo a simulação uma causa de nulidade do negócio jurídico, pode ser alegada por uma das partes contra a outra.

legislativa que segue, inclusive, a orientação do atual Código português e outras legislações".[14]

O legislador, ao reconhecer que a simulação do negócio jurídico seria matéria de ordem pública, passou a entender que a nulidade seria passível de reconhecimento não só mediante a postulação pela parte interessada, mas também de ofício pelo juiz da causa, conforme expressamente disposto pelo artigo 168, § único do Código Civil.

Neste sentido, o professor Silvio de Salvo Venosa leciona que "*como negócio nulo, sua decretação pode ocorrer de ofício, até mesmo incidentalmente em qualquer processo em que for ventilada a questão*".[15]

Desta forma, a alegação da parte Embargante quanto à necessidade de ajuizamento de ação própria para reconhecimento da simulação do negócio jurídico e, consequentemente, a decretação de sua nulidade, fora completamente afastada.

Portanto, não resta dúvidas que precedente ora comentado representou um grande avanço no tratamento da figura da simulação na jurisprudência brasileira, sugerindo até mesmo que um enunciado sumular do próprio STJ (Súmula nº 195 do STJ) já estaria ultrapassado, pois estaria desalinhado em relação à norma de regência do tema da simulação no Código Civil de 2002.

Tal entendimento manifestado nesse precedente, aliás, veio a se alinhar com o que a doutrina já vinha sustentando desde a edição do Código Civil de 2002. Neste sentido, cite-se o trecho da obra de Rosa Maria de Andrade Nery e Nelson Nery Júnior, que ensinam que a simulação do negócio jurídico

---

14 VENOSA, Silvio de Salvo. *Direito Civil*: parte geral. 5ª ed. São Paulo: Atlas, 2005, pp. 568/569.

15 VENOSA, Silvio de Salvo. *Direito Civil*: parte geral. 5ª ed. São Paulo: Atlas, 2005, p. 569.

> *independe de ação judicial para ser reconhecida. Pode ser alegada como objeto de direito material (defesa) e deve ser reconhecida de ofício pelo juiz (CC, 168, par. ún.), a qualquer tempo e grau ordinário de jurisdição. É insuscetível de confirmação pelas partes (CC 172) ou de convalidação pelo decurso de tempo (CC 169).*[16]

Washington de Barros Monteiro, ao tratar do instrumento correto para se alegar e reconhecer a simulação, também leciona que "*a simulação pode ser alegada não só em ação especial, mas também como matéria de defesa, inclusive em embargos à execução*".[17] Vale ainda destacar o entendimento de Flávio Tartuce no sentido de que "*não há necessidade de uma ação específica para se declarar nulo o ato simulado*".[18]

Por fim, esse precedente se alinha a um entendimento já manifestado pela Primeira Turma do STJ no Recurso Especial n. 1.582.388/PE, de não mais exigir da Fazenda Nacional o ajuizamento de ações próprias para o reconhecimento de nulidade de atos simulados.

O referido precedente é originário de um pedido formulado pela Fazenda Nacional em execução fiscal, no sentido de o Juízo da Execução Fiscal reconhecer a existência de grupo econômico e a blindagem patrimonial do devedor originário. A Fazenda Nacional alegava que a alienação de bens do devedor originário Rudival Cohin (cujo espólio foi submetido ao polo passivo da execução), para os seus netos, menores impúberes, configuraria simulação (art. 167 do CC/2002), vício social que tornaria absolutamente nulos os negócios jurídicos efetuados. A Fazenda Nacional alegava ainda

---

16 NERY, Rosa Maria de Andrade; NERY JÚNIOR, Nelson. *Instituições de Direito Civil*. vol. I. Tomo II. São Paulo: Revista dos Tribunais, 2015, pp. 293/294.

17 MONTEIRO, Washington de Barros. *Curso de Direito Civil*: parte geral. 39ª ed. São Paulo: Saraiva, 2003, pp. 253/254.

18 TARTUCE, Flávio. *Direito Civil*: Lei de Introdução e Parte Geral. vol. 1. 15ª ed. Rio de Janeiro: Forense, 2019, p. 491.

que tal nulidade pode ser reconhecida na própria execução fiscal, por se tratar de matéria de ordem pública, o que prescindiria de instauração de ação autônoma (exigível, de outra parte, na fraude contra credores) para o seu reconhecimento.

A decisão de primeiro grau (i) reconheceu existência de grupo econômico, determinando a inclusão dos agravados no polo passivo da execução fiscal, (ii) determinou a indisponibilidade dos bens dos coexecutados; no entanto, (iii) rejeitou o pedido da Fazenda Nacional de decretação da nulidade absoluta dos atos de alienação do avô para os netos, no sentido de que, por caracterizarem atos de simulação, tal matéria não pode ser dirimida no âmbito do processo de execução fiscal, devendo ser proposta ação própria pela Fazenda Nacional. A referida decisão foi mantida pelo Tribunal de 2º grau, o que ensejou a interposição de recurso especial pela Fazenda Nacional.

Naquela precedente, a Primeira Turma do STJ deu provimento ao recurso especial interposto pela Fazenda Nacional e reconheceu a possibilidade de a Fazenda Nacional suscitar a nulidade do ato simulado de venda de bens, em prejuízo da Fazenda Nacional, nos próprios autos da ação de execução fiscal.[19]

Desta forma, o precedente comentado, além de se alinhar à jurisprudência da Primeira Turma do STJ e à mais moderna doutrina civilista, poderá servir de base não só para a evolução do estudo do instituto da simulação no Brasil, mas também para um eventual cancelamento de uma Súmula do STJ (Súmula nº 195 do STJ).

Além disso, o precedente de relatoria do Min. Moura Ribeiro pode representar a superação de outros precedentes da Terceira Turma do STJ, tais quais o julgado proferido no acórdão Agravo Regimental em Recurso Especial nº 1.267.627/SP, que deu ensejo ao dissídio jurisprudencial suscitado no caso. Ou seja, abre-se caminho para que o reconhecimento de negócio jurídico simulado possa ser arguido em sede de contestação em embargos de terceiro, sem a

---

19 Recurso Especial n. 1.582.388/PE, 1ª Turma do STJ, Rel. Ministro Napoleão Nunes Maia, j. 3.12.2019.

necessidade de ação própria, por se tratar de uma causa de nulidade de negócios jurídicos e matéria de ordem pública.

Conclusão

Por todo exposto, o presente artigo buscou analisar o entendimento exarado no julgamento do Recurso Especial n. 1.927.496/SP, proferido pela Terceira Turma do STJ, sob relatoria do Ministro Moura Ribeiro, no qual fora reconhecida a possibilidade de decretação de nulidade absoluta de negócio jurídico simulado em sede de contestação em Embargos de Terceiro.

Para a análise da solução adotada pela Turma, foram abordados os tópicos relevantes para a formação do precedente, principalmente quanto as diferenças entre a simulação "absoluta" e "relativa" e os efeitos do reconhecimento da nulidade absoluta do ato jurídico.

No caso analisado no Recurso Especial, verificou-se que o negócio jurídico se referiu a simulação "absoluta", pois fora reconhecido que o contrato de compra e venda da obra de arte "A Caipirinha, de Tarsila do Amaral" foi firmado entre as partes com o intuito de prejudicar todos os credores de seu efetivo proprietário.

Diante do reconhecimento da simulação absoluta do ato, foi decretada a nulidade absoluta do negócio jurídico, em plena conformidade com o artigo 167 do Código Civil.

Por fim, o ponto mais importante apresentado no presente artigo refere-se à inovação jurídica apresentada pelo Acórdão no sentido de superar a súmula nº 195 do STJ, mediante a constatação da possibilidade de reconhecimento da simulação de ato jurídico, e de sua nulidade absoluta, em sede de contestação apresentada pelo credor em embargos de terceiro.

Embora o entendimento anterior fosse consolidado no sentido de que o reconhecimento da simulação de negócio jurídico exigiria ação autônoma do credor para sua decretação, tal precedente alterou por completo este entendimento que era pautado no Código Civil de 1916, o qual não tratava da simulação como ato nulo, mas sim anulável.

Desta forma, o precedente demonstra um grande avanço jurídico sobre o tema, prestigiando tanto a economia processual, como também possibilitando a melhor defesa do interesse dos credores prejudicados pela dilapidação de bens mediante atos simulados, o que garante a ordem pública e reprime a prática de atos praticados simulados para prejudicar credores.

Referências bibliográficas

G1. "A Caipirinha, de Tarsila do Amaral, é leiloada por R$ 57,5 milhões, maior valor já pago por uma obra brasileira em venda pública". *G1*, dez. 2020. Disponível em: https://g1.globo.com/sp/sao-paulo/noticia/2020/12/17/a-caipirinha-de-tarsila-do-amaral-e-leiloado-por-r--575-milhoes-maior-valor-ja-pago-por-uma-obra-brasileira.ghtml. Acessado em: 29.02.2024.

DINAMARCO, Candido Rangel. *Instituições de direito processual civil*. vol. II. 7ª ed. São Paulo: Malheiros, 2017.

DINIZ, Maria Helena. *Curso de Direito Civil Brasileiro*. vol. 1. 13ª ed. São Paulo: Saraiva, 1997.

FERRARA, Francisco. *Simulação dos Negócios Jurídicos*. São Paulo: Saraiva, 1939.

GONÇALVES, Carlos Roberto. *Direito Civil brasileiro*: parte geral. vol. 1. 20ª ed. São Paulo: SaraivaJur, 2022.

MONTEIRO, Washington de Barros. *Curso de Direito Civil*: parte geral. 39ª ed. São Paulo: Saraiva, 2003.

NERY, Rosa Maria de Andrade; NERY JÚNIOR, Nelson. *Instituições de Direito Civil* vol. I. Tomo II. São Paulo: Revista dos Tribunais, 2015.

STOLZE GAGLIANO, Pablo; PAMPLONA FILHO, Rodolfo. *Curso de Direito Civil*: parte geral. vol. 1. 21ª ed. São Paulo: Saraiva, 2023.

TARTUCE, Flávio. *Direito Civil*: Lei de Introdução e Parte Geral. vol. 1. 15ª ed. Rio de Janeiro: Forense, 2019.

VENOSA, Silvio de Salvo. *Direito Civil*: parte geral. 5ª ed. São Paulo: Atlas, 2005.

CAPÍTULO XIII

CONTROLE JUDICIAL DAS CLÁUSULAS DE BARREIRA NOS CONTRATOS EMPRESARIAIS

JORGE TOSTA

Introdução

Advirta-se desde logo que o presente artigo não tem a pretensão de esgotar o tema aqui abordado e muito menos adotar qualquer posição político-ideológica de um Estado social intervencionista que, sob o fundamento de zelar por valores sociais, relativiza a força obrigatória dos contratos; ou de um Estado liberal que, sob o fundamento da não intervenção nas relações privadas, funciona como uma espécie de *onde* à *mão invisível* dos mercados ou de um *alvará para a libertinagem*, como cunhado por Nunes Barbosa.[1]

---

1 BARBOSA, Pedro Marques Nunes. *Curso de concorrência desleal*. Rio de Janeiro: Lumen Juris, 2022, p. 173.

Mesmo porque, a Constituição brasileira contempla normas que permitem ao legislador e ao intérprete adotar uma postura ou outra, seja quando se refere aos valores sociais do trabalho, à função social da propriedade, à dignidade da pessoa, seja quando trata do direito de propriedade, da livre iniciativa, da livre concorrência, do direito exclusivo do autor, da garantia e proteção aos autores de inventos e criações industriais, à propriedade das marcas, aos nomes das empresas e a outros signos distintivos, e, mesmo aqui, "*em vista do interesse social e o desenvolvimentos tecnológico e econômico do País*" (art. 5º, XXIX, CF), a evidenciar que o Estado poderá intervir no "interesse social e econômico" do País.

Talvez essa dualidade ideológica adotada pelo constituinte de 1988, por certo fruto da necessidade de contemplar todos os interesses políticos e econômicos naquele momento histórico, inclusive das minorias, tenha conferido certa perenidade e estabilidade ao texto constitucional, evitando-se constantes emendas, ao menos em sua estrutura fundante.

Por outro lado, não resta dúvida que essa dualidade confere maior liberdade tanto ao legislador na criação de normas jurídicas infraconstitucionais, quanto ao intérprete na interpretação e aplicação do Direito.

Em outras palavras, seja para criar normas mais interventivas nas relações privadas, em especial na atividade econômica e empresarial, seja para criar normas preponderantemente liberais ou não interventivas, o legislador encontrará fundamento de validade na Constituição Federal, estando vinculado apenas às concepções éticas e morais vigentes.[2] O mesmo se pode dizer quanto aos juí-

---

2 Como já tivemos a oportunidade escrever sobre o tema, com apoio nos ensinamentos de Engisch em sua clássica obra *Introdução ao pensamento jurídico* (pp. 236 e 239/240), "*O órgão aplicador do Direito tem de 'averiguar' quais são as concepções éticas efectivamente vigentes. A sua própria valoração do caso é tão-só um elo na série de muitas valorações igualmente legítimas com as quais ele tem de confrontar e*

zes, na interpretação e aplicação das normas jurídicas, em especial no âmbito empresarial, embora com certas limitações decorrentes da norma infraconstitucional previamente criada pelo legislador. Sempre haverá, contudo, margem à interpretação de acordo com a Constituição que, como se disse, contempla tanto princípios que permitem a intervenção nas relações privadas, quanto princípios de intervenção mínima e respeito à liberdade econômica.

No atual momento histórico, parece que as concepções éticas e morais vigentes acenam para a prevalência de certo liberalismo econômico ao estabelecer a intervenção mínima do Estado nas relações privadas, em especial nas relações civis e empresariais, como se vê da Lei n. 13.874, de 20.09.2019.

---

segundo as quais ele, sendo caso disso, a deverá corrigir'. De fato, na concreção judicial de uma norma caracterizada por vagueza socialmente típica o que menos importa, embora legítima, é a valoração pessoal do julgador. Os valores, como já visto, gozam de atributos próprios que permitem ao julgador estabelecer com certo grau de objetividade a qual deles deve preferir, segundo a gradação hierárquica que a sociedade e o momento histórico estabelecem e exigem. A escolha (que não significa discrição) por um valor que não corresponde às concepções éticas e morais vigentes em determinada sociedade e momento histórico vicia na origem a interpretação-integrativa e conduz, muitas vezes, a resultados equivocados. Canaris, observando o sistema como ordem de valores, anota que, em última análise, cada ordem jurídica se baseia em alguns valores superiores cuja proteção ela serve. Esses valores funcionam como vetores ao juiz e, antes até, ao próprio legislador. Quando, v.g., estabelece a lei que 'a liberdade de contratar será exercida em razão e nos limites da função social do contrato' (art. 421/CC), temos aí uma norma de tipo aberto cuja vagueza socialmente típica do termo função social deve ser preenchida segundo as valorações éticas e morais vigentes" (TOSTA, Jorge. *Manual de interpretação do Código Civil*: as normas de tipo aberto e os poderes do juiz. Rio de Janeiro: Elsevier, 2007, pp. 125-127).

1 Princípio da intervenção mínima do Estado nas atividades empresariais

Com o advento da Lei n. 13.874, de 20.09.2019, positivou-se no Brasil o princípio da intervenção mínima do Estado sobre o exercício das atividades econômicas. Nesse sentido, o art. 2º, ao dispor sobre os princípios que norteiam a referida lei, estabelece *a intervenção subsidiária e excepcional do Estado sobre o exercício de atividades econômicas* (inciso III).

E o §1º do art. 1º determina a observância da citada lei... *na aplicação e na interpretação do direito civil, empresarial, econômico, urbanístico e do trabalho nas relações jurídicas que se encontrem no seu âmbito de aplicação e na ordenação pública, inclusive sobre exercício das profissões, comércio, juntas comerciais, registros públicos, trânsito, transporte e proteção ao meio ambiente*, o que é reforçado pelo §2º ao dispor: *Interpretam-se em favor da liberdade econômica, da boa-fé e do respeito aos contratos, aos investimentos e à propriedade todas as normas de ordenação pública sobre atividades econômicas privadas.*

É certo que, mesmo antes da promulgação da referida lei, que instituiu a declaração de direitos de liberdade econômica e estabeleceu garantias de livre mercado, a jurisprudência já sinalizava a necessidade de observância do mencionado princípio (MC 14.561-BA, 3ª Turma, Rel. Min. Nancy Andrighi, j. em 16.09.2008), em razão do disposto nos artigos 1º, IV, 5º, XII e 170 da Constituição Federal.

Importante ter presente, outrossim, como ensinam Spinelli, Scalzilli, e Tellechea,

> *...que a intervenção afeta direitos e liberdades constitucionais (como o direito de os particulares regularem seus próprios*

interesses, o direito de propriedade e o direito de livre associação), assim como o sigilo dos negócios.[3]

Parece claro, como se vê, que o legislador, atento às concepções éticas e morais vigentes, optou por prestigiar a liberdade econômica e contratual, limitando o poder intervencionista do Estado nas relações privadas.

Isso não afasta, porém, a possibilidade de controle judicial em casos nos quais se verifica manifesto abuso de direito e da liberdade de contratar, em afronta a outros princípios que também gozam de *status* constitucional e que, sopesados no caso concreto, devam prevalecer em razão do próprio valor jurídico que objetivam tutelar, tais como a dignidade da pessoa humana, os valores sociais do trabalho e da livre iniciativa (arts. 1º, III, IV, e 170, CF), o livre exercício de qualquer trabalho, ofício ou profissão (art. 5º, XIII, CF), a livre concorrência (art. 170, IV, CF), o primado do trabalho (art. 193, CF), entre outros.

2 A liberdade de contratar e o respeito aos contratos – O revigoramento do pacta sunt servanda nas relações empresariais

É sabido que a liberdade de contratar, corolário do princípio da autonomia da vontade,[4] sofreu profundas transformações ao longo

---

3 SCALZILLI, João Pedro; SPINELLI, Luis Felipe; TELLECHEA, Rodrigo. *Intervenção Judicial na Administração de Sociedades*. São Paulo: Almedina, 2018, pp. 67/68.

4 Na disciplina do Direito Contratual, três eram, basicamente, os seus princípios fundantes: i) a liberdade de contratar; ii) a força obrigatória dos contratos (*pacta sunt servanda*); relatividade dos efeitos do contrato, segundo a qual o contrato não favorece nem prejudica terceiros, além das partes contratantes. Como esclarece Claudio Luiz Bueno de Godoy, "*É certo que tais princípios ainda subsistem, mas com contornos relativizados, com limites antes não admitidos, se é que, tal qual se verá,*

do tempo, seja em razão das contínuas intervenções do Estado nas relações privadas, como produtor de normas ou como órgão de fiscalização e controle dos mercados e da livre iniciativa, seja em razão da introdução de novos princípios na ordem jurídica, em especial os princípios da função social do contrato e da boa-fé objetiva, que acabaram por relativizar a liberdade de contratar e, em particular, a força obrigatória do contrato (*pacta sunt servanda*).

Como ensina Claudio Luiz Bueno de Godoy,

> *...cede lugar o dogma da vontade – até então fonte motriz do estabelecimento das relações contratuais, base do conceito absoluto, ou quase, da autonomia negocial – à admissão de que o contrato encerra também uma dimensão social, que vai além da esfera jurídica das partes contratantes e, mais, que resulta de fontes que, a rigor, não se circunscrevem ao quanto declarado no ajuste.*[5]

Mais recentemente, porém, sob o influxo do que se convencionou chamar de *pós-modernidade*, resultado da globalização e da exigência de competitividade e flexibilidade dos mercados, identifica-se um movimento de desregulamentação estatal das relações contratuais, "fruto mesmo do próprio enfraquecimento, diante de formas mais fluídas de estruturação da civilização, da noção de Estado como modelo de organização política".[6]

É nesse ambiente de desregulamentação estatal das relações contratuais e da crescente necessidade de fomentar novos negócios e a própria atividade empresarial, fonte produtora de empregos, renda

---

de limites, propriamente se trata" (GODOY, Claudio Luiz Bueno de. *Função social do contrato*. São Paulo: Saraiva, 2004, p. 13).

5 GODOY, Claudio Luiz Bueno de. *Função social do contrato*. São Paulo: Saraiva, 2004, p. 4.

6 GODOY, Claudio Luiz Bueno de. *Função social do contrato*. São Paulo: Saraiva, 2004, p. 9.

e crescimento econômico do País, que surge a Lei n. 13.874, de 20 de setembro de 2019, a qual institui a declaração de direitos de liberdade econômica e estabelece normas de proteção à livre iniciativa e ao livre exercício de atividade econômica, bem assim disposições sobre a atuação do Estado como agente normativo e regulador.[7]

Referida lei, de observância obrigatória "na aplicação e na interpretação do direito civil, empresarial, econômico, urbanístico e do trabalho nas relações jurídicas que se encontrem no seu âmbito de aplicação e na ordenação pública, inclusive sobre exercício das profissões, comércio, juntas comerciais, registros públicos, trânsito, transporte e proteção ao meio ambiente", ao introduzir o parágrafo único ao art. 421 e o art. 421-A, ambos do Código Civil,[8] parece

---

7 Conforme prevê o art. 1º da citada lei, *verbis*: "*Art. 1º Fica instituída a Declaração de Direitos de Liberdade Econômica, que estabelece normas de proteção à livre iniciativa e ao livre exercício de atividade econômica e disposições sobre a atuação do Estado como agente normativo e regulador, nos termos do* inciso IV do caput do art. 1º, *do* parágrafo único do art. 170 *e do* caput do art. 174 da Constituição Federal".

8 Art. 421. A liberdade contratual será exercida nos limites da função social do contrato. (Redação dada pela Lei nº 13.874, de 2019)

Parágrafo único. Nas relações contratuais privadas, prevalecerão o princípio da intervenção mínima e a excepcionalidade da revisão contratual. (Incluído pela Lei nº 13.874, de 2019)

Art. 421-A. Os contratos civis e empresariais presumem-se paritários e simétricos até a presença de elementos concretos que justifiquem o afastamento dessa presunção, ressalvados os regimes jurídicos previstos em leis especiais, garantido também que: (Incluído pela Lei nº 13.874, de 2019)

I – as partes negociantes poderão estabelecer parâmetros objetivos para a interpretação das cláusulas negociais e de seus pressupostos de revisão ou de resolução; (Incluído pela Lei nº 13.874, de 2019)

II – a alocação de riscos definida pelas partes deve ser respeitada e observada; e (Incluído pela Lei nº 13.874, de 2019)

III – a revisão contratual somente ocorrerá de maneira excepcional e limitada. (Incluído pela Lei nº 13.874, de 2019)

ter revigorado o *pacta sunt servanda*, em especial nas relações contratuais de natureza empresarial.

Logo, diante da presumida paridade e simetria dos contratos civis e empresariais, não pode o intérprete relativizar sua força obrigatória, senão diante da demonstração "de elementos concretos que justifiquem o afastamento dessa presunção", conforme prevê o art. 421-A do Código Civil, com redação dada pela Lei n. 13.874/2019.

Merece destaque, sob este aspecto, a precisa advertência de Paula Forgioni:[9]

> *O momento da interpretação do contrato não pode ser uma "terra de ninguém", um "vale tudo" que abre espaço a um pragmatismo caótico ou ao arbítrio do julgador. Respeitados os quadrantes da legalidade e os limites impostos à autonomia privada, aquele que julga não está autorizado a transformar o contrato em algo diferente do que as empresas acordaram.*

Prestigia-se, assim, a liberdade de contratar e a força obrigatória dos contratos, de molde a garantir maior segurança jurídica às relações privadas e, em consequência, o incentivo a novos negócios e investimentos para o País.

3 As cláusulas de barreira nos contratos empresariais e sua interpretação à luz do princípio da liberdade econômica

É certo que a principal função das cláusulas de barreira é impedir a concorrência desleal, conforme hipóteses previstas no art. 195 da Lei de Propriedade Industrial.

---

9 FORGIONI, Paula. *Contratos empresariais*: teoria geral e aplicação. 4ª ed. São Paulo: RT, 2019, p. 212.

Além disso, e diante da velocidade de transformação e evolução das relações econômicas e empresariais, sempre mais dinâmicas e surpreendentes que a capacidade do legislador de prever e regular todas as hipóteses de concorrência desleal, o art. 209 da LPI contemplou uma espécie de norma de tipo aberto que possibilita o reconhecimento de outros *atos de concorrência desleal não previstos nesta Lei, tendentes a prejudicar a reputação ou os negócios alheios, criar confusão entre estabelecimentos comerciais, industriais ou prestadores de serviço, ou entre os produtos e serviços postos no comércio.*

Como já pontuou Renato Nalini,[10]

> *É truísmo afirmar-se que a vida social é complexa e instável e que a capacidade de previsão do legislador longe está de contemplar todas as possibilidades reais e situações concretas suscetíveis de regulação. O universo fenomênico é sempre mais surpreendente do que o mundo das leis. Daí a adequação de normas flexíveis, indicadoras de trilhas a serem percorridas pelo aplicador da lei, mais satisfatórias do que a velha formulação de extremo positivismo e insensibilidade dogmática.*

E com maior razão no âmbito empresarial, onde a pujante criatividade dos agentes econômicos está sempre em busca de formas alternativas de concorrência, nem sempre leais.

Na mesma linha, a Convenção de Paris – CUP, tratado internacional incorporado ao direito brasileiro pelo Decreto n. 635, de 21.08.1992, traz importante cláusula aberta ao estabelecer, em seu art. 10, item 2, que *constitui ato de concorrência desleal qualquer ato de concorrência contrário aos usos honestos em matéria industrial ou comercial.*

---

10 NALINI, Renato. *Revista Magistratura-Interação*, fev. 2004.

Como ensina Fabio Ulhoa Coelho,[11]

> *...o ato de concorrência leal e o de concorrência desleal têm em comum a sua finalidade, uma vez que ambos objetivam a clientela alheia. A deslealdade, portanto, não está na busca da clientela dos outros, mas sim na forma de atingir essa finalidade. Dessa forma, conforme já tivemos a oportunidade de nos manifestar, a concorrência desleal não diz respeito a qualquer ato com o objetivo de se apropriar de uma clientela, mas à utilização daqueles que superem a barreira do aceitável, lançando mão de meios desonestos.*

Para Pedro Marcos Nunes Barbosa[12] um ato, para se considerado como *desleal*, precisa ser praticado (i) dentro do nicho da concorrência[13] (com seus elementos, requisitos e fatores); e (ii) em desacordo, em *detrimento* com aquilo tido como *normal* perante tal setor econômico.

Nesse cenário, prestam-se as cláusulas de barreira a não só evitar a concorrência desleal e proteger a clientela, mas também a impedir a divulgação de segredos de negócio, conhecimentos, informações ou dados confidenciais, utilizáveis na indústria, comércio

---

11 MENDONÇA, José Xavier Carvalho de. *Tratado de Direito Comercial*. vol. 6. São Paulo: Saraiva, 2015, p. 475.

12 BARBOSA, Pedro Marques Nunes. *Curso de concorrência desleal*. Rio de Janeiro: Lumen Juris, 2022, p. 111.

13 Nessa mesma linha, trecho do acórdão proferido pela 2ª Câmara Reservada de Direito Empresarial nos autos da apelação cível nº 1104791-38.2016, j. 26.09.2023: "*Não se olvide que a caracterização da concorrência desleal depende do emprego de meios fraudulentos para a captação de clientela alheia, cuja análise é realizada de forma casuística, devendo levar em consideração o contexto e as condutas esperadas no mercado em questão. Somente com a análise dos usos e costumes de determinado meio ou atividade é que determinados atos podem ser considerados desonestos ou desleais naquele contexto, o que pode não ocorrer em outros setores, cujos atos podem ser considerados normais ou regulares*".

ou prestação de serviços (art. 195, XI e XII, LPI), ainda que não prejudiquem ou afetem diretamente a clientela.

Doutrina e jurisprudência costumam classificar as cláusulas de barreira, basicamente, sob três aspectos: material, territorial ou espacial e temporal.

Sob o *aspecto material*, a cláusula de barreira pode referir-se, entre outras hipóteses: *i)* à vedação ao exercício de determinada atividade econômica, relativa à prestação de serviços e/ou produção de determinado produto; *ii)* à proibição de utilização de *know-how* criado e desenvolvido por um dos contratantes; *iii)* à obrigatoriedade de manter sigilo ou confidencialidade; *iv)* ao dever de respeitar a exclusividade; *v)* ao dever de não aliciar clientes, fornecedores e funcionários.

Em relação ao *aspecto territorial ou espacial*, versa a cláusula de barreira sobre a obrigatoriedade de os contratantes respeitarem certos limites territoriais dentro dos quais é vedado o exercício de determinada atividade. Ou, mais precisamente, as vedações impostas sob o aspecto material acima aludidas estão limitadas a um determinado território ou espaço geográfico previamente definido.

Por fim, quanto ao *aspecto temporal*, as limitações de natureza material devem ser observadas por um determinado período, dentro do qual estão os contratantes impedidos de exercer específica atividade econômica, de utilizar o *know-how*, de manter a confidencialidade, de respeitar a exclusividade e de não aliciar clientes, fornecedores e funcionários do outro contratante.

Como ensina Fabio Ulhoa Coelho:[14]

> *...a validade da disciplina contratual da concorrência depende da preservação de margem para a competição (ainda que*

---

[14] COELHO, Fábio Ulhoa. *Curso de Direito Comercial*. vol. 1. 17ª ed. São Paulo: Revista dos Tribunais, 2016, p. 265.

> *futura) entre os contratantes; ou seja, da definição de limites materiais, temporais e espaciais. Em concreto, a vedação não pode dizer respeito a todas as atividades econômicas, nem deixar de possuir delimitações no tempo ou no espaço.*

Enfim, e conforme entendimento já consolidado junto ao Superior Tribunal de Justiça, as cláusulas contratuais de não concorrência são consideradas válidas, "*desde que limitadas espacial e temporalmente, porquanto adequadas à proteção da concorrência e dos efeitos danosos decorrentes de potencial desvio de clientela – valores jurídicos reconhecidos*" (STJ, REsp nº 1.203.109/MG, Rel. Min. Marco Aurélio Bellizze, Terceira Turma, j. em 05/05/2015, DJe de 11/05/2015).

3.1 Limites materiais às cláusulas de barreira

Como já ressaltado, os limites materiais das cláusulas de barreira não se referem tão somente à proibição do exercício de determinada atividade econômica, mas também, e exemplificavamente, à proibição de utilização de *know-how* desenvolvido por um dos contratantes; à obrigatoriedade de manter a confidencialidade; ao dever de respeitar a exclusividade; e ao dever de não aliciar clientes, fornecedores e funcionários.

Em relação à proibição do exercício de determinada atividade econômica, parece haver consenso na doutrina e na jurisprudência no sentido de que referida limitação deve ser interpretada restritivamente, já que importa em renúncia ao direito de empreender ou de exercer atividade laborativa. Nesse sentido, estabelece o art. 114 do Código Civil que "*Os negócios jurídicos benéficos e a renúncia interpretam-se estritamente*".

Logo, não pode a cláusula de barreira ser interpretada de forma extensiva para impedir, por exemplo, o contratante de exercer atividade laboral que garanta sua subsistência e que não guarda relação direta com a atividade que se pretende proteger de eventual concorrência desleal. Nem mesmo atividades afins, se não especificadas expressamente na cláusula restritiva, podem ser impedidas.

Devem, pois, os contratantes ter o cuidado de especificar e detalhar a atividade concorrente vedada, que não pode ser genérica e ampla, a ponto de impedir o exercício de qualquer trabalho, ofício, profissão ou atividade empresarial. Além disso, a atividade concorrente vedada deve estar relacionada diretamente à atividade empresarial que se pretende proteger com a cláusula de barreira.

Também têm sido afastadas pela jurisprudência as cláusulas de barreira que proíbem o exercício de atividade relativa à prestação de serviços de caráter pessoal e que não implique em utilização de *know-how* exclusivo, criado e desenvolvido pelo outro contratante, ou, ainda, em divulgação de segredo de negócio.[15]

É o que decidiu a 2ª Câmara Reservada de Direito Empresarial do Tribunal de Justiça de São Paulo, em acórdão relatado pelo Desembargador Natan Zelinschi de Arruda:

> *Apelação. Obrigação de não fazer e de fazer cumulada com indenização por danos materiais e morais. Autora que exerce atividade caracterizada como prestação de serviços no âmbito físico/desportivo. Réus que anteriormente exerceram atividade junto à autora e posteriormente formaram uma sociedade empresária de fato, disponibilizando aos interessados prestação de serviços configurada em "personal trainer"/fisicultor, além de orientação abrangendo atividades esportivas. Concorrência desleal não caracterizada.* ***Atividades dos réus estão ligadas a aspectos pessoais em que o aluno/***

---

15 Aliás, como explica Gabriel Di Biasi, "*Não basta ser segredo, deve possuir valor comercial justamente por sê-lo. Afinal, um segredo que não agrega valor ao negócio não pode sequer ser considerado um ativo e, portanto, não deve ser protegido pelas normas referentes ao direito de propriedade intelectual*" (Em: AMENDOEIRA, JR. Sidnei; TARDOLI, Fernando; PRADO NOVOA, Melitha (Coord.). *Franchising*. São Paulo: Thomson Reuters Brasil, 2021, p. 151).

atleta se vincula inclusive com empatia em relação ao seu instrutor/orientador físico. Local em que as atividades são realizadas é público, portanto, acessível a todos. Alegação de que ocorrera subtração de dados e de "know-how" da autora sem suporte, mesmo porque, um "personal trainer" exerce atividades de caráter particular, independentemente de o aluno/atleta estar ou não vinculado a alguma academia ou empresa que presta atividades esportivas. Alegação de apropriação de "know-how" sem consistência, uma vez que os réus já são professores de educação física, consequentemente, habilitados para tanto, a ponto de anteriormente serem contratados pela própria autora que reconhecera estarem aptos às atividades correspondentes. Peculiaridades entre "personal trainer" e aluno/atleta abrangem aspectos estritamente pessoais, inclusive empatia, afeitas ainda a orientações específicas, incentivo e até mesmo advertências técnicas, portanto, é o aluno que escolhe quem é o seu fisicultor/orientador/assessor esportivo, não tendo, assim, nenhuma vinculação com a empresa autora e os réus. *Referência sobre subtração de dados cadastrais também se apresenta insuficiente, mesmo porque, o "personal trainer" tem contato direto com o aluno/atleta. Precedentes das Câmaras Reservadas de Direito Empresarial deste e. TJSP. Autora que não demonstrou nenhum conceito inusual ou algo que diferenciasse de atividades físicas costumeiras. Questões envolvendo os preços, que estariam ligados à alienação de clientes, também não demonstram supedâneo. Aspectos mercadológicos levados em consideração, ou seja, cada atleta/aluno vai em busca de seus próprios interesses, e nada além disso. Sentença observou de forma pormenorizada a situação fática, apresentando-se clara e precisa. Improcedência da ação em condições de prevalecer. Apelo desprovido.*

(Apelação cível nº 1023500-74.2019, 2ª Câmara Reservada de Direito Empresarial, j. 03.10.2023 – destaques deste articulista).

No mesmo sentido, os seguintes julgados relativos à sociedade formada por agentes autônomos de investimento:

> CONCORRÊNCIA DESLEAL – *Agente Autônomo de investimento – Atividade relacionada com a presteza, credibilidade e talento pessoal do próprio agente – Mera comunicação do funcionário que se retira da instituição aos antigos clientes, a fim de passar sua nova posição no mercado – Ato de concorrência desleal não demonstrado - Sentença mantida – Recurso improvido".*
>
> (Apelação nº 1084347-76.2019.8.26.0100, Relator J. B. FRANCO DE GODOI, 1ª Câmara Reservada de Direito Empresarial, j. 05.07,2023).
>
> *Agravo de Instrumento – Tutela de urgência – Obrigação de não fazer - Decisão que determinou que o réu se abstenha de descumprir obrigações de não-solicitação e não aliciamento, deixando de contatar quaisquer clientes da empresa autora, bem como de aliciar os seus assessores - Relação entre AAI e investidor permeada pela pessoalidade e confiança, sendo questionável a alegação de que a migração da plataforma de investimentos pelo investidor caracterize infração às cláusulas de "não solicitação", "não aliciamento de clientes" e "não aliciamento de assessores da sociedade" – Questão, ademais, que demanda dilação probatória, sendo temerária a concessão de tutela de urgência para impedir o AAI de exercer sua atividade profissional, com sério risco à sua própria subsistência, e de assessorar os clientes que, em tese, livremente o procuram, em função da relação de confiança estabelecida há anos e, ao que parece, antes mesmo de o agravante ingressar na agravada RENOVA – Perigo de dano reverso configurado – Decisão reformada – RECURSO PROVIDO.*
>
> (Agravo de instrumento nº 2154255-47.2021, Rel. JORGE TOSTA, 2ª Câmara Reservada de Direito Empresarial, j. 30.11.2021).

Igualmente inválidas as cláusulas de barreira inseridas em contratos societários ou de franquia que impeçam engenheiros, médicos, dentistas ou outros profissionais liberais de exercerem suas profissões, pois atentam contra os princípios da liberdade de trabalho e da dignidade humana, ante a vedação ao exercício de atividade que garante a própria subsistência da pessoa.

Nesse sentido, julgados proferidos pela 2ª Câmara Reservada de Direito Empresarial do Tribunal de Justiça de São Paulo:

> *FRANQUIA - CLÁUSULA DE BARREIRA - Hipótese em que a franqueadora almeja a imposição de obrigação do exercício da atividade de dentista na forma de uma clínica odontológica organizada - Contrato que veda apenas a utilização da marca ou bandeira e metodologia - Acolhimento da pretensão que resultaria em violação à garantia constitucional do pleno exercício da atividade profissional - Sentença mantida - Recurso principal improvido. Dispositivo: negaram provimento aos recursos*
>
> (Apelação cível nº 1005968-68.2017.8.26.0011, Rel. RICARDO NEGRÃO, 2ª Câmara Reservada de Direito Empresarial, j. 13.05.2019).
>
> *AGRAVO DE INSTRUMENTO – Franquia – Ação de obrigação de não fazer c.c indenização por lucros cessantes – Decisão que indeferiu pedido de tutela de urgência para determinar o encerramento da atividade com uso de marca ODONTOMINAS EIRELI, visando cessar os atos de concorrência desleal – Descabimento – Cláusula de não concorrência que não impõe restrição ao exercício da atividade de dentista, apenas a instalação de outra franquia ou utilização da metodologia e tecnologia da franquia ODONTOCOMPANY em clínica odontológica – Necessidade de melhor investigação sobre a alegada utilização da metodologia e modelo de negócio da franqueadora, o que não se pode presumir pela simples existência de funcionamento da clínica odontológica dos agravados - Ausência dos requisitos do art. 300 do CPC – Alegações em contestação que devem ser apreciadas pelo juízo de primeiro grau – Decisão mantida – RECURSO IMPROVIDO.*

> (Agravo de instrumento nº 2257117-96.2021, Rel. JORGE TOSTA, 2ª Câmara Reservada de Direito Empresarial, j. 26.04.2022).

Fábio Ulhoa Coelho,[16] ao tratar do tema, ressalta:

> *Em relação aos limites materiais, observa-se que a cláusula disciplinando a concorrência é inválida se impede o contratante de explorar qualquer atividade econômica. A restrição deve necessariamente se circunscrever a determinados ramos de comércio, indústria ou serviços. Para as demais atividades, as partes ficam livres de qualquer obrigação (de não fazer).* ***A propósito da restrição material, deve-se também considerar inválida a cláusula que impeça o contratante, pessoa física, de exercer a sua profissão. Por exemplo, o sócio que se desliga de sociedade de engenheiros pode, no instrumento de cessão de cotas, ficar impedido de competir com a sociedade, desde que os termos contratados não alcancem todas as atividades de engenharia para as quais o retirante se encontra profissionalmente habilitado ou preparado.***

Isso não afasta, contudo, a vedação ao uso de *know-how* ou conhecimento próprio e exclusivo da sociedade ou franquia da qual o contratante fazia parte. Ainda que se trate de *know-how* ou conhecimento desenvolvido pelo próprio contratante enquanto sócio ou parceiro da sociedade, se há previsão expressa de que referido *know-how* ou conhecimento pertence à sociedade, não poderá o sócio retirante ou ex-parceiro comercial dele fazer uso em sua nova atividade, sendo plenamente válida a cláusula de barreira neste caso.

Impõe-se, por outro lado, investigar se, de fato, trata-se *know-how* ou conhecimento inovador, criativo e cuja originalidade seja determinante do sucesso da atividade empresarial desenvolvida.

---

16 COELHO, Fábio Ulhoa. *Curso de Direito Comercial*. vol. 1. 17ª ed. São Paulo: RT, 2018, cap. 7.

Conhecimentos básicos, comuns, próprios da atividade ou que estejam no estado da arte, sendo, pois, de domínio público,[17] não podem ser objeto de cláusula de barreira e, se o forem, não impedem o sócio retirante, ex-parceiro comercial ou franqueado de utilizá-los, sendo referida cláusula inválida e ineficaz.

É o que decidiu a 2ª Câmara Empresarial do Tribunal de Justiça de São Paulo, em acórdão relatado pelo Desembargador MAURÍCIO PESSOA:

> *Apelação – Ação de rescisão contratual c/c cobrança de multa e perdas e danos fundada em contrato de franquia – Sentença de parcial extinção do processo, sem resolução de mérito, com fundamento no artigo 485, inciso VIII, do Código de Processo Civil, parcial procedência dos pedidos iniciais remanescentes e improcedência dos pedidos reconvencionais – Ambas as partes recorreram.*
>
> *Recurso do autor-reconvindo (franqueado)*
>
> *...omissis ...*
>
> *Recurso da ré-reconvinte (franqueadora) – Validade da cláusula de não concorrência condicionada à existência de limite espaciais e temporais (STJ, REsp nº 1.203.109/MG, Rel. Min. Marco Aurélio Bellizze, Terceira Turma, j. em 05/05/2015, DJe 11/05/2015) – Ausência de limitação espacial na espécie, a impor a nulidade da cláusula pactuada entre as partes –* ***Ausência, ademais, de efetivo know-how ou segredo comercial ou industrial a ser resguardado na espécie, já que a relação estabelecida entre as partes muito se assemelha à de distribuição, a revelar que a proibição de não concorrência,***

17 Essa é a exegese que se extrai do art. 195, XI, da LPI: *Comete crime de concorrência desleal quem: (...) XI – divulga, explora ou utiliza-se, sem autorização, de conhecimentos, informações ou dados confidenciais, utilizáveis na indústria, comércio ou prestação de serviços,* ***excluídos aqueles que sejam de conhecimento público ou que sejam evidentes para um técnico no assunto, a que teve acesso mediante relação contratual ou empregatícia, mesmo após o término do contrato;***

> ***na espécie, impõe abusivo embaraço ao direito do autor-reconvindo de exercer atividades empresariais – Precedentes das Câmaras Reservadas de Direito Empresarial deste E. Tribunal de Justiça – Sentença mantida nesse particular – Sem honorários recursais – Recurso desprovido.***
>
> *Dispositivo: Recurso do autor-reconvindo parcialmente provido e desprovido o da ré-reconvinte.*
>
> (Apelação nº 1066760-07.2020, j. 03.07.2023 – destaques deste articulista).

Em relação aos contratos de franquia de serviços, não basta que o franqueado exerça atividade igual ou semelhante à da franqueadora. É preciso comprovar-se que a atividade desenvolvida utiliza o mesmo *know-how*, método, sistema de administração de negócio ou sistema operacional desenvolvido e detido pelo franqueador.

O art. 1º da Lei n. 13.966, de 26.12.2019, é claro do dispor que o sistema de franquia empresarial deve estar necessariamente associado ao direito de produção ou distribuição exclusiva ou não exclusiva de produtos ou serviços, e também ao direito de uso de métodos e sistema de implantação e administração de negócio ou sistema operacional desenvolvido ou detido pelo franqueador. E o art. 2º, XV, "a" estabelece que o contrato deve necessariamente indicar o *know-how* da tecnologia de produto, de processo ou de gestão, informações confidenciais e segredos de indústria, comércio, finanças e negócios a que o franqueado venha a ter acesso em função da franquia.

É próprio dos contratos de franquia a transmissão de *know-how* ao franqueado, o que, em se tratando de franquia de serviços, pressupõe a transferência do direito de uso de métodos e sistema de implantação e administração de negócio ou sistema operacional desenvolvido ou detido pelo franqueador.

Cláusulas de barreira que impeçam o exercício puro e simples de atividade de prestação de serviços somente terão eficácia e validade se efetivamente comprovada a utilização não autorizada de "métodos e sistema de implantação e administração de negócio ou sistema operacional desenvolvido ou detido pelo franqueador" e, mesmo assim, que sejam efetivamente inovadores e determinantes do sucesso da atividade franqueada.

Inviável, nessa medida, concessão de tutela de urgência para cessação de atividade concorrente, sem prévia ouvida do réu/franqueado e efetiva demonstração de utilização do mesmo *know-how*, método, sistema de administração de negócio ou sistema operacional desenvolvido e detido pelo franqueador.

Sobre este aspecto, acórdão proferido pela 2ª Câmara Reservada de Direito Empresarial do Tribunal de Justiça de São Paulo, em caso de franquia de curso de idiomas:

> *Agravo de instrumento - Franquia - Ação de obrigação de não fazer cumulada com cobrança de multa contratual - Decisão que indeferiu o pedido de concessão de tutela de urgência, para o fim de ordenar às rés, ora agravadas e franqueadas, que se abstenham de violar a cláusula de não concorrência inserta no contrato celebrado entre as partes - Franquia Wizard by Pearson - Inconformismo - Descabimento – Ausência dos requisitos cumulativos do art. 300 do CPC -* ***Necessidade de dilação probatória a fim de se apurar se há efetivamente aproveitamento do mesmo método de ensino utilizado pela agravante, ora franqueadora, ou se o método de ensino ministrado pela agravada decorre do conhecimento técnico, administrativo pedagógico e de "know how" transmitido pela franqueadora ao franqueado*** *- Documentos acostados ao feito que não permitem precisar, ademais, quando teriam ocorrido as alegadas violações - Medida pretendida que pode acarretar risco de dano reverso, de difícil ou incerta reparação, ante a existência de contratos firmados pela agravada com terceiros (alunos) - Previsão contratual de incidência de multa compensatória, em caso de violação à cláusula de barreira e de concorrência desleal, que parece já indicar a predeterminação de perdas e danos, de molde a afastar*

> *a tutela inibitória pretendida - Precedentes - RECURSO IMPROVIDO.*
>
> (Agravo de instrumento nº 2248742-72.2022, Relator JORGE TOSTA, j. 12.04.2023 – destaques deste articulista).

É vedado, contudo, ao franqueado a utilização da marca ou de leiaute e padrões arquitetônicos próprios e inerentes à franqueadora, após o encerramento da relação contratual, sendo legítima e plenamente válida cláusula que determine a descaracterização das fachadas e instalações que se identifiquem com a marca e os padrões arquitetônicos da franqueadora e possam confundir o público consumidor.

3.2 Limites territoriais ou espaciais às cláusulas de barreira

A proibição ao exercício de determinada atividade econômica ou empresarial, de utilização de *know-how* ou conhecimento específico, bem assim o dever de observância de cláusulas de exclusividade e de não aliciamento de clientes, fornecedores e funcionários, também está sujeita a limites territoriais ou espaciais.

Atenta contra a livre iniciativa e o livre exercício de atividade econômica e laboral, cláusula de barreira que impeça o contratante de exercer atividade em qualquer lugar ou território, mormente onde não há qualquer risco de concorrência desleal e desvio de clientela.

É o que decidiu o Superior Tribunal de Justiça, em precedente paradigma sobre a questão:

> *RECURSO ESPECIAL. DIREITO CIVIL. CONTRATO EMPRESARIAL ASSOCIATIVO. INCIDÊNCIA DO CÓDIGO DE DEFESA DO CONSUMIDOR. AFASTADA. PEDIDO E CAUSA DE PEDIR. TEORIA DA SUBSTANCIAÇÃO. JULGAMENTO EXTRA PETITA. NÃO CARACTERIZADO. EXTINÇÃO DO VÍNCULO*

CONTRATUAL. CLÁUSULA DE NÃO CONCORRÊNCIA. LIMITE TEMPORAL E ESPACIAL. ABUSIVIDADE. NÃO OCORRÊNCIA.

1. Demanda em que se debate a validade e eficácia de cláusula contratual de não concorrência, inserida em contrato comercial eminentemente associativo.

... omissis ...

5. A funcionalização dos contratos, positivada no art. 421 do Código Civil, impõe aos contratantes o dever de conduta proba que se estende para além da vigência contratual, vinculando as partes ao atendimento da finalidade contratada de forma plena.

*6. **São válidas as cláusulas contratuais de não-concorrência, desde que limitadas espacial e temporalmente, porquanto adequadas à proteção da concorrência e dos efeitos danosos decorrentes de potencial desvio de clientela valores jurídicos reconhecidos constitucionalmente.***

7. Recurso especial provido"

(REsp nº 1.203.109/MG, Rel. Min. MARCO AURÉLIO BELLIZZE, 3ª Turma, j. em 05/05/2015, DJe de 11/05/2015 - destaques e grifos deste articulista).

Deve, portanto, a cláusula de barreira especificar os limites territoriais onde é vedado o exercício da atividade econômica/empresarial concorrente, tendo em conta o âmbito de abrangência da atuação do contratante e sempre com observância da razoabilidade e da proporcionalidade.

Não se mostram razoáveis e proporcionais limitações territoriais amplas e injustificadas, que abranjam regiões nas quais sequer há atuação econômica do outro contratante, ainda que a pretexto de impedir concorrência desleal futura.

Aquele que exerce atividade empresarial cuja clientela encontra-se em determinada região geográfica não pode impedir o contratante, em caso de encerramento da relação contratual, de exercer atividade em região diversa, ainda que se trate de atividade igual ou semelhante. Eventual cláusula de barreira nesse sentido não se mostra válida, podendo o contratante livremente exercer sua atividade sem qualquer peia. E caso proposta ação de obrigação de fazer objetivando o encerramento de atividade concorrente, deve o juiz, primeiro, investigar se o autor da ação exerce atividade econômica e se tem clientela naquela específica região geográfica.

Em interessante acórdão relatado pelo Desembargador AZUMA NISHI, decidiu a 1ª Câmara Reservada de Direito Empresarial do TJSP pela modulação dos efeitos da cláusula que fixava a vedação geográfica ao exercício de atividade concorrente em todo o estado de São Paulo,

> *para reduzir a limitação espacial para os territórios que sejam objeto de contratos de franquia celebrados pela franqueadora antes da expedição de notificação extrajudicial que culminou na rescisão contratual, bem como o território abrangido pelo contrato de franquia entabulado entre as partes litigantes.*[18]

Veja-se que no referido julgado, embora tenha sido reconhecida a abusividade da cláusula por se tratar de "delimitação geográfica que desborda dos parâmetros razoáveis" (em todo o estado de São Paulo), não se declarou a nulidade da cláusula, mas apenas se reduziu seu âmbito de abrangência.

Outro aspecto importante, e que parece estar sendo tergiversado pela jurisprudência, diz com a declaração de nulidade de cláusula de barreira por ausência de limitação territorial, apesar de o contratante/concorrente estar exercendo atividade econômica na mesma região geográfica que o outro contratante.

---

18 Agravo de instrumento nº 2220103-10.2023.8.26.0000, Rel. AZUMA NISHI, 1ª Câmara Reservada de Direito Empresarial, j. 09.11.2023.

Quer nos parecer que, se o contratante exerce atividade concorrente na mesma região que o outro, em evidente concorrência desleal e com desvio de clientela, irrelevante se mostra a ausência de limitação territorial, devendo o juiz impedir a atividade concorrente, em respeito à cláusula de barreira que, no caso, é plenamente válida e eficaz.

A teleologia da norma contratual proibitiva é exatamente preservar a atividade empresarial e impedir que o contratante pratique concorrência desleal e desvie a clientela já estabelecida naquela específica região geográfica. Logo, se o contratante passa a exercer atividade concorrente na mesma região, em flagrante concorrência desleal e desvio de clientela, de nenhuma relevância se mostra a ausência de limites territoriais das cláusulas de barreira, sendo defeso, neste caso, declarar-se sua nulidade.

Nesse sentido, pontua Nelson Nery Júnior[19] que o limite geográfico refere-se às áreas

> *em que poderia, em concreto, haver uma disputa de mercado ou de clientela, ou seja, em áreas em que um dos concorrentes já está estabelecido; não é válida, portanto, cláusula que imponha a não concorrência fora da área geográfica que sofre influência dos estabelecimentos concorrentes.*

Somente faz sentido declarar-se a nulidade da cláusula de barreira sem limitação territorial quando o contratante pretender impedir e encerrar atividade econômica concorrente que se situe fora da área geográfica na qual inexiste clientela a ser preservada.

---

19 NERY JÚNIOR, Nelson. "Cláusula de não concorrência e seus requisitos – prejudicialidade externa entre processos". *In*: ______ (Coord.). *Soluções práticas de Direito*. vol. 7. [S.l.]: Revista dos Tribunais, 2014, pp. 467-513.

Lembre-se, por outro aspecto, que certas atividades empresariais não se restringem a determinados territórios ou regiões geográficas, tendo, ao contrário, alcance em todo o território nacional e, por vezes, até mesmo fora do País. É o caso, *v. g.*, de empresas que prestam serviços digitais via internet e de forma remota, bem como de empresas que atuam no comércio eletrônico e cuja clientela está presente em todo o território nacional.

É válida, neste caso, cláusula de barreira que impeça o contratante de exercer atividade econômica concorrente em todo o território nacional?

Em princípio, em se tratando de atividade comum e inexistindo qualquer *know-how*, conhecimento específico ou segredo de negócio a ser preservado, inexiste óbice ao exercício de atividade concorrente, devendo o juiz declarar a nulidade das cláusulas de barreira, inclusive da que estabelece limites territoriais. Se, no entanto, tratar-se de atividade específica e de notória especialização, em decorrência, inclusive, de *know-how* pertencente à sociedade ou à franqueadora e que seja determinante do sucesso do negócio, deverá ser respeitada a cláusula de barreira, mesmo que de limitação geográfica ampla, em todo o território nacional, observando-se, porém, os limites temporais fixados contratualmente.

Também aqui, em ação de obrigação de fazer com pedido de tutela de urgência, deverá o juiz, primeiramente, ouvir o réu e, se o caso, aguardar eventual instrução probatória, a fim de ser melhor apurada a natureza da atividade e se, de fato, há *know-how* ou conhecimento específico determinante do sucesso do negócio, a justificar a legitimidade e a validade da cláusula de barreira.

3.3 Limites temporais às cláusulas de barreira

A jurisprudência também fulmina de nulidade as cláusulas de barreira que deixam de fixar prazo dentro do qual é vedado o exercício de atividade empresarial concorrente.

Limitações ao exercício de determinada atividade econômica ou empresarial não podem ser impostas contratualmente por prazo indeterminado ou *ad aeternum*, sob pena de violar-se o princípio da livre iniciativa e da própria liberdade de competir (art. 170, IV, CF).

Também nulas se mostram as cláusulas de barreira que fixam prazos demasiadamente longos, sem qualquer razoabilidade diante da natureza da atividade empresarial.

Tem-se admitido como razoável, em especial em contratos de franquia, a fixação do prazo de 2 anos para que o franqueado se abstenha de exercer atividade concorrente após o término do vínculo contratual.

Em contratos societários, por outro lado, parece haver consenso de que deve ser analisado casuisticamente se o limite temporal fixado se mostra razoável e proporcional à natureza da atividade e ao tipo de segredo de negócio a ser preservado.

Que nos pareceres a fixação de prazo similar aquele previsto na Lei de Propriedade Industrial para as patentes de invenção seja suficiente à proteção da atividade empresarial desenvolvida e dos segredos de negócio. Assim, cláusulas que vedam o exercício de determinada atividade econômica ou empresarial, de utilização de *know-how*, conhecimento específico ou segredos do negócio, bem assim que imponham o dever de observância de cláusula de exclusividade e de não aliciamento de clientes, fornecedores e funcionários, não podem ter prazo de vigência superior a 20 anos (art. 40 da LPI).[20]

Evidentemente, em casos específicos, poderá o juiz declarar a nulidade da cláusula de barreira cujo prazo mostre-se excessivo e desproporcional à natureza da atividade, ou, ainda, modular seus efeitos com redução do prazo estabelecido, fundado, inclusive, nos ditames constitucionais de liberdade de iniciativa, livre concorrência, função social da propriedade, defesa dos consumidores e repressão ao abuso do poder econômico, previstos na Lei n. 12.529, de

---

20 *Art. 40. A patente de invenção vigorará pelo prazo de 20 (vinte) anos e a de modelo de utilidade pelo prazo 15 (quinze) anos contados da data de depósito.*

30.11.2011,[21] que estrutura o sistema brasileiro de defesa da concorrência e dispõe sobre a prevenção e repressão às infrações contra a ordem econômica.

3.4 Contraprestação financeira

Tem sido frequentes decisões judiciais que decretam a invalidade de cláusulas de barreira por não contemplarem contraprestação

---

21 Nesse sentido prevê o Art. 36 da referida lei:

Constituem infração da ordem econômica, independentemente de culpa, os atos sob qualquer forma manifestados, que tenham por objeto ou possam produzir os seguintes efeitos, ainda que não sejam alcançados:

I – limitar, falsear ou de qualquer forma prejudicar a livre concorrência ou a livre iniciativa;

II – dominar mercado relevante de bens ou serviços;

III – aumentar arbitrariamente os lucros; e

IV – exercer de forma abusiva posição dominante.

§ 1º A conquista de mercado resultante de processo natural fundado na maior eficiência de agente econômico em relação a seus competidores não caracteriza o ilícito previsto no inciso II do caput deste artigo.

§ 2º Presume-se posição dominante sempre que uma empresa ou grupo de empresas for capaz de alterar unilateral ou coordenadamente as condições de mercado ou quando controlar 20% (vinte por cento) ou mais do mercado relevante, podendo este percentual ser alterado pelo Cade para setores específicos da economia.

§ 3º As seguintes condutas, além de outras, na medida em que configurem hipótese prevista no caput deste artigo e seus incisos, caracterizam infração da ordem econômica:

III – limitar ou impedir o acesso de novas empresas ao mercado;

IV – criar dificuldades à constituição, ao funcionamento ou ao desenvolvimento de empresa concorrente ou de fornecedor, adquirente ou financiador de bens ou serviços;

V – impedir o acesso de concorrente às fontes de insumo, matérias-primas, equipamentos ou tecnologia, bem como aos canais de distribuição;

XIX – exercer ou explorar abusivamente direitos de propriedade industrial, intelectual, tecnologia ou marca.

financeira durante o período de vedação ao exercício da atividade econômica concorrente.

E a razão é simples.

Se o sócio, empregado, prestador de serviço ou parceiro comercial estará impedido de exercer atividade laborativa ou empresarial concorrente, com limitação à livre iniciativa e à liberdade de trabalho, deve a sociedade empresarial contratante garantir-lhe a correspondente contraprestação financeira após o encerramento da relação contratual e durante o prazo de vigência da cláusula de barreira, ou outro que vier a ser fixado no contrato, desde que razoável a garantir a subsistência e a recolocação profissional ou o exercício de outra atividade não-concorrente pelo contratado.

Como ensinam Arnoldo Wald e Alberto Xavier[22]

> (...) *a razão de ser das restrições apontadas na doutrina – limitação da cláusula no tempo e no espaço – consiste em harmonizar a validade desta estipulação com o princípio constitucional de que "é livre o exercício de qualquer trabalho, ofício ou profissão, observadas as condições de capacidade que a lei estabelece" (CF, art. 153, § 23). Com efeito, o princípio da liberdade do trabalho seria ofendido se estipulasse que alguém não poderia trabalhar em qualquer setor de atividade, em qualquer lugar e para todo o sempre. Mas, obviamente, essa liberdade não é atingida se a restrição for temporária, livremente consentida e* ***justamente retribuída****.*

---

22 WALD, Arnoldo; XAVIER, Alberto. "Pacto de não concorrência: validade e seus efeitos no Direito brasileiro". *Revista dos Tribunais*, vol. 2, dez. 2010, p. 8. Disponível em: http://edisciplinas.usp.br/pluginfile.php/2835637/mod_resource/content/1/RTDoc%20%20 17-3-12%205_42%20%28PM%29.pdf. Acessado em: 15.03.2024 (destaques deste articulista).

No mesmo sentido, Giovanna Benetti:[23]

> (...) *Por fim, o último requisito de validade é de ordem pecuniária. Trata-se da contrapartida financeira pela pactuação da obrigação de não concorrência, considerando que o devedor dessa obrigação deixará de exercer atividades no mesmo ramo daquelas desempenadas pela sociedade-objeto, ficando temporariamente impedido de reingressar no mesmo segmento de mercado* (...).

Com efeito, embora não prevista expressamente em lei a referida contraprestação, não se mostra justo nem razoável, mormente nas relações de emprego e nos casos de prestadores de serviços contratados por meio de pessoa jurídica, a imposição de restrições que cerceiam ou impedem o exercício de atividade laborativa ou empresarial que garante a própria subsistência do contratado, cuja formação profissional está voltada exatamente à atividade econômica objeto da contratação.

Neste caso, deverá o juiz declarar a nulidade da cláusula de barreira, inclusive de eventual multa por seu descumprimento.

Questão interessante é saber se poderá igualmente ser declarada a nulidade das cláusulas de barreira, em caso de fixação de contraprestação financeira pífia, insignificante ou desproporcional às obrigações impostas.

Em contratos onde há notório vínculo de emprego, com manifesta dependência econômica e vulnerabilidade do contratado, parece não restar dúvida que o juiz poderá declarar a nulidade da citada cláusula de barreira, à luz, inclusive, do princípio da dignidade da pessoa.

---

23 Em: ADAMEK, Marcelo Vieira Von; PEREIRA, Rafael Setoguti J. (Coord.). *Fusões e Aquisições* (M&A). São Paulo: Quartier Latin, 2022, p. 290.

De outro lado, em contratos de natureza empresarial, os quais se presumem paritários e simétricos, ao menos até a demonstração de elementos concretos que justifiquem o afastamento dessa presunção (art. 421-A, CC), deverá o juiz abster-se de declarar a nulidade da cláusula de barreira. Se as próprias partes, empresários talhados e experientes, prefixaram o valor que entendiam justo e adequado a título de contraprestação financeira durante o prazo de vigência das cláusulas de barreira, não pode o Judiciário intervir, em respeito ao princípio da não intervenção do Estado nas relações privadas.

De se registrar, por importante, que a referida contraprestação, fixada durante o prazo de vigência das cláusulas de barreira, poderá ser indireta, isto é, não em remuneração pecuniária, mas por meio, *v. g.*, de cessão de direitos, comodato de imóvel, abatimento de mútuo contraído pelo contratado, isenção de alugueres ou de despesas. Deve, contudo, representar vantagem econômica proporcional às restrições impostas. Nesse sentido, professa José Roberto de Castro Neves:[24]

> (...) *deve a cláusula de não concorrer acertar uma remuneração, nem que ela seja indireta, isto é, pode haver ou não referência à remuneração decorrente da obrigação de não concorrer com a sociedade-objeto, mas, independentemente disso, é preciso identificar nítida vantagem econômica a justificar a concordância com a obrigação negativa* (...).

Enfim, e não obstante a existência de jurisprudência consolidada sobre o assunto, urge seja a questão regulamentada em lei, à semelhança do que fez o Código Civil italiano no art. 2.125, o qual estabelece que a validade do "pacto de não concorrência" está condicionada à estipulação de uma vantagem pecuniária ao empregado e à existência de limites relativos a objeto, tempo e lugar.[25]

---

24 NEVES, José Roberto de Castro. "Aspectos da cláusula de não concorrência no Direito brasileiro". *Revista Trimestral de Direito Civil*, ano 3, vol. 12, 2022, p. 205.

25 O mesmo ocorre no Direito Alemão, onde também se aplica o princípio da "espera paga". É o que escrevem HUECK, Alfred; NIPPERDEY,

Referências bibliográficas

ADAMEK, Marcelo Vieira Von; PEREIRA, Rafael Setoguti J. (Coord.). *Fusões e Aquisições* (M&A). São Paulo: Quartier Latin, 2022.

AMENDOEIRA, JR. Sidnei; TARDOLI, Fernando; PRADO NOVOA, Melitha (Coord.). *Franchising*. São Paulo: Thomson Reuters Brasil, 2021.

BARBOSA, Pedro Marques Nunes. *Curso de concorrência desleal*. Rio de Janeiro: Lumen Juris, 2022.

BETTI, Emilio. *Interpretação da lei e dos atos jurídicos*. São Paulo: Martins Fontes, 2007.

COELHO, Fábio Ulhoa. *Curso de Direito Comercial*. vol. 1. 17ª ed. São Paulo: Revista dos Tribunais, 2018.

CUNHA, Fernando Antonio Maia da; LAZZARESCHI NETO, Alfredo Sérgio (Coord.). *Direito Empresarial aplicado*. São Paulo: Quartier Latin, 2021.

_____ (Coord.). *Direito Empresarial aplicado*. vol. 3. São Paulo: Contracorrente, 2023.

FORGIONI, Paula. *Contratos empresariais*: teoria geral e aplicação. 4ª ed. São Paulo: RT, 2019.

GODOY, Claudio Luiz Bueno de. *Função social do contrato*. São Paulo: Saraiva, 2004.

GONÇALVES, Camila de Jesus Mello. *Princípio da boa-fé*: perspectivas e aplicações. Rio de Janeiro: Elsevier, 2008.

HUECK, Alfred; NIPPERDEY, H. C. *Compêndio de Derecho del Trabajo*. Madrid: Revista de Derecho Privado, 1963.

JORGE JUNIOR, Alberto Gosson. *Cláusulas gerais no novo Código Civil*. São Paulo: Saraiva, 2004.

MELO, Diogo L. Machado de. *Cláusulas contratuais gerais*. São Paulo: Saraiva, 2008.

H. C. *Compêndio de Derecho del Trabajo*. Tradução, apresentação e notas de Derecho español por Miguel Rodriguez Piñero, Luis Enrique de la Villa. Madrid: Revista de Derecho Privado, 1963, pp. 122/123: "o empregador deve prometer ao empregado uma indenização para o tempo em que dure a proibição".

MENDONÇA, José Xavier Carvalho de. *Tratado de Direito Comercial*. vol. 6. São Paulo: Saraiva, 2015.

NALINI, Renato. *Revista Magistratura-Interação*, fev. 2004.

NEGRÃO, Ricardo. *Manual de Direito Empresarial*. 11ª ed. São Paulo: Saraiva, 2021.

NERY JÚNIOR, Nelson. "Cláusula de não concorrência e seus requisitos – prejudicialidade externa entre processos". *In*: _____ (Coord.). *Soluções práticas de Direito*. vol. 7. [S.l.]: Revista dos Tribunais, 2014.

SCALZILLI, João Pedro; SPINELLI, Luis Felipe; TELLECHEA, Rodrigo. *Intervenção Judicial na Administração de Sociedades*. São Paulo: Almedina, 2018.

SHIMURA, Sérgio; TOSTA, Jorge (Coord.). *Estudos de Direito Empresarial em homenagem ao Desembargador Araldo Telles*. São Paulo: Acervo Jurídico, 2023.

SPINELLI, Luis Felipe; SCALZILLI, João Pedro; TELLECHEA, Rodrigo. *Intervenção Judicial na Administração de Sociedades*. São Paulo: Almedina, 2018.

TOSTA, Jorge. *Manual de interpretação do Código Civil*: as normas de tipo aberto e os poderes do juiz. Rio de Janeiro: Elsevier, 2007.

TOSTA, Jorge; SHIMURA, Sérgio (Coord.). *Estudos de Direito Empresarial em homenagem ao Desembargador Araldo Telles*. São Paulo: Acervo Jurídico, 2023.

VAMPRÉ, Spencer. *Interpretação do Código Civil*. São Paulo: Livraria e Officinas Magalhães, 1919.

VICENZI, Marcelo. *Interpretação do contrato*: ponderação de interesses e solução de conflitos. São Paulo: RT, 2011.

WALD, Arnoldo; XAVIER, Alberto. "Pacto de não concorrência: validade e seus efeitos no direito brasileiro". *Revista dos Tribunais*, vol. 2, dez. 2010. Disponível em: http://edisciplinas.usp.br/pluginfile.php/2835637/mod_resource/content/1/RTDoc%20%2017-3-12%205_42%20%28PM%29.pdf. Acessado em: 15.03.2024.

CAPÍTULO XIV

TUTELAS DE URGÊNCIA NA LEI N. 11.101 E AS FUNÇÕES DO ADMINISTRADOR JUDICIAL

JOSÉ GUILHERME DI RIENZO MARREY

Introdução

O presente artigo busca analisar a atuação dos administradores judiciais frente às tutelas de urgência previstas na Lei n. 11.101/05.

A lei prevê dois tipos de tutelas diversas do deferimento da recuperação judicial em si, com prazos diferentes. A primeira, do artigo 6º, que trata da antecipação dos efeitos do deferimento do processamento da recuperação judicial (30 dias) e a segunda, do artigo 20, que busca suspender a exigibilidade das cobranças para a negociação dos débitos (60 dias).

Em ambos os casos, o devedor obtém uma proteção provisória do Poder Judiciário que, para garantir a lisura das demandas, pode adotar uma série de providências, desde exigir apresentação de documentos até mesmo determinar a realização de constatação prévia.

Determinada referida diligência de constatação, faz-se necessário analisar quais os limites ou poderes dos administradores judiciais designados para tal função.

Este artigo objetiva explanar, de forma não exaustiva, as tutelas de urgência citadas, seus requisitos legais, os poderes do juiz e a fiscalização dos meios utilizados pela empresa autora, bem como os poderes e funções do administrador judicial e respectivas limitações.

1 A Lei 11.101/05

Como sabido, os processos de insolvência de empresas são, no Direito Brasileiro, atualmente regulados pela Lei n. 11.101/05, denominada Lei de Recuperação Judicial e Falências, ou simplesmente, LRF. São tratadas na Lei, assim, as situações de recuperação judicial e extrajudicial e de falência, seus respectivos procedimentos, bem como expostos os mecanismos de acesso e as vedações respectivas.

Especificamente, quanto à recuperação judicial, chama atenção a previsão do artigo 47, segundo o qual:

> Art. 47. A recuperação judicial tem por objetivo viabilizar a superação da situação de crise econômico-financeira do devedor, a fim de permitir a manutenção da fonte produtora, do emprego dos trabalhadores e dos interesses dos credores, promovendo, assim, a preservação da empresa, sua função social e o estímulo à atividade econômica.

Tal fato leva, assim, a boa parte da doutrina sustentar que o princípio norteador da Lei é o da preservação das empresas.

Isso porque não deve ser decretada a falência daquela empresa que, embora em dificuldades financeiras, tem condições de soerguimento, preservando empregos, gerando riqueza e movimentando a economia.

Contudo, em verdade, como explicam Eduardo da Silva Mattos e José Marcelo Martins Proença,[1] o princípio mais importante, em verdade, é o da função social da empresa, já que nem toda empresa pode ter direito à recuperação judicial, senão aquelas efetivamente viáveis.

Nesse sentido, escrevem que

> Talvez pelo fato de já na teoria poder se considerar como imprecisa a definição de "preservação da empresa", na prática a exegese de seu teor pode se mostrar excessivamente ampla, ao ponto de toda empresa ser forçosamente apta ao soerguimento pela via judicial. Em tal circunstância, a preservação da empresa acabaria antagonizando outro fundamento do direito da insolvência: a retirada do mercado dos negócios inviáveis...

Com efeito, o deferimento do processamento de uma recuperação judicial, seja pela via principal, seja pelas cautelares que serão analisadas no próximo capítulo, implica necessariamente na suspensão da exigibilidade da maioria das dívidas, exceto aquelas consideradas extraconcursais, como as dívidas tributárias, por exemplo. Lembre-se, aqui, que o processamento da recuperação judicial suspende todas as dívidas concursais pelo prazo de 180 dias, conhecido como *stay period*, prorrogável ainda uma vez, o que na prática significa a impossibilidade da adoção de medidas de proteção ao crédito pelos credores.

No mesmo sentido, a proteção garantida pela distribuição das cautelares dos artigos 6 e 20, que protegem o devedor por 60 e 30 dias, respectivamente. Não se pode perder de vista, então, aqui, que somente será lícito ao magistrado deferir as medidas protetivas da empresa (e, por outro lado, proibitivas de exigibilidade dos créditos

---

1 MATTOS DA SILVA, Eduardo; PROENÇA MARTINS, Marcelo José. *Recuperação de empresas*: curso avançado em Direito, Economia e Finanças. São Paulo: Thomson Reuters Brasil, 2023, p. 297.

pelos credores), se efetivamente as empresas autoras dos pedidos demonstrarem, de fato, que tem condições de permanecer no mercado.

A decretação da falência, assim, não pode ser vista com um "mal" ou algo que deve ser evitado a todo custo. Sim, obviamente não são desconhecidos os efeitos que a decretação de uma falência provoca, nem a dificuldade na percepção dos créditos. Todavia, faz-se necessário discernir, de forma efetiva, quais são as empresas viáveis, quais são aqueles que efetivamente tem condições de "preservação", sob pena de abuso dos institutos de recuperação.

Para tais fins, indispensável, conforme será analisado no decorrer deste artigo, a atuação do Administrador Judicial que, mesmo em situações de prazo exíguo poderá, em constatação prévia, separar as empresas viáveis daqueles que, irremediavelmente, devem ser consideradas inaptas a permanecer no mercado.

Vale lembrar, ainda, que não são todas as pessoas jurídicas que têm direito à recuperação judicial, mas senão apenas a sociedade empresária, havendo ainda vedação expressa na lei à alguns tipos de atividades econômicas, como preceitua o artigo 2º, assim redigido:

> Art. 2º Esta Lei não se aplica a:
>
> I – empresa pública e sociedade de economia mista;
>
> II – instituição financeira pública ou privada, cooperativa de crédito, consórcio, entidade de previdência complementar, sociedade operadora de plano de assistência à saúde, sociedade seguradora, sociedade de capitalização e outras entidades legalmente equiparadas às anteriores.

2 As tutelas de urgência nos processos de recuperação judicial

Como mencionado acima, a Lei de Recuperação e Falências prevê duas medidas de tutelas de urgência.

A primeira está prevista no artigo 6º, § 12, segundo o qual:

> Observado o disposto no art. 300 da Lei n. 13.105, de 16 de março de 2015 (Código de Processo Civil), o juiz poderá antecipar total ou parcialmente os efeitos do deferimento do processamento da recuperação judicial.

O artigo 300 do CPC, por sua vez, remete às tutelas de urgência, tanto as antecipadas como as cautelares.

Há dissenso na doutrina sobre a natureza jurídica da medida do artigo 6º. Com efeito, há posicionamentos no sentido de que se trata, como o próprio nome indica, de tutela de urgência antecipada, porque se concedida, ocorre a antecipação do "stay".

A crítica a esse posicionamento se faz no sentido que a tutela antecipada possibilita ao autor obter antes os resultados da tutela final a qual, na hipótese, seria a concessão da recuperação e não o stay.

Outrossim, também não há certeza sobre quais seriam os elementos que atestariam o, nos termos do artigo 300 do Código de Processo Civil, "elementos que evidenciem a probabilidade do direito".

Daí porque outra linha da doutrina vem entendendo que referido dispositivo deve ser tratado como tutela cautelar, cujos requisitos são menos "severos" que os da tutela antecipada, uma vez que se exige apenas "a exposição do direito que se busca assegurar" (CPC, artigo 305), razão pela o prazo a ser antecipado no caso é de 30 dias.

Nesse sentido, escrevem Gabriel de Orleans e Bragança e Marcelo Sacramone que:[2]

---

2 SACRAMONE, Marcelo Barbosa; BRAGANÇA, Gabriel de Orleans e. "A tutela cautelar antecedente ao processo de recuperação judicial". *Migalhas*, 2023. Disponível em: https://www.migalhas.com.br/coluna/insolvencia-em-foco/382081/a-tutela-cautelar-antecedente-ao-processo-de-recuperacao-judicial. Acessado em: 05.04.2024.

> Prevista no art. 6º, §12º, a tutela cautelar procura assegurar as partes do dano ou risco de dano ao resultado útil do processo de recuperação, consistente justamente na negociação coletiva por meio da qual as partes pretenderiam a maximização dos ativos do devedor, preservação das empresas recuperáveis ou retirada do mercado das empresas irrecuperáveis de modo a se assegurar a higidez do mercado.

E, ainda, que

> ...a recuperação judicial teria que ser apresentada no prazo de 30 dias contado do momento em que efetivada a decisão liminar (CPC, art. 308). Tem-se por efetivada a decisão liminar, nessa hipótese, do momento em que proferida respectiva decisão ou da intimação dos credores? A dúvida é natural porquanto, se a tutela cautelar é em caráter antecedente à recuperação judicial, não haveria a necessidade de indicação de um credor específico a ser intimado dessa decisão. Toda a coletividade de credores sujeitos seria afetada, hipótese que bem se coadunaria à necessidade de publicação de edital, a exemplo do que ocorre no processo de recuperação judicial para a intimação dos credores acerca do processamento da recuperação judicial e para, querendo, apresentar habilitação ou divergência de crédito (LRE, art. 7º, §1º, c/c 52, §1º).

Vale lembrar, aqui, que no caso da opção pela medida supra referida, seja ela de natureza cautelar ou antecipada, que o prazo do "stay period" já levará em consideração os 30 dias antecipados. Assim, ao invés dos 180 dias previstos de forma ordinária, no caso a suspensão da exigibilidade das obrigações após a distribuição do processo cautelar perduraria por 150 dias. Contudo, no caso de prorrogação, deve ser levado em consideração o prazo por inteiro, de forma que na hipótese ter-se-ia 30 dias antecipados, 150 após a autorização do processamento da recuperação judicial em si e mais 180 dias, para a hipótese de prorrogação do "stay".

Por fim, lembre-se que a jurisprudência vem se posicionando no sentido de que referida cautelar não pode ser concedida automaticamente, exigindo-se do magistrado que verifique os pressupostos legais para toda e qualquer cautelar, além de, no caso específico, da presença pelo menos dos documentos previstos no artigo 48 da Lei 11.101:

> RECUPERAÇÃO JUDICIAL - Tutela Cautelar Antecedente - Pedido de antecipação dos efeitos do processamento da recuperação judicial - Art. 6º, §12 da lei 11.101/05 - Medida que somente pode ser concedida caso haja probabilidade do direito, risco ao resultado útil do processo ou perigo de dano e a presença dos documentos elencados no art. 48 da Lei 11.101/05 - Ausência de elementos que autorizam a concessão da medida - Falta de certidões para aferir se já foram feitos pedidos de recuperação judicial - Inexistência de medidas capazes de provocar a interrupção da empresa - Não documentado a instauração do procedimento de conciliação e mediação, conforme exige o art. 20-B, §1º, da Lei 11.101/05 - Decisão mantida - Recurso improvido. (Agravo de Instrumento 2004298-35.2022.8.26.0000, 1ª Câmara Reservada de Direito Empresarial, relator o Des. J.B. Franco de Godoi, julgamento em 13.5.2022).

A segunda hipótese de tutela cautelar, por sua vez, tem fundamento completamente diverso, já que está baseada na existência, ou ao menos na possibilidade, de conciliação ou de mediação entre o devedor e seus credores.

Assim, dispõe o artigo 20-B que

> serão admitidas conciliações ou mediações antecedentes... aos processos de recuperação judicial:
>
> IV – na hipótese de negociação de dívidas e respectivas formas de pagamento entre a empresa em dificuldade e seus credores, em caráter antecedente ao ajuizamento de pedido de recuperação judicial.

E, ainda, especificamente, referido inciso é complementado pela previsão dos §§ 1º, 2º e 3º, os quais preveem que:

> § 1º Na hipótese prevista no inciso IV do caput deste artigo, será facultado às empresas em dificuldade que preencham os requisitos legais para requerer recuperação judicial obter tutela de urgência cautelar, nos termos do art. 305 e seguintes da Lei n. 13.105, de 16 de março de 2015 (Código de Processo Civil), a fim de que sejam suspensas as execuções contra elas propostas pelo prazo de até 60 (sessenta) dias, para tentativa de composição com seus credores, em procedimento de mediação ou conciliação já instaurado perante o Centro Judiciário de Solução de Conflitos e Cidadania (Cejusc) do tribunal competente ou da câmara especializada, observados, no que couber, os arts. 16 e 17 da Lei n. 13.140, de 26 de junho de 2015.
>
> § 2º São vedadas a conciliação e a mediação sobre a natureza jurídica e a classificação de créditos, bem como sobre critérios de votação em assembleia-geral de credores.
>
> § 3º Se houver pedido de recuperação judicial ou extrajudicial, observados os critérios desta Lei, o período de suspensão previsto no § 1º deste artigo será deduzido do período de suspensão previsto no art. 6º desta Lei.

Percebe-se, portanto, que a finalidade do comando legal não é o de antecipar os efeitos da recuperação judicial, mas sim de suspender a exigibilidade das dívidas por prazo determinado, 60 dias, a fim de possibilitar uma negociação prévia entre devedor e credores.

Em nossa experiência, percebemos que tal previsão legal vem sendo largamente utilizada, embora com pouca efetividade prática. Contudo, deve-se levar em consideração que, quando o devedor recorre a essa demanda cautelar, visa ele informar um ou todos os credores que sua situação patrimonial não é favorável, mas que, por outro lado, há espaço para negociações sem a presença do "stay period", que não só suspenderá todas as dívidas sujeitas ao plano por

180 dias, como também colocará os credores em situação inicial de desigualdade, dada a classificação de créditos prevista na lei.

Sabe-se ainda que, quando ajuizada a recuperação judicial, dependendo da origem do crédito, muitos planos de recuperação apresentam propostas de descontos que chegam a 80% do valor original do débito, ou com longo prazo para pagamento.

Na hipótese de transação prevista na lei, por outro lado, há espaço para negociações individuais e não entre todos os credores da mesma classe (ou, na hipótese menos restritiva entre todos os credores das chamadas subclasses), já que nos planos de recuperação deve ser mantida a *par conditium creditorium*.

Assim, há evidente vantagem na negociação individual, ou mesmo coletiva prevista no dispositivo em estudo.

Como escreve Ana Livia Carvalho Sillva[3]

> O texto aprovado reforça o uso da conciliação e da mediação nos processos de recuperação judicial e falência, com a criação de um mecanismo de suspensão das execuções contra o devedor, por 60 (sessenta) dias, a fim de incentivar a negociação com os credores. Também serão admitidas conciliações ou mediações em disputas entre sócios da empresa, ou em conflitos envolvendo concessionárias ou permissionárias de serviços públicos em recuperação judicial e os órgãos reguladores ou entes públicos municipais, distritais, estaduais ou federais (art. 20-B da Lei).

O sucesso da negociação exige, contudo, boa-fé de ambas as partes, principalmente da empresa autora do pedido, a fim de evitar que o Poder Judiciário autorize de forma simples a moratória por 60

---

3 "O papel da mediação em processo de insolvência empresarial", em: *Arbitragem, Mediação, Falência e Recuperação: Resolução de Disputas na Empresa em Crise*, p. 58.

dias, sem que o devedor apresente proposta viável, ou mesmo que a demanda seja usada apenas para postergar uma inevitável falência.

Para evitar tal quadro, algumas medidas podem ser adotadas: a primeira delas é a exigência de apresentação, juntamente com a petição inicial da cautelar, ao menos dos documentos previstos no artigo 48 da LRF, que são aqueles exigidos pela lei para autorizar a distribuição de um futuro pedido de recuperação, seja ele judicial ou não.

Recorde-se, aqui, a natureza jurídica cautelar do comando do artigo 20 em exame. Não alcançado o acordo, três hipóteses se abrem para o devedor: a propositura de recuperação judicial, situação na qual os 60 dias serão levados em consideração para os 180 dias do *stay period*; pedido de recuperação extrajudicial e, a terceira, de simplesmente não adotar nenhuma outra medida, o que levará, certamente, aos devedores distribuírem logo em seguida ações de falência.

A segunda medida que pode ser utilizada para garantir a lisura do procedimento é a determinação pelo juiz de que o devedor informe nos autos as propostas apresentadas, ou ainda, em grau menos "invasivo" da autonomia do devedor, que o mediador ou conciliador, judicial ou não, confirmem se foram apresentadas pelo devedor propostas efetivas para a almejada conciliação.

Sendo a resposta negativa, poderá o julgador imediatamente extinguir o feito por falta de interesse de agir, sem prejuízo da responsabilidade civil correspondente.

A respeito, o enunciado 8 do FONAREF (Fórum Nacional de Recuperação Empresarial e Falências), que assim dispõe:

> Pode o magistrado revogar a medida cautelar deferida com base no art. 20-B, §1º, da Lei 11 .101/2005, diante da demonstração, por qualquer credor, de que a devedora não promove ou procrastina o regular andamento do procedimento de

> mediação ou conciliação instaurado no CEJUSC do tribunal ou na câmara privada.

Por fim, a terceira hipótese, aplicada na prática pelo autor deste, é a determinação da realização de constatação prévia, cuja finalidade será adiante analisada, bem como qual o papel do Administrador Judicial em tal situação.

Outra análise que deve ser feita sobre a cautelar em estudo refere-se ao fato de que, quando distribuída a medida, já deve ter havido a prévia instauração do procedimento conciliatório, ou se pode ocorrer a distribuição, com o deferimento da suspensão por 60 dias, ordenando o juiz em prazo a ser fixado, a instauração da conciliação ou da mediação.

Sem embargo das posições em contrário, parece-nos que a resposta deve seguir o quanto determinado pelo legislador.

Como se nota da redação do §1º, a suspensão das execuções ocorrerá em decorrência de "...procedimento de mediação ou conciliação já instaurado perante o Centro Judiciário de Solução de Conflitos e Cidadania (Cejusc) do tribunal competente ou da câmara especializada".

No mesmo sentido é também o enunciado 2 do FONAREF:

> A concessão da medida cautelar prevista no art. 20-B, §1º, da Lei n. 11.101/2005 pressupõe a demonstração pelo requerente de que o procedimento de mediação ou conciliação foi instaurado no CEJUSC do tribunal competente ou da câmara especializada, com a comprovação do requerimento da expedição de convite para participar do referido procedimento.

Questão diversa que deve ser abordada, ainda a respeito da mesma demanda cautelar, diz respeito sobre a eventual necessidade de litisconsórcio passivo necessário ou se, em outras palavras, todos os credores concursais devem ser chamados para a negociação.

Mais uma vez com a devida vênia das posições em contrário, a resposta ao nosso ver deve ser negativa.

Em primeiro lugar, porque, tecnicamente falando não há polo passivo nesta demanda, já que não se analisa procedência ou improcedência do pedido. A atuação do Judiciário, aqui, é meramente fiscalizatória e, eventualmente, homologatória dos acordos firmados. Os credores chamados para negociação, assim, não apresentam defesa mas, no máximo, impugnação da decisão que deferiu a suspensão das execuções, apontando ausência dos requisitos legais.

Em segundo lugar, a lei não exige que todos os credores sejam chamados para negociar. Como dito acima, aqui ainda há espaço para transações individuais, reforçando-se, portanto, a conclusão de que cabe ao devedor escolher qual, ou com quais credores deseja conciliar.

Oportuno citar, aqui, mais uma vez, o FONAREF, desta vez com relação aos enunciados 6 e 7, respectivamente:

> A medida cautelar de suspensão prevista no art. 20-B, § 1º, da Lei n. 11.101/2005 vincula os credores convidados a participar do procedimento de mediação ou conciliação instaurado no CEJUSC do tribunal competente ou na câmara privada, ainda que não tenham aceitado o convite, não vinculando os credores que não tenham sido convidados

e

> A devedora não poderá renovar o pedido de suspensão previsto no art. 20-B, § 1º, da Lei n. 11.101/2005 depois de cessada a sua eficácia, salvo em relação a credores que não participaram do procedimento de mediação ou conciliação antecedente, nos termos do art. 309, parágrafo único, do Código de Processo Civil.

Por outro lado, a correta identificação dos credores que serão afetados pela distribuição da cautelar, porque chamados a negociar, é elemento essencial da petição inicial. Tal medida possibilitará que se saiba quais são aqueles atingidos pela suspensão da exigibilidade dos seus créditos, como também fará com que seja factível a verificação da correta atribuição do valor da causa que, se correspondente ao proveito econômico que se pretende obter, deve guardar relação com os valores das dívidas que serão objeto de negociação mediada ou conciliada.

Alcançado o acordo, este deverá, nos termos do artigo 20-C da Lei 11.101, ser submetido a homologação judicial, o que provocará a extinção do processo com julgamento do mérito e, por via de consequência, a formação de título executivo judicial que poderá ser objeto de pedido de cumprimento em caso de inadimplemento.

Sob outro aspecto, o caráter cautelar da medida não impede que as partes formulem pedido de suspensão com força no quanto previsto no artigo 313, II do Código de Processo Civil.

Vale citar, também, o quanto previsto no parágrafo único do artigo 20-C supra citado, de acordo com o qual

> Requerida a recuperação judicial ou extrajudicial em até 360 (trezentos e sessenta) dias contados do acordo firmado durante o período da conciliação ou de mediação pré-processual, o credor terá reconstituídos seus direitos e garantias nas condições originalmente contratadas, deduzidos os valores eventualmente pagos e ressalvados os atos validamente praticados no âmbito dos procedimentos previstos nesta Seção.

Nesse sentido, caso não haja pagamento imediato, mas novação com "parcelamento", a validade está condicionada a não ser requerida a recuperação, judicial ou extrajudicial, pelo devedor no prazo de 360 dias. Tal medida está ligada, diretamente, à boa-fé objetiva, já que transações implicam normalmente em renúncias de crédito pelo credor que, assim, não pode ser surpreendido em ver a nova obrigação novada sujeita a um pedido de recuperação.

A respeito, aliás, o enunciado 15 do FONAREF, na mesma linha, aponta que:

> A novação decorrente do acordo feito entre devedora e credor no procedimento previsto nos artigos 20-B e 20-C da Lei n. 11.101/2005 somente se consolida com o decurso do prazo de 360 dias a contar do acordo firmado e desde que a devedora não ajuíze pedido de recuperação judicial ou extrajudicial, nos termos do art. 20-C, parágrafo único, da referida norma.

Por fim, imperioso atentar que o alcance da demanda do artigo 20 é restrita, não alcançando toda e qualquer execução, como já decidiu o Tribunal de Justiça de São Paulo, nos autos do agravo de instrumento 2107891-80.2022.8.26.0000, relator o Desembargador Ricardo Negrão – 2ª Câmara Reservada de Direito Empresarial, Acórdão publicado em 05/10/2022 que:

> AGRAVO DE INSTRUMENTO – Tutela cautelar antecedente a recuperação judicial – Decisão que defere a tutela cautelar em caráter antecedente (LREF, art. 20 - B, §1º) e suspende todas as ações e execuções em curso contra a autora, pelo prazo de 60 dias – Minuta recursal que pretende estender o alcance de maneira abrangente para obstar qualquer forma de retenção, arresto, penhora, sequestro, busca e apreensão, constrição judicial ou extrajudicial sobre seus bens, ainda que provenientes de demandas extrajudiciais – Impertinência – Texto legal que possui exegese estrita – Medida específica, deferida em procedimento de mediação antecedente ao processo de recuperação judicial, que não alcança proibição de constrições oriundas de demandas extrajudiciais – Agravo de instrumento desprovido, com recomendação acerca do decurso do prazo legalmente previsto. AGRAVO INTERNO – Pretensão à reforma da decisão monocrática que indeferiu a tutela recursal – Julgamento prejudicado em razão do resultado

> obtido no agravo de instrumento. Dispositivo: Negam provimento ao agravo de instrumento, com recomendação e julgam prejudicado o agravo interno.

3 Constatação prévia e seus objetivos

A constatação prévia é prevista no artigo 51-A, o qual dispõe que:

> Art. 51-A. Após a distribuição do pedido de recuperação judicial, poderá o juiz, quando reputar necessário, nomear profissional de sua confiança, com capacidade técnica e idoneidade, para promover a constatação exclusivamente das reais condições de funcionamento da requerente e da regularidade e da completude da documentação apresentada com a petição inicial.
>
> § 1º A remuneração do profissional de que trata o caput deste artigo deverá ser arbitrada posteriormente à apresentação do laudo e deverá considerar a complexidade do trabalho desenvolvido.
>
> § 2º O juiz deverá conceder o prazo máximo de 5 (cinco) dias para que o profissional nomeado apresente laudo de constatação das reais condições de funcionamento do devedor e da regularidade documental.
>
> §3º A constatação prévia será determinada sem que seja ouvida a outra parte e sem apresentação de quesitos por qualquer das partes, com a possibilidade de o juiz determinar a realização da diligência sem a prévia ciência do devedor, quando entender que esta poderá frustrar os seus objetivos.
>
> § 4º O devedor será intimado do resultado da constatação prévia concomitantemente à sua intimação da decisão que deferir ou indeferir o processamento da recuperação judicial, ou que determinar a emenda da petição inicial, e poderá impugná-la mediante interposição do recurso cabível.
>
> § 5º A constatação prévia consistirá, objetivamente, na verificação das reais condições de funcionamento da empresa

> e da regularidade documental, vedado o indeferimento do processamento da recuperação judicial baseado na análise de viabilidade econômica do devedor.
>
> § 6º Caso a constatação prévia detecte indícios contundentes de utilização fraudulenta da ação de recuperação judicial, o juiz poderá indeferir a petição inicial, sem prejuízo de oficiar ao Ministério Público para tomada das providências criminais eventualmente cabíveis
>
> § 7º Caso a constatação prévia demonstre que o principal estabelecimento do devedor não se situa na área de competência do juízo, o juiz deverá determinar a remessa dos autos, com urgência, ao juízo competente.

Um primeiro ponto a ser examinado, e que decorre do próprio texto da lei, é que a constatação prévia surgiu para ser utilizada nos pedidos de recuperação judicial propriamente dito.

Poder-se-ia argumentar, portanto, que faltaria amparo legal para a determinação judicial de utilização do referido instituto quando da distribuição das demandas já mencionadas, notadamente aquela do artigo 20.

Ocorre, entretanto, que não pode esquecer, dentre diversas outras colocações que aqui poderiam ser expostas, que cabe ao magistrado a verificação correta da utilização dos institutos, proibindo a prática de má-fé e os atos atentatórios à dignidade da justiça.

Assim, confere o Código de Processo Civil ao juiz o poder de polícia, situação na qual, de acordo com os incisos II e III do artigo 139.

Mesmo que não houvesse tais dispositivos, há outros, de verdadeira ordem principiológica, que autorizariam sem dúvida a utilização do instituto da constatação prévia para que o controle dos atos processuais:

> Art. 4º As partes têm o direito de obter em prazo razoável a solução integral do mérito, incluída a atividade satisfativa.
>
> Art. 5º Aquele que de qualquer forma participa do processo deve comportar-se de acordo com a boa-fé.
>
> Art. 8º Ao aplicar o ordenamento jurídico, o juiz atenderá aos fins sociais e às exigências do bem comum, resguardando e promovendo a dignidade da pessoa humana e observando a proporcionalidade, a razoabilidade, a legalidade, a publicidade e a eficiência.

Ora, se assim é, evidente que o julgador tem o dever de não permitir a utilização do processo para a prática de atos que não sejam praticados com a finalidade de resolver as disputas sociais, mas simplesmente tem por objetivo postergá-las, induzindo o próprio juiz e o devedor em erro, atendendo, inclusive, ao comando constitucional que, não por acaso é direito e garantia fundamental, de razoável duração do processo (artigo 5º, LXXVIII da Constituição Federal).

Outro fundamento de possibilidade de aplicação analógica do instituto de fiscalização é o conhecido "poder geral de cautela" (também denominado "poder geral de tutela"), que se encontra previsto, embora não diretamente, no artigo 301 do Código de Processo Civil, que possibilita ao juiz a concessão de "qualquer medida idônea para asseguração do direito".

Assim, dispõe a Lei sobre a possibilidade de adoção de medidas não apenas atípicas, mas também daquelas já previstas em lei, embora com finalidade aparentemente diversa.

A concepção desse poder geral, aliás, não é nova, já que prevista no código anterior, no seu artigo 798. A respeito desse dispositivo legal, o Superior Tribunal de Justiça decidiu que:

> DIREITO PROCESSUAL CIVIL. RECURSO ESPECIAL. EXECUÇÃO POR TÍTULO EXTRAJUDICIAL. INSTRUMENTO PARTICULAR DE CONFISSÃO DE DÍVIDA. REEXAME DE PROVAS. INVIABILIDADE. MEDIDA

CAUTELAR. RESGUARDO DO INTERESSE PÚBLICO. EFETIVIDADE PROCESSUAL. ADEQUAÇÃO DO PROVIMENTO JURISDICIONAL ÀS PECULIARIDADES DA DEMANDA. ARTIGO 798 DO CÓDIGO DE PROCESSO CIVIL. CLÁUSULA GERAL. MATÉRIA DE ORDEM PÚBLICA. CONHECIMENTO DE OFÍCIO PELAS INSTÂNCIAS ORDINÁRIAS. SUSPENSÃO DA EXECUÇÃO, COM BASE NO PODER GERAL DE CAUTELA. SITUAÇÃO EXCEPCIONALÍSSIMA. POSSIBILIDADE, 1. As medidas cautelares resguardam, sobretudo, o interesse público, sendo necessárias e inerentes à atividade jurisdicional. O artigo 798 do CPC atribui amplo poder de cautela ao magistrado, constituindo verdadeira e salutar cláusula geral, que clama a observância ao princípio da adequação judicial, propiciando a harmonização do procedimento às particularidades da lide, para melhor tutela do direito material lesado ou ameaçado de lesão.

2. **A efetividade do processo exige tutela jurisdicional adequada, por isso o poder geral de cautela pode ser exercitado ex officio, pois visa o resguardo de interesses maiores, inerentes ao próprio escopo da função jurisdicional, que se sobrepõem aos interesses das partes.**

3. A providência cautelar, ainda que de maneira incidental, pode ser deferida em qualquer processo, não procedendo a assertiva de que a verdadeira cláusula geral consubstanciada no artigo 798 do Código de Processo Civil, mesmo em casos excepcionais, tem limites impostos pelo artigo 739-A do Código de Processo Civil. Ademais, boa parte das matérias suscitadas pelo executado são passíveis de conhecimento, de ofício, pelas instâncias ordinárias, por serem questões de ordem pública 4. A Corte de origem apurou, em juízo sumário, que não há evidência de que o valor exeqüendo tenha sido disponibilizado ao executado, "podendo a constrição, na forma requerida, impedir que o Clube desenvolva suas atividades", portanto é adequada a suspensão da execução, de modo a suprimir o risco de o exeqüente obter atos executórios, que ocasionarão danos de difícil reparação ao executado.

> 5. Orienta a Súmula 07 desta Corte que a pretensão de simples reexame de provas não enseja recurso especial.
>
> 6. Recurso especial não provido.
>
> (REsp n. 1.241.509/RJ, relator Ministro Luis Felipe Salomão, Quarta Turma, julgado em 9/8/2011, DJe de 1/2/2012).

Justamente nesse ponto se encaixa, assim, a determinação de realização da constatação prévia, providência como já comentado, prevista em lei, embora com finalidade diversa, mas que pode e vem sendo utilizada para controle da legalidade das medidas de urgência.

Com relação à remuneração do profissional, ou da pessoa jurídica, que realizará a constatação prévia, há divergência sobre o momento da sua fixação, posto que enquanto alguns magistrados já fixam os honorários independentemente da propositura posterior da recuperação judicial, outros aguardam para verificar se o interesse da empresa autora se esgotará nas ações "cautelares", ou se haverá distribuição da recuperação judicial propriamente dita, hipótese na qual os honorários levarão em conta também as horas trabalhadas na constatação.

Se, porventura, o trabalho realizado se esgotar na própria constatação prévia, os honorários devem ser arbitrados aos moldes do que se realiza ordinariamente nos demais trabalhos periciais.

Outro ponto importante a ser abordado aqui é a questão do prazo. A primeira observação se faz no sentido de que, por expressa previsão legal da Lei 11.101 (artigo 189, § 1º), os prazos são contados em dias corridos.

A segunda é que, sabidamente, um prazo de 5 dias a depender do porte da empresa objeto da constatação, é um prazo muitas vezes curto. Nesse sentido, evidentemente poderá o juiz, ao seu critério e a pedido do Administrador, dilatar o prazo.

Não verificamos, por outro lado, qualquer questão de ordem processual na previsão legal de que a constatação deva ser feita "sem oitiva da parte contrária", já que, a rigor, como medida prévia ao processamento, seja das cautelares seja do processo principal em si, a perícia será feita antes do "deferimento" da petição inicial. Lembre-se que, constatado que a empresa não preenche os requisitos para o processamento das suas demandas aqui em análise, a hipótese será de indeferimento da petição inicial.

Os objetivos da constatação já foram expostos nos demais tópicos deste artigo. Lembre-se, todavia, que não se trata de diligência completa, nem tampouco exaustiva, mas apenas de confirmar, em um primeiro momento, se a empresa efetivamente esta em funcionamento e se, dentro das condições em que apresenta e em que se encontra desenvolvendo suas atividades terá, de forma real, condições de passar por eventual recuperação, judicial ou não.

No mais, constatada eventual prática de ilícito penal, deverá ser comunicado o Ministério Público para apuração, por exemplo, dos delitos previstos nos artigos 168,171 e 172 da LRF.

4 O Administrador Judicial

O administrador judicial é figura de destaque nos processos de insolvência. Sejam aqueles que envolvem a recuperação da empresa, de forma cautelar ou diretamente no pedido de recuperação judicial propriamente dito, ou nos de falência, seu papel, como fiscalizador das atividades da empresa e verdadeiro "longa manus" do juízo, é essencial.

Justamente por isso, sua atuação não apenas foi prevista, como vem regulamentada na própria Lei 11.101/05:

> Art. 21. O administrador judicial será profissional idôneo, preferencialmente advogado, economista, administrador de empresas ou contador, ou pessoa jurídica especializada.
>
> Parágrafo único. Se o administrador judicial nomeado for pessoa jurídica, declarar-se-á, no termo de que trata o art. 33

> desta Lei, o nome de profissional responsável pela condução do processo de falência ou de recuperação judicial, que não poderá ser substituído sem autorização do juiz.

Como sustenta Joice Ruiz Bernier[4]

> ...o administrador judicial auxilia o juízo a atingir os fins previstos na lei e não figura como representante dos credores ou do devedor, ou ainda um simples longa manus do juiz; na verdade, ele atua bem benefício do procedimento de reorganização ou liquidação. Nos termos da LRE, o administrador judicial age, na falência, sempre visando à otimização dos ativos e auxiliando na rápida retirada do mercado das empresas inviáveis e realocação dos ativos destas nas atividades produtivas. Já na recuperação judicial, tutela a salvaguarda dos interesses focados na preservação da empresa que seja economicamente viável, sendo de fundamental importância para a superação de seu estado de crise econômico-financeira. Em ambas, exerce a função de auxiliar da justiça em prol do interesse público...

Do mesmo entendimento é também o Superior Tribunal de Justiça;

> RECURSO ESPECIAL. FALÊNCIA. IMPUGNAÇÃO DE CRÉDITO. EXTINÇÃO SEM RESOLUÇÃO DE MÉRITO. LITISPENDÊNCIA. HONORÁRIOS ADVOCATÍCIOS SUCUMBENCIAIS. FIXAÇÃO EM FAVOR DO ADMINISTRADOR JUDICIAL. DESCABIMENTO.
>
> 1. Impugnação apresentada em 23/1/2017. Recurso especial interposto em 26/4/2018. Autos conclusos à Relatora em 8/11/2018.

---

4 BERNIER, Joice Ruiz. *Administrador Judicial na Recuperação Judicial e Falência*. São Paulo: Quartier Latin, 2016, p. 57.

2. O propósito recursal é definir se é cabível o arbitramento de honorários advocatícios sucumbenciais em favor do administrador judicial da massa falida em incidente de impugnação de crédito.

3. Tratando-se de habilitação ou impugnação de crédito em processos envolvendo concurso de credores, é cabível, como regra, a condenação em honorários advocatícios de sucumbência, desde que apresentada resistência à pretensão. Precedentes.

4. **A atividade do administrador judicial nomeado para atuar em processos de recuperação ou falência é equiparável à dos órgãos auxiliares do juízo, cumprindo ele verdadeiro múnus público. Sua atividade não se limita a representar a recuperanda, o falido ou seus credores, cabendo-lhe, efetivamente - seja em processos de soerguimento de empresas, seja em ações falimentares -, colaborar com a administração da Justiça. Precedente específico.**

5. Em razão do trabalho realizado no curso das ações de soerguimento ou falimentares, o administrador faz jus a uma remuneração específica, cujo valor e forma de pagamento devem ser fixados pelo juiz, observadas as balizas do art. 24 da Lei 11.101/05.

6. Em contrapartida, os honorários advocatícios de sucumbência, como é cediço, constituem os valores que, em razão da norma do art. 85 do CPC/15, devem ser pagos pela parte vencida em uma demanda exclusivamente ao profissional que tenha atuado como advogado da parte vencedora.

7. Ainda que ordenamento jurídico atribua ao administrador judicial a função de representar a massa falida em juízo (art. 22, III, "n", da LFRE e art. 75, V, do CPC/15), a hipótese concreta versa sobre situação na qual a manifestação por ele apresentada não foi formulada na posição processual de representante da massa, mas sim em nome próprio, circunstância que afasta a possibilidade de serem fixados, em seu favor, honorários advocatícios de sucumbência.

RECURSO ESPECIAL PROVIDO.

(REsp n. 1.759.004/RS, relatora Ministra Nancy Andrighi, Terceira Turma, julgado em 10/12/2019, DJe de 13/12/2019).

Nesse sentido, assemelha-se o administrador judicial à figura do perito, figura de estrita confiança do juízo, a quem caberá, fundamentalmente, as funções previstas no artigo 22 da LRF.

Por outro lado, quando estamos diante das hipóteses das cautelares dos artigos 6 e 20 da Lei, já mencionadas acima, sua atuação deve ser mais específica, levando-se em conta as funções da constatação prévia.

Como já explanado acima, a constatação prévia tem objetivo específico, qual seja, constatar que a empresa realmente tem condições de efetivamente se manter no mercado, atentando-se a "perícia prévia" não só ao objetivo da preservação da empresa, mas principalmente ao principal fim social já exposto no início do presente artigo, qual seja, separar as empresas que efetivamente tenham direito à recuperação e seus efeitos (lembrando-se do prazo do "stay period"), daquelas que efetivamente tentam utilizar os meios legais disponíveis apenas para postergar uma inevitável quebra.

Também não se faz necessário que o Administrador Judicial participe das sessões de conciliação ou de mediação. Poderá, sim, caso determinado pelo juiz, verificar se o devedor apresentou propostas efetivas de negociação, se está comparecendo às sessões designadas e outras providências que sigam tais objetivos. Mas, por outro lado, nos termos do Enunciado 13 do Fonaref, não é necessário que acompanhe todas as sessões, muito menos que intervenha nas propostas apresentadas:

> Enunciado nº 13. A fiscalização pelo Administrador Judicial da regularidade das negociações entre devedor e credores, nos termos do art. 22, II, "e" e "f" da Lei n. 11.101/2005 não implica em sua obrigatória participação em procedimento de mediação incidental, caso este venha a ser instaurado. O Administrador Judicial participará das sessões quando convidado pelo mediador, respeitando-se o sigilo e a confidencialidade inerentes à mediação.

Pode-se concluir, portanto, que sua função estará diretamente destinada à constatação prévia, para a já explicada finalidade de verificação formal de viabilidade da empresa autora dos pedidos de tutela de urgência.

Todavia, caso exista determinação judicial em específico, não se impede que o administrador judicial atue de forma mais direta durante a fase de conciliação ou mediação, ou se convidado a tanto pelo mediador.

Obviamente, o número de horas envolvidas no desenvolvimento dos trabalhos, se apenas de constatação ou mais profundos, influenciará na sua remuneração, a qual deve ter por base a Recomendação 141/2023 do Conselho Nacional de Justiça que dispõe, para fixação da remuneração, que o administrador judicial apresente orçamento do qual conste, dentre outros parâmetros, "o tempo de trabalho a ser desenvolvido no caso concreto" (artigo 3º, I).

Assim sendo, nomeado para fiscalização das medidas de urgência, caberá ao Administrador, fundamentalmente, verificar se a autora, inicialmente, terá ou não direito à ação principal (lembrando-se as vedações legais), se preenche os requisitos do artigo 48, bem como se tem condições, efetivamente, de se manter no mercado. Nada impede, ainda, e desde que seja possível dentro do prazo exíguo da diligência, que verifique a existência de outros credores, apontando os valores das dívidas, a fim de possibilitar ao juiz a fiscalização da medida proposta pelo devedor.

Conclusão

Conforme verificado, a empresa que tem direito a recuperação judicial pode, conforme previsão dos artigos 6 e 20 da Lei 11101, solicitar a concessão de tutela de urgência para antecipação da proteção garantida pelo processamento da recuperação judicial.

Embora não haja consenso a respeito da natureza jurídica das tutelas supra referidas, inegável que assumem papel de relevância nas demandas de insolvência, porque, seja pelo prazo de 30 ou de 60 dias, protegem a empresa em dificuldades financeiras, com a própria antecipação dos efeitos do "stay period", ou com a concessão da suspensão das execuções.

Por outro lado, não são claros na lei os requisitos para a concessão de tais medidas. Nesse ponto, exige-se do julgador cautela, uma vez que a lei não deve ser utilizada para a proteção do devedor que, efetivamente, não pretenda conciliar, ou ainda daquela empresa que não possua condições de continuar operando.

Para tanto, dentro do que a doutrina tradicional convencionou denominar de "poder geral de cautela", algumas medidas podem ser adotadas pelo juiz, a fim de garantir a lisura dos procedimentos. Dentre elas, além da juntada dos documentos previstos no artigo 48 da Lei de Recuperação e Falências, encontra-se a determinação de realização de constatação provisória.

Conquanto não expressamente destinada para tal fim, a constatação provisória permitirá ao juiz verificar, por meio da atuação da administração judicial, se a empresa, efetivamente merece ser protegida e "preservada", ou se o caso é, por exemplo, uma tentativa de encobrir uma situação de falência, apenas com a postergação da sua efetiva decretação.

A atuação do administrador judicial, aqui, é de relevância extrema, na medida que caberá a ele, pessoa física ou jurídica de confiança do juízo, atestar efetivamente que a empresa está em operação, que existem empregos a serem mantidos e que, fundamentalmente, em uma análise prévia, a empresa reúne condições mínimas de se manter no mercado, ou se, efetivamente, a hipótese deveria ser decretação de falência, conquanto tal medida não seja diretamente possível nas ações cautelares.

Por outro lado, não necessita o perito nomeado se aprofundar, nesse momento, em questões patrimoniais passadas, nem averiguar os motivos que levaram a empresa à situação de crise patrimonial.

Essas e outras diligências, como a investigação de eventual confusão patrimonial e as situações de consolidação processual e substancial, serão feitas se chegar a ser proposta a ação de recuperação judicial e for autorizado seu processamento.

Referências bibliográficas

BERNIER, Joice Ruiz. *Administrador Judicial na Recuperação Judicial e Falência*. São Paulo: Quartier Latin, 2016.

BRAGANÇA, Gabriel de Orleans; SACRAMONE, Marcelo. "A tutela cautelar antecedente ao processo de recuperação judicial". *Migalhas*, 2023. Disponível em: https://www.migalhas.com.br/coluna/insolvencia-em-foco/382081/a-tutela-cautelar-antecedente-ao-processo-de-recuperacao-judicial. Acessado em: 05.04.2024.

COSTA, Daniel Carnio; FAZAN, Eliza. *Constatação prévia em processos de recuperação judicial de empresas*: o modelo de suficiência recuperacional. Curitiba: Juruá, 2019.

MATTOS, Eduardo da Silva; PROENÇA, José Marcelo Martins. *Recuperação de empresas*: curso avançado em Direito, Economia e Finanças. São Paulo: Thomson Reuters, 2023.

MONTEIRO, André Luis; VERÇOSA, Fabiane; FONSECA, Geraldo (Coord.). *Arbitragem, mediação, falência e recuperação*. São Paulo: Thomson Reuters, 2022.

CAPÍTULO XV

CRÉDITO FISCAL NA RECUPERAÇÃO JUDICIAL: UMA PROPOSTA DE INCLUSÃO

LEONARDO FERNANDES DOS SANTOS

Introdução

O livro de ficção *Matéria Escura*, de autoria de Blake Crouch, lançada em 2016, recebeu uma série de críticas positivas da mídia especializada na cobertura literária. A história narra, em resumo, uma série de possibilidades envolvendo multiversos e verdadeiros "buracos de minhoca", que seriam uma espécie de relação espaço-tempo com capacidade de unir universos distintos ou regiões distantes de um mesmo, e a vida da personagem principal, que, por sua vez, vivencia, cientemente, vidas distintas nesses multiversos.

Física quântica e literatura à parte, a relação dos créditos tributários e as empresas em recuperação judicial reflete, de certo modo, uma similaridade com a obra citada, já que se consubstanciou, ao longo do tempo, em uma verdadeira teia multifacetada de entendimentos diversos, leis ineficazes, jurisprudência vacilante e, sobretudo, incerteza. O Fisco e as recuperandas vivem, desde a edição da Lei n. 11.101/05, um verdadeiro passeio nada prazeroso entre dimensões desconexas do mundo jurídico.

O objetivo deste texto, portanto, é analisar a situação dos créditos fiscais nas recuperações judiciais, os impactos mais recentes, mormente a partir da reforma gerada pela Lei n. 14.112/20, bem como propor algumas soluções que possam conciliar estes universos que até parecem orbitar em uma grande desarmonia.

1 O Fisco e as Recuperações

Pode-se dizer que a relação entre o crédito fiscal – aqui, focado, especificamente, no tributário – e as recuperações foi marcada, desde a edição da Lei n. 11.101/05, por uma profunda indiferença do fisco. Além de, obviamente, não ter se submetido ao concurso de credores, nota-se que, até mesmo nas discussões das comissões do Senado que avaliavam o projeto de lei da Câmara 71/2003 (PLC 71/2003), o relator da matéria na Comissão de Constituição e Justiça (CCJ), Senador Fernando Bezerra, assim se manifestou em relatório a respeito da emenda nº 7 do substitutivo, que suprimia o art. 57 do projeto, justamente o relativo à exigência das certidões negativas como requisito para a concessão da recuperação judicial:

> *A Emenda nº 7 também deve ser rejeitada, porque, como mencionado no exame da Emenda nº 6, a exigência de certidão constitui medida para evitar que o processo de recuperação judicial sirva como expediente para livrar-se da sucessão tributária na venda de unidades da empresa em dificuldades. Ademais, é preciso ressaltar que a certidão que se exige não é necessariamente a negativa, podendo apresentar-se a certidão positiva com efeito de negativa, o que garante a concessão da recuperação com o parcelamento especial*

> *previsto na redação dada ao art. 155-A do CTN pelo PLC nº 70, de 2003 – Complementar, que tramita paralelamente.*[1]

Por sua vez, na Comissão de Assuntos Econômicos do Senado, o relatório do Senador Ramez Tebet rejeitou igualmente a emenda 86, que, de certo modo, ampliavam a incidência dos efeitos da recuperação sobre os créditos fiscais:

> *Deve ser rejeitada a Emenda nº 86, pois, se os créditos tributários não sofrem os efeitos da recuperação judicial – nem poderiam, pois o Poder Público está vinculado ao princípio da legalidade estrita e não poderia transigir sobre seus créditos na assembléia geral de credores –, não faz sentido suspender as ações ou execuções tributárias durante o processamento da recuperação.*[2]

Vê-se, portanto, que a postura do Congresso sempre foi uma visão um tanto quanto mais estreita a respeito do tema, até mesmo desencorajando eventuais novos arranjos legislativos que pudessem prever uma situação jurídica distinta ao fisco no concurso recuperacional.

Apesar da redação categórica do art. 57 da Lei n. 11.101/05, pode-se dizer que, desde sua vigência, a referida disposição foi praticamente ignorada pelos tribunais. Calcados na ideia de que a exigência era contrária à preservação da empresa e ao próprio espírito da lei recuperacional, bem como diante da ausência, inicialmente, de uma lei específica tratando sobre parcelamento para empresas em recuperação, o art. 57 foi sistematicamente ignorado e afastado. Mesmo

---

1 BEZERRA, Fernando. *PLC 71/2003*. Disponível em: https://www25.senado.leg.br/web/atividade/materias/-/materia/63304. Acessado em: 15.03.2024.

2 TEBET, Ramez. *PLC 71/2003*. Disponível em: https://www25.senado.leg.br/web/atividade/materias/-/materia/63304. Acessado em: 15.03.2024.

com a promulgação da Lei n. 13.043/14, que buscou equalizar esse problema, a celeuma se manteve, já que as soluções apresentadas se mostraram insuficientes para a resolução do problema.[3]

A sistemática, no entanto, sofreu uma certa reviravolta com a promulgação da Lei n. 14.112/20. Finalmente, o Fisco previu uma norma que apresentava condições, de fato, favoráveis às empresas em recuperação, como parcelamentos mais generosos, transação tributária, utilização de prejuízo fiscal, etc. A argumentação usada, até então, para afastar a exigência das certidões negativas se enfraquecia. Segundo João Pedro Scalzilli, Luiz Felipe Spinelli e Rodrigo Tellechea:

> *Com a reforma de 2020, um novo capítulo inicia-se na relação entre Fazenda e contribuinte na recuperação judicial, uma fase pautada pela necessária congruência entre poderes do Fisco, a sua efetiva contribuição para a preservação da empresa e a conduta do devedor no equacionamento do seu débito tributário.*[4]

A fase, portanto, do afastamento do crédito tributário da recuperação, com base em uma alegação genérica de preservação da empresa, teve um desfecho.

2 O Atual Estado d' Arte: O RESP 2053240/SP

Em que pese o cenário, do ponto de vista legislativo, tenha se alterado já em 2020, fato é que a jurisprudência dos tribunais

---

3 A Lei em questão, em síntese, previa um parcelamento de até 84 parcelas, com alguns percentuais diferenciados de correção. Não se previu, no entanto, outras modalidades, como a transação.

4 SCALZILLI, João Pedro; SPINELLI, Luis Felipe; TELLECHEA, Rodrigo. *Recuperação de Empresas e falência*: teoria e prática da Lei 11.101/05. 4ª ed. São Paulo: Almedina, 2023, p. 841.

superiores tardou um pouco mais para reconhecer e aplicar as alterações da Lei n. 14.112/20, no que concerne as suas questões fiscais.

Pioneiro na apreciação do tema, o Tribunal de Justiça do Estado de São Paulo (TJ/SP), por meio de suas Câmaras Reservadas em Direito Empresarial, aprovou no final do ano de 2022 dois enunciados[5] que, revendo o entendimento até então predominante, basicamente reconheceram a mudança de paradigma das questões fiscais na recuperação judicial. Vale dizer que, antes mesmo da consolidação do tema nos referidos enunciados, as referidas Câmaras passaram a adotar, desde a edição da lei, paulatinamente, o entendimento neles consolidado, já que se mostrava, principalmente em relação aos créditos da União, a implementação concreta dos benefícios criados às devedoras em recuperação judicial. Analisando esses casos que começaram a alterar a jurisprudência do TJ/SP, Fernando A. M. da Cunha e Maria Rita R. P. Dias:

> *As novas condições viabilizaram condições mais favoráveis para o devedor em recuperação judicial parcelar ou transacionar o passivo fiscal federal, afastando os argumentos que eram então submetidos ao Poder Judiciário quanto à inadequação da legislação tributária então existente para acomodar as necessidades de negociação do passivo, para soerguimento da empresa. Como consequência, é possível verificar, em julgados posteriores, o acolhimento da tese*

5 Enunciado XIX – Após a vigência da Lei n. 14.112/2020, constitui requisito para a homologação do plano de recuperação judicial, ou de eventual aditivo, a prévia apresentação das certidões negativas de débitos tributários, facultada a concessão de prazo para cumprimento da exigência.

Enunciado XX – A exigência de apresentação das certidões negativas de débitos tributários é passível de exame de ofício, independentemente da parte recorrente.

> *quanto à impossibilidade de afastamento da exigência do art. 57 da LREF como condição para homologação.*[6]

Pode-se dizer que tal entendimento, em razão do expressivo volume de recuperações judiciais em trâmite no Estado de São Paulo, logo foi objeto de escrutínio pelo Superior Tribunal de Justiça (STJ). Em um dos primeiros acórdãos a enfrentar o tema, sob a perspectiva da Lei n. 14.112/20, pode-se dizer que o STJ ressignificou o papel do fisco no procedimento recuperacional, alinhando-se ao entendimento adotado na Justiça Estadual de São Paulo, e passou a prever expressamente a validade plena do art. 57 da Lei de Recuperações e Falência. O acórdão ficou assim ementado:

> *RECURSO ESPECIAL. RECUPERAÇÃO JUDICIAL. DISCUSSÃO QUANTO À NECESSIDADE DE CUMPRIMENTO DA EXIGÊNCIA LEGAL DE REGULARIDADE FISCAL PELA RECUPERANDA, A PARTIR DAS ALTERAÇÕES PROMOVIDAS PELA LEI N. 14.112/2020, COMO CONDIÇÃO À CONCESSÃO DA RECUPERAÇÃO JUDICIAL. IMPLEMENTAÇÃO, NO ÂMBITO FEDERAL, DE PROGRAMA LEGAL DE PARCELAMENTO E DE TRANSAÇÃO FACTÍVEL. NECESSIDADE DE SUA DETIDA OBSERVÂNCIA. RECONHECIMENTO. RECURSO ESPECIAL IMPROVIDO.1. A controvérsia posta no presente recurso especial centra-se em saber se, a partir da vigência da Lei n. 14.112/2020 (a qual estabeleceu medidas facilitadoras destinadas ao equacionamento das dívidas tributárias, conferindo ao Fisco, em contrapartida, maiores prerrogativas no âmbito da recuperação judicial, ainda que seu crédito a ela não se encontre subordinado), o cumprimento da exigência legal estabelecida no art. 57 da*

---

6 CUNHA, Fernando Antonio Maia da; DIAS, Maria Rita Rebello Pinho. *Comentários à Lei de Recuperação de Empresas e Falência*: Lei n. 11.101, de 09 de fevereiro de 2005. São Paulo: Contracorrente, 2022, p. 396.

Lei n. 11.101/2005 - consistente na apresentação de certidões de regularidade fiscal pela recuperanda - consubstancia ou não condição à concessão da recuperação judicial, nos termos do art. 58 do mesmo diploma legal.2. (...) 3. Em janeiro de 2021, entrou em vigor a citada Lei n. 14.112/2020 com o declarado propósito de aprimorar o processo das recuperações e de falência, buscando suprir as inadequações apontadas e destacadas pela doutrina e pela jurisprudência entre as disposições legais originárias e a prática, a fim de atingir, efetivamente, as finalidades precípuas dos institutos estabelecidos na lei.4. A partir da exposição de motivos e, principalmente, das disposições implementadas pela Lei 14.112/2020 - que se destinaram a melhor estruturar o parcelamento especial do débito fiscal (no âmbito federal) para as empresas em recuperação judicial (art. 10-A e 10-B da Lei n. 10.522/2022), bem como a estabelecer a possibilidade de a empresa em recuperação judicial realizar, com a União, suas autarquias e fundações, transação resolutiva de litígio relativa a créditos inscritos em dívida ativa, nos moldes da Lei 13.988/2020, a chamada Lei do Contribuinte Legal (10-C da Lei n. 10.522/2022), com o estabelecimento de grave consequência para o caso de descumprimento - pode-se afirmar, com segurança, o inequívoco propósito do legislador de conferir concretude à exigência de regularidade fiscal a empresa em recuperação judicial (cuja previsão, nos arts. 57 e 58 da LRF, remanesceu incólume, a despeito da abrangente alteração promovida na Lei n. 11.101/2005).5. (...) 5.4 A exigência da regularidade fiscal, como condição à concessão da recuperação judicial, longe de encerrar um método coercitivo espúrio de cumprimento das obrigações, constituiu a forma encontrada pela lei para, em atenção aos parâmetros de razoabilidade, equilibrar os relevantes fins do processo recuperacional, em toda a sua dimensão econômica e social, de um lado, e o interesse público titularizado pela Fazenda Pública, de outro. Justamente porque a concessão da recuperação judicial sinaliza o almejado saneamento, como um todo, de seus débitos, a exigência de regularidade fiscal da empresa constitui pressuposto da decisão judicial que assim a declare.5.5 Sem prejuízo de possíveis críticas pontuais, absolutamente salutares ao aprimoramento do ordenamento jurídico posto e das decisões judiciais que se destinam a interpretá-lo, a equalização do débito fiscal de empresa em recuperação judicial, por meio dos instrumentos de negociação de débitos inscritos em dívida ativa da União estabelecidos em lei, cujo cumprimento deve se dar no prazo de 10 (dez) anos (se não ideal, não destoa dos parâmetros da razoabilidade), apresenta-se - além de necessária - passível de ser implementada.5.6 (...).6. Não se afigura mais possível, a pretexto da aplicação dos princípios da função social e da preservação da empresa vinculados no art. 47 da LRF, dispensar a apresentação de certidões negativas de débitos fiscais (ou de certidões positivas, com efeito de negativas), expressamente exigidas pelo art. 57 do mesmo veículo normativo, sobretudo após a implementação, por lei especial, de um programa legal de parcelamento factível, que se mostrou indispensável a sua efetividade e ao atendimento a tais princípios.7. Em relação aos débitos fiscais de titularidade da Fazenda Pública dos Estados, do Distrito Federal e dos Municípios, a exigência de regularidade fiscal, como condição à concessão da recuperação judicial, somente poderá ser implementada a partir da edição de lei específica dos referidos entes políticos (ainda que restrita em aderir aos termos da lei federal). 8. Recurso especial improvido, devendo a parte recorrente comprovar a regularidade fiscal, no prazo estipulado pelo Juízo a quo, sob pena de suspensão do processo de recuperação judicial, com a imediata retomada do curso das execuções individuais e de eventuais pedidos de falência, enquanto não apresentadas as certidões a que faz referência o art. 57 da LRF. (REsp n. 2.053.240/SP, relator Ministro Marco Aurélio Bellizze, Terceira Turma, julgado em 17/10/2023, DJe de 19/10/2023).

Verifica-se, do teor da ementa, bem como da leitura da integralidade do voto do Relator, Min. Marco Aurélio Bellizze, que o STJ também passou a entender que, em relação aos débitos federais, houve a adequada solução legislativa relativa à parte que competia ao Fisco, isto é, a criação de mecanismos específicos e efetivos para a equalização do passivo fiscal das empresas em crise. Há no voto, no entanto, clara ressalva em relação às demais fazendas – estaduais, municipais e distrital – no que concerne à necessidade de previsão de lei específica desses entes políticos como condição de exigência de regularidade fiscal em relação a esses entes federativos.[7] Outro ponto interessante do debate é o relativo ao cenário jurídico da recuperação em caso de não apresentação das certidões negativas (ou positivas com efeito negativo). O STJ entendeu que seria caso de suspender o processo recuperacional. A solução, no entanto, não nos parece a mais adequada, na medida haveria possibilidade de suspensão indefinida do processo, criando um cenário de incerteza em relação aos credores concursais, já que haveria um plano aprovado e sem homologação, impedindo, em tese, o início dos pagamentos.

Ademais, os credores extraconcursais poderiam consumir os ativos da recuperanda, na medida em que não seriam afetados pela pendência da suspensão. Outro ponto é que essa situação pode gerar uma situação cômoda à recuperanda, já que, de acordo com o entendimento consolidado do STJ, enquanto não encerrada a recuperação, haveria controle dos atos constritivos pelo Juízo da recuperação. Desse modo, a recuperanda, mesmo com a recuperação suspensa, poderia se beneficiar de uma proteção patrimonial exacerbada, mesmo com o processo suspenso.

Acreditamos que, nesta situação, e, após a fixação de prazo razoável para a comprovação da regularidade fiscal, a solução jurídica que mais se harmonizaria com o postulado constitucional da razoável duração do processo, em caso de não comprovação, seria a extinção do processo sem julgamento de mérito, com base no art. 485, IV do CPC, possibilitando aos credores a retomada de suas ações (aqui em sentido lato) individuais.

---

7 No âmbito do Estado de São Paulo, a Lei Estadual 17843/23 passou a prever a transação para empresas em recuperação judicial, com possibilidade de deságios significativos.

3 Uma proposta para o crédito fiscal da recuperação e considerações finais

Analisando o cenário das recuperações judiciais no Brasil, pode-se dizer que um dos grandes problemas é a existência dos credores extraconcursais. Aliás, um número de hipóteses que começou tímida, foi-se ampliando ao longo da vida da lei. Conforme se manifestam João Pedro Scalzilli, Luiz Felipe Spinelli e Rodrigo Tellechea:

> *Por ocasião da edição da Lei 11.101/2005, eram aproximadamente uma dúzia os casos de imunidade, quase todos previstos no próprio diploma concursal. Após 16 anos da entrada em vigor da LREF, o número, agora, é de quase duas dúzias – sendo que algumas regras de extraconcursalidade começam a brotar, perigosamente, em legislação esparsa (...) Nunca é demais registrar que esse viés de aumento das regras de extraconcursalidade é bastante nocivo, dado que as imunidades (i) desequilibram o sistema concursal (resultando em um sistema no qual alguns participam e outros não) e (ii) ferem, frontalmente, o princípio da igualdade de tratamento entre os credores, cláusula pétrea do direito da insolvência (gerando um sentimento de injustiça), bem como, muitas vezes, (iii) prejudicam os próprios credores supostamente favorecidos, que acabam alijados do processo decisório sobre os destinos da empresa em crise, ao mesmo tempo em que não conseguem efetivar seus direitos especiais frente ao constantemente evocado princípio da preservação da empresa (LREF, art. 47).*[8]

Além do grande número vigente de hipóteses de extraconcursalidade, pode-se dizer que tal fato gera uma forte assimetria entre os credores, como, por exemplo, a própria redação do art. 49, §3º

---

8 SCALZILLI, João Pedro; SPINELLI, Luiz Felipe; TELLECHEA, Rodrigo. *Recuperação de Empresas e falência*: teoria e prática da Lei 11.101/05. 4ª ed. São Paulo: Almedina, 2023, pp. 647/648.

da Lei n. 11.101/05. E, em relação ao crédito fiscal, a situação é a mesma, na medida que, como já exposto acima, o Fisco foi expressamente excluído do processo recuperacional.

A questão que se levanta, então, é: seria a exclusão do Fisco, de fato, a melhor maneira de tratar o crédito fiscal da empresa em crise? E, se a resposta for negativa, como viabilizar tal inclusão no concurso?

Acreditamos que o atual modelo é problemático em relação ao crédito fiscal, pelos motivos já expostos, isto é, (i) o problema envolvendo a equalização dos passivos fiscais em níveis distintos das esferas federativas, com diferenças brutais do ponto de vista de estruturação da Administração Tributária, (ii) a situação de indefinição que gera a ausência de apresentação das certidões negativas (a suspensão do feito, proposta pelo STJ).

Para tanto, nossa proposta envolveria, de fato, a inclusão do fisco no processo de recuperação, porém de maneira distinta dos demais credores. Para tanto, haveria necessidade de edição, pela União, de propostas vinculantes de transação e parcelamento que se aplicassem a todos os entes federativos, uma espécie de lei-quadro, na qual a Recuperanda, ao ingressar com o pedido de recuperação, indicaria qual das modalidades previstas na lei adotaria como solução do passivo fiscal. A lei poderia prever, por exemplo, um deságio mínimo e e/ou o parcelamento do débito em um número adequado de parcelas, adotando como parâmetros até mesmo aqueles previstos na Lei n. 14.112/20, sem prejuízo da possibilidade de o devedor transacionar, de maneira individual, com cada Fazenda credores. Com a inclusão do fisco no processo, inclusive, haveria superação de toda a discussão da continuidade das execuções fiscais em curso, uma vez que o crédito passaria a constar no próprio concurso de credores.

Ademais, a lei seria aplicável a todas as esferas federativas, sem que se possa cogitar de inconstitucionalidade formal em razão da suposta invasão de competência dos demais entes federativos, uma vez que o núcleo duro da legislação proposta não é matéria de direito tributário – cuja competência seria concorrente, nos termos do art. 24, I da Constituição Federal – mas sim disciplina típica de direito comercial (falimentar, recuperacional), cuja disciplina compete exclusivamente à União, nos termos do art. 22, I da Constituição Federal.

Outrossim, a fim de evitar o engessamento do processo de aprovação do plano, não haveria o direito de voto do fisco na Assembleia Geral de Credores, desde que a recuperanda comprovasse a adoção vinculante de alguma das formas de equalização do passivo fiscal previstos na lei. A proposta busca preservar, ao mesmo tempo, o dever da recuperanda equalizar seu passivo fiscal, medida de ímpar importância até mesmo para o soerguimento, ao passo que também impede que as burocracias inerentes à Administração Tributária pudessem retardar ou inviabilizar a adoção e aprovação de um plano de recuperação judicial por parte da Assembleia Geral de Credores.

A título de exemplo, Roberta de Oliveira Barcia[9] narra situação similar no âmbito da insolvência na legislação espanhola, na qual parte do crédito fiscal se encontra submetido ao convênio – nome utilizado para o instituto similar à recuperação judicial – de modo que o Fisco se vê obrigado a negociar, inclusive participando ativamente das negociações, mas na qual há também possibilidade de acordos paralelos do Fisco com o devedor.

A proposta, de fato, não resolve um dos grandes problemas do concurso de credores no Brasil, isto é, a extraconcursalidade, porém busca melhorar a forma como o crédito fiscal é tratado na recuperação judicial, eliminando, sobretudo, o problema da concomitância das execuções fiscais em paralelo ao processo de recuperação, bem como traz o crédito tributário para dentro do processo recuperacional.

---

9 *Cf.* BARCIA, Roberta de Oliveira. "O crédito tributário na recuperação judicial após a reforma da Lei 14112/20: uma análise comparativa com o direito concursal espanhol". *Revista Eletrônica da Procuradoria Geral do Estado do Rio de Janeiro*, 2022, p. 373.

Referências bibliográficas

BARCIA, Roberta de Oliveira. "O crédito tributário na recuperação judicial após a reforma da Lei 14112/20: uma análise comparativa com o direito concursal espanhol". *Revista Eletrônica da Procuradoria Geral do Estado do Rio de Janeiro*, 2022.

CUNHA, Fernando Antonio Maia da; DIAS, Maria Rita Rebello Pinho. *Comentários à Lei de Recuperação de Empresas e Falência*: Lei n. 11.101, de 09 de fevereiro de 2005. São Paulo: Contracorrente, 2022.

SCALZILLI, João Pedro; SPINELLI, Luiz Felipe; TELLECHEA, Rodrigo. *Recuperação de Empresas e falência*: teoria e prática da Lei 11.101/05. 4ª ed. São Paulo: Almedina, 2023.

CAPÍTULO XVI

REFLEXÕES SOBRE A SUSPENSÃO DO EXERCÍCIO DE DIREITOS DO ACIONISTA NA LEI N. 6.404/1976

MAÍRA DE MELO VIEIRA TEMPLE

GUILHERME DE PAULA NASCENTE NUNES

MARIANA HOFMANN FUCKNER

Introdução

O art. 120 da Lei n. 6.404/1976 ("LSA") prevê que "[a] assembleia-geral poderá suspender o exercício dos direitos do acionista que deixar de cumprir obrigação imposta pela lei ou pelo estatuto, cessando a suspensão logo que cumprida a obrigação". Trata-se de competência privativa daquele órgão social (art. 122, V, da LSA),[1] a ser

1 "Art. 122. Compete privativamente à assembleia geral: V – suspender o exercício dos direitos do acionista (art. 120); (...)".

necessariamente exercida, segundo doutrina de escol, em assembleia geral extraordinária, constando, da ordem do dia, o fundamento da deliberação, para que o acionista alegadamente inadimplente possa exercer o direito de defesa.[2]

A exposição de motivos da Lei n. 6.404/1976[3] não se debruça sobre o dispositivo; refere, apenas, tratar-se de norma já existente na legislação anterior. A regra existente no Decreto n. 2.627/1940[4] tinha, porém, maior extensão: admitia a suspensão, também, quando o acionista deixasse de "executar medida de interesse coletivo".[5]

---

2 Assim, por exemplo: VALVERDE, Trajano de Miranda. *Sociedades por ações*: comentários ao decreto-lei n. 2.627, de 26 de setembro de 1940. vol. 2. 2ª ed. Rio de Janeiro: Forense, 1953, p. 76 (entendendo, ainda, que a AGE deve ser convocada especificamente para esse fim); EIZIRIK, Nelson. *A Lei das S/A comentada*: artigos 80-137. vol. 2. 2ª ed. São Paulo: Quartier Latin, 2015, p. 296 (apontando apenas a necessidade de deliberação em AGE, constando a matéria da ordem do dia, com indicação do nome do acionista acusado).

3 GOVERNO FEDERAL. *Exposição de Motivos n. 196*, de 24 de junho de 1976, do Ministério da Fazenda. Disponível em: https://www.gov.br/cvm/pt-br/acesso-a-informacao-cvm/institucional/sobre-a-cvm/EM196Lei6404.pdf. Acessado em: 09.12.2023.

4 Antes da entrada em vigor do Decreto-Lei n. 2.627/1940, o tema era regulado no art. 32 do Decreto n. 434/1891, em termos diversos: "Toda a acção é indivisivel em referencia á sociedade. Quando um desses titulos pertencer a diversas pessoas, a sociedade suspenderá o exercício dos direitos, que a taes titulos são inherentes, emquanto um só individuo não for designado para junto della figurar como proprietario. A sociedade poderá igualmente suspender o exercicio dos direitos da acção emquanto não forem satisfeitas as obrigações [inherentes] á mesma acção. (Lei n. 3150 de 4 de novembro de 1882, art. 8º; Decr. n. 8821 de 30 de dezembro do mesmo anno; Decr. n. 164 de 17 de janeiro de 1890, art. 8º)".

5 "Art. 85. A sociedade, por deliberação da assembléia geral, suspenderá o exercício dos direitos que a lei ou os estatutos conferem ao acionista, sempre que este deixar de cumprir obrigações impostas pela lei ou pelos estatutos, ou de executar medida de interesse coletivo. A suspensão decairá logo que o acionista cumpra a obrigação ou execute a medida".

Trata-se de regra peculiar ao direito brasileiro[6] e, ao que se pode extrair das relativamente poucas decisões judiciais encontradas a respeito dela, pouco utilizada na prática. Ao lado dos também relativamente poucos escritos sobre o assunto, esses fatores contribuem para alguma dificuldade interpretativa do dispositivo.[7]

Não obstante, a própria literalidade do art. 120 da LSA dá pistas da interpretação mais adequada a ser conferida à regra legal. A começar pela exclusão, do texto, em relação àquele da legislação anterior, da possibilidade de a assembleia geral suspender o exercício dos direitos de acionista ao fundamento, deveras amplo e genérico, de ter deixado de executar medida de interesse coletivo. Este é o primeiro elemento a apontar para uma interpretação restritiva do dispositivo. Mas há outros.

Em conjunto com a interpretação literal, deve-se interpretar a norma de maneira lógica, teleológica (i.e., à vista de sua finalidade) e sistemática, à vista do conjunto da lei. Isso diz muito sobre a natureza jurídica, o fundamento e o alcance da suspensão de direitos prevista no art. 120.

---

6 Waldemar Ferreira assim observava e destacava a inconveniência da regra, com a amplitude que lhe atribuía o DL n. 2627/1940: "Transplantou-se aquele antigo preceito [art. 32 do Decreto n. 434/1891] para a lei atual [Decreto-Lei n. 2.627 de 1940]. Na transposição, ganhou amplitude que em nenhuma outra lei se depara. (...) Não tem similar o dispositivo nas demais legislações. Não o tem, naturalmente, por não ser conveniente o preceito, animador de pressões injustificadas sobre acionistas mais ciosos de seus direitos, sacrificados por diretorias inescrupulosas". (FERREIRA, Waldemar. *Tratado de direito comercial:* o estatuto da sociedade por ações. vol. 4. São Paulo: Saraiva, 1961, pp. 336-340). Sobre a singularidade no Direito Comparado, ver, também: ASCARELLI, Tullio. *Problemas das sociedades anônimas e Direito Comparado*. São Paulo: Quorum, 2008, p. 549.

7 MUSSI, Luiz Daniel Rodrigues Haj. *Suspensão do exercício de direitos do acionista*. São Paulo: Quartier Latin, 2018, p. 24. (Tese de Doutorado).

Com efeito, deste dispositivo legal, extraem-se dois elementos centrais e imprescindíveis para que a suspensão possa ser deliberada: (i) descumprimento, pelo acionista, de obrigação imposta pela lei ou pelo estatuto; e (ii) cessação da suspensão tão logo seja cumprida a obrigação.

O primeiro desses elementos não pode ser lido isoladamente; deve, necessariamente, ser coerente com o segundo. Isso implica que não é qualquer descumprimento de dever legal ou estatutário atribuível ao acionista que autoriza a suspensão dos direitos dele pela assembleia geral. Há que ser obrigação específica, bem determinada, cujo cumprimento seja objetivamente constatável, de modo a fazer cessar imediatamente a suspensão. Dever geral e abstrato (como, por exemplo, dever de lealdade e de agir em conformidade com a boa-fé objetiva), cujo cumprimento ou não seja discutível e, com isso, deixe a cessação da medida ao arbítrio (e eventual abuso) do controlador, que determina as deliberações da assembleia geral, não é compatível sequer com a redação do art. 120. Do mesmo modo, descumprimento passado, já cessado ou exaurido, não autoriza a suspensão, pois não há obrigação a ser cumprida, de modo a fazer cessar a suspensão.

Daqueles elementos, também é possível extrair a natureza jurídica e a finalidade da suspensão prevista no art. 120.

Não se trata, propriamente, de sanção (penalidade), como defendido por alguns,[8] embora se possa lhe reconhecer, também, algum viés punitivo. Não é propriamente sanção, porque, apesar do descumprimento de obrigação já configurado, o acionista deve necessariamente poder afastá-la, ou, mesmo, evitá-la, mediante o cumprimento da obrigação que fundamenta a medida. Isso se mostra incompatível com as funções dissuasória e retributiva da sançao.

8 Nesse sentido, por exemplo: REQUIÃO, Rubens. *Curso de Direito Comercial*. vol. 2. São Paulo: Saraiva, 2000, p. 149; EIZIRIK, Nelson. *A Lei das S/A comentada*: artigos 80 ao 137. vol. 2. 2ª ed. São Paulo: Quartier Latin, 2015, pp. 294/295 (falando em sanção disciplinar).

Afirma-se, ainda, na doutrina, tratar-se de tutela cautelar instrumental, cuja finalidade é compelir o cumprimento da obrigação descumprida, em atendimento ao interesse social.[9] Seria, então, forma de proteção da companhia; instrumento com o qual a sociedade pode tutelar a posição dela contra o acionista, fazendo prevalecer o interesse comum ou o fim social, colocado em risco pelo descumprimento de obrigação legal ou estatutária pelo sócio.[10]

Mais do que proteger ou preservar determinado bem, direito, situação ou interesse juridicamente tutelado, a suspensão visa, portanto, incentivar ou forçar um comportamento: o cumprimento da obrigação descumprida. Nesta senda, como apontam Teixeira e Guerreiro[11] e já afirmou a CVM,[12] a natureza jurídica da medida

---

9 MUSSI, Luiz Daniel Rodrigues Haj. *Suspensão do exercício de direitos do acionista*. São Paulo: Quartier Latin, 2018, pp. 52/53 ("o elemento funcional do instituto da suspensão é, conforme sustentado, o interesse social; a prerrogativa concedida à assembleia tem, portanto, função de proteção da entidade via tutela da cláusula de finalidade; essa função é acautelatória e tem como objetivo impelir o acionista ao adimplemento de seus deveres, pois, uma vez cumpridos, pressupõe-se que o fim comum será atingido; por isso que, cumprido o dever restabelece-se o *status quo ante*").

10 MUSSI, Luiz Daniel Rodrigues Haj. *Suspensão do exercício de direitos do acionista*. São Paulo: Quartier Latin, 2018, pp. 47/48.

11 TEIXEIRA, Egberto Lacerda; GUERREIRO, José Alexandre Tavares. *Das sociedades anônimas no Direito brasileiro*. São Paulo: Bushatsky, 1979, p. 270. No mesmo sentido: BORBA, José Edwaldo Tavares. Direito Societário. 19ª ed. Barueri: Atlas, 2022, p. 335 (e-book) ("a suspensão funciona como medida suasória, destinando-se a estimular o acionista ao cumprimento do dever").

12 Cf. ata da reunião extraordinária do Colegiado de 21.07.2016, em que decidido o Processo n. 19957.004743/2016-53 ("Pedido de interrupção do curso de prazo de antecedência de convocação da assembleia geral extraordinária – Saraiva S.A. Livreiros Editores"). Disponível em: https://conteudo.cvm.gov.br/decisoes/2016/20160721_R1.html. Acessado em: 10.12.2023. Observa-se que, em decisão mais recente, a Diretora Flávia Perlingeiro afirmou a "natureza sancionatória da norma contida no art. 120 da Lei n. 6.404/1976, de efeitos significativamente relevantes na esfera dos direitos dos acionistas, sua aplicação requer cautela máxima"

seria, mais propriamente, a de instrumento de coerção, que a lei confere à assembleia geral, em espécie de autotutela, cujo objetivo é atender ao interesse social por meio de constrangimento (jurídico) ao acionista para que cumpra obrigação descumprida.

Bem compreendida a finalidade da suspensão, em cotejo com o tipo de descumprimento que pode dar ensejo à medida, tem-se subsídios, também, para compreender quais direitos podem ser suspensos à luz do art. 120, especialmente, em confronto com o art. 109 da LSA. Isso porque, tratando-se de medida expressamente prevista na lei, que visa a coagir o acionista ao cumprimento de uma obrigação legal ou estatutária específica e bem determinada, cuja cessação somente depende dele, acionista inadimplente, há que se interpretá-la de modo a dar-lhe efetividade no atingimento deste objetivo.

Outrossim, bem fincadas as balizas interpretativas que devem pautar a leitura e aplicação do art. 120, é possível distinguir a suspensão dos direitos de acionista nele prevista da figura da exclusão de acionista, cujos efeitos, por vezes, observa-se serem os que realmente se pretendem alcançar com a suspensão de direitos.

Neste artigo, propusemo-nos a explorar esses elementos centrais pertinentes ao tema, sem pretensão de abordarmos todos os aspectos relacionados ao instituto. Trazemos, também, um panorama de como o art. 120 da LSA tem sido aplicado na prática, na esfera administrativa, pela Comissão de Valores Mobiliários ("CVM"), a cujas decisões sobre o tema fazemos referência ao longo do trabalho, e pela jurisprudência, para o que focamos no Tribunal de Justiça de

---

(Decisão do Colegiado de 25.04.2023, Processo n. 19957.002748/2023-71 – "Pedido de interrupção do curso do prazo de convocação de assembleia geral extraordinária da Gafisa S.A.". Disponível em: https://conteudo.cvm.gov.br/decisoes/2023/20230425_R1/20230425_D2848.html. Acessado em: 10.12.2023). Como dissemos, há, também, um viés sancionatório na medida prevista no art. 120 da LSA, embora não seja esta, propriamente, sua natureza, nem sua principal função.

São Paulo ("TJSP") e no ementário de sentenças arbitrais da Câmara de Arbitragem do Mercado, da B3 ("CAM/B3").

Assim, após esta introdução, examinamos, no Capítulo 1, quais são os descumprimentos que autorizam a suspensão de direitos do acionista pela assembleia geral, com fundamento no art. 120 da LSA. No Capítulo 2, examinamos quais são os direitos que podem ser suspensos com fundamento nesse dispositivo legal. No Capítulo 3, distinguimos a suspensão de direitos prevista no art. 120 da exclusão de acionista. Por fim, no Capítulo 4, apresentamos como o art. 120 tem sido aplicado na jurisprudência do TJSP e nas arbitragens administradas pela CAM/B3, de acordo, respectivamente, com as decisões e informações disponibilizadas ao público por estas instituições.

1 Quais descumprimentos podem dar ensejo à suspensão?

O art. 120 da LSA fala em "obrigação imposta pela lei ou pelo estatuto". Entretanto, a lei não traz hipóteses taxativas, ou, mesmo, exemplificativas, de obrigações legais ou estatutárias,[13] cujo descumprimento pode dar ensejo à suspensão. Não há consenso, sequer, sobre quais são os deveres dos acionistas,[14] que podem, ademais, variar de acordo com a espécie de acionista. Isso dá margem a controvérsia na interpretação e aplicação do dispositivo.

Não obstante, parece haver consenso quanto ao principal dever ou obrigação do acionista, cujo descumprimento inquestionavelmente autoriza a suspensão de direitos prevista no art. 120 (sem prejuízo

---

13 Sobre a possibilidade dos acionistas terem deveres previstos no estatuto social, denominados "deveres estatutários", TEIXEIRA, Egberto Lacerda; GUERREIRO, José Alexandre Tavares. *Das sociedades anônimas no Direito brasileiro*. São Paulo: Bushatsky, 1979, pp. 270-278.

14 MUSSI, Luiz Daniel Rodrigues Haj. *Suspensão do exercício de direitos do acionista*. São Paulo: Quartier Latin, 2018, pp. 67-71.

das medidas previstas no art. 106):[15] a integralização das ações subscritas ou adquiridas (art. 106 da LSA).[16]

---

15 LAZZARESCHI NETO, Alfredo Sérgio. *Lei das S.A. Comentada e Anotada*. 6ª ed. São Paulo: Quartier Latin, 2020, p. 391; MUSSI, Luiz Daniel Rodrigues Haj. *Suspensão do exercício de direitos do acionista*. São Paulo: Quartier Latin, 2018, p. 78 (colacionando diversos outros autores e apontando a inexistência de divergência doutrinária a respeito). Ainda na vigência do Decreto-Lei n. 2.627/1940, assim já se entendia, à luz do art. 85: "a locução 'não cumprimento de obrigações impostas pela lei ou pelos estatutos' não se presta a mais de uma interpretação. Haverá, pois, motivo para suspensão do sócio, quando o acionista não paga, nas épocas próprias, as prestações de suas ações" (PEIXOTO, Carlos Fulgêncio da Cunha. *Sociedade por ações*. vol. 2. São Paulo: Saraiva, 1972, p. 376).

16 Nesse sentido, Gonçalves Neto entende que dever propriamente dito é apenas o de realizar as ações subscritas ou adquiridas (GONÇALVES NETO, Alfredo de Assis. *Manual das companhias ou sociedades anônimas*. 3ª ed. São Paulo: Malheiros, 2008, p. 238). Na mesma linha, Carvalhosa e Kuyven afirmam que a integralização das ações subscritas é a única obrigação imposta pela Lei n. 6.404/1976 aos acionistas. Outras responsabilidades do acionista previstas na lei, como as derivadas dos arts. 115, 116 e 117, não teriam o caráter de obrigação (CARVALHOSA, Modesto; KUYVEN, Fernando. *Tratado de Direito Empresarial*: sociedades anônimas. vol. 3. 2ª ed. São Paulo: Thomson Reuters, 2018, p. 466). Também, Mussi, para quem o único dever principal dos acionistas é integralizar as ações subscritas, "porque constará do capital social e atribuirá ao sujeito de direito a qualidade de sócio". Todas as demais obrigações do acionista previstas em lei decorreriam deste dever e, portanto, seriam acessórias. Seriam exemplos destas: o dever que decorre da cláusula geral de agir o acionista de acordo com a boa-fé ou dever de lealdade; os deveres decorrentes do exercício do poder de voto; os deveres que decorrem do poder de controle; o dever do acionista residente ou domiciliado no exterior de indicar representantes com poderes para receber citação no Brasil (art. 119); obrigatoriedade de fazer oferta pública em companhias abertas, nos termos do art. 254-A; dentre outras. Seriam, ainda, deveres acessórios aqueles eventualmente previstos no estatuto da companhia. Todos os deveres, seja qual for sua natureza (dar, fazer ou não fazer), teriam, no entanto, uma mesma característica: a finalidade de permitir o desenvolvimento do fim social e, consequentemente, obtenção do lucro. Cf. MUSSI, Luiz

Destaca-se, também, entre os deveres legais de todos os acionistas, o de exercer o direito de voto no interesse da companhia, à vista do que a lei disciplina o abuso de voto e o conflito de interesses (principalmente, no art. 115).[17] Diversamente do que ocorre com o dever de integralização das ações subscritas, porém, há discussão quanto a ser ou não cabível a suspensão do exercício de direitos do acionista com esse fundamento.

Mussi, por exemplo, entende não haver que se cogitar de aplicação do art. 120 quando o acionista proferir voto abusivo ou em conflito substancial, pois, de acordo com o regime jurídico vigente, o controle dessas situações é posterior.[18]

No mesmo sentido, para Carvalhosa, ressalvada a hipótese de conflito de interesses formal,[19]

> nas demais hipóteses, de antijuricidade – abuso de direito e abuso e desvio de poder –, a responsabilidade do acionista será apurada judicialmente ou mediante arbitragem, não tendo a assembleia prerrogativa para liminarmente suspender direitos dos acionistas.[20]

Adamek aponta, também, a eliminação, no texto legal, do excerto "executar medida de interesse coletivo", contida na legislação

---

Daniel Rodrigues Haj. *Suspensão do exercício de direitos do acionista*. São Paulo: Quartier Latin, 2018, pp. 73-75.

17 CORRÊA-LIMA, Osmar Brina. *Sociedade anônima*. 2ª ed. Belo Horizonte: Del Rey, 2003, pp. 277/278.

18 MUSSI, Luiz Daniel Rodrigues Haj. *Suspensão do exercício de direitos do acionista*. São Paulo: Quartier Latin, 2018, p. 113.

19 Afirma o autor que o conflito formal autorizaria a assembleia geral a suspender o direito de voto do acionista (CARVALHOSA, Modesto. *Comentários à lei de sociedade anônima*. vol. 2. 4ª ed. São Paulo: Saraiva, 2009, p. 490).

20 CARVALHOSA, Modesto. *Comentários à lei de sociedade anônima*. vol. 2. 4ª ed. São Paulo: Saraiva, 2009, p. 490.

anterior, como fundamento pelo qual costuma-se entender que as situações de conflito material e abuso de voto não autorizam a suspensão prevista no art. 120, encontrando "suas possíveis sanções" apenas no art. 115.[21] Outrossim, lembra que, na reforma da LSA operada pela Lei n. 10.303/2001, propôs-se a inclusão de regras no art. 115 (§§ 5° a 10) de acordo com as quais o conflito material seria incidentalmente solucionado pela assembleia geral, e os dispositivos propostos foram vetados, o que também depõe contra "exegese mais ampliativa do art. 120".[22]

O mesmo autor, por outro lado, afirmando não estar convencido do acerto daquela posição, majoritária na doutrina, elenca "contra-argumentos", que, segundo entende, amparariam a aplicabilidade do art. 120 a situações de conflito de interesses material e abuso de direito de voto. São eles: (i) um remédio não excluiria o outro, "até porque, a levar aquele mesmo raciocínio aos extremos, também o conflito formal não legitimaria a suspensão do direito de voto, por também estar essa modalidade de conflito de interesses contemplada no art. 115"; (ii) a lei anterior também previa outra sanção para o conflito formal (responsabilidade por perdas e danos), que convivia com o instrumento da suspensão de direitos sociais; e (iii) votar de acordo com o interesse social e o dever societário de lealdade é "obrigação imposta por lei".[23]

Em que pesem esses "contra-argumentos", para além das modificações legislativas apontadas (que são, em si, fortes indicativos de uma interpretação restritiva do art. 120), o cerne da resposta nos parece estar, como adiantado na introdução, na interpretação literal, lógica e teleológica do próprio art. 120.

---

21 ADAMEK, Marcelo Vieira von. *Abuso de minoria em direito societário*. São Paulo: Malheiros, 2014, pp. 353/354.

22 ADAMEK, Marcelo Vieira von. *Abuso de minoria em direito societário*. São Paulo: Malheiros, 2014, p. 355.

23 ADAMEK, Marcelo Vieira von. *Abuso de minoria em direito societário*. São Paulo: Malheiros, 2014, pp. 353-355.

Como dissemos no início, a suspensão não é sanção. A finalidade dela é incentivar ou coagir o acionista a cumprir obrigação descumprida.[24] E a obrigação descumprida é, necessariamente, do tipo que permita cumprimento objetivamente verificável, de modo a fazer cessar imediatamente a suspensão de direitos, uma vez cumprida. Atentando-se a esses elementos, duas conclusões ressaem: (i) na hipótese de conflito de interesses formal, não se trata da suspensão de direitos prevista no art. 120, mas de dar cumprimento a impedimento de voto imposto pela lei, não pela assembleia geral; (ii) a alegação de conflito de interesses ou voto abusivo, para atribuir à assembleia geral o poder de impedir o exercício do direito de voto ou suspender os efeitos de voto proferido, não é compatível com o art. 120.

Acrescenta-se a isso a interpretação sistemática da lei: esta prevê disciplina própria e específica para as situações de conflito de interesses e abuso do direito de voto: impedimento de voto, em determinados casos (conflito formal), e, nos demais, controle *a posteriori*, pela via jurisdicional (§§ 3º e 4º do art. 115). A suspensão prevista no art. 120 se destina a outro tipo de situação.

---

24 Também por isso, aliás, não nos parece fazer sentido o entendimento segundo o qual, ainda que a obrigação perdure descumprida, a suspensão de direitos do acionista somente poderia ser deliberada pela assembleia geral logo após configurado o descumprimento, sob pena de preclusão. Com esse entendimento, ver: CAMPINHO, Sérgio. *Sociedade anônima*. 5ª ed. São Paulo: Saraiva, 2020, p. 237 ("assim é que professamos deva ser a deliberação tomada na primeira assembleia geral extraordinária que se seguir à verificação do fato, sob pena de preclusão"); EIZIRIK, Nelson. *A Lei das S/A comentada*: artigos 80 ao 137. vol. 2. 2ª ed. São Paulo: Quartier Latin, 2015, p. 295 ("[o] acionista não pode ficar indefinidamente à espera de que a assembleia decida aplicar-lhe a penalidade de suspensão de direitos. Assim, no silêncio do estatuto, deve a deliberação ser adotada na primeira assembleia geral extraordinária realizada após a constatação do ato praticado em violação à lei ou ao estatuto, sob pena de precluir a possibilidade de ser aplicada a sanção. Tal exigência decorre da segurança jurídica necessária às relações societárias, não se admitindo que atos praticados pelo acionista fiquem perenemente sob a ameaça de potencial sanção").

Discute-se, também, se alegada violação do dever de lealdade, tanto do sócio em relação à sociedade, como do sócio em relação aos demais sócios, pode dar ensejo à aplicação do art. 120 da LSA.

De acordo com Adamek, o dever de lealdade

> constrange os sócios a um dever geral de abstenção: evitar comportamentos que possam lesar os legítimos interesses e expectativas tuteláveis dos restantes sócios; e, em certos casos-limite, o dever geral de abstenção institui até mesmo deveres positivos de conduta.[25]

A efetiva caracterização de conduta omissiva ou comissiva que represente violação a este dever exige, no entanto, análise casuística. Isso, por si só, já demonstra incompatibilidade com a história legislativa, letra, lógica e teleologia da regra do art. 120, tal como acima a destrinchamos.

Nessa mesma direção, MUSSI, apontando que o dever de lealdade é verdadeira cláusula geral, cujo conteúdo é determinável de acordo com as circunstâncias do caso concreto, defende que alegado descumprimento desse dever não pode justificar a aplicação do art. 120. Para o reconhecimento de violação ao dever de lealdade em determinada situação concreta, seria necessário prévio pronunciamento de natureza jurisdicional (judicial ou arbitral). Diversa seria a situação em que o estatuto social prevê deveres acessórios que consubstanciam concretização do dever de lealdade, como, por exemplo, vedação a práticas que importem concorrência com a sociedade. Nessa hipótese, por se tratar de situação concreta, específica e determinada, poder-se-ia cogitar de suspensão dos direitos do acionista pela assembleia geral, nos termos do art. 120.[26]

---

25 ADAMEK, Marcelo Vieira von. *Abuso de minoria em direito societário*. São Paulo: Malheiros, 2014, pp. 350/351.

26 MUSSI, Luiz Daniel Rodrigues Haj. *Suspensão do exercício de direitos do acionista*. São Paulo: Quartier Latin, 2018, pp. 100-102.

Ainda sob a ótica da interpretação que conferimos ao art. 120 da LSA, além da obrigação de integralização das ações, há outros deveres, expressamente previstos na LSA, específicos, bem determinados e cujo cumprimento e descumprimento são objetivamente constatáveis, que poderiam dar ensejo à suspensão de direitos do acionista prevista no art. 120. É o caso, por exemplo, do dever de acionista residente ou domiciliado no exterior de manter representante no Brasil, com poderes para receber citação (art. 119), e do dever de informação previsto no art. 116-A.[27]

Por outro lado, ainda que seja específica, determinada e objetivamente constatável, não há sentido em cogitar da suspensão de direitos do acionista diante do descumprimento de certas obrigações legais, como aquelas de realização de oferta pública de aquisição ("OPA") previstas no art. 4º, § 4º (cancelamento de registro de companhia aberta) e no art. 254-A (aquisição de controle). Isso porque, nesses casos (diferentemente do que ocorre, por exemplo, no caso de OPA por aumento de participação direta ou indireta do controlador em companhia aberta, acima de determinado percentual definido pela CVM, prevista no art. 4°, § 6°, da LSA), a suspensão de direitos seria desnecessária para forçar o acionista ao cumprimento da obrigação (i.e., realizar a OPA): a própria lei obsta a conclusão da operação caso a OPA não seja realizada. O fechamento de capital e cancelamento do registro de companhia aberta e a alienação do controle não são, em si, obrigações legais.[28]

No que tange a obrigações estatutárias, aplicam-se as mesmas considerações que tecemos quanto às obrigações legais, à luz da adequada interpretação do art. 120.[29]

---

27 MUSSI, Luiz Daniel Rodrigues Haj. *Suspensão do exercício de direitos do acionista*. São Paulo: Quartier Latin, 2018, pp. 79-81 e 88/89.

28 Nesse sentido: MUSSI, Luiz Daniel Rodrigues Haj. *Suspensão do exercício de direitos do acionista*. São Paulo: Quartier Latin, 2018, pp. 81-88.

29 Tratando, especificamente, de regra estatutária que disponha, genericamente, que "os acionistas estão obrigados a respeitar os deveres de

Àquelas considerações, acrescenta-se que, para autorizar a suspensão de direitos de acionista, a norma estatutária deve estar em consonância com os princípios e normas contidos na LSA. Isto é, podem as normas estatutárias criar direitos e obrigações; no entanto, "tratando-se de normas hierarquicamente inferiores às legais, não podem contradizê-las, pois delas retiram o fundamento de sua validade".[30]

A principal polêmica envolvendo o descumprimento de obrigações estatutárias e a suspensão de direitos de acionista pela assembleia geral, prevista no art. 120, parece ser a relacionada às denominadas "poison pills" brasileiras, que impõem, no estatuto social de companhia aberta, obrigação ao adquirente de ações acima de determinado percentual de realizar OPA dirigida a todos os demais acionistas, por preço superior ao de mercado, excessivamente oneroso ou até proibitivo, a fim de evitar tomada hostil de controle. Alguns estatutos preveem, em caso de descumprimento dessa obrigação, a convocação de assembleia geral extraordinária para deliberar sobre a suspensão dos direitos do acionista descumpridor da "pill", nos termos do art. 120, e alguns, ainda, estabelecem haver conflito formal e consequente impedimento de voto do acionista na deliberação em questão.[31]

---

lealdade societária", observa MUSSI, também, que ela nada acrescenta ao ordenamento societário, pois já decorre do princípio geral do direito. Por outro lado, uma previsão que impeça o sócio de exercer determinada atividade concorrente, identificando as áreas de atuação vedadas, o prazo, a delimitação geográfica e todos os demais aspectos, estará apta a concretizar verdadeiro dever de prestação acessória" (MUSSI, Luiz Daniel Rodrigues Haj. *Suspensão do exercício de direitos do acionista*. São Paulo: Quartier Latin, 2018, pp. 140/141).

30 EIZIRIK, Nelson. *A Lei das S/A comentada*. vol. III. 3ª ed. São Paulo: Quartier Latin, 2021, p. 296. No mesmo sentido, Mussi anota que as obrigações contidas no estatuto social devem estar em consonância com o regime jurídico societário e, consequentemente, com o fim social (MUSSI, Luiz Daniel Rodrigues Haj. *Suspensão do exercício de direitos do acionista*. São Paulo: Quartier Latin, 2018, p. 140).

31 MÜSSNICH, Francisco Antunes Maciel; MELO, Vitor de Britto Lobão. "Análise prática e considerações sobre a realidade e a aplicação das

Questiona-se, na doutrina, a legalidade da suspensão de direitos do acionista com fundamento nessas disposições estatutárias.[32] Mais evidente é a ilegalidade da disposição estatutária, que usualmente acompanha aquelas, que veda ao acionista que vote a favor de modificação ou supressão da "pill", sob pena de ter que realizar a OPA nela prevista. Isso porque, neste caso, cerceia-se o livre exercício do direito de voto pelo acionista, seja por meio de imposição de obrigação que lhe pode ser impossível ou excessivamente onerosa, caso exerça seu voto livremente e de acordo com aquele que entender ser o interesse da companhia, seja por meio da "ameaça" de suspensão de seus direitos, caso descumpra tal obrigação. Nesta hipótese, faz-se deturpado uso da suspensão de direitos do acionista visando, apenas, favorecer a perpetuação do poder do acionista controlador que capitaneou a inclusão da regra no estatuto e a posição dos administradores por ele nomeados, ainda que isso seja contrário ao interesse da companhia.[33]

---

medidas de proteção à tomada hostil de controle nos estatutos sociais das companhias abertas brasileiras (Brazilian pills)". *In*: SILVA, Alexandre Couto. Direito societário: estudos sobre a lei de sociedades por ações. São Paulo: Saraiva, 2012, pp. 115-117 (e-book).

32 Nesse sentido: MÜSSNICH, Francisco Antunes Maciel; MELO, Vitor de Britto Lobão. "Análise prática e considerações sobre a realidade e a aplicação das medidas de proteção à tomada hostil de controle nos estatutos sociais das companhias abertas brasileiras (Brazilian pills)". *In*: SILVA, Alexandre Couto. *Direito societário*: estudos sobre a lei de sociedades por ações. São Paulo: Saraiva, 2012, p. 117 (e-book) ("entendemos que esta suspensão de direitos pode caracterizar um abuso às normas societárias e à melhor doutrina, sendo que tal expediente pode não gozar de nenhuma legalidade ou legitimidade").

33 MÜSSNICH, Francisco Antunes Maciel; MELO, Vitor de Britto Lobão. "Análise prática e considerações sobre a realidade e a aplicação das medidas de proteção à tomada hostil de controle nos estatutos sociais das companhias abertas brasileiras (Brazilian pills)". *In*: SILVA, Alexandre Couto. *Direito societário*: estudos sobre a lei de sociedades por ações. São Paulo: Saraiva, 2012, pp. 117/118 (e-book). Também: EIZIRIK, Nelson. *A Lei das S/A comentada*. vol. III. 3ª ed. São Paulo: Quartier Latin, 2021, p. 297 ("[t]emos verificado, notadamente a partir de 2006, a inserção, nos estatutos de companhias abertas integrantes do

Sendo ilegal essa obrigação estatutária de votar contra ou de se abster de votar a favor de modificação ou supressão da "pill", sob pena de ter que fazer a OPA que ela prevê, o descumprimento dela não pode autorizar a suspensão de direitos do acionista pela assembleia geral, com fundamento no art. 120 da LSA ou em disposição estatutária que encontra nesta norma legal seu substrato de validade.[34]

Novo Mercado da então BM&FBovespa, atual B3 S.A. – Brasil, Bolsa, Balcão, de cláusulas assemelhadas às *poison pills* da prática do mercado norte-americano. Tais cláusulas têm como objetivo, em geral, manter a dispersão do capital no mercado, obrigando o adquirente de ações acima do percentual nelas estabelecido a comprar as demais ações a um preço superior ao de mercado. Assim, visam a promover um tratamento igualitário entre os acionistas e a protegê-los de ofertas coercitivas. Algumas companhias, porém, introduziram em seus estatutos regras impondo penalidades aos acionistas que votarem favoravelmente à supressão ou à alteração das cláusulas de *poison pills*, obrigando-os a realizar uma oferta pública para aquisição das ações dos demais acionistas, sob pena de terem suspenso o seu direito de voto. Trata-se uma 'cláusula pétrea', que impede o acionista de livremente exercer o seu direito de voto. Tais 'cláusulas pétreas' são ilegítimas, na medida em que sua utilização visa a proteger os interesses dos acionistas controladores ou administradores que desejam se perpetuar no comando da companhia, e ilegais, uma vez que inibem injustificadamente o exercício de direito de voto"). Sobre o tema, ver, também, Parecer de Orientação CVM n. 36/2009, de 23.06.2009, por meio do qual a autarquia se posicionou pela não aplicação de penalidades, em processos administrativos sancionadores, "aos acionistas que, nos termos da legislação em vigor, votarem pela supressão ou alteração da cláusula de proteção à dispersão acionária, ainda que não realizem a oferta pública prevista na disposição acessória" (GOVERNO FEDERAL. *Parecer de Orientação CVM 36*. Disponível em: https://conteudo.cvm.gov.br/legislacao/pareceres-orientacao/pare036.html. Acessado em: 01.02.2021).

34 Nesse sentido, também, Eizirik (embora se refira a sanção, o entendimento se aplica, de modo geral, à inaplicabilidade da suspensão de direitos do acionista como reação ao descumprimento de norma estatutária ilegal): "[a] infração a cláusulas estatutárias ilegais, contrárias às normas e princípios contidos na Lei das S.A., evidentemente não acarretar a aplicação de sanções aos acionistas, uma vez que elas não produzem qualquer efeito jurídico. As disposições estatutárias que contrariam

Cabe, também, observar que obrigações cuja fonte imediata seja diversa da lei e do estatuto social também não autorizam a suspensão de direitos do acionista com fundamento no art. 120 da LSA.

É o caso, por exemplo, de obrigações previstas em acordo de acionistas (espécie de acordo parassocial),[35] ainda que, de modo mediato, possam beneficiar a sociedade. A par da própria literalidade do art. 120, a Lei n. 6.404/1976 contém disciplina específica para os acordos de acionistas (art. 118), que contempla hipóteses e meios pelos quais cabe à sociedade agir para dar cumprimento ao acordo de acionistas descumprido, desde que devidamente arquivado em sua sede: observado o § 1° e valendo-se da vedação do § 4°,[36] recusar o registro de transferência de ações pactuada em violação

---

as normas e os princípios contidos na Lei das S.A., hierarquicamente superior, não têm validade jurídica, sendo incapaz de gerar efeitos". (EIZIRIK, Nelson. *A Lei das S/A comentada*. vol. III. 3ª ed. São Paulo: Quartier Latin, 2021, p. 298).

35 Na definição de Craveiro, contratos parassociais são "contratos que, de maneira mais ou menos intensa, dizem respeito à relação societária estabelecida entre os pactuantes, sem se confundir, entretanto, com os estatutos sociais. (...) Diversamente dos estatutos, cuja função primordial é determinar a estrutura da companhia e as regras de sua vinculação perante terreiros (função organizativa, portanto), os contratos a que nos referimos têm normalmente por objetivo regular o exercício de direitos dos sócios, fundados em sua participação na sociedade. Com essa contratação, as partes buscam disciplinar interesses e situações não compreendidos no estatuto social, conferir às regras societárias sentido mais específico no que tange a seu relacionamento, ou mesmo contratar quais serão as bases pelas quais determinada sociedade será constituída e governada, as peculiaridades do negócio idealizado e o seu detalhamento. Tenciona-se, ao final, personalizar o relacionamento societário existente entre os signatários e/ou construí-lo conforme suas particulares necessidades e objetivos comuns". Cf. CRAVEIRO, Mariana Conti. *Contratos entre sócios*: interpretação e Direito Societário. São Paulo: Quartier Latin, 2013, pp. 38/39.

36 "Art. 118. Os acordos de acionistas, sobre a compra e venda de suas ações, preferência para adquiri-las, exercício do direito a voto, ou do poder de controle deverão ser observados pela companhia quando arquivados na sua sede.

ao acordo de acionistas, e, quanto ao exercício do voto, adotar as medidas previstas nos §§ 8º e 9º.[37] [38] No mais, cabe ao acionista prejudicado pelo descumprimento do acordo de acionistas, de que é parte, buscar fazer valer o que foi pactuado (§ 3º).[39]

No que tange a outros pactos parassociais, diversos do acordo de acionistas previsto no art. 118 da LSA, é ainda menos cogitável ser possível à sociedade, por meio da assembleia geral, agir para tutelar direito ou interesse de acionista(s) prejudicado(s) pelo descumprimento do acordo. Neste caso, não há previsão legal que confira à sociedade legitimidade para isso, ainda que limitada a alguns meios e hipóteses.[40] O mesmo se diga, ainda, em relação a outros tipos de transação ou acordo não regulados na LSA ou no estatuto social.

---

§ 1º As obrigações ou ônus decorrentes desses acordos somente serão oponíveis a terceiros, depois de averbados nos livros de registro e nos certificados das ações, se emitidos.

(...)

§ 4º As ações averbadas nos termos deste artigo não poderão ser negociadas em bolsa ou no mercado de balcão".

37 "§ 8º O presidente da assembleia ou do órgão colegiado de deliberação da companhia não computará o voto proferido com infração de acordo de acionistas devidamente arquivado.

§ 9º O não comparecimento à assembleia ou às reuniões dos órgãos de administração da companhia, bem como as abstenções de voto de qualquer parte de acordo de acionistas ou de membros do conselho de administração eleitos nos termos de acordo de acionistas, assegura à parte prejudicada o direito de votar com as ações pertencentes ao acionista ausente ou omisso e, no caso de membro do conselho de administração, pelo conselheiro eleito com os votos da parte prejudicada".

38 Nesse sentido: MUSSI, Luiz Daniel Rodrigues Haj. *Suspensão do exercício de direitos do acionista*. São Paulo: Quartier Latin, 2018, pp. 155-157.

39 "§ 3º Nas condições previstas no acordo, os acionistas podem promover a execução específica das obrigações assumidas".

40 Como observa Craveiro, os acordos de acionistas previstos no art. 118 da LSA são os únicos pactos parassociais aos quais a lei conferiu efeitos excepcionais, inclusive em relação a terceiros (CRAVEIRO, Mariana

Por fim, vale destacar que a CVM já se manifestou quanto a aspectos importantes relacionados ao tipo de descumprimento que pode autorizar a suspensão de direitos prevista no art. 120 da LSA. São eles:

(i) O acionista não pode ter direitos suspensos em decorrência de irregularidades praticadas por conselheiros por ele eleitos, mas apenas por ele próprio. Não se presume que o administrador atue no interesse do acionista que o elegeu, inclusive porque o art. 154, § 1º, da LSA veda esse tipo de conduta.[41]

(ii) O ato de convocar assembleia geral, com base no art. 123 da LSA, independentemente da regularidade da convocação, não autoriza a aplicação do art. 120. Isso porque não se trata de "prática continuada que pudesse ensejar uma suspensão de direitos do acionista até que fosse interrompida, como a parte final do art. 120 [] prevê". O mesmo raciocínio se aplica a divulgações feitas na imprensa e a operações com ações realizadas no mercado.[42]

Conti. *Contratos entre sócios*: interpretação e direito societário. São Paulo: Quartier Latin, 2013, pp. 116/117).

41 Relatório n. 79/2016-CVM/SEP/GEA-3, exarado no Processo n. 19957.004743/2016-53 ("Pedido de interrupção do curso de prazo de antecedência de convocação da assembleia geral extraordinária – Saraiva S.A. Livreiros Editores"). Disponível em: https://conteudo.cvm.gov.br/export/sites/cvm/decisoes/anexos/2016/20160721/306.pdf. Acessado em: 10.12.2023. No caso, a deliberação de suspensão de direitos do acionista seria fundada na alegada prática de diversos atos ilegais, entre eles: (i) invasão da sala da diretoria pelos Conselheiros por ele nomeados; (ii) convocação de assembleia geral extraordinária sem objeto, para discutir uma inexistente situação de insolvência da companhia, a despeito dos vários esclarecimentos prestados pela diretoria; (iii) publicação de anúncios, na imprensa, pelo acionista, com acusações contra a companhia; e (iv) forte suspeita de práticas de manipulação de preço e uso indevido de informação privilegiada.

42 Relatório n. 79/2016-CVM/SEP/GEA-3, exarado no Processo n. 19957.004743/2016-53 ("Pedido de interrupção do curso de prazo de antecedência de convocação da assembleia geral extraordinária – Saraiva

(iii) O art. 120 se volta a situações objetivamente verificáveis, tanto quanto ao momento de seu início, quanto ao momento de sua interrupção.[43]

(iv) O descumprimento do dever legal ou estatutário que fundamenta a deliberação sobre a suspensão de direitos do acionista deve estar discriminado no ato de convocação.[44]

(v) O descumprimento deve ser atual, não pretérito, pois este, por já ter ocorrido, não é passível de cessação neste momento, conforme exigido pelo art. 120, e não é possível que a suspensão perdure *ad aeternum*.[45]

(vi) A suspensão de direitos do acionista tem o objetivo de forçar o cumprimento de uma obrigação, não o de ser instrumento de solução de conflitos.[46]

S.A. Livreiros Editores"). Disponível em: https://conteudo.cvm.gov.br/export/sites/cvm/decisoes/anexos/2016/20160721/306.pdf. Acessado em: 10.12.2023.

43 Relatório n. 79/2016-CVM/SEP/GEA-3, exarado no Processo n. 19957.004743/2016-53 ("Pedido de interrupção do curso de prazo de antecedência de convocação da assembleia geral extraordinária – Saraiva S.A. Livreiros Editores"). Disponível em: https://conteudo.cvm.gov.br/export/sites/cvm/decisoes/anexos/2016/20160721/306.pdf. Acessado em: 10.12.2023.

44 PARECER TÉCNICO. n. 31/2023-CVM/SEP/GEA-3, Processo n. 19957.002748/2023-71 (Pedido de interrupção do curso do prazo de convocação de assembleia geral extraordinária da Gafisa S.A.). Disponível em: https://conteudo.cvm.gov.br/export/sites/cvm/decisoes/anexos/2023/20230425/2848_23.pdf. Acessado em: 10.12.2023.

45 Decisão do Colegiado de 25.04.2023, no Processo n. 19957.002748/2023-71 (Pedido de interrupção do curso do prazo de convocação de assembleia geral extraordinária da Gafisa S.A.). Disponível em: https://conteudo.cvm.gov.br/export/sites/cvm/decisoes/anexos/2023/20230425/2848_23.pdf. Acessado em: 10.12.2023; e Parecer Técnico n. 31/2023-CVM/SEP/GEA-3, cit., exarado no mesmo processo.

46 Parecer Técnico n. 31/2023-CVM/SEP/GEA-3, cit.; Relatório n. 79/2016-CVM/SEP/GEA-3, exarado no Processo n. 19957.004743/2016-53

(vii) A suspensão de direitos do acionista com base em conceito jurídico indeterminado, de análise subjetiva, como abuso de direito, acarretaria expressiva insegurança jurídica, bem como tenderia a inibir o legítimo exercício do direito essencial dos acionistas de fiscalizar a gestão dos negócios sociais. Sem um descumprimento específico e objetivamente verificável, o modo de cessação, como remédio para purgar a mora e restabelecer os direitos do acionista, restaria praticamente indefinido, inclusive potencialmente frustrando o exercício do referido direito essencial de fiscalização. Isso está em clara dissonância com o arcabouço jurídico-societário.[47]

Como se vê, também o regulador tem entendimento restritivo quanto ao tipo de descumprimento que pode dar ensejo à utilização do art. 120 da LSA, na mesma linha do que aqui defendemos.

2 Quais direitos podem ser suspensos?

A primeira questão que se coloca, no tocante a quais direitos podem ser suspensos com fundamento no art. 120 da LSA, é se a suspensão pode contemplar todo e qualquer direito do acionista, inclusive direito essencial previsto no art. 109,[48] ou se estes não poderiam ser atingidos.

("Pedido de interrupção do curso de prazo de antecedência de convocação da assembleia geral extraordinária – Saraiva S.A. Livreiros Editores"). Disponível em: https://conteudo.cvm.gov.br/export/sites/cvm/decisoes/anexos/2016/20160721/306.pdf. Acessado em: 10.12.2023.

47 Decisão do Colegiado de 25.04.2023, no Processo n. 19957.002748/2023-71 (Pedido de interrupção do curso do prazo de convocação de assembleia geral extraordinária da Gafisa S.A.). Disponível em: https://conteudo.cvm.gov.br/export/sites/cvm/decisoes/anexos/2023/20230425/2848_23.pdf. Acessado em: 10.12.2023.

48 "Art. 109. Nem o estatuto social nem a assembleia-geral poderão privar o acionista dos direitos de:

I – participar dos lucros sociais;

A segunda questão que se coloca é se a suspensão pode atingir apenas direitos pecuniários, apenas direitos políticos, ou ambos; e se, entre os direitos políticos, todos poderiam ser suspensos, inclusive o direito de fiscalização dos negócios sociais.

Em que pese a existência de respeitáveis vozes em contrário, a posição prevalecente na doutrina é a de que quaisquer direitos do acionista podem ser suspensos, políticos e pecuniários, inclusive os essenciais.[49] Nesse sentido é, por exemplo, na doutrina mais recente,

---

II – participar do acervo da companhia, em caso de liquidação;

III – fiscalizar, na forma prevista nesta Lei, a gestão dos negócios sociais;

IV – preferência para a subscrição de ações, partes beneficiárias conversíveis em ações, debêntures conversíveis em ações e bônus de subscrição, observado o disposto nos artigos 171 e 172;

V – retirar-se da sociedade nos casos previstos nesta Lei.

§ 1º As ações de cada classe conferirão iguais direitos aos seus titulares.

§ 2º Os meios, processos ou ações que a lei confere ao acionista para assegurar os seus direitos não podem ser elididos pelo estatuto ou pela assembleia-geral.

§ 3º O estatuto da sociedade pode estabelecer que as divergências entre os acionistas e a companhia, ou entre os acionistas controladores e os acionistas minoritários, poderão ser solucionadas mediante arbitragem, nos termos em que especificar".

49 Cf. ADAMEK, Marcelo Vieira von. *Abuso de minoria em direito societário*. São Paulo: Malheiros, 2014, pp. 351/352, nota 29; MUSSI, Luiz Daniel Rodrigues Haj. *Suspensão do exercício de direitos do acionista*. São Paulo: Quartier Latin, 2018, pp. 179-183 (ambos, compilando posicionamentos doutrinários sobre a possibilidade ou não de suspensão de direitos essenciais do acionista, inclusive escritos na vigência da legislação anterior, e apontando a posição majoritária).

a opinião de Requião,[50] Eizirik,[51] Carvalhosa,[52] Tavares Borba[53] e Campinho.[54]

---

50 O autor não tratava, especificamente, dos direitos essenciais, mas entendia que a suspensão é "extensiva ao exercício de todos os direitos". E exemplificava: "[s]e ele [acionista] não paga as prestações ou chamadas do capital social representado por suas ações, evidentemente não deverá votar na assembleia. (...) Não atendendo às chamadas de capital, não receberá ele dividendos, a não ser proporcionalmente ao que efetivamente investir". Cf. REQUIÃO, Rubens. *Curso de Direito Comercial*. vol. 2. 22ª ed. São Paulo: Saraiva, 2000, p. 149.

51 EIZIRIK, Nelson. *A Lei das S/A comentada*. vol. III. 3ª ed. São Paulo: Quartier Latin, 2021, p. 296 ("[o]s direitos ditos essenciais podem ser excepcionalmente atingidos pela deliberação da assembleia geral. Caso contrário, não só a norma que prevê a sanção seria inócua, como existiria grande incerteza jurídica sobre quais direitos poderiam ser objeto de suspensão").

52 CARVALHOSA, Modesto. *Comentários à lei de sociedades anônimas*. 3º vol. 6ª ed. São Paulo: Saraiva, 2014, p. 473 ("[p]oderá a assembleia geral suspender o exercício dos direitos do acionista constituído em mora (art. 120). Essa suspensão poderá atingir o direito de voto (art. 112) e o próprio direito ao comparecimento às assembleias; o de recebimento de dividendos e de bonificações (arts. 201 e 205); o de preferência na subscrição de novas ações e valores mobiliários de emissão da companhia (arts. 170 e 171) e demais hipóteses previstas nos estatutos e na Lei Societária, inclusive a de exercício do direito de recesso (art. 45). O direito de fiscalizar a gestão dos negócios sociais e o de utilizar os meios, processos ou ações que a Lei Societária confere aos acionistas para assegurar os seus direitos (art. 109) também podem ser suspensos pela assembleia geral, desde que expressamente mencione essas hipóteses (art. 120)"). Observa-se que o autor trata da suspensão como reação à mora na integralização das ações subscritas.

53 BORBA, José Edwaldo Tavares. *Direito Societário*. 19ª ed. Barueri: Atlas, 2022, pp. 331-334 (e-book) ("[a] suspensão abrangerá não apenas os direitos modificáveis [todos aqueles que não estejam arrolados como essenciais], como igualmente os essenciais, pois suspender não significa privar, tanto que o acionista, uma vez cumprida a obrigação, recupera, com efeitos *ex tunc*, os direitos que estavam suspensos (...) ressalvadas naturalmente as situações que, por uma contingência temporal, resultem prejudicadas, como seria o caso do direito de voto em assembleia realizada durante o período de suspensão").

54 CAMPINHO, Sergio. *Curso de direito comercial*: sociedade anônima. São Paulo: Saraiva, 2023, p. 95 (e-book) ("[a] suspensão em tela atinge

Os fundamentos aventados, em síntese, são: entendimento contrário implicaria a inefetividade ou inocuidade da medida; ela não implica supressão dos direitos essenciais, que são retomados uma vez cumprida a obrigação; e a própria lei, no art. 120, a autoriza, em exceção ao art. 109.

Por outro lado, aqueles para quem os direitos essenciais dos acionistas não podem ser atingidos pela suspensão prevista no art. 120 entendem que a impossibilidade de privação prevista no art. 109 inclui a privação temporária decorrente da suspensão, tratando-se de proteção aos acionistas contra arbítrio da maioria.[55]

Há, ainda, posição alternativa, defendida por Mussi. Pare ele, o critério da essencialidade, adotado no art. 109, não seria suficiente para definir quais direitos podem ou não ser suspensos pela assembleia geral. O autor defende critério casuístico, pautado pelos seguintes parâmetros interpretativos: (a) função cautelar, não sancionatória, da suspensão; (b) a suspensão deve sempre ser reversível, "sob a perspectiva de exercício daquele direito"; e (c) não há relação entre o conteúdo da obrigação violada e o direito suspenso [sobre o que não parece haver dissenso na doutrina]. Para ele, não podem ser objeto de suspensão: (i) o direito de participar do acervo em caso de liquidação, caso a obrigação descumprida seja a não integralização das ações, pois a Lei n. 6.404/1976 prevê disciplina específica para esta hipótese (art. 210, V), e porque, decretada a liquidação,

---

não só os direitos modificáveis, como aqueles ditos essenciais, sem o que a regra do art. 120 da Lei das S.A. ficaria despida de efetividade. Apesar de o art. 109 estabelecer, como regra de princípio, que a assembleia geral não poderá privar o acionista do gozo de seus direitos essenciais (regra geral), o certo é que, na hipótese do art. 120, é a própria lei que excepciona, dando esse poder especial para a assembleia geral (regra especial)").

55 Cf. opiniões de Waldemar Ferreira, Campos Batalha e Fran Martins, coligidas por Mussi (MUSSI, Luiz Daniel Rodrigues Haj. *Suspensão do exercício de direitos do acionista*. São Paulo: Quartier Latin, 2018, pp. 181/182 e notas 365 e 367).

a suspensão desse direito se convolaria em supressão, em violação ao art. 109; (ii) o direito de preferência, pois, expirado o prazo decadencial para seu exercício, a suspensão, também neste caso, se convolaria em supressão; (iii) os direitos de informação previstos nos arts. 100, § 1°, e 105, o primeiro, por se referir à função registral da companhia, e o segundo, por não se poder afastar, na hipótese, a apreciação judicial do pedido; (iv) direito do acionista de participar diretamente do Conselho Fiscal, à luz do art. 162; (v) o direito de recesso nas hipóteses legalmente previstas, cujo exercício também está sujeito a prazo decadencial e cuja suspensão, portanto, também poderia se tornar irreversível; (vi) o direito de petição e de ação do acionista. Por outro lado, a suspensão do direito de voto (podendo-se suspender, ainda, o direito de voz e participação na assembleia) e do direito de participação nos lucros mediante o recebimento de dividendos seria suficiente para atender à finalidade acautelatória da medida, sob os aspectos patrimonial e participativo (impedir o acionista inadimplente de participar das decisões sobre os rumos da companhia, eleição de administradores e decisões estruturais enquanto não cumprida sua obrigação).[56]

Ainda para MUSSI, no caso específico da suspensão de direitos vincada no descumprimento do dever de integralização das ações subscritas, considerando a exigência prevista no art. 80, II, da LSA,[57] e que a suspensão não poderia atingir a pessoa do sócio, devendo-se limitar ao exercício de direitos relacionados às ações não integralizadas, não poderiam ser suspensos: (i) o direito de participar da assembleia e nela se manifestar (art. 125, p.u.); (ii) o direito de voto proporcional às ações integralizadas (art. 110); e (iii) o direito

56 MUSSI, Luiz Daniel Rodrigues Haj. *Suspensão do exercício de direitos do acionista*. São Paulo: Quartier Latin, 2018, pp. 186-209.

57 "Art. 80. A constituição da companhia depende do cumprimento dos seguintes requisitos preliminares: (...) II - realização, como entrada, de 10% (dez por cento), no mínimo, do preço de emissão das ações subscritas em dinheiro".

de ser convocado e de convocar assembleia, quando atendidos os demais pressupostos do art. 123, "b", "c" e "d", da LSA.[58]

Em recente decisão sobre pedido de interrupção do prazo de convocação de assembleia geral extraordinária, já referida supra,[59] a CVM adotou a posição mais restritiva, na direção da impossibilidade de a suspensão atingir direitos essenciais. Entre os itens da ordem do dia, estava a suspensão dos direitos políticos de acionista minoritário, "em razão de sua conduta em abuso de direito". O abuso em questão estaria relacionado ao chamamento de assembleias gerais extraordinárias, "com o único intuito de satisfazer os interesses persecutórios de seu gestor" e abuso das prerrogativas previstas no art. 123, "c", da Lei n. 6.404/1976, e no art. 37 da Resolução CVM n. 81/2022.

O Colegiado acolheu integralmente o parecer da área técnica[60] e declarou a ilegalidade do referido item da ordem do dia. No que tange aos direitos que podem ser suspensos, afirmou-se que a suspensão não pode afetar direitos essenciais dos acionistas, que nem o estatuto, nem a assembleia, poderiam suprimir, ainda que temporariamente. Destacou-se, no caso, o direito do acionista de fiscalizar a gestão dos negócios sociais.

O entendimento majoritário na doutrina nos parece, porém, acertado, observada a interpretação estrita que adotamos (e que a CVM também já encampou) quanto às obrigações cujo descumprimento autoriza a suspensão de direitos prevista no art. 120.

Há que se proceder, também a propósito dos direitos que podem ser suspensos, a uma interpretação sistemática da lei e teleológica do dispositivo legal. Caso não pudesse atingir os direitos essenciais previstos no art. 109, a suspensão de direitos do acionista prevista

---

58 MUSSI, Luiz Daniel Rodrigues Haj. *Suspensão do exercício de direitos do acionista*. São Paulo: Quartier Latin, 2018, pp. 78/79.

59 Decisão do Colegiado de 25.04.2023, no Processo n. 19957.002748/2023-71, cit.

60 Parecer Técnico n. 31/2023-CVM/SEP/GEA-3, cit.

no art. 120 perderia muito em poder de coerção, e esta é, justamente, sua principal função, como visto.

Ademais, não há supressão de direitos essenciais pela assembleia geral, o que, efetivamente, violaria o art. 109. Há suspensão, autorizada pela própria Lei n. 6.404/1976, sem ressalva quanto aos direitos que pode atingir, cuja cessação e, portanto, tempo de duração, dependem do acionista inadimplente. A suspensão perdurará apenas enquanto o acionista permanecer descumprindo a obrigação legal ou estatutária específica e determinada que deva ser cumprida.[61] Ele pode, inclusive, evitá-la, se, recebida a convocação para a assembleia geral em que a suspensão será deliberada (com a discriminação da obrigação descumprida), cumpri-la antes que o conclave seja realizado.

Outrossim, a suspensão de direitos com fundamento no art. 120 deve ser proporcional ao descumprimento[62] (e, portanto, à finalidade que ela pretende atingir, que é o cumprimento da obrigação descumprida). Entende-se necessário, inclusive, especificar quais são os direitos suspensos.[63] Eventual consideração casuística em relação

---

61 Como observa Mussi, é desnecessária assembleia para avaliar o cumprimento da obrigação, competindo, em regra, à diretoria essa função e o pronto restabelecimento dos direitos do acionista, com fundamento no art. 144 da Lei n. 6.404/1976 (MUSSI, Luiz Daniel Rodrigues Haj. *Suspensão do exercício de direitos do acionista*. São Paulo: Quartier Latin, 2018, pp. 246/247).

62 CAMPINHO, Sergio. *Curso de Direito Comercial*: sociedade anônima. São Paulo: Saraiva, 2023, p. 95 (e-book); ADAMEK, Marcelo Vieira von. *Abuso de minoria em direito societário*. São Paulo: Malheiros, 2014, pp. 351/352; EIZIRIK, Nelson. *A Lei das S/A comentada*: artigos 80 ao 137. vol. 2. 2ª ed. São Paulo: Quartier Latin, 2015, p. 295.

63 CAMPINHO, Sergio. *Curso de direito comercial*: sociedade anônima. São Paulo: Saraiva, 2023, p. 95 (e-book); CARVALHOSA, Modesto. *Comentários à lei de sociedades anônimas*. 3º vol. 6ª ed. São Paulo: Saraiva, 2014, p. 474. Contra o exame de proporcionalidade da suspensão aprovada pela assembleia geral na via judicial ou arbitral: MUSSI, Luiz Daniel Rodrigues Haj. *Suspensão do exercício de direitos do acionista*. São Paulo: Quartier Latin, 2018, pp. 248/249 ("[n]ão cabe ao

ao direito suspenso pode compor o exame de proporcionalidade da medida (adequação, necessidade e proporcionalidade em sentido estrito).[64]

Há, em abalizada doutrina, quem vá ainda mais longe e entenda que, por força do princípio da proibição do *bis in idem*, não se poderia suspender mais de um direito por infração verificada.[65] Este entendimento, porém, não parece encontrar substrato no art. 120 e lhe retira efetividade, ainda que se deva, como dito, atentar à proporcionalidade da medida em relação ao descumprimento verificado e ao objetivo buscado (cumprimento da obrigação inadimplida). Não se vê, na suspensão de mais de um direito, *per se*, como instrumento de coerção para o cumprimento da obrigação descumprida, o apontado *bis in idem*. Tal entendimento está diretamente relacionado à concepção da suspensão prevista no art. 120 como sanção.[66] Mas, como expusemos supra, não é propriamente disso, ou, pelo menos, não é apenas disso, que se trata.

Finalmente, aponta-se que a suspensão não pode ser discriminatória, de modo que todos os acionistas que se encontrem na mesma situação irregular devem ter os mesmos direitos suspensos.[67]

Juiz ou Árbitro qualquer juízo acerca da proporcionalidade da medida, pois, uma vez cumprido o dever, o *status quo ante* é restabelecido").

64 Embora voltado aos atos estatais, mas com explicação sobre a estrutura da regra da proporcionalidade, que se mostra pertinente, em nosso entender, a outros atos emanados do exercício de poder legal (no caso, da assembleia geral), ver: SILVA, Virgílio Afonso da. "O proporcional e o razoável". *Revista dos Tribunais*, nº 798, 2002, pp. 23-50.

65 Nesse sentido: EIZIRIK, Nelson. *A Lei das S/A comentada*: artigos 80 ao 137. vol. 2. 2ª ed. São Paulo: Quartier Latin, 2015, p. 295.

66 EIZIRIK, Nelson. *A Lei das S/A comentada*: artigos 80 ao 137. vol. 2. 2ª ed. São Paulo: Quartier Latin, 2015, pp. 294/295.

67 CARVALHOSA, Modesto. *Comentários à lei de sociedades anônimas*. 3º vol. 6ª ed. São Paulo: Saraiva, 2014, p. 474 (novamente, falando do acionista em mora); MUSSI, Luiz Daniel Rodrigues Haj. *Suspensão do exercício de direitos do acionista*. São Paulo: Quartier Latin, 2018, pp. 249/250.

A par disso tudo, em caso de eventual abuso, pode-se recorrer à via judicial ou arbitral, como se verá adiante.

3 Suspensão de direitos e exclusão de acionista: remédios distintos e não excludentes

Lazzareschi dá notícia da existência de decisões judiciais de acordo com as quais "a lei admite apenas a suspensão de direitos, não a exclusão de acionista, pedido juridicamente impossível, já que a Lei n. 6.404/76 não o deferiria em abstrato".[68]

No mesmo sentido (embora admitindo, em algumas hipóteses, a exclusão de acionista), Tavares Borba destaca a distinção entre a suspensão de direitos e a exclusão, haja vista que a primeira é "medida suasória, destinando-se a estimular o acionista ao cumprimento do dever", ao passo que a exclusão de acionista somente seria cabível "se inadimplente na integralização do capital, ou quando se configura uma situação de fato que, por si mesma, seja capaz de eliminar a titularidade acionária".[69]

Em realidade, a suspensão de direitos e a exclusão são medidas diversas, com hipóteses de cabimento e finalidades distintas e, portanto, infungíveis e não excludentes entre si (embora, por óbvio, uma vez decretada e efetivada a exclusão, não há cogitar-se de suspensão de direitos).

Como dito e redito, a suspensão de direitos do art. 120 é instrumento de coerção do acionista para o cumprimento de uma obrigação legal ou estatutária determinada, objetivamente verificável, que faz cessar a suspensão. A finalidade desta medida deve ser unicamente o cumprimento de uma obrigação específica inadimplida.

---

68 LAZZARESCHI NETO, Alfredo Sérgio. *Lei das S. A. Comentada e Anotada*. 6ª ed. São Paulo: Quartier Latin, 2020, p. 392.

69 BORBA, José Edwaldo Tavares. *Direito Societário*. 19ª ed. Barueri: Atlas, 2022, pp. 335/336 e nota 9 (e-book).

Outras são as situações que, em tese, podem levar à exclusão de acionista, como a prática de uma "série de comportamentos específicos do sócio que se mostram nocivos ou prejudiciais à atividade social" ou a "comprovação de descumprimento do dever de colaboração e/ou do dever de lealdade por parte do sócio",[70] que caracterizem falta grave[71] [72] e/ou levem à inexequibilidade do fim social.[73] Neste

---

70 PRADO, Maria da Glória Ferraz de Almeida. *Exclusão do controlador na sociedade anônima*: uma análise de admissibilidade e conveniência. Rio de Janeiro: Lumen Iuris, 2018, pp. 55 e 169.

71 Como bem define Adamek, falta grave é "ato de inegável gravidade que, tendo pertinência com a posição jurídica de sócio, inviabilize ou coloque em risco a própria continuidade da atividade social", tratando-se de "conceito legal indeterminado que deve ser concretizado à luz da realidade específica da sociedade". Cf. ADAMEK, Marcelo Vieira von. "Anotações sobre a exclusão de sócio por falta grave no regime do Código Civil". *In*: ______ (Coord.). *Temas de Direito Societário e Empresarial Contemporâneos*: *Liber Amicorum* Prof. Dr. Erasmo Valladão Azevedo e Novaes França. São Paulo: Malheiros, 2011, pp. 189/190.

72 Já decidiu o Superior Tribunal de Justiça que se aplica à sociedade anônima, por analogia, o que dispõe o art. 1.030 do Código Civil (ver, por exemplo, REsp 917.531/RS, 4ª T., Rel. Min. Luis Felipe Salomão, j. em 17.11.2011, DJe de 01.02.2012). Mesmo após a entrada em vigor do Código de Processo Civil de 2015, não faz sentido que não se possa excluir judicialmente acionista que está colocando em risco a empresa, em razão da prática de falta grave, se, a partir da disciplina legal das sociedades anônimas, não há outro modo eficiente de neutralizá-lo – como vimos aqui, o art. 120 da Lei n. 6.404/1976 não tem esta finalidade, nem este alcance. No mesmo sentido, ver: FRANÇA, Erasmo Valladão Azevedo e Novaes; ADAMEK, Marcelo Vieira von. *Direito Processual Societário*: comentários breves ao CPC/2015. 3ª ed. São Paulo: Malheiros, 2022, pp. 54/55.

73 Hipótese de dissolução total, substituível pela parcial (*minus*), prevista no art. 206, II, "b", da Lei n. 6.404/1976, e de dissolução parcial de sociedade anônima fechada, prevista no art. 599, § 2°, do CPC. Entendemos que este dispositivo não revogou, nem limitou o alcance do primeiro; tão somente, incorporou entendimento jurisprudencial que, à época da elaboração do projeto que deu origem ao CPC, havia prevalecido, no Superior Tribunal de Justiça, sobre a matéria. Sobre a evolução da jurisprudência do Superior Tribunal de Justiça

caso, a exclusão do acionista (medida dotada de definitividade, ao contrário da suspensão de direitos do art. 120) seria necessária para proteger e preservar a empresa. Esse objetivo não seria logrado com a suspensão temporária de direitos para cumprimento de uma obrigação específica e determinada.

Como já bem se posicionou a CVM, a suspensão de direitos prevista no art. 120 não se presta a solucionar conflitos ou situação de disputa entre acionistas.[74] Nesta mesma linha, não se presta a permitir que se obtenha resultado equivalente, em qualquer medida, ao da exclusão de sócio, por meio da suspensão de todos os direitos políticos e econômicos do acionista, ou, mesmo, apenas, de direitos políticos – pois, no exercício destes, estaria o problema –, por tempo indeterminado, sob fundamentos genéricos como abuso de direito e descumprimento do dever de lealdade e/ou boa-fé do acionista, cuja cessação implica que o acionista se abstenha de exercer direitos que a lei ou o estatuto lhe confere e/ou cujo cumprimento não é objetivamente aferível.

Entendimento diverso daria grande margem para abuso do acionista controlador, pois seria fácil para este aprovar, em assembleia geral, a suspensão de direitos de acionista que o está incomodando, inclusive, de direitos essenciais, como o de fiscalização dos negócios sociais. Eventual contestação da deliberação social de suspensão de direitos na via judicial ou arbitral poderia levar longo tempo para ser decidida, sem que sequer tutela provisória para sustar seus efeitos

no tema, envolvendo, inclusive, exclusão de acionista, ver: VIEIRA, Maíra de Melo. *Dissolução parcial de sociedade anônima*: construção e consolidação no Direito brasileiro. São Paulo: Quartier Latin, 2013, pp. 259-309. Quanto à não revogação do art. 206, II, "b", da Lei n. 6.404/1976, pelo art. 599, § 2º, do CPC, ver, também: FRANÇA, Erasmo Valladão Azevedo e Novaes; ADAMEK, Marcelo Vieira von. *Direito Processual Societário*: comentários breves ao CPC/2015. 3ª ed. São Paulo: Malheiros, 2022, p. 54 e nota 57.

74 Cf. Parecer Técnico n. 31/2023-CVM/SEP/GEA-3, cit.; Relatório nº 79/2016-CVM/SEP/GEA-3, cit.

se lograsse obter, aos fundamentos de se prestigiar a decisão da assembleia geral, aplicar-se o denominado "princípio da intervenção mínima" (ainda que, no caso, a intervenção se mostre necessária e adequada) e de ser necessária dilação probatória para a prova do abuso de voto do controlador no caso.

Outra situação, aventada por Adamek, seria pedido de tutela provisória tendo por objeto a suspensão de direitos de acionista (notadamente, do direito de voto), tendo como pedido principal a exclusão do acionista.[75] Neste caso, a suspensão não seria fundada no art. 120; teria seus fundamentos atrelados aos do pedido final de exclusão.

4 O art. 120 da LSA na jurisprudência do TJSP e na CAM/B3

Como adiantamos supra, caso haja abuso na deliberação de aprovação da suspensão de direitos do acionista ou, ainda, na manutenção indevida da medida, mesmo após cumprida a obrigação, o

---

75 ADAMEK, Marcelo Vieira von. *Abuso de minoria em direito societário*. São Paulo: Malheiros, 2014, pp. 356/357.

acionista poderá socorrer-se do Poder Judiciário[76] ou da via arbitral[77] (se houver cláusula compromissória no estatuto social), inclusive para buscar tutela de urgência ou emergência que resguarde ou restabeleça seus direitos. Como observam Teixeira e Guerreiro, neste caso, o pedido principal seria o de anulação da deliberação social que aprovou (ou indevidamente manteve, se submetida a questão à

76 TEIXEIRA, Egberto Lacerda; GUERREIRO, José Alexandre Tavares. *Das sociedades anônimas no Direito brasileiro*. São Paulo: Bushatsky, 1979, p. 270. No mesmo sentido, já asseverava Ascarelli, embora destacando a parte do art. 85 do Decreto-Lei n. 2.627/1940 não reproduzida no art. 120 da Lei n. 6.404/1976: "[e]sta faculdade (especialmente levando em conta a referência a medida de interesse coletivo) é, sem dúvida, muito grave e perigosa (...). De qualquer forma, entretanto, cumpre, na interpretação do art. 85, adotar uma orientação restritiva, admitindo, de outro lado, a possibilidade de a autoridade judiciária anular a deliberação assemblear de suspensão quando viciada por abuso de poder ou contraste com os bons costumes" (ASCARELLI, Tullio. *Problemas das sociedades anônimas e Direito Comparado*. São Paulo: Quorum, 2008, pp. 548/549). Em posição aparentemente mais restritiva, Mussi entende que cabe controle judicial ou arbitral apenas quanto à existência de inadimplemento apto a caracterizar a violação da lei ou do estatuto, "a ser aferida diante das circunstâncias do caso concreto", e a aspectos formais da assembleia ("não observância do método ou procedimento assemblear"), por exemplo, irregularidade na convocação ou na instalação. Não elenca, por exemplo, entre as hipóteses de controle jurisdicional, a suspensão de direito que ele mesmo defende não ser passível de suspensão. Ver: MUSSI, Luiz Daniel Rodrigues Haj. *Suspensão do exercício de direitos do acionista*. São Paulo: Quartier Latin, 2018, pp. 247/248.

77 Müssnich e Melo, tratando especificamente da "Brazilian pill" estatutária, também destacam a possibilidade de recurso à via judicial ou arbitral pelo acionista que se entender prejudicado (MÜSSNICH, Francisco Antunes Maciel; MELO, Vitor de Britto Lobão. "Análise prática e considerações sobre a realidade e a aplicação das medidas de proteção à tomada hostil de controle nos estatutos sociais das companhias abertas brasileiras (Brazilian pills)". *In*: SILVA, Alexandre Couto. *Direito societário*: estudos sobre a lei de sociedades por ações. São Paulo: Saraiva, 2012, p. 120).

assembleia geral) a suspensão, cumulado, se for o caso, com pedido de indenização pelos prejuízos causados ao acionista.[78]

Diversamente desses autores, porém, entendemos que eventual pedido cumulado de indenização, nesta hipótese, deve ser formulado contra o acionista que votou abusivamente para a aprovação ou manutenção ilegal da suspensão, não contra a sociedade.[79] [80] Isso porque, embora a assembleia geral seja órgão da sociedade, o próprio acionista prejudicado pela suspensão de seus direitos também será prejudicado se for a sociedade a responsável por "pagar a conta" do abuso de outro(s) acionista(s). Essa solução não se mostra sistematicamente coerente, como evidencia a disciplina legal do voto viciado (por abuso ou por conflito de interesses), que atribui exclusivamente ao acionista a responsabilidade pelos prejuízos causados por voto abusivo ou conflitado, inclusive nos casos em que cabível, também,

---

78 TEIXEIRA, Egberto Lacerda; GUERREIRO, José Alexandre Tavares. *Das sociedades anônimas no Direito brasileiro*. São Paulo: Bushatsky, 1979, p. 270.

79 Nesse sentido, ver: WALD, Arnoldo. "Da irresponsabilidade da sociedade anônima por decisões nulas ou abusivas da assembleia geral". *Revista de Informação Legislativa*, vol. 10, nº 37, jan./mar. 1973, pp. 49-58; COMPARATO, Fábio Konder; SALOMÃO FILHO, Calixto. *O poder de controle na sociedade anônima*. 6ª ed. Rio de Janeiro: Gen/Forense, 2014, p. 348 (tratando da responsabilidade por abuso do poder de controle praticado no âmbito da assembleia geral).

80 Como já apontado em outra oportunidade, na esteira das lições de França, a legitimidade passiva para a ação de anulação de deliberação assemblear é sempre da companha, mas pode haver pedidos cumulados em face de uma pluralidade de réus, como é o caso da anulação (pedido cuja parte passiva é a sociedade) cumulada com pedido indenizatório em face do acionista controlador ou do acionista que votou com conflito de interesses (o mesmo se aplica em caso de abuso de voto). Ver: TEMPLE, Maíra de Melo Vieira. "Aspectos materiais e processuais do regime de invalidades das assembleias gerais de sociedade anônima". *In*: CUNHA, Fernando Antonio Maia da; LAZZARESCHI NETO, Alfredo Sérgio. *Direito Empresarial Aplicado*. vol. 2. São Paulo: Contracorrente, 2022, pp. 182/183.

a anulação da deliberação social, para cuja aprovação o voto viciado tenha sido determinante (art. 115, §§ 3º e 4º, da LSA).

Em que pesem essas considerações, e a despeito das situações iníquas que podem ser criadas a partir de uma aplicação equivocada ou mal-intencionada do art. 120 da LSA, o tema pouco aparece na jurisprudência.

4.1 Jurisprudência do TJSP

No âmbito do TJSP,[81] foram encontrados 10 (dez) acórdãos tratando do art. 120 da LSA.[82] Em 5 (cinco) deles (sendo quatro

---

81 A pesquisa foi realizada no sistema de consulta online de jurisprudência do TJSP (https://esaj.tjsp.jus.br/cjsg/consultaCompleta.do), entre os dias 30/11/2023 a 3/12/2023, com os seguintes termos: "suspensão" e "acionista" e "direito". A pesquisa contemplou apenas acórdãos, prolatados em recursos de apelação, agravos de instrumento, agravos internos e embargos de declaração.

82 TJSP; Agravo de Instrumento 2214673-48.2021.8.26.0000; Relator: Jorge Tosta; Órgão Julgador: 2ª Câmara Reservada de Direito Empresarial; Foro Central Cível – 2ª Vara Empresarial e Conflitos de Arbitragem; Data do Julgamento: 12/04/2022; Data de Registro: 15/04/2022; TJSP; Apelação Cível 1014124-35.2017.8.26.0564; Relator: Fortes Barbosa; Órgão Julgador: 1ª Câmara Reservada de Direito Empresarial; Foro de São Bernardo do Campo – 9ª Vara Cível; Data do Julgamento: 06/11/2019; Data de Registro: 07/11/2019; TJSP; Apelação Cível 1010342-59.2014.8.26.0100; Relator: Ricardo Negrão; Órgão Julgador: 2ª Câmara Reservada de Direito Empresarial; Foro Central Cível – 3ª Vara Cível; Data do Julgamento: 25/05/2016; Data de Registro: 21/06/2016; TJSP; Apelação Cível 1110623-86.2015.8.26.0100; Relator: Francisco Loureiro; Órgão Julgador: 1ª Câmara Reservada de Direito Empresarial; Foro Central Cível – 10ª Vara Cível; Data do Julgamento: 13/07/2016; Data de Registro: 14/07/2016; TJSP; Agravo de Instrumento 2111957-16.2016.8.26.0000; Relator: Fabio Tabosa; Órgão Julgador: 2ª Câmara Reservada de Direito Empresarial; Foro Central Cível – 6ª Vara Cível; Data do Julgamento: 15/08/2016; Data de Registro: 17/08/2016; TJSP; Agravo de Instrumento 0031253-26.2011.8.26.0000; Relator: A.C. Mathias Coltro; Órgão Julgador: 5ª Câmara de Direito Privado; Foro de

prolatados em cognição sumária e um em cognição exauriente), o Tribunal se manifestou a respeito de questões relevantes sobre a medida de suspensão do exercício de direitos dos acionistas.[83]

O entendimento exarado nesses casos pode ser assim sintetizado:

(i) Os fundamentos para a deliberação de suspensão dos direitos dos acionistas com fulcro no art. 120 da LSA devem ser indicados de forma clara (no caso, constava, como objeto da deliberação, a suspensão dos "direitos dos acionistas que se encontram em situações de conflito de interesses e concorrência com a Companhia").[84]

Pirassununga – 1ª Vara Judicial; Data do Julgamento: 03/08/2011; Data de Registro: 10/08/2011; TJSP; Agravo de Instrumento 9049950-83.2004.8.26.0000; Relator: Joaquim Garcia; Órgão Julgador: 8ª Câmara de Direito Privado; Foro Central Cível – 19ª Vara Cível; Data do Julgamento: N/A; Data de Registro: 24/06/2005; TJSP; Medida 9048014-86.2005.8.26.0000; Relator: Ribeiro da Silva; Órgão Julgador: 8ª Câmara de Direito Privado; Foro Central Cível - São Paulo; Data do Julgamento: N/A; Data de Registro: 06/05/2005; TJSP; Apelação Com Revisão 9067575-33.2004.8.26.0000; Relator: J. G. Jacobina Rabello; Órgão Julgador: 4ª Câmara de Direito Privado; Foro Central Cível – 22ª Vara Cível; Data do Julgamento: N/A; Data de Registro: 05/11/2005; TJSP; Agravo de Instrumento 9013234-33.1999.8.26.0000; Relator: Boris Kauffmann; Órgão Julgador: 5ª Câmara de Direito Privado A; Foro de Guarulhos – 9ª Vara Cível; Data do Julgamento: N/A; Data de Registro: 24/11/1999.

83 Nos demais casos, (i) a suspensão compunha o pano de fundo fático da demanda, não sendo objeto de manifestação expressa pelo TJSP (Agravo de Instrumento 2214673-48.2021.8.26.0000; Apelação Cível 1014124-35.2017.8.26.0564; Apelação Cível 1010342-59.2014.8.26.0100); ou (ii) embora tenha se decidido pela aplicação do art. 120 da LSA, não há exame de seus requisitos (Agravo de Instrumento 0031253-26.2011.8.26.0000; Apelação Com Revisão 9067575-33.2004.8.26.0000).

84 Agravo de Instrumento 2111957-16.2016.8.26.0000; Relator: Fabio Tabosa; Órgão Julgador: 2ª Câmara Reservada de Direito Empresarial; Foro Central Cível – 6ª Vara Cível; Data do Julgamento: 15/08/2016; Data de Registro: 17/08/2016 ("[n]esse sentido, afigura-se relevante a argumentação em torno da precariedade dos fundamentos para a

(ii) A suspensão do exercício de direitos de acionista somente poderia ser deliberada em assembleia geral extraordinária, com expressa inclusão da matéria na ordem do dia, considerando a gravidade da medida.[85]

(iii) O descumprimento de obrigação, autorizador da suspensão prevista no art. 120, deve estar amparado em "elementos seguros, hauridos de dilação probatória e com amplo contraditório, sob pena de configurar-se em medida drástica e sem respaldo".[86]

---

suspensão de seus direitos, justificada pelos demais sócios à luz do art. 120 da Lei n. 6.404/76. Tal dispositivo fala em infração à lei ou ao estatuto, não tendo, contudo, qualquer das violações sido apontada de forma clara nas explicações lançadas na assembleia, conforme se vê da ata respectiva – fls. 337/344 deste instrumento – e bem assim da transcrição, em ata notarial, dos registros em áudio feitos na oportunidade – fls. 359/378 deste instrumento. (...) A deliberação da assembleia, do modo em que realizada, sem que tenham sido devidamente apontados os motivos para a suspensão dos direitos dos acionistas, recomenda cautela, principalmente se considerada a seriedade de tal medida restritiva de direitos").

85 Agravo de Instrumento 9013234-33.1999.8.26.0000; Relator: Boris Kauffmann; Órgão Julgador: 5ª Câmara de Direito Privado A; Foro de Guarulhos – 9ª Vara Cível; Data do Julgamento: N/A; Data de Registro: 24/11/1999 ("[o] exame desse dispositivo [art. 120 da LSA] com o art. 132 da mesma Lei indica, numa aferição preliminar, que tal matéria somente pode ser deliberada em assembléia geral extraordinária, com expressa inclusão na ordem do dia, dada a gravidade da medida, que retira, ainda que temporariamente, direitos do Acionista. Ora, a deliberação foi tomada em assembléia geral ordinária, e a matéria incluída no tópico 'outros assuntos', havendo, assim, verossimilhança quanto à alegação formulada. E, impedido de votar e de fiscalizar os atos da sociedade, apesar do volume de capital, o risco de dano irreparável é patente, justificando a antecipação parcial dos efeitos da tutela").

86 Agravo de Instrumento 9049950-83.2004.8.26.0000; Relator: Joaquim Garcia; Órgão Julgador: 8ª Câmara de Direito Privado; Foro Central Cível – 19ª Vara Cível; Data do Julgamento: N/A; Data de Registro: 24/06/2005. Observa-se que, no caso, embora o acórdão faça referência ao art. 120, a suspensão do direito de voto foi deferida pelo juiz (não pela assembleia geral), com fundamento em suposto descumprimento

(iv) A suspensão de direitos do acionista não pode ser deliberada "sem prova efetiva do descumprimento da lei ou do estatuto, nos termos do art. 120 da LSA", ou com fundamento em "mera suspeita".[87]

(v) A decisão a respeito da suspensão do exercício de direitos de acionista, ainda que sob a alegação de abuso de direito, compete exclusivamente à assembleia geral, como prevê o art.

---

de obrigações constantes em "convênios operacionais", apurado em auditoria particular. Ao que se extrai do acórdão, o caso parecia discutir, em realidade, pretensão exercida em juízo para impedir o exercício do direito de voto de acionista com fundamento em conflito de interesses (aponta-se que a decisão recorrida havia acolhido em parte "o pedido de tutela antecipada formulado pela autora-agravada, e decretou a suspensão do direito do voto da agravante, de forma ampla e genérica, relativamente aos negócios sociais em que a ré tenha interesse direto, em especial àquelas relativas a ações judiciais em que ela seja parte").

87 Apelação Cível 1110623-86.2015.8.26.0100; Relator: Francisco Loureiro; Órgão Julgador: 1ª Câmara Reservada de Direito Empresarial; Foro Central Cível – 10ª Vara Cível; Data do Julgamento: 13/07/2016. No caso, a suspensão dos direitos da acionista pela assembleia geral havia se fundado em suposta fraude consistente em sobrevalorização dos softwares utilizados pela acionista para a integralização das ações subscritas. O TJSP entendeu que não estava comprovado o descumprimento de obrigação legal ou estatutária pela acionista, como exige o art. 120 da LSA, pendente auditoria para apurar a alegada sobrevalorização dos programas. Decidiu-se que a suspensão, "antes da verificação da alegada fraude", havia sido "abusiva e prematura".

120. O Poder Judiciário apenas poderia ser acionado quanto ao resultado da assembleia.[88] [89]

Esses julgados, embora sejam poucos e não tratem de todos os principais aspectos que envolvem o tema, sinalizam, de um lado, cautela do TJSP no trato de medidas de suspensão de direitos dos acionistas, em prol da segurança jurídica e da coibição de abusos; mas, de outro, incerteza quanto ao alcance e limites da regra do art. 120 da LSA. Revelam, ainda, alguma falta de clareza quanto ao que é a suspensão do exercício de direitos de acionistas com fundamento

---

88 TJSP; Medida 9048014-86.2005.8.26.0000; Relator: Ribeiro da Silva; Órgão Julgador: 8ª Câmara de Direito Privado; Foro Central Cível – São Paulo; Data do Julgamento: N/A; Data de Registro: 06/05/2005. No caso, tratava-se de pedido de tutela cautelar incidental, invocando o art. 120 da LSA, para suspensão judicial dos direitos de acionista minoritária, à exceção do direito de receber dividendos obrigatórios, no âmbito de ação revocatória de doação das ações a que se referiam tais direitos, sob o fundamento de que a acionista "pelo uso abusivo de seus direitos de acionista está causando o seu direito de voto sérios danos, porque devidamente convocada não comparece as assembléias gerais de acionistas e depois tenta anular as deliberações judicialmente; que por três vezes requereu apresentação dos livros comerciais e sociais da sociedade e através da imprensa divulga notícias falsa e difamantes" (sic). Registrando haver dissídio doutrinário sobre o alcance do art. 120 e "os limites de sua aplicação pela assembleia geral", entendeu-se que a questão era "interna corporis" e deveria ser resolvida pela assembleia geral, sendo o pedido, formulado em juízo, juridicamente impossível.

89 No mesmo sentido: TJSP; Apelação Com Revisão 9067575-33.2004.8.26.0000; Relator: J. G. Jacobina Rabello; Órgão Julgador: 4ª Câmara de Direito Privado; Foro Central Cível – 22ª Vara Cível; Data do Julgamento: N/A; Data de Registro: 05/11/2005. No caso, manteve-se a improcedência de reconvenção que visava à "suspensão do exercício dos direitos de acionistas [autores-reconvindos], de modo a deixarem de atuar contra os interesses da sociedade, levados por interesses subalternos", sem enfrentar, contudo, diretamente, a questão, nem mencionar o art. 120. O relatório refere entendimento exarado pelo Ministério Público, acolhido na sentença, que foi mantida, segundo o qual "[a] reconvenção (...) cuida de matéria do âmbito da competência estrita da sociedade, não podendo a suspensão de sócio ser imposta pelo Judiciário".

no art. 120 da LSA, e o que é suspensão do exercício de direitos de acionista pela via judicial, inclusive a título de tutela cautelar, com outro fundamento, procedente ou não – como, inclusive, já decidiu o TJSP em outros casos.[90]

4.2 Ementário de sentenças arbitrais da CAM/B3

Na 6ª edição do Ementário de Sentenças Arbitrais da CAM/B3,[91] há apenas um caso que menciona o art. 120 da LSA.[92]

---

90 Ver, por exemplo: TJSP; Agravo de Instrumento 2071179-57.2023.8.26.0000; Relator: Maurício Pessoa; Órgão Julgador: 2ª Câmara Reservada de Direito Empresarial; Foro Central Cível – 2ª Vara Empresarial e Conflitos de Arbitragem; Data do Julgamento: 30/06/2023; Data de Registro: 30/06/2023. No caso, discutia-se a integralização de capital e de aumento de capital com direitos creditórios ilíquidos. O Tribunal, diante de aparentes irregularidades nos direitos creditórios utilizados para integralização, deliberou pela suspensão "dos direitos políticos, sociais e econômicos (especialmente o direito de voto) do Fundo MKS em relação às 25.102.200 integralizadas e do Camaçari Fundo em relação às 40.270.909 de ações emitidas, subscritas e integralizadas, a fim de que os agravados sejam impedidos de praticar quaisquer atos societários ou manifestações de voto envolvendo as referidas ações até o julgamento do recurso pelo Colegiado". Considerou-se "que a integralização e a emissão de novas ações têm um impacto significativo e irreversível na dinâmica da Companhia, tendo em vista suas implicações na composição societária, na aprovação de matérias relevantes, na estrutura financeira da sociedade e, sobretudo, no capital social da companhia". A suspensão não foi fundamentada no art. 120 da LSA, mas nas aparentes irregularidades identificadas no ativo utilizado para integralização das ações pelos Fundos.

91 CÂMARA DO MERCADO ARBITRAGEM. *Ementário de Sentenças Arbitrais*. Disponível em: https://www.camaradomercado.com.br/pt-br/ementario.html. Acessado em: 01.03.2024.

92 Em outro caso, constante do Ementário (ementa n. 36.3.2.2019, sentenciado em 31.07.2019), discutia-se a suspensão dos direitos políticos de cotista de fundo de investimento em participações com fundamento no inadimplemento, pelo cotista, da obrigação de responder a chamada de capital extraordinária, decorrente da verificação de patrimônio líquido negativo do fundo (art. 15 da Instrução CVM n. 555/2014). Ao que

No caso em questão,[93] discutia-se a aplicação de dispositivo estatutário de acordo com o qual, na hipótese de o acionista não cumprir obrigação de realização de OPA imposta por tal dispositivo, caberia ao conselho de administração da companhia convocar assembleia geral extraordinária, na qual o acionista considerado inadimplente não poderia votar, com a finalidade de deliberar sobre a suspensão de seus direitos essenciais, nos termos do art. 120 da LSA. O Tribunal Arbitral concluiu que a realização da OPA era desnecessária, de modo que, aparentemente, eventual discussão sobre o art. 120 nesse contexto ficou prejudicada.

Como sabido, a confidencialidade a que está sujeita a maioria dos procedimentos arbitrais é, atualmente, grande óbice para que se conheça, com real extensão, o que tem sido decidido em matéria societária. Quanto ao art. 120, não é diferente, como se evidencia pelo único caso supra noticiado.

Conclusão

O art. 120 não está entre as disposições da Lei n. 6.404/1976 mais lembradas, invocadas e discutidas, na doutrina, na jurisprudência e, mesmo, nas salas de aula dos cursos de graduação e pós-graduação

consta da ementa, o Tribunal Arbitral entendeu pela impossibilidade de suspensão, considerando que "[o] regulamento não prevê a suspensão dos direitos políticos do cotista no caso de não atendimento da chamada extraordinária de capital, mas apenas para os casos de inadimplência sobre valores constantes no boletim de subscrição. Assim, de rigor o restabelecimento dos direitos políticos do cotista suspensos em razão do não atendimento à chamada de capital extraordinária". Colaciona-se o caso apenas a título de informação, observando-se que, embora a discussão fosse sobre suspensão de direitos pela assembleia geral, tratava-se de fundo de investimento em participações, não de sociedade anônima, e não há nenhuma indicação, na ementa, de que o art. 120 da LSA tenha sido, de algum modo, invocado pelas partes nos debates ou pelo Tribunal Arbitral, na decisão.

93 Ementa n. 17.1.3.2020, sentença arbitral de 01.12.2014.

das Faculdades de Direito. Isso leva a que seu papel no sistema da Lei e seu potencial de geração de conflitos sejam, por vezes, olvidados.

Provocados a refletir sobre o tema, por alguns dos maiores conhecedores do direito societário e, mais especificamente, das sociedades anônimas, no Brasil, na atualidade, mergulhamos no estudo dessa figura e dele emergimos mais ciosos da importância de sua correta compreensão e aplicação, seja no ambiente interno da companhia, seja nas vias administrativa e jurisdicional, a fim de evitar que seja utilizado como instrumento de abuso de poder e enfraquecimento dos direitos da minoria, ou, no outro extremo, invocado como óbice à exclusão definitiva de acionista, nos casos em que isso se justifique.

Que estas nossas breves considerações, voltadas aos principais pontos de debate e controvérsia sobre o tema, possam contribuir para isso.

Referências bibliográficas

ADAMEK, Marcelo Vieira von. "Anotações sobre a exclusão de sócio por falta grave no regime do Código Civil". *In*: ______. (Coord.). *Temas de Direito Societário e Empresarial Contemporâneos: Liber Amicorum* Prof. Dr. Erasmo Valladão Azevedo e Novaes França. São Paulo: Malheiros, 2011.

______. *Abuso de minoria em direito societário*. São Paulo: Malheiros, 2014.

ASCARELLI, Tullio. *Problemas das sociedades anônimas e Direito Comparado*. São Paulo: Quorum, 2008.

BORBA, José Edwaldo Tavares. *Direito Societário*. 19ª ed. Barueri: Atlas, 2022 (e-book).

CÂMARA DO MERCADO. *Ementário de Sentenças Arbitrais*. Disponível em: https://www.camaradomercado.com.br/pt-br/ementario.html. Acessado em: 11.12.2023.

CAMPINHO, Sergio. *Sociedade anônima*. 5ª ed. São Paulo: Saraiva, 2020.

______. *Curso de Direito Comercial*: sociedade anônima. São Paulo: Saraiva, 2023 [e-book].

CARVALHOSA, Modesto; KUYVEN, Fernando. *Comentários à lei de sociedade anônima*. vol. 2. 4ª ed. São Paulo: Saraiva, 2009.

______. *Tratado de Direito Empresarial*: sociedades anônimas. vol. 3. 2ª ed. São Paulo: Thomson Reuters, 2018.

COMPARATO, Fábio Konder; SALOMÃO FILHO, Calixto. *O poder de controle na sociedade anônima*. 6ª ed. Rio de Janeiro: Gen/Forense, 2014.

CORRÊA-LIMA, Osmar Brina. *Sociedade Anônima*. 2ª ed. Belo Horizonte: Del Rey, 2003.

CRAVEIRO, Mariana Conti. *Contratos entre sócios*: interpretação e direito societário. São Paulo: Quartier Latin, 2013.

EIZIRIK, Nelson. *A Lei das S/A comentada*: artigos 80-137. vol. 2. 2ª ed. São Paulo: Quartier Latin, 2015.

FERREIRA, Waldemar. *Tratado de Direito Comercial*: o estatuto da sociedade por ações. vol. 4. São Paulo: Saraiva, 1961.

FRANÇA, Erasmo Valladão Azevedo e Novaes; ADAMEK, Marcelo Vieira von. *Direito Processual Societário*: comentários breves ao CPC/2015. 3ª ed. São Paulo: Malheiros, 2022.

GONÇALVES NETO, Alfredo de Assis. *Manual das Companhias ou Sociedades Anônimas*. 3ª ed. São Paulo: Malheiros, 2008.

LAZZARESCHI NETO, Alfredo Sérgio. *Lei das S. A. Comentada e Anotada*. 6ª ed. São Paulo: Quartier Latin, 2020.

MUSSI, Luiz Daniel Rodrigues Haj. *Suspensão do exercício de direitos do acionista*. São Paulo: Quartier Latin, 2018.

MÜSSNICH, Francisco Antunes Maciel; MELO, Vitor de Britto Lobão. "Análise prática e considerações sobre a realidade e a aplicação das medidas de proteção à tomada hostil de controle nos estatutos sociais das companhias abertas brasileiras (*Brazilian pills*)". *In*: SILVA, Alexandre Couto. *Direito societário*: estudos sobre a lei de sociedades por ações. São Paulo: Saraiva, 2012.

PEIXOTO, Carlos Fulgêncio da Cunha. *Sociedade por ações*. vol. 2. São Paulo: Saraiva, 1972.

PRADO, Maria da Glória Ferraz de Almeida. *Exclusão do controlador na sociedade anônima*: uma análise de admissibilidade e conveniência. Rio de Janeiro: Lumen Iuris, 2018.

REQUIÃO, Rubens. *Curso de Direito Comercial*. vol. 2. 22ª ed. São Paulo: Saraiva, 2000.

SILVA, Virgílio Afonso da. "O proporcional e o razoável". *Revista dos Tribunais*, nº 798, 2002.

TEIXEIRA, Egberto Lacerda; GUERREIRO, José Alexandre Tavares. *Das sociedades anônimas no Direito brasileiro*. São Paulo: Bushatsky, 1979.

TEMPLE, Maíra de Melo Vieira. "Aspectos materiais e processuais do regime de invalidades das assembleias gerais de sociedade anônima". *In*: CUNHA, Fernando Antonio Maia da; LAZZARESCHI NETO, Alfredo Sérgio. *Direito Empresarial Aplicado*. vol. 2. São Paulo: Contracorrente, 2022.

VALVERDE, Trajano de Miranda. *Sociedades por ações*: comentários ao decreto-lei n. 2.627, de 26 de setembro de 1940. vol. 2. 2ª ed. Rio de Janeiro: Forense, 1953.

VIEIRA, Maíra de Melo. *Dissolução parcial de sociedade anônima*: construção e consolidação no Direito brasileiro. São Paulo: Quartier Latin, 2013.

WALD, Arnoldo. "Da irresponsabilidade da sociedade anônima por decisões nulas ou abusivas da assembleia geral". *Revista de Informação Legislativa*, vol. 10, nº 37, jan./mar. 1973.

CAPÍTULO XVII

A NOVA DISCIPLINA DAS GARANTIAS E SEUS IMPACTOS NA SATISFAÇÃO DOS CRÉDITOS

MARCELO BARBOSA SACRAMONE

GABRIEL DE ORLEANS E BRAGANÇA

Introdução

O Projeto de Lei n. 4.188/21, sancionado no dia 30.10.23, deu lugar à promulgação da Lei n. 14.771/23, então reconhecida como Marco Legal das Garantias. O ato normativo veio à lume para incentivar o mercado de crédito no Brasil e como forma de se assegurar o desenvolvimento econômico nacional.

Decerto, a grande morosidade e ineficácia do processo de execução brasileiro afetam a qualidade do crédito no Brasil. Conforme dados da Accenture para 2018, a taxa de recuperação das garantias no Brasil é muito baixa na comparação internacional. Recupera-se apenas 14,6% do valor das garantias no Brasil, contra 85,3% no Reino Unido e 41,6% no Chile.[1]

Pelo novo Marco Legal das Garantias, propõe-se a alteração desse cenário. Com o aprimoramento da disciplina das garantias no Direito brasileiro, pretendeu-se desburocratizar a utilização de bens, como forma para reduzir os custos de gerenciamento, aumentar a efetividade das operações de crédito, com a redução das taxas de juros e fomento à disponibilidade de recursos financeiros na economia.

Como se verá, no entanto, as importantes alterações legislativas empreendidas carecem de interpretação consentânea aos seus objetivos e que mitiguem os custos de transação.[2] Ao intérprete, com efeito, haverá espaço para grandes debates, sobretudo quando analisados os efeitos da norma no campo do direito da insolvência, e que tornam imprescindível a análise cuidadosa de todos os seus efeitos.

1 A possibilidade de compartilhamento de garantias

Para estímulo ao crédito, notadamente imobiliário, o Marco Legal previu que as garantias poderão ser compartilhadas entre

1 BRASIL. *Projeto de Lei n. 4.188*, de junho de 2021. Disponível em: https://www.camara.leg.br/proposicoesWeb/prop_mostrarintegra?codteor=2179965. Acessado em: 29.02.2024.

2 "Custos de Transação são aqueles necessários para a efetivação de transações comerciais e abarcam todo tipo de custo ou dificuldade que um agente pode ter para alcançar o negócio pretendido por ele". (...) Os custos de transação podem ser de três tipos: (i) custos de procura e obtenção de informações; (ii) custos de negociação; e (iii) custos para garantir a execução do contrato". (TIMM, Luciano Benetti; BERNARDES, Lucas Petri. "Análise econômica dos contratos empresariais". *In*: SZTAJN, Raquel; SALLES, Marcos Paulo de Almeida; TEIXEIRA, Tarcísio (Coord.). *Direito Empresarial*: estudos em homenagem ao professor Haroldo Malheiros Duclerc Verçosa. São Paulo: IASP, 2005, p. 44). No mesmo sentido, vide: CAVALLI, Cássio. *Empresa, Direito e economia*. Rio de Janeiro: Forense, 2013, pp. 172/173.

os credores ou poderá ser constituída garantia sucessiva sobre o mesmo bem.

Dentre as garantias compartilhadas, é possível citar a possibilidade de um mesmo imóvel ser utilizado como garantia em mais de uma obrigação, naquilo que a lei recepciona como *Garantia imobiliária em concurso de credores* (Capítulo IV da Lei 14.711/2023).

O concurso de credores simultâneo para a mesma garantia é disciplinado pelo art. 10 da Lei. Além de se exigir a intimação pelo oficial de registro de imóveis de todos os credores concorrentes para habilitarem seu crédito, determinou-se que a distribuição dos recursos obtidos a partir da excussão da garantia ficará a cargo do credor exequente conforme os graus de prioridade estabelecidos no quadro geral de credores.

Se a garantia pode ser compartilhada, as novas redações dos arts. 1.487- A do Código Civil[3] e 9º- A da Lei n. 13.476/17,[4] ambas atribuídas pelo Marco Legal, permitem também que a hipoteca e a alienação fiduciária de bem imóvel poderão, por requerimento do proprietário, ser estendidas para garantir novas obrigações em favor do mesmo credor, desde que não excedam o prazo e o valor máximo asseguradopela garantia original.

Conforme destacam Vitor Frederico Kümpel e Natália Sóller, a inserção do §4º ao art. 22, da Lei n. 9.514/97,[5] permitiu a admis-

---

3 Art. 1.487-A, CC: "A hipoteca poderá, por requerimento do proprietário, ser posteriormente estendida para garantir novas obrigações em favor do mesmo credor, mantidos o registro e a publicidade originais, mas respeitada, em relação à extensão, a prioridade de direitos contraditórios ingressos na matrícula do imóvel".

4 Art. 9º-A, Lei n. 13.476/17: "Fica permitida a extensão da alienação fiduciária de coisa imóvel, pela qual a propriedade fiduciária já constituída possa ser utilizada como garantia de operações de crédito novas e autônomas de qualquer natureza (...)".

5 Art. 22, Lei 9.514/97: "A alienação fiduciária regulada por esta Lei é o negócio jurídico pelo qual o fiduciante, com o escopo de garantia de

são das alienações fiduciárias sucessivas. Assegurou-se, portanto, a constituição de mais de uma garantia por alienação fiduciária sobre o mesmo bem. Para os autores,

> [n]um primeiro momento, poder-se-ia ter o entendimento oposto, no sentido de que, justamente por se permitir apor mais de uma garantia sobre o mesmo bem, ele não estaria afetado à primeira alienação fiduciária. Contudo, o que deve ficar muito claro é que, para os credores de segundo grau para frente, a sua garantia ocorre sobre o direito real de aquisição que o fiduciante tem sobre o bem objeto da garantia.[6]

A distinção entre essa comunhão e a sucessão é clareada pela própria Lei. No novo art. 22, §3º,[7] esclarece-se que a alienação fiduciária da propriedade superveniente tornar-se-á eficaz a partir do cancelamento da propriedade fiduciária que havia sido anteriormente constituída. Seria a hipótese de garantia de eficácia condicional, mas válida já no seu nascedouro pela sua constituição levada ao registro da matrícula imobiliária competente.

---

obrigação própria ou de terceiro, contrata a transferência ao credor, ou fiduciário, da propriedade resolúvel de coisa imóvel. § 4º: Havendo alienações fiduciárias sucessivas da propriedade superveniente, as anteriores terão prioridade em relação às posteriores na excussão da garantia, observado que, no caso de excussão do imóvel pelo credor fiduciário anterior com alienação a terceiros, os direitos dos credores fiduciários posteriores sub-rogam-se no preço obtido, cancelando-se os registros das respectivas alienações fiduciárias".

6 KÜMPEL, Vitor; SÓLLER, Natália. "Lei 14.711/2 – Alienação fiduciária em garantia e patrimônio de afetação". *Colégio Notarial do Brasil*, São Paulo, 2023. Disponível em: https://cnbsp.org.br/2023/11/23/artigo-lei--14-711-23-alienacao-fiduciaria-em-garantia-e-patrimonio-de-afetacao--por-vitor-frederico-kumpel-e-natalia-soller/. Acessado em: 07.12.2023.

7 Art. 22, §3º, Lei 9.514/97: "§ 3º A alienação fiduciária da propriedade superveniente, adquirida pelo fiduciante, é suscetível de registro no registro de imóveis desde a data de sua celebração, tornando-se eficaz a partir do cancelamento da propriedade fiduciária anteriormente constituída".

Quanto a ambas as formas, os titulares das garantias fiduciárias compartilhadas e sucessivas não se sujeitam à recuperação judicial. No art. 22, § 10, da Lei n. 9.514/97 foi inserido expressamente que "[o] disposto no § 3º do art. 49 da Lei n. 11.101, de 9 de fevereiro de 2005, beneficia todos os credores fiduciários, mesmo aqueles decorrentes da alienação fiduciária da propriedade superveniente".

A previsão confirma a importância das garantias fiduciárias no mercado de crédito e exige a real compreensão de eficácia.

Nesse aspecto, o art. 49, § 3º, exclui da recuperação judicial as "travas bancárias", assim conhecidos por serem créditos normalmente titularizados por instituições financeiras, as quais asseguraram sua satisfação por meio da atribuição de um direito de propriedade sobre a coisa. Entre esses créditos, o maior destaque, em razão da sua relevância prática, é o crédito do titular de propriedade fiduciária em garantia.

O negócio fiduciário mencionado no art. 49, § 3º, é gênero e pode ser caracterizado pela transmissão da propriedade para "um fim que não é a transmissão mesma, de modo que ela serve a negócio jurídico que não é o de alienação àquele a que se transmite".[8] O proprietário fiduciário não se submete à recuperação judicial por ter verdadeiro "direito real em garantia" e não um "direito real de garantia".[9] Ao credor é atribuída a propriedade da coisa para a garantia de um negócio jurídico principal.

Difere-se esse direito de propriedade fiduciária sobre a coisa dos direitos reais de garantia, como a hipoteca, o penhor e a anticrese.[10]

---

8 PONTES DE MIRANDA, Francisco Cavalcanti. *Tratado de Direito Privado*. Tomo III. Rio de Janeiro: Borsoi, 1954, p. 115.

9 Trata-se de distinção festejada introduzida por Pondes de Miranda, ao tratar da dação em garantia de direitos reais sobre coisa alheia.

10 "O direito real de garantia é direito sobre o bem, móvel ou imóvel, quanto ao valor dele. Nem se lhe retira *substantia*, nem *usus*, nem *fructus*, nem *habitatio*. Ainda quando se trata de anticrese, o fruto apenas

Nestes, o credor tem um direito real sobre o bem do devedor, enquanto na propriedade fiduciária o credor tem um direito real sobre bem próprio, de sua propriedade, ainda que resolúvel.

Dentro do gênero negócio fiduciário, além da cessão fiduciária em garantia, pode-se apontar a alienação fiduciária em garantia. Ambos os tipos de propriedade fiduciária estão excluídos da recuperação judicial, visto que o art. 49, § 3º, exclui da submissão à recuperação judicial a propriedade fiduciária e não a restringe quanto ao tipo de negócio jurídico fiduciário que lhe deu causa.[11]

A alienação fiduciária em garantia consiste na transmissão da propriedade de coisa material ao credor, pelo devedor, com escopo de garantia.[12] Ela está disciplinada, quanto às coisas móveis infungíveis, no art. 1.361 do Código Civil. Determinou o Código Civil

---

solve. O titular do direito real de garantia sofre as oscilações do valor, como o dono sofreria sozinho". (PONTES DE MIRANDA, Francisco Cavalcanti. *Tratado de Direito Privado*. Tomo XX. 2ª ed. Atualizado por Vilson Rodrigues Alves. Campinas: Bookseller, 2000, p. 80).

11 Nesse sentido: CALÇAS, Manoel de Queiroz Pereira; PEREIRA E SILVA, Ruth Maria Junqueira de Andrade. "Da cessão fiduciária de crédito na recuperação judicial: análise da jurisprudência". *Cadernos Jurídicos – Direito Empresarial*. São Paulo: Escola Paulista da Magistratura, ano 16, nº 39, jan./mar. 2015, p. 12.

Na jurisprudência, incluindo a cessão fiduciária entre a espécie propriedade fiduciária e não a submetendo à recuperação judicial: STJ, 4ª Turma, REsp 1.263.500/ES, rel. Min. Maria Isabel Gallotti, j. 5-2-2013; STJ, EDcl no RMS 41646/PA, rel. Min. Antonio Carlos Ferreira, j. 24-9-2013; STJ, REsp 1.202.918/SP, rel. Min. Ricardo Villas Bôas Cueva, j. 7-3-2013.

Em sentido contrário: RESTIFFE NETO, Paulo; RESTIFFE, Paulo Sérgio. *Propriedade fiduciária de imóvel*. São Paulo: Malheiros, 2009, p. 41; TJPE, AI 271857801, 4ª Câmara Cível, rel. Des. Jones Figueiredo, j. 26-7-2012; TJES, AI 30089000142, 3ª Câmara Cível, rel. Des. Jorge Góes Coutinho, j. 24-6-2008.

12 COELHO, Fábio Ulhoa. "Cessão fiduciária de títulos creditórios e a recuperação judicial do devedor cedente". *Revista Magister de Direito Civil e Processual Civil*, Porto Alegre, vol. 37, jul./ago. 2010, p. 21. Cf.

que as demais espécies de propriedades fiduciárias seriam submetidas à disciplina da respectiva lei especial, com a aplicação supletiva da disciplina do Código Civil apenas no que não fosse regulado. Nesses termos, a propriedade fiduciária de coisas móveis fungíveis e a cessão fiduciária de direitos,[13] sejam fungíveis ou infungíveis, são disciplinadas pela Lei n. 4.728/65, em seu art. 66-B.[14] A alienação fiduciária de coisas imóveis e a cessão fiduciária de direitos creditórios decorrentes de contratos de alienação de imóveis são disciplinadas pela Lei n. 9.514/97.

Na propriedade fiduciária, a transferência da propriedade é resolúvel. Satisfeita a dívida principal pelo devedor, o bem alienado fiduciariamente retorna automaticamente à propriedade do original devedor. Não satisfeita a dívida principal, contudo, o credor fiduciário pode retomar a coisa que é de sua propriedade.

Por conta disso, nos termos do art. 49, § 3º, o credor titular da posição de proprietário fiduciário de bens móveis ou imóveis manterá os direitos de propriedade sobre a coisa, de forma que poderá retomá-la, diante do inadimplemento, não se submetendo aos efeitos da recuperação judicial do devedor.

Pelo dispositivo legal, tutela-se o direito de propriedade do referido credor. Seu crédito não se sujeita à recuperação judicial, entretanto, apenas pelo bem que lhe foi transferido fiduciariamente em garantia, o qual deve ser liquidado pelo credor para amortizar o valor de seu crédito.

CHALHUB, Melhim Namem. *Negócio fiduciário*. 4ª ed. Rio de Janeiro: Renovar, 2009, p. 51.

13 Súmula 59 do TJSP: "Classificados como bens móveis, para os efeitos legais, os direitos de créditos podem ser objeto de cessão fiduciária".

14 Para Francisco Loureiro, a Lei n. 4.728/65 regularia a propriedade fiduciária de bens fungíveis ou não fungíveis, corpóreos ou incorpóreos, desde que o credor fiduciário seja instituição financeira (LOUREIRO, Francisco. "Comentário ao art. 1.368-A". *In*: PELUSO, Cezar (Coord.). *Código Civil comentado*. Barueri: Manole, 2007, p. 1257).

Nesse sentido, apenas o valor excedente à garantia fiduciária poderá ser considerado crédito sujeito à recuperação judicial. Quanto ao direito de propriedade do credor sobre o bem, seu crédito limitado ao referido valor não se sujeita à recuperação judicial, na medida em que esse credor se diferencia dos demais por ser proprietário.[15]

Pela alteração pelo Marco Legal das Garantias, o compartilhamento e a sucessão das garantias imobiliárias produzirão efeitos quanto a essa sujeição ou não à recuperação judicial.

Se a garantia fiduciária for compartilhada entre credores fiduciários, o valor total do bem fiduciariamente transferido deverá ser considerado como crédito não sujeito à recuperação judicial, enquanto apenas o valor excedente será considerado como crédito sujeito, se não houver nenhuma outra garantia ou preferência.

Por seu turno, na hipótese de garantia fiduciária sucessiva, o art. 22, §4º, da Lei n. 9.514/97, estabelece que as alienações fiduciárias terão prioridade em relação às posteriores na excussão da garantia. Nesse sentido, o titular da garantia fiduciária apenas terá o crédito considerado não sujeito à recuperação judicial na medida do valor do bem dado em garantia, com a dedução do montante dos demais credores com alienação fiduciária prioritária ao referido credor. Entendimento contrário prejudicaria próprio credor de garantia subordinada, já que a execução do bem seria conjectural, a depender da excussão e quitação do credor com prioridade, e impediria o direito político para o exercício de voto em eventual plano de recuperação judicial.

---

15 Nesse sentido: TJSP, 16ª Câmara de Direito Privado, rel. Des. Mauro Conti Machado, AI 2116663-71.2018, j. 31 de janeiro de 2019; TJSP, 2ª Câmara Reservada de Direito Empresarial, AI 2150242-10.2018, rel. Des. Grava Brazil, j. 10-12-2018; TJSP, 2ª Câmara Reservada de Direito Empresarial, AI 2215893-57.2016, rel. Des. Fábio Tabosa, j. 18-.12-.2017.

Essa prioridade do fiduciário, entretanto, não poderá impedir a satisfação dos demais credores sucessivos, notadamente se houver conluio entre devedor e o referido credor. Os §§1º e 1º-A do art. 20 estabelecem que, uma vez quitada a dívida do credor prioritário, caberá a ele fornecer o termo de quitação ao devedor e ao terceiro fiduciante, no prazo de 30 dias, sob pena de multa equivalente a 0,5% ao mês sobre o valor do contrato, "que se reverterá em favor daquele a quem o termo não tiver sido disponibilizado no referido prazo" (§1º-A). A pena de multa pode servir de cunho pedagógico para evitar o expediente de blindagem patrimonial mediante simulação entre devedor e credor prioritário, de forma a impedir a eficácia dos credores com garantia subordinada.

2 Procedimento de Alienação

Além de melhorar a utilidade das garantias, que podem ser compartilhadas entre credores ou estendidas a sucessivas obrigações, sua efetividade também foi aprimorada mediante a aceleração da satisfação do credor.

O Marco Legal das Garantias pretendeu tornar mais proveitoso o procedimento de leilão objeto da Lei n. 9.514/97. Malgrado a forma pouco elegante de alteração legislativa por justaposição, pela previsão constante nos §§1º-A, 3º, 4º, 4º-A, e 4º-B do art. 26, o legislador buscou assegurar o procedimento como meio para alcançar o fim desejado pelo credor. Reduziram-se discussões frívolas que impactariam a validade do procedimento quanto à forma de intimação do devedor ou terceiro fiduciante para o processo de excussão extrajudicial da garantia e satisfação da dívida.

Se o credor recebeu em garantia mais de um imóvel, a intimação para purgação da mora poderá ser realizada uma única vez e através do Oficial de qualquer dos Cartórios de Registro de Imóveis ou Títulos e Documentos onde se situa algum dos imóveis dados em garantia. Mais ainda, permite-se que esses registradores se valham do envio de correspondência pelo correio com aviso de recebimento (§3º).

Já a intimação por edital, que sempre se mostrou tema conturbado, inclusive para sua definição perante as Corregedorias Estaduais para regulação interna, caberá ao registrador certificar que o devedor (e terceiro fiduciante) encontrar-se em local ignorado, incerto ou inacessível, de forma a dar seguimento à intimação por edital (§4º), sendo certo que é obrigação do devedor (e terceiro fiduciante) informar o credor qualquer mudança de endereço que não aquele constante do momento da contratação. Isto é, se essa pessoa se mudou e não informou o paradeiro, não poderá ele questionar a validade do edital se impossibilitada a intimação pessoal no endereço objeto da contratação (§§4º-A e 4º-B).

O art. 27 da Lei n. 9.514/97 merece destaque em relação às mudanças no procedimento para a realização dos leilões públicos, uma vez que consolidada a propriedade do bem.

A norma contida no §2º do art. 27[16] atribui significativa alteração aos leilões públicos, quando atribui que, no segundo leilão, o credor fiduciário poderá, a seu exclusivo critério, aceitar lance que corresponda a, pelo menos, metade do valor de avaliação do bem.

O Marco Legal das Garantias também traz alteração à hipótese de insucesso no segundo leilão público, ao estabelecer que a dívida

---

16 Art. 27, §2, Lei 9.514/97: "No segundo leilão, será aceito o maior lance oferecido, desde que seja igual ou superior ao valor integral da dívida garantida pela alienação fiduciária, das despesas, inclusive emolumentos cartorários, dos prêmios de seguro, dos encargos legais, inclusive tributos, e das contribuições condominiais, podendo, caso não haja lance que alcance referido valor, ser aceito pelo credor fiduciário, a seu exclusivo critério, lance que corresponda a, pelo menos, metade do valor de avaliação do bem".

será considerada extinta com a consolidação da propriedade, com recíproca quitação, "hipótese em que o credor ficará investido da livre disponibilidade".[17] A novidade aqui está na absoluta ausência de sucessão sobre o bem cuja propriedade foi consolidada em favor do credor, pregando a norma quitação recíproca, o que, de certa forma, impediria a rediscussão da matéria pelo devedor. O tema pode demandar maiores digressões, já que ao devedor sempre haverá a possibilidade de reclamar a nulidade dessa quitação e do procedimento em si, seja pela demonstração de algum vício de consentimento, cuja decadência opera no prazo de quatro anos (CC, art. 178), ou por conta de alguma nulidade absoluta, nos termos dos arts. 166 e 167 do Código Civil. Apesar disso, fora o campo das nulidades, a opção legislativa foi claramente evitar a rediscussão da alienação e sua quitação imposta por lei.

3 Valor excedente à garantia fiduciária de imóvel

Relevante alteração, ademais, se observa no §5-A° do art. 27. Esse dispositivo veio a substituir o revogado §6°, que muito afligia credores com garantia imobiliária em valor inferior ao crédito concedido, uma vez que, pela norma revogada, realizados os públicos leilões sem que houvesse arrematante, o credor ficaria com o bem e daria ao devedor quitação da dívida. Sua intepretação restritiva levava ao entendimento de que essa quitação seria integral e não proporcional ao valor de avaliação do imóvel.

Na disciplina da propriedade fiduciária sobre bem móvel infungível, regulada pelo art. 1.366 do Código Civil, e sobre bem móvel fungível, regulada pela Lei n. 4.728/65 (Lei do Mercado de

---

17 Art. 26-A, §4°, Lei 9.514/97: "Se no segundo leilão não houver lance que atenda ao referencial mínimo para arrematação estabelecido no § 3° deste artigo, a dívida será considerada extinta, com recíproca quitação, hipótese em que o credor ficará investido da livre disponibilidade".

Capitais), quando vendida obrigatoriamente a coisa móvel e o produto não bastar para o pagamento da dívida e das despesas de cobrança, o devedor continuará obrigado pelo restante.

Esse racional, no entanto, era alvo de debates quanto à garantia de bem imóvel. Mas já havia também precedentes favoráveis à tese de que a quitação haveria de ser parcial, o que se mostra condizente com o comportamento e expectativa dos agentes econômicos quando da contratação, ainda mais na hipótese de haver mais de um bem imóvel dado em garantia fiduciária.[18]

A ideia propugnada foi a de separar o financiamento para aquisição ou construção de imóvel, de maneira que, por esse formato, o financiador teria tomado o seu risco sobre o imóvel diretamente, com a concessão de crédito ao mercado sem essa vinculação. Assim, nos termos do art. 26-A da Lei n. 9.514/1997, os contratos de alienação fiduciária em garantia decorrentes de financiamentos para a aquisição ou construção de imóvel residencial do devedor, não existirá excedente de crédito se o segundo leilão for infrutífero. Caso ocorra o inadimplemento da obrigação pelo devedor financiado nessa específica condição, a propriedade fiduciária será consolidada pelo credor, com a submissão do imóvel aos leilões. Realizado o segundo leilão, com valor mínimo correspondente ao valor da dívida integral garantida pela alienação fiduciária, além das despesas, a

---

18 "Pleito de sustação da consolidação das propriedades fiduciárias sobre dois imóveis. Garantias, relativas a diversos bens móveis e imóveis, outorgadas em favor de um grupo de credores que decorreu de complexo negócio jurídico. Interpretação teleológica do art. 26, §5º, da lei 9.514/97 em consonância com a causa do contrato. Excussão de um dos imóveis que não pode provocar a extinção da totalidade da dívida e nem a liberação das demais garantias, porquanto a excussão conjunta dos três imóveis rurais, situados em Estados variados da Federação, certamente seria difícil. Recurso desprovido". (TJ/SP, AgIn 2034093-33.2015.8.26.0000, 1ª Câmara Reservada de Direito Empresarial, rel. Des. Francisco Loureiro, j. 8/4/2015).

dívida será considerada extinta, com recíproca quitação (art. 26-A da Lei n. 9.514/1997).

Logo, na propriedade fiduciária sobre imóveis decorrente de contrato de financiamento para a aquisição ou construção de imóvel residencial do devedor, o excedente não poderá, por expressa previsão legal, ser exigido do devedor na recuperação judicial, sequer como crédito quirografário.[19]

Para as demais hipóteses em que a garantia não tem essa vinculação à aquisição do bem pelo devedor, a Lei n. 14.711/2023 deixou expresso que o excedente continuará a ser exigido do devedor. Nos termos do art. 27 da Lei n. 9.514/1997, alterado pela Lei n. 14.711/2023, em seu §5-A, se o produto do segundo leilão não for suficiente para o pagamento integral do montante da dívida, das despesas e dos encargos, o devedor continuará obrigado pelo pagamento do saldo remanescente.[20] Pôs-se, como se percebe, uma pá de cal nessa discussão de forma a assegurar maior concretude à segurança jurídica da operação.

Nessa esteira, a adição do art. 27-A[21] também veio em boa hora ao permitir a possibilidade de excussão simultânea de mais de

---

19 Em sentido contrário, STJ julgou: "a extraconcursalidade do crédito acobertado por alienação fiduciária limita-se ao valor do bem dado em garantia sobre o qual se estabelece a propriedade resolúvel. Eventual saldo devedor que extrapole tal limite deve ser habilitado na classe dos quirografários" (STJ, REsp 1.933.993/SP, 3ª Turma, rel. Min. Nancy Andrighi, j. 25-11-2021).

20 "Se o produto do leilão não for suficiente para o pagamento integral do montante da dívida, das despesas e dos encargos de que trata o § 3º deste artigo, **o devedor continuará obrigado pelo pagamento do saldo remanescente**, que poderá ser cobrado por meio de ação de execução e, se for o caso, excussão das demais garantias da dívida, ressalvada a hipótese de extinção do saldo devedor remanescente prevista no § 4º do art. 26-A desta Lei". (Grifou-se).

21 Art. 27-A, Lei 9.514/97: "Nas operações de crédito garantidas por alienação fiduciária de 2 (dois) ou mais imóveis, na hipótese de não

um imóvel. Na hipótese de omissão contratual, caberá ao credor a escolha da sequência dos imóveis a serem excutidos.

4 Execução extrajudicial dos créditos garantidos por hipoteca, de alienação fiduciária de bens móveis, *cross default* e precatórios

Para além das mudanças à alienação fiduciária em garantia, buscou o legislador assegurar uma sobrevida à garantia de hipoteca, que se tornou pouco usual diante de suas fragilidades se comparada àquela, sobretudo nas hipóteses relacionadas aos processos de insolvência. Seja como for, agora as normas atinentes à execução extrajudicial da alienação fiduciária em garantia sobre imóveis, também previstas no Marco Legal, serão aplicáveis para o caso de

---

ser convencionada a vinculação de cada imóvel a 1 (uma) parcela da dívida, o credor poderá promover a excussão em ato simultâneo, por meio de consolidação da propriedade e leilão de todos os imóveis em conjunto, ou em atos sucessivos, por meio de consolidação e leilão de cada imóvel em sequência, à medida do necessário para satisfação integral do crédito"; § 1º "Na hipótese de excussão em atos sucessivos, caberá ao credor fiduciário a indicação dos imóveis a serem excutidos em sequência, exceto se houver disposição em sentido contrário expressa no contrato, situação em que a consolidação da propriedade dos demais ficará suspensa"; § 2º "A cada leilão, o credor fiduciário promoverá nas matrículas dos imóveis não leiloados a averbação do demonstrativo do resultado e o encaminhará ao devedor e, se for o caso, aos terceiros fiduciantes, por meio de correspondência dirigida aos endereços físico e eletrônico informados no contrato"; § 3º "Na hipótese de não se alcançar a quantia suficiente para satisfação do crédito, a cada leilão realizado, o credor recolherá o imposto sobre transmissão inter vivos e, se for o caso, o laudêmio, relativos ao imóvel a ser excutido em seguida, requererá a averbação da consolidação da propriedade e, no prazo de 30 (trinta) dias, realizará os procedimentos de leilão nos termos do art. 27 desta Lei"; § 4º "Satisfeito integralmente o crédito com o produto dos leilões realizados sucessivamente, o credor fiduciário entregará ao devedor e, se for o caso, aos terceiros fiduciantes, o termo de quitação e a autorização de cancelamento do registro da propriedade fiduciária de eventuais imóveis que restem a ser desonerados".

execução extrajudicial de hipoteca, revogando-se o antigo Decreto Lei n. 70/1966. E traz importante ajuste no que concerne à desocupação do ocupante do imóvel excutido, mesmo se houver locação, e à obrigação do garantido em arcar com taxa de ocupação e com as despesas vinculadas ao imóvel até a sua efetiva desocupação (art. 9º, §12, Lei n. 14.711/23).[22]

Com relação ao compartilhamento da garantia, quando houver mais de um crédito garantido pelo mesmo imóvel, realizadas averbações de início da excussão extrajudicial da garantia hipotecária ou, se for o caso, de consolidação da propriedade em decorrência da execução extrajudicial da propriedade fiduciária, o oficial do registro de imóveis competente intimará simultaneamente todos os credores concorrentes para habilitarem os seus créditos. Pelo art. 10º do Marco Legal,[23] o prazo para essa habilitação será de quinze dias.

---

22 Art. 9º, Lei n. 14.711/23: "Os créditos garantidos por hipoteca poderão ser executados extrajudicialmente na forma prevista neste artigo. § 12: Aplicam-se à execução hipotecária realizada na forma prevista neste artigo as disposições previstas para o caso de execução extrajudicial da alienação fiduciária em garantia sobre imóveis relativamente à desocupação do ocupante do imóvel excutido, mesmo se houver locação, e à obrigação do fiduciante em arcar com taxa de ocupação e com as despesas vinculadas ao imóvel até a desocupação, conforme os §§ 7º e 8º do art. 27 e os arts. 30 e 37-A da Lei nº 9.514, de 20 de novembro de 1997, equiparada a data de consolidação da propriedade na execução da alienação fiduciária à data da expedição da ata notarial de arrematação ou, se for o caso, do registro da apropriação definitiva do bem pelo credor hipotecário no registro de imóveis".

23 Art. 10, Lei n. 14.711: "Quando houver mais de um crédito garantido pelo mesmo imóvel, realizadas averbações de início da excussão extrajudicial da garantia hipotecária ou, se for o caso, de consolidação da propriedade em decorrência da execução extrajudicial da propriedade fiduciária, o oficial do registro de imóveis competente intimará simultaneamente todos os credores concorrentes para habilitarem os seus créditos, no prazo de 15 (quinze) dias, contado da data de intimação, por meio de requerimento que contenha".

A nova lei também se preocupou em regular a figura do *agente de garantias*, adicionando ao Código Civil o art. 853-A.[24] Pela norma, qualquer garantia poderá ser gerida e ter a sua execução pleiteada por agente de garantia, que será designado pelos credores da obrigação garantida para esse fim e atuará em nome próprio e em benefício dos credores. Com isso, objetiva-se atribuir mais segurança, meios de controle e ordem às execuções, além de manter a autonomia dos credores para optar pela celebração do contrato de administração fiduciária de garantias ou não.

Para Marc Stalder,

> o fato de estar previsto em lei significa que o agente de garantias traduz a incorporação ao sistema legal de um mecanismo que antes era utilizado mediante construção contratual, contribuindo com a pacificação da interpretação a respeito, impondo a sua aceitação aos entes públicos envolvidos, notadamente os registros de imóveis, e, assim, imprimindo maior segurança jurídica para sua utilização.[25]

Outra importante novidade, felizmente, decorre da derrubada ao veto presidencial exercido pelo Congresso Nacional quanto à possibilidade de desjudicialização da ação de busca e apreensão de bens móveis. Isso se fez mediante alterações relevantes ao Decreto-Lei

---

24 Art. 853-A, CC: "Qualquer garantia poderá ser constituída, levada a registro, gerida e ter a sua execução pleiteada por agente de garantia, que será designado pelos credores da obrigação garantida para esse fim e atuará em nome próprio e em benefício dos credores, inclusive em ações judiciais que envolvam discussões sobre a existência, a validade ou a eficácia do ato jurídico do crédito garantido, vedada qualquer cláusula que afaste essa regra em desfavor do devedor ou, se for o caso, do terceiro prestador da garantia".

25 MIGALHAS. "Advogado explica mudanças trazidas pelo marco legal das garantias". *Migalhas*, nov. 2023. Disponível em: https://www.migalhas.com.br/quentes/396289/advogado-explica-mudancas-trazidas-pelo-marco-legal-das-garantias. Acessado em: 27.02.2024.

911/69 (DL 911/69) conferida pelo Marco Legal das Garantias. O veto decorria de discussões relacionadas à possível inconstitucionalidade, em que pese esse tema da desjudicialização para garantia imobiliária sirva de importante aceno favorável do Supremo Tribunal Federal, por ocasião dos julgamentos dos Recursos Extraordinários n. 860.631[26] e 556.520.[27]

Dessa forma, o procedimento de busca e apreensão passa a ser via procedimento extrajudicial. Dessa forma, desde que expressamente previsto em contrato, será facultado ao credor promover

---

26 "RECURSO EXTRAORDINÁRIO. PROCESSUAL CIVIL E CONSTITUCIONAL. SISTEMA FINANCEIRO IMOBILIÁRIO. EXECUÇÃO EXTRAJUDICIAL. ALIENAÇÃO FIDUCIÁRIA DE BEM IMÓVEL. PRINCÍPIOS DA INAFASTABILIDADE DA JURISDIÇÃO, DO DEVIDO PROCESSO LEGAL, DA AMPLA DEFESA E DO CONTRADITÓRIO. DIREITOS FUNDAMENTAIS À PROPRIEDADE E À MORADIA. QUESTÃO RELEVANTE DO PONTO DE VISTA JURÍDICO, ECONÔMICO E SOCIAL. REPERCUSSÃO GERAL RECONHECIDA". (STF, Plenário, Recurso Extraordinário 860.631, Rel. Min. Luiz Fux, 01.01.18).

Esse julgado serviu de fundamento ao tema 982, mediante a seguinte tese fixada: "É constitucional o procedimento da Lei n. 9.514/1997 para a execução extrajudicial da cláusula de alienação fiduciária em garantia, haja vista sua compatibilidade com as garantias processuais previstas na Constituição Federal".

27 "Direito Processual Civil e Constitucional. Sistema Financeiro da Habitação. Decreto-lei n. 70/66. Execução extrajudicial. Normas recepcionadas pela Constituição Federal de 1988. Precedentes. Recurso extraordinário provido. 1. O procedimento de execução extrajudicial previsto pelo Decreto Lei n. 70/66 não é realizado de forma aleatória, uma vez que se submete a efetivo controle judicial em ao menos uma de suas fases, pois o devedor é intimado a acompanhá-lo e pode lançar mão de recursos judiciais, se irregularidades vierem a ocorrer durante seu trâmite. 2. Bem por isso, há muito a jurisprudência da Suprema Corte tem apontado que as normas constantes do Decreto-lei n. 70/66, a disciplinar a execução extrajudicial, foram devidamente recepcionadas pela Constituição Federal de 1988. 3. Recurso extraordinário provido" (STF, Plenário, Recurso Extraordinário 556.520, Rel. Min. Marco Aurélio, 08.04.21).

a consolidação da propriedade do bem móvel, após a constituição em mora do devedor, "perante o competente cartório de registro de títulos e documentos no lugar do procedimento judicial" (DL 9A11/69, art. 8º- B), isto é, aquele do domicílio do devedor ou do lugar onde se encontrar o bem (§1º). O não pagamento voluntário importará na pena de multa de 5% do valor da dívida na hipótese de não pagamento voluntário (§11).

Em termos defesa, pode o devedor questionar os valores efetivamente devidos pela via do procedimento extrajudicial continua válido, mas com a obrigação de informar o valor correto no prazo de purgação da mora de 20 dias contados da notificação recebida por intermédio do cartório de registro de títulos e documentos (§4º). E ao credor fica assegurado cobrar a dívida por inteiro ou o saldo remanescente pela via da execução de título extrajudicial (§5º). É certo, porém, que ao devedor será sempre possível discutir a validade e eficácia do crédito que há contra si perante o Poder Judiciário, em respeito ao princípio constitucional da inafastabilidade de jurisdição (CF, art. XXXV). Aliás, a norma do art. 8º-D 911/69 a pena de multa e indenização devida pelo credor acaso se confirme que a cobrança extrajudicial se operou de forma indevida, exatamente como ocorre para o procedimento judicial de busca e apreensão (§§6º e 7º do art. 3º).

A bem da verdade, a temática que envolve o procedimento extrajudicial de busca e apreensão merece uma análise mais densa de nossa parte, pelo que objetivamos dela tratar com maior especificidade em futuro próximo.

Ademais, seguindo a percepção do legislador de tornar mais eficaz o processo ao credor e estimular a circulação do crédito no mercado, o Marco Legal disciplinou o chamado vencimento cruzado, também conhecido em nosso anglicismo por *cross default*, independentemente de expressa previsão contratual. Assim, se o credor tiver mais de um contrato garantido pelo mesmo imóvel, poderá ele se valer do vencimento antecipado de todas as obrigações contratadas na hipótese de inadimplência de um desses contratos. Essa previsão vale inclusive para o credor garantido por alienação fiduciária superveniente (Lei n. 9.514/97, art. 9º-D).

Por fim, sem aqui se pretender esgotar todas as matérias e discussões oriundas do Marco Legal das Garantias, andou bem a alteração realizada à Lei n. 8.935/94, especificamente pela inserção do art. 6º-A, §§1º e 2º, de forma a reduzir o efeito surpresa nas negociações de cessão de direito creditório contra o Poder Público, mediante precatório judicial ou decorrente de sentença transitada em julgado. Com efeito, a pedido do interessado, o tabelião de notas, onde se está a lavrar a escritura de cessão, comunicará ao Juiz ou Tribunal competente para a execução do crédito respectivo sobre a existência de negociação do crédito entre o credor atual e o potencial cessionário. Se, dentro do prazo de 15 dias corridos contado do recebimento da comunicação pelo Juízo for lavrada a escritura, serão consideradas ineficazes as cessões que realizadas a pessoas não identificadas na comunicação notarial.[28]

Conclusão

O Marco Legal das Garantias demonstra avanços, ao passo que reconhece a necessidade desjudicialização e traz mecanismos para que isso se concretize. Para o Presidente do Instituto de Estudos de Protesto de Títulos do Brasil, Dr. André Gomes Netto,

> (...) com menos inadimplência por conta das garantias, pode cair a taxa final cobrada. Em tempos de juros básicos tão altos, é mais relevante ainda debatermos formas de reduzir o custo total dos financiamentos na ponta tomadora, seja pessoa

---

28 A norma do §2º ainda disciplina central notarial de âmbito nacional para viabilizar o acesso aos bancos de dados e consulta aos "tribunais de todos os poderes e esferas".

> física ou jurídica. Assim, menos inadimplência significará mais crédito e, portanto, mais crescimento e desenvolvimento.[29]

Seguramente, esses embates acerca da desjudicialização tendem a ganhar novos holofotes com o Projeto de Lei n. 6.204/2019, a partir do qual se pretende delegar a execução de títulos por quantia certa, líquida e exigível ao tabelião de protestos.

Referências bibliográficas

CALÇAS, Manoel de Queiroz Pereira; PEREIRA E SILVA, Ruth Maria Junqueira de Andrade. "Da cessão fiduciária de crédito na recuperação judicial: análise da jurisprudência". *Cadernos Jurídicos – Direito Empresarial*. São Paulo: Escola Paulista da Magistratura, ano 16, nº 39, jan./mar. 2015.

CAVALLI, Cássio. *Empresa, direito e economia*. Rio de Janeiro: Forense, 2013.

CHALHUB, Melhim Namem. *Negócio fiduciário*. 4ª ed. Rio de Janeiro: Renovar, 2009.

COELHO, Fábio Ulhoa. "A cessão fiduciária de títulos creditórios e a recuperação judicial do devedor cedente". *Revista Magister de Direito Civil e Processual Civil*, Porto Alegre, vol. 37, jul./ago. 2010.

KÜMPEL, Vitor; SÓLLER, Natália. "Lei 14.711/23 – alienação fiduciária em garantia e patrimônio de afetação". *Colégio Notarial do Brasil*, São Paulo, 2023. Disponível em: https://cnbsp.org.br/2023/11/23/artigo-lei-14-711-23-alienacao-fiduciaria-em-garantia-e-patrimonio-de-afetacao-por-vitor-frederico-kumpel-e-natalia-soller/. Acessado em: 07.12.2023.

LOUREIRO, Francisco. "Comentário ao art. 1.368-A". *In*: PELUSO, Cezar (Coord.). *Código Civil comentado*. Barueri: Manole, 2007.

29 NETTO, André. "Marco Legal das Garantias: uma oportunidade para reduzirmos os juros". *Jota*, 2023. Disponível em: https://www.jota.info/opiniao-e-analise/artigos/marco-legal-das-garantias-uma-oportunidade-para-reduzirmos-os-juros-31102023. Acessado em: 07.12.2023.

PONTES DE MIRANDA, Francisco Cavalcanti. *Tratado de Direito Privado*. Tomo III. Rio de Janeiro: Borsoi, 1954.

_____. *Tratado de Direito Privado*. Tomo XX. 2ª ed. Atualizado por Vilson Rodrigues Alves. Campinas: Bookseller, 2000.

RESTIFFE NETO, Paulo; RESTIFFE, Paulo Sérgio. *Propriedade fiduciária de imóvel*. São Paulo: Malheiros, 2009.

TIMM, Luciano Benetti; BERNARDES, Lucas Petri. "Análise econômica dos contratos empresariais". *In*: SZTAJN, Raquel; SALLES, Marcos Paulo de Almeida; TEIXEIRA, Tarcísio (Coord.). *Direito Empresarial*: estudos em homenagem ao professor Haroldo Malheiros Duclerc Verçosa. São Paulo: IASP, 2005.

CAPÍTULO XVIII

FRAUDE E EMPRESAS EM RECUPERAÇÃO

MARIA FABIANA SEOANE DOMINGUEZ SANT'ANA

THOMAZ LUIZ SANT'ANA

Introdução

O pedido de recuperação judicial da Lojas Americanas,[1] cujo processamento foi deferido em 19 de janeiro de 2023, reabriu uma discussão sobre a eventual impossibilidade de a empresa se valer do referido instituto uma vez que, tacitamente, assumiu que teria praticado irregularidades contábeis que geraram uma distorção da ordem de R$ 20 bilhões em seu balanço.

---

1 Autos n. 0803087-20.2023.8.19.0001, em trâmite perante a 4ª Vara Empresarial do Rio de Janeiro/RJ.

O reconhecimento de tais "inconsistências contábeis", como chamada pela recuperanda, fez com que alguns de seus credores se posicionassem contra o próprio deferimento do processamento da recuperação judicial, argumentando que o cometimento de fraude contábil afastaria a função social legítima da empresa, configurando ato que deve ser punido severamente, inclusive na esfera criminal.[2]

A tese de que a empresa que praticou fraude não pode se valer do instituto da recuperação judicial não é nova: ela apareceu também nos casos das construtoras acusadas de irregularidades e crimes na operação "lava jato", dentre as quais, Odebrecht, Queiroz Galvão e OAS. Em todos esses casos, o argumento não vingou e tais empresas prosseguiram com seus respectivos pedidos de recuperação judicial.

E, conforme será exposto no presente artigo e de acordo com o entendimento de seus autores, eventual ato fraudulento ou criminoso cometido pelos acionistas/sócios ou administradores de uma sociedade empresária, de fato, não pode impedi-la de buscar sua recuperação judicial com o fim de preservar a atividade econômica.

Certamente as fraudes,[3] caso comprovadas, merecem ser coibidas e punidas. Mas a legislação traz essas hipóteses e cabimento por outras vias, como se verá adiante.

---

2 De acordo com o argumento de alguns credores, "num processo de recuperação ordinário, os insucessos corriqueiros de uma atividade empresarial podem ser compartilhados numa barganha coletiva entre empresário-devedor e credores (...). Já numa crise de uma empresa que tem fraude contábil em seu modelo de negócio, não há função social subjacente que se possa preservar".

3 No presente artigo, o vocábulo fraude será usado no sentido amplo de toda a ação de falsear ou ocultar a verdade com a intenção de prejudicar ou de enganar terceiros ou de burlar a lei.

1 Ausência de fraude não é requisito para recuperação judicial

Inicialmente, há de se ter em mente que a Lei n. 11.101/2005 ("LREF") não veda o pedido ou a concessão da recuperação judicial caso existam indícios ou até mesmo provas da prática de atos fraudulentos pelos gestores de uma sociedade empresária. E isso por uma razão muito simples: o intuito da recuperação judicial é preservar a empresa enquanto atividade econômica, e não proteger os sócios, administradores ou contadores da sociedade.

Tal finalidade encontra-se clara no art. 47 da LREF, que estabelece que a recuperação judicial tem por objetivo

> viabilizar a superação da situação de crise econômico-financeira do devedor, a fim de permitir a manutenção da fonte produtora, do emprego dos trabalhadores e dos interesses dos credores, promovendo, assim, a preservação da empresa, sua função social e o estímulo à atividade econômica (grifos dos autores).

De acordo com Waldo Fazzio Junior:

> A ação de recuperação judicial é a dicção legal, tem por fim sanear a situação gerada pela crise econômico-financeira da empresa devedora. Não se entenda, porém, que se contenda, exclusivamente, com a persecução desse norte. Não é mera solução de dívidas e encargos. Tem em conta a concretização da função socioeconômica da empresa em todos os seus aspectos.[4] (grifos dos autores).

As empresas geram empregos, atendem consumidores e recolhem tributos devidos, fatos estes ajudam a fomentar a atividade

4 FAZZIO JÚNIOR, Waldo. *Nova Lei de Falência e Recuperação de Empresas*. 2ª ed. São Paulo: Atlas, 2005, p. 128.

econômica nacional, sendo incorreto confundir a empresa com as pessoas físicas que praticaram os alegados atos fraudulentos.

Com efeito, conforme ressaltado no parecer elaborado pela Comissão de Assuntos Econômicos do Senado Federal referente ao Projeto de Lei n. 71/2003, que deu origem à LREF, um dos princípios como norteadores dessa norma é justamente a separação dos conceitos de empresa, enquanto "conjunto organizado de capital e trabalho para a produção ou circulação de bens ou serviços",[5] e de empresário.

Ou seja, a empresa enquanto organização cumpre uma função social atrelada à finalidade de "construir riqueza para a comunidade, oferecer trabalho, melhorar a técnica, favorecer o progresso científico (...)"[6] e, portanto, não se confunde com a pessoa natural ou jurídica que a controla. Aliás, essa é exata a dicção do art. 49-A do Código Civil: "a pessoa jurídica não se confunde com os seus sócios, associados, instituidores ou administradores".

O que importa para a Lei n. 11.101/2005 é manter a atividade econômica viável em funcionamento, independentemente das pessoas que a dirigem, de modo a permitir a proteção do interesse social que circunda a empresa.[7] Assim, certo é que a sorte da empresa não pode estar vinculada à conduta de um empresário inidôneo; a empresa constitui uma entidade jurídica autônoma que abrange interesses distintos e mais amplos.

---

5 Parecer da Comissão de Assuntos Econômicos do Senado Federal referente ao PL nº 71/2003. (BRASIL. *Projeto de Lei da Câmara n. 71*, de 2003. Disponível em: http://www.senado.gov.br/atividade/materia/detalhes.asp?p_cod_mate=63304. Acessado em: 01.03.2024).

6 FORGIONI, Paula Andrea. *A evolução do Direito Comercial brasileiro:* da mercancia ao mercado. São Paulo: Revista dos Tribunais, 2009, pp. 75/76.

7 TOMAZETTE, Marlon. *Curso de Direito Empresarial*: falência e recuperação de empresas. São Paulo: Atlas, 2017, p. 51.

Neste aspecto, faz-se necessário ressaltar que a fraude ou eventuais crimes são cometidos sempre por pessoas naturais, não pela sociedade empresária em si. Um CNPJ é incapaz de praticar um ato fraudulento ou criminoso, sendo necessária sempre a atuação de uma pessoa física, que utilizará a sociedade empresária como instrumento para praticar esses atos.

Como bem ressaltou o Dr. Paulo Assed Estefan na decisão que deferiu o processamento da recuperação judicial da Lojas Americanas:

> não se pode confundir nestes autos eventuais responsabilidades e atos praticados por gestores e/ou controladores com a necessária proteção da atividade econômica empresarial, que visa a garantir a manutenção da fonte produtora, das dezenas de milhares de empregos diretos e indiretos e, por óbvio, o próprio interesse dos credores, preservando a empresa, sua função social e estimulando a atividade econômica produtiva, tudo nos termos do artigo 47 da Lei 11.101/2005.

Recentemente, a Segunda Câmara de Direito Privado do Tribunal de Justiça do Estado do Mato Grosso ("TJMT") indeferiu o processamento da recuperação judicial da empresa Trans Deotti, sediada em Rondonópolis.[8] O acórdão foi proferido em agravo de instrumento interposto por um banco credor contra a decisão de processamento, em função de um aumento no endividamento da empresa requerente, da ordem de R$ 20 milhões, às vésperas do protocolo do pedido de recuperação judicial.[9]

---

8 TJMT, Agravo de Instrumento n. 1015966-03.2023.8.11.0000, Rel. Des. MARIA HELENA GARGAGLIONE POVOAS, julgado em 08 nov. 2023.

9 No corpo do acórdão, consta que "Como pontuado no parecer ministerial, "a empresa recuperanda, conforme apresentação do balanço posto ao id. 174823669, encontrava-se plenamente viável até o início do corrente ano, acumulando lucros que superaram, no final do anode 2022, a monta de R$ 765.000,00", porém, apenas no início de 2023, "o passivo da empresa aumentou vertiginosamente, passando de R$

Diante disso, o TJMT entendeu que "os elementos constantes dos autos denotam a utilização abusiva do instituto da recuperação judicial", visto que o pleito recuperacional teria por escopo apenas suspender as ações movidas contra a empresa requerente.

Em 2021, a 1ª Câmara Reservada de Direito Empresarial do Tribunal de Justiça de São Paulo ("TJSP") também indeferiu o processamento de recuperação judicial de um grupo de empresas por entender que haveria tentativa de "uso abusivo do instituto da recuperação judicial", consignando que cabe ao Poder Judiciário exercer "controle de legalidade do pleito inicial, nos termos do art. 52 da Lei 11.101/05".[10]

Evidentemente, não se pretende defender aqui a prática de fraude ou crime de qualquer espécie. Estes atos devem ser sempre rigorosamente apurados e coibidos em todos os níveis possíveis, com a punição, se comprovados, de seus agentes. A questão que se põe é que o agente que comete a fraude não é a empresa, mas sim uma pessoa física por trás dela (acionistas, administradores etc.).

Além de instrumento para o cometimento da fraude, a empresa é também sua vítima em certa medida, uma vez que é o seu patrimônio autônomo, que não se confunde com o patrimônio dos sócios e/ou administradores, que sofre em razão da prática do ato fraudulento. Não são apenas os credores e eventuais terceiros que são lesados pela fraude, mas também a própria pessoa jurídica utilizada para este ato, que pode inclusive ter sua atividade extremamente prejudicada em razão da fraude.

900.000,00 aproximadamente para mais de R$ 20.000.000,00; todavia, se deu em face da celebração de novos empréstimos e financiamentos (mais de 19 milhões de reais, vide f. 09 do id. 174823669), todos assumidos em 2023 (vide id. 174823672 e seguintes), ou seja, às vésperas do pleito Recuperacional".

10 TJSP, Agravo de Instrumento n. 2043746-49.2021.8.26.0000, Rel. Des. Cesar Ciampolini, julgado em 28 jul. 2021.

Resta claro, portanto, que não há nada na LREF que, objetivamente, impeça uma empresa que foi utilizada por seus dirigentes como meio para praticar uma fraude de pedir recuperação judicial, pois além dos requisitos previstos no art. 48,[11] ela deve demonstrar, apenas, que está passando por uma crise econômico-financeira que pode ser superada por meio da recuperação judicial.[12]

Assim, a mera alegação (ou mesmo a comprovação) de fraude, a princípio, não afastaria o direito da empresa de se utilizar deste instrumento legal. Embora pareça óbvio que uma fraude sempre impactará o processo de recuperação judicial, se se tratar de um ato que não compromete definitivamente a atividade econômica desenvolvida, não se pode impedir a tentativa de sua reestruturação e prosseguimento, inclusive por outro agente.

Nesse sentido, andou mal o legislador, em nossa visão, ao incluir o §6º no art. 51-A da Lei n. 11.101/2005, que trata da constatação prévia que pode ser determinada pelo juiz quando reputar necessário e para fins de apurar "as reais condições de funcionamento

---

11 **Art. 48.** "Poderá requerer recuperação judicial o devedor que, no momento do pedido, exerça regularmente suas atividades há mais de 2 (dois) anos e que atenda aos seguintes requisitos, cumulativamente:

I – não ser falido e, se o foi, estejam declaradas extintas, por sentença transitada em julgado, as responsabilidades daí decorrentes;

II – não ter, há menos de 5 (cinco) anos, obtido concessão de recuperação judicial;

III – não ter, há menos de 5 (cinco) anos, obtido concessão de recuperação judicial com base no plano especial de que trata a Seção V deste Capítulo;

IV – não ter sido condenado ou não ter, como administrador ou sócio controlador, pessoa condenada por qualquer dos crimes previstos nesta Lei".

12 De ato, o art. 51 da Lei n. 11.101/2005 prevê que, na petição inicial do pedido de recuperação judicial, a requerente deve expor as causas concretas da situação patrimonial do devedor e as razões de sua crise econômico-financeira (inciso I). Além disso, este mesmo artigo torna obrigatória a apresentação de diversos documentos listados em seus incisos.

da requerente e da regularidade e da completude da documentação apresentada com a petição inicial".

Com efeito, o §6º estabelece que

> [c]aso a constatação prévia detecte indícios contundentes de utilização fraudulenta da ação de recuperação judicial, o juiz poderá indeferir a petição inicial, sem prejuízo de oficiar ao Ministério Público para tomada das providências criminais eventualmente cabíveis.[13]

Primeiro, há de se destacar que a constatação prévia não se presta à análise contábil, econômica e financeira dos documentos apresentados pela requerente, mas apenas e tão-somente à completude desta documentação. O §5º do citado art. 51-A limita expressamente a constatação prévia à "verificação das reais condições de funcionamento da empresa e da regularidade documental", vedando o indeferimento do processamento da recuperação judicial com base na análise de sua viabilidade econômica.

O que se percebe, então, é que o fundamento da contatação prévia está na verificação preliminar da presença dos pressupostos mínimos do pedido de recuperação judicial, entre eles, ao funcionamento efetivo da empresa e a correspondência da documentação apresentada com os livros fiscais e comerciais.

Assim, na medida em que o perito, a rigor, não tem competência para aferir a veracidade dos documentos contábeis apresentados pela empresa requerente (apenas sua completude e regularidade),

13 Vale destacar que o Enunciado VII do Grupo de Câmaras Empresariais do TJSP tinha disposição semelhante: "[n]ão obstante a ausência de previsão legal, nada impede que o magistrado, quando do exame do pedido de processamento da recuperação judicial, caso constate a existência de indícios de utilização fraudulenta ou abusiva do instituto, determine a realização de verificação prévia, em prazo o mais exíguo possível". Tal enunciado foi cancelado em 27/04/2021.

eventuais fatos e ou indícios da prática de fraude não poderiam ser sequer apurados neste momento inicial.

De acordo com Marcelo Sacramone:

> [a] falta de veracidade das informações apresentadas, ou seja, a análise de mérito da documentação, deverá ser apurada durante o desenvolvimento da recuperação judicial pelo administrador judicial nomeado, pois é condição para que os credores possam analisar a viabilidade econômica do plano, mas não de processamento da recuperação judicial.[14]

E, demonstrada a falsidade das informações constantes nos documentos que instruíram a petição inicial ou a prática de qualquer ato fraudulento ou com intuito de lesar os credores, há mecanismos civis e penais para punir as pessoas físicas responsáveis pelos atos,[15] que serão expostos a seguir.

O que não parece fazer sentido é indeferir o processamento da recuperação judicial e, assim, permitir que a sociedade empresária, por meio de seus dirigentes e/ou sócios, continue a atuar no mercado e a prejudicar outros agentes econômicos livremente, ainda que haja a possibilidade de intimação do Ministério Público para tomar eventuais providências criminais cabíveis.

É nesse sentido também o entendimento de Paulo Furtado de Oliveira Filho, que pontua que

---

14 SACRAMONE, Marcelo Barbosa. *Comentários à Lei de Recuperação de Empresas e Falência*. 2ª ed. São Paulo: SaraivaJur, 2021, p. 305.

15 Conforme destaca Domingos Refinetti em "Fraude não impede Justiça de autorizar empresa a entrar em recuperação judicial" (RODAS, Sérgio. "Fraude não impede Justiça de autorizar empresa a entrar em recuperação judicial". *Consultor Jurídico*. Disponível em https://www.conjur.com.br/2023-jan-20/fraude-nao-impede-justica-autorizar-recuperacao-judicial. Acessado em: 27.02.2024).

> [q]uando a perícia prévia leva o juiz a indeferir de plano o processamento do pedido, deixa de existir uma condição objetiva de punibilidade de crime falimentar. Com isso, o empresário que tentou fraudar credores, fazendo uso abusivo do pedido de recuperação judicial, não sofrerá consequências de natureza penal, frustrando um dos objetivos do nosso sistema de insolvência.[16]

Como bem ressaltou a Procuradoria de Justiça de São Paulo em recente parecer, "a recuperação judicial, enquanto processo estruturante, vai além da simples resolução de conflitos, configurando-se como um instrumento crucial de política pública para a reorganização econômica da atividade empresarial", razão pela qual o indeferimento do pedido de recuperação judicial fundamentado no §6º do art. 51-A da LREF "revela-se ineficaz para corrigir atos de gestão eventualmente abusivos".[17]

De fato, parece-nos que melhor seria permitir o prosseguimento da recuperação judicial, colocando a empresa requerente sob a fiscalização do administrador judicial e, eventualmente, sob a direção de um gestor judicial e o escrutínio dos credores, e assegurando a estes últimos a decisão sobre o destino da empresa, além da instauração de procedimentos de averiguação e punição da fraude cometida.

---

16 MOREIRA, Alberto; COSTA, Daniel; RODRIGUES FILHO, João *et al*. "Perícia prévia na recuperação judicial: a exceção que virou regra?" *Migalhas*, 2018. Disponível em: https://www.migalhas.com.br/coluna/insolvencia-em-foco/279351/pericia-previa-na-recuperacaojudicial--a--excecao-que-virou-regra. Acessado em: 27.02.2024.

17 Neste mesmo parecer, a Procuradoria de Justiça de São Paulo pleiteou a declaração de inconstitucionalidade do § 6º do art. 51-A da Lei 11.101/2005, por meio de controle difuso, em razão da "manifesta contrariedade dessa disposição legal aos princípios fundamentais da Carta Magna, sendo incumbência do Poder Judiciário preservar tais princípios e direitos fundamentais". (TJSP, Autos n. 1000802-29.2023.8.26.0372, pp. 4237-4272).

Por fim, não é demais lembrar que o Código Civil de 2002[18] também prevê a possibilidade de os credores que tiverem seus direitos lesados requererem a anulação, via ação revocatória,[19] de atos ou negócios praticados por devedor já insolvente ou que sejam por eles reduzidos à insolvência.[20] Entretanto, para a configuração da fraude contra credores, faz-se necessário comprovar não apenas o evento fraudulento e danoso, mas também o conluio entre devedor e o terceiro com quem contratou.[21]

---

18 **Art. 158.** "Os negócios de transmissão gratuita de bens ou remissão de dívida, se os praticar o devedor já insolvente, ou por eles reduzido à insolvência, ainda quando o ignore, poderão ser anulados pelos credores quirografários, como lesivos dos seus direitos".

19 Art. 161. "A ação, nos casos dos arts. 158 e 159, poderá ser intentada contra o devedor insolvente, a pessoa que com ele celebrou a estipulação considerada fraudulenta, ou terceiros adquirentes que hajam procedido de má-fé".

20 Segundo José Cretella Júnior, a fraude contra credores é a manobra voluntária executada pelo devedor para se tornar insolvente ou agravar seu estado de insolvência, diminuindo ou dissipando totalmente seu patrimônio de forma a prejudicar seus credores. (JÚNIOR CRETELLA, José. *Curso de direito romano*: o direito romano e o direito civil brasileiro. 23ª ed. Rio de Janeiro: Forense, 2000, pp. 316/317).

Semelhante conceituação é dada por Marcos Bernardes de Mello, a fraude contra credores constitui "todo ato de disposição e oneração de bens, créditos e direitos, a título gratuito ou oneroso, praticado por devedor insolvente, ou por ele tornado insolvente, que acarrete redução de seu patrimônio, em prejuízo de credor preexistente" (BERNARDES DE MELLO, Marcos. *Teoria do fato jurídico*: plano da validade. 9ª ed. São Paulo: Saraiva, 2009, p. 2.005).

21 Neste sentido, veja-se julgado do Superior Tribunal de Justiça: "AGRAVO INTERNO NO RECURSO ESPECIAL. FRAUDE CONTRA CREDORES. COMPROVAÇÃO. PREENCHIMENTO DOS REQUISITOS EXIGIDOS. AGRAVO PARCIALMENTE PROVIDO. 1. A ocorrência de fraude contra credores demanda a anterioridade do crédito, a comprovação de prejuízo ao credor (*eventus damni*), que o ato jurídico praticado tenha levado o devedor à insolvência e o conhecimento, pelo terceiro adquirente, do estado de insolvência do devedor (*scientia fraudis*). 2. Agravo interno parcialmente provido". (STJ, Recurso Especial 1.294.462/GO, Quarta Turma, Rel. Min. Lázaro

2 Mecanismos de punição da fraude no âmbito da Lei n. 11.101/2005

Como visto acima, a recuperação judicial permite a reestruturação e prosseguimento da atividade empresária desenvolvida, o que atende ao interesse social que circunda as empresas. E, tal atividade passa a ser fiscalizada por um profissional de confiança do juízo – administrador judicial –, sendo de se notar que que o ordenamento jurídico brasileiro possui mecanismos para coibir a prática de ato fraudulento e punir as pessoas físicas responsáveis por tais atos, sem que isso signifique implique na impossibilidade de a sociedade empresária se utilizar deste importante instrumento jurídico.

Além da ação revocatória prevista no art. 161 do Código Civil, no contexto específico da recuperação judicial, o art. 64 da Lei n. 11.101/2005 prevê a possibilidade de afastamento do devedor e dos administradores da empresa recuperanda da condução da atividade empresarial se ocorrer qualquer uma das hipóteses descritas em seus incisos,[22] dentre as quais destaca-se (i) a existência de indícios veementes de terem cometido crime falimentar; (ii) a prática de ato

---

Guimarães (desembargador convocado do TRF 5ª Região), julgado em 20 mar. 2018).

22 Art. 64. "Durante o procedimento de recuperação judicial, o devedor ou seus administradores serão mantidos na condução da atividade empresarial, sob fiscalização do Comitê, se houver, e do administrador judicial, salvo se qualquer deles:

I – houver sido condenado em sentença penal transitada em julgado por crime cometido em recuperação judicial ou falência anteriores ou por crime contra o patrimônio, a economia popular ou a ordem econômica previstos na legislação vigente;

II – houver indícios veementes de ter cometido crime previsto nesta Lei;

III – houver agido com dolo, simulação ou fraude contra os interesses de seus credores;

IV – houver praticado qualquer das seguintes condutas:

a) efetuar gastos pessoais manifestamente excessivos em relação a sua situação patrimonial;

doloso, simulação ou fraude contra os interesses dos credores; e (iii) a prática de ato tendente a descapitalizar injustificadamente a empresa ou realizar operações prejudiciais ao seu funcionamento regular.

É que, como cediço, durante a recuperação judicial, o empresário permanece na condução da atividade empresarial e não deve ser substituído em razão do pedido. É o chamado sistema *debtor-in--possession.*[23] Entretanto, verificada qualquer das hipóteses prevista no supracitado artigo, seu parágrafo único autoriza o juiz a afastar os gestores da empresa, que serão substituídos na forma prevista nos atos constitutivos da sociedade ou no plano de recuperação judicial, ou, anda, de acordo com a decisão da Assembleia Geral de Credores, caso haja necessidade de nomeação de um gestor judicial para assumir a direção das atividades do devedor (art. 65).[24]

---

b) efetuar despesas injustificáveis por sua natureza ou vulto, em relação ao capital ou gênero do negócio, ao movimento das operações e a outras circunstâncias análogas;

c) descapitalizar injustificadamente a empresa ou realizar operações prejudiciais ao seu funcionamento regular;

d) simular ou omitir créditos ao apresentar a relação de que trata o inciso III do **caput** do art. 51 desta Lei, sem relevante razão de direito ou amparo de decisão judicial;

V – negar-se a prestar informações solicitadas pelo administrador judicial ou pelos demais membros do Comitê;

VI – tiver seu afastamento previsto no plano de recuperação judicial.

Parágrafo único. Verificada qualquer das hipóteses do *caput* deste artigo, o juiz destituirá o administrador, que será substituído na forma prevista nos atos constitutivos do devedor ou do plano de recuperação judicial".

23 SACRAMONE, Marcelo Barbosa. *Comentários à Lei de Recuperação de Empresas e Falência*. 2ª ed. São Paulo: SaraivaJur, 2021, p. 356.

24 **Art. 65.** "Quando do afastamento do devedor, nas hipóteses previstas no art. 64 desta Lei, o juiz convocará a assembléia-geral de credores para deliberar sobre o nome do gestor judicial que assumirá a administração das atividades do devedor, aplicando-se-lhe, no que couber, todas as normas sobre deveres, impedimentos e remuneração do administrador judicial".

Importante consideração deve ser feita com relação à extensão das expressões "devedor" e "administradores" utilizadas no *caput* do citado art. 64, que, em uma interpretação literal, envolveria apenas (i) o empresário individual de responsabilidade ilimitada, (ii) os sócios de sociedade de responsabilidade ilimitada e (iii) os administradores de sociedades empresárias personificadas,[25] deixando de fora o afastamento dos sócios de sociedades empresárias de responsabilidade limitada.[26] Esta interpretação, porém, não parece ser a mais adequada, devendo-se ler, em vez de devedor, sócio controlador.[27] [28]

A fraude referida no art. 64 da Lei n. 11.101/2005 acima, vale lembrar, pode ter sido praticada antes da distribuição do processo de recuperação judicial ou na sua pendência e, apesar das semelhanças, não se confunde com a fraude contra credores prevista no Código Civil, já que aquela "diz respeito a qualquer espécie de fraude detrimentosa dos credores e da companhia, e não à ação pauliana, especificamente".[29]

---

25 SCALZILLI, João Pedro; SPINELLI, Luís Felipe; TELLECHEA, Rodrigo. *Recuperação de Empresas e Falência*: teoria e prática na Lei 11.101/2005. 4ª ed. São Paulo: Almedina, 2023, p. 682.

26 SACRAMONE, Marcelo Barbosa. *Comentários à Lei de Recuperação de Empresas e Falência*. 2ª ed. São Paulo: SaraivaJur, 2021, p. 357.

27 MUNHOZ, Eduardo Secchi. "Do procedimento de recuperação judicial". *In*: SOUZA JUNIOR, Francisco Satiro de; PITOMBO, Antonio Sergio A. de Moraes (Coord.). *Comentários à Lei de Recuperação de Empresas e Falências*. 2ª ed. São Paulo: Revista dos Tribunais, 2007, p. 308.

28 Esta interpretação é corroborada também por João Pedro Scalzilli, Luís Felipe Spinelli e Rodrigo Tellechea, para quem seria possível também "o afastamento do acionista controlador da empresa (...)". (SCALZILLI, João Pedro; SPINELLI, Luís Felipe; TELLECHEA, Rodrigo. *Recuperação de Empresas e Falência*: teoria e prática na Lei 11.101/2005. 4ª ed. São Paulo: Almedina, 2023, p. 683).

29 MOREIRA, Alberto Camiña. "Recuperação Judicial e Fraude". *Migalhas*, jul. 2023. Disponível em: https://www.migalhas.com.br/coluna/insolvencia-em-foco/389731/recuperacao-judicial-e-fraude. Acessado em: 28.02.2024.

Ou seja, os atos fraudulentos relacionados no art. 64 da LREF, se praticados, não necessariamente serão objeto de ação pauliana, porém podem ocasionar o afastamento dos administradores da sociedade empresária e, ainda, a averiguação da prática do crime previsto no art. 168 do mesmo diploma legal.

Não se pode esquecer também da figura do *watchdog*, cuja nomeação, embora não prevista na LREF, tem se tornado cada vez mais comum nos processos de recuperação judicial.[30] O *watchdog* é um profissional técnico que pode ser nomeado pelo juiz recuperacional para fiscalizar de perto as atividades cotidianas da empresa recuperanda, sem, contudo, modificar sua administração e os gestores da empresa.

Diferente do gestor judicial, o *watchdog* não realiza nenhum ato de gestão, mas apenas relata ao juízo a condução das atividades econômico-financeiras, trazendo maior transparência ao processo e evitando a utilização indevida dos recursos, possíveis desvios e fraudes. Sua atuação tampouco se confunde com a atuação do administrador judicial, já que o *watchdog* tem uma função mais específica de acompanhar o dia a dia da empresa.

Destarte, e seguindo a linha exposta no capítulo anterior, nos parece que, constatada eventual fraude ou tentativa de uso abusivo da recuperação judicial pela empresa requerente, melhor seria deferir seu processamento e, ato contínuo, afastar os atuais gestores da condução dos negócios, substituindo-os por outros nos termos do contrato social, ou nomear um profissional como *watchdog*.

Com isso, a sociedade empresária poderia se reestruturar sob a fiscalização do juiz, do administrador judicial e dos credores, e sob nova direção (caso haja afastamento dos gestores), não se

30 Dentre alguns casos em que o *watchdog* foi nomeado, podemos citar as recuperações judiciais da PDG Realty, Odebrecht, Atvos, Estaleiro Atlântico Sul, Grupo Itapemirim, Grupo Redenção, Grupo Americanas.

penalizando a atividade econômica que gera benefícios sociais em razão da atuação de gestores inidôneos.

Entretanto, não obstante a possibilidade de afastamento dos gestores que praticaram o ato fraudulento, a LREF é omissa no que se refere à recomposição do dano causado pela fraude, seja à empresa em recuperação judicial, seja aos credores. Por óbvio, o dano causado pela fraude não é recomposto com a mera substituição do administrador.

Esta recomposição, porém, pode e deve ser buscada por meio da desconsideração da personalidade jurídica, haja vista que o §1º do art. 50[31] do Código Civil expressamente reconhece a fraude como espécie de desvio de finalidade, estabelecendo que este se configura com a "utilização da pessoa jurídica com o propósito de lesar credores e para a prática de atos ilícitos de qualquer natureza".

Ainda, o art. 1016 do Código Civil estabelece que "os administradores respondem solidariamente perante a sociedade e os terceiros prejudicados, por culpa no desempenho de suas funções". Nos casos das sociedades anônimas, o art. 159 da Lei n. 6.404/1976 autoriza a companhia, mediante prévia deliberação da Assembleia Geral, a ajuizar ação de responsabilidade civil contra o administrador pelos prejuízos causados ao seu patrimônio.[32]

---

31 Art. 50. "Em caso de abuso da personalidade jurídica, caracterizado pelo desvio de finalidade ou pela confusão patrimonial, pode o juiz, a requerimento da parte, ou do Ministério Público quando lhe couber intervir no processo, desconsiderá-la para que os efeitos de certas e determinadas relações de obrigações sejam estendidos aos bens particulares de administradores ou de sócios da pessoa jurídica beneficiados direta ou indiretamente pelo abuso".

32 E, o art. 158 do mesmo diploma legal prevê que o administrador responderá "civilmente, pelos prejuízos que causar, quando proceder: I – dentro de suas atribuições ou poderes, com culpa ou dolo; II – com violação da lei ou do estatuto".

Deste modo, caso reste comprovada a prática de ato pelo administrador que viole seus deveres legal ou estatutário, bem como o dano efetivo e concreto decorrente deste ato, pode-se aventar a responsabilidade civil pessoal do administrador.

Além disso, o art. 168 da LREF[33] tipificou como crime punível com pena de reclusão a prática de "ato fraudulento de que resulte ou possa resultar prejuízo aos credores, com o fim de obter ou assegurar vantagem indevida para si ou para outrem", antes ou depois da concessão da recuperação judicial.

Dentre algumas das causas de aumento da pena, a LREF prevê: (i) a elaboração de escrituração contábil ou balanço com dados inexatos; (ii) a omissão ou alteração de lançamentos na escrituração contábil ou no balanço; (iii) a destruição ou ocultação de dados ou documentos contábeis, bem como (iv) a manutenção de contabilidade paralela pelo devedor.

Além disso, o §3º deste dispositivo legal inclui expressamente a possibilidade de concurso de agentes, incorrendo nas mesmas penas os contadores, técnicos contábeis, auditores e outros profissionais que concorrerem para a prática da conduta criminosa, na medida de sua culpabilidade.[34]

Ademais, o tipo penal em comento não exige a ocorrência de efetivo prejuízo aos credores, bastando a realização de ato fraudulento capaz de prejudicar credores para sua consumação. Trata-se de um crime de perigo, em que protege a integridade do patrimônio

---

33 **Art. 168.** "Praticar, antes ou depois da sentença que decretar a falência, conceder a recuperação judicial ou homologar a recuperação extrajudicial, ato fraudulento de que resulte ou possa resultar prejuízo aos credores, com o fim de obter ou assegurar vantagem indevida para si ou para outrem.

Pena – reclusão, de 3 (três) a 6 (seis) anos, e multa".

34 SACRAMONE, Marcelo Barbosa. *Comentários à Lei de Recuperação de Empresas e Falência*. 2ª ed. São Paulo: SaraivaJur, 2021, p. 658.

do devedor, os direitos dos credores e a administração da justiça, bastando, portanto, que esteja presente a mera possibilidade de causar prejuízo aos credores.[35]

Ou seja, a Lei n. 11.101/2005 reprime também no campo criminal a fraude praticada pelos gestores da empresa, pois o art. 168, que contém o tipo da fraude a credores, alcança a figura da recuperação judicial, sendo a decisão de concessão da recuperação judicial a condição objetiva de punibilidade, de acordo com o art. 180[36] do mesmo diploma legal.

No entanto, dois pontos merecem atenção com relação à caracterização do crime de fraude contra credores previsto na Lei n. 11.101/2005: (i) exige-se o dolo direto e específico de se obter ou assegurar vantagem indevida para si ou para outrem (elemento subjetivo indispensável) e (ii) não é qualquer ato praticado desde o início da atividade empresarial que pode configurar o delito, sendo de rigor uma vinculação mínima do ato praticado com a situação de crise econômico-financeira enfrentada pelo devedor.[37]

E, assim como ocorre no caso de afastamento dos dirigentes da empresa, a apuração da prática de crime pelas autoridades competentes e mesmo a condenação dos responsáveis pelo ato criminoso (lembrando que sempre serão as pessoas físicas), apesar de imprescindível, não gera a recomposição patrimonial do dano sofrido pela sociedade empresária devedora e pelos credores, e ainda

---

35 SCALZILLI, João Pedro; SPINELLI, Luís Felipe; TELLECHEA, Rodrigo. *Recuperação de Empresas e Falência*: teoria e prática na Lei 11.101/2005. 4ª ed. São Paulo: Almedina, 2023, pp. 1487/1488.

36 **Art. 180.** "A sentença que decreta a falência, concede a recuperação judicial ou concede a recuperação extrajudicial de que trata o art. 163 desta Lei é condição objetiva de punibilidade das infrações penais descritas nesta Lei".

37 SCALZILLI, João Pedro; SPINELLI, Luís Felipe; TELLECHEA, Rodrigo. *Recuperação de Empresas e Falência*: teoria e prática na Lei 11.101/2005. 4ª ed. São Paulo: Almedina, 2023, p. 1488.

pode aumentar consideravelmente a possibilidade de convolação da recuperação judicial em falência.

Conclusão

Diante de todo o exposto acima, entendemos que o eventual cometimento de ato fraudulento ou criminoso pelos acionistas/sócios ou administradores de uma sociedade empresária não pode impedi-la de buscar sua recuperação judicial com o fim de preservar a atividade econômica, objetivo maior deste instrumento jurídico.

Repise-se que não se está aqui defendendo a fraude nem se pretende que a recuperação judicial se torne subterfúgio para prejudicar credores e o próprio mercado.

Contudo, justamente porque o processo de recuperação judicial permite a fiscalização das atividades do devedor pelo administrador judicial, inclusive por meio dos relatórios mensais que devem lhe ser encaminhados pela recuperanda, bem como pelos credores, nos parece ser mais benéfico para estes permitir o prosseguimento do processo em vez de deixar que sociedade empresária continue atuando livremente no mercado e, assim, continue praticando fraudes.

Neste sentido, a própria Lei n. 11.101/2005 possui mecanismos que visam a coibir e punir a prática de ato lesivo pelos gestores da empresa recuperanda, como a possibilidade de afastamento desses gestores, com a nomeação de um gestor judicial para praticar os atos ordinários de administração, nos termos dos arts. 64 e 65. Ainda, há previsão de punição criminal nos casos de prática de ato com o intuito de fraudar credores, ainda que praticados antes do pedido de recuperação judicial, conforme estabelece o art. 168 do citado diploma legal.

E, ainda que a previsão normativa da LREF estanque a fraude praticada, mas não preveja a recomposição do dano causado pelo agente fraudador, certo é que tanto o Código Civil como a Lei das

Sociedades Anônimas (Lei n. 6.404/1976) continuam plenamente aplicáveis e podem ser utilizados como fundamento para a ação de reparação de danos contra os administradores.

Assim, não parece correto permitir que uma "assanha punitiva" contra os acionistas/sócios e/ou administradores de uma sociedade empresária tome o lugar do escopo de recuperação judicial, que é preservar a atividade econômica exercida.

O tratamento e repreensão da fraude devem ocorrer paralelamente à recuperação judicial, mas não a impedir, até porque a permanência dos mesmos gestores que praticaram a fraude na condução da atividade, sem qualquer fiscalização administrativas ou judicial, é prejudicial não apenas para os credores como também para o próprio mercado.

Não nos esqueçamos que por traz de toda pessoa jurídica há uma pessoa física e eventuais atos com intuito fraudatório são sempre praticados por esta e não por aquela.

Referências bibliográficas

CRETELLA JÚNIOR, José. *Curso de direito romano*: o direito romano e o direito civil brasileiro. 23ª ed. Rio de Janeiro: Forense, 2000.

FAZZIO JÚNIOR, Waldo. *Nova Lei de Falência e Recuperação de Empresas*. 2ª ed. São Paulo: Atlas, 2005.

FORGIONI, Paula Andrea. *A Evolução do Direito Comercial brasileiro*: da mercancia ao mercado. São Paulo: Revista dos Tribunais, 2009.

MELLO, Marcos Bernardes de. *Teoria do fato jurídico*: plano da validade. 9ª ed. São Paulo: Saraiva, 2009.

MOREIRA, Alberto Camiña. "Recuperação Judicial e Fraude". *Migalhas*, 11 jul. 2023. Disponível em: https://www.migalhas.com.br/coluna/insolvencia-em-foco/389731/recuperacao-judicial-e-fraude. Acessado em: 08.02.2024.

MUNHOZ, Eduardo Secchi. "Do procedimento de recuperação judicial". *In*: SOUZA JUNIOR, Francisco Satiro de; PITOMBO, Antonio Sergio

A. de Moraes (Coord.). *Comentários à Lei de Recuperação de Empresas e Falências*. 2ª ed. São Paulo: Revista dos Tribunais, 2007.

OLIVEIRA FILHO, Paulo Furtado de. "Perícia prévia na recuperação judicial: a exceção que virou regra?" *Migalhas*, 2018. Disponível em: https://www.migalhas.com.br/coluna/insolvencia-em-foco/279351/pericia-previa-na-recuperacaojudicial--a-excecao-que-virou-regra. Acessado em: 08.02.2024.

REFINETTI, Domingos. "Fraude não impede Justiça de autorizar empresa a entrar em recuperação judicial". *Conjur*, 2023. Disponível em: https://www.conjur.com.br/2023-jan-20/fraude-nao-impede-justica-autorizar--recuperacao-judicial. Acessado em: 08.02.2024.

SACRAMONE, Marcelo. *Comentários Lei Recuperação de Empresas Falência*. 2ª ed. São Paulo: SaraivaJur, 2021.

TOMAZETTE, Marlon. *Curso de Direito Empresarial*: falência e recuperação de empresas. São Paulo: Atlas, 2017.

SCALZILLI, João Pedro; SPINELLI, Luís Felipe; TELLECHEA, Rodrigo. *Recuperação de Empresas e Falência*: teoria e prática na Lei 11.101/2005. 4ª ed. São Paulo: Almedina, 2023.

CAPÍTULO XIX

RECUPERAÇÃO DE CRÉDITO E REFORMAS LEGISLATIVAS: COMPREENSÃO DA ATUAL POLÍTICA DE RECUPERAÇÃO DE CRÉDITO A PARTIR DE DADOS EMPÍRICOS

MARIA RITA REBELLO PINHO DIAS

Recentemente foi editada da Lei n. 14.711/23, que é conhecida como sendo o "Marco Legal das Garantias". O referido diploma normativo trouxe regras que incentivam renegociações de dívidas e soluções extrajudiciais para negociações, por meio de cartórios. Uma das expectativas de muitos operadores do direito é a de que a nova legislação traga alternativas que se mostrem uma melhor solução para recuperação de crédito se comparadas à solução judicial, a qual, com base em percepção sobre os custos e demora intrínsecos do Poder Judiciário,[1] acaba não se mostrando solução eficiente para reaver créditos.

Existem estudos que apontam que a taxa da recuperação de crédito no Brasil é uma das menores do mundo, sendo de apenas 13% em até 4 anos, ao passo que, no Reino Unido, a taxa de recuperação é de 89% em 1 ano e meio, além de identificarem no Poder Judiciário brasileiro um viés favorável ao devedor, não contribuindo, no seu entender, maior segurança jurídica.[2]

A percepção de que a atuação do Poder Judiciário na recuperação de crédito em território brasileiro poderia estar em descompasso se comparado com a atuação de outros sistemas jurídicos, suscita reflexões. Quais seriam as causas desses resultados: a atuação em si do Poder Judiciário? As regras que norteiam o sistema jurídico de recuperação de crédito?

Sem prejuízo de se investir em medidas que fomentem soluções extrajudiciais de conflitos, notadamente menos custosas e de solução mais rápida, mostra-se salutar refletir sobre as questões apontadas acima. Somente com base nesse exercício, será possível

---

1 "O marco de garantias inclui regras a respeito da solução negocial prévia ao protesto de títulos e de incentivo à renegociação de dívidas, abrindo a possibilidade de uso de medidas extrajudiciais para negociações, por meio de cartórios. Ou seja, mais uma medida no intuito de permitir que o credor não precise ir à Justiça para tentar reaver valores devidos. Muitos créditos não são recuperados porque a demora e os custos dos processos judiciais podem acabar não compensando o esforço". (MIGALHAS. "Advogado explica mudanças trazidas pelo marco legal das garantias". *Migalhas*, nov. 2023. Disponível em: https://www.migalhas.com.br/quentes/396289/advogado-explica-mudancas-trazidas-pelo-marco-legal-das-garantias. Acessado em: 01.03.2024).

2 CORREIO BRAZILIENSE. "Recuperação de crédito no Brasil é uma das mais demoradas do mundo". *Correio Braziliense*, ago. 2019. Disponível em: https://www.correiobraziliense.com.br/app/noticia/economia/2012/08/13/internas_economia,776835/recuperacao-de-credito-no-brasil-e-uma-das-mais-demoradas-do-mundo.shtml. Acessado em: 26.02.2024.

tentar identificar quais são as reais causas do custo e da demora da solução judicial para a recuperação de crédito e, assim, com esse diagnóstico, sugerir soluções assertivas que possam contribuir para a busca de uma atuação mais eficiente.

A crítica genérica ao Poder Judiciário, apontando que se trata de via custosa e demorada, não contribui para aprimoramento do sistema judicial de recuperação de crédito, o qual é fundamental para adequado funcionamento do mercado. Focar nesses aspectos para ressaltar a importância de formas alternativas de solução de controvérsias não apenas não proporciona investigação das causas, já que concentra somente nos sintomas, como também atribui a estas últimas função que elas não têm, na medida que as soluções alternativas não possuem condições de substituir o Poder Judiciário na função de outorga de solução adjudicada em caso de impasse ou persistência do conflito.

Ainda que se possa investir em soluções extrajudiciais, tais medidas não podem ser adotadas como forma de se tentar contornar um sistema de recuperação de crédito judicial ineficiente. Isso porque, tais medidas devem sempre ser alternativas existentes à disposição das partes, às quais é preciso que assegure, como última via, a solução judicial, devendo esta última ser eficiente e atender às necessidades dos agentes que não disponham mais de nenhuma outra possibilidade.

A apresentação de medida extrajudiciais como forma de contornar ineficiências na via judicial não se mostra a melhor maneira de enfrentar eventuais problemas detectados, tendo em vista que soluções não atacam as suas reais causas. Assim, em outras palavras, criar soluções que contornem um problema jamais serão aptas para solucionar esse problema em si, mas, quando muito, aliviar os seus sintomas.

A existência de via judicial eficiente é necessária inclusiva para fomentar soluções extrajudiciais mais adequadas.

Em negociação, existe o conceito do BATNA - *Best Alternative to a Negotiated Agreement*, ou seja, a "Melhor Alternativa a um Acordo", o qual permite que a parte enxergue a pior alternativa ao acordo negociado e, com isso, consiga compreender e defender melhor alternativas. Define-se BATNA como

> Qual é a minha melhor alternativa para um acordo negociado (BATNA)? Esta sigla entrou no mundo da análise de negociação em 1981, com a publicação do livro *Getting to Yes*. Dito de outra forma, qual é a sua melhor alternativa caso não haja um acordo? Identificar a melhor alternativa é especialmente importante porque isso é o que lhe dá poder em uma negociação. Com uma alternativa forte, você é mais poderoso na negociação.[3]

Sendo a via judicial a última alternativa a um acordo,[4] se for ineficiente terá como consequência reduzir o poder de negociação da parte, visto que fomentará, para a parte beneficiada por tal ineficiência, a redução do interesse em recorrer a vias alternativas.

A existência de via judicial eficiente é necessária, portanto, para assegurar direitos e interesses reconhecidos em nosso ordenamento jurídico, preservando legítimas expectativas criadas nas partes inseridas em nosso sistema judicial, e, assim, assegurando ambiente institucional de estabilidade jurídica e de pacificação de

---

3 SIEDEL, George. *Negociação rumo ao sucesso*: estratégias e habilidades essenciais. Ann Arbor: Van Rye Publishing, 2016.

4 "Uma característica que o sistema dos EUA, infelizmente, compartilha com outros sistemas jurídicos é que o processo leva muito tempo. Neste caso, o acidente ocorreu em 30 de junho de 2001; e a decisão final sobre o caso foi alcançada quase oito anos depois, em 26 de maio, 2009. **Ponto essencial**. Ao negociar a resolução de um litígio, a sua última BATNA pode ser contenciosa. Esta BATNA, muitas vezes, não é atraente, especialmente nos Estados Unidos, que deve incentivá-lo a tentar chegar a um acordo". (SIEDEL, George. *Negociação rumo ao sucesso*: estratégias e habilidades essenciais. Ann Arbor: Van Rye Publishing, 2016).

conflitos. Além disso, um Poder Judiciário eficiente é fundamental para contribuir para que soluções extrajudiciais sejam implementadas com sucesso, isso porque tão mais eficiente e aderente às intenções do legislador, tão mais considerada essa via será pelas partes em litígio quando estiverem negociando vias alternativas para solução da questão.

Diante dessas indagações, identificar os contornos legais que conformam a política brasileira de recuperação de crédito e, também, a estrutura disponível pelo Poder Judiciário para sua implementação, poderá contribuir para melhor compreensão sobre as causas dos resultados observados para a recuperação de crédito em território brasileiro. Essa maior clareza quanto às causas e efeitos da situação fática detectada poderá contribuir, também, com soluções legislativas pontuais e assertivas, que podem ter resultados favoráveis no aprimoramento dessa questão.

Logo, além de se pensar em formas de desjudicialização de medidas para recuperação do crédito – cuja iniciativa sempre se parabeniza -, mostra-se salutar também tentar compreender qual é a política pública adotada para recuperação do crédito em território brasileiro, na medida em que, com tal análise, será possível obter informações que permitirão efetuar análise crítica mais qualificada sobre as razões da demora e do maior custo na recuperação de crédito pela via judicial atualmente existente. Com essa indagação, será possível verificar se o cenário atual decorre exclusivamente de questões estruturais do Poder Judiciário ou se há espaço para melhor normativa da política pública de recuperação de crédito vigente.

O presente artigo não pretende esgotar esses questionamentos, mas, apenas, fomentar reflexões e análises críticas que possam sugerir possíveis caminhos para compreender com mais acuidade a atuação do Poder Judiciário no sistema de recuperação de créditos. Espera-se, com tais reflexões, contribuir criticamente para o debate sobre o aprimoramento da atuação do Poder Judiciário no sistema de recuperação de créditos em território nacional, identificando dificuldades e eventuais questões que possam ser endereçadas.

Para fomentar essas reflexões, este artigo efetuará, inicialmente, breve apresentação do panorama dos diplomas normativos existentes que dão substrato à pretensão de recuperação de crédito em âmbito nacional. Após, será feita uma análise de dados empíricos sobre a atuação do Poder Judiciário na recuperação de crédito, com o intuito de identificar possíveis áreas de aprimoramento. Por fim, apresentar-se-á breve conclusão das questões encontradas. Necessário reforçar, novamente, que tendo em vista o espaço limitado destinado a este artigo, não se pretende em momento algum esgotar as questões, mas, apenas, contribuir criticamente com reflexões sobre essa temática.

1 A recuperação de crédito e respectivos diplomas normativos

A recuperação de créditos pode se dar em dois contextos: naquele em que o devedor está insolvente e outra em que ele não está. Além disso, a depender da qualificação jurídica do devedor, o regime jurídico poderá ser distinto.

Assim, por exemplo, para empresários, os artigos 1º e 2º da Lei n. 11.101/05 definem a existência de regime jurídico próprio para situações de crise e de insolvência, disponibilizando os institutos da recuperação (judicial ou extrajudicial) e da falência.

Para os demais casos, que envolvem devedores comuns, a recuperação do crédito é disciplinada pelo Código de Processo Civil (Lei n. 13.105/15), que fixa regras para devedores solventes, tratada no seu Livro II, nos artigos 771 a 925, e também no Título II do Livro I, que trata do cumprimento de sentença nos artigos 513 a 538, sendo que, para credores insolventes, por força do disposto no artigo 1052, observa-se rito processual específico, tratado nos artigos 955 a 965 do Código Civil, artigos 748 a 786-A do Código de Processo Civil de 1973.

Para credores insolventes não empresários, interessante observar que o rito processual existente na legislação processual civil comum é assemelhado com o rito que existia no Decreto-Lei n. 7.661/45 para disciplinar as falências, sendo orientado para a formação de quadro geral de credores, liquidação do passivo do devedor e pagamento de credores em conformidade com classe de credores previamente estipulado em lei. Não existe para esses casos, na legislação vigente, a possibilidade de celebração de acordo que anteceda ao processo liquidatório. Ao contrário, o artigo 783 do CPC/73[5] prevê, apenas, que somente depois da aprovação do quadro geral de credores, o devedor poderá acordar com seus credores questões relacionadas à forma de pagamento, com exclusividade, exigindo unanimidade de aprovação.

Curiosamente, no que toca algumas obrigações travadas em relações de consumo, envolvendo consumidores superendividados, a Lei n. 14.181/21 criou ritos específicos que impactam a recuperação do crédito, nos artigos 104-A e 104-B do Código de Defesa do Consumidor – CDC. Esses dispositivos, que têm por intuito aumentar o poder negocial do consumidor devedor, criam uma espécie de rito coletivo, submetendo os credores à uma conciliação compulsória, em um primeiro momento, no qual será possível ao devedor negociar com credores específicos um plano de pagamento de suas obrigações, e, posteriormente, em uma segunda etapa, a um plano judicial compulsório para pagamento de dívidas. Lamentavelmente, o rito dos processos específicos aplicados aos superendividados refere-se, exclusivamente, às dívidas sujeitas à referida legislação, conforme descrito no art. 54-A do CDC, ou seja, dívidas relacionadas ao consumo, e, mesmo assim, tendo algumas sido excluídas do âmbito de incidência da referida legislação.

Os agentes econômicos não empresários, com exceção daqueles que atuem no setor futebolístico e dos produtores rurais, submetem-se ao regime comum, estando excluídos do regime empresarial no que toca à situação de insolvência, por força do disposto no art. 1º da

---

5 Art. 783. O devedor insolvente poderá, depois da aprovação do quadro a que se refere o art. 769, acordar com os seus credores, propondo-lhes a forma de pagamento. Ouvidos os credores, se não houver oposição, o juiz aprovará a proposta por sentença.

Lei n. 11.101/05, muito embora algumas decisões judiciais recentes tenham permitido a possibilidade de se valerem do instituto da recuperação judicial.[6] [7] [8] É possível, a depender do setor de mercado que atuem, que possam estar sujeitas a regramentos e regulação específicos.

Para produtores rurais e associações futebolísticas, há possibilidade de se valerem do regime empresarial por equiparação, conforme se infere do disposto no art. 971, parágrafo único do CPC[9] e legislações específicas.

Trata-se, portanto, de cenário normativo complexo, que prevê regimes jurídicos distintos, que variam conforme a qualidade do devedor (se empresário ou não, e, ainda nesse último caso, se consumidor superendividado ou não, por exemplo) e conforme a natureza do crédito (se travada em relação de consumo, por exemplo).

---

6 HIGÍDIO, José. "Justiça autoriza fundação universitária a requerer recuperação judicial". *Consultor Jurídico*, set. 2023. Disponível em: https://www.conjur.com.br/2022-set-13/justica-autoriza-fundacao-universitaria-pedir-recuperacao-judicial/. Acessado em: 27.02.2024.

7 DE QUEIROZ, Vinícius. "Recuperação judicial - Fundações e associações - Parte 1". *Migalhas*, out. 2022. Disponível em: https://www.migalhas.com.br/depeso/376228/recuperacao-judicial--fundacoes-e-associacoes--parte-1. Acessado em: 27.02.2024.

8 STJ – SUPERIOR TRIBUNAL DE JUSTIÇA. "Quarta Turma restabelece liminar para que associações civis prossigam na recuperação judicial". *STJ – Superior Tribunal de Justiça*, mar. 2023. Disponível em: https://www.stj.jus.br/sites/portalp/Paginas/Comunicacao/Noticias/25032022-Quarta-Turma-restabelece-liminar-para-que-associacoes-civis-prossigam-na-recuperacao-judicial.aspx. Acessado em: 27.02.2024.

9 Art. 971. O empresário, cuja atividade rural constitua sua principal profissão, pode, observadas as formalidades de que tratam o art. 968 e seus parágrafos, requerer inscrição no Registro Público de Empresas Mercantis da respectiva sede, caso em que, depois de inscrito, ficará equiparado, para todos os efeitos, ao empresário sujeito a registro. Parágrafo único. Aplica-se o disposto no **caput** deste artigo à associação que desenvolva atividade futebolística em caráter habitual e profissional, caso em que, com a inscrição, será considerada empresária, para todos os efeitos.

A existência de diversos regimes jurídicos para disciplinar a recuperação do crédito, em território brasileiro, torna o ambiente legal mais complexo e, diante de inevitáveis dúvidas sobre suas. fronteiras e limites sobre cada um deles, também mais inseguro, na medida que demandará que a definição dos contornos desses regimes jurídicos seja definida pelo Poder Judiciário, o qual, por opção constitucional, se estrutura em diversas instâncias decisórias. A estruturação constitucional do Poder Judiciário, que submete um único conflito a diversas instâncias decisórias, se por um lado se justifica em razão da necessidade de validar a atuação de membros que foram escolhidos não pelo voto popular e democrático mas sim por concurso técnico, impondo rigorosa observância dos princípios do contraditório e da ampla defesa, por outro lado têm por consequência que esse processo naturalmente demandará tempo compatível com o exercício de tais garantias constitucionais.

A complexidade das regras que conformam a concessão de crédito impacta, também, a efetividade das garantias concedidas, visto que cada regime jurídico prevê consequência não necessariamente uniforme para cada uma delas, a depender do contexto de solvência ou insolvência do devedor, assim como da qualidade do devedor em si.

Desse modo, para contribuir para melhora das ferramentas legais disponibilizadas para a recuperação do crédito em território brasileiro, seria possível se cogitar por uma simplificação do contexto normativo, reduzindo os regimes jurídicos existentes e, com isso, reduzindo, também, as hipóteses de incertezas de sua aplicação empírica e, consequentemente, da atuação do Poder Judiciário para definição dos contornos de cada regime jurídico existente. A simplificação normativa poderia, assim, contribuir para redução da insegurança jurídica.

Apresentado breve panorama do contexto normativo existente, mostra-se interessante, também, verificar dados empíricos relativos à atual atuação do Poder Judiciário na área de recuperação de crédito.

2 Dados empíricos do Poder Judiciário na execução da Política Pública de Recuperação de Crédito Comum

Como regra, para processamento de questões envolvendo a recuperação de crédito, o Poder Judiciário tradicionalmente estrutura essa matéria em varas que possuem a competência cível. Essas varas podem ter competência cumulativa, ou seja, além da competência cível outras competências como criminal, infância e juventude, família, entre outras, ou, contrário, possuírem apenas competência cível.

Recentemente, têm-se assistido à especialização da competência de recuperação judicial e falências em varas com competência exclusiva. A especialização de competências de unidades judiciais é forma de organização do trabalho[10] [11] que permite maior capacitação do

---

10 "É notório que, nos dias de hoje, o Poder Judiciário vem sendo chamado a resolver problemas cada vez mais intrincados, sob o prisma técnico e político. Os processos coletivos são palco de conflitos internos da sociedade, relacionados, por vezes, com políticas públicas e com relevantes questões econômicas e, em certos casos, com complexidade científica. O elevado número de processos e a variedade de matérias submetidas aos juízes vêm exigindo dos órgãos judiciais, por um lado, uma formação cultural e multidisciplinar, mas, por outro, também, elevado nível de profissionalização e de especialização, para fazer frente, em tempo condizente com a expectativa da sociedade contemporânea e com a especificidade relacionada aos casos, ao volume de decisões a serem proferidas. A realidade vem impondo, por conseguinte, a especialização dos órgãos judiciais, para que estes possam estar estruturados e preparados para a respectiva matéria. A clássica divisão entre juízos cíveis e criminais vem dando lugar a órgãos especializados em Direito do Trabalho, Militar, Eleitoral, Previdenciário e Sociais, de Execuções Fiscais, de Propriedade Industrial, de Família, de Órfãos e Sucessões, de Empresas, de Direito Desportvo, Tributário e Financeiro, de Fazenda Pública" (MENDES, Aluisio Gonçalves de Castro. "O juiz competente e a especialização judicial no Código-Modelo de Processos Coletivos". *Revista de Processo*, São Paulo, vol. 31, 2006, p. 267).

11 DIAS, Maria Rita Rebello Pinho Dias. *Novas Perspectivas de Gerenciamento Judiciário*. São Paulo: Contracorrente, 2023, pp. 327 e ss.

magistrado na matéria e, com isso, maior uniformidade das decisões, contribuindo qualitativamente para o aprimoramento da prestação jurisdicional.[12] Interessante, ainda, desatacar resultado apurado em estudo realizado pelo CNJ, "*Formas Alternativas de Gestão Processual: a especialização de varas e a unificação de serventia*", entre janeiro de 2013 a julho de 2017, acerca da especialização de competências concluiu o seguinte:

> Em relação a congestionamento e reforma,[13] identificamos pequenas reduções nessas taxas em varas especializadas. A pesquisa leva à *conclusão de que a especialização não tem efeito no tempo dos processos,*[14] *mas pode reduzir o congestionamento das varas e pode ter um impacto positivo na qualidade das decisões.* É importante ressaltar que a interpretação sobre os efeitos de especialização não deve se limitar ao aspecto quantitativo. O *aprimoramento do acesso à justiça*, proporcionado por varas como de Violência Doméstica contra a Mulher, por exemplo, por si só já justificaria a criação de varas com essa especialização em todas as comarcas. Nossos resultados *indicam os impactos da especialização em decisões*

---

12 ABJ – Associação Brasileira de Jurimetria. *Produto 2 – Formas alternativas de gestão processual*: a especialização de varas e a unificação de serventias. [s.d.], p. 15.

13 "Com relação à taxa de reforma, os resultados das varas especializadas foram sensivelmente distintos dos resultados relativos aos tempos de tramitação. Nas varas estudadas, com quantitativos descritos na Tabela 3.59, identificamos impactos consistentes da especialização no sentido de reduzir a taxa de reforma, mas com impacto máximo de 5%. Os resultados descritos na Figura 3.36 demonstram que há uma queda consistente na taxa de reforma se comparamos os processos oriundos de varas especializadas e comuns" (ABJ – Associação Brasileira de Jurimetria. *Produto 2 – Formas alternativas de gestão processual*: a especialização de varas e a unificação de serventias. [s.d.], p. 120).

14 "A comparação entre os tempos de processos de varas de infância, família, cíveis e criminais concluiu que existe uma diferença significativa nos tempos de varas cíveis e de família. Para prosseguir com a análise, a próxima comparação levou em conta apenas processos com competência exclusiva das varas com níveis".

> *estratégicas, onde existe escassez de recursos, mas também existe o desejo de atingir o máximo de prestação jurisdicional* (grifos nossos).[15]

Estudo recente realizado pela Fundação Getúlio Vargas de São Paulo identificou, ainda, a redução do tempo de processamento em varas com competência especializada empresarial de cerca de 37% em uma determinada categoria de ação.[16]

Na área da recuperação de crédito, observa-se, no âmbito do Poder Judiciário, a especialização da competência falimentar e de recuperação judicial. Recentemente, em outubro de 2023, o Tribunal de Justiça de São Paulo, localizado no Estado de São Paulo – centro financeiro e econômico do Brasil – comemorou a conclusão do projeto de expansão de varas na área empresarial e de falências e recuperações judiciais em toda a sua extensão territorial, que se iniciou em 2019, destacando a importância da iniciativa para proporcionar maior segurança jurídica.[17]

---

15 ABJ – Associação Brasileira de Jurimetria. *Produto 2 – Formas alternativas de gestão processual*: a especialização de varas e a unificação de serventias. [s.d.], p. 126.

16 "O estudo trabalhou a partir de categorias processuais e na categoria de processos relacionados à dissolução parcial de sociedade constatou que o tempo de julgamento cai de 426,1 dias nas Varas comuns (não especializadas) para 269,5 dias nas Varas Empresariais, uma redução de aproximadamente 37%. "A ideia deste trabalho foi efetivamente 'pôr à prova' se tudo de positivo que tem sido dito sobre essas Varas, especificamente no que concerne a essas três 'unidades de análise' elencadas (tempo médio processual, qualidade das decisões e previsibilidade dos julgamentos em matéria empresarial) têm se verificado efetivamente", explica a autora". (FGV. "Pesquisa faz a primeira radiografia do desempenho de Varas Empresariais em São Paulo". *FGV*, 03 ago. 2023. Disponível em: https://portal.fgv.br/noticias/pesquisa-faz-primeira-radiografia-desempenho-varas-empresariais-sao-paulo. Acessado em: 01.02.2024.

17 "A segurança jurídica é peça-chave para o ambiente de negócios. Cabe ao Judiciário conferir estabilidade e previsibilidade às relações,

Os dados empíricos coletados evidenciam o acerto da especialização de competências, apontando ganhos qualitativos e quantitativos na prestação jurisdicional, apontando a redução de tempos de processamento. Desse modo, a organização judiciária, ao especializar a competência de falências e recuperações judiciais, mostra-se medida que contribui para o aprimoramento institucional no tocante à recuperação de crédito para empresas em crises e insolventes, reduzindo insegurança jurídica e contribuindo para tramitação mais eficiente e célere do processo.

No tocante à recuperação de crédito dos demais credores não empresários, independentemente de sua situação de crise ou insolvência, a organização judiciária concentra essas ações em varas com competência cível.

Como particularidade, a recuperação de crédito poderá ocorrer em procedimentos comuns ou, a depender do valor e da complexidade,

---

contribuindo, assim, para a eficiência operacional do mercado. E a especialização da jurisdição exerce papel central nesse processo, ao assegurar padronização de rotinas cartorárias e menor variabilidade decisória", afirmou o Presidente do Tribunal de Justiça, desembargador Ricardo Mair Anafe, no final de 2022. O jornal Valor Econômico divulgou, em agosto deste ano, o resultado de pesquisa sobre a celeridade e a efetividade das varas empresariais. Os dados coletados apontam que o tempo de tramitação dos processos nas unidades especializadas cai pela metade quando comparado com as varas generalistas. O estudo foi desenvolvido pela aluna de mestrado Ana Paula Ribeiro Nani, na FGV Direito SP, com análise do tempo médio de tramitação das ações, bem como a qualidade e o grau de previsibilidade das decisões. "Disputas empresariais são julgadas de forma mais rápida quando caem em varas especializadas. O tempo médio de tramitação das ações é de 217,8 dias, enquanto nas varas generalistas leva-se, em média, 415 dias, quase o dobro. Além disso, decisões de varas empresariais têm qualidade e previsibilidade, o que contribui para um melhor ambiente de negócios". (TRIBUNAL DE JUSTIÇÃO ESTADO DE SÃO PAULO. "Estado de São Paulo tem varas empresariais em todo seu território". *Tribunal de Justiça Estado de São Paulo*, out. 2023. Disponível em: https://www.tjsp.jus.br/Noticias/Noticia?codigoNoticia=95356&pagina=9. Acessado em: 27.02.2024).

em procedimentos regidos pela Lei n. 9.099/95, que tramitará pelo rito dos Juizados Especiais Cíveis. A comparação do desempenho de varas comuns e varas que atuam nos Juizados Especiais cíveis no processamento de execuções mostra-se interessante para os propósitos deste artigo, visto que auxilia a compreensão do real impacto provocado pela atual política existente para recuperação de crédito. Para realizar essa comparação, serão considerados os índices de desempenho utilizados pelo Conselho Nacional de Justiça – CNJ.

O Relatório Justiça em Números do CNJ de 2022,[18] apresenta um interessante quadro comparativos entre a Justiça Comum e os Juizados Especiais:

	2º GRAU	1º GRAU	TURMAS RECURSAIS	JUIZADOS ESPECIAIS	TOTAL
FORÇA DE TRABALHO					
Magistrados(as)	1.748	9.337	1.406	3.174	12.367
Servidores(as) do Judiciário	18.238	111.619	974	20.353	142.420
MOVIMENTAÇÃO PROCESSUAL					
Estoque	2.684.038	52.422.930	628.724	5.200.853	60.936.545
Casos novos	2.624.080	12.600.713	12.600.713	3.757.904	19.581.103
Julgados	2.190.057	10.750.906	585.088	4.161.933	17.687.984
Baixados	2.878.547	11.747.080	3.757.904	3.862.908	19.041.040
INDICADORES DE PRODUTIVIDADE					
IAD	109,7%	93,2%	92,3%	102,8%	97,2%
Taxa de Congestionamento	48,3%	81,7%	53,2%	57,4%	76,2%
Conhecimento	não se aplica	73,5%	não se aplica	56,8%	70,2%
Execução	não se aplica	87,7%	não se aplica	58,9%	85,9%
INDICADORES POR MAGISTRADO(A)					
Casos novos	1.501	1.236	428	1.013	1.468
Carga de tabalho	3.622	7.482	1.059	3.063	7.067
Processos julgados	1.253	1.232	418	1.334	1.513
Processos baixados	1.647	1.347	395	1.238	1.628

Do quadro supra, é possível verificar que os dados relativos ao 1º grau, indicam aparente semelhança na distribuição de volume de trabalho entre magistrados da Justiça Comum e Juizados Especiais

18 CONSELHO NACIONAL DE JUSTIÇA. "Justiça em números 2022". *Conselho Nacional de Justiça*, Brasília, 2022, p. 59. Disponível em: https://www.cnj.jus.br/wp-content/uploads/2022/09/justica-em-numeros-2022-1.pdf. Acessado em: 01.03.2024.

quando se consideram os casos novos, ao passo que a Justiça Comum possui maior processos em estoque. Necessário destacar que a análise quanto à distribuição de volume de trabalho se refere a aspecto meramente quantitativo e não qualitativo, uma vez que as ações que tramitam em Juizados Especiais deveriam ser, ao menos em tese e por vontade legal, menos complexas.

O quadro acima revela, ainda, que quando se verifica o IAD[19] médio, o índice dos Juizados Especiais é um pouco maior do que aquela da Justiça Comum – 102,8% e 93,2% respectivamente. Sendo superior a 100%, o IAD indica que o tribunal conseguiu julgar processos em número equivalente aos casos novos recebidos no ano, não gerando acervo. Por outro lado, ao se considerar o índice da Taxa de Congestionamento,[20] observa-se que o índice do Juizado Especial é comparativamente menor (57,4%) ao da Justiça Comum (81,7%). Neste caso, quanto mais próximo de 100% maior o estoque do tribunal.

Os dados acima indicam que a carga de trabalho de casos novos para os juízes que atuam no 1º grau, quando comparados com os que atuam em juizados, é quantitativamente semelhante,

---

19 O IAD – Índice de Atendimento à Demanda é índice que mede a capacidade de enfrentamento dos casos novos em um ano. Representa o valor obtido pela divisão do total de casos baixados pelos casos novos apurados em um ano. Os casos baixados são aqueles em que (i) houve remessa a outros órgãos judiciais competentes, vinculados a outros tribunais, ou (ii) foram remetidos à instância superior/inferior, ou (iii) foram arquivados definitivamente ou, por fim, (iv) em que houve decisão que transitou em julgado com início da liquidação/cumprimento de sentença. Casos pendentes de baixa são todos os outros processos que não se encontram nessa situação. Quando for maior do que 100%, representa que os casos baixados excedem aos casos novos recebidos, sendo, portanto, desejável.

20 A Taxa de Congestionamento mede o estoque, ou seja, os processos que não foram baixados em um ano. Representa valor obtido pela divisão do total de casos pendentes de baixa em um ano e os casos em que tramitaram, correspondente, assim, aos processos não baixados.

crescendo aos primeiros, consideravelmente, quando se considera o estoque. Necessário consignar, novamente, que os dados da tabela acima não permitem tecer considerações sobre a complexidade das questões analisadas pela Justiça Comum e pelos Juizados Especiais.

Extrai-se, ainda, de infográfico do Relatório Justiça em Números de 2022 do CNJ, fl. 55, informações que permitem comparar os tempos de tramitação dos processos na Justiça Comum com os dos Juizados Especiais:

TEMPO MÉDIO DO PROCESSO BAIXADO NO PODER JUDICIÁRIO

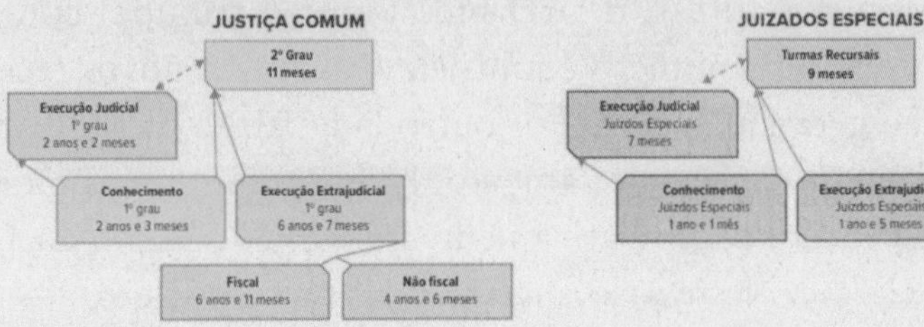

Analisando as informações estatísticas acima, observa-se que o tempo médio do processo baixado nos processos nos Juizados Especiais é menor do que aquele observado na Justiça Comum, sobretudo quando se considera o tempo da execução.

Quando se analisa o tempo para se proferir sentenças em 1º grau, constata-se que a diferença entre a Justiça Comum e o Juizado Especial não é tão expressiva como o que acontece com o tempo de sentença para execuções em 1º grau. Nesse sentido, infográfico extraído de fl. 55 do mesmo relatório:

TEMPO DE SENTENÇA

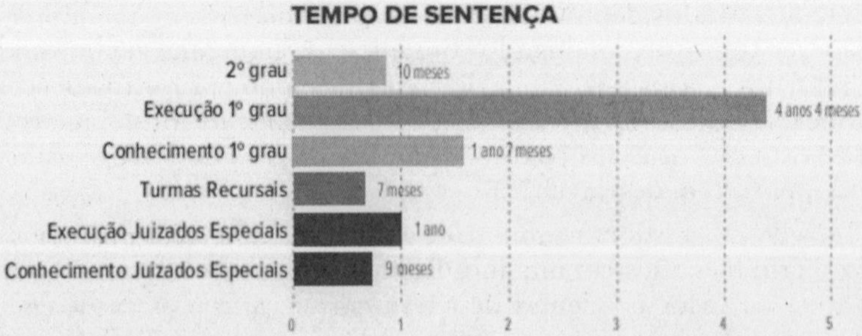

Os dados acima indicam que não há excessiva disparidade entre o tempo de prolação de sentença na Justiça Comum e nos Juizados Especiais em 1º e 2º graus seja, respectivamente, 1 ano e 7 meses x 9 meses e 10 meses x 7 meses. Contudo, quando se comparado com o tempo de prolação de sentença/decisão terminativa em procedimento de execução, a diferença passa a ser substancial, ou seja, 4 anos e 4 meses na Justiça Comum (52 meses) e 1 ano no Juizado Especial (12 meses).

Uma hipótese que surge, para justificar a diferença dos tempos de processos de conhecimento e de execução da Justiça Comum e dos Juizados Especiais, possa ser explicada pela regra constante no artigo 53, §4º da Lei n. 9.099/95, a qual dispõe que, não encontrado o devedor ou bens penhoráveis, a execução será imediatamente extinta. A Lei n. 9.099/95 disciplina exclusivamente o sistema jurídico dos juizados especiais, não se aplicando à Justiça Comum.

Para a Justiça Comum, na fase da execução, caso não se localize o devedor ou bens penhoráveis, a consequência não será a extinção do processo, como ocorre no Juizado Especial, mas sim a suspensão do processo e a remessa ao arquivo, nos termos do artigo 921 do Código de Processo Civil, iniciando-se, após 1 anos, o início do prazo da prescrição intercorrente. O mesmo para as execuções fiscais, nos termos do artigo 40, *caput*, §§ 1º a 4º da Lei n. 6.830/80.

Ora, a escolha do legislador por não permitir a extinção do processo de execução em caso de não localização de bens, mas sim de suspensão do processo e encaminhamento para arquivo, sujeitando-o, neste caso, à prescrição intercorrente, é evidentemente uma escolha que conforma a política pública para a recuperação de créditos em geral e também créditos fiscais.

Razoável concluir, portanto, que se priorizou como política pública de recuperação de crédito o interesse do credor de recuperar seu crédito, ainda que este último seja de difícil recuperação – no caso da Fazenda Pública, a opção por insistir na cobrança judicial de créditos de difícil recuperação é ainda mais evidenciada diante da prévia existência de procedimento administrativo com finalidade semelhante, o qual teve resultados frustrados.

É preciso se ter clareza quanto à política pública de recuperação de crédito de credores não empresários adotada pelo legislador, para que se possa compreender o impacto dessa escolha quanto à utilização da estrutura judiciária, e, consequentemente, na sua própria capacidade de dar vazão a essas demandas.

Os números detectados para o tempo de tramitação das execuções na justiça comum e nas varas que atuam no sistema dos Juizados Especiais revela as consequências da opção legislativa por permitir a execução de créditos de difícil recuperação no âmbito do Poder Judiciário, mesmo após esgotamento de pesquisas para localização de bens ou de processo administrativo prévio: impõe-se ao magistrado maior carga de trabalho, já que este se torna responsável pelo gerenciamento e processamento do respectivo acervo, comprometendo-se o uso das estruturas as unidades judiciais, na medida em que os processos irão demorar mais tempo antes de ser possível o seu encerramento.

O relatório *Justiça em Números* de 2020 destaca o impacto negativo gerado pela fase de execução para o Poder Judiciário, seja em razão do volume, seja em virtude das altas taxas de congestionamento, informando que do acervo na justiça brasileira no final de 2019, ou seja, quase 77 milhões de processos pendentes de baixa, 55,8% se referiam à fase de execução, muito embora ingressem no Poder Judiciário duas vezes mais casos de conhecimento do que em execução.[21]

O relatório *Justiça em Números* de 2020 indica, na Tabela 3 a seguir, a relação das taxas de congestionamento apuradas, conforme

21 CONSELHO NACIONAL DE JUSTIÇA. "Justiça em Números 2020: Ano-base 2019". *Conselho Nacional de Justiça*, Brasília, 2020, p. 150. Disponível em: https://www.cnj.jus.br/wp-content/uploads/2021/08/rel-justica-em-numeros2020.pdf. Acessado em: 01.03.2024.

dados médios extraídos de todas as competências e instâncias da justiça brasileira:

Tabela 3 – Taxa de congestionamento - TC por tipo de processo, ano 2019

Classificação	**TC**
Conhecimento Criminal	70%
Conhecimento Não Criminal	56,5%
Total Conhecimento	**58,5%**
Execução Fiscal	86,9%
Execução Extrajudicial não fiscal	82,4%
Execução Judicial Não Criminal	70,6%
Execução Penal Não Privativa de Liberdade	76,4%
Execução Penal Privativa de Liberdade	87,4%
Total Execução	82,4%
Total Geral	**68,5%**

Fonte: CONSELHO NACIONAL DE JUSTIÇA. *Justiça em Números 2020*: Ano-base 2019, p. 155.

O relatório *Justiça em Números* reconhece, também, que os desafios enfrentados pelas execuções, afirmando a frustração de se julgar rapidamente o mérito de conflitos, sem se conseguir entregar de maneira efetiva a prestação jurisdicional a que se faz jus. Reconhece, ainda, as execuções fiscais há uma grande ineficiência, pois o processo judicial repete etapas e providências de localização de ativos do devedor ou patrimônio já adotadas em fase administrativa fazendária, sem sucesso, e, portanto, notoriamente mais difícil recuperação.[22][23]

---

22 "4.6 Gargalos da execução A cada ano, a publicação do Relatório Justiça em Números destaca o impacto negativo gerado pela fase de execução nos dados de litigiosidade do Poder Judiciário brasileiro, que acumula alto volume processual e alta taxa de congestionamento. As dificuldades para se efetivar a tutela jurisdicional apontam, contudo, para um problema grave, pois, na prática, de pouco adianta envidar esforços para solucionar rapidamente o mérito do conflito, se o Poder Judiciário não consegue entregar, de maneira efetiva, a prestação jurisdicional a quem faz jus" (CONSELHO NACIONAL DE JUSTIÇA. "Justiça em Números 2015: Ano-base 2014". *Conselho Nacional de Justiça*, Brasília, 2015, p. 118). E também: "O novo Código de Processo Civil deu um passo na direção da execução mais equilibrada, ao criar a necessidade de dotar o credor de mecanismos ágeis e efetivos de satisfação de seus direitos com a menor onerosidade possível para o devedor. Para bem ilustrar o desafio a ser enfrentado, constava na Justiça Estadual um acervo de 59 milhões de processos que estavam pendentes de baixa no final do ano de 2015, dentre os quais, mais da metade (54%) se referiam à fase de execução. Por essa razão, desenvolveu-se uma seção que trata especificamente sobre os processos que tramitaram nesta fase processual. Dentre as execuções, consideram-se, conforme o Gráfico 4.56 as execuções judiciais criminais (de pena privativa de liberdade e pena não-privativa de liberdade), as execuções judiciais não criminais e as execuções de títulos executivos extrajudiciais, segregadas entre fiscais e não fiscais. Os processos de execução fiscal são os grandes responsáveis pela alta litigiosidade da Justiça Estadual, tendo em vista que representam aproximadamente 42% do total de casos pendentes e apresentaram taxa de congestionamento de 91,7%, que é a maior dentre os tipos de processos analisados. (...) Na verdade, como sabido, o executivo fiscal chega a juízo depois que as tentativas de recuperação do crédito tributário se frustraram na via administrativa, levando à sua inscrição da dívida ativa. Na verdade, o processo judicial acaba por repetir etapas e providências de localização do devedor ou patrimônio capaz de satisfazer o crédito tributário já adotadas pela administração fazendária ou pelo conselho de fiscalização profissional sem sucesso, de modo que chegam ao Judiciário justamente aqueles títulos cujas dívidas já são antigas, e por consequência, mais difíceis de serem recuperadas. Basta ver que os processos de execução fiscal representam, aproximadamente, 42% do total de casos pendentes e 79% das execuções pendentes na Justiça Estadual" (CONSELHO NACIONAL DE JUSTIÇA. "Justiça em Números 2015: Ano-base 2014". *Conselho Nacional de Justiça*, Brasília, 2015, pp. 118/119).

23 "Na verdade, como sabido, o executivo fiscal chega a juízo depois que as tentativas de recuperação do crédito tributário se frustraram na via administrativa, levando à sua inscrição da dívida ativa. Na verdade, o processo judicial acaba por repetir etapas e providências de localização do devedor ou patrimônio capaz de satisfazer o crédito tributário já

Os dados acima analisados evidenciam que é opção de política pública de recuperação de crédito a possibilidade de submeter ao Poder Judiciário a pretensão de execução de créditos de difícil recuperação, permitindo que, mesmo após a realização de diligências de localização de ativos, o processo não seja extinto, mas, apenas, remetido a arquivo, enquanto não houver a prescrição intercorrente.

É preciso compreender, também, os impactos dessa opção de política pública adotada para recuperação do crédito ao Poder Judiciário. Isso porque, essa escolha resulta na ocupação da estrutura do Poder Judiciário, impondo não apenas a manutenção de seu acervo em montante mais alto, como, também, capturando sua estrutura física e humana para processamento não só dessas ações como de outras.

A opção de política pública adotada para o Juizado, totalmente distinta, apenas corrobora as consequências das distintas políticas públicas adotadas: nos Juizados, em que não se impõe como política pública a recuperação de créditos de difícil recuperação, os tempos de processamento são menores para a execução, assim como os estoques de magistrados e, consequentemente, a ocupação das suas estruturas físicas e de pessoal. Além disso, nesse caso, a percepção do usuário do sistema de Justiça é mais favorável.

A maior utilização da estrutura do Poder Judiciário, no tocante ao crédito de difícil recuperação, importa, também, um maior custo social, na medida em que o valor das custas devidas para a fase da execução é fixo, nos termos da Lei de Custas Estadual existente, Lei

---

adotadas pela administração fazendária ou pelo conselho de fiscalização profissional sem sucesso, de modo que chegam ao Judiciário justamente aqueles títulos cujas dívidas já são antigas, e por consequência, mais difíceis de serem recuperadas. Basta ver que os processos de execução fiscal representam, aproximadamente, 42% do total de casos pendentes e 79% das execuções pendentes na Justiça Estadual" (CONSELHO NACIONAL DE JUSTIÇA. "Justiça em Números 2015: Ano-base 2014". *Conselho Nacional de Justiça*, Brasília, 2015, p. 119).

n. 11.608/03, não aumentando conforme postergue-se o tempo de tramitação do processo.

Ora, a ausência de majoração do valor das custas devidas em execução, estimula que o exequente solicite medidas de localização de ativas ao longo do tempo, sem grande efetividade, posto que já realizadas anteriormente, com o claro intuito de apenas evitar a configuração da prescrição intercorrente. Com isso, sobrecarrega-se o uso da estrutura do Poder Judiciário, a qual, tem comprometida a sua estrutura física e de pessoal com a busca de créditos de difícil recuperação, não conseguir verter e concentrar esforços mais eficientes para a persecução de créditos ainda recuperáveis.

A conclusão apresentada no parágrafo acima são corroborados por *insights* da teoria econômica, a qual permite o enquadramento da "justiça" como um *bem comum.*[24] [25] Segundo esse entendimento, os bens privados são aqueles excludentes e concorrentes no consumo, ou seja, somente seu titular pode os utilizar e, quando o faz, há alguma perda de utilidade; os bens públicos são bens não excludentes e não concorrentes, de modo que todos podem o utilizar sem que haja

---

24 "A ausência de direitos claros de propriedade resulta no problema dos comuns. Na Inglaterra, comuns eram as áreas sem proprietários onde qualquer fazendeiro podia levar os animais para pastarem. Nenhum fazendeiro achava que, economizando o pasto, se beneficiaria futuramente, pois outros viriam depois trazendo seus animais para pastarem. Como resultado, os fazendeiros devastaram e destruíram os comuns. Por outro lado, um proprietário teria um incentivo para manter a terra e evitar a destruição. Assim como antigamente se abusava dos comuns, atualmente há pesca predatória nos oceanos e devastação das florestas públicas, pois sem direitos de propriedade ninguém tem incentivo para cuidar do futuro valor desses recursos sem dono" (WESSELS, Walter. *Economia*. São Paulo: Saraiva, 1999, pp. 421/422).

25 DIAS, Maria Rita Rebello Pinho Dias. *Novas Perspectivas de Gerenciamento Judiciário*. São Paulo: Contracorrente, 2023, pp. 252 e ss.

perda de valor.[26] Por outro lado, os bens comuns, por serem bens não excludentes e concorrentes, são aqueles que todos podem ter acesso e que o seu consumo importa em sua perda de utilidade, de forma que sua utilização no tempo conduziria ao risco de esgotamento.

A tendência de esgotamento do bem comum no tempo decorreria da racionalidade econômica de cada indivíduo que o impulsiona a continuar utilizando o referido bem, a despeito de se crescente esgotamento, na medida em que o custo de sua utilização é compartilhado com todos os demais.[27]

---

26 "Bens privados caracterizam-se por serem *excludentes* e *concorrentes no consumo* (ou rivais). O primeiro atributo significa que o produtor, ao fixar um preço para o produto, pode facilmente impedir que aqueles que não pagam esse preço usufruam do bem. Já a concorrência no consumo implica que, ao desfrutar do produto, sua quantidade diminui. (...) vale citar ainda os *bens públicos*. Esses bens caracterizam-se por serem não excludentes e não concorrentes. É dizer: não se pode impedir determinada pessoa de usufruí-lo (o que dificulta sua exploração privada e com fins de lucro), mas, por outro lado, sua utilização não implica diminuição de quantidade. (...) Pensando analogicamente na Justiça como mercado e na prestação da atividade jurisdicional como bem em torno do qual gravitam as interações mercadológicas, acreditamos estarem nitidamente presentes as características que a qualificam como *bem comum*. A *impossibilidade de exclusão* decalca-se diretamente da Constituição Federal, seja em razão do *princípio da inafastabilidade da jurisdição* (art. 5º, XXXV), *do direito de petição* (art. 5º, XXXIV, 'a'), do *direito ao contraditório* e à *ampla defesa* (art. 5º, LV) ou do *direito à assistência jurídica integral e gratuita aos que comprovarem insuficiência de recursos* (art. 5º, LXXIV). A *concorrência no consumo* decorre da limitação financeira inerente ao Estado, que tem de prover parte dos recursos humanos e administrativos do Poder Judiciário. Quanto mais a Justiça é acessada, mais esses recursos são consumidos. Na impossibilidade de ampliação infinita da estrutura jurisdicional, a cada novo processo instaurado, diminuísse a capacidade da Justiça de processar um novo feito ou de lidar agilmente com os já existentes" (WOLKART, Erik Navarro. *Análise econômica do processo civil*: como a economia, o Direito e a psicologia podem vencer a tragédia da justiça. São Paulo: RT, 2019, pp. 82-84).

27 "A tragédia dos comuns se desenvolve desta forma. Imagine um pasto aberto a todos. É de se esperar que cada vaqueiro vai tentar manter

O enquadramento da justiça como bem comum decorre do princípio constitucional da inafastabilidade do acesso à jurisdição e do fato de que os recursos que lhe são disponibilizados são finitos. Desse modo, quanto maior o acesso a esse bem comum, há crescente redução de utilidade pelo esgotamento da capacidade dos recursos finitos disponíveis. É preciso, portanto, utilizar mecanismos que assegurem uso em quantidade racional que não gere prejuízo à

---

o gado do maior número possível no terreno comum. Tal mecanismo pode funcionar de modo razoavelmente satisfatório durante séculos, devendo-se às guerras tribais, à caça furtiva, e à doença manter o número de homens e animais bem abaixo da capacidade de absorção do solo. Por último, no entanto, vem o dia do julgamento, ou seja, o dia em que o objetivo a longo prazo desejado de estabilidade social se torne uma realidade. Neste ponto, a lógica inerente do que é comum impiedosamente gera tragédia. Como um ser racional, cada vaqueiro procura maximizar o seu ganho. Explícita ou implicitamente, mais ou menos conscientemente, ele pergunta: "Qual é a utilidade para mim de acrescentar mais um animal para o meu rebanho?" Esta utilidade tem um componente negativo e um positivo. 1) O componente positivo é uma função do incremento de um animal. Desde que o pastor recebe todos os lucros provenientes da venda do animal adicional, a utilidade positiva é quase um. 2) A componente negativa é uma função do sobrepastoreio adicional criado por mais um animal. Como, no entanto, os efeitos do excesso de pastagem são compartilhados por todos os pastores, a utilidade negativa para tomada de decisão (decision-making) de qualquer pastor particular é apenas uma fração de -1. Somando-se os componentes parciais de sua utilidade, o vaqueiro racional conclui que o único caminho sensato para ele seguir é o de adicionar outro animal a seu rebanho. E outro, e outro.... Mas esta é a conclusão alcançada por todos e cada pastor racional partilha de um bem comum. Aí é se encontra a tragédia. Cada homem está preso em um sistema que o compele a aumentar seu rebanho sem limites - num mundo que é limitado. Ruína é o destino para o qual todos os homens correm, cada um perseguindo seu próprio interesse em uma sociedade que acredita na liberdade dos bens comuns. Liberdade num terreno baldio (common) traz ruína para todos". (HARDIN, Garrett. "A tragédia dos Comuns". *Science*, vol. 162, nº 3859, 1968, pp. 1243-1248. Disponível em: https://edisciplinas.usp.br/pluginfile.php/7607463/mod_resource/content/1/A_TRAGEDIA_DOS_COMUNS_por_Garrett_Hardin.pdf. Acessado em: 01.03.2024).

sociedade,[28] na medida que a priva de acesso eficiente a uma solução necessária.

As custas judiciais exercem esse papel de assegurar utilização racional do Poder Judiciário, na medida em que permite o sopesamento do princípio da inafastabilidade de acesso à jurisdição com a atribuição ao usuário, também por opção constitucional, da responsabilidade por arcar com os custos a ela inerentes, fomentando, assim, comportamentos racionais e não oportunísticos. A doutrina identifica, na disciplina das custas judiciais, o atendimento de premissa segunda a qual o Estado não arcará com o exercício da jurisdição e da defesa das partes, impondo o adiantamento do pagamento das custas como medida para evitar litigiosidade irresponsável, e, por fim, atendendo a preceito moral de imputar a quem causou dano o custo de sua atuação em desconformidade com o ordenamento jurídico.[29]

---

28 WOLKART, Erik Navarro. *Análise econômica do processo civil*: como a economia, o Direito e a psicologia podem vencer a tragédia da justiça. São Paulo: RT, 2019, p. 85.

29 Nesse quadro de ônus e obrigações relevam-se *três linhas estruturais* que norteiam a disciplina da atribuição do custo do processo aos litigantes. A primeira delas, é premissa das demais, consiste na *opção do Estado por não custear o exercício da jurisdição e da defesa das partes*. Em virtude dessa opção, ele cobra custas ou taxas judiciárias aos consumidores desse serviço público (taxas) e deixa que cada um contrate o próprio defensor, ajustando o pagamento de honorário – salvo no caso de assistência judiciária. A segunda linha fundamental consiste na *exigência de adiantamento de despesas*, como ônus a serem cumpridos pelo interessado na realização de atos ou em sua eficácia. Essa exigência completa a intenção de evitar a litigiosidade irresponsável, pondo os possíveis demandantes a pensar sobre a viabilidade de suas pretensões, sem se arriscar em aventuras a sua própria custa. A terceira ordem de raciocínio apoia-se em uma premissa ética e econômica de grande valia e legitimidade, que é a de que a *necessidade de servir-se do processo para obter razão não deve reverter em dano a quem tem razão* (*Chiovenda – infra, n. 884*). A parte que tem razão e precisou adiantar as despesas da causa e contratar defensor habilitado (até porque a defesa técnica constitui explícita exigência legal – CPC, art. 103), suportaria esse desfalque patrimonial se não recebesse o reembolso do que houvesse

A correta atribuição dos custos do processo a quem pode arcar com eles, mostra-se solução que fomenta racionalidade ao uso de bem comum, visto que o conscientiza dos custos inerentes à fruição da estrutura que lhe foi disponibilizada, imputando-os a ele, sem seu compartilhamento com a sociedade em geral. Por opção constitucional, somente os custos da litigância de parte beneficiária da justiça gratuita devem ser compartilhados pela sociedade. Fomenta-se, assim, litigiosidade responsável.

Os dados colhidos, apontados acima, trazem compreensão interessante sobre a política de recuperação de crédito existente, e, a partir dela, melhor contextualização tanto da atuação do Poder Judiciário, quanto das causas da morosidade e dos custos em si.

A saturação do Poder Judiciário com o processamento de execuções de créditos de difícil recuperação, certamente compromete a sua capacidade de dedicar sua força de trabalho e de sua estrutura – ambos finitos – para enfrentamento de execuções de créditos com maiores chances de recuperação.

Por outro lado, compreende-se a escolha legislativa. Afinal, caso não existisse via para tentativa de persecução de créditos de difícil reparação, até a ocorrência de eventual prescrição, poder-se-ia ter como efeito contrário o fomento a práticas fraudulentas e que objetivassem tornar mais difícil recuperação do crédito, com o único objetivo de afastar a atuação jurisdicional, o que seria um efeito social bastante deletério e não desejado.

Os apontamentos efetuados acima permitem ter maior clareza quanto à escolha legislativa efetuada no tocante à recuperação de crédito e, também, do custo imposto à utilização da estrutura do Poder Judiciário. Com essas informações, é possível refletir sobre

---

despendido. (DINAMARCO, Candido Rangel. *Instituições de Direito Processual Civil*, vol. II. 7ª edição revista e atualizada segundo o Código de Processo Civil/2015, de acordo com a Lei 13.256, de 4.2.2016 e Lei 13.363, de 25.11.2016. São Paulo: Malheiros, 2017, pp. 748/749).

mecanismos que permitam o uso mais racional dessa estrutura, e, com isso, indagar-se sobre formas de possíveis ajustes.

Assim, por exemplo, talvez a majoração das custas devidas na fase da execução de forma proporcional ao tempo de tramitação do processo poderia se mostrar com um meio de sopesar o interesse social em se ter um Poder Judiciário mais eficiente, de um lado, e, do outro, de se manter estímulos para coibir a adoção de estratagemas para tornar a eventual recuperação do crédito mais difícil, com o único intuito de afastar a possibilidade da utilização da via judicial.

Diante do limite físico de recursos finitos disponíveis, a utilização racional das estruturas do Poder Judiciário, que poderá ser fomentada pelo aprimoramento no custeio proposto, proporciona dois efeitos imediato. O primeiro, de aspecto micro, limitado à esfera do processo em si, o qual, ao impor ao interessado o custo proporcional ao postergamento do tempo do feito, fomenta utilização mais racional do titular do crédito, compatível com a sua recuperabilidade, inclusive diante de eventual fraude. O segundo, de aspecto macro, que desonera a sociedade em geral de subsidiar o custeio de processo de recuperação de crédito de difícil recuperação, e que, também, ao fomentar utilização mais racional do Poder Judiciário, permite que suas estruturas não estejam sobrecarregadas, mas, ao contrário, disponíveis, para permitir o processamento de pretensões de recuperação de crédito de maior potencial de recuperação.

A sobrecarga do Poder Judiciário, comprometida com o processamento de pretensão relativas a créditos de difícil recuperação, certamente prejudica a disponibilidade de sua estrutura para dar adequado tratamento a outros processos.

Conclusão

O melhor conhecimento da política pública brasileira de recuperação de crédito permite diagnósticos mais preciso quanto aos pontos de possível aprimoramento, sobretudo diante da constatação da finitude dos recursos e da estrutura do Poder Judiciário.

A reflexão proposta neste artigo permitiu identificar diversos pontos de aprimoramento na referida política pública. Seja no tocante à simplificação do seu marco legal; seja na organização da estrutura judiciária com estruturação de unidades judiciais com juízes especializados na matéria, trazendo maior capacitação e conhecimento focado na área; seja, por fim, sugerindo a revisão da política de cobrança da taxa judiciária para as execuções em geral, como forma de assegurar o uso racional da estrutura judiciária ao longo do tempo, permitindo que esta se mantenha disponível para ser utilizada para adequado processamento a pedidos iniciais de recuperação de crédito.

A melhor compreensão da atual política de recuperação de crédito permite identificar desafios a serem enfrentados para melhora do ambiente institucional brasileiro, especialmente no que toca a atuação do Poder Judiciário, os quais, conforme apresentado ao longo desse artigo, não guardam necessariamente pertinência com soluções extrajudiciais. É preciso, portanto, que a busca por soluções extrajudiciais, que desjudicializem questões, não nuble a identificação de medidas que precisem ser adotadas para aprimoramento da via judicial. Uma questão não se confunde com a outra: a via extrajudicial pode e deve ser fomentada, sem se descurar, contudo, da necessidade do aprimoramento a via judicial, a qual precisa atuar de forma adequada quanto todas as demais soluções não se mostrarem mais disponíveis.

Espera-se, com as reflexões apresentadas neste artigo, ao se ter maior clareza quanto à política de recuperação de crédito, contribuir para evidenciar possíveis pontos para a sua melhora, os quais, sem prejuízo de soluções extrajudiciais, poderão contribuir para melhora no ambiente institucional brasileiro, trazendo, assim, maior segurança jurídica aos agentes econômicos e menor custo na concessão de crédito.

Referências bibliográficas

ABJ – Associação Brasileira de Jurimetria. *Produto 2 – Formas alternativas de gestão processual*: a especialização de varas e a unificação de serventias. [s.d.].

CONSELHO NACIONAL DE JUSTIÇA. Disponível em: https://www.cnj.jus.br/wp-content/uploads/2022/09/justica-em-numeros-2022-1.pdf. Acessado em: 08.02.2024.

______. *Justiça em Números 2015*: ano-base 2014.

______. *Justiça em Números 2020*: ano-base 2019.

CORREIO BRAZILIENSE. "Recuperação de crédito no Brasil é uma das mais demoradas do mundo". *Correio Braziliense*, 2019. Disponível em: https://www.correiobraziliense.com.br/app/noticia/economia/2019/08/13/internas_economia,776835/recuperacao-de-credito-no-brasil-e-uma-das-mais-demoradas-do-mundo.shtml. Acessado em: 08.02.2024.

DIAS, Maria Rita Rebello Pinho. *Novas perspectivas de gerenciamento judiciário*. São Paulo: Contracorrente, 2023.

DINAMARCO, Candido Rangel. *Instituições de Direito Processual Civil*. vol. II. 7ª edição, revista e atualizada segundo o Código de Processo Civil/2015, de acordo com a Lei 13.256, de 4.2.2016 e Lei 13.363, de 25.11.2016. São Paulo: Malheiros, 2017.

HARDIN, Garrett. "A tragédia dos Comuns". *Revista Science*, vol. 162, nº 3859, 13 dez. 1968. Disponível em: https://edisciplinas.usp.br/pluginfile.php/7607463/mod_resource/content/1/A_TRAGEDIA_DOS_COMUNS_por_Garrett_Hardin.pdf. Acessado em: 08.02.2024.

HIGÍDIO, José. "Justiça autoriza fundação universitária a requerer recuperação judicial". *Conjur*, set. 2022. Disponível em: https://www.conjur.com.br/2022-set-13/justica-autoriza-fundacao-universitaria-pedir-recuperacao-judicial/. Acessado em: 08.02.2024.

MIGALHAS. "Advogado explica mudanças trazidas pelo marco legal das garantias". *Migalhas*, 2023. Disponível em: https://www.migalhas.com.br/quentes/396289/advogado-explica-mudancas-trazidas-pelo-marco-legal-das-garantias. Acessado em: 08.02.2024.

QUEIROZ, Vinícius Corrêa de. "Recuperação judicial – fundações e associações". *Migalhas*, out. 2022. Disponível em: https://www.migalhas.

com.br/depeso/376228/recuperacao-judicial--fundacoes-e-associacoes--parte-1. Acessado em: 08.02.2024.

SIEDEL, George. *Negociação rumo ao sucesso*: estratégias e habilidades essenciais. Universidade de Michigan. [s.d.].

STJ. *Quarta Turma restabelece liminar para que associações civis prossigam na recuperação judicial*. Disponível em: https://www.stj.jus.br/sites/portalp/Paginas/Comunicacao/Noticias/25032022-Quarta-Turma-restabelece-liminar-para-que-associacoes-civis-prossigam-na-recuperacao-judicial.aspx. Acessado em: 08.02.2024.

TRIBUNAL DE JUSTIÇA DO ESTADO DE SÃO PAULO. Disponível em: https://www.tjsp.jus.br/Noticias/Noticia?codigoNoticia=95356&pagina=9. Acessado em: 08.02.2024.

______. Disponível em: https://portal.fgv.br/noticias/pesquisa-faz-primeira-radiografia-desempenho-varas-empresariais-sao-paulo. Acessado em: 08.02.2024.

WESSELS, Walter. *Economia*. São Paulo: Saraiva, 1999.

WOLKART, Erik Navarro. *Análise econômica do processo civil*: como a economia, o direito e a psicologia podem vencer a tragédia da justiça. São Paulo: RT, 2019.

CAPÍTULO XX

A RESERVA DE LUCROS A REALIZAR E O LUCRO NÃO REALIZADO EXCEDENTE AO DIVIDENDO MÍNIMO OBRIGATÓRIO

MARIANA HOFMANN FUCKNER[1]

Introdução

Na Lei das S/A, as reservas compõem um subsistema vinculado ao mecanismo de destinação do resultado das companhias.[2] Suas

---

1 Agradecimento especial ao Guilherme Nunes pela troca de ideias relativa ao tema e aos professores e alunos da disciplina de Contencioso Societário da Pós-Graduação da Faculdade de Direito da Universidade de São Paulo (primeiro semestre de 2023), de onde se originou a inspiração para este estudo, nas pessoas do Prof. Eduardo Secchi Munhoz, do Gabriel Buschinelli e da Maíra de Melo Vieira Temple.

2 MACHADO FILHO, Caio. *O sistema de destinação de resultado e da distribuição de dividendos na Lei 6.404/76*: à luz das Manifestações

espécies, funções, limites e destinações são descritos na Lei, com o fito de limitar a discricionariedade do administrador e da assembleia em dispor do resultado da companhia,[3] especialmente, considerando que, via de regra,[4] com a alocação de parte do resultado em alguma das reservas disponíveis, impede-se que essa quantia seja distribuída como dividendo aos acionistas.

Ao mesmo tempo, é relevante considerar que o lucro social é formalizado juridicamente para tornar viável a existência da sociedade dentro de um contexto composto por diversos centos de interesse.[5] Mais do que isso, depois da determinação dos lucros sociais, outras limitações impõem-se até que se chegue ao lucro distribuível.[6] Essa sistemática de regras incidente sobre a destinação do resultado, a constituição de reservas, a composição e as fontes do dividendo justificam-se pelo limite à distribuição de lucros aos sócios, consistente no interesse social.[7]

---

da Comissão de Valores Mobiliários. São Paulo: USP, 2016, p. 27. (Dissertação de Mestrado).

3 MACHADO FILHO, Caio. *O sistema de destinação de resultado e da distribuição de dividendos na Lei 6.404/76*: à luz das Manifestações da Comissão de Valores Mobiliários. São Paulo: USP, 2016, p. 27. (Dissertação de Mestrado).

4 Com exceção, a nosso ver, da reserva de contingências, prevista no art. 195-A da Lei das S/A.

5 MUNHOZ, Eduardo Secchi; ROBERT, Bruno. "A Lei n. 11.638/07 e o cálculo do dividendo mínimo obrigatório". *In*: WARDE JR., Walfrido Jorge (Coord.). *Fusão, cisão, incorporação e temas correlatos*. São Paulo: Quartier Latin, 2009, p. 228.

6 MUNHOZ, Eduardo Secchi; ROBERT, Bruno. "A Lei n. 11.638/07 e o cálculo do dividendo mínimo obrigatório". *In*: WARDE JR., Walfrido Jorge (Coord.). *Fusão, cisão, incorporação e temas correlatos*. São Paulo: Quartier Latin, 2009.

7 MUNHOZ, Eduardo Secchi; ROBERT, Bruno. "A Lei n. 11.638/07 e o cálculo do dividendo mínimo obrigatório". *In*: WARDE JR., Walfrido Jorge (Coord.). *Fusão, cisão, incorporação e temas correlatos*. São Paulo: Quartier Latin, 2009.

Dessa forma, faz-se necessário, por vezes, conceder ao lucro destinações concorrentes ou prioritárias em relação ao pagamento de dividendo, com o objetivo de proteger a integridade do capital social, o seu patrimônio e o interesse dos credores.[8]

Essa deve ser a lógica a permear a interpretação conferida aos arts. 197 e 202 da Lei das S/A, na parte em que se referem à reserva de lucros a realizar.

1 A reserva de lucros a realizar (art. 197 da LSA)

A reserva de lucros a realizar está regulamentada no art. 197 da LSA e caracteriza-se como um recurso contábil destinado a possibilitar que a companhia concilie o resultado da atividade empresarial e a sua posição financeira,[9] resultante da adoção, pela Lei, do princípio da competência (art. 177 da LSA).[10] Fundamenta-se no princípio de que a estabilidade financeira das companhias não pode ser comprometida em função da obrigatoriedade do pagamento de dividendos.[11]

Para tanto, a reserva em questão, na sua interpretação literal, recebe o dividendo mínimo obrigatório, fixado nos termos do art.

---

8 MUNHOZ, Eduardo Secchi; ROBERT, Bruno. "A Lei n. 11.638/07 e o cálculo do dividendo mínimo obrigatório". *In*: WARDE JR., Walfrido Jorge (Coord.). *Fusão, cisão, incorporação e temas correlatos*. São Paulo: Quartier Latin, 2009.

9 CARVALHOSA, Modesto; LATORRACA, Nilton. *Comentários à Lei das sociedades anônimas*. vol. III. São Paulo: Saraiva, 1997, pp. 669/670.

10 Art. 177. A escrituração da companhia será mantida em registros permanentes, com obediência aos preceitos da legislação comercial e desta Lei e aos princípios de contabilidade geralmente aceitos, devendo observar métodos ou critérios contábeis uniformes no tempo e registrar as mutações patrimoniais segundo o regime de competência.

11 EIZIRIK, Nelson. "Reserva de lucros a realizar: Interpretação do art. 197 da Lei das S.A". *In*: EIZIRIK, Nelson. *Direito societário*: Estudos e pareceres. São Paulo: Quartier Latin, 2015, p. 265.

202 da LSA, que supere o lucro realizado do exercício, evitando que a companhia seja obrigada a distribuir dividendos sem o correspondente ingresso de recursos financeiros em seu patrimônio.[12] A lógica dessa reserva volta-se a autorizar que, se a distribuição de certos valores como dividendos colocar em risco a operação da sociedade, por reduzir sua liquidez ou forçar a companhia a captar dinheiro no mercado, a assembleia delibere pela não distribuição.[13]

Essa reserva enquadra-se no gênero "reservas de lucros",[14] e os lucros nela alocados, quando realizados e não tiverem sido absorvidos por prejuízos em exercícios subsequentes, devem ser acrescidos ao primeiro dividendo declarado após a realização (art. 202, inciso III, da LSA).[15]

---

12 EIZIRIK, Nelson. "Reserva de lucros a realizar: Interpretação do art. 197 da Lei das S.A". *In*: EIZIRIK, Nelson. *Direito societário*: Estudos e pareceres. São Paulo: Quartier Latin, 2015, p. 264.

13 MUNHOZ, Eduardo Secchi; ROBERT, Bruno. "A Lei n. 11.638/07 e o cálculo do dividendo mínimo obrigatório". *In*: WARDE JR., Walfrido Jorge (Coord.). *Fusão, cisão, incorporação e temas correlatos*. São Paulo: Quartier Latin, 2009, p. 233.

14 Classificação de Campinho: "*A expressão reserva de lucros revela um gênero, que se subdivide nas seguintes espécies: (i) reserva legal (artigo 193); (ii) reserva estatutária (artigo 194); (iii) reserva para contingências (artigo 195); (iv) reserva de incentivos fiscais (artigo 195-A); (v) reserva de retenção de lucros (artigo 196); (vi) reserva de lucros a realizar (artigo 197); e (vii) reserva especial (§5º do artigo 202)*" (CAMPINHO, Sérgio. "Reversão da reserva de lucros a realizar e a sua necessária destinação". *RSDE*, Rio de Janeiro, nº 21, jul./dez. 2017, p. 43).

15 III – os lucros registrados na reserva de lucros a realizar, quando realizados e se não tiverem sido absorvidos por prejuízos em exercícios subseqüentes, deverão ser acrescidos ao primeiro dividendo declarado após a realização.

1.1 Os arts. 197 e 202 antes da Lei n. 10.303/01 e o cálculo do dividendo obrigatório

Antes da reforma implementada pela Lei n. 10.303/01, a redação dos art. 197 (reserva de lucros a realizar) e 202 (dividendo obrigatório) da LSA era a seguinte:

> Art. 197. No exercício em que os lucros a realizar ultrapassarem o total deduzido nos termos dos arts. 193 a 196, a assembleia-geral poderá, por proposta dos órgãos da administração, destinar o excesso à constituição de reserva de lucros a realizar.
>
> Parágrafo único. Para os efeitos deste artigo, são lucros a realizar:
>
> a) o saldo credor da conta de registro das contrapartidas dos ajustes de correção monetária (art. 185, § 3º);
>
> b) o aumento do valor do investimento em coligadas e controladas (art. 248, III);
>
> c) o lucro em vendas a prazo realizável após o término do exercício seguinte.
>
> Art. 202. Os acionistas têm direito de receber como dividendo obrigatório, em cada exercício, a parcela dos lucros estabelecida no estatuto, ou, se este for omisso, metade do lucro líquido do exercício diminuído ou acrescido dos seguintes valores:
>
> I – quota destinada à constituição da reserva legal (art. 193);
>
> II – importância destinada à formação de reservas para contingências (art. 195), e reversão das mesmas reservas formadas em exercícios anteriores;
>
> III – lucros a realizar transferidos para a respectiva reserva (art. 197), e lucros anteriormente registrados nessa reserva que tenham sido realizados no exercício.

Observa-se que a reserva de lucros a realizar era formada por lucros não realizados (os quais não representavam o ingresso de moeda ou *quasi*-moeda no patrimônio da sociedade)[16] [17] que ultrapassassem o total deduzido nos termos dos arts. 193 a 196

---

16 CAMPINHO, Sérgio. "Reversão da reserva de lucros a realizar e a sua necessária destinação". *RSDE*, Rio de Janeiro, nº 21, jul./dez. 2017, p. 48.

17 CAMPOS, Luiz Antonio de Sampaio. "Notas sobre destinação do lucro do exercício: a reserva de lucros a realizar e a destinação a ela do lucro excedente ao dividendo obrigatório". *In*: VENÂNCIO FILHO, Alberto; LOBO, Carlos Augusto da Silveira; ROSMAN, Luiz Alberto Colonna

(constituição de reserva legal,[18] de reservas estatutárias,[19] de reserva para contingências[20] ou de reserva de retenção de lucros).[21] [22]

(Coord.). *Lei das S.A em seus 40 anos*. 1ª ed. Rio de Janeiro: Forense, 2017, p. 423.

18 Art. 193. Do lucro líquido do exercício, 5% (cinco por cento) serão aplicados, antes de qualquer outra destinação, na constituição da reserva legal, que não excederá de 20% (vinte por cento) do capital social.

§ 1º A companhia poderá deixar de constituir a reserva legal no exercício em que o saldo dessa reserva, acrescido do montante das reservas de capital de que trata o § 1º do artigo 182, exceder de 30% (trinta por cento) do capital social. § 2º A reserva legal tem por fim assegurar a integridade do capital social e somente poderá ser utilizada para compensar prejuízos ou aumentar o capital.

19 Art. 194. O estatuto poderá criar reservas desde que, para cada uma: I – indique, de modo preciso e completo, a sua finalidade; II – fixe os critérios para determinar a parcela anual dos lucros líquidos que serão destinados à sua constituição; e III – estabeleça o limite máximo da reserva.

20 Art. 195. A assembléia-geral poderá, por proposta dos órgãos da administração, destinar parte do lucro líquido à formação de reserva com a finalidade de compensar, em exercício futuro, a diminuição do lucro decorrente de perda julgada provável, cujo valor possa ser estimado. § 1º A proposta dos órgãos da administração deverá indicar a causa da perda prevista e justificar, com as razões de prudência que a recomendem, a constituição da reserva. § 2º A reserva será revertida no exercício em que deixarem de existir as razões que justificaram a sua constituição ou em que ocorrer a perda.

21 Art. 196. A assembléia-geral poderá, por proposta dos órgãos da administração, deliberar reter parcela do lucro líquido do exercício prevista em orçamento de capital por ela previamente aprovado. § 1º O orçamento, submetido pelos órgãos da administração com a justificação da retenção de lucros proposta, deverá compreender todas as fontes de recursos e aplicações de capital, fixo ou circulante, e poderá ter a duração de até 5 (cinco) exercícios, salvo no caso de execução, por prazo maior, de projeto de investimento. § 2º O orçamento poderá ser aprovado pela assembléia-geral ordinária que deliberar sobre o balanço do exercício e revisado anualmente, quando tiver duração superior a um exercício social.

22 Não existia, à época, o art. 195-A, incluído pela Lei n. 11.638/07, que versa sobre a reserva de incentivos fiscais.

Além disso, o art. 202, ao explicar a base de cálculo do dividendo obrigatório, mencionava que o "lucro líquido ajustado"[23] consistia na parcela dos lucros estabelecida no estatuto (normalmente 25%),[24] diminuído ou acrescido de, entre outras importâncias, lucros transferidos para a reserva de lucros a realizar e lucros anteriormente registrados nessa reserva que tivessem sido realizados no exercício. Excetuava-se do cálculo do dividendo obrigatório também a parcela a ser destinada à reserva legal e à reserva de contingências, bem como deveria ser acrescida ao dividendo eventual reversão da reserva de contingências.[25]

Ou seja, juntamente com importâncias derivadas de outras reservas, os valores incluídos ou revertidos da reserva de lucros a

---

23 Termo comumente utilizado para se referir à base de cálculo do dividendo mínimo obrigatório.

24 Segundo pesquisa realizada por Moura e Ganen, em 2016, das 142 companhias abertas cujas ações são admitidas à negociação no segmento da B3 S/A – Brasil, Bolsa, Balcão (B3), 125 (ou seja, 88%) possuem em seus estatutos previsão de dividendo mínimo obrigatório no percentual de 25% do lucro líquido ajustado nos termos da lei (MOURA, Marcelo Martins; GANEN, Paula Bittencourt Senna. "O dividendo mínimo obrigatório e o regime de proteção do acionista minoritário". *RDM*, nº 170-171, 2016, pp. 177/178).

Apesar da prevalência convencional do percentual do dividendo mínimo obrigatório como sendo de 25% do lucro líquido ajustado, a regra da Lei, na ausência de previsão estatutária, é outra: Art. 202. Os acionistas têm direito de receber como dividendo obrigatório, em cada exercício, a parcela dos lucros estabelecida no estatuto ou, se este for omisso, a importância determinada de acordo com as seguintes normas: I – metade do lucro líquido do exercício diminuído ou acrescido dos seguintes valores: (...); § 2º Quando o estatuto for omisso e a assembléia-geral deliberar alterá-lo para introduzir norma sobre a matéria, o dividendo obrigatório não poderá ser inferior a 25% (vinte e cinco por cento) do lucro líquido ajustado nos termos do inciso I deste artigo.

25 COMPARATO, Fábio Konder. "A constituição da reserva de lucros a realizar e o dividendo obrigatório". *In*: ______. *Novos ensaios e pareceres de Direito Empresarial*. 1ª ed. Rio de Janeiro: Forense, 1981, p. 158.

realizar integravam a base de cálculo do dividendo mínimo obrigatório. A interpretação dada à constituição dessa reserva, sob a égide da norma anterior, era, então, de que a reserva de lucros a realizar destinava-se a "excluir da base de cálculo do dividendo obrigatório valores que ainda não haviam sido convertidos em moeda ou equivalente, de modo a permitir à companhia pagar o dividendo obrigatório".[26]

A reserva de lucros a realizar compunha-se pelo saldo dos valores não realizados (vendas a prazo, aumento do valor do investimento em coligadas e controladas e saldo credor da conta de correção monetária) que excedesse as demais reservas de lucro formadas pela companhia e do lucro retido.[27] [28]

Apurava-se, assim, a parcela dos lucros do exercício não realizada financeiramente, destinando-a à reserva de lucros a realizar e, em seguida, calculava-se o dividendo obrigatório, excluindo de sua base de cálculo todo o montante que havia sido transferido para a reserva de lucros a realizar.[29] Os lucros registrados na reserva, quando

---

26 CAMPOS, Luiz Antonio de Sampaio. "Notas sobre destinação do lucro do exercício: a reserva de lucros a realizar e a destinação a ela do lucro excedente ao dividendo obrigatório". *In*: VENÂNCIO FILHO, Alberto; LOBO, Carlos Augusto da Silveira; ROSMAN, Luiz Alberto Colonna (Coord.). *Lei das S.A em seus 40 anos*. 1ª ed. Rio de Janeiro: Forense, 2017, p. 423.

27 CAMPOS, Luiz Antonio de Sampaio. "Notas sobre destinação do lucro do exercício: a reserva de lucros a realizar e a destinação a ela do lucro excedente ao dividendo obrigatório". *In*: VENÂNCIO FILHO, Alberto; LOBO, Carlos Augusto da Silveira; ROSMAN, Luiz Alberto Colonna (Coord.). *Lei das S.A em seus 40 anos*. 1ª ed. Rio de Janeiro: Forense, 2017, pp. 422/423.

28 MARTINS, Fran. *Comentários à lei de sociedades anônimas*. vol. 2. tomo II: artigos 165-205. Rio de Janeiro: Forense, 1978, pp. 708/709.

29 CARVALHOSA, Modesto; EIZIRIK, Nelson. *A nova Lei das sociedades anônimas*. São Paulo: Saraiva, 2002, p. 357.

realizados, deveriam ser acrescidos à base de cálculo do dividendo obrigatório.[30] [31] Não eram considerados, automaticamente, dividendos.

Antes da vigência da Lei n. 10.303/01, inexistia o art. 202, § 6º, da LSA, que exige a distribuição dos lucros não destinados nos termos dos arts. 193 a 197 como dividendos.[32] Era possível, na sis-

30 COMPARATO, Fábio Konder. "A constituição da reserva de lucros a realizar e o dividendo obrigatório". *In*: ______. *Novos ensaios e pareceres de Direito Empresarial*. 1ª ed. Rio de Janeiro: Forense, 1981, p. 154.

31 "*Quando, porém, haja a realização de lucros anteriormente registrados na reserva de lucros a realizar, o valor respectivo será adicionado ao lucro líquido do exercício*" (MARTINS, Fran. *Comentários à lei de sociedades anônimas*. vol. 2. tomo II: artigos 165 a 205. Rio de Janeiro: Forense, 1978, p. 731).

32 § 6º Os lucros não destinados nos termos dos arts. 193 a 197 deverão ser distribuídos como dividendos.

temática anterior, manter uma conta de lucros acumulados, em que esses valores (lucros não destinados) poderiam ficar alocados.[33] [34] [35]

---

33 E se se quisesse **re-destinar** os valores realizados, antes componentes da reserva de lucros a realizar, seria possível? Ainda que não se encontre resposta na doutrina da época, diante da ausência de justificativas para tanto dada a possibilidade da existência de lucros acumulados, a interpretação sistemática da LSA, como vigente em sua redação original, autorizava a **conclusão negativa**. Primeiro, destacava-se eventual valor pertencente à reserva legal, à reserva de contingências (ou acrescia-se ao montante de lucro líquido a reversão dessa última) e à reserva de retenção de lucros; depois, calculava o dividendo obrigatório (25%, em regra, do lucro líquido restante); o valor excedente ao dividendo obrigatório, oriundo da realização da reserva de lucros a realizar, não poderia ser destinado às reservas do art. 194 a 196 ou permanecer acumulado como lucros acumulados. Afinal, da redação do caput do art. 197, percebe-se que os lucros não realizados poderiam, se fosse do interesse da administração, ser alocados nas reservas do art. 194 a 196 da LSA, tendo em vista que iria para a reserva de lucros a realizar aquilo que superasse o deduzido nas reservas em questão. Sobre o tema, a CVM entendia que o que fora revertido da reserva de lucros a realizar, após a compensação dos prejuízos, deveria adentrar pela conta de resultados acumulados e na base de cálculo dos dividendos complementares para, somente depois disso, pode ser utilizado para aumento do capital social: "Desta forma, depois de computado no cálculo do dividendo mínimo obrigatório é que o montante revertido da Reserva de Lucros a Realizar, **que remanescer após a compensação de prejuízos acumulados e após a dedução do dividendo, deverá ser destinado para aumentar o capital social, ou para o pagamento de dividendos complementares.** Inadmissível é, portanto, a **utilização da Reserva de Lucros a Realizar diretamente em aumento de capital, sem antes transitar pela conta de resultados acumulados e sem ter entrado na base de cálculo do dividendo obrigatório que foi postergado**". (Parecer de Orientação CVM n. 24/92. "EMENTA: Procedimentos a serem observados pelas companhias abertas e respectivos auditores independentes aplicáveis às demonstrações contábeis relativas aos exercícios sociais encerrados a partir de dezembro de 1991", fl. 13. Disponível em: https://conteudo.cvm.gov.br/legislacao/pareceres-orientacao/pare024.html).

34 "Art. 8º – A conta de lucros acumulados contemplará apenas a parcela relativa a frações de lucros que não possam ser computadas na declaração do dividendo por ação. Poderá ser, ainda, admitida a utilização desta rubrica para abrigar as retenções de lucros na forma do artigo 196 da LEI Nº 6.404/76. Parágrafo único. Somente poderá haver saldo na conta de prejuízos acumulados se esgotadas todas as reservas de lucros, inclusive a reserva legal. Os prejuízos remanescentes, que excederem às reservas de lucros, poderão ser, primeiramente, absorvidos pelas reservas de capital, exceto a correção monetária do capital realizado". (Instrução CVM n. 59/86. "Dispõe sobre a obrigatoriedade de elaboração e publicação da demonstração das mutações do patrimônio líquido pelas companhias abertas", fl. 2. Disponível em: https://conteudo.cvm.gov.br/export/sites/cvm/legislacao/instrucoes/anexos/001/inst059.pdf).

35 Ao contrário do que se costuma referir, a conta de lucros e prejuízos acumulados ainda existe, sendo, contudo, transitória.

Campos explica que essa fórmula de cálculo da reserva de lucros a realizar suscitou algumas dúvidas, pois exigia que a destinação de lucros se processasse em duas etapas, sendo a constituição da reserva de lucros a realizar complementar à destinação do lucro do exercício, tendo em vista que "o montante do lucro líquido do exercício que podia ser destacado para a sua formação [reserva de lucros a realizar] pressupunha o conhecimento de todas as demais reservas de lucros (art. 194) e dos lucros a serem retidos nos termos do art. 196".[36] Para além disso, outra crítica, encabeçada especialmente pela CVM,[37] foi determinante para a alteração dos arts. 197 e 202 da LSA, modificando, como consequência, a relação entre a reserva de lucros a realizar e o dividendo obrigatório.

1.2 A atual configuração da reserva de lucros a realizar

No dossiê do PL n. 3.115/97, que originou a Lei n. 10.303/01, consta, em relação aos arts. 197 e 202 da LSA, que a Câmara dos Deputados estaria "adotando uma das propostas da CVM para aclarar equívoco sério da atual legislação no que se refere à base de cálculo do dividendo mínimo obrigatório, e que vem ensejando controvérsias acaloradas".[38] As ementas referentes a esses dispositivos

---

36 CAMPOS, Luiz Antonio de Sampaio. "Notas sobre destinação do lucro do exercício: a reserva de lucros a realizar e a destinação a ela do lucro excedente ao dividendo obrigatório". *In*: VENÂNCIO FILHO, Alberto; LOBO, Carlos Augusto da Silveira; ROSMAN, Luiz Alberto Colonna (Coord.). *Lei das S.A em seus 40 anos*. 1ª ed. Rio de Janeiro: Forense, 2017, p. 423.

37 CARVALHOSA, Modesto; EIZIRIK, Nelson. *A nova Lei das sociedades anônimas*. São Paulo: Saraiva, 2002, p. 358. Os Autores explicam que "a *nova redação do caput do artigo ora em discussão* [art. 202 da LSA] *representa a institucionalização da interpretação que a CVM vinha conferindo á matéria*".

38 *Dossiê do PL n. 3.115/97*, parte 1, fl. 40. Disponível em: https://camara.custhelp.com/app/utils/login_form/redirect/home.

(n. 36 e 119, ambas de 2000)[39] em nada alteraram a redação original do PL, de autoria do Deputado Luiz Carlos Hauly.

Sobre a justificativa específica da alteração dos arts. 197 e 202, não apresentada ao longo da tramitação do PL n. 3.115/97, Carvalhosa e Eizirik explicam que, para fins de apuração do dividendo obrigatório, o lucro líquido do exercício deveria ser diminuído dos lucros a realizar, os quais seriam alocados na reserva específica.[40] A parcela de lucros a realizar era, então, deduzida da base de cálculo do dividendo obrigatório.[41] Ocorre que essa sistemática permitia que o valor do dividendo obrigatório fosse diminuído, pela constituição da reserva de lucros a realizar, embora a companhia possuísse lucros financeiramente realizados em montante suficiente para pagamento do dividendo obrigatório que seria devido se a base de cálculo não tivesse sido reduzida.[42] A CVM, sobre o tema, determinava que as companhias abertas apenas constituíssem a reservas de lucros a realizar quando os lucros financeiramente realizados não fossem suficientes para o pagamento do dividendo mínimo obrigatório.[43]

Nesse sentido, a autarquia, em seu Parecer de Orientação n. 24/92, concluiu que, sobre a reserva de lucros a realizar, "transcorridos todos estes anos desde a sua criação, dúvidas e erros ainda permanecem quanto à forma de realização e reversão desta Reserva, o que tem suscitado às companhias a adoção dos mais diversos

---

39 *Dossiê do PL n. 3.115/97*, parte 1, fls. 207 e 324. Disponível em: https://camara.custhelp.com/app/utils/login_form/redirect/home.

40 CARVALHOSA, Modesto; EIZIRIK, Nelson. *A nova Lei das sociedades anônimas*. São Paulo: Saraiva, 2002, p. 357.

41 CARVALHOSA, Modesto; EIZIRIK, Nelson. *A nova Lei das sociedades anônimas*. São Paulo: Saraiva, 2002.

42 CARVALHOSA, Modesto; EIZIRIK, Nelson. *A nova Lei das sociedades anônimas*. São Paulo: Saraiva, 2002.

43 CARVALHOSA, Modesto; EIZIRIK, Nelson. *A nova Lei das sociedades anônimas*. São Paulo: Saraiva, 2002, p. 358.

procedimentos e interpretações".[44] [45] Nesse mesmo documento, a CVM explica que a utilização de diversos critérios de realização do lucro não realizado leva à "companhia a não considerar, no cálculo do dividendo obrigatórios, lucros que já foram realizados financeiramente".[46]

Ademais, entendia que, em algumas situações, a identificação da origem dos lucros a realizar e a determinação do critério de realização poderiam acarretar prejuízo aos minoritários, "pela retenção dos dividendos obrigatórios, quando a companhia já possui os recursos necessários para pagá-lo parcial ou totalmente".[47] Diante disso, independentemente da origem dos lucros a realizar alocados na reserva (resultado líquido positivo da equivalência patrimonial; e lucro, ganho ou rendimento em operações cujo prazo de realização financeira ocorra após o término do exercício social seguinte), havendo ingresso de recursos provenientes da realização de qualquer das modalidades de lucros a realizar, a companhia deveria reconhecer a realização, reverter os lucros para a contas de lucros

---

44 Parecer de Orientação CVM n. 24/92, fl. 13.

45 A Autarquia classificava a finalidade da reserva de lucros a realizar como sendo "postergar o pagamento do dividendo obrigatório (art. 202, LEI N. 6.404/76) até o exercício em que os lucros a realizar, que deram origem à reserva, sejam 'financeiramente' realizados, compatibilizando, desta forma, a disponibilidade financeira da companhia com a proposição de pagamento dos dividendos" (Parecer de Orientação CVM n. 24/92, fl. 13).

46 Parecer de Orientação CVM n. 24/92, p. 17.

47 Parecer de Orientação CVM n. 24/92.

ou prejuízos acumulados e contemplá-los no cálculo do dividendo obrigatório.[48] [49] [50]

De qualquer modo, com a entrada em vigor da Lei n. 10.303/01, a reserva de lucros a realizar deixa de compor a base de cálculo do dividendo obrigatório, sendo que os ajustes no lucro líquido ajustado

---

48 Parecer de Orientação CVM n. 24/92.

49 Para entender melhor a preocupação da Autarquia: "*Inadmissível seria o caso por exemplo, de uma companhia que teve, no exercício, as três modalidades de lucros a realizar em montantes iguais, e que só pode destinar à constituição da Reserva um valor igual ou inferior ao montante de uma das modalidades de lucros a realizar e, tendo recebido, por exemplo, recursos provenientes da venda a longo prazo, em montante suficiente para o pagamento dos dividendos postergados, não o faz, alegando que o valor destinado à Reserva de Lucros a Realizar teve como origem o saldo credor de correção monetária ou o aumento do investimento em controladas ou coligadas, e que ainda não foram realizados. Ao proceder desta forma, a companhia estaria, não só postergando o pagamento do dividendo obrigatório, que os acionistas têm o direito de receber, como também retendo indiscriminadamente estes dividendos, pois já possuiria os recursos necessários para efetuar o pagamento. Estar-se-ia, portanto, desvirtuando completamente o objetivo com que foi facultada, pela LEI N. 6.404/76, a constituição da Reserva de Lucros a Realizar que, conforme já foi ressaltado anteriormente, é de compatibilizar o pagamento do dividendo obrigatório, fixado como porcentagem do lucro, com a entrada dos recursos necessários para este pagamento*" (Parecer de Orientação CVM n. 24/92, pp. 17/18).

50 A preocupação apresentada pela CVM nesse Parecer – com o prejuízo aos minoritários decorrente da ausência de correspondência entre a origem do lucro não realizado e a origem do ingresso de valores aptos a realizar esse lucro, de modo a deixar lucros retidos, ainda que a companhia disponha de valores para pagamento de parcela do dividendo obrigatório – não exigia, para sua resolução, a alteração da base de cálculo do dividendo obrigatório, como realizada pela Lei n. 10.303/01. Bastaria, conforme orientação da CVM, considerar realizados os lucros alocados na reserva de lucros a realizar, "*não importando se a realização for pelo recebimento de recursos relativos a vendas a longo prazo, recebimento de dividendos de coligadas ou controladas ou realização do saldo credor de correção monetária*".

se limitam aos decorrentes da constituição ou da reversão da reserva legal e da reserva de contingências.[51] [52]

A atual redação dos arts. 197 e 202 da LSA, na parte que releva ao presente estudo, tem o seguinte teor:

> Art. 197. No exercício em que o montante do dividendo obrigatório, calculado nos termos do estatuto ou do art. 202, ultrapassar a parcela realizada do lucro líquido do exercício, a assembléia-geral poderá, por proposta dos órgãos de administração, destinar o excesso à constituição de reserva de lucros a realizar.
>
> § 1º Para os efeitos deste artigo, considera-se realizada a parcela do lucro líquido do exercício que exceder da soma dos seguintes valores:
>
> I – o resultado líquido positivo da equivalência patrimonial (art. 248); e
>
> II – o lucro, rendimento ou ganho líquidos em operações ou contabilização de ativo e passivo pelo valor de mercado, cujo prazo de realização financeira ocorra após o término do exercício social seguinte.
>
> § 2º A reserva de lucros a realizar somente poderá ser utilizada para pagamento do dividendo obrigatório e, para efeito do

---

51 CAMPOS, Luiz Antonio de Sampaio. “Notas sobre destinação do lucro do exercício: a reserva de lucros a realizar e a destinação a ela do lucro excedente ao dividendo obrigatório”. *In*: VENÂNCIO FILHO, Alberto; LOBO, Carlos Augusto da Silveira; ROSMAN, Luiz Alberto Colonna (Coord.). *Lei das S.A em seus 40 anos*. 1ª ed. Rio de Janeiro: Forense, 2017, p. 419.

52 Art. 202. Os acionistas têm direito de receber como dividendo obrigatório, em cada exercício, a parcela dos lucros estabelecida no estatuto ou, se este for omisso, a importância determinada de acordo com as seguintes normas: I – metade do lucro líquido do exercício diminuído ou acrescido dos seguintes valores: a) importância destinada à constituição da reserva legal (art. 193); e b) importância destinada à formação da reserva para contingências (art. 195) e reversão da mesma reserva formada em exercícios anteriores (...).

> inciso III do art. 202, serão considerados como integrantes da reserva os lucros a realizar de cada exercício que forem os primeiros a serem realizados em dinheiro.
>
> Art. 202. Os acionistas têm direito de receber como dividendo obrigatório, em cada exercício, a parcela dos lucros estabelecida no estatuto ou, se este for omisso, a importância determinada de acordo com as seguintes normas:
>
> I – metade do lucro líquido do exercício diminuído ou acrescido dos seguintes valores:
>
> a) importância destinada à constituição da reserva legal (art. 193); e
>
> b) importância destinada à formação da reserva para contingências (art. 195) e reversão da mesma reserva formada em exercícios anteriores;
>
> II – o pagamento do dividendo determinado nos termos do inciso I poderá ser limitado ao montante do lucro líquido do exercício que tiver sido realizado, desde que a diferença seja registrada como reserva de lucros a realizar (art. 197);
>
> III – os lucros registrados na reserva de lucros a realizar, quando realizados e se não tiverem sido absorvidos por prejuízos em exercícios subseqüentes, deverão ser acrescidos ao primeiro dividendo declarado após a realização.
>
> § 1º O estatuto poderá estabelecer o dividendo como porcentagem do lucro ou do capital social, ou fixar outros critérios para determiná-lo, desde que sejam regulados com precisão e minúcia e não sujeitem os acionistas minoritários ao arbítrio dos órgãos de administração ou da maioria.
>
> § 2º Quando o estatuto for omisso e a assembléia-geral deliberar alterá-lo para introduzir norma sobre a matéria, o dividendo obrigatório não poderá ser inferior a 25% (vinte e cinco por cento) do lucro líquido ajustado nos termos do inciso I deste artigo.

Com a nova redação dada ao art. 202 da LSA, buscou-se eliminar o problema, apontado pela CVM na vigência da norma anterior, da exclusão do montante do dividendo obrigatório de valores não realizados, mesmo que a companhia tivesse recursos para pagar inteiramente o dividendo obrigatório (normalmente de 25% do lucro líquido).

A solução encontrada com a entrada em vigor da Lei n. 11.101 foi excluir da base de cálculo do dividendo mínimo obrigatório o lucro não realizado, a ser destinado a reserva de lucros a realizar. Da mesma forma, o lucro nela alocado, quando realizado, não integra mais a base de cálculo do dividendo mínimo obrigatório.

Para tanto, previu-se que o pagamento de dividendos pode ser limitado ao montante do lucro líquido que tiver sido realizado, desde que a diferença seja registrada como reserva de lucros a realizar (inciso II do art. 202).[53] O valor correspondente ao dividendo mínimo obrigatório que exceder o lucro não realizado – e só ele – é que teria de ser alocado na reserva de lucros a realizar (justamente visando a evitar que a companhia tenha que pagar dividendo aos seus acionistas sem que possua o equivalente valor em moeda). Quando realizados os lucros dessa reserva, e se não tiverem sido absorvidos por prejuízos subsequentes, devem ser acrescidos ao primeiro dividendo declarado após a realização (inciso III do art. 202).[54]

No art. 197, por sua vez, passou a constar, na mesma linha, que a reserva de lucros a realizar será constituída pelo montante do dividendo obrigatório que ultrapassar a parcela realizada do lucro líquido do exercício (caput),[55] sendo que os valores nela alocados

---

53 II – o pagamento do dividendo determinado nos termos do inciso I poderá ser limitado ao montante do lucro líquido do exercício que tiver sido realizado, desde que a diferença seja registrada como reserva de lucros a realizar (art. 197); (...).

54 III – os lucros registrados na reserva de lucros a realizar, quando realizados e se não tiverem sido absorvidos por prejuízos em exercícios subseqüentes, deverão ser acrescidos ao primeiro dividendo declarado após a realização.

55 Art. 197. No exercício em que o montante do dividendo obrigatório, calculado nos termos do estatuto ou do art. 202, ultrapassar a parcela

somente podem ser utilizados para pagamento do dividendo obrigatório e, para efeito do momento da realização dos lucros, esses serão considerados como integrantes da reserva de cada exercício em que forem os primeiros a serem realizados em dinheiro (§ 2º).[56]

No entanto, buscando suprimir uma lacuna da Lei – consistente na possibilidade de que fosse reduzido o dividendo mínimo obrigatório, com fundamento na existência de lucros não realizados, mesmo nos casos em que a companhia dispusesse de valores realizados suficientes para garantir o seu integral pagamento –, o legislador criou uma controvérsia não existente na vigência da regra anterior.

Tal dificuldade consiste na destinação a ser conferida ao lucro não realizado excedente ao dividendo mínimo obrigatório. Se os 25% do lucro líquido, com as deduções previstas no art. 202, não tiverem sido realizados financeiramente, a toda evidência, o excedente ao mínimo obrigatório (ou, nesse exemplo, 75% do lucro líquido) também não se encontra realizado.[57] Os 25% do lucro líquido, a teor do que

---

realizada do lucro líquido do exercício, a assembléia-geral poderá, por proposta dos órgãos de administração, destinar o excesso à constituição de reserva de lucros a realizar. § 1º Para os efeitos deste artigo, considera-se realizada a parcela do lucro líquido do exercício que exceder da soma dos seguintes valores: I – o resultado líquido positivo da equivalência patrimonial (art. 248); e II – o lucro, rendimento ou ganho líquidos em operações ou contabilização de ativo e passivo pelo valor de mercado, cujo prazo de realização financeira ocorra após o término do exercício social seguinte.

56 § 2º A reserva de lucros a realizar somente poderá ser utilizada para pagamento do dividendo obrigatório e, para efeito do inciso III do art. 202, serão considerados como integrantes da reserva os lucros a realizar de cada exercício que forem os primeiros a serem realizados em dinheiro.

57 CAMPOS, Luiz Antonio de Sampaio. "Notas sobre destinação do lucro do exercício: a reserva de lucros a realizar e a destinação a ela do lucro excedente ao dividendo obrigatório". *In*: VENÂNCIO FILHO, Alberto; LOBO, Carlos Augusto da Silveira; ROSMAN, Luiz Alberto Colonna (Coord.). *Lei das S.A em seus 40 anos*. 1ª ed. Rio de Janeiro: Forense, 2017, p. 421.

prevê o art. 197 da LSA ("montante do dividendo obrigatório" que "ultrapassar a parcela realizada do lucro líquido do exercício"), serão alocados na reserva de lucros a realizar, dando concretude à lógica que justificou a criação dessa reserva e evitando que a companhia seja obrigada a pagar dividendo em montante superior ao valor do lucro líquido realizado em moeda,[58] mediante financiamentos, por exemplo, sacrificando a liquidez e a rentabilidade da sociedade.[59]

Essa parcela excedente (os 75% do exemplo) pode ser destinada às reservas estatutárias, do art. 194, e à reserva de retenção de lucros, do art. 196 da LSA. Contudo, pode ser incompatível, do ponto de vista finalístico da reserva estatutária ou do projeto de investimento que demandou a criação da reserva de retenção de lucros, que nelas sejam alocados lucros não realizados.[60] [61] Afinal, soa artificial que um projeto de investimento em expansão fabril de determinada sociedade seja levado a cabo com amparo em lucros que ainda não ingressaram em dinheiro na sociedade.[62]

---

58 EIZIRIK, Nelson. *A Lei das S/A comentada*. vol. III. 2ª ed. rev. e ampl. São Paulo: Quartier Latin, 2015, p. 509.

59 COMPARATO, Fábio Konder. "Reserva de lucros a realizar. Sua função no patrimônio da sociedade anônima – não inclusão, na base de cálculo do dividendo obrigatório, das quantias deduzidas do lucro líquido para a constituição dessa reserva". *Revista dos Tribunais*, nº 544, fev. 1981.

60 CAMPOS, Luiz Antonio de Sampaio. "Notas sobre destinação do lucro do exercício: a reserva de lucros a realizar e a destinação a ela do lucro excedente ao dividendo obrigatório". *In*: VENÂNCIO FILHO, Alberto; LOBO, Carlos Augusto da Silveira; ROSMAN, Luiz Alberto Colonna (Coord.). *Lei das S.A em seus 40 anos*. 1ª ed. Rio de Janeiro: Forense, 2017, p. 423.

61 PIVA, Luiz Carlos. "Reserva de lucros a realizar". *In*: LAMY FILHO, Alfredo; PEDREIRA, José Luiz Bulhões (Coord.). *Direito das companhias*. 2ª ed. Rio de Janeiro: Forense, 2017, p. 1233.

62 Para além da artificialidade e da incompatibilidade, pode ser que tais lucros a realizar faça, com que o saldo das reservas de lucro (de retenção ou estatutária) ultrapassem o capital social, o que também demanda a sua distribuição como dividendos, a não ser que a assembleia delibere pela aplicação do excesso na integralização ou no aumento do capital

Como consequência, o montante do lucro não realizado excedente ao dividendo mínimo obrigatório, segundo a literalidade do art. 197 – que só admite que nela seja alocado o dividendo obrigatório que ultrapassar a parcela realizada do lucro líquido do exercício –, ficaria sem destinação, a chamar a incidência do art. 202, § 6º, da LSA. Segundo esse dispositivo, os lucros não destinados nos termos do art. 193 a 197 deverão ser distribuídos como dividendos.

Sendo assim, todo o lucro não realizado, se não alocado em outra reserva (a exemplo da estatutária ou da reserva de lucros a realizar) seria necessariamente distribuído como dividendo: os 25% do lucro líquido, alocados na reserva de lucros a realizar, quando realizados, teriam sua distribuição ordenada pelo art. 202, III, da LSA; os 75% restantes, não podendo ser alocados na reserva de lucros a realizar pela sua interpretação literal, deveriam ser distribuídos, desde o seu reconhecimento, por ordem do art. 202, § 6º, da LSA.[63]

Nessa lógica, o recebimento, pela companhia, de lucro não realizado seria do maior interesse do acionista, já que a obrigaria a pagar dividendos ainda que não dispusesse do equivalente em dinheiro em caixa.

Embora o sistema da LSA tenha sido exitoso em resguardar que a companhia não seja obrigada a distribuir o dividendo obrigatório em valor maior do que o realizado, falhou com relação ao lucro não realizado excedente ao dividendo mínimo obrigatório, considerando que, seguindo a lógica atualmente vigente nos arts. 197 e 202, a companhia seria obrigada a pagar os 75% restantes do lucro líquido ajustado, a título de dividendo, mesmo sem o correspondente valor

---

social (Art. 199. O saldo das reservas de lucros, exceto as para contingências, de incentivos fiscais e de lucros a realizar, não poderá ultrapassar o capital social. Atingindo esse limite, a assembléia deliberará sobre aplicação do excesso na integralização ou no aumento do capital social ou na distribuição de dividendos).

63 Partindo de um exemplo hipotético em que todo o lucro do exercício seria lucro não realizado.

em moeda,[64] diante da impossibilidade de alocá-lo na reserva de lucros a realizar.

Para resolver essa discrepância, Luiz Antonio de Sampaio Campos sugere que seja autorizada a destinação para a reserva de lucros a realizar de todo o lucro não realizado no exercício e que não tenha destinação específica.[65] [66] Na mesma linha, Eizirik, em parecer específico sobre a matéria, defende que, entender pela inviabilidade de se alocar o saldo remanescente (excedente ao dividendo mínimo obrigatório) não realizado do lucro líquido na reserva de lucros a realizar, contrariaria a própria finalidade da lei societária ao instituir a reserva de lucros a realizar, na medida em que obriga o pagamento de dividendo com base em lucros não realizados, trazendo riscos à estabilidade financeira das companhias.[67]

---

64 CAMPOS, Luiz Antonio de Sampaio. "Notas sobre destinação do lucro do exercício: a reserva de lucros a realizar e a destinação a ela do lucro excedente ao dividendo obrigatório". *In*: VENÂNCIO FILHO, Alberto; LOBO, Carlos Augusto da Silveira; ROSMAN, Luiz Alberto Colonna (Coord.). *Lei das S.A em seus 40 anos*. 1ª ed. Rio de Janeiro: Forense, 2017, p. 422.

65 CAMPOS, Luiz Antonio de Sampaio. "Notas sobre destinação do lucro do exercício: a reserva de lucros a realizar e a destinação a ela do lucro excedente ao dividendo obrigatório". *In*: VENÂNCIO FILHO, Alberto; LOBO, Carlos Augusto da Silveira; ROSMAN, Luiz Alberto Colonna (Coord.). *Lei das S.A em seus 40 anos*. 1ª ed. Rio de Janeiro: Forense, 2017, p. 423.

66 Na mesma linha, PIVA, Luiz Carlos. "Reserva de lucros a realizar". *In*: LAMY FILHO, Alfredo. PEDREIRA, José Luiz Bulhões (Coord.). *Direito das companhias*. 2ª ed. Rio de Janeiro: Forense, 2017: "*Segundo o sistema da Lei, se a companhia tem o direito não distribuir o dividendo obrigatório no exercício em que não houver lucro realizado,* ***tem o direito de não distribuir, também, o restante do lucro não realizado, ainda que esse lucro não tenha destinação legal, ou estatuária.*** *Seria ilógico admitir que a sociedade pode reter o dividendo obrigatório, mas não pode deixar de distribuir o dividendo não obrigatório*".

67 EIZIRIK, Nelson. "Reserva de lucros a realizar. Interpretação do art. 197 da Lei das S.A". *In*: ______. *Direito societário*: estudos e pareceres. São Paulo: Quartier Latin, 2015, p. 266.

Portanto, a "única conclusão possível", nas palavras de Eizirik, seria a interpretação sistemática dos arts. 197 e 202 da LSA para o fim de concluir que

> pode ser alocado à reserva de lucros a realizar todo o montante do lucro não recebido financeiramente pela companhia, seja o relativo dividendo obrigatório propriamente dito, seja o relativo a dividendos adicionais ou complementares, que se tornaram obrigatórios por força da regra introduzida no § 6º do artigo 202 da Lei das S.A.[68]

Apesar de, a nosso ver, a compreensão majoritária da doutrina ser irretocável nesse ponto, a autorização de alocação de todo o lucro não realizado na reserva de lucros a realizar (e não só a parcela do dividendo mínimo obrigatório que excede o lucro não realizado) não resolve a integralidade dos problemas resultantes da redação dada aos arts. 197 e 202 da LSA pela Lei n. 10.303/01. Apenas afasta a obrigatoriedade de que os lucros não realizados excedentes ao dividendo mínimo obrigatório sejam distribuídos com amparo no art. 202, § 6º, da LSA (ou seja, por não terem outra destinação). Não impede, contudo, que o lucro não realizado excedente ao dividendo mínimo obrigatório tenha que ser distribuído como dividendo quando realizado, em razão do previsto no § 2º do art. 197 da LSA, que dispõe que a reserva de lucros a realizar somente pode ser utilizada para o pagamento do dividendo obrigatório.

Essa situação chama peculiar atenção no caso em que os lucros não realizados excedentes ao dividendo obrigatório não puderam ser alocados em outra reserva, por motivos de incompatibilidade ou artificialidade, como visto, mas, uma vez realizados – o que autorizaria

68 EIZIRIK, Nelson. "Reserva de lucros a realizar: Interpretação do art. 197 da Lei das S.A". *In*: ______. *Direito societário*: estudos e pareceres. São Paulo: Quartier Latin, 2015, p. 267.

a sua alocação em alguma reserva que se fizesse necessária –, devam ser obrigatoriamente distribuídos como dividendos.[69] [70]

---

69 Para os acionistas, pode acabar sendo mais vantajoso que todo o lucro ingressante na sociedade seja não realizado, pois ele seria distribuído obrigatoriamente como dividendo, a depender da natureza e existência de reservas estatutárias e de retenção de lucros. Imagine-se tal situação em uma holding, não operacional, em que a integralidade do seu resultado decorre de participações societárias em controladas, a serem avaliadas segundo o método de equivalência patrimonial (art. 197, § 1º, inciso I, da LSA).

70 Eizirik, no parecer supramencionado, avalia a possibilidade de não distribuição de lucros financeiramente realizados em função da incompatibilidade com a situação financeira da companhia. Para ele, "A regra prevista no § 4º do artigo 202 da lei societária, que admite que a companhia deixe de distribuir o dividendo 'previsto neste artigo' se tal medida for incompatível com sua situação financeira, deve prevalecer sobre o comando contigo no inciso III do mesmo dispositivo legal, o que determina que os lucros alocados na reserva de lucros a realizar sejam distribuídos no primeiro exercício após a sua realização. Vale dizer, não obstante o disposto no referido inciso III, a companhia pode, com base no § 4º do artigo em tela, deixar de distribuir dividendos retidos na reserva de lucros a realizar e financeiramente realizados, se tal distribuição for incompatível com a sua situação financeira. (...) Ademais, se o § 4º do artigo 202 da lei societária indubitavelmente permite que a companhia deixe de distribuir, a título de dividendo obrigatório, lucros apurados e financeiramente realizados no próprio exercício social, não faria sentido entender-se que tal regra não poderia eximir a companhia da obrigação de distribuir lucros contabilizados em exercícios passados e que apenas foram financeiramente realizados no exercício em referência" (EIZIRIK, Nelson. "Reserva de lucros a realizar: Interpretação do art. 197 da Lei das S.A". *In*: ______. *Direito societário*: estudos e pareceres. São Paulo: Quartier Latin, 2015, p. 267).

A questão analisada neste estudo é diferente. Afinal, a nosso entender, ainda que os lucros alocados na reserva de lucros a realizar agora realizados possam ter seu pagamento suspenso diante da previsão constante no art. 202, § 4º, da LSA, serão eles alocados em reserva especial, cuja destinação prioritária é igualmente a distribuição de dividendos (Art. 202, § 5º Os lucros que deixarem de ser distribuídos nos termos do § 4º serão registrados como reserva especial e, se não absorvidos por prejuízos em exercícios subseqüentes, deverão ser pagos como dividendo assim que o permitir a situação financeira da companhia).

Tem espaço, dessa forma, a reflexão a respeito de se o lucro excedente ao dividendo mínimo obrigatório alocado na reserva de lucros a realizar, uma vez realizado, (*i*) deve obrigatoriamente ser distribuído como dividendo, por aplicação analógica integral da sistemática constante nos arts. 197 e 202 da LSA; (*ii*) ou pode ser capitalizado ou alocado em outra reserva, considerando se tratar agora de lucros realizado.

2 O conteúdo da reserva de lucros a realizar

No escopo da complexa relação entre reserva de lucros a realizar e o dividendo excedente ao mínimo obrigatório, um ponto que auxilia na interpretação da destinação a ser dada a esse excedente (se respeita a lógica do art. 197, § 2º, da LSA, que exige a distribuição como dividendo de todo o montante alocado na reserva; ou se a analogia com o dividendo mínimo obrigatório em relação a esse dispositivo para na alocação do excedente também na reserva de lucros a realizar) é a análise do conteúdo da reserva de lucros a realizar, a saber, se nela são alocados dividendos ou lucros.

Da redação do art. 197, *caput*, da LSA, pode-se extrair a destinação exclusiva de dividendos (e, mais especificadamente, do dividendo mínimo obrigatório) à reserva de lucros a realizar. A ela seria destinado o montante do dividendo obrigatório que ultrapassa a parcela realizada do lucro líquido do exercício. Entretanto, o entendimento de que a reserva de lucros a realizar comporta o recebimento apenas de dividendos conflita com a disposição contida no art. 202, inciso III, da LSA, que prevê que os lucros registrados na reserva de lucros a realizar podem ser absorvidos por prejuízos de exercícios subsequentes.

Tal desarmonia justifica-se em razão da natureza, comumente referida, do dividendo como sendo um direito de crédito do acionista em face da companhia,[71] [72] quando da declaração, pela assembleia

71 ASCARELLI, Túlio. *Ensaios e pareceres*. Campinas: Red Livros, 2000, p. 256.

72 FRANÇA, Erasmo Valladão Azevedo e Novaes; ADAMEK, Marcelo Vieira von. "Da intangibilidade intrassocietária do crédito por

geral ou pelo órgão de administração competente.[73] Entende-se que o direito concreto ao dividendo (ou direito ao crédito dividendual) constitui-se com a declaração da assembleia que aprova o balanço e destina parte dos lucros para a distribuição na forma de dividendos.[74] A partir desse momento, segundo França e Adamek, "eventos posteriores à constituição do crédito que digam respeito a vicissitudes da vida societária não interferem na sua exigibilidade".[75] [76] É característico do conceito de dividendo como direito de crédito o fato de que, uma vez declarado, o dividendo destaca-se da conta de

---

dividendos declarados". *In*: PITTA, Andre Grunspun; PEREIRA, Guilherme Setoguti J. *Direito societário e outros temas de Direito Empresarial aplicado*. São Paulo: Quartier Latin, 2021, p. 222.

73 ROBERT, Bruno. "Direito dos acionistas de participação nos resultados". *In*: COELHO, Fábio Ulhoa (Coord.). *Tratado de direito comercial*. vol. III. São Paulo: Saraiva, 2015, p. 273.

74 FRANÇA, Erasmo Valladão Azevedo e Novaes; ADAMEK, Marcelo Vieira von. "Da intangibilidade intrassocietária do crédito por dividendos declarados". *In*: PITTA, Andre Grunspun; PEREIRA, Guilherme Setoguti J. *Direito societário e outros temas de Direito Empresarial aplicado*. São Paulo: Quartier Latin, 2021, p. 222.

75 FRANÇA, Erasmo Valladão Azevedo e Novaes; ADAMEK, Marcelo Vieira von. "Da intangibilidade intrassocietária do crédito por dividendos declarados". *In*: PITTA, Andre Grunspun; PEREIRA, Guilherme Setoguti J. *Direito societário e outros temas de Direito Empresarial aplicado*. São Paulo: Quartier Latin, 2021, p. 223.

76 Em outro trecho, os Autores explicam que "*eventos posteriores à constituição do direito ao dividendo declarado que digam respeito às vicissitudes da vida societária – tais como eventos de iliquidez ou perdas verificadas após a declaração dos dividendos – em nada interferem na exigibilidade do crédito dividendual*" (FRANÇA, Erasmo Valladão Azevedo e Novaes; ADAMEK, Marcelo Vieira von. "Da intangibilidade intrassocietária do crédito por dividendos declarados". *In*: PITTA, Andre Grunspun; PEREIRA, Guilherme Setoguti J. *Direito societário e outros temas de Direito Empresarial aplicado*. São Paulo: Quartier Latin, 2021, p. 226).

lucros e integra o passivo (exigível) da companhia,[77] não podendo ser absorvido por prejuízos futuros.[78]

Em relação à reserva de lucros a realizar, contudo, a despeito de a assembleia deliberar por destinar parte dos lucros a ela, classificando-os como dividendos (segundo a redação do art. 197, caput, da LSA) – ainda que não realizados –, tais valores continuam podendo ser absorvidos por prejuízos e estão, portanto, sujeitos a eventos da vida societária. Se direito de crédito do acionista fosse já no momento em que destinado à reserva de lucros a realizar, essa absorção não seria possível.[79] [80] Nem mesmo a realização desses lucros

---

77 ROBERT, Bruno. "Direito dos acionistas de participação nos resultados". *In*: COELHO, Fábio Ulhoa (Coord.). *Tratado de direito comercial*. vol. III. São Paulo: Saraiva, 2015, p. 273.

78 ROSMAN, Luiz Alberto Colonna. "Suspensão do pagamento de dividendos já declarados, por deliberação da assembleia geral, com fundamento em aplicação analógica da norma do art. 202, § 4º, da Lei das S.A". *In*: CASTRO, Rodrigo Rocha Monteiro de; AZEVEDO, Luis Andre; HENRIQUES, Marcus de Freitas (Coord.). *Direito societários, mercado de capitais, arbitragem e outros temas*: homenagem a Nelson Ezirik. vol. I. São Paulo: Quartier Latin, 2020, p. 883.

79 Bruno Robert explica, de maneira interessante, que "*Há, por fim, uma aparente contradição entre o inc. III do art. 202 e o § 2º do art. 197, que deve ser resolvida. O inc. III do art. 202, de um lado, prevê a possibilidade de utilização da reserva de lucros a realizar para a absorção de prejuízos futuros. O § 2º do art. 197, de outro lado, decreta que "[a] reserva de lucros a realizar somente poderá ser utilizada para pagamento do dividendo obrigatório". A lei não deixa claro, portanto, qual a natureza dessa reserva. Mais importante, não ficam claras quais as utilizações possíveis dos valores registrados na reserva de lucros a realizar. Não há como negar que a reserva é constituída por lucros*" (ROBERT, Bruno. *Dividendo mínimo obrigatório nas sociedades por ações brasileiras*: apuração, declaração e pagamento. São Paulo: Quartier Latin, 2011, p. 101).

80 Na mesma linha, defende Campinho: "*Não se pode perder de vista, entretanto, que a alteração do método de cálculo da reserva de lucros a realizar, apropriado em função dos dividendos obrigatórios, não implica que essa reserva seja de dividendos. Essa é uma confusão que não se pode admitir. A reserva especial para dividendo obrigatório vem*

da reserva os transforma em dividendos.[81] Nesse caso, a declaração como dividendos realiza-se somente em relação ao saldo de lucro na reserva existente após eventual absorção de prejuízos; inexistindo tais prejuízos, a declaração se dá quando da realização.

O que ocorre no caso do montante alocado na reserva de lucros a realizar é semelhante ao verificado no art. 202, § 4º, da LSA, que autoriza o diferimento da declaração do dividendo obrigatório na hipótese de ser a situação financeira da sociedade incompatível com

---

prevista no §5º do artigo 202 e foi abordada no item II.6 deste parecer. Consoante foi no aludido tópico desenvolvido, a sua fonte, o seu fundamento e a sua finalidade são completamente distintos e especiais. A reserva de lucros a realizar é uma reserva de lucros e não de dividendos, que fique bem claro. Assim é que não há qualquer impeço legal para a alocação de grande parte do lucro líquido do exercício ou até mesmo de sua totalidade, uma vez já formada a reserva legal (artigo 193), na reserva de lucros a realizar, quando esse lucro não tiver sido realizado. Trata-se de lucro meramente contábil e, dessa forma, nenhuma outra reserva facultativa encontra-se apta a albergá-lo" (CAMPINHO, Sérgio. "Reversão da reserva de lucros a realizar e a sua necessária destinação". *RSDE*, Rio de Janeiro, nº 21, jul./dez. 2017, p. 47).

81 "*Conforme estabelece o art. 197, § 2º, a reserva de lucros a realizar somente poderá ser utilizada para pagamento do dividendo obrigatório ou para compensar prejuízos futuros. Trata-se, portanto, de simples postergação do dividendo obrigatório de um determinado exercício, que será declarado tão logo se realizem os lucros retidos*" (BOCATER, Maria Isabel; BRAGA, José Luiz; MARTINS NETO, Carlos. "Diferimento do pagamento de dividendos obrigatórios em razão de situação financeira incompatível: considerações sobre a inteligência do art. 202, § 4º, da Lei das S.A". *RSDE*, nº 8, jan./jun. 2011, p. 14).

a sua distribuição.[82] [83] [84] Os valores destinados a reserva de lucros a realizar são, então, lucros – e não dividendos –, cuja destinação prioritária é a distribuição aos acionistas, a título de dividendos, não podendo ser qualificados, em sentido técnico, como dividendos em razão da possibilidade de que sejam afetados por eventos supervenientes da sociedade, como a verificação de prejuízo no exercício subsequente à sua realização.

Mesmo que a reserva de lucros a realizar não seja integrada por dividendos, Robert explica que o § 2º do art. 197 da LSA proíbe a utilização da reserva de lucros a realizar para outros fins que não o pagamento do dividendo.[85] A utilização de tais valores para absorção de prejuízos constitui destinação excepcional, automática e

---

82 § 4º O dividendo previsto neste artigo não será obrigatório no exercício social em que os órgãos da administração informarem à assembléia-geral ordinária ser ele incompatível com a situação financeira da companhia. O conselho fiscal, se em funcionamento, deverá dar parecer sobre essa informação e, na companhia aberta, seus administradores encaminharão à Comissão de Valores Mobiliários, dentro de 5 (cinco) dias da realização da assembléia-geral, exposição justificativa da informação transmitida à assembléia.

83 Ainda que não seja propriamente o objeto do presente estudo, considera-se que, na reserva especial do art. 202, § 4º, da LSA também não é alocado dividendo obrigatório, mas lucros, cuja destinação prioritária é a distribuição, embora possam ser absorvidos por prejuízos subsequentes.

84 ROSMAN, Luiz Alberto Colonna. "Suspensão do pagamento de dividendos já declarados, por deliberação da assembleia geral, com fundamento em aplicação analógica da norma do art. 202, § 4º, da Lei das S.A". *In*: CASTRO, Rodrigo Rocha Monteiro de; AZEVEDO, Luis Andre; HENRIQUES, Marcus de Freitas (Coord.). *Direito societários, mercado de capitais, arbitragem e outros temas*: homenagem a Nelson Ezirik. vol. I. São Paulo: Quartier Latin, 2020, p. 870.

85 ROBERT, Bruno. *Dividendo mínimo obrigatório nas sociedades por ações brasileiras*: apuração, declaração e pagamento. São Paulo: Quartier Latin, 2011, p. 102.

não voluntária, com vistas a proteger a continuidade da atividade empresarial e o interesse social.[86]

Portanto, não é correto afirmar que a reserva de lucros a realizar contém o dividendo obrigatório ainda não realizado: os valores nela alocados são lucros, cuja declaração como dividendo ocorrerá apenas em relação ao saldo da realização não absorvido por prejuízos de exercícios subsequentes. No entanto, tratam-se de lucros residuais, que já ultrapassaram todas as etapas de retenção obrigatórias por lei e que, em regra, não poderiam ter qualquer oura destinação senão a sua distribuição como dividendos.[87] "Apenas o foram [alocados na reserva de lucros a realizar] por uma razão prática, de proteção final à liquidez e solvabilidade da companhia. É um claro regime de exceção".[88]

3 As duas interpretações possíveis

Diante da problemática exposta, as propostas interpretativas da destinação a ser conferida ao lucro excedente ao dividendo mínimo obrigatório alocado na reserva de lucros realizar, quando da sua realização, passam pela definição de até onde vai a aplicação analógica a esse lucro excedente do regramento da LSA relativo ao dividendo obrigatório destinado a reserva de lucros a realizar (arts. 197 e 202).

86 ROBERT, Bruno. *Dividendo mínimo obrigatório nas sociedades por ações brasileiras*: apuração, declaração e pagamento. São Paulo: Quartier Latin, 2011, pp. 102/103.

87 ROBERT, Bruno. *Dividendo mínimo obrigatório nas sociedades por ações brasileiras*: apuração, declaração e pagamento. São Paulo: Quartier Latin, 2011, pp. 101/102.

88 ROBERT, Bruno. *Dividendo mínimo obrigatório nas sociedades por ações brasileiras*: apuração, declaração e pagamento. São Paulo: Quartier Latin, 2011, p. 102.

Para tanto, a constatação acima exposta, de que a reserva de lucros é formada por lucros (e não dividendos, ao contrário do que se poderia extrair de uma leitura apressada do art. 197, caput, da LSA), não resolve o problema – embora auxilie na compreensão da problemática. Isso porque a discussão sobre a destinação a ser dada ao lucro quando realizado recai sobre o saldo do lucro excedente ao dividendo obrigatório alocado na reserva de lucros a realizar, já realizado e absorvidos eventuais prejuízos do exercício.[89]

3.1 A obrigatoriedade de distribuição da integralidade dos valores alocados na reserva de lucros a realizar, independentemente da sua origem

Uma primeira intepretação possível seria a de que, com a realização do lucro, todo o montante alocado na reserva e agora realizado possui natureza de dividendo obrigatório, de modo que não dispõe a companhia de outra alternativa senão distribui-lo a seus acionistas.

Considerando em especial o que determina o § 2º do art. 197 e o inciso III e o § 6º do art. 202 da LSA, quando realizado o lucro alocado na reserva de lucro a realizar, sua distribuição seria obrigatória aos acionistas, se não houver absorção por eventuais prejuízos.

---

89 Uma forma de contornar esse problema seria a existência de uma reserva estatuária, devidamente constituída, cuja finalidade fosse o recebimento do lucro não realizado excedente ao dividendo mínimo obrigatório, para que não houvesse a posterior obrigatoriedade de sua distribuição como dividendos. Considerando que se autoriza a constituição de reserva estatutária e a destinação de valores a ela na mesma assembleia, desde que atendidos os respectivos quóruns de instalação do conclave e as maiorias de deliberação, poderia a companhia, verificada a existência de lucro não realizado superior ao dividendo mínimo obrigatório, promover tal destinação. Outra possibilidade, de efetivação prática mais difícil, é a deliberação da companhia de retenção integral dos lucros do exercício, nos termos do art. 202, § 3º, da LSA.

A destinação preferencial, segundo a LSA, é a distribuição de dividendos, podendo apenas ser preterida pela absorção de prejuízos. Ainda, determina o § 6º do art. 202 que os lucros não destinados nos termos dos arts. 193 a 197 (reserva legal, reserva estatutária, reservas para contingências, reserva de incentivos fiscais, reserva de retenção de lucros e reserva de lucros a realizar) devem ser distribuídos como dividendos.

Trata-se, portanto, de obrigatoriedade de distribuição prevista em Lei, visando a salvaguardar os interesses dos acionistas, em observância ao direito essencial de participar dos lucros sociais, previsto no art. 109, I, da Lei das S.A. Evita-se, com essa lógica, que o lucro inicialmente não realizado, quando da sua realização, possa ser utilizado para a formação de reservas ou na capitalização da sociedade, em prejuízo do recebimento do dividendo pelos acionistas.

Adotando essa perspectiva, Campinho defende que os lucros alocados na reserva de lucros a realizar, "quando realizados, e se não tiverem sido absorvidos por eventuais prejuízos em exercícios subsequentes, sejam acrescidos ao primeiro dividendo declarado após a realização".[90] Para o Autor, a utilização dos valores alocados na reserva em questão se encontra vinculado à eventual compensação dos prejuízos ou à sua distribuição, de modo que, com a realização, a parcela do lucro realizado é transferido para a conta de lucros ou prejuízos acumulados e, em sequência, diretamente para a conta de dividendos a pagar.[91]

A realização do lucro alocado na reserva de lucros a realizar, portanto, de acordo com autorizada doutrina sobre o assunto,

---

90 CAMPINHO, Sérgio. "Reversão da reserva de lucros a realizar e a sua necessária destinação". *RSDE*, Rio de Janeiro, nº 21, jul./dez. 2017, p. 51.

91 CAMPINHO, Sérgio. "Reversão da reserva de lucros a realizar e a sua necessária destinação". *RSDE*, Rio de Janeiro, nº 21, jul./dez. 2017, pp. 51/52.

imporia obrigatoriamente a distribuição de dividendos aos acionistas, não havendo que se perquirir, assim, se, quando da destinação à reserva, o valor computado referia-se ao dividendo obrigatório não realizado ou ao dividendo adicional ou excedente ao obrigatório, também não realizado.

Dessa forma, uma vez que o lucro não realizado excedente ao dividendo mínimo obrigatório seja alocado na reserva de lucros a realizar (montante esse não incluído, se adotada uma interpretação literal, no conteúdo da reserva de lucros a realizar), quando realizado, a aplicação do § 2º do art. 197 e do inciso III e do § 6º do art. 202 da LSA far-se-ia obrigatória, a exigir a distribuição de todo o lucro da em questão como dividendo obrigatório (mesmo que excedente ao mínimo obrigatório do art. 202).

Essa interpretação aplica integralmente ao lucro não realizado superior ao dividendo mínimo obrigatório a disciplina atribuída pela LSA ao dividendo mínimo obrigatório alocado na reserva de lucros a realizar. Nesse caso, o silêncio da LSA a respeito da destinação a ser dada ao lucro não realizado excedente ao dividendo mínimo obrigatório quando da sua realização traduziria a completa extensão da sistemática dos arts. 197 e 202 da Lei à hipótese.[92]

3.2 A liberdade de redestinação

A segunda interpretação possível é a que autoriza que o saldo do lucro excedente ao obrigatório restante após realização e

---

92 Nas palavras de Carlos Maximiliano: "*Sempre haverá lacunas no texto, embora o espírito do mesmo abranja órbita mais vasta, todo o assunto inspirador do Código, a universalidade da doutrina que o mesmo concretiza. Esta se deduz não só da letra expressa, mas também da falta de disposição especial. Até o silêncio se interpreta; até ele traduz alguma coisa, constitui um índice do Direito, um modo de dar a entender o que constitui, ou não, o conteúdo da norma*" (MAXIMILIANO, Carlos. *Hermenêutica e aplicação do direito*. 6ª ed. São Paulo: Forense, 1957, p. 260).

absorção de eventuais prejuízos não precise ser destinado, obrigatoriamente, como dividendo aos acionistas. Essa alternativa limita a aplicação analógica do regramento dos arts. 197 e 202 da LSA ao lucro excedente ao dividendo obrigatório. Apesar desse lucro poder ser destinado à reserva de lucros a realizar, quando da realização, estaria afastada a incidência obrigatória da integralidade do art. 197, § 2º, e do art. 202, II e III, da Lei societária.Sendo assim, uma vez realizados os lucros alocados na reserva de lucros a realizar, o montante correspondente aos 25% do lucro líquido ajustado do exercício seria distribuído, obrigatoriamente, como dividendo,[93] ao passo em que o excedente a essa quantia poderia ser redistribuído a eventual reserva estatutária (art. 194 da LSA),[94] reserva de retenção de lucros (art. 196 da LSA),[95] reserva especial (art. 202, §§ 4º-5º, da LSA) ou destinado ao aumento de capital social mediante capitalização

---

93 Lucro líquido ajustado nos termos do art. 202, I, da LSA: Os acionistas têm direito de receber como dividendo obrigatório, em cada exercício, a parcela dos lucros estabelecida no estatuto ou, se este for omisso, a importância determinada de acordo com as seguintes normas: I – metade do lucro líquido do exercício diminuído ou acrescido dos seguintes valores: a) importância destinada à constituição da reserva legal (art. 193); e b) importância destinada à formação da reserva para contingências (art. 195) e reversão da mesma reserva formada em exercícios anteriores; (...).

94 Art. 194. O estatuto poderá criar reservas desde que, para cada uma: I – indique, de modo preciso e completo, a sua finalidade; II – fixe os critérios para determinar a parcela anual dos lucros líquidos que serão destinados à sua constituição; e III – estabeleça o limite máximo da reserva.

95 Art. 196. A assembléia-geral poderá, por proposta dos órgãos da administração, deliberar reter parcela do lucro líquido do exercício prevista em orçamento de capital por ela previamente aprovado. § 1º O orçamento, submetido pelos órgãos da administração com a justificação da retenção de lucros proposta, deverá compreender todas as fontes de recursos e aplicações de capital, fixo ou circulante, e poderá ter a duração de até 5 (cinco) exercícios, salvo no caso de execução, por prazo maior, de projeto de investimento.

dos lucros (art. 169 da LSA),[96] cumpridos, a toda evidências, os requisitos para a constituição das reservas em questão e para a capitalização dos lucros.

Em primeiro lugar, essa interpretação deriva do fato de que a Lei n. 10.303/01, que incluiu a obrigatoriedade de distribuição como dividendo do valor alocado na reserva de lucros a realizar, quando da sua realização, não contemplou a hipótese de que na referida reserva estivesse alocado algo diferente do dividendo mínimo obrigatório. Afinal, como visto, da redação conferida pela Lei ao caput do art. 197, somente o dividendo mínimo obrigatório superior ao lucro líquido realizado poderia ser destinado a essa reserva.

Assim, ao prever a disciplina dos arts. 197 e 202 da LSA – e especialmente a destinação prioritária do valor alocado na reserva de lucros a realizar como dividendo –, o legislador não incluiu, a princípio, nessa mesma sistemática outras importâncias que pudessem ser também destinadas a reserva de lucros a realizar.

Em segundo lugar, a nosso ver, contribui para a tese da liberdade de redestinação o fato de que o montante do lucro excedente ao dividendo obrigatório, alocado na reserva de lucros a realizar, encontrava-se não realizado à época em que a assembleia geral procedeu à primeira destinação do resultado positivo do exercício social. Diante disso, seu caminho natural seria a reserva de lucros a realizar (até porque, como dito, pode ser que alocação de lucro não realizado na reserva estatutária ou a sua utilização para a execução de orçamento de capital seja artificial). Depois da realização, é possível que a companhia deseje conferir-lhe outro destino, na condição de

96 Art. 169. O aumento mediante capitalização de lucros ou de reservas importará alteração do valor nominal das ações ou distribuições das ações novas, correspondentes ao aumento, entre acionistas, na proporção do número de ações que possuírem.

titular da prerrogativa de determinar a destinação do lucro social, em atenção às suas necessidades.[97]

Observa-se que, dos termos do § 6º do art. 202, devem ser obrigatoriamente distribuídos como dividendos os lucros não destinados para as demais reservas previstas no art. 193 a 197 da Lei. O lucro excedente ao dividendo mínimo obrigatório fora alocado justamente na reserva de lucros a realizar, prevista no art. 197 em questão, a afastar a disciplina da distribuição dos lucros "sem destinação". Via de regra, há uma destinação – justamente à reserva de lucros a realizar.

Mais do que isso, quando do ingresso dos valores na companhia, enquanto lucros não realizados, a assembleia não pode conferir a essa grandeza destinação distinta da reserva de lucros a realizar. Quando realizado o lucro excedente ao dividendo mínimo obrigatório alocado na reserva de lucros a realizar, a companhia pode dar outra destinação a esse valor – que seja mais compatível com seus interesses e que, agora, não esbarre na artificialidade da alocação de lucros não realizados em reservas destinadas a investimentos ou a fazer frente a contingências de diversas ordens.

É diferente, por exemplo, do que se observa com a reserva de retenção de lucros. O entendimento predominante na doutrina é de que, uma vez verificadas sobras orçamentárias ou encerrado o projeto de investimento para qual o orçamento de capital foi realizado e aprovado, a distribuição desse montante como dividendo seria mandatória.[98] Entre outros argumentos, considera-se que o lucro nela alocado, quando do seu ingresso na companhia, já estava realizado e poderia, por isso, ser destinado a outras reservas ou à

---

97 ROBERT, Bruno. "Direito dos acionistas de participação nos resultados". *In*: COELHO, Fábio Ulhoa (Coord.). *Tratado de direito comercial*. vol. III. São Paulo: Saraiva, 2015, p. 257.

98 CARVALHOSA, Modesto. *Comentários à Lei de Sociedades Anônimas*. vol. III. 4ª ed. São Paulo: Saraiva, 2009, p. 809.

capitalização da companhia. Quando esse investimento se torna desnecessário, a redestinação estaria privando o acionista de um lucro realizado cuja afetação para determinado investimento perdeu o objeto. Parece-nos, então, que, nesse caso, permitir à assembleia ou à administração decidir por novas redestinações abriria espaço para abuso de maioria em prejuízo dos minoritários.[99]

Em terceiro e último lugar, a interpretação pela liberdade de redestinação está amparada na necessidade de compreensão dos dispositivos da LSA a partir da ponderação dos interesses por ela tutelados e hierarquizados, considerando, especialmente, a relevância conferida pelo sistema da Lei à preservação e à expansão da empresa.[100] A tal reflexão alia-se a exigência de se interpretar a norma de forma a realizar os valores que inspiraram a sua criação.[101]

Mediante a criação da reserva de lucros a realizar objetivava-se justamente permitir que a companhia não precisasse pagar dividendo em montante superior ao valor do lucro realizado em moeda ou *quasi*-moeda.[102] Tendo os valores da reserva (dividendo obrigatório e lucro excedente/dividendos adicionais ou excedentes) sido realizados, a obrigatoriedade de distribuição como dividendo também do lucro líquido excedente ao dividendo obrigatório (em virtude da realização da reserva em que alocado; e não da falta de

---

99 Embora possa haver deliberação unânime dos presentes à assembleia, nos termos do art. 202, § 3º, da Lei das S/A.

100 ROSMAN, Luiz Alberto Colonna. "Suspensão do pagamento de dividendos já declarados, por deliberação da assembleia geral, com fundamento em aplicação analógica da norma do art. 202, § 4º, da Lei das S.A". *In*: CASTRO, Rodrigo Rocha Monteiro de; AZEVEDO, Luis Andre; HENRIQUES, Marcus de Freitas (Coord.). *Direito societários, mercado de capitais, arbitragem e outros temas*: homenagem a Nelson Ezirik. vol. I. São Paulo: Quartier Latin, 2020, pp. 865/866.

101 MAXIMILIANO, Carlos. *Hermenêutica e aplicação do direito*. 6ª ed. São Paulo: Forense, 1957, pp. 151/152.

102 EIZIRIK, Nelson. *A Lei das S/A comentada*. vol. III. 2ª ed. rev. e ampl. São Paulo: Quartier Latin, 2015, p. 509.

destinação do art. 202, § 6º, da LSA),[103] sem que a companhia possa conferir-lhe outra destinação mais compatível com a sua situação econômico financeira, contraria a finalidade da norma (proteção das finanças da sociedade mediante a liberdade na determinação de sua política de utilização dos lucros, desde que legítima).[104]

Por isso, caberia a redistribuição do lucro excedente ao dividendo obrigatório, agora realizado, a fim de atender aos interesses legítimos da companhia, e inviabilizar que, em razão da não realização inicial desse lucro, a companhia tenha que distribui-lo como dividendo, ainda que possua outra destinação ao montante realizado que melhor se compatibilize com a sua política de lucros e com suas necessidades financeiras.

Caso contrário, todo o lucro não realizado da companhia deve ser obrigatoriamente distribuído como dividendo, quando da sua realização. Uma companhia *holding*, por exemplo, que tem parte substancial ou integral do seu lucro derivada da equivalência patrimonial de suas controladas (art. 197, § 1º, inciso I, da LSA),[105]

---

103 Observa-se que, em relação aos 25% do lucro líquido ajustado do exercício (ou a parte dele que exceder o lucro realizado), não há dúvida de que, uma vez realizado, sua distribuição como dividendo é mandatória.

104 ROBERT, Bruno. "Direito dos acionistas de participação nos resultados". *In*: COELHO, Fábio Ulhoa (Coord.). *Tratado de direito comercial*. vol. III. São Paulo: Saraiva, 2015, p. 256.

105 Art. 197. No exercício em que o montante do dividendo obrigatório, calculado nos termos do estatuto ou do art. 202, ultrapassar a parcela realizada do lucro líquido do exercício, a assembléia-geral poderá, por proposta dos órgãos de administração, destinar o excesso à constituição de reserva de lucros a realizar. § 1º Para os efeitos deste artigo, considera-se realizada a parcela do lucro líquido do exercício que exceder da soma dos seguintes valores: I – o resultado líquido positivo da equivalência patrimonial (art. 248); e (...).

Art. 248. No balanço patrimonial da companhia, os investimentos em coligadas ou em controladas e em outras sociedades que façam parte de um mesmo grupo ou estejam sob controle comum serão avaliados pelo método da equivalência patrimonial, de acordo com as seguintes

deveria distribuir todo o seu lucro não realizado como dividendo, inviabilizando a constituição de reservas que podem ser indispensáveis à atividade social.

A mesma lógica que inspirou a interpretação extensiva do art. 197 da LSA, para permitir que na reserva de lucros a realizar seja alocado todo o lucro não realizado do exercício, justifica, a nosso ver, a autorização de nova destinação, pela companhia, quando o lucro superior ao dividendo mínimo obrigatório alocado na reserva de lucros a realizar é realizado financeiramente.

Como consequência, ao lucro não realizado excedente ao dividendo obrigatório as normas do art. 197, § 2º, e do art. 202, II e III, da LSA, teriam aplicação limitada, apenas permitindo a sua alocação também na reserva de lucros a realizar. Uma vez realizado, a sua utilização poderia ser distinta da conferida ao dividendo obrigatório constante na reserva de lucros a realizar.

Para tanto, o momento de declaração do dividendo, constitutivo direito de crédito dos acionistas, ocorreria apenas se não existente redestinação possível para o lucro agora realizado excedente ao dividendo mínimo obrigatório, por força do art. 202, §6º, da LSA. Os

---

normas: – o valor do patrimônio líquido da coligada ou da controlada será determinado com base em balanço patrimonial ou balancete de verificação levantado, com observância das normas desta Lei, na mesma data, ou até 60 (sessenta) dias, no máximo, antes da data do balanço da companhia; no valor de patrimônio líquido não serão computados os resultados não realizados decorrentes de negócios com a companhia, ou com outras sociedades coligadas à companhia, ou por ela controladas; II – o valor do investimento será determinado mediante a aplicação, sobre o valor de patrimônio líquido referido no número anterior, da porcentagem de participação no capital da coligada ou controlada; III – a diferença entre o valor do investimento, de acordo com o número II, e o custo de aquisição corrigido monetariamente; somente será registrada como resultado do exercício: a) se decorrer de lucro ou prejuízo apurado na coligada ou controlada; b) se corresponder, comprovadamente, a ganhos ou perdas efetivos; c) no caso de companhia aberta, com observância das normas expedidas pela Comissão de Valores Mobiliários.

lucros não realizados adicionais ao dividendo mínimo obrigatório, agora realizados, porque lucros (genéricos, nessa interpretação), poderiam voltar à conta do resultado do exercício, autorizando-se a sua redestinação ou capitalização, se fosse do interesse da sociedade.

Ainda nessa hipótese prevalece a obrigatoriedade de que toda a destinação de lucros, nas companhias, seja justificada. Desse modo, a redestinação que aqui se defende estaria, a toda evidência, sujeita ao seu devido controle de legalidade, a fim de evitar situações de abusos por parte do acionista controlador ou da administração, as quais devem receber a devida resposta por parte da arbitragem ou do Poder Judiciário.

Conclusão

A leitura sistemática da LSA parece conduzir à inexistência de obrigatoriedade de distribuição como dividendo do lucro não realizado excedente ao dividendo mínimo obrigatório alocado na reserva de lucros a realizar quando da sua realização.

A permissão de redestinação fundamenta-se, essencialmente, na sistemática da destinação do resultado, prevista na Lei das S/A, e na sua preocupação com a preservação do patrimônio das companhias e com a existência de interesses hierarquicamente superiores à distribuição de dividendos aos acionistas, os quais justificam a realização de destinações prioritárias ao resultado do exercício, sempre em atenção ao interesse da sociedade.

Referências bibliográficas

ASCARELLI, Túlio. *Ensaios e pareceres*. Campinas: Red Livros, 2000.

BOCATER, Maria Isabel; BRAGA, José Luiz; MARTINS NETO, Carlos. "Diferimento do pagamento de dividendos obrigatórios em razão de situação financeira incompatível: considerações sobre a inteligência do art. 202, § 4º, da Lei das S.A". *RSDE*, nº 8, jan./jun. 2011.

CAMPINHO, Sérgio. "Reversão da reserva de lucros a realizar e a sua necessária destinação". *RSDE*, Rio de Janeiro, nº 21, jul./dez. 2017.

CAMPOS, Luiz Antonio de Sampaio. "Notas sobre destinação do lucro do exercício: a reserva de lucros a realizar e a destinação a ela do lucro excedente ao dividendo obrigatório". *In*: VENÂNCIO FILHO, Alberto; LOBO, Carlos Augusto da Silveira; ROSMAN, Luiz Alberto Colonna (Coord.). *Lei das S.A em seus 40 anos*. 1ª ed. Rio de Janeiro: Forense, 2017.

CARVALHOSA, Modesto. *Comentários à Lei de Sociedades Anônimas*. vol. III. 4ª ed. São Paulo: Saraiva, 2009.

CARVALHOSA, Modesto; EIZIRIK, Nelson. *A nova Lei das sociedades anônimas*. São Paulo: Saraiva, 2002.

CARVALHOSA, Modesto; LATORRACA, Nilton. *Comentários à Lei das sociedades anônimas*. vol. III. São Paulo: Saraiva, 1997.

COMPARATO, Fábio Konder. "A constituição da reserva de lucros a realizar e o dividendo obrigatório". *In*: ______. *Novos ensaios e pareceres de Direito Empresarial*. 1ª ed. Rio de Janeiro: Forense, 1981.

______. "Reserva de lucros a realizar. Sua função no patrimônio da sociedade anônima – não inclusão, na base de cálculo do dividendo obrigatório, das quantias deduzidas do lucro líquido para a constituição dessa reserva". *Revista dos Tribunais*, nº 544, fev. 1981.

EIZIRIK, Nelson. "Reserva de lucros a realizar: interpretação do art. 197 da Lei das S.A". *In*: ______. *Direito societário*: estudos e pareceres. São Paulo: Quartier Latin, 2015.

______. *A Lei das S/A comentada*. vol. III. 2ª ed. São Paulo: Quartier Latin, 2015.

FRANÇA, Erasmo Valladão Azevedo e Novaes; ADAMEK, Marcelo Vieira von. "Da intangibilidade intrassocietária do crédito por dividendos declarados". *In*: PITTA, Andre Grunspun; PEREIRA, Guilherme Setoguti J. *Direito societário e outros temas de Direito Empresarial aplicado*. São Paulo: Quartier Latin, 2021.

MACHADO FILHO, Caio. *O sistema de destinação de resultado e da distribuição de dividendos na Lei 6.404/76*: à luz das Manifestações da Comissão de Valores Mobiliários. São Paulo: USP, 2016. (Dissertação de Mestrado).

MARTINS, Fran. *Comentários à lei de sociedades anônimas*. vol. 2. tomo II: artigos 165-205. Rio de Janeiro: Forense, 1978.

MAXIMILIANO, Carlos. *Hermenêutica e aplicação do Direito*. 6ª ed. São Paulo: Forense, 1957.

MOURA, Marcelo Martins; GANEN, Paula Bittencourt Senna. "O dividendo mínimo obrigatório e o regime de proteção do acionista minoritário". *RDM*, nº 170-171, 2016.

MUNHOZ, Eduardo Secchi; ROBERT, Bruno. "A Lei n. 11.638/07 e o cálculo do dividendo mínimo obrigatório". *In*: WARDE JR., Walfrido Jorge (Coord.). *Fusão, cisão, incorporação e temas correlatos*. São Paulo: Quartier Latin, 2009.

PIVA, Luiz Carlos. "Reserva de lucros a realizar". *In*: LAMY FILHO, Alfredo. PEDREIRA, José Luiz Bulhões (Coord.). *Direito das companhias*. 2ª ed. Rio de Janeiro: Forense, 2017.

ROBERT, Bruno. "Direito dos acionistas de participação nos resultados". *In*: COELHO, Fábio Ulhoa (Coord.). *Tratado de Direito Comercial*. vol. III. São Paulo: Saraiva, 2015.

ROBERT, Bruno. *Dividendo mínimo obrigatório nas sociedades por ações brasileiras*: apuração, declaração e pagamento. São Paulo: Quartier Latin, 2011.

ROSMAN, Luiz Alberto Colonna. "Suspensão do pagamento de dividendos já declarados, por deliberação da assembleia geral, com fundamento em aplicação analógica da norma do art. 202, § 4º, da Lei das S.A". *In*: CASTRO, Rodrigo Rocha Monteiro de; AZEVEDO, Luis Andre; HENRIQUES, Marcus de Freitas (Coord.). *Direito societários, mercado de capitais, arbitragem e outros temas*: homenagem a Nelson Ezirik. vol. I. São Paulo: Quartier Latin, 2020.

CAPÍTULO XXI

PRODUÇÃO DE PROVAS EM CONFLITOS EMPRESARIAIS: A ANÁLISE ECONÔMICA COMO PARÂMETRO ESSENCIAL DO PODER INSTRUTÓRIO DO JULGADOR

ORESTE NESTOR DE SOUZA LASPRO

BEATRIZ VALENTE FELITTE

1 O objeto do artigo e sua pertinência

Muito nos honra o convite para discutir temas do Direito Empresarial, especial seara do cotidiano forense, rica em peculiaridades próprias de sua natureza e de inegável impacto social, econômico e até mesmo regulador do mercado.

Para o limitado escopo do presente artigo, optou-se por um recorte específico sobre aspecto processual de extrema relevância que, em conflitos empresariais, ganha contornos próprios: as especificidades da produção de provas nesse tipo de controvérsia.

O tema é instigante e merece atenção por se mostrar um ambiente de necessária compatibilização de dois aspetos, a princípio, destoantes: de um lado, o alto grau de "disponibilidade" dos direitos debatidos em litígios empresariais, em que partes *geralmente* hipersuficientes e em paridade de condições, bem assessoradas tecnicamente, adotam posturas processuais com base em estratégica análise econômica de riscos; de outro lado, a regra geral dos poderes instrutórios do julgador e do árbitro, positivada no art. 370 do Código de Processo Civil ("CPC") e também no art. 22 da Lei de Arbitragem (Lei Federal n. 9.307/1996), permitindo ao órgão julgador – independentemente da natureza da controvérsia – a determinação, até mesmo de ofício, das provas necessárias ao julgamento do mérito da demanda e o indeferimento de provas que fundamentadamente lhe parecerem inúteis ou meramente protelatórias.

Essa compatibilização não é simples. No cotidiano contencioso, aliás, não é incomum nos depararmos com situações em que há ingerência dos órgãos julgadores sobre os meios de provas pretendidos pelas partes neste tipo de conflito – promovida, muitas vezes, com base em fundamentos distintos daqueles que, a rigor, justificaram o interesse da parte na produção da prova.

Entendemos que esse *descasamento* quanto à análise da pertinência, necessidade e utilidade da produção de determinada prova, em grande parte dos casos, pode ser resolvido ou ao menos mitigado mediante a obrigatória análise, pelos órgãos julgadores, do racional econômico envolvido na pretensão da parte. A despeito de não haver previsão legal específica contemplando tal necessidade, entendemos que há fundamentos processuais já existentes a justificar essa orientação.

É sobre tal tema que nos ocuparemos nos itens a seguir, com os limites que o reduzido artigo nos impõe.

2 Premissa: os poderes instrutórios do julgador como realidade de nosso sistema processual

O poder(-dever) do julgador de determinar, inclusive de ofício (sem o requerimento expresso de qualquer das partes), a produção de provas a permitir o melhor julgamento da controvérsia é uma realidade do sistema processual brasileiro.

No âmbito judicial, o art. 370 do CPC é expresso ao estabelecer que "*caberá ao juiz, de ofício ou a requerimento da parte, determinar as provas necessárias ao julgamento do mérito*" e seu parágrafo único, na mesma linha, atribui ao magistrado, de forma imperativa, o poder-dever de, fundamentadamente, indeferir "*as diligências inúteis ou meramente protelatórias*".

No âmbito da arbitragem, o art. 22 da Lei n. 9.307/1996, desde sua promulgação original, também autoriza o árbitro e o tribunal arbitral a "*tomar o depoimento das partes, ouvir testemunhas e determinar a realização de perícias ou outras provas que julgar necessárias, mediante requerimento das partes ou de ofício*".

A maior ou menor limitação de tal poder é objeto de discussão doutrinária já antiga – e, ainda assim, não uniforme entre os diversos sistemas processuais. E sequer é possível falar em "tendências" mais ou menos uníssonas com base na divisão entre os sistemas jurídicos conforme sua raiz de *Civil Law* ou *Common Law*.

Já no início dos anos 1900, a ZPO austríaca previa o aumento dos poderes do juiz como forma de permitir uma melhor *gestão* do processo pelo juiz e evitar que as partes, sem maior controle, alongassem demasiadamente o tempo processual. Em 1919, sob proposta legislativa de Chiovenda, incorporou-se essa ideia de ampliação dos poderes do juiz na Itália, ocasião em que grandes críticas foram feitas pelo caráter dito *autoritário* de tal inovação, em meio a um regime fascista. Mesmo com tal ampliação dentro desse contexto histórico, diz-se que na Itália vigeria um "*princípio dispositivo atenuado, em que prevalece a iniciativa da parte quanto à produção da prova, exercendo o juiz papel meramente subsidiário*".[1]

O movimento em favor dessa ampliação irradiou para diversos países e, em especial, ao Brasil. Segundo Barbosa Moreira,[2] com o realce do "*elemento publicístico do processo*", passou-se a admitir poderes de iniciativa ao órgão judicial sem que tais poderes representassem uma "*ingerência descabida na vida dos litigantes*", como se entendia até então.

Mas, como dito, nem mesmo todos os sistemas de raiz de *Civil Law* compactuam com esse racional. O sistema espanhol é amplamente conhecido por garantir amplo direito à produção de provas pelas partes e, ainda que se admita a iniciativa do órgão jurisdicional a determinar a produção de determinadas provas, se repele de modo geral essa tendência a uma ampliação dos poderes, em especial instrutórios, do julgador. Nesse sentido, Joan Picó i Junoy,[3] por exemplo, destaca que na análise da utilidade de uma prova, jamais poderia um julgador denegar sua produção por entender que esta não chegaria ao resultado pretendido para a demanda pois essa valoração pode ser feita apenas com a prova já produzida e sua pré-valoração poderia prejudicar não apenas o direito da parte à produção da prova, como o próprio julgamento do caso. Ainda, o mesmo se aplicaria para eventual denegação com base no argumento de que o material probatório produzido já seria suficiente pois, segundo o autor, a

---

1 BEDAQUE, José Roberto dos Santos. *Poderes Instrutórios do Juiz*. São Paulo: Revista dos Tribunais, 2014, item 3.3.1 (versão eletrônica).

2 MOREIRA, José Carlos Barbosa. "O processo, as partes e a sociedade". *Revista do Ministério Público*, Rio de Janeiro, 2004, p. 195.

3 JUNOY, Joan Picó I. "El derecho constitucional a la prueba y su configuración legal em el nuevo proceso civil español". *Biblioteca Jurídica Virtual del Instituto de Investigaciones Jurídicas de la UNAM*, pp. 545/546. Disponível em: https://archivos.juridicas.unam.mx/www/bjv/libros/6/2554/31.pdf. Acessado em: 05.04.2024.

quantidade não supera a qualidade das provas, ferindo igualmente o direito do litigante e implicando pré-julgamento.

E mesmo quando analisamos sistemas típicos de *Common Law*, a ampliação dos poderes do órgão julgador em relação à instrução da demanda é um traço perceptível – e, igualmente, não uniforme. Não se questiona que a origem em um modelo adversarial de *Common Law* é, por si só, elemento de divergência com o modelo inquisitorial típico de *Civil Law* apto a refletir no protagonismo das partes ou do julgador na produção da prova. No entanto, ainda assim a origem do modelo não define exatamente tal preponderância. Michele Taruffo,[4] há tempos, esclarece ter havido uma aproximação entre os sistemas de *Civil Law* e *Common Law* e, ao mesmo tempo, um distanciamento entre as práticas processuais do sistema norte-americano e aquelas do sistema inglês, especialmente no que se refere à ampliação dos poderes do julgador. Segundo o autor, tal diferenciação decorreria do fato de que a realidade dos EUA é de uma clássica vivência ideológica liberal (em que a liberdade das partes e de seus advogados no âmbito processual reflete uma característica do modo de vida liberal da sociedade) e que a Inglaterra, por já ter vivenciado uma experiência europeia de pós-guerra, passou por uma crise do liberalismo, não se cogitando mais da noção de "Estado mínimo" diante de tudo o que já se viveu – o que, por consequência, implica um natural afastamento do modelo neoliberal de processo civil e, em contrapartida, uma aproximação maior à noção de participação mais ativa do órgão jurisdicional na condução a controvérsia. Assim, no sistema inglês, se antes "*os litigantes resolviam livremente que provas produzir e, em grande parte, quando e como produzi-las*",[5] com as *Civil Procedure Rules* de 1999, mesmo que o juiz não seja ainda autorizado a determinar provas de ofício, ganhou poderes

---

4 TARUFFO, Michelle. *Uma simples verdade*: o juiz e a construção dos fatos. Madri: Marcial Pons, 2012, pp. 131-133.

5 MOREIRA, José Carlos Barbosa. *A revolução processual inglesa*: temas de Direito Processual. Nona Série. São Paulo: Saraiva, 2007, p. 77.

como "indicar às partes as questões a cujo respeito entende necessitar de prova", "especificar a natureza da prova de que carece para resolver essas questões", "excluir prova" e "nomear assessores para assistir o juiz em assuntos de sua especialidade, inclusive preparando relatórios sobre questões discutidas e aconselhando o tribunal a respeito no *trial*".

De fato, ressalvadas as diferentes escolhas ideológicas entre os sistemas jurídicos e superada essa discussão sobre a noção de privatismo *x* publicismo do processo civil, com a inquestionável prevalência do segundo, hoje se mantém firme e clara no Brasil – e em diversos outros países, como mencionado acima – a ideia de que o órgão julgador é um agente de contribuição ativa, em maior ou menor escala, para o processo civil e detém, realmente poderes-deveres de instrução da demanda em que atua.

É dessa premissa que se parte para as demais conclusões.

3 As controvérsias empresariais e a prevalência do interesse particular

Nos ensinou Barbosa Moreira que "não há processo que interesse exclusivamente às partes e não ecoe na paisagem da sociedade", de modo que "em todo o qualquer feito existe uma dimensão de interesse público".[6] Exatamente no mesmo sentido, Remo Caponi[7] também defendeu que a dicotomia entre direito público e direito privado é uma polaridade "como a luz de uma estrela que ainda se irradia, muito tempo depois que sua fonte e já exaurida" e que hoje seria melhor falarmos em um direito intermediário.

---

6 MOREIRA, José Carlos Barbosa. "O processo, as partes e a sociedade". *Revista do Ministério Público*, Rio de Janeiro, 2004, p. 193.

7 CAPONI, Remo. *Autonomia privata e processo civile*: gli accordi processual. (Coleção Grandes Temas do Novo CPC: Negócios Processuais). 2ª ed. Salvador: JudPodivm, 2016, p. 217.

O ensinamento é irretocável e contra ele não há impugnação a ser feita.

De fato, independentemente da natureza do direito material debatido em juízo, não se questiona que o processo civil ostenta um importante papel de instrumento de direito público do exercício da jurisdição e, como ambiente de exercício desse poder, é pautado sempre e incondicionalmente pelo atingimento de seus escopos social (pacificação com justiça, promovendo educação e segurança jurídica), político (afirmação do poder de um Estado pacificador e garantidor da liberdade e da participação do cidadão) e jurídico (atuação da vontade concreta da lei).[8]

Considerar que há conflitos que, em maior ou menor escala, têm uma prevalência ora mais voltada à tutela de interesses puramente particulares, ora mais voltada a interesses públicos não infirma essa assertiva. A régua dos interesses tuteláveis pela jurisdição permite, aliás, a conclusão de que mesmo conflitos envolvendo bem da vida particular entre dois particulares pode representar discussão que afeta a toda uma coletividade.

O cotidiano forense nos brinda com diversos exemplos nesse sentido. Ação movida por consumidor contra instituição bancária em que se discuta abusividade de cláusula firmada em contrato de adesão é um exemplo clássico do quanto um conflito aparentemente particular pode ter efeitos a toda uma coletividade, seja por sua repetição em todo o território nacional e seu consequente impacto a toda essa coletividade, seja pela necessidade de padronização e uniformização do entendimento de nossos Tribunais para a garantia de segurança jurídica e até regulação de um setor do mercado.

Outro exemplo clássico – e já não tão recente – foi a judicialização, via ações individuais e envolvendo pretensões tipicamente

---

8 DINAMARCO, Cândido Rangel. *A Instrumentalidade do Processo*. 14ª ed. São Paulo: Malheiros, 2009, pp. 180-182.

particulares, da discussão sobre a abusividade da cobrança de corretagem em relações de compra e venda de imóveis adquiridos "na planta" e do prazo de tolerância de 180 dias para conclusão das obras e entrega das chaves aos adquirentes. A repetição da matéria, pulverizada em ações individuais, mas com evidente interesse público envolvido em função da importância do setor imobiliário e seu impacto social, ensejou tratamento excepcional, firmando-se, em 2016 e 2017, a uniformização dos temas no Recurso Especial 1.599.511-SP (Tema 938) Recurso Especial 1.582.318-RJ, respectivamente.

É possível apontar diversas outras situações em que isso ocorre, como, por exemplo, demandas individuais relacionadas a direitos envolvendo saúde, educação, consumo, meio ambiente. entre outros. Sobre o tema, com acerto, Carlos Alberto de Salles aponta justamente que é possível a "apresentação individual de muitos dos chamados direitos sociais" e até mesmo que a "veiculação de um direito social, mesmo apresentado de forma individual, resultar em um benefício coletivo", de modo que pode haver uma "sobreposição das facetas individual e coletiva de um mesmo direito".[9]

Essa situação fica ainda mais nebulosa quando se está diante de direitos individuais homogêneos, ou seja, aqueles que, mesmo individuais, ensejam uma apreciação diferenciada por admitirem uma "defesa coletiva", não obstante não se trate de direito coletivo. Sem prejuízo dos importantes instrumentos processuais hoje previstos para uma abordagem mais uniforme de tais direitos, como o Incidente de Assunção de Competência (para situações em que a questão de direito envolva grande repercussão social sem repetição em múltiplos processos, cf. art. 947 do CPC), o Incidente de Resolução de Demandas Repetitivas (para situações em que há repetição de questão de direito e risco de ofensa à isonomia e segurança

---

9 SALLES, Carlos Alberto de. "Duas faces da proteção judicial dos direitos sociais no Brasil". *In*: ______ (Coord.). *As grandes transformações do Processo Civil brasileiro*: homenagem ao professor Kazuo Watanabe. São Paulo: Quartier Latin do Brasil, 2009, pp. 800-803.

jurídica, cf. art. 976 do CPC), fato é que, em tais casos de maior latência do interesse público do direito individual, é admissível se cogitar de uma atuação mais proativa e participativa do julgador, especialmente em termos de instrução probatória e formação de elementos de convicção que têm o condão de impactar não apenas o julgamento em primeiro grau, mas também a apreciação do caso e seus efeitos nas instâncias superiores, diante do cabimento dos instrumentos processuais acima.

Não é essa, contudo, a realidade de grande parte dos litígios estritamente empresariais – aqueles que envolvem cumprimento de obrigações contratuais pontuais e específicas entre particulares, pagamento de quantias devidas, revisão de preço e demais condições contratuais, reconhecimento de culpa por inadimplementos e respectivas atribuições de suas consequências, etc.

Apesar de nem sempre ser possível afastar totalmente o interesse "público" de tais demandas (pois, por exemplo, o inadimplemento de uma obrigação por um cliente pode levar em fornecedor a não ter recursos para pagar seus funcionários, impactando na oferta de emprego de um local; ou ainda, a revisão de preço de um insumo pode afetar a produção de produtos, tornando inviável economicamente a fabricação de determinados itens ao mercado consumidor), nos parece muito evidente que tais controvérsias têm uma prevalência muito maior do interesse meramente particular do que interesse público.

Nesse contexto, o exercício dos poderes instrutórios do juiz e do árbitro deve de amoldar às peculiaridades relacionadas ao aspecto de direito material da controvérsia que é colocada à apreciação e julgamento pelos órgãos jurisdicionais e não é diferente com os conflitos empresariais, especialmente esses em que o interesse particular é prevalente ao interesse público eventualmente envolvido na controvérsia.

Como já se adiantou, geralmente, as controvérsias empresariais são qualificadas pelas seguintes características: (i) "disponibilidade" dos direitos debatidos, (ii) partes hipersuficientes e assessoradas por profissionais com expertise (jurídica, econômica, administrativa etc.), (iii) partes em presumida paridade e simetria de condições, especialmente considerando a disposição do art. 421-A do Código Civil brasileiro de que "os contratos civis e empresariais presumem-se paritários e simétricos até a presença de elementos concretos que justifiquem o afastamento dessa presunção", (iv) partes cuja atuação e tomada de decisão – seja ela empresarial ou processual, já na própria condução do litígio – se pautam por avaliação de riscos, inclusive (e especialmente) sob o viés econômico (avaliação esta que, na seara contratual, também é protegida pelo legislador civilista, nos termos do art. 421-A, II, incluído pela Lei n. 13.874/2019),[10] entre outras características.

Tais peculiaridades dos litígios puramente empresariais demandam atuação jurisdicional diferenciada, justamente de modo a ajustar a consecução dos escopos da jurisdição a esse tipo de conflito. Nas palavras do sempre presente Carlos Alberto Alvaro de Oliveira,[11] "não basta tão somente o estudo da técnica", o processo deve ser visto como "fenômeno cultural [que] se conforma em razão dos valores imperantes em determinada sociedade, das suas ideias, utopias, estratégias de poder, fatores sociais, econômicos e políticos", padecendo de "grave miopia" o processualista que ignore a realidade social.

Justamente diante dessa necessidade de que o poder-dever dos órgãos julgadores se exerça de modo sempre fiel e limitado à consecução dos escopos do processo é que já afirmamos, em outra

---

10 "Art. 421-A – Os contratos civis e empresariais presumem-se paritários e simétricos até a presença de elementos concretos que justifiquem o afastamento dessa presunção, ressalvados os regimes jurídicos previstos em leis especiais, garantido também que: (...) II – a alocação de riscos definida pelas partes deve ser respeitada e observada".

11 OLIVEIRA, Carlos Alberto Alvaro de. *Cappelletti e o Direito Processual brasileiro*. vol. II. Porto Alegre: Sergio Antonio Fabris Editor, 2010, p. 16.

oportunidade (especificamente voltada à revisão judicial de disposições contratuais),[12] que a interferência jurisdicional deve ter maior ou menor intensidade "a depender do interesse do Estado em regular determinadas relações e mercados", sendo defendida, naquela sede, a necessidade avaliação de 4 (quatro) critérios: a natureza e/ou tipo de contratação e as disposições legais a ela pertinentes, a vulnerabilidade das partes impactadas pelos efeitos do contrato, a lógica da contratação dentro do mercado em que se insere e o seu impacto no interesse público.

Entendemos que a mesma preocupação se faz presente em termos de instrução probatória dentro do ambiente processual, seja ele judicial ou arbitral, mesmo que a lei não faça expressamente essa diferenciação.

Tal entendimento, é bom que se diga, não é um consenso na doutrina.

Há quem defenda, de um lado, que a disponibilidade do direito material não interfere na aplicação do direito processual. Nesse sentido, Bedaque[13] afirma que o princípio dispositivo é um "princípio relativo à relação material, não à processual" e que, embora a relação processual "nasça e se desenvolva em função da segunda, isso não quer dizer que os princípios relativos a uma relação privada possam influenciar a relação processual", concluindo que "o processo, como instrumento da atividade jurisdicional do Estado, é um só, sendo irrelevante se a matéria discutida é civil, penal, disponível ou indisponível".

Entretanto, a orientação ora adotada não é voz única. Em favor dessa necessária consideração da natureza do direito material para

---

12 FELITTE, Beatriz Valente. *Os limites dos poderes do juiz na revisão de contratos*. São Paulo: USP, 2018, pp. 50/51. (Tese de Doutorado).

13 BEDAQUE, José Roberto dos Santos. *Poderes Instrutórios do Juiz*. São Paulo: Revista dos Tribunais, 2014 (versão eletrônica), item 3.3.1 e item 3.5.

fins de dosagem de poderes-deveres processuais, Flávio Yarshell[14] também entende que "ainda que a verdade processual seja conceitualmente única, podem e devem ser diferenciadas as atividades de instrução por iniciativa do juiz conforme dados contidos na relação de direito material" e que "nada impede – e, pelo contrário, tudo aconselha – que, no exercício do poder de instrução, o magistrado considere a natureza da relação de direito material e que, vigorando, ali, disponibilidade resultante das regras jurídicas correspondentes, deixe a cargo das partes a produção da prova. Vale dizer: a disponibilidade do direito material autoriza que o juiz minimize sua iniciativa em troca da maior atuação dos interessados". Nos filiamos exatamente a essa linha de orientação.

4 A importância da análise econômica em litígios empresariais como parâmetro para o exercício dos poderes instrutórios do julgador

Demonstrado o ponto de partida de que, a despeito de os poderes instrutórios do julgador serem uma realidade em nosso ordenamento, se faz necessária sua 'calibração' em conflitos em que há uma prevalência de interesses particulares, como ocorre nos litígios tipicamente empresariais, o passo seguinte é reconhecer que, nessas demandas, a análise sob a perspectiva econômica é um parâmetro essencial para o exercício mais limitado de tais poderes instrutórios.

E não poderia ser diferente pois, como já afirmou Luiz Fux,[15] "*a justiça consiste em um mercado, cujo bem de consumo corresponde*

---

14 YARSHELL, Flávio Luiz. *Antecipação da prova sem o requisito da urgência e direito autônomo à prova*. São Paulo: Malheiros, 2009, pp. 119/120. E complementa defendendo que "É natural, nessa medida, que a disponibilidade vigorante na relação de direito material, em alguma medida, penetre no processo, dando maior ênfase para os encargos das partes e, portanto, menor intensidade para a iniciativa oficial".

15 FUX, Luiz. "Uma visão otimista da justiça brasileira, sob a perspectiva da análise econômica do processo civil". *Revista de Análise Econômica*

à prestação jurisdicional, em torno do qual gravitam as interações mercadológicas, permitindo, assim, classificá-las como um bem comum".

Nesse contexto, mesmo que não haja uma previsão legal específica nesse sentido, entendemos que já existem fundamentos processuais previstos em nosso ordenamento a justificar essa necessária compatibilização dos poderes instrutórios do julgador à natureza tipicamente empresarial de um litígio. São eles:

a) A superação da ideia de que o julgador é o "único" destinatário da prova

O primeiro fundamento a justificar a necessária compatibilização dos poderes instrutórios à natureza empresarial do conflito é a atual superação da ideia de que o julgador seria o único destinatário da prova. De fato, o é na medida em que emprega os elementos de prova na formação de sua convicção para o julgamento da causa, em livre, racional e motivado convencimento. Mas certamente não é o único.

A ideia não é nova e já havia sido defendida por Flávio Luiz Yarshell,[16] para quem "*a prova é também dirigida às partes, como elemento determinando de suas condutas, em juízo e fora dele*".

Com acerto, a ideia de "direito (autônomo) à prova" ganhou novos contornos com a introdução, no art. 381 do CPC, com a reforma de 2015, a figura da produção antecipada da prova independentemente da urgência de sua produção, inclusive nas hipóteses em que a prova "*seja suscetível de viabilizar a autocomposição ou outro meio adequado de solução de conflito*" ou ainda quando o

---

do Direito. vol. 1. São Paulo: RT, jan.-jun. 2021, item 3.

16 YARSHELL, Flávio Luiz. *Antecipação da prova sem o requisito da urgência e direito autônomo à prova*. São Paulo: Malheiros, 2009, p. 111.

"*prévio conhecimento dos fatos possa justificar ou evitar o ajuizamento de ação*".

Independentemente do formato de sua produção – se de modo antecipado, ou no curso da própria demanda – a discussão trouxe um novo paradigma à instrução processual: as provas têm como reais destinatários não apenas o julgador, mas também os sujeitos processuais interessados em seus resultados.

Essa ainda não é uma realidade nos julgamentos no âmbito do Superior Tribunal de Justiça, sendo comuns acórdãos da Corte Federal que confirmem, independentemente da natureza do litígio em questão, que "*o destinatário final da prova é o juiz, a quem cabe avaliar quanto a sua efetiva conveniência e necessidade*"[17] e que "*cabe ao magistrado, como destinatário final, (...) a interpretação da prova necessária à formação do seu convencimento*".[18] E no âmbito dos Tribunais locais ainda é bastante comum a reprodução desse entendimento tanto para o exercício do poder-dever instrutório *negativo* (indeferimento de provas) quando *positivo* (solicitação de provas não requeridas pelas partes).

Nos parece, contudo, que especialmente em controvérsias empresariais, a constatação de o julgador não ser o *único* destinatário da prova deve necessariamente ser ponderada quando do exercício do poder instrutório (tanto positivo, quanto negativo) do julgador e, nessa ponderação, é essencial o impacto da análise econômica aplicada ao processo civil. Destacamos algumas razões para isso:

a) nas controvérsias empresariais as partes envolvidas são as que detêm o maior e melhor detalhamento *técnico* sobre a atividade desenvolvida, as obrigações avençadas e, consequentemente,

---

17 STJ, AgInt no AResp 2126957-SP, Rel. Min. Ricardo Villas Bôas Cueva, 3ª T., j. 06.03.2023.

18 STJ, AgInt no AResp 1525948-SP, Rel. Min. Luis Felipe Salomão, 4ª T., j. 22.03.2021.

sobre quais as provas necessárias para confirmar os direitos que envolvem a disputa.

Como se sabe, o julgador não possui conhecimento técnico e, ainda que o possua, deve ser necessariamente assistido por perito nas situações em que a prova do fato controvertido depende de conhecimento técnico ou científico (arts. 156, 375 e art. 464, §1º, I, CPC).[19] Aliado a isso está o fato de que o sujeito processual no litígio empresarial é, do ponto de visa informacional, hipersuficiente – vale dizer, é sujeito que conhece com expertise o seu setor, sua atividade produtiva, seu mercado e os racionais de assunção e distribuição de ônus e riscos que regem as relações comerciais (e jurídicas) mantidas pela sociedade no exercício de sua atividade social.

Por tais razões, parece ferir essa própria realidade a situação em que uma prova requerida pela parte (ou até mesmo conjuntamente pelas partes) seja indeferida pelo julgador sob o entendimento de ser *desnecessária* ou, ainda, seja substituída por prova de outra natureza, diversa daquela pretendida pelas partes.

Assim, por exemplo, em uma ação tipicamente empresarial em que se discuta se houve superfaturamento de preço em uma operação de compra e venda de terreno para construção e implementação de uma planta industrial, se uma das partes (seja a vendedora proponente do preço, seja a adquirente que aceitou o preço) entende que

19 Esse entendimento já foi manifestado pelo Superior Tribunal de Justiça há mais de uma década, ao se afirmar que "*a realização da prova pericial, quando o fato a ser demonstrado exigir conhecimento técnico ou científico, é um direito da parte, não podendo o magistrado indeferi-la, ainda que possua capacitação técnica*" e que "*em se tratando de matéria complexa, em que se exige o conhecimento técnico ou científico, a perícia deve ser realizada. O juiz, ainda que não esteja vinculado às conclusões do laudo pericial, não pode realizar os cálculos 'de próprio punho'. Isso porque, com a determinação da perícia, as partes terão a oportunidade de participar da produção probatória, com a nomeação de assistentes técnicos e a formulação de quesitos*" (STJ, AgRg no AREsp 184563/RN, Rel. Min. Humberto Martins, 2ª T., j. 16/08/2012).

a melhor prova para a demonstração do critério de precificação do negócio é uma perícia econômico-financeira, nos parece ser totalmente desacertado que o julgador indefira a produção de tal prova, ou pior, que substitua tal prova por uma mera avaliação de engenharia. Trata-se de hipótese que, a rigor, implicaria indevido cerceamento do direito de defesa, ignorando totalmente o direito da parte de demonstrar o racional econômico de sua precificação. Nesta situação, se o preço foi ofertado com base em critérios especiais e peculiares de uma dada situação (por exemplo, uma janela específica de oportunidade no tempo, momento financeiro da empresa, situação da economia local, perfil do comprador, aspectos concorrenciais de players específicos do setor, risco do negócio em um momento determinado, etc.) uma perícia de engenharia meramente comparativa com operações "similares" não refletirá o critério de precificação efetivamente empregado naquele caso.

Assim, se o julgador decidir pela produção de prova de natureza diversa da requerida, há risco de que seu resultado conduza a uma convicção sem qualquer subsunção às reais necessidades do caso concreto. O indeferimento da prova nesse exemplo, de igual forma, também se mostra prejudicial. Primeiro porque elimina o direito da parte à produção da melhor prova (ou talvez da única prova) capaz de demonstrar seu próprio direito e impede que o racional econômico que levou à precificação objeto da própria lide seja comprovado e, consequentemente, valorado na demanda. Com isso, ignorar o componente econômico significaria ignorar a própria tutela jurisdicional pretendida pelo jurisdicional. Segundo porque impede o julgador mesmo de se permitir ser influenciado por conclusões técnicas para a formação de sua convicção, como *um dos* destinatários da prova – a bem da verdade, implica formar uma convicção antes mesmo de conhecer o teor da prova, o que não parece se coadunar com a ideia de *livre convencimento racional e motivado* (e, logo, minimamente *informado*) – art. 371, CPC. Terceiro porque, caso se entenda pelo indeferimento ou substituição por outra prova de natureza diversa, no mínimo, a fundamentação da decisão deveria enfrentar expressamente as razões de fundo econômico que justificam tal impertinência por ser esse, a rigor, o verdadeiro elemento a justificar, sob a ótica da parte, a escolha pela produção ou não de uma determinada prova; caso o risco da produção da prova não fosse proveitoso à demonstração do direito alegado, a própria parte sequer protestaria pela produção da prova.

Infelizmente, ainda se encontra bastante resistência a essa conclusão em nossa jurisprudência, sendo recorrentes os julgados reconhecendo a posição do julgador como destinatário soberano das provas. Não obstante, julgados pontuais mais recentes do Tribunal de Justiça de São Paulo são animadores ao indicar uma tendência justamente no sentido ora proposto – de que, especialmente em controvérsias empresariais em que as Partes detêm conhecimento qualificado sobre a pertinência e objetivos da prova –,

> *o destinatário imediato das provas é o processo, do qual participam não apenas o juiz de primeiro grau, mas também os juízes dos tribunais incumbidos da reapreciação das provas, em caso de eventual recurso, bem assim as partes e todos aqueles que, direta ou indiretamente, atuam no processo e que possam vir a fazer uso das provas.*[20]

É uma fonte de esperança, enfim.

b) o resultado da produção de determinada prova pode ser condição essencial para a avaliação de risco do processo e da própria atividade empresarial e, com isso, permitir a composição amigável entre as partes antes do julgamento do caso, justamente pela perspectiva de ganhos-perdas econômicos decorrentes dos efeitos de potencial condenação.

---

20 TJSP, AI n. 2082244-83.2022.8.26.0000, Rel. Des. Jorge Tosta, 2ª Câmara Reservada de Direito Empresarial, j. 24.09.2022.

O último relatório Justiça em Números 2023 disponibilizado pelo Conselho Nacional de Justiça ("CNJ") nos dá conta de que, no exercício 2022, o índice de conciliação geral do Poder Judiciário foi de 18% na fase de conhecimento, 0,9% na fase recursal e 9% na fase executiva,[21] indicando clara predominância da autocomposição justamente na fase processual em que se dá a produção de provas. Quando limitamos a análise de dados à Justiça Estadual (que concentra os casos de natureza puramente empresarial se comparada à Justiça do Trabalho ou à Justiça Federal), o índice de acordos em primeiro grau é de 12,5% em comparação aos 0,7% de acordos em segundo grau, sendo que, nas composições em primeiro grau, a maioria é firmada em fase de conhecimento e não em execução),[22] confirmando-se essa leitura da importância da instrução probatória para fins de facilitação da composição.

De fato, com o resultado efetivo das provas conhecido pelas Partes – independentemente da valoração de seu conteúdo pelo julgador, que é apenas um de seus possíveis destinatários – elas podem, elas próprias, avaliar o risco de prosseguimento da demanda com mais clareza e transparência em relação ao prognóstico de perda e, com base em tal avaliação, buscar ou não o encerramento da controvérsia por meio de uma composição com a parte contrária, reduzindo financeiramente sua exposição, seja em termos de desembolso com uma obrigação de pagar, inclusive sucumbência, seja em função de possíveis impactos econômicos no mercado (p.ex., efeito "dominó" em relações com clientes ou fornecedores similares) ou mesmo reputacionais (p. ex., repercussão negativa à imagem perante

---

21 CONSELHO NACIONAL DE JUSTIÇA. *Justiça em Números 2023*. Brasília: 2023, p. 193. Disponível em: https://www.cnj.jus.br/wp-content/uploads/2023/09/justica-em-numeros-2023-010923.pdf. Acessado em: 07.03.2024.

22 CONSELHO NACIONAL DE JUSTIÇA. *Justiça em Números 2023*. Brasília: 2023, pp. 196/197. Disponível em: https://www.cnj.jus.br/wp-content/uploads/2023/09/justica-em-numeros-2023-010923.pdf. Acessado em: 07.03.2024.

o mercado ou público consumidor). Isto é, a produção da prova requerida (e valorada) pela própria parte teria o condão de pacificar o litígio, evitar uma apreciação eventualmente equivocada ou insuficiente pelo julgador e, ao mesmo tempo, pautar uma mudança da própria conduta da empresa em sua atividade mercadológica por livre apreciação de seus riscos à luz de uma prova.

c) o indeferimento de determinada prova apontada como necessária e pertinente pela parte sob o entendimento de que prejudicaria a celeridade do processo desconsidera que a garantia da razoável duração do processo deve se pautar pelas características peculiares de cada demanda e não por um *standard* padronizado de tempo processual.

Sobre este ponto, não são raras as decisões de indeferimento de produção de provas sob a justificativa de que, inúteis ou desnecessárias à luz dos demais elementos já produzidos, apenas ocupariam a marcha processual implicando delonga excessiva à tramitação do processo. A justificativa genérica, contudo, não parece acertada à luz da análise do processo sob a perspectiva econômica. Especialmente em litígios empresariais, o ajuizamento de uma demanda reflete quase sempre a tomada de uma decisão informada, previamente discutida e aprovada pelos escalões diretivos das empresas com base em análises de risco, prognóstico de perda e estimativa de custo (emprego de recursos financeiros, humanos e de tempo, principalmente).

Em outras palavras, a depender da complexidade e da importância estratégica da demanda, é ponderado pela própria parte que determinada prova, mesmo custosa e demorada, pode lhe ser essencial à prova de determinado fato relevante ao conflito e, por vezes, à própria razão de ser de sua atividade. É desejável, portanto, que se empregue esse tempo e esse custo para um resultado jurisdicional mais *justo* e *efetivo*. A *razoável* duração deste processo, portanto, pode significar um *tempo* maior de tramitação do processo e um desembolso maior de *custo* (p. ex., honorários periciais, honorários de assistente técnico, tempo dos sujeitos processuais para oitiva de testemunhas ou colheita de depoimentos etc.) e essa majoração de custos do ponto de vista econômico do processo é salutar à entrega de uma tutela jurisdicional adequada ao caso. Imprimir uma maior celeridade nessas hipóteses com base apenas no poder instrutório do julgador sem o enfrentamento dessas particularidades econômicas implicaria oferecer um serviço jurisdicional inadequado, injusto e destoante de seus escopos.

b) As Convenções Processuais e a opção ideológica do legislador processual pelo enaltecimento ao autorregramento das Partes

O segundo fundamento que pode ser apontado para endossar a conformidade de uma menor interferência probatória do julgador em controvérsias tipicamente empresariais reside na opção ideológica feita pelo legislador processual de 2015 em referendar o enaltecimento do autorregramento das partes, especialmente ao permitir aos litigantes em processos que versem sobre direitos que admitam autocomposição "*convencionar sobre seus ônus, poderes, faculdades e deveres processuais, antes ou durante o processo*" (art. 190, CPC).

Como ensina Fredie Didier Jr., "*processo e liberdade convivem*" e o "*discurso que afasta a liberdade do ambiente processual tem ranço autoritário*".[23]

O tema ainda é regado a diversas polêmicas, principalmente em relação aos limites de tal autorregramento e da vinculação do julgador ao seu conteúdo. Uma delas reside justamente na discussão

---

23 Em complemento, o autor afirma que o poder de autorregramento da vontade das partes, como expressão da liberdade constitucionalmente garantida em nosso sistema, é um elemento essencial ao processo civil democrático e ao próprio devido processo legal (DIDIER JR., Fredie. *Ensaios sobre os Negócios Jurídicos Processuais*. Salvador: JusPodivm, 2018, p. 19).

sobre a coexistência entre a predefinição pelas Partes em matéria probatória e os poderes instrutórios do julgador.

De um lado, entre os defensores da nova tônica de divisão de atribuições entre os sujeitos processuais, advoga-se a ideia de que, nas demandas que autorizem o uso da convenção processual, as disposições sobre prova pactuadas entre as Partes devem ser observadas pelo julgador.[24]

O fundamento aqui, inclusive, está em linha com o item anterior, no qual se demonstrou estar superada a concepção de juiz como único destinatário da prova. Como se vê, a disposição positivada em nosso sistema processual no art. 190 do CPC reforça esse entendimento e valida as opções previamente escolhidas pelos litigantes (em especial os empresariais, envolvendo direitos disponíveis, em paridade de condições) quanto a, por exemplo, excluir determinados meios de prova, escolher e delimitar a natureza de perícias (indicando previamente os próprios profissionais que serão convocados ao encargo), hierarquizar o valor probante de diferentes meios de prova, entre outros.

Não se trata aqui de permitir uma "Verdade Negociada" – para se empregar o conceito de Michele Taruffo – mas sim de se garantir que, em controvérsias que admitam tal autorregramento pelas partes, o racional econômico da atividade empresarial e as peculiaridades da controvérsia (à luz do setor mercadológico em que se insere) sejam necessariamente observados como parâmetros da

---

24 Fredie Didier Jr., aliás, chega a defender que a atividade executiva seria o exemplo processual de maior autonomia das partes, com uma prevalência do interesse privado sobre o interesse público (a despeito do interesse público estar presente por se tratar de exercício de poder de império do Estado hábil a interferir no patrimônio do jurisdicionado) e que essa prevalência "*conspira a favor da permissibilidade à vontade das partes para confirmar, em alguma medida, as formas e atos da execução*" (DIDIER JR., Fredie. *Ensaios sobre os Negócios Jurídicos Processuais*. Salvador: JusPodivm, 2018, pp. 66/67).

produção de provas e, por consequência, dos elementos que serão valorados no julgamento do caso.

Sobre o tema, o professor italiano nos ensina,[25] pautado pela garantia de *giusto processo* prevista no art. 111 da Constituição Italiana, que "*a justiça da decisão é um fator relevante da justiça do processo*" e que a justiça da decisão se dá por meio de 3 (três) condições: a observância de correto procedimento, a justa interpretação e aplicação da lei substancial e a veracidade da verificação dos fatos, de modo que "*uma decisão é justa se funda sobre uma averiguação veraz dos fatos relevantes*" e "*injusta na medida em que obstaculiza ou limita essa averiguação*". Para Taruffo, portanto, a verdade sobre os fatos deduzidos em uma demanda é aferida por "acontecimentos no mundo real" e não por uma "negociação ou acordo entre as partes", ou seja, ainda que um fato possa dispensar a produção de prova por ter se tornado incontroverso (por não impugnação) ou ainda que as partes sejam autorizadas a modificar as regras processuais de ônus probatório, isso não torna uma verdade falsa ou uma falsidade verdadeira.

E, de fato, não é disso que se trata ao se permitir a prévia definição de partes paritárias de quais as *melhores* provas a produzir em determinados conflitos. Ao contrário, os ensinamentos de Taruffo apenas confirmam a plena coexistência entre poderes instrutórios do julgador e autorregramento da vontade das partes em questões probatórias ao reforçar a ideia de que uma decisão justa (e um processo, ao final, justo) dependem necessariamente da "averiguação veraz dos fatos relevantes". Isso porque, quando as partes, em convenção processual (prévia ou mesmo durante a controvérsia), definem conjuntamente quais os meios de prova hábeis a demonstrar com maior adequação, acurácia e pertinência os fatos relevantes ao caso,

25 TARUFFO, Michele. "Verdade Negociada?" *Revista eletrônica de Direito Processual*, Rio de Janeiro, vol. 13, 2014, pp. 641-653. Disponível em: https://www.e-publicacoes.uerj.br/redp/article/view/11928/9340. Acessado em: 07.03.2024.

estas o fazem de acordo com o que julgam ser o mais condizente com a realidade de seu mercado e com as características do direito envolvido na disputa. E nesse tipo de litígio, ninguém melhor do que as próprias partes para definir o meio de prova mais adequado à confirmação dos fatos relevantes à controvérsia.

Novamente se retorna aqui à conclusão – perfeitamente alinhada com a preocupação de Taruffo – de que não se trata de infirmar o poder do juiz de formar sua convicção livremente, mas sim de direcionar ao julgador os elementos de prova mais fiéis à realidade mercadológica que é, no mais das vezes, desconhecida pelo julgador.

Além disso, a convenção processual se mostra um meio hábil não apenas para a eleição da *melhor prova possível*, mas também para o encaminhamento da solução economicamente mais viável a um conflito e, por consequência, a eliminação de um determinado meio de prova que poderia ser cogitado, de ofício, pelo julgador.

Um exemplo desenvolvido por Flávio Yarshell pode ser invocado aqui como representativo dessa possibilidade. Segundo Yarshell,[26] em ação de dissolução parcial de sociedade cujo patrimônio é essencialmente composto por imóveis, é perfeitamente possível a divisão do acervo ao invés de sua avaliação para pagamento em pecúnia ao sócio retirante. A fundamentação apresentada é de que, do ponto de vista econômico, (i) o valor do imóvel seria um valor baseado em "*concretos rumos do mercado*" e não em "*pesquisas de preços, de cálculos ou de projeções aritméticas*", (ii) a divisão dos imóveis se ajustaria mais à preservação da empresa do que o encargo de liquidar seu patrimônio para promover pagamento em dinheiro, com ônus "*operacionais e financeiros muito relevantes*" e (iii) o pagamento em dinheiro ao invés da divisão dos imóveis seria

26 YARSHELL, Flávio Luiz. *Dissolução de sociedade cujo patrimônio é essencialmente imobiliário*: exame e solução do conflito sob as perspectivas jurídica e econômica. Londrina: Thoth, 2023, pp. 165-175.

desfavorável à "*maximização do bem-estar conjunto das partes, contrariando a eficiência econômica*".

Esse exemplo comportaria, sem dúvida, encaminhamento conjunto pelos interessados em convenção processual – seja previamente, seja durante eventual controvérsia –, e, justamente por conta de sua justificada pertinência econômica, seria no mínimo imprudente por parte do julgador refutá-la em eventual ação de dissolução parcial ou, ainda, insistir que a dissolução deveria se dar obrigatoriamente mediante pagamento em dinheiro, determinando, de ofício, a produção de prova pericial de avaliação para essa finalidade, por exemplo. Quando muito, qualquer exercício de poder do julgador em sentido contrário ao do avençado pelas partes capazes, paritárias e conscientes de seus riscos, jamais poderia se furtar de analisar o propósito econômico que pautou a definição conjunta das partes, sob pena de se ignorar a própria adequação da tutela jurisdicional, que deve necessariamente estar atenta à eficiência econômica que pautou a decisão informada dos litigantes empresariais.

c) O dever de cooperação atribuído a todos os sujeitos processuais.

O terceiro fundamento processual que permite avaliação sob a perspectiva econômica e justificaria a necessária compatibilização do exercício dos poderes instrutórios a demandas empresariais reside na positivação do dever de cooperação e sua atribuição a "*todos os sujeitos do processo*" (art. 6º, CPC), inclusive o julgador, cabendo a todos agir de modo que se "*obtenha, em tempo razoável, decisão de mérito justa e efetiva*".

Sem a pretensão de esmiuçar o complexo tema da cooperação, nos basta nesta sede o esclarecimento de Fredie Didier Jr.[27] no sentido

---

27 DIDIER JR., Fredie. *Ensaios sobre os Negócios Jurídicos Processuais*. Salvador: JusPodivm, 2018, p. 20.

de que "*o processo cooperativo nem é processo que ignora a vontade das partes, nem é processo em que o juiz é um mero expectador de pedra*". Esse primeiro viés de necessária consideração, apreciação e valoração da vontade das partes pelo julgador está totalmente em linha com as ponderações que já foram feitas no capítulo acima sobre a superação da ideia de que o juiz seria o único destinatário da prova. Não o é. E não o é principalmente nas demandas em que as partes, providas de expertise, assessoramento, paridade, informação qualificada e expertise, têm maiores e melhores condições de endereçar os melhores meios de prova para a demonstração dos fatos relevantes ao correto e justo deslinde da controvérsia.

Um segundo viés a respeito do dever de cooperação é o dever de diálogo, essencial nesse tipo de demanda em que, dada a complexidade e as peculiaridades de determinadas atividades, fogem ao corriqueiro conhecimento mercadológico dos julgadores. Nesse ponto, são válidas as palavras de Daniel Mitidiero[28] ao defender que

> *dentro de um processo organizado a partir da necessidade de colaboração, é absolutamente indispensável tenham as partes a possibilidade de se pronunciar sobre tudo que pode servir de ponto de apoio para a decisão da causa, inclusive quanto àquelas questões que o juiz pode apreciar de ofício.*

Do ponto de vista da instrução probatória, esse necessário *diálogo* ganha contornos especiais em litígios empresariais, especialmente pelas razões de "superioridade informacional" dos litigantes envolvidos. Assim, é absolutamente salutar que, antes do indeferimento de determinado meio de prova ou determinação de meio de prova não requerido pelas partes, de ofício, procure o julgador, pela especificidade da demanda, o prévio diálogo com as partes de modo a compreender as razões pelas quais o interesse probatório das partes diverge de seu entendimento.

---

28 MITIDIERO, Daniel. *Colaboração no Processo Civil*. São Paulo: Revista dos Tribunais, 2011, p. 151.

O mais curioso é que o legislador oferta tal ferramenta de modo expresso no CPC e, na prática, o que podemos observar em mais de 7 anos de publicação da lei processual, é que tal técnica simplesmente não tem sido empregada no cotidiano forense – talvez mais em função de um excessivo volume de trabalho forense,[29] inapto a permitir uma personalização de demandas, do que de descaso quanto à sua relevância. Trata-se da disposição do art. 357, §3º do CPC, que estabelece que

> *se a causa apresentar complexidade em matéria de fato ou de direito, deverá o juiz designar audiência para que o saneamento seja feito em cooperação com as partes, oportunidade em que o juiz, se for o caso, convidará as partes a integrar ou esclarecer suas alegações.*

A oportunidade seria totalmente adequada justamente para o propósito ora defendido de que, partes e julgadores, em diálogo cooperativo, compartilhem as suas justificativas sobre a pertinência e utilidade das provas de seu interesse. Sem dúvida, se trata de ferramenta essencial para operacionalizar a necessária adequação do exercício de poderes instrutórios ora propostos e que poderia ser empregada com maior frequência no cotidiano forense, tratando-se de excelente oportunidade para que o julgador se convença das razões econômicas que embasam o interesse das partes envolvidas.

---

29 Há mais de 20 anos, Barbora Moreira já havia destacado que "na prática, os juízes brasileiros, e não só os brasileiros (...) se contentam, as mais das vezes, com a contribuição trazida voluntariamente pelas partes. O fenômeno tem causas diversas, algumas justificáveis, como a sobrecarga de trabalho, outras menos" (MOREIRA, José Carlos Barbosa. "Reformas Processuais e Poderes do Juiz". *Revista da EMERJ*, vol. 6, nº 22, 2003, p. 63).

d) A instrução pode ser valorada de modo diverso pelas instâncias superiores

Por fim, o quarto e último fundamento ora apresentado se refere à importância de se constatar que o resultado da prova servirá à valoração não apenas do juízo de primeiro grau, como aos demais sujeitos processuais e, inclusive, aos julgadores das instâncias superiores, em caso de recurso. Ou seja, ainda que por absurdo se considere o julgador como "único" destinatário da prova – o que já se mostrou não ser verdadeiro – no mínimo, o julgador de primeira instância realmente não seria o único destinatário, haja vista a possibilidade de reapreciação da prova pelas instâncias superiores.

A perspectiva econômica, neste ponto, deve ser considerada sob o custo do próprio processo. A se entender, em sede recursal, que houve cerceamento do direito de defesa em função do indeferimento de determinada prova requerida pela parte que se mostrava essencial ao correto julgamento, é inegável o prejuízo à razoável duração do processo, que deverá aguardar o trânsito em julgado da decisão de nulidade e retornar à origem para a produção da prova que, fosse produzida no momento correto, admitiria rápida e simples valoração diretamente pelo Tribunal. E a exigência de provas não requeridas pelas partes também afrontaria o melhor aproveitamento econômico do processo. A depender da valoração feita em sede recursal, pode-se entender que a prova produzida de ofício pelo juízo de primeiro grau é absolutamente inútil ou desnecessária à prova dos fatos realmente relevantes e, feita essa (re)valoração diretamente pelo Tribunal, a produção da prova não significou nada mais do que dispêndio de tempo e custo desnecessários à tutela jurisdicional justa ao caso.

Esse viés econômico do custo do processo e de sua maior eficiência não tem passado despercebido pelo Tribunal bandeirante. Em recente julgado da 2ª Câmara Reservada de Direito Empresarial, já se entendeu, por exemplo, que "*o destinatário imediato das provas é o processo, do qual participam não apenas o juiz de primeiro grau, mas também os juízes dos tribunais incumbidos da reapreciação das provas, em caso de eventual recurso*",[30] indicando que a jurisprudência, mesmo que ainda relutante em reconhecer a limitação do amplo poder instrutório do julgador em determinados litígios, avança alguns passos em busca de uma preocupação com um processo mais aderente à eficiência econômica não apenas ao jurisdicionado, mas ao próprio Poder Judiciário.

Conclusões

No reduzido âmbito do presente artigo, se pretendeu demonstrar que mesmo com o reconhecimento de que os poderes instrutórios do julgador são, de fato, uma realidade consolidada em nosso ordenamento, se faz necessária sua "calibração" em conflitos em que há uma prevalência de interesses particulares, como ocorre nos litígios tipicamente empresariais, mesmo não sendo possível afastar por completo o interesse público de tais demandas.

Justamente à luz desse propósito, o que se defende é que a análise sob a perspectiva econômica é um parâmetro essencial para o exercício mais limitado de tais poderes instrutórios em conflitos empresariais, geralmente caracterizados (i) pela disponibilidade dos direitos envolvidos, (ii) pela hipersuficiência e plena assessoria das partes, (iii) pela presumida paridade e simetria de condições entre as partes e (iv) pela atuação e tomada de decisão dos envolvidos pautadas por avaliação de riscos, inclusive (e especialmente) sob o viés econômico.

Do ponto de vista processual, entende-se que, mesmo não existindo uma disposição legal expressa quanto à diferenciação dessas situações, há, no mínimo, 4 (quatro) fundamentos processuais já previstos em nosso ordenamento que comportam uma leitura sob a perspectiva econômica hábeis a justificar essa menor *interferência* do julgador em opções probatórias eleitas pelas próprias partes: a

30 TJSP, AI n. 2082244-83.2022.8.26.0000, Rel. Des. Jorge Tosta, 2ª Câmara Reservada de Direito Empresarial, j. 24.09.2022.

superação da ideia de que o julgador seria o único destinatário da prova, a opção ideológica feita pelo legislador processual de 2015 em referendar o enaltecimento do autorregramento das partes mediante convenções processuais, a positivação expressa do dever de cooperação entre os sujeitos processuais e a chance de valoração diversa da prova pelas instâncias superiores.

Referências bibliográficas

BEDAQUE, José Roberto dos Santos. *Poderes Instrutórios do Juiz*. São Paulo: Revista dos Tribunais, 2014.

CAPONI, Remo. *Autonomia privata e processo civile*: gli accordi processual. (Coleção Grandes Temas do Novo CPC: Negócios Processuais). 2ª ed. Salvador: JudPodivm, 2016.

CONSELHO NACIONAL DE JUSTIÇA. *Justiça em Números 2023*. Brasília: 2023. Disponível em: https://www.cnj.jus.br/wp-content/uploads/2023/09/justica-em-numeros-2023-010923.pdf. Acessado em: 07.03.2024.

DIDIER JR., Fredie. *Ensaios sobre os negócios jurídicos processuais*. Salvador: JusPodivm, 2018.

DINAMARCO, Cândido Rangel. *A Instrumentalidade do Processo*. 14ª ed. São Paulo: Malheiros, 2009.

FELITTE, Beatriz Valente. *Os limites dos poderes do juiz na revisão de contratos*. São Paulo: USP, 2018. (Tese de Doutorado).

FUX, Luiz. "Uma visão otimista da justiça brasileira, sob a perspectiva da análise econômica do processo civil". *Revista de Análise Econômica do Direito*. vol. 1. São Paulo: RT, jan.-jun. 2021.

JUNOY, Joan Picó I. "El derecho constitucional a la prueba y su configuración legal em el nuevo proceso civil español". *Biblioteca Jurídica Virtual del Instituto de Investigaciones Jurídicas de la UNAM*. Disponível em: https://archivos.juridicas.unam.mx/www/bjv/libros/6/2554/31.pdf. Acessado em: 05.04.2024.

MITIDIERO, Daniel. *Colaboração no Processo Civil*. São Paulo: Revista dos Tribunais, 2011.

MOREIRA, José Carlos Barbosa. "O processo, as partes e a sociedade". *Revista do Ministério Público*, Rio de Janeiro, 2004.

______. “Reformas Processuais e Poderes do Juiz”. *Revista da EMERJ*, vol. 6, nº 22, 2003.

______. *A revolução processual inglesa*: temas de Direito Processual. Nona Série. São Paulo: Saraiva, 2007.

OLIVEIRA, Carlos Alberto Alvaro de. *Cappelletti e o Direito Processual brasileiro*. vol. II. Porto Alegre: Sergio Antonio Fabris Editor, 2010.

SALLES, Carlos Alberto de. “Duas faces da proteção judicial dos direitos sociais no Brasil”. *In*: ______ (Coord.). *As grandes transformações do Processo Civil brasileiro*: homenagem ao professor Kazuo Watanabe. São Paulo: Quartier Latin do Brasil, 2009.

TARUFFO, Michele. “Verdade Negociada?” *Revista Eletrônica de Direito Processual*, Rio de Janeiro, vol. 13, 2014. Disponível em: https://www.e-publicacoes.uerj.br/redp/article/view/11928/9340. Acessado em: 07.03.2024.

______. *Uma simples verdade*: o juiz e a construção dos fatos. Madri: Marcial Pons Brasil, 2012.

YARSHELL, Flávio Luiz. *Antecipação da prova sem o requisito da urgência e direito autônomo à prova*. São Paulo: Malheiros, 2009.

______. *Dissolução de sociedade cujo patrimônio é essencialmente imobiliário*: exame e solução do conflito sob as perspectivas jurídica e econômica. Londrina: Thoth, 2023.

CAPÍTULO XXII

A RECUPERAÇÃO JUDICIAL DE ASSOCIAÇÃO

PAULO DIAS DE MOURA RIBEIRO

Apresentação

Convidado que fui pelo Desembargador FERNANDO ANTONIO MAIA DA CUNHA para participar da 4ª edição da obra coletiva "Direito Empresarial Aplicado", volume 4, aceitei de plano o convite e me pus a pensar em algum tema relevante e pouco debatido no âmago da questão maior.

Nas edições passadas escrevi sobre "Novas Jurisdições para Solução de Controvérsias" (vol. 2) e "Travas Bancárias na Recuperação Judicial" (vol. 3).

Desta feita, entendi por bem enfrentar um outro assunto polêmico, a possibilidade ou não de uma associação civil sem fins lucrativos bater às portas do Poder Judiciário para postular as benesses da lei de recuperação judicial e falências.

O Judiciário vem, esporadicamente examinando o tema e sobre ele resolvi traçar algumas ponderações, embora jamais com a pretensão de a ele pôr fim.

1 Barreira jurídica intransponível?

O art. 53 do CC/2002 dispõe que constituem-se as associações pela união de pessoas que se organizem para fins não econômicos.

No conceito clássico de Rubens Requião, "associação", se destina a designar entidades de fins não econômicos e "sociedade" se refere a entidades com fins econômicos, objetivando lucro.[1]

PONTES DE MIRANDA não fazia distinção quanto ao conteúdo econômico do objeto da sociedade ou associação. Isto porque na sua concepção era possível existir associações de fins econômicos, bem como sociedades de fins não econômicos:

> *(...)*
>
> *Chegou-se a sustentar que a associação se designaria por ter membros variáveis e haver, nas sociedades, a invariabilidade dos sócios (e.g., FRANCISCO FERRARA, Teoria dele Persone giuridice, 497 s.). Também se pretendeu que na associação se tenha gozo imediato das utilidades, ao passo que na sociedade haja o gozo através de dividendos (TULIO ASCARELLI, Società, Associazioni, Consorzi, cooperative e transformazione, Revista del Diritto Commerciale, 1949, II, 425), ou, na associaçao, a predeterminação da quota das utilidades e, na sociedade, não (DOMENICO RUBINO, Le Associazioni non riconosciute, 15, s.). Pensou-se também*

1 REQUIÃO, Rubens. *Curso de Direito Comercial*. 33ª ed. vol. 1. São Paulo: Saraiva, 2014, pp. 454/455.

> *em haver atividade produtiva, na sociedade, e satisfativa, na associação.*[2]

Para o doutrinador, o elemento caracterizador da associação é a solidariedade humana:

> *O que se regula, nas associações e nas sociedades, é a vontade diferente, unitária, que se criou, ou que manifestações de vontade criaram. A personificação é um plus. O que importou foi o fato de ser necessária, para determinado fim, solidariedade humana.*[3]

Com base nessa conclusão, conceituou associação, em sentido lato, como sendo a *organização estável de duas ou mais pessoas, para se conseguir fim comum.*[4]

Extrai-se o mesmo teor das palavras de CLÓVIS BEVILÁQUA, para quem não era obrigatório que as associações fossem desprovidas de finalidade econômica:

> *As sociedades de fins não econômicos se costumam denominar de associações; mas o Código não distingue entre sociedade e associação, como se vê do art. 16. É verdade que reservou o vocábulo "associação" para as agremiações de utilidade pública e que designou a Seção III deste capítulo – das sociedades e associações civis; mas, desde que não forneceu, na lei, elemento para uma distinção dessa natureza, e desde*

---

2 PONTES DE MIRANDA, Francisco Cavalcanti. *Tratado de Direito Privado*. Parte Especial. Tomo XLIX. São Paulo: Revista dos Tribunais, 2012, p. 80.

3 PONTES DE MIRANDA, Francisco Cavalcanti. *Tratado de Direito Privado*. Parte Especial. Tomo XLIX. São Paulo: Revista dos Tribunais, 2012, p. 81.

4 PONTES DE MIRANDA, Francisco Cavalcanti. *Tratado de Direito Privado*. Parte Especial. Tomo XLIX. São Paulo: Revista dos Tribunais, 2012, p. 81.

> *que se tome em consideração que os estabelecimentos pios e as sociedades, que o* ***Código denominou moraes, são de utilidade pública, reconhecer-se-á que não houve intuito de criar duas classes de pessoas jurídicas: as sociedades civis,*** **lato sensu,** ***e as associações.*** *O que se deve induzir da linguagem do Código é que é lícito, mas não obrigatório, denominar associações as sociedades de fins não econômicos.*[5]

Orlando Gomes, ao diferenciar associação e sociedade, de forma objetiva, se pautou pela (1) finalidade da constituição e (2) vinculação entre as pessoas agrupadas. Assim, nas sociedades o fim seria o proveito comum dos sócios, enquanto a associação o fim seria o ideal – religioso, político, cultural, assistencial ou desportivo. Quanto ao vínculo entre os participantes, somente a sociedade estabeleceria direitos e obrigações recíprocos entre os sócios, ao passo que numa associação não haveria prestações correlatas entre os associados.[6]

O fato de as associações não distribuírem lucro entre os sócios não significa que elas sejam impossibilitadas de exercer atividade econômica. Aliás, pelo contrário, apenas significa que o lucro obtido será utilizado em benefício da associação, do ente coletivo, e não de seus sócios individualmente:

> *(...) nas associações a finalidade não é a obtenção do lucro individual para os associados, consistente na obrigatoriedade e partIlha dos resultados entre eles. A atividade da pessoa jurídica é voltada exclusIvamente para ela e não para o benefício de seus integrantes, sendo, contudo, pertinente afirmar que a realização do objeto possa lhes proporcionar vantagens extrapatrimoniais ou patrimoniais indiretas.*

---

5 BEVILÁQUA, Clóvis. *Código Civil dos Estados Unidos do Brasil comentado*. vol. 1. Rio de Janeiro: Francisco Alves, 1931, pp. 212/213 – sem destaque no original.

6 GOMES, Orlando. *Introdução ao Direito Civil*. 19ª ed. Rio de Janeiro: Forense, 2009, p. 172.

> ***É nesta seara que não se pode fugir ao fato de muitas associações, na prática, realizarem uma empresa em sentido econômico com a particularidade que os resultados dela serão aplicados na própria pessoa jurídica, por opção manifestada pelos associados ao escolherem a forma jurídica em tela.*** *Portanto, as expressões "fim econômico" e "não econômico" não são sinônimas, respectivamente, de "atividade econômica" e "atividade não econômica". Na verdade, as expressões relacionam-se aos fins da entidade, notadamente em se tratando de sociedade empresária, à maximização da empresa em proveito dos seus membros.*[7]
>
> *A diferença entre sociedade e associação seria não a aferição de lucro e sim a forma de sua distribuição.* ***Na associação havendo uma atividade econômica, leia-se com aferição de lucro, esse ocorre como atividade-meio, pois será obrigatoriamente revertido em prol da atividade fim da associação. Portanto, é correto afirmar que a associação tem atividade econômica, apesar de ser uma entidade sem fins econômicos.***
>
> *Vale dizer, o lucro é meio e não fim. Para Carlos Roberto Gonçalves, a redação do retro transcrito art. 53, ao referir-se a "fins não econômicos", é imprópria, pois toda e qualquer associação pode exercer ou participar de atividades econômicas. O que deve ser vedado é que essas atividades tenham finalidade lucrativa.*[8]

Na prática, algumas associações civis sem fins lucrativos acabam se estruturando como verdadeiras empresas do ponto de vista

---

7 ALVES, Alexandre Ferreira de Assumpção. "Recuperação Judicial de Associações". *In*: FRAZÃO, Ana; GONÇALVES, Oksandro; CAMINHA, Uinie (Coord.). *Associações*: Constituição, fundamentos e perspectivas. Rio de Janeiro: Processo, 2017, p. 156 – sem destaque no original.

8 BORGES, Ana Luisa Porto. "A recuperação judicial das associações: pessoas jurídicas de Direito Privado com fins não econômicos: uma análise sobre a possibilidade jurídica". *Revista de Direito Empresarial*, vol. 12, ano 3, nov./dez. 2015, p. 145 – sem destaque no original.

econômico, em que, apesar de não distribuírem o lucro entre os sócios, exercem atividade econômica organizada para a produção e/ou a circulação de bens ou serviços, com crescimento patrimonial a ser revertido em prol da própria entidade e da manutenção de todas as benesses sociais às quais está vinculada.

Nesse sentido é o teor do Enunciado nº 534 do CJF/STJ, da VI Jornada de Direito Civil – 2013, ao dispor que *as associações podem desenvolver atividade econômica, desde que não haja finalidade lucrativa.*

No âmbito constitucional, o objetivo fundamental da República Federativa do Brasil é *construir uma sociedade livre, justa e solidária* (art. 3º, I, da CF), sendo direito fundamental a liberdade da ordem econômica (art. 170, parágrafo único da CF).

A norma constitucional permite aos agentes econômicos organizarem os fatores de produção, em atividade lícita, sem se submeter a restrições sem razoabilidade do legislador ordinário que na Lei n. 11.101/2005 incluiu ou excluiu outros agentes econômicos.

O direito fundamental a liberdade econômica foi consagrado com a promulgação da Lei n. 13.874/2019, que instituiu a Declaração de Direitos de Liberdade Econômica e estabeleceu garantias de livre mercado. O objetivo da nova lei foi reduzir a burocracia nas atividades econômicas e facilitar a abertura e o funcionamento de empresas.

Entre os princípios que norteiam o disposto nesta Lei, estabeleceu o art. 2º:

> *I – a liberdade como uma garantia no exercício de atividades econômicas;*
>
> *II – a boa-fé do particular perante o poder público;*
>
> *III – a intervenção subsidiária e excepcional do Estado sobre o exercício de atividades econômicas; e*

IV – o reconhecimento da vulnerabilidade do particular perante o Estado.

A função precípua da recuperação judicial é viabilizar a superação da situação de crise econômico-financeira do devedor, a fim de permitir a manutenção da fonte produtora, do emprego dos trabalhadores e dos interesses dos credores, promovendo, assim, a preservação da empresa, sua função social e o estímulo à atividade econômica (art. 47 da Lei n. 11.101/2005).

O princípio da preservação da empresa está atrelado a função social da propriedade, princípio constitucional previsto no art. 5º, XXIII, da CF: a propriedade atenderá a sua função social.

A preservação da empresa e a sua função social são dois princípios basilares do Direito Empresarial, sendo o destinatário da regra do art. 47 da Lei n. 11.101/2005 o julgador, a quem compete dizer o direito aplicável à espécie.

Os princípios desempenham uma função particularmente importante quando são invocados como argumentos no sentido da existência de um direito ou obrigação em um caso concreto em que não haja uma regra jurídica que claramente o determine.[9]

Assim, os princípios explicitamente mencionados na Lei n. 11.101/2005 servirão de fundamento para que o julgador decida os processos de recuperação judicial, especialmente, as questões não reguladas expressamente pela legislação vigente.

---

9 PEREIRA, Thomaz H. Junqueira de A. "A função dos princípios do direito recuperacional e falimentar brasileiro". *In*: BRUSCHI, Gilberto Gomes (Coord.). *Direito processual empresarial*: estudos em homenagem ao professor Manoel de Queiroz Pereira Calças. Rio de Janeiro: Elsevier, 2012, p. 969.

O instituto da recuperação judicial busca proteger não os sócios ou a sociedade empresária, mas sim a atividade econômica, ou seja, a preservação da atividade, do empreendimento.

A importância em recuperar uma empresa decorre dos malefícios do seu encerramento, com a consequente redução de postos de trabalho, desabastecimento de produtos e serviços e diminuição na arrecadação de impostos, podendo gerar sérios problemas para economia local, regional ou, até mesmo nacional.

O art. 170, III, da Constituição Federal, que traça os princípios gerais da atividade econômica, estabelece que a ordem econômica tem por fim assegurar a todos existência digna, observado o princípio da função social da propriedade.

A interpretação do texto legal deve ser feita de modo a obter uma tutela jurisdicional que se mostre adequada à função social da propriedade.

Atender à função social não se limita à produção de riquezas, gerando empregos e distribuindo lucros, uma vez que tal ideia se insere numa concepção de individualidade, e não de socialidade, matriz ideológica do atual Código Civil.[10]

A atual configuração da empresa, sob a ótica do capitalismo humanista, como agente de inegável importância, já não admite mais a simples busca pelo lucro, dissociada de outros valores. Seu modelo anterior, fruto de uma visão hedonista, neoliberal e excludente, acabou ultrapassado e hoje, à luz do humanismo, interessado igualmente em todos os seres humanos, ruma cada vez mais em direção à preservação da dignidade e da fraternidade.

---

10 MARIANI, Irineu. *Temas comerciais e empresariais*. Porto Alegre: Ledur Serviços Editoriais Ltda., 2018, p. 559.

As associações, apesar de não distribuírem lucro entre os sócios, exercem atividade econômica organizada para a produção ou circulação de bens ou serviços.

A Lei n. 11.101/2005, fortemente influenciada pelo modelo norte-americano, adotou a teoria da bankruptcy by choice, em que a recuperação judicial não existe para atender interesse de credores ou de devedores. O objetivo do instituto é garantir a preservação dos benefícios econômicos e sociais que decorrem da atividade empresarial.[11]

A importante função social dos agentes econômicos, geradores de empregos e riquezas, norteia a busca pela preservação da atividade empresarial com o uso de mecanismos que facilitem a retomada da situação financeira da empresa em crise.

Apesar de não serem sociedades empresárias, as associações civis possuem relevo econômico e social, promovendo a geração de empregos, tributos, rendas e benefícios econômicos e sociais, ostentando alta relevância social.

Desempenham, assim, atividade econômica/empresária, nos termos dos arts. 966 e 982 do CC/2002:

> *Art. 966. Considera-se empresário quem exerce profissionalmente atividade econômica organizada para a produção ou a circulação de bens ou de serviços.*
>
> *Art. 982. Salvo as exceções expressas, considera-se empresária a sociedade que tem por objeto o exercício de atividade própria de empresário sujeito a registro (art. 967); e, simples, as demais.*

---

11 COSTA, Daniel Carnio. *Direito Comercial*. Edição 1, julho de 2018. Disponível em: https://enciclopediajuridica.pucsp.br/pdfs/recuperacao-judicial-procedimento_5b47f7f089854.pdf. Acessado em: 24.04.2023.

Nesse contexto, embora as associações não constem literalmente entre os agentes econômicos submetidos à recuperação judicial (art. 1º da Lei n. 11.101/2005), também não se encontram inseridas no rol daqueles excluídos da benesse legal (art. 2º), permitido adotar-se interpretação que melhor atenda a função social do processo de soerguimento.

Com efeito, a norma do art. 2º da Lei n. 11.101/2005 dispõe que esta lei não se aplica a:

> *I – empresa pública e sociedade de economia mista; e*
>
> *II – instituição financeira pública ou privada, cooperativa de crédito, consórcio, entidade de previdência complementar, sociedade operadora de plano de assistência à saúde, sociedade seguradora, sociedade de capitalização e outras entidades legalmente equiparadas às anteriores.*

Não se extrai do dispositivo legal estejam incluídas nesse rol as associações sem fins lucrativos, não sendo possível dar interpretação extensiva à referida norma.

Por outro lado, não se desconhece que parte da doutrina se posiciona no sentido da impossibilidade de se conceder a recuperação judicial às associações:

> *Ao contrário do que ocorria nos primórdios da história do direito falimentar, nos dias atuais apenas "o empresário", quer sociedade empresária, quer empresário individual de responsabilidade limitada ou ilimitada, está submetido ao instituto da falência - e agora, da recuperação judicial e extrajudicial. Também submetida à presente lei está agora a chamada "empresa individual de responsabilidade limitada", a "Eireli", desde que exerça atividade empresária, criada pela Lei 12.411, de 11.07.2011, com a introdução do art. 980-A no CC/2002. Da mesma forma e desde que exerça atividade empresária, submete-se a esta Lei a sociedade limitada que pode ser constituída por uma única pessoa, a*

chamada sociedade unipessoal, constante dos §§ 1º e 2º do art.1.052 do CC/2002, incluídos pela Lei 13.87412019, a chamada "Lei da Liberdade Econômica". Sociedades civis (que deixaram de existir a partir do Código Civil de 2002), sociedades simples (art. 997 e ss. do CC/2002), pessoa natural, não empresário individual, associações, fundações, organizações religiosas, partidos políticos, enfim, não empresários, não podem ter sua falência decretada ou sua recuperação deferida, pela letra da Lei.[12]

(...)

Enquanto não houver ajuste legislativo, a medida idônea a mitigar as incertezas já comentadas parece ser a de exigir dos agentes econômicos não empresários que observem o quanto disposto nos artigos 971, caput e parágrafo único, e 984, ambos do CC. Isso porque o referido dispositivo legal atribui a determinados agentes a faculdade de escolherem se pretendem ou não se sujeitar ao mesmo regime jurídico do empresário para todos os efeitos, por equiparação, bastando, para esse último caso, que procedam à sua inscrição no registro competente. E, consequentemente, enquanto não exercerem essa faculdade, continuam a ter sua situação jurídica disciplinada pelas regras civis relativas à respectiva pessoa jurídica não empresarial.[13]

(...) há situação relevante que merece estudo próprio: a ***exclusão tácita*** *de pessoas que não exercem atividade econômica ou que exercem atividade econômica sem natureza empresarial.*

A LRF, ao determinar que o regime falimentar e recuperacional se aplica ao empresário e à sociedade empresária, por via transversa, ***excluiu tacitamente todo aquele que não se enquadra nesses conceitos, dentre eles, os que não exercem***

---

12 BEZERRA FILHO, Manoel Justino. *Lei de Recuperação de Empresas e Falência – Lei 11.101/2005 Comentada Artigo por Artigo*. 15ª ed. 2ª tiragem. São Paulo: Revista dos Tribunais, 2021, p. 81.

13 MAIA DA CUNHA, Fernando Antonio; DIAS, Maria Rita Rebello Pinho. *Comentários à Lei de Recuperação de Empresas e Falência*. São Paulo: Contracorrente, 2022, p. 74.

***atividade econômica.** Estão nesse grupo as pessoas físicas que não exercem atividade econômica e as pessoas jurídicas de direito privado sem fins econômicos, quais seja, as associações, as fundações, os partidos políticos e as organizações religiosas.*

Dessa forma, a crise desses agentes deve ser regulada pelo Código de Processo Civil, que em seu artigo 1.052, remete ao procedimento de Execução por quantia certa contra devedor insolvente, regulado pelos artigos 748 a 786-A, do Código de Processo Civil de 1973 (Lei nº 5.869/73), em vigor nesta parte.[14]

(...)

O art. 1º estabelece que somente os empresários e sociedades empresárias podem se valer da recuperação. Estando a sociedade empresária ou o empresário em crise e havendo viabilidade da empresa o instituto a ser utilizado é o da recuperação judicial.

Como consequência, se não restar comprovada a qualidade pessoal (empresário/sociedade empresária) a lei não poderá ser aplicada ao caso concreto e se a empresa não for viável, deve ser objeto de falência. Além dos requisitos estabelecidos no art. 48 e incisos; o art. 51, V, obriga o devedor a apresentar, com a inicial, a certidão de regularidade no Registro Público de Empresas, o ato constitutivo atualizado e as atas de nomeação dos atuais administradores.

Tal entendimento é consolidado na doutrina brasileira. De fato, **Waldo Fazzio Junior** *afirma que "a falência incide tanto sobre o empresário ou sociedade empresária regular, como também sobre o empresário de fato, mas a recuperação só alcança os que exercem a empresa conforme a lei. A recuperação é instituto decorrente de favor legal conferido pelo órgão judiciário aos que preenchem os requisitos postos no direito positivo".*

---

14 MELO, Cinira Gomes Lima. *Plano de Recuperação Judicial.* 2ª ed. São Paulo: Almedina Brasil. 2021. pp. 65/66 – sem destaque no original.

> *No mesmo sentido, **Ricardo Negrão** é categórico ao afirmar que a Lei de Recuperação e Falência aplica-se somente a quem exerce a empresa, isto é, ao empresário individual e à sociedade empresária.*
>
> *Ainda, de forma mais específica e enfática, há doutrinadores que, de plano, afastam a incidência da recuperação judicial àqueles não empresários, como por exemplo, associações. **Fábio Ulhoa Coelho** é enfático ao dizer que "a associação não titula o direito a recuperação".*
>
> *Da mesma forma, **Gladston Mamede** assim se posiciona: "falência e recuperação judicial são procedimentos aplicáveis especificamente aos empresários (firma individual) e sociedades empresárias. Não se aplicam às pessoas naturais não registradas como empresários, às sociedades simples, (inclusive cooperativas), associações ou fundações; (...)".*[15]

Por seu turno, há autores que admitem a possibilidade de as associações se submeterem ao processo de soerguimento uma vez que, apesar da ausência de finalidade lucrativa, possuem finalidade econômica e desempenham atividades essenciais para a sociedade, gerando empregos, renda, tributos e benefícios econômicos e sociais, privilegiando-se os princípios da preservação da empresa e da sua função social:

> *O art. 1º da Lei 11.101/2005 seria a "barreira jurídica" incontornável a aplicação do princípio da empresa?*
>
> *No nosso entendimento a resposta é negativa.*
>
> ***As associações equiparadas às sociedades empresárias, ou seja, que demonstrem a presença das características***

---

15 BORGES, Ana Luisa Porto. "A recuperação judicial das associações: pessoas jurídicas de direito privado com fins não econômicos: uma análise sobre a possibilidade jurídica". *Revista de Direito Empresarial*. vol. 12. ano 3. São Paulo: RT, nov./dez. 2015, pp. 149/150 – sem destaque no original.

da empresa nos termos do art. 966 do CC/2002 devem ser beneficiadas pela Lei 11.101/2005.

Primeiro porque a única efetiva diferença entre essas associações e as sociedades empresárias é a ausência da inscrição no Registro Público de Empresas Mercantis. Vale ressaltar, que em relação à questão da partilha do lucro, o lucro meio atende muito mais ao bem comum, não podendo nesse aspecto prevalecer o benefício à partilha dos resultados aos sócios, lucro fim.

Segundo a legislação de recuperação de empresa foi criada com o principal escopo de criar mecanismos jurídicos eficazes para que uma empresa em crise tenha condições de se recuperar – se viável – para que a paralisação de sua atividade não impacte a economia local, regional ou quiçá nacional.

Terceiro o princípio não está limitado pela norma jurídica, essa questão é pontual e deve ser relativizada, sendo analisado caso a caso – apesar de concordarmos que a aplicação dos princípios deve ser utilizada com parcimônia.[16]

Outra pessoa jurídica categoricamente excluída da submissão à insolvência empresarial é a associação, por lhe faltar o requisito de finalidade econômica, nos termos do art. 53 do Código Civil. *Parece-nos correta a disposição legal que impede o intuito de lucro nas associações.* ***É possível que eventualmente nos deparemos com uma associação que tem perfil de verdadeira empresa, como se defrontou o Tribunal de Justiça do Rio de Janeiro ao apreciar pedido de recuperação judicial da Casa de Portugal, proprietária de uma rede hospitalar.*** *Em sua petição inicial afirmou que exercia atividade econômica em imóvel próprio, onde mantém uma unidade hospitalar, uma escola e um asilo. Alegou ser a inadimplência dos convênios médicos a causa do agravamento de sua situação econômico-financeira,*

16 BORGES, Ana Luisa Porto. "A recuperação judicial das associações: pessoas jurídicas de Direito Privado com fins não econômicos: uma análise sobre a possibilidade jurídica". *Revista de Direito Empresarial*, vol. 12, ano 3, nov./dez. 2015, p. 156 – sem destaque no original.

estando em atraso com o pagamento dos funcionários e com as parcelas de empréstimos realizados. A decisão de primeiro grau enfrentou o objeto da associação, concluindo-o como ato de empresa, concedendo a recuperação judicial, mesmo tratando-se de uma associação. Sem ingressar no acerto da decisão, parece-nos, a todo evidente, o prenúncio de que a teoria da empresa, tal qual disposta no Código Civil, está deveras ultrapassada.

(...)

A classificação de entidades como simples (não empresárias) tem o condão de excluí-las do espectro do direito das empresas em dificuldades, não gozando do benefício da recuperação judicial, extrajudicial ou da falência. *Os dois primeiros benefícios são de fácil constatação. O devedor tem o direito de buscar o apoio estatal, via poder judiciário, para que todos os credores sejam impedidos de perseguir seus créditos, por um período legal de cento e oitenta dias, para que possa elaborar um plano de reestruturação e soerguimento com, na prática, algum deságio e moratória do débito, o qual deverá ser aprovado na assembleia geral de credores. A falência, por seu turno, também é uma prerrogativa do empresário e da sociedade empresária.*

O agente econômico honesto tem o direito de "jogar a toalha", pedindo socorro ao estado para o encerramento de suas atividades. Sem a falência, a única alternativa para o "fechamento das portas" é a liquidação e satisfação de todos os créditos o que é, por óbvio, impossível para quem se encontra em situação falimentar. Como cediço, o encerramento do processo de falência independe do adimplemento dos créditos, bastando-se identificar que todo o ativo foi realizado e o passivo saldado, nas forças da massa falida. ***Desta feita, numa inversão total de valores, uma pequena loja, com três empregados, que contribui com pequena quantia em impostos, terá sempre garantido o seu direito de postular a recuperação judicial ou extrajudicial, ou mesmo a falência. Já algumas atividades econômicas de alta relevância social, como as ora indigitadas, estarão afastadas do conceito de ato de empresa, alijadas do sistema***

de insolvência empresarial, o que poderia suscitar violação dos princípios constitucionais da livre concorrência e da função social da empresa, *temas densos e desafiadores, que podem ser objeto de estudos futuros. Resta consignado, por ora, que* ***a desigualdade e injustiça econômica é verificada no âmbito de incidência da lei 11.101/05, em decorrência da ultrapassada teoria da empresa.***[17]

(...) ***associações civis sem fins lucrativos podem exercer atividade econômica, conforme também preconizado no Enunciado 534 da VI Jornada de Direito Civil do Conselho de Justiça Federal, levando ao raciocínio lógico de que, se o registro não é elemento qualificador de atividade empresária e se atividade praticada por associações civis sem fins lucrativos pode ser econômica, não subsistem componentes que poderiam, ao menos em tese, diferenciar a espécie de atividade desempenhada por uma empresa e a associação civil com fins econômicos.***

Frise-se que a Lei nº 11.101/2005 não tem o condão de recuperar a atividade "lucrativa" e sim a atividade viável, inclusive porque a atividade empresária em dificuldades econômico financeiras sequer está auferindo lucro, fato que inclusive é corroborado pela prática forense que demonstra que as empresas costumam requerer a recuperação judicial no momento em que já se encontram em situação de crise grave, não conseguindo realizar distribuição de lucro a seus sócios e acionistas desde muito tempo antes do ajuizamento da ação.

Ainda que não houvesse esse elemento de ordem prática, fato é que ***nenhum dispositivo na lei de regência pressupõe a preocupação da mesma com o lucro, mas, ao contrário, com a manutenção da fonte produtora.***

---

17 GUIMARÃES, Márcio Souza. "A ultrapassada teoria da empresa e o direito das empresas em dificuldade". *In: RIBEIRO*, José Horácio Halfeld Rezende; WAISBERG, Ivo (Coord.). *Temas de Direito da Insolvência*: estudos em homenagem ao Professor Manoel Justino Bezerra Filho. São Paulo: IASP, 2017, pp. 703-706 – sem destaques no original.

Nesta esteira, tanto as empresas, quanto as associações civis com fins econômicos, fazem produzir e circular bens e serviços no mercado, e praticam exercício de atividade de forma profissional.

(...)

Ao analisar, portanto, mesmo que perfunctoriamente, apenas a atividade praticada, sem levar em consideração outros elementos tais como a razão de a ASBI ter se constituído como associação civil em 1902 e porquê não ter se transformado formalmente em empresa (que não devem importar para fins de concessão ou não da recuperação judicial), é inequívoco o caráter habitual e profissional da prestação de serviços educacionais exercida pela mesma durante todos estes anos, fazendo jus, portanto, a tutela da Lei nº 11.101/2005.[18]

A Lei de Recuperação de Empresas e Falência (LREF), Lei nº 11.101/05, diante da situação de crise econômico-financeira de agentes econômicos como as associações civis sem fins lucrativos, amparadas legalmente ou por analogia, hermenêutica jurídica ou outra interpretação, há que se prezar pela preservação da empresa, da atividade econômica e pela relevância social.

(...)

É necessário balizar o que as associações dão de retorno de suas práticas para a sociedade como um todo, visto que geram empregos, possuem clientes, desempenham atividade econômica, produzem riqueza e consumo e são socialmente úteis, ou seja, esta seria a justificativa para a sua inclusão como beneficiária da recuperação judicial ou extrajudicial, prevalecendo aspectos substanciais e não apenas a formalidade.

Ademais, se a rigidez normativa afetar esses agentes econômicos, não os contemplando com o benefício dos mecanismos

---

18 OLIVEIRA, Alexsandro Cruz de. *A aplicação do instituto da recuperação judicial para associações com fins econômicos*: estudo de caso da recuperação judicial do instituto Cândido Mendes. São Paulo: IDP, 2021, pp. 105/110 (Dissertação de Mestrado).

> *de superação de crise, como consequência haveriam inúmeras associações civis sem fins lucrativos sendo extintas.*
>
> *Mediante tais considerações, visto o princípio da preservação da empresa, se faz necessário o bom-senso desses agentes econômicos, a responsividade em relação à recuperação judicial na busca pela proteção e reerguimento da empresa por meio do deferimento dos benefícios elencados na Lei nº 11.101/05.*[19]

Atente-se para o fato de que o Direito Empresarial sempre se pautou pela criação de determinados institutos e mecanismos de proteção somente para os empresários, de acordo com a tradição do Direito Comercial que remonta ao seu surgimento, no aspecto subjetivo clássico, considerado como o "direito dos comerciantes".

Em razão disso, há dualidade de procedimentos de insolvência do devedor, um específico para o comerciante, atualmente empresário (falência e recuperação judicial), e outro para o não comerciante (insolvência civil).

A Lei n. 11.101/2005 ainda apresenta resquícios da fase subjetivista do Direito Comercial ao deixar de incluir dentre os sujeitos da recuperação judicial os agentes econômicos não empresários, apesar da importante função social por eles desempenhada.

Na legislação estrangeira essa dicotomia já foi superada, com a alteração das leis concursais de vários países para ampliar o rol de devedores sujeitos aos procedimentos preventivos à falência:

> *No âmbito do* ***direito concursal francês*** *(des difficultés des entreprises) não há restrição quanto à atividade exercida pelo*

19 SILVA, Joelma Araújo Rufino da; ALBUQUERQUE, Joseane Maria de A. R. Pessoa de. *Recuperação Judicial de Associações Civis sem Fins Lucrativos*: a Ampliação da Lei nº 11.101/05 sob a Ótica da Hermenêutica Jurídica. Revista Brasileira de Direito Comercial nº 41, jun/jul, 2021, pp. 81/82.

devedor para pleitear sua recuperação judicial (redressement judiciaire) nem quanto a espécie de pessoa jurídica de direito privado, como se conclui pelo disposto nos arts. L631-1 e L631-2 do Code de Commerce (...)

Na **Espanha***, a Lei n. 22, de 9 de julho de 2003, instaurou um sistema unitário no tratamento da insolvência e dos acordos de pagamento com os credores, aplicável tanto às pessoas naturais quanto jurídicas, independentemente da qualidade de empresário.*

(...)

Na Exposição de Motivos à Lei concursal espanhola fica nítida a necessidade de mudanças no tratamento legislativo da insolvência e do direito concursal, superando a dicotomia e dualidade de procedimentos para comerciantes e não comerciantes. Pela importância do documento e sua relação com o marco teórico adotado neste artigo, cabe a transcrição do seguinte trecho:

Esta ley persigue satisfacer una aspiración profunda y largamente sentida en el derecho patrimonial espanol: la reforma de la legislación concursal. Las severas y fundadas críticas que ha merecido el derecho vigente no han ido seguidas, hasta ahora, de soluciones legislativas, que, pese a su reconocida urgencia y a los meritorios intentos realizados en su preparación, han venido demorándose y provocando, a la vez, un agravamiento de los defectos de que adolece la legislación en vigor: **arcaísmo, inadecuación a la realidad social y económica de nuestro tiempo***, dispersión, carencia de un sistema armónico, predomini o de determinados intereses particulares en detrimento de otros generales y del principio de igualdad de tratamiento de los acreedores,* **con la consecuencia de soluciones injustas***, frecuentemente propiciadas en la práctica por maniobras de mala fe, abusos y simulaciones, que las normas reguladoras de las instituciones concursales no alcanzan a reprimir eficazmente.*

El arcaísmo y la dispersión de las normas vigentes en esta materia son defectos que derivan de la codificación espanola del siglo XIX, estructurada **sobre la base de la dualidad** *de códigos de derecho privado, civil y de comercio, y de la regulación separada de la materia procesal respecto de la sustantiva, en uma Ley de Enjuiciamiento Civil. Pero también contribuye a aumentar esos defectos y a dificultar la correcta composición del sistema la multiplicidad de procedimientos concursales; así, junto a las clásicas instituciones de la quiebra y del concurso de acreedores, para el tratamiento de la insolvencia de comerciantes y de no comerciantes, respectivamente, se introducen otras, preventivas o preliminares, como la suspensión de pagos y el procedimiento de quita y espera, de presupuestos objetivos poco claros y, por tanto, de límites muy difusos respecto de aquéllas.*

(...)

La superación de la diversidad de instituciones concursales para comerciantes y no comerciantes es una fórmula que, además de estar justificada por la desaparición del carácter represivo de la insolvencia mercantil, viene determinada por la tendencia a simplificar el procedimiento, sin que ello suponga ignorar determinadas especialidades del concurso de los empresarios sometidos a un estatuto propio (llevanza obligatoria de contabilidad, inscripción en el Registro Mercantil) y de la existencia en la mas a activa de unidades productivas de bienes o de servicios, especialidades que son tenidas en cuenta a lo largo de la regulación del concurso, desde su solicitud hasta su solución mediante convenio o liquidación. [grifos nossos]

Tal qual no direito concursal espanhol, em **Portugal** *não há impedimento que as pessoas jurídicas de direito privado possam se submeter ao mesmo procedimento concursal e recuperatório que os comerciantes e sociedades comerciais. Em 2004, o Decreto-Lei n. 53, de 18 de março, aprovou o Código da Insolvência e da Recuperação de Empresas (CIRE). No Título I – Disposições Introdutórias – é apresentada no art. 1º a finalidade do processo de insolvência.*

1 – O processo de insolvência é um processo de execução universal que tem como finalidade a satisfação dos credores pela forma prevista num plano de insolvência, baseado, nomeadamente, na recuperação da empresa compreendida na massa insolvente, ou, quando tal não se afigure possível, na liquidação do património do devedor insolvente e a repartição do produto obtido pelos credores.

2 – Estando em situação económica difícil, ou em situação de insolvência meramente iminente, o devedor pode requerer ao tribunal a instauração de processo especial de revitalização, de acordo com o previsto nos artigos 17°-A a 17°-I.

O art. 2° enumera os sujeitos passivos do processo de insolvência e as entidades dele excluídas:

a) Quaisquer pessoas singulares ou colectivas; [grifo nosso]

(...)

Outro exemplo de legislação que foi atualizada para contemplar um procedimento uniforme de tratamento da insolvência é a ***lei alemã de 1999****, o lnsolvenzordnung (lnsO). Logo na Seção 1 são apresentados os objetivos dos processos de insolvência: (i) servir à satisfação coletiva dos credores do devedor por meio da liquidação de seus bens e distribuição dos resultados, ou (ii) para conclusão de um acordo num plano de insolvência, especialmente com o fito de manter a empresa. Aos devedores honestos deve ser concedida a oportunidade de alcançar a remissão de débitos residuais.*

É na Seção 11 do lnsO onde se encontra a possibilidade de utilização do processo de insolvência por qualquer pessoa natural ou jurídica (...).[20]

O fato de a Lei n. 11.101/2005 ter deixado de incluir no rol de legitimados os não-empresários atuantes no mercado é objeto de crítica da doutrina:

---

20 ALVES, Alexandre Ferreira de Assumpção. "Recuperação Judicial de Associações". *In*: *Associações: Constituição, Fundamentos e Perspectivas*. FRAZÃO, Ana; GONÇALVES, Oksandro; CAMINHA, Uinie. Rio de Janeiro: Processo. 2017, pp. 172/176.

> *(...) o Direito abriu espaço para a recuperação, judicial e extrajudicial, de agentes econômicos ameaçados de insolvência, harmonizando-se com a atual relevância social e política do mercado e, por consequência, de seus agentes, devendo o direito comercial extrapolar suas fronteiras tradicionais, atuando nas feições do mercado, indo além da mera disciplina da atuação dos agentes econômicos, não devendo, assim, restringir-se à regulação da atividade empresária. Mais que isso,* ***deve atentar para questões afetas a não-empresários, também atuante no mercado.***
>
> *Por isso, vale o risco da assertiva: as modernas legislações sobre o concurso de credores preveem a recuperação judicial e extrajudicial de devedores insolventes sem a estreiteza subjetiva adotada pelo legislador brasileiro.*
>
> *(...)*
>
> ***Em outras palavras, a atual Lei de Falências e de Recuperação de Empresas em nosso país, ainda apresentando resquícios de uma fase subjetivista do direito comercial, não demonstrou preocupação com a manutenção da fonte produtiva de agentes econômicos não-empresários, dos empregos por eles mantidos, pela sua função social, dentre outros atributos que poderiam ser enumerados.***
>
> *(...)*
>
> ***Não há como se negar a semelhante atuação (econômica) de associações, fundações, em determinados mercados, com suas concorrentes sociedades empresárias. Todas elas se socorrem do crédito.*** *Ainda para sustentar a semelhança entre os empresários e os não-empresários agentes econômicos, todos eles podem estar inseridos no mesmo mercado relevante, para fins de aplicação da lei de concorrência.*[21]

---

21 PROENÇA, José Marcelo Martins. "Os Novos Horizontes do Direito Concursal: uma crítica ao continuísmo prescrito pela Lei 11.101/2005". *Revista de Direito Mercantil, Industrial, Econômico e Financeiro*, ano XLVIII, nº 151/152, jan/dez. 2009, pp. 56-59 – sem destaques no original.

Manoel Justino Bezerra Filho, como visto anteriormente, em que pese entenda não ser possível conceder a benesse da recuperação às associações, reconhece que o Direito Empresarial está direcionado a evoluir para a teoria do agente econômico:

> *O pensamento jurídico evoluiu da teoria do ato de comércio para a teoria da empresa, adotada pelo atual Código Civil;* ***discute-se que deve evoluir agora para a chamada teoria do agente econômico, o que levaria todo e qualquer exercente de atividade econômica a estar sob a égide desta Lei.***[22]

Embora na recente alteração implementada pela Lei n. 14.112/2020 o legislador tenha deixado de incluir as associações e sociedades civis, mas tenha contemplado produtores rurais sem registro na Junta Comercial, até a pouco tempo também não abarcados pela Lei n. 11.101/2005, bem como clubes de futebol (com a inclusão do parágrafo único no art. 971 do CC/2002 pela Lei n. 14.193/2021, que equiparou as associações relacionadas à atividade futebolística à atividade empresária), a interpretação analógica no presente caso se impõe, reforçada pelo princípio da preservação social da empresa e dos benefícios econômicos e sociais dela decorrentes.

A possibilidade das associações se socorrerem do processo de soerguimento para manter suas atividades é uma necessidade que surgiu em decorrência do volume de prestação de serviços por elas implementados, gerando, por consequência, um volume maior de dívidas, afigurando-se insuficiente o modelo associativo para amparar o modelo de atividade por elas exercido.

Assim como ocorreu com os clubes de futebol, que não podem mais ser considerados como mera atividade social ou esportiva, diante dos valores geridos com passes de jogadores, patrocínios, direitos

---

22 BEZERRA FILHO, Manoel Justino. *Lei de Recuperação de Empresas e Falência*: Lei 11.101/2005 Comentada Artigo por Artigo. 15ª ed. 2ª tiragem. São Paulo: Revista dos Tribunais, 2021, p. 82.

de imagem e exploração de marca, as associações que evoluíram na prestação de serviços, exercendo inegável função social ao atender inúmeros cidadãos, não podem ser consideradas meras entidades filantrópicas.

> *O modelo associativo, antes predominante em todo o território nacional, não mais permite a recuperação financeira dos clubes de futebol, salvo em raríssimas exceções, como acontece com os tradicionais clubes espanhóis Real Madrid e Barcelona.*[23]

Feitas tais considerações, diante da ausência de proibição legal expressa, não se afigura existir óbice a uma interpretação extensiva do art. 1º da Lei n. 11.101/2005, a fim de preservar a atividade econômica e a função social exercida pelas associações.

2 O posicionamento do STJ e de outros tribunais

O Superior Tribunal de Justiça não fechou os olhos para a realidade social e econômica envolvendo as associações filantrópicas e promoveu um reposicionamento do Direito Empresarial, retirando o foco do empresário e direcionando-o para a atividade empresarial.

Em 2008 esta Corte admitiu a recuperação judicial de associação civil ao analisar caso análogo ao presente, em que o pedido foi formulado também por uma entidade hospitalar, a Casa de Portugal:

> *(...)*

---

23 FILARDI, Hugo; CASTRO, Juliana; MACHADO, Rafael Orazem Ramos. "Recuperação judicial de times de futebol e a SAF". *Migalhas*, jan. 2022. Disponível em: https://www.migalhas.com.br/depeso/357425/recuperacao-judicial-de-times-de-futebol-e-a-saf. Acessado em: 14.03.2024.

Duas ponderações me parecem indispensáveis para apreciação do pedido.

Em primeiro lugar, é de ser destacada a ***função social da recorrente, entidade que mantém um hospital, um asilo e um colégio,*** *havendo notícia nos autos de que emprega por volta de seiscentas pessoas, disponibiliza à sociedade carioca mais de cem leitos, possui duzentos e setenta alunos matriculados, além de recolher impostos anualmente no montante de R$ 7.000.000,00 (sete milhões de reais).*

Ademais, o plano de recuperação está em pleno andamento, inclusive com o cumprimento de suas etapas iniciais, asseverando o magistrado de primeiro grau, verbis:

"...no pouco tempo desde o deferimento do processamento da recuperação judicial, em 14.06.2006 (fls. 1026), cuja decisão foi publicada em 07.08.2006 (fls. 1489), a recuperanda já apresenta considerável incremento de suas receitas, mais do que quintuplicadas. A projeção do fluxo de caixa apresentada no plano de recuperação a fls. 1599 está sendo praticamente alcançada, conforme atesta o documento de fls. 2800, demonstrando total viabilidade da atividade econômica exercida, com a superação da crise econômico-financeira".

Nesta conformidade, lembrando ainda que a finalidade maior da recuperação judicial é a preservação da atividade econômica e dos postos de trabalho, creio deva ser aplicada a teoria do fato consumado à espécie, sob pena de extinção da recorrente, entidade fundada há quase oitenta anos.

(...)

Cabe realçar, também, agora com apoio na doutrina abalizada do Prof. ARNOLD WALD, *que* ***a caracterização de empresa reside no "exercício de uma atividade econômica... que tenha por fim a criação ou circulação de riquezas, bens ou serviços", estando a ideia de empresa "relacionada com o princípio de economicidade, ou seja com o desenvolvimento de uma atividade capaz de cobrir os próprios custos, ainda que não existam finalidades lucrativas" – fls. 365.***

A recorrente, quando da interposição do recurso e não havendo motivo para duvidar de sua afirmativa, contava com

> *leitos ocupados no Hospital Comendador Gomes Lopes e alunos no Colégio Sagres, além de outras atividades, todas elas, ainda segundo a recorrente, remuneradas.*
>
> *Ante o exposto, conheço do recurso em parte e, nessa extensão, dou-lhe provimento para que prossiga a recuperação judicial da Casa de Portugal.*
>
> (REsp nº 1.004.910/RJ, relator Ministro FERNANDO GONÇALVES, Quarta Turma, j. 18/3/2008, DJe de 4/8/2008 – sem destaques no original)

Em julgado recente, a Quarta Turma do STJ, ao analisar agravo interno em tutela provisória, permitiu o prosseguimento provisório da recuperação judicial do Grupo Educação Metodista, revogando decisão monocrática que impedia o procedimento.

O órgão colegiado entendeu que as associações civis sem fins lucrativos com finalidade e atividades econômicas detêm legitimidade para requerer recuperação judicial. Confira-se a ementa do precedente:

> *AGRAVO INTERNO. TUTELA PROVISÓRIA NO RECURSO ESPECIAL. CONTRACAUTELA. RECUPERAÇÃO JUDICIAL. ILEGITIMIDADE ATIVA DAS* **ASSOCIAÇÕES CIVIS SEM FINS LUCRATIVOS.** *FUMAÇA DO BOM DIREITO RECONHECIDA.* PERICULUM IN MORA *CARACTERIZADO.* ***PROCESSAMENTO DA RECUPERAÇÃO JUDICIAL AUTORIZADO.*** *CESSÃO DE CRÉDITO. TRAVAS BANCÁRIAS. CRÉDITO NÃO SUJEITO AOS EFEITOS DA RECUPERAÇÃO JUDICIAL. AUSÊNCIA DE RECONHECIMENTO DA ESSENCIALIDADE. NÃO ENQUADRAMENTO DOS RECEBÍVEIS COMO BEM DE CAPITAL. PROSSEGUIMENTO DAS EXECUÇÕES. CASO CONCRETO.*
>
> *1. Para a concessão de liminar conferindo efeito suspensivo a recurso especial, é necessária a demonstração do periculum in mora – que se traduz na urgência da prestação jurisdicional no sentido de evitar que, quando do provimento final,*

> *não tenha mais eficácia o pleito deduzido em juízo –, assim como a caracterização do fumus boni iuris – ou seja, que haja a plausibilidade do direito alegado, a probabilidade de provimento do recurso.*
>
> ***2. No âmbito de tutela provisória e, portanto, ainda em juízo precário, reconhece-se que há plausibilidade do direito alegado: legitimidade ativa para apresentar pedido de recuperação judicial das associações civis sem fins lucrativos que tenham finalidade e exerçam atividade econômica.***
>
> *3. Na espécie, o risco de lesão grave e de difícil reparação também se encontra patente, conforme a descrição da situação emergencial efetivada pelo Administrador Judicial.*
>
> *4. No entanto, a pretensão recursal não se mostrou plausível em relação à necessidade de suspensão das travas bancárias, já que, nos termos da atual jurisprudência do STJ, os direitos creditórios (chamados de "recebíveis") utilizados pela instituição financeira para amortização e/ou liquidação do saldo devedor da "operação garantida" não se submetem à recuperação judicial.*
>
> *5. Agravo interno parcialmente provido.*
>
> (AgInt no TP nº 3.654/RS, relator Ministro RAUL ARAÚJO, relator para acórdão Ministro LUIS FELIPE SALOMÃO, Quarta Turma, j. 15/3/2022, DJe de 8/4/2022 – sem destaque no original)

Na hipótese dos autos, a instituição filantrópica HOSPITAL DO AMPARO está formalmente constituída como Associação Civil sem fins lucrativos, formato que assumiu desde a sua criação, há mais de 100 anos, por meio do registro do seu estatuto no Cartório de Registro Civil de Pessoas Jurídicas (e-STJ, fl. 98).

Note-se que o modelo empresarial não poderia ter sido adotado pelas associações constituídas sob a égide do Código Comercial de 1850, que não autorizava participação empresarial em atividades educacionais, de saúde, entre outros.

Com efeito, o art. 19 do Regulamento 737 de 1850, que definia os chamados atos de comércio no Brasil, ou seja, as relações jurídicas que mereciam ser disciplinadas pelo Direito Comercial, considerava as seguintes atividades como de mercancia:

> *§ 1º A compra e venda ou troca de effeitos moveis ou semoventes para os vender por grosso ou a retalho, na mesma especie ou manufacturados, ou para alugar o seu uso.*
>
> *§ 2º As operações de cambio, banco e corretagem.*
>
> *§ 3º As emprezas de fabricas; de com missões; de depositos; de expedição, consignação e transporte de mercadorias; de espectaculos publicos (Vide Decreto nº 1.102, de 1903).*
>
> *§ 4º Os seguros, fretamentos, risco, e quaesquer contratos relativos ao cornmercio maritimo.*
>
> *§ 5º A armação e expedição de navios.*

Naquela época era vigente a Lei n. 173/1893, que regulava a organização das associações com fins religiosos, morais, científicos, artísticos, políticos ou de simples recreio, consoante se verifica no seu art. 1º:

> *Art. 1º As associações que se fundarem para fins religiosos, moraes, scientíficos, artísticos, políticos, ou de simples recreio, poderão adquirir individualidade jurídica, inscrevendo o contracto social no registro civil da circumscripção onde estabelecerem a sua sede.*

Assim, certo é que o modelo de atuação das associações constituídas em tempos remotos atendeu aos termos legais durante mais de um século, exercendo em caráter habitual e profissional a prestação de serviços assistenciais, não sendo possível que ao necessitar se socorrer do instituto da recuperação judicial para a continuação de seus negócios, tenham o seu intento repelido, justamente pela afirmação de que não exercem atividade empresarial ou mercantil.

Nesse contexto, a possibilidade de conceder a benesse da recuperação judicial não deve se ater à natureza jurídica do agente, e sim ao impacto da atividade por ele empreendida e a sua função social.

Conforme precedentes desta Corte Superior, não é a inscrição no registro de empresas que confere a qualidade empresária àquela atividade:

> *Conforme já difundido na doutrina e consolidado nos Enunciados n. 198 e 199 da Jornada de Direito Civil do Conselho de Justiça Federal, "**a inscrição do empresário na Junta Comercial não é requisito para a sua caracterização, admitindo-se o exercício da empresa sem tal providência. O empresário irregular reúne os requisitos do art. 966, sujeitando-se às normas do Código Civil e da legislação comercial, salvo naquilo em que forem incompatíveis com a sua condição ou diante de expressa disposição em contrário**". Além disso, "a inscrição do empresário ou sociedade empresária é requisito delineador de sua regularidade, e não de sua caracterização".*
>
> (AgInt no TP nº 3.654/RS, relator Ministro RAUL ARAÚJO, relator para acórdão Ministro LUIS FELIPE SALOMÃO, Quarta Turma, j. 15/3/2022, DJe de 8/4/2022 – sem destaque no original)

> (...) ***a inscrição no Registro Público de Empresas Mercantis não promove a constituição do empresário, tampouco é definidor, por si, da incidência do regime jurídico empresarial. Possui, sim, o condão de declarar a qualidade jurídica de empresário, conferindo-lhe status de regularidade.***
>
> (REsp 1.811.953/MT, Rel. Ministro MARCO AURÉLIO BELLIZZE, Terceira Turma, j. 6/10/2020, DJe 15/10/2020 – sem destaque no original)
>
> *Como se observa na norma, não há exigência formal para que se reconheça determinada pessoa física ou jurídica como empresário. **Não se exige que realize o prévio arquivamento de seus atos constitutivos na Junta Comercial. Assim, o registro***

> ***não tem natureza constitutiva*** *(exceção para o empresário rural),* ***mas simplesmente declaratória.***
>
> (REsp 1.478.001/ES, Rel. Ministro RAUL ARAÚJO, Quarta Turma, j. 10/11/2015, DJe 19/11/2015 – sem destaque no original)

Em suma, apesar de não se enquadrarem formalmente no conceito de empresa, é possível adotar uma interpretação teleológica fundada nos princípios da preservação da empresa e da sua função social para admitir a extensão da benesse do processo recuperacional às associações que exerçam atividade econômica de relevante interesse social.

Conclusão

– Mais importante do que o formalismo inerente à natureza jurídica do agente econômico, deve prevalecer, para fins de aplicação da Lei n. 11.101/2005, a atividade desenvolvida pela pessoa jurídica requerente da recuperação judicial.

– Se todo o arcabouço jurídico pátrio leva em consideração a função social da propriedade e, por consequência, o princípio da preservação da empresa, viável a concessão da benesse da recuperação judicial também para uma associação civil sem fins lucrativos.

– O instituto da recuperação judicial busca proteger não os sócios ou a sociedade empresária, mas sim, a atividade econômica, ou seja, a preservação da atividade, do empreendimento.

– A atual configuração da empresa, sob a ótica do capitalismo humanista, já não admite mais a simples busca pelo lucro, dissociada de outros valores. Por isso mesmo, pensando no ideal moderno de empresa, seu rumo, cada vez mais, flui em direção à preservação da dignidade e da fraternidade.

– As associações, apesar de não serem sociedades empresárias e de não distribuírem lucros entre os associados, possuem realce econômico, promovendo a geração de empregos, tributos, rendas e benefícios de alta relevância social e podem usufruir dos benefícios da recuperação judicial.

Referências bibliográficas

ALVES, Alexandre Ferreira de Assumpção. "Recuperação Judicial de Associações". *In*: FRAZÃO, Ana; GONÇALVES, Oksandro; CAMINHA, Uinie (Coord.). *Associações*: Constituição, fundamentos e perspectivas. Rio de Janeiro: Processo, 2017.

BEVILÁQUA, Clóvis. *Código Civil dos Estados Unidos do Brasil comentado*. vol. 1. Rio de Janeiro: Francisco Alves, 1931.

BEZERRA FILHO, Manoel Justino. *Lei de recuperação de empresas e falência*: Lei 11.101/2005 comentada artigo por artigo. 15ª ed. 2ª tiragem. São Paulo: Revista dos Tribunais, 2021.

BORGES, Ana Luisa Porto. "A recuperação judicial das associações – pessoas jurídicas de direito privado com fins não econômicos: uma análise sobre a possibilidade jurídica". *Revista de Direito Empresarial*, vol. 12, ano 3. São Paulo: RT, nov/dez, 2015.

BRASIL. Superior Tribunal de Justiça. *AgInt no TP nº 3.654/RS*, relator Ministro RAUL ARAÚJO, relator para acórdão Ministro LUIS FELIPE SALOMÃO, Quarta Turma, j. 15/3/2022, DJe de 8/4/2022.

______. Superior Tribunal de Justiça. *AgInt no TP nº 3.654/RS*, relator Ministro RAUL ARAÚJO, relator para acórdão Ministro LUIS FELIPE SALOMÃO, Quarta Turma, j. 15/3/2022, DJe de 8/4/2022.

______. Superior Tribunal de Justiça. *REsp 1.478.001/ES*, Rel. Ministro RAUL ARAÚJO, Quarta Turma, j. 10/11/2015, DJe 19/11/2015.

______. Superior Tribunal de Justiça. *REsp 1.811.953/MT*, Rel. Ministro MARCO AURÉLIO BELLIZZE, Terceira Turma, j. 6/10/2020, DJe 15/10/2020.

______. Superior Tribunal de Justiça. *REsp nº 1.004.910/RJ*, relator Ministro FERNANDO GONÇALVES, Quarta Turma, j. 18/3/2008, DJe de 4/8/2008.

BORGES, Ana Luisa Porto. "A recuperação judicial das associações: pessoas jurídicas de Direito Privado com fins não econômicos: uma análise sobre a possibilidade jurídica". *Revista de Direito Empresarial*, vol. 12, ano 3, nov./dez. 2015.

COSTA, Daniel Carnio. *Direito Comercial*. Edição 1, julho de 2018. Disponível em: https://enciclopediajuridica.pucsp.br/pdfs/recuperacao-judicial-procedimento_5b47f7f089854.pdf. Acessado em: 14.03.2024.

CUNHA, Fernando Antonio Maia da; DIAS, Maria Rita Rebello Pinho. *Comentários à Lei de Recuperação de Empresas e Falência*: Lei n. 11.101, de 09 de fevereiro de 2005. São Paulo: Contracorrente, 2022.

FILARDI, Hugo; CASTRO, Juliana; MACHADO, Rafael Orazem Ramos. "Recuperação judicial de times de futebol e a SAF". *Migalhas*, jan. 2022. Disponível em: https://www.migalhas.com.br/depeso/357425/recuperacao-judicial-de-times-de-futebol-e-a-saf. Acessado em: 14.03.2024.

GOMES, Orlando. *Introdução ao Direito Civil*. 19ª ed. Rio de Janeiro: Forense, 2009.

GUIMARÃES, Márcio Souza. "A ultrapassada teoria da empresa e o direito das empresas em dificuldade". *In*: RIBEIRO, José Horácio Halfeld Rezende; WAISBERG, Ivo (Coord.). *Temas de Direito da Insolvência*: estudos em homenagem ao Professor Manoel Justino Bezerra Filho. São Paulo: IASP, 2017.

MARIANI, Irineu. *Temas comerciais e empresariais*. Porto Alegre: Ledur Serviços Editoriais Ltda., 2018.

MELO, Cinira Gomes Lima. *Plano de Recuperação Judicial*. 2ª ed. São Paulo: Almedina Brasil, 2021.

OLIVEIRA, Alexsandro Cruz de. *A aplicação do instituto da recuperação judicial para associações com fins econômicos*: estudo de caso da recuperação judicial do instituto Cândido Mendes. São Paulo, 2021. (Dissertação de Mestrado).

PEREIRA, Thomaz H. Junqueira de A. "A função dos princípios do direito recuperacional e falimentar brasileiro". *In*: BRUSCHI, Gilberto Gomes (Coord.). *Direito processual empresarial*: estudos em homenagem ao professor Manoel de Queiroz Pereira Calças. Rio de Janeiro: Elsevier, 2012.

PONTES DE MIRANDA, Francisco Cavalcanti. *Tratado de Direito Privado*. Parte Especial. Tomo XLIX. São Paulo: Revista dos Tribunais, 2012.

PROENÇA, José Marcelo Martins. "Os novos horizontes do Direito Concursal: uma crítica ao continuísmo prescrito pela Lei 11.101/2005". *Revista de Direito Mercantil, Industrial, Econômico e Financeiro*, ano XLVIII, nº 151/152, jan-dez. 2009.

REQUIÃO, Rubens. *Curso de Direito Comercial*. 33ª ed. vol. 1. São Paulo: Saraiva, 2014.

SILVA, Joelma Araújo Rufino da; ALBUQUERQUE, Joseane Maria de A. R. Pessoa de. "Recuperação judicial de associações civis sem fins lucrativos: a ampliação da Lei n. 11.101/05 sob a ótica da hermenêutica jurídica". *Revista Brasileira de Direito Comercial*, nº 41, jun./jul. 2021

CAPÍTULO XXIII

A RENOVAÇÃO DO PEDIDO RECUPERACIONAL

PAULO ROBERTO GRAVA BRAZIL

THIAGO LOURENÇO

Introdução

A Lei n. 11.101/2005, em seu art. 1º, estabelece, de forma clara e objetiva, que o devedor empresário ou a sociedade empresária poderá requerer recuperação judicial, mas, para a formalização da pretensão, deverá atender, cumulativamente, os requisitos elencados no art. 48, do referido diploma, além das condições estabelecidas no art. 51 (informações e documentos que devem instruir a petição inicial). Se em termos, terá o processamento da sua recuperação judicial deferido pelo juiz, na forma do art. 52.

Dentre os requisitos previstos no aludido dispositivo legal, destaca-se o disposto no inciso II,[1] que estabelece "não ter, há menos de 5 (cinco) anos, obtido concessão de recuperação judicial".

Em princípio, parece ser um requisito formal, de simples intelecção e de fácil verificação, ou seja, como destaca a melhor doutrina, tratar-se-ia de um "critério de política legislativa".[2]

No entanto, há nuances que precisam ser consideradas pelo estudioso do direito de insolvência, como alicerce para que compreenda, com a maior profundidade possível, as consequências dos sucessivos pedidos de recuperação judicial.

Ainda que não se mostre expressivo o número de renovações da pretensão recuperacional, parece haver uma tendência ao surgimento dessa possibilidade. Todavia, tem-se que, apesar da permissão legal, a lei não disciplina questões relevantes, como, p.e., o tratamento do crédito daquele afetado por duas recuperações ou a necessidade de o plano anterior se encontrar em dia, como requisito para a concessão da nova recuperação.

Assim, como procuraremos demonstrar ao longo deste trabalho, a realidade das recuperações judiciais reclama uma releitura das exigências para a renovação do pedido de recuperação ou, ao menos, uma maior reflexão a respeito.

---

1 Por uma questão meramente prática, não serão feitas referências ao inciso III, do art. 48, da Lei n. 11.101/2005, que trata da recuperação judicial concedida com base no plano especial de que trata a Seção V, do Capítulo III, mas as considerações feitas neste trabalho se ajustam igualmente à hipótese vertente.

2 BEZERRA FILHO, Manoel Justino *et al. Recuperação empresarial e falência*. 2ª ed. rev., atual. e ampl. vol. 5 (Coleção Tratado de Direito Empresarial). São Paulo: Thomson Reuters Brasil, 2018, p. 186.

1 Breves considerações

A pesquisa doutrinária sobre a exigência do inciso II, em comento, ainda que traçando considerações sobre o instituto da recuperação judicial, acaba, na maioria dos casos, ao fim e ao cabo, por tratá-la como um simples requisito temporal.

Daniel Carnio e Alexandre Nasser dão destaque para o marco inicial da contagem dos cinco anos, afirmando:

> O marco temporal inicial para o cômputo do prazo de cinco anos, previsto no inc. II, é a data correspondente ao dia da publicação da decisão que homologa o plano aprovado pelos credores e concede a recuperação judicial (SCALZILLI; SPINELLI; TELLECHEA, 2018, p. 315).[3]

Fábio Ulhoa ressalta a importância do lapso temporal, na medida em que seu não atendimento sugere que a empresa encontra dificuldade na exploração da atividade. Eis o que diz o professor:

> (...) não se legitima ao pedido de recuperação judicial o devedor que a tenha obtido há menos de 5 anos. Se foi concedida a uma sociedade empresária a recuperação judicial nesse período (no quinquênio anterior), e está ela necessitando de novo socorro para reorganizar seu negócio, isso sugere falta de competência suficiente para exploração da atividade econômica em foco.[4]

---

3 COSTA, Daniel Carnio; MELO, Alexandre Correa Nasser de. *Comentários à lei de recuperação de empresas e falências*: lei 11.101, de 09 de fevereiro de 2005. 2ª ed. Curitiba: Juruá, 2021, p. 191.

4 COELHO, Ulhoa Fábio. *Comentários à Lei de Falências e de Recuperação de Empresas*. 15ª ed. São Paulo: Thomson Reuters Brasil, 2021, p. 168.

Paulo Fernando Campos Salles de Toledo e Adriana V. Pugliesi, além de classificar o requisito como um *critério de política legislativa*, anotam que a recuperação judicial

> (...) é instrumento destinado ao empresário em crise temporária e sanável, ou seja, em condições de reerguer-se e restabelecer-se no mercado; sem que seja necessário valer-se do procedimento sucessivamente e de forma aleatória. Pressupõe a lei que o devedor viável tenha capacidade de manter-se no mercado sem que seja necessário valer-se da recuperação judicial de forma reiterada, pois essa situação indicaria que a crise é insuperável. Daí, a exigência de prazo mínimo, de cinco anos, entre um e outro pedido, o que está em conformidade com a sistemática e objetivos do procedimento e da Lei 11.101/2005 como um todo.[5]

Fernando Maia e Maria Rita Pinho não destoam, ao tecer o seguinte comentário:

> Os incisos II e III também obstam ao empresário ou sociedade empresária que tenha obtido a concessão da recuperação judicial, seja a comum ou a especial (LREF, artigos 70 a 72), há menos de cinco anos, de obter nova recuperação judicial. Presume a lei que o empresário que a obteve no quinquênio anterior não possui aptidão suficiente para a superação da crise econômico-financeira e a manutenção da fonte produtora.[6]

Sacramone é objetivo:

---

5 BEZERRA FILHO, Manoel Justino *et al. Recuperação empresarial e falência*. 2ª ed. rev., atual. e ampl. vol. 5 (Coleção Tratado de Direito Empresarial). São Paulo: Thomson Reuters Brasil, 2018, p. 186.

6 CUNHA, Fernando Antonio Maia da; DIAS, Maria Rita Rebello Pinho. *Comentários à Lei de Recuperação de Empresas e Falência*: Lei n. 11.101, de 09 de fevereiro de 2005. São Paulo: Contracorrente, 2022, p. 326.

> Cumulativamente, o empresário não pode ter se beneficiado de outra recuperação judicial pelo procedimento ordinário ou de micro e empresas de pequeno porte (arts. 70-72).[7]

Nessa linha, segue a doutrina de Manoel Justino, que faz pequena digressão sobre o sistema legal anterior:

> Havia dispositivo semelhante na lei anterior (inc. IV do art. 140), que estabelecia também a vedação para o devedor que, há menos de cinco anos, houvesse impetrado concordata. No regime daquela lei estabeleceu-se a possibilidade de tal período mínimo ser desconsiderado se tivesse havido desistência da concordata. Assim, imaginando-se a eventual possibilidade de desistência do pedido de recuperação (§ 4º art. 52), deve-se avaliar a corrente jurisprudencial formada no regime da lei anterior.[8]

É interessante a percepção da também respeitável Rachel Sztajn, que, ao lecionar sobre o tema, considera que

> [o] período de 5 anos, que poderia ser maior, não inferior, tem que ver com prazos prescricionais. Entretanto, do ponto de vista econômico, tem função pedagógica porque inibe aquelas pessoas que, tomadoras de risco, em situação de perigo tentem transferir parte do ônus a terceiros. A transferência de riscos entre agentes econômicos se faz de várias formas. O que não se permite é criar instrumentos que incentivem o

---

7 SACRAMONE, Marcelo Barbosa. *Comentários à Lei de recuperação de empresas e falência*. 4ª ed. São Paulo: SaraivaJur, 2023, p. 215.

8 BEZERRA FILHO, Manoel Justino; SANTOS, Eronides A. Rodrigues dos. *Lei de recuperação de empresas e falência – Lei 11.101/2005*: comentada artigo por artigo. 15ª ed. rev. atual. e ampl. São Paulo: Thomson Reuters Brasil, 2021, p. 216.

> procedimento quando o custo é imposto por força de assimetria de informação.[9]

Com fulcro nesse panorama doutrinário, baseado nas lições atuais desses renomados profissionais, podem ser tiradas alguma conclusões, a saber: (i) a possibilidade de renovar o pedido de recuperação judicial é um critério de política legislativa; (ii) a lei expressamente possibilitou que a sociedade empresária possa repetir o pedido de recuperação judicial; (iii) foi estabelecida uma quarentena de cinco anos, entre a concessão de uma e a formalização de outra pretensão recuperacional; (iv) seu termo inicial é a concessão da recuperação judicial (processualmente conta-se da publicação da decisão que a concedeu/homologou)[10] e seu termo final a formalização do novo pedido; (v) não há qualquer exigência legal quanto ao cumprimento do plano aprovado na primeira recuperação judicial; (vi) não há limitação do número de pedidos de recuperação judicial que uma sociedade empresária possa usufruir, desde que observado o interstício legal; e (vi) o microssistema previsto na LREF não estabelece como serão tratados os créditos definitivamente novados na primeira recuperação, caso admitida a segunda e que, naquele momento, ainda não se encontrem liquidados.

Assim, traçado o perfil da exigência temporal para a renovação do pedido de recuperação judicial, necessário se faz retomar o sentido da própria recuperação judicial e examinar as dificuldades que surgirão na implementação do pedido de renovação.

---

9 SOUZA JÚNIOR, Francisco Satiro de; PITOMBO, Antônio Sérgio A. de Moraes (Coord.). *Comentários à Lei de recuperação de empresas e falência*: Lei 11.101/2005. São Paulo: Revista dos Tribunais, 2007, p. 226.

10 Admitida a contagem da concessão da recuperação judicial, parece-nos que não mais se cogita do sistema anterior (DL 7661/1945), que falava em desistência da concordata.

2 O verdadeiro sentido da recuperação judicial

A recuperação judicial destina-se à empresa em crise, mas, antes de mais nada, à empresa em crise *viável*, pois não interessa ao sistema como um todo manter viva uma empresa, por meio de artifícios legais que a possibilitam não honrar em sua plenitude os compromissos assumidos, que não se apresenta em condições de cumprir sua função social.

Lembrando, juntamente com Tellechea, Scalzilli e Spinelli, que:

> (...) essa função social da empresa nada tem a ver com a prática de atos de caridade ou de cunho social, como em um primeiro momento pode parecer. Efetivamente, a empresa não cumpre função social ao doar itens aos desabrigados de uma enchente ou ao plantar árvores em áreas ambientalmente degradadas. Claro que essas são práticas louváveis, mas não se relacionam com a função social das empresas – aliás, de acordo com a Lei das S.A., a prática de atos gratuitos só pode ocorrer com moderação, sob pena de responsabilização dos próprios administradores (LSA, art. 154, § 2º, 'a').[11]

Ainda, segundo os mencionados autores:

> A função social da empresa se revela com o exercício de uma atividade lucrativa. Isso porque, ao perseguir o lucro, ela produz ou coloca ao alcance das pessoas a maior parte dos bens e serviços consumidos. Ao explorar a sua atividade, promove interações econômicas com outras empresas, movimentando a economia. Compra, vende, paga salários e tributos, ajudando no desenvolvimento da comunidade em que está inserida.

---

11 TELLECHEA, Rodrigo; SCALZILLI, João Pedro; SPINELLI, Felipe Luis. *História do Direito Falimentar*. São Paulo: Almedina, 2018, p. 221.

> Cria e, ao seu modo, distribui riqueza. É exatamente assim que empresa cumpre sua função social.[12]

A importância dessas colocações é deixar evidente que a recuperação judicial só tem sentido se a crise da empresa for passageira, se os favores legais concedidos pela recuperação estiverem voltados a uma empresa que estava cumprindo sua função social e que se mostra com condições de tornar a cumprir esse papel, com o soerguimento, não de empresa inviável, que não é capaz de se manter no mercado.

Em síntese, a recuperação judicial não deve servir como instrumento de proteção patrimonial ou dos interesses íntimos dos sócios, para soerguer, a qualquer custo, empreendimento fracassado, mas para salvar empresa com verdadeiro potencial de soerguimento, que cumpre e tem condições de continuar a cumprir o seu papel social.

Essa a justificativa para a importância atribuída ao princípio da preservação da empresa, estampado no art. 47, da LREF, ao estabelecer que

> A recuperação judicial tem por objetivo viabilizar a superação da situação de crise econômico-financeira do devedor, a fim de permitir a manutenção da fonte produtora, do emprego dos trabalhadores e dos interesses dos credores, promovendo, assim, a preservação da empresa, sua função social e o estímulo à atividade econômica.

É pertinente acrescentar, a propósito, a ponderada lição de Alberto Camiña Moreira, encontrada em capítulo da obra coletiva coordenada por Sheila C. Neder Cerezetti e Emanuelle Urbano Maffioleti, ao exortar que:

---

12 TELLECHEA, Rodrigo; SCALZILLI, João Pedro; SPINELLI, Felipe Luis. *História do Direito Falimentar*. São Paulo: Almedina, 2018, p. 221.

> (...) a preservação da empresa, máxima a orientar a aplicação da Lei 11.101/05, deve compatibilizar-se com outros valores igualmente protegidos pelo ordenamento jurídico, como o direito de propriedade dos credores. O devedor em recuperação impõe sacrifício aos credores, e, por isso, o direito aguarda que ele atue com honestidade, com boa-fé e sem abuso de direito. Em conclusão, do particular ao geral: o processo de recuperação judicial não serve de instrumento de indevida proteção patrimonial do devedor.[13]

O processamento de todo e qualquer pedido de recuperação judicial afeta a economia como um todo, tem reflexos na respectiva área de atuação da empresa, em menor ou maior escala, a depender de sua importância no mercado, repercute na concessão e no custo do crédito e pode gerar efeito cascata, na medida em que impõe a seus credores < muitos dos quais também sociedades empresárias > condições menos favoráveis para recebimento de seus créditos.

Não é exagero o argumento de alguns credores, afetados pela recuperação judicial de seus devedores, no sentido de que há, entre os agentes do mercado, quando um deles obtém recuperação judicial, um tipo de concorrência desleal, pois, enquanto uns seguem, à risca, as obrigações fiscais e ordinárias com os seus credores, outros interrompem, primeiro, o pagamento de tributos,[14] permanecem por longo período (de até um ano) protegidos dos ataques dos credores e, ao final, ainda têm o seu passivo em grande parte reduzido e diluído em décadas.

---

13 CEREZZETTI, Sheila; MAFFIOLETTI, Emanuelle Urbano (Coord.). *Dez anos da Lei n. 11.101/2005*: estudos sobre a Lei de Recuperação e Falência. São Paulo: Almedina Brasil, 2015, p. 186.

14 A situação parece caminhar para outro rumo, diante da recente decisão do STJ, no sentido de exigir a regularização fiscal (REsp n. 2.053.240/SP, Rel. Min. Marco Aurélio Bellizze, Terceira Turma, j. em 17.10.2023).

E não há como negar que a aplicação da lei gera tal desequilíbrio no mercado, fato suficiente para exigir, do Poder Judiciário, redobrada atenção no exame de pedidos desse jaez.

Dessa forma, voltamos ao começo, só há algum sentido em conceder a recuperação judicial se a empresa demonstrar sua viabilidade em superar a crise. Esse é o verdadeiro espírito da lei.

Sob essa ótica, ainda que ao juiz da recuperação não caiba a análise econômica de viabilidade da empresa em recuperação,[15] a prática vem demonstrando que os credores, ao aprovarem os planos, enxergam na recuperação judicial uma mera tábua de salvação, que lhes permite receber alguma coisa de um crédito que já dão como perdido.

Não por outra razão, vê-se que apenas os detentores de vultosos créditos se empenham em criticar o plano e tentar modificá-lo, possibilitando, no mais das vezes, que sejam criadas classes especiais de credores, em regra com condições mais favoráveis de recebimento, no tempo e no *quantum*.

O estudo promovido pelo Observatório da Insolvência, do Núcleo de Estudos de Processos de Insolvência – NEPI da PUCSP e Associação Brasileira de Jurimetria – ABJ, feito em 3 fases, sob a coordenação de Marcelo Guedes Nunes (ABJ), Ivo Waisberg (PUC-SP), Marcelo Sacramone (PUC-SP), Fernando Corrêa (ABJ) e Julio Trecenti (ABJ), traz a importante informação de que:

> [o] pequeno percentual de rejeição do plano de recuperação judicial por deliberação em Assembleia Geral de Credores, de

15 Enunciado 46, da I Jornada de Direito Comercial, do Conselho da Justiça Federal: "Não compete ao juiz deixar de conceder a recuperação judicial ou de homologar a extrajudicial com fundamento na análise econômico-financeira do plano de recuperação aprovado pelos credores". No mesmo sentido, o art. 51-A, § 5º, segunda parte, da Lei n. 11.101/2005, incluído pela Lei n. 14.112/2020.

> apenas 20,8%, aliado a outras circunstâncias, como expressivo deságio e dilação de pagamento, poderá indicar que os planos de recuperação judicial não têm sido aprovados em razão da mera apreciação da viabilidade econômica da empresa pelo credor. Reduzido percentual de reprovação pode indicar que, embora a empresa possa ser inviável economicamente, a falta de ativos do devedor resultaria em liquidação falimentar ainda mais ruinosa para o credor, o que sugere a falta de controle da atividade empresarial por todos os agentes econômicos. Essa hipótese pode ser ainda mais agravada pela participação, na falência, de credores não submetidos à recuperação judicial e com passivos vultosos, como os credores tributários.[16]

Em outras palavras, os credores fazem a opção de manter, no mercado, empresa inviável, falhando no seu mister e contrariando expressamente o verdadeiro espírito do princípio da preservação da empresa, só porque a falência seria, para eles, o pior cenário.

Mas voltando ao mote inicial, de ser relembrada a precisa colocação de Fabio Ulhoa, que deve ser objeto de permanente reflexão, no sentido de que a empresa que busca a recuperação judicial às vezes deve se sujeitar à realidade e submeter-se à solução de mercado. Como bem pondera o ilustre professor:

> (...) a recuperação da empresa não deve ser vista como um valor jurídico a ser buscado a qualquer custo. Pelo contrário, as *más* empresas devem falir para que as *boas* não se prejudiquem. Quando o aparato estatal é utilizado para garantir a permanência de empresas insolventes inviáveis, opera-se uma inversão inaceitável: o risco da atividade empresarial transfere-se do empresário para os seus credores.[17]

---

16 ABJ. *Observatório da insolvência*: primeira fase. 2016, p. 12. Disponível em: https://abj.org.br/pesquisas/2a-fase-observatorio-da-insolvencia/. Acessado em: 04.03.2024.

17 COELHO, Ulhoa Fábio. *Comentários à lei de falências e de recuperação de empresas*. 15ª ed. São Paulo: Revista dos Tribunais, 2021, p. 161.

Há de se lembrar, igualmente, a já citada lição de Tellechea, Scalzilli e Spinelli, para quem:

> Nem toda empresa merece ser preservada. Não existe, no direito brasileiro ou em qualquer outro dos que temos notícia, um princípio da "preservação da empresa a todo custo". Na verdade, a LREF consagra, no sentido exatamente oposto, um princípio complementar ao da preservação da empresa, que é a retirada da empresa inviável do mercado.
>
> Ora, não é possível – nem razoável – exigir que se mantenha uma empresa a qualquer custo. Quando os agentes econômicos que exploram a atividade não estão aptos a criar riqueza e podem prejudicar a oferta de crédito, a segurança e a confiabilidade do mercado, é sistematicamente lógico que eles sejam retirados do mercado, o mais rápido possível, para o bem da economia como um todo.[18]

Em suma, só existe sentido em recuperar a empresa *viável*, aquela que tem algo a contribuir com o mercado, pois ainda que sua operacionalização esteja voltada ao lucro particular, é sua eficiência para o mercado que ganha relevo e justifica a proteção conjuntural da crise, por meio da benesse judicial.

Não por outra razão, olhando a lei de recuperação de empresas e falência, como uma vertente do direito de empresa, um corte ou uma fatia do direito comercial, a feliz assertiva, dentre tantas outras, de Paula Forgioni:

> O direito mercantil não é concebido para socorrer o agente individualmente considerado, mas o *funcionamento do*

---

18 TELLECHEA, Rodrigo; SCALZILLI, João Pedro; SPINELLI, Felipe Luis. *História do Direito Falimentar*. São Paulo: Almedina, 2018, p. 231.

> *mercado*; o interesse da empresa é protegido na medida em que implica o *bem do tráfico mercantil*.[19]

Desse contexto, surge a necessidade de examinar a renovação do pedido de recuperação judicial em uma perspectiva que não se restrinja ao preenchimento dos requisitos formais, mas que vá além, não dissociando a pretensão da conjuntura de mercado em que inserida a sociedade que pretende nova recuperação judicial. Daí a releitura que se propõe do discutido requisito legal.

3 A releitura da exigência estabelecida no inciso II, do art. 48, da Lei n. 11.101/2005

O prazo de cinco anos para a renovação da pretensão de uma situação de crise em repetição tem certa lógica. Isso porque, a própria recuperação judicial pode ser pleiteada no início da atividade, ou seja, uma vez que a exigência para uma primeira pretensão é de uma curta existência de dois anos (LREF, art. 48, *caput*), possível a renovação, se respeitado prazo maior.

No entanto, não é comum que a recuperação se faça no início da atividade. Em regra, as empresas que procuram o benefício já estão há um certo tempo no mercado e ostentam um razoável período de solidez de atuação, apresentando-se como afetadas por uma situação anômala, que poderá, com grandes chances, ser superada com a benesse da recuperação judicial.

Eis, portanto, o ponto em que queríamos chegar: em que medida a renovação do pedido de recuperação judicial, após o lapso de cinco anos da primeira concessão, analisada apenas pelo prisma do critério temporal, traduz uma providência de interesse para o mercado?

---

19 FORGIONI, Paula A. *A evolução do direito comercial brasileiro*. 5ª ed. São Paulo: Thomson Reuters Brasil, 2021, p. 14.

A hipótese seria, como parece sugerir parte das lições doutrinárias citadas, de simples aferição de cumprimento da exigência temporal, em linha com o que assevera o professor Fábio Ulhoa, na medida em que a iniciativa antes dos cinco anos "sugere falta de competência suficiente para exploração da atividade econômica",[20] mas, transposto o lapso de tempo, como apontam Fernando Maia e Maria Rita, há a presunção de que a empresa possui "aptidão suficiente para a superação da crise econômico-financeira e a manutenção da fonte produtora".[21]

Parece existir uma falta de sinergia na pretensão de renovação da pretensão, lastreada tão-só e singelamente no marco temporal, ignorando-se a necessidade de se ponderar, p.e., a finalidade do próprio instituto.

Nesse caminhar e seguindo a posição doutrinária atual, se a crise surgir, por exemplo, aos quatro anos e meio da primeira concessão, a pretensão não será possível, porque haveria uma previsão de que a empresa não tem aptidão para superar a crise; no entanto, se aparecer aos cinco anos e um dia, essa aptidão é presumida.

Deixa-se, portanto, para segundo plano, na interpretação literal da norma, a análise do que a empresa trouxe de positivo desde que obteve o primeiro favor legal.[22]

---

20 COELHO, Ulhoa Fábio. *Comentários à lei de falências e de recuperação de empresas*. 15ª ed. São Paulo: Revista dos Tribunais, 2021, p. 168.

21 CUNHA, Fernando Antonio Maia da; DIAS, Maria Rita Rebello Pinho. *Comentários à Lei de Recuperação de Empresas e Falência*: Lei n. 11.101, de 09 de fevereiro de 2005. São Paulo: Contracorrente, 2022, p. 326.

22 O termo "favor legal" esculpido ao tempo da concordata preventiva aqui também se mostra adequado, na medida em que a recuperação judicial, pelos termos e condições em que, em regra, se apresenta para solucionar a crise financeira, não deixa de ser um favor previsto em lei e imposto como solução para o mercado.

Passados cinco anos, há a suposição de que se trata de uma nova crise, não de uma crise não superada, pela incompetência administrativa, pelas mudanças de mercado, pela perda de relevância do serviço prestado, pela perda de interesse do público-alvo, pela própria perda de importância do produto produzido, pelo irremediável descrédito da imagem no mercado ou por um grau de endividamento insuperável.

Diante deste quadro, quer nos parecer que a previsão estática da lei exige um posicionamento proativo dos personagens envolvidos com a problemática, advogados, administradores judiciais e juízes, inclusive da própria doutrina.

É certo que as exigências ordinárias da recuperação judicial haverão de ser atendidas no pedido sucessivo (LREF, art. 51) – sem dúvida, isso irá acontecer –, mas raramente essas exigências barram a concessão da recuperação judicial, pois estão ligadas, essencialmente, à própria regularidade contábil da empresa, além de informações sobre as causas da crise e o tamanho do passivo.

Em razão dessas considerações, o nosso pensamento é de que a análise do cumprimento – ou não – do requisito do art. 48, II, da LREF, não pode ser feita de forma rasa, com o exame apenas formal, sem que se considere a recuperação anterior e a realidade dos pedidos de recuperação judicial que ultimamente vêm sendo deferidos, em compasso com a jurisprudência formada em torno do tema. Entendemos que se deva considerar o resultado da primeira recuperação, com respostas às seguintes indagações: houve, de fato, solução da primeira crise? o plano anterior está em dia? a empresa é viável, com condições de superar a nova crise?

É que a prática tem mostrado uma realidade diferente da concebida na legislação de regência.

Primeiro, a empresa não procura o caminho da recuperação nos primeiros sinais de crise, quer se trate de um primeiro pedido de recuperação, quer se trate de um segundo, deixando para adotar a iniciativa, no mais das vezes, quando a crise já passou a fase inicial e avizinha-se a possibilidade de quebra.

De acordo com o conteúdo produzido pelo Observatório da Insolvência do Núcleo de Estudos de Processos de Insolvência – NEPI da PUCSP e da Associação Brasileira de Jurimetria – ABJ (2021), que, em sua segunda fase, examinou recuperações judiciais na Capital Paulista, distribuídas entre janeiro de 2010 e julho de 2017, além de atualizar os processos com planos aprovados entre outubro e dezembro de 2019, e revisados entre maio e setembro de 2020,

> [a] relação entre ativo e passivo das empresas em recuperação obedece a uma correlação linear positiva nos logaritmos muito forte, próxima de 1. Passivo e ativo das empresas nessa situação apresentam valores globais muito próximos em números absolutos, de tal forma que o seu patrimônio líquido tende a zero.[23]

É comum, portanto, entre as empresas requerentes da recuperação judicial, não possuirem ativos suficientes para solver o passivo, apresentando-se, portanto, ao Poder Judiciário, em situação de grave crise. Talvez por isso, os credores prefiram uma recuperação "ruim" a uma falência pior ainda.

Percebe-se, na prática, que, tolhida a intervenção do judiciário na questão da viabilidade econômica, a recuperação judicial tem sido tomada como um valor a ser buscado ou concedido a qualquer custo e sempre a destempo, basta que o plano de recuperação judicial seja aprovado pelos credores. A partir daí, pode-se corrigir um ou outro ponto, afastar uma ou outra cláusula, pode-se até mesmo afastar a homologação, desde que se possibilite uma nova assembleia-geral e os credores, cansados e sem esperança, no mais das vezes, vendo um

---

23 ABJ. *Observatório da insolvência*: segunda fase. Disponível em: https://abj.org.br/pesquisas/2a-fase-observatorio-da-insolvencia/. Acessado em: 04.03.2024.

passivo muito superior ao ativo, quando este ainda existente, vão se omitindo ou aprovando o plano, na esperança de receber alguma coisa ou evitar mais gastos com um credor desacreditado.

Assim, o lapso de tempo exigido pela lei, para renovação do pedido de recuperação, tornou-se, na prática, por demais exíguo, sendo nítido o descrédito do instituto, ao menos entre os credores.

Explica-se: na grande maioria dos planos aprovados ou na sua quase totalidade, à exceção dos trabalhistas, dificilmente o credor recebe alguma parcela de seu crédito dentro dos cinco anos.

O convívio diário com os mais diversos planos recuperatórios faz perceber que é comum, entre eles, prazo de carência superior ao lapso de cinco anos e raramente inferior a dois anos, equivalente ao biênio de fiscalização do cumprimento do plano; o de pagamento, então, nem se comenta; os pagamentos, despudoradamente, além de prever deságios que chegam, atualmente, próximos do perdão da dívida, passaram a ser em prestações anuais, a partir do quinto ou sexto ano de carência, em até dez, quinze, vinte ou mais anos, em percentuais mínimos nos primeiros anos. Chega-se a estipular que o pagamento substancial do crédito, já extremamente reduzido pelo deságio, próximo dos 90%, só ocorrerá na última parcela, ou seja, após uma década ou mais.

Há alguns exemplos, de processos recentes e de consulta pública, cujas condições de pagamento confirmam essa realidade.

No processo n. 1001559-31.2020.8.26.0080, distribuído em 11.12.2020, plano aprovado em 04.10.2022 e decisão homologatória de 24.04.2023, as condições de pagamento são, para a **Classe I**: 12 meses, sem qualquer atualização; **Classe III**: deságio de 75%; prazo: 15 anos; carência: 24 meses; atualização: TR, mais juros de 1% ao ano; **Classe IV**: deságio: 55%; prazo: 12 meses (2 parcelas); carência: 24 meses; atualização: juros de 1% ao ano, mais TR. Há subclasses, inclusive nos trabalhistas, com melhores condições de pagamento.

O que chama atenção, nos planos de recuperação recentes, é que os percentuais do deságio têm sido a cada dia maiores, tornando-se comum se deparar com propostas com previsão de desconto de 90% e que, mesmo assim, são aprovadas pelos credores.

Vejamos.

No processo n. 1099468-13.2020.8.26.0100, distribuído em 21.10.2020, plano aprovado em 26.04.2023 e decisão homologatória de 01.06.2023, as condições de pagamento são, para a **Classe I**: 36 meses da concessão da recuperação ou do trânsito em julgado da habilitação, limitado o pagamento, como trabalhista, a 150 salários-mínimos; o saldo será pago como quirografário; **Classe II**: embora credores dessa classe não tenham votado, estipulou-se deságio de **90%**; prazo: 10 anos; carência: 21 meses; atualização: 20% CDI, mais juros de 1% ao ano; **Classe III**: deságio de **90%**; prazo: 10 anos; carência: 21 meses; atualização: 20% CDI, mais juros de 1% a.a.; **Classe IV**: deságio de **90%**; prazo: 10 anos; carência: 21 meses; atualização: 20% CDI, mais juros de 1% ao ano. Há subclasses criando critérios mais benéficos para o colaborador financeiro e para o colaborar fornecedor.

No caso, a considerar as condições de pagamento ordinárias, com incrível desconto de 90% e o pagamento de apenas 10% do crédito em longos 10 anos, após a carência de 21 meses, ficou claro que a criação das subclasses foi decisiva para a aprovação do plano.

Há mais.

No processo n. 1000461-33.2017.8.26.0624, distribuído em 31.01.2017, com aditivo ao plano aprovado em 06.12.2022 e decisão homologatória de 14.12.2022, as condições de pagamento são, para a **Classe I**: sem alteração em relação ao último plano originário, que respeita os 12 meses; **Classe II: deságio de 90%**, sem carência, sem atualização e à vista (30 dias da homologação do aditivo ao plano); **Classes III e IV**: sem carência, mas o pagamento será de responsabilidade do adquirente da UPI, em pagamentos semestrais, que só se iniciarão após 6 meses da publicação da decisão homologatória. As amortizações começam com 5%, 10%, 15% e assim sucessivamente, nas parcelas semestrais. Condições: **deságio de 90%**; prazo: 10 anos; carência: apesar de o plano afirmar que não há, estipula 6 meses; atualização: TR, mais juros de 2% ao ano. Não há subclasses.

As condições expostas no parágrafo anterior confirmam nossa percepção, de que a apresentação de aditivos, durante a recuperação judicial, cansa os credores, desestimulando-os de enfrentar a tentativa, do devedor, de sempre minar o crédito, em inúmeras assembleias, como, no caso, de aprovação de aditivo ao plano, com deságio de 90% para as Classes III e IV e cujo pagamento só terá fim após 10 anos. Observa-se que a recuperação é de janeiro de 2017 e a proposta agora aprovada, que só atinge as Classes III e IV, já que credores trabalhistas foram pagos e a Classe II receberá em 30 dias da homologação do plano, só foi aprovada/homologada em dezembro de 2022, ou seja, 5 anos depois!

A fim de se aproximar, ainda mais, da realidade dos pedidos sucessivos de recuperação judicial, mais alguns exemplos concretos.

No processo n. 1030812-77.2015.8.26.0100, distribuído em 31.03.2015, com plano aprovado em 17.12.2015 e decisão homologatória de 26.01.2016, o encerramento deu-se por decisão de 03.03.2020, com trânsito em julgado em 20.09.2021. Quanto às condições de pagamento, embora não seja possível extrair, do plano, qual seria, exatamente, o deságio, vê-se o seguinte quadro: **Classe I:** condições originais não alteradas; **Classe II**: emissão de debêntures, com o pagamento integral do crédito e conservação das garantias, além de outras formas alternativas, se não vendida a UPI; **Classe III**: Credor Financeiro de "grupo 1": *a)* até R$9.889,00 por credor, em 90 dias da homologação do plano, além de NPs e bônus de subscrição (não especifica o valor); *b)* "grupo 1 provedores de seguros-garantia": até R$280 milhões, desde que disponibilizem novas apólices; *c)* Credor Financeiro do "grupo 2": recebem títulos (notas promissórias, de refinanciamento e bônus de subscrição

– complexa forma de pagamento); *d)* Credor Financeiro do "grupo 3": R$9.889,00 em até 90 dias da homologação do plano, com a distribuição, entre o grupo, de R$10 milhões em 31.12.2017, R$10 milhões em 31.12.2018, R$10 milhões em 31.12.2019, R$44 milhões em 31.12.2020 e o saldo no 25º ano pós-homologatório. Atualização pela TR, mais 0,25% a.a. Há previsão de credores fornecedores; **Classe IV**: até R$9.889,00 em 90 dias da homologação do plano. Distribuição entre os credores de R$464.262,29. As subclasses estão embutidas nos credores quirografários, com várias nuances.

A segunda recuperação judicial do mesmo grupo empresarial foi proposta em 15.10.2021, quase 6 anos após a concessão da primeira.

Trata-se do processo n. 1111746-12.2021.8.26.0100, com plano aprovado em 02.08.2022 e decisão homologatória de 24.10.2022. Quanto às condições de pagamento, temos, na **Classe I**: até R$ 7 mil, em 90 dias, com perdão do resto, ou até 150 salários-mínimos em 1 ano, com deságio de 40% do que ultrapassar essa marca, acrescido de TR e juros de 0,125% ao ano. O credor poderia optar, com relação ao saldo, por receber os recursos dos direitos creditórios (procedimentos arbitrais ainda não finalizados, mas que renderiam crédito às recuperandas) ou fazer a *Opção A*, dos quirografários (deságio de 40%, com pagamento em 25 anos e carência de 5 anos). **Classe II**: inexistente; **Classe III**: *Opção A*: deságio de 40% (bônus de adimplência); prazo: 25 anos; **carência: 5 anos**; atualização: TR, mais juros de 0,125% ao ano; *Opção B*: recebe até R$10 mil e dá quitação do saldo (credores menores); prazo: 1 ano; carência: 1 ano; atualização: TR, mais juros de 0,125% a.a.; *Opção C*: deságio de 80%; prazo: 10 anos (sete anuais); carência: 3 anos; atualização: TR, mais juros de 0,125% ao ano; **Classe IV**: recebe até R$5 mil; prazo: 1 ano; carência: 1 ano; atualização: TR, mais juros de 0,125% ao ano; o resto será pago em 25 anos, em parcelas anuais, com vencimento da primeira no segundo ano pós-homologatório. Previsão de deságio/bônus de adimplência de 40%. Há subclasses na Classe I, segundo o valor do crédito.

É nítido, ao se promover a comparação das condições de pagamento entre a primeira e a segunda recuperações, que, na mais recente, exigiu-se maior sacrifício dos credores.

Destaca-se que, na primeira, sequer foram alteradas as condições dos trabalhistas, enquanto, na segunda, estipulou-se limitação do pagamento, como trabalhista, a 150 salários-mínimos, classificando o saldo como quirografário, com as reduções ali previstas. O prazo de pagamento em 25 anos, com carência de 5 anos (prazo suficiente para requerer a terceira recuperação), que afeta não só os trabalhistas (na parte que exceder 150 salários-mínimos), mas, também, os quirografários (*Opção A*), ou, mesmo, a carência de 3 anos, que justificaria o deságio de 80% para os quirografários que fizerem a *Opção C*, também chamam a atenção.

Acrescenta-se a notícia, veiculada no Anuário da Justiça do Consultor Jurídico, Direito Empresarial, 2023, a respeito da referida recuperação judicial, no sentido que

> [a] relação apresentada [na segunda recuperação] tem nada menos que 873 credores provenientes do passivo [da segunda], que já estavam sujeitos aos efeitos da recuperação judicial recentemente encerrada. (...) Diante de uma segunda recuperação, de se questionar se houve, de fato, um encerramento açodado do processo [da primeira recuperação], ou mesmo manobra de um grupo de empresas para não pagar seus credores, arrastando-os para a via de uma nova recuperação judicial e a todos os sacrifícios que tal processo lhes impõem.[24]

Mais cedo, mais tarde, tais questões chegarão ao Judiciário.

---

24 CONJUR. *Anuário da Justiça*, 2023, p. 55. Disponível em: https://anuario.conjur.com.br/pt-BR/profiles/78592e4622f1-anuario-da-justica/editions/anuario-da-justica-direito-empresarial-2023/pages/page/28. Acessado em: 08.04.2024.

O segundo exemplo é a recuperação judicial que recebeu o número de processo 0152612-70.2007.8.26.0100, distribuída em 15.05.2007 e com plano homologado em 10.07.2008. O encerramento deu-se por decisão de 27.05.2016. Não foi possível conhecer as condições de pagamento, por se tratar de processo físico.

A segunda recuperação judicial do mesmo grupo empresarial foi proposta em 24.04.2020, 11 anos após a concessão da primeira e menos de cinco anos de seu encerramento.

Trata-se do processo n. 1033888-36.2020.8.26.0100, com plano aprovado em 22.07.2021 e homologação/concessão em 26.08.2021. Quanto às condições de pagamento, temos, na **Classe I**: pagamento em 12 meses da homologação, com TR, acrescida de juros de 1% ao ano. Limitação do pagamento, como trabalhista, a 250 salários-mínimos, com o acréscimo de 50% dessa marca, no aludido montante, sem que o resultado ultrapasse R$350 mil. O saldo (além dos R$ 350 mil) será pago conforme as condições dos quirografários. O plano condiciona o pagamento da Classe I à venda da UPI; **Classe II**: inexistente; **Classe III**: o plano prevê 6 faixas ou intervalos de valores: *a)* até R$2.500,00 – sem deságio, carência de 24 meses e pagamento em 2 anuais; *b)* de R$2.500,01 até 5.000,00 – deságio de 25%, carência de 24 meses e pagamento em 3 anuais; *c)* de R$5.000,01 até R$10.000,00 – deságio de 55%, carência de 36 meses e pagamento em 5 anuais; *d)* de R$10.000,01 até 25.000,00 – deságio de 65%, carência de 36 meses e pagamento em 6 anuais; *e)* de R$25.000,01 até R$250.000,00 – deságio de 75%, carência de 48 meses e pagamento em 9 anuais; *f)* a partir de R$250.000,01 – deságio de 85%, carência de 48 meses e pagamento em 12 anuais (Dr. Grava, será melhor tirar esses detalhes). A atualização será pela TR, mais 1% ao ano; **Classe IV**: aqui também foram previstas as faixas de valor: *a)* até R$6.000,00 – sem deságio, carência de 24 meses e pagamento em 2 anuais; *b)* de R$6.000,01 até R$10.000,00 – deságio de 20%, carência de 24 meses e pagamento em 3 anuais; *c)* de R$10.000,01 até R$50.000,00 – deságio de 45%, carência de 36 meses e pagamento em 5 anuais; *d)* de R$50.000,01 até R$150.000,00 – deságio de 65%, carência de 36 meses e pagamento em 10 anuais; *e)* de R$150.000,01 até R$200.000,00 – deságio de 75%, carência de 36 meses e pagamento em 11 anuais; *f)* a partir de R$200.000,01 – deságio de 85%, carência de 36 meses e pagamento em 12 anuais. Atualização pela TR, mais 1% ao ano. Há subclasses nas Classes III e IV.

Embora não seja possível saber, nesse caso, como os credores da primeira recuperação foram pagos, por se tratar de processo físico, imagina-se, diante do transcurso de 11 anos entre os pedidos, que aquele plano estava em estágio avançado de cumprimento, senão cumprido, na época da formulação da segunda recuperação.

De qualquer forma, deve-se considerar, nesse caso, que houve alta aprovação dos credores na segunda recuperação, em todas as classes, talvez devido ao hiato maior, entre um e outro pedido, o que faz crer que, na segunda, as devedoras trouxeram crise nova.

A fim de trazer mais elementos sobre os planos recuperatórios que têm sido aprovados, recorre-se, mais uma vez, à pesquisa do Observatório da Insolvência, que, na fase 2 (item 8.3), constatou, com relação, respectivamente, às Classes II (item 8.3.2) e III (item 8.3.3):

> (...) pagamentos com deságio em 44,3% dos casos. Em média, porém, os planos de recuperação judicial contaram com taxas de deságio médio de 47,2% para os credores titulares de créditos com garantias reais".[25]
>
> "O estudo apontou um prazo médio de 9 anos para o pagamento dos credores quirografários, com deságio médio de 70,8%. Diferentemente da classe anterior, em 82,7% dos processos o pagamento da dívida teve a presença de deságios.

---

25 ABJ. *Observatório da insolvência*: segunda fase. Páginas 42/43. Disponível em: https://abj.org.br/pesquisas/2a-fase-observatorio-da-insolvencia/. Acessado em: 04.03.2024.

> Desconsiderando esses planos sem deságio, o deságio médio foi de 70,8%.
>
> Considerando apenas os 78,6% de casos com previsão de juros, foi observada taxa média de juros de 4,0% para credores quirografários. A TR foi novamente o índice de correção mais utilizado. (...) Para dívidas até R$ 1 milhão ou sem informação, os prazos raramente ultrapassam 15 anos, sendo que em 21,1% dos casos há pagamento em até 5 anos. Na faixa de dívida entre R$ 1 e R$ 5 milhões, 52,8% dos casos apresentam prazos entre 2 e 5 anos. Já nas faixas de dívida que vão de R$ 5 a R$ 50 milhões, 41,8% das dívidas são pagas entre 10 e 15 anos. Para as dívidas acima de R$ 50 milhões, 62,7% dos planos prevê prazos de pagamento de 10 anos ou mais.[26]

A pesquisa revela que, com o passar dos anos, tem-se aprovado planos cada vez piores aos credores, com deságios sempre maiores, prazos de pagamento e carência mais longos, além dos juros, em patamares extremamente baixos. Os prazos de carências, de seu turno, estão sempre no final ou após o encerramento do período de supervisão judicial de cumprimento do plano, prejudicando a efetividade do mecanismo.

Ora, não há como fechar os olhos para essa realidade.

Isso sem falar que o período de supervisão judicial (LREF, art. 61, *caput*), na prática, caminha para se tornar letra morta ou pelo menos algo de menor relevância, não só pelos limites de intervenção da autoridade judiciária, mas pela tendência de encurtamento do acompanhamento, já que a reforma legislativa (Lei n. 14.112/2020) alterou a redação original do dispositivo que o disciplinava, para

---

26 ABJ. *Observatório da insolvência*: segunda fase. Páginas 42/43. Disponível em: https://abj.org.br/pesquisas/2a-fase-observatorio-da-insolvencia/. Acessado em: 04.03.2024.

indicar que este, o período de supervisão, se dará até o máximo de dois anos da concessão da recuperação.

Já se nota uma tendência de que os planos de recuperação judicial indiquem cláusula dispensando a supervisão judicial ou reduzindo-a a um simbólico período, que mal possibilita o acompanhamento da regularidade do pagamento dos trabalhistas; quanto a estes, deve-se lembrar da nova disposição contida no § 2º, do art. 54, da LREF, que, se atendidos os requisitos cumulativos dos seus incisos I a III, permite o pagamento em 3 anos.

Aliás, já se encontra, na doutrina mais recente, entendimento considerando:

> que uma fase de cumprimento do plano após a sua homologação judicial, para que o devedor continue sob fiscalização judicial, não é da essência de um procedimento judicial de recuperação. Trata-se de uma medida que pode ou não ser inserida em determinado sistema legislativo, mas não se mostra indispensável à efetividade de um processo de recuperação de empresas.[27]

Embora se trate de posição atualmente isolada, são sensíveis as ponderações no sentido que:

> (...) é equivocado enxergar o sistema de insolvência como se houvesse abuso de direito apenas por parte dos credores. Infelizmente, demonstrando a tendência pró-devedor e a não superação do tanto proclamado dualismo pendular, a Lei nº 14.112/2020 cuidou de incluir o § 6º ao art. 39 da LRF para dispor, expressamente, que o voto abusivo do credor é nulo. Não há, contudo, uma regra sequer que, efetivamente, coíba

27 ALMEIDA, Arthur Cassemiro Moura de *et al. Lei de recuperação e falência*: pontos relevantes e controversos da reforma. Coordenado por Paulo Furtado de Oliveira Filho. Indaiatuba: Foco, 2021, p. 59.

> o pedido de recuperação tardio, a tomada de empréstimos ou a celebração de acordos com credores desavisados na véspera do pedido, casos típicos de abuso por parte dos devedores. As disposições penais, como a fraude contra credores prevista no art. 168 da LRF, convenhamos, são raramente aplicadas. Ainda: (...) a melhor interpretação da nova redação do *caput* do art. 61 da Lei de Recuperações e Falências [deve] navegar, primeiro, pela verdadeira superação do dualismo pendular, equilibrando bem não só o direito do devedor (redução de custos com o rápido encerramento do processo), mas, também, os nefastos efeitos ao direito dos credores, talvez até desconhecidos destes, especialmente a consolidação da novação.[28]

De se notar, ainda, que o fim da supervisão e, consequentemente, o encerramento da recuperação, impõe efeitos relevantes, na medida em que sacramenta a novação dos créditos (isso quer dizer que o crédito perde as suas condições originais, passando a ser exigível pelo valor resultante das condições estipuladas no plano) e remete, em caso de descumprimento do plano, à execução no juízo singular ou ao pedido individual de falência (art. 62, LREF), posto que não mais se cogitará em convolação, mas decretação.

Como se verifica, o quadro atual é muito diferente daquele idealizado pelo legislador de 2005, quando, aparentemente, havia uma lógica no interstício de cinco anos, visto que o plano deveria ser apresentado em sessenta dias, sob pena de convolação em falência (art. 53 – algo inusitado), os trabalhistas deveriam ser pagos em um ano (art. 54 – o entendimento jurisprudencial era de que a contagem se fazia do pedido, agora, pacificado pelo STJ, conta-se da homologação e o prazo pode ser estendido até três anos – art. 54, § 2º), a assembleia geral deveria ser realizada em prazo não superior a cento e cinquenta dias (art. 56, § 1º – algo raro), portanto, dentro do *stay period*, que era estipulado em seis meses (art. 6º, § 4º), antes

28 PATELLA, Laura Amaral *et al.* (Coord.). *Estudos sobre a reforma da Lei 11.101/2005*. Belo Horizonte: Expert, 2022, pp. 512/513.

improrrogáveis, por expressa disposição legal, hoje prorrogáveis por mais seis meses (prazo raramente atendido). Por fim, originalmente a recuperanda ficaria em supervisão por dois anos (art. 61), prazo esse que era contado, na vigência da redação original do art. 61, *caput*, a partir do final da carência imposta aos credores;[29] com a reforma, ela poderá ficar sob supervisão por até dois anos, contados da decisão homologatória do plano.

Daí se vê que é necessário, ao menos, repensar a aplicação do aludido art. 48, II, da lei de regência, que, se visto, num primeiro momento, como um dispositivo legal de fácil intelecção, dotado de critério meramente objetivo para a obtenção da recuperação judicial, mostra-se carregado de implicações que recomendam exame mais profundo, afastando-se a sempre rasa interpretação literal.

1 Alguns questionamentos relevantes

À vista de que a recuperação judicial, em seu âmago, busca equacionar o passivo do devedor e encontrar uma proposta factível de pagamento dos seus credores, considerando, ainda, que, uma vez aprovado o plano, os créditos são novados (e as partes que ali negociaram não imaginavam, nem calculavam, por óbvio, que o crédito seria mais uma vez novado), tem-se que o repisar da pretensão recuperacional amplia o espectro dos efeitos do soerguimento em face dos credores de cada uma das recuperações, razão suficiente para o olhar crítico ora proposto.

Cumpre observar, a propósito, que se trata de novação *sui generis*, condicionada ao cumprimento do plano, de modo que, se descumprido durante o período de fiscalização, enquanto ainda será

---

29 Enunciado II, do Grupo de Câmaras Reservadas de Direito Empresarial do TJSP: "O prazo de 2 (dois) anos de supervisão judicial, previsto no art. 61, 'caput', da Lei n. 11.101/05, tem início após o transcurso do prazo de carência fixado". (Enunciado cancelado em sessão de 27.04.2021).

possível a convolação em falência, "os credores terão restituídos seus direitos e garantias nas condições originalmente contratadas" (art. 61, § 2º, da LREF).

Se, porém, o descumprimento for posterior ao período de supervisão, a novação, agora, será definitiva, restando ao credor apenas pleitear a execução ou a falência pelo valor novado (art. 62, da LREF), pelo crédito modificado/reduzido pelo plano.

Diante desse cenário legislativo, como ficam os créditos ou os credores da primeira recuperação, frente à nova recuperação? O novo pedido de recuperação pressupõe o cumprimento do plano anterior? O inadimplemento do plano original inibe que se peça nova recuperação judicial, mesmo se cumprido o requisito temporal do art. 48, II, da LREF, inclusive como matéria de defesa em eventual pedido de falência, com esteio, exatamente, no plano (original) descumprido (art. 96, VII, da LREF)? Os créditos novados sujeitar-se-ão à nova recuperação, ou seja, estarão sujeitos a uma nova novação (Lei n. 11.101/2005, art. 49)? Caso se entenda pela sujeição ao novo plano, o crédito se apresentará repristinado (sem os decréscimos sofridos em decorrência do plano anterior) ou pelo valor novado na primeira recuperação? A inadimplência, em relação ao primeiro plano, permite ao credor do crédito originalmente novado executar o devedor ou pedir a sua falência ou seria de impossível aplicação o art. 62, da LREF, pois, sujeito novamente ao concurso, esse credor estaria impedido de executar ou pedir a falência com esteio em crédito mais uma vez concursal? Como fica a situação dos credores que, na primeira recuperação, foram considerados extraconcursais, principalmente daqueles que, em prol da recuperação da empresa, dedicaram-se a promover novos fornecimentos de bens e serviços, na certeza de que, nos moldes dos arts. 67 e 84, I-E, da LREF, "serão considerados extraconcursais, em casos de decretação de falência"?

Essas são algumas indagações que buscaremos enfocar na sequência.

2 Encaminhamentos possíveis e a necessidade de alteração legislativa

Em que pese a permissão legal para o ajuizamento de sucessivas recuperações judiciais tenha integrado o texto original da Lei n. 11.101/2005 – aliás, no regime anterior havia disposição semelhante no art. 140, IV, do Decreto-Lei n. 7.661/1945 –, a prática demonstra que esse tipo de pedido só passou a ser utilizado recentemente. Trata-se de uma realidade que a jurisprudência e a doutrina terão de enfrentar, diante da omissão legislativa sobre relevantes desdobramentos decorrentes de uma nova recuperação.

Quanto ao processamento propriamente dito, a lógica é que serão observados, mais uma vez, o procedimento de uma recuperação judicial ordinária, abrindo-se, portanto, todas as fases previstas na lei.

No pedido, serão examinados a legitimidade (critério subjetivo) e o cumprimento dos requisitos formais (critérios objetivos), na fase deliberativa, o novo plano será apresentado e, se houver objeção, será votado pelos credores, que, se aprovarem, permitirão a possibilidade de homologação judicial. Por fim, a execução do plano (período de supervisão judicial).

Até aqui, é possível apropriar-se, na nova recuperação, das regras existentes no microssistema contido na lei de regência.

No entanto, há um vácuo legislativo, no que diz respeito ao pagamento dos credores. Daí os diversos questionamentos.

Após conhecer melhor o panorama dos planos que têm sido votados/aprovados pelos credores e dos contornos de uma segunda recuperação, na tentativa de encontrar, ao menos abstratamente, alguma solução palpável para a omissão legislativa, sobre o destino dos créditos e dos credores já afetados pela primeira recuperação, entendemos possível adotar alguns caminhos.

2.1 Primeiro caminho

O primeiro encaminhamento contém solução simplória, mas que parece atender à lógica da lei existente, em compasso com o sistema processual civil vigente.

A considerar, como dito, que, com o encerramento do período de fiscalização, o crédito foi definitivamente novado na primeira recuperação, será ele incluído, no quadro-geral da segunda, pelo saldo até agora não pago, ou seja, o resultado do crédito original, após as novas condições previstas e aprovadas pela maioria dos credores ao admitir o primeiro plano, deduzidas as parcelas pagas até a data da renovação do pedido. Na segunda recuperação, esse valor sofrerá nova redução, submetendo-se, pois, às condições de pagamento impostas pelo novo plano.

Todavia, tal solução não parece a mais adequada, razoável e proporcional, representando, em verdade, certo abuso de direito do devedor, com a imposição de novo desconto, em crédito já em parte ceifado, o que se mostraria, em princípio, extremamente injusto.

2.2 Segundo Caminho

O segundo caminho, com solução, em princípio, mais adequada < ou justa >, seria exigir o cumprimento concomitante de ambos os planos recuperatórios, ou seja, enquanto o devedor cumpre, nos termos da primeira recuperação, o respectivo plano, que poderá, nos termos do art. 62, da LREF, se descumprido, ensejar execução ou pedido de falência individuais, cumpriria, ao mesmo tempo, o plano da segunda recuperação, que abrangeria créditos, obviamente, não integrados naquela.

O problema, aqui, nos parece, é resolver a questão sobre a sujeição do crédito, pois, nos termos do art. 49, *caput*, da LREF, os créditos da primeira recuperação também estariam sujeitos à segunda.

Como estamos tratando do segundo pedido recuperatório e a considerar, como exposto, a grande chance de, nesse momento, o primeiro plano ainda se encontrar em fase de cumprimento - com o pagamento apenas parcial dos credores -, é preciso dizer como tal situação será equalizada.

Isso porque, embora a lei não discipline a matéria, vigora, no sistema jurídico brasileiro, a proibição do *non liquet*.

Ainda que, com um esforço de interpretação, pudesse, teoricamente, ser admitido o trâmite simultâneo das duas recuperações, sem aplicação da regra do art. 49 aos créditos não solvidos da primeira, por hipoteticamente se considerar que situações desiguais devem receber tratamentos desiguais; ou que a situação da primeira recuperação judicial está consolidada e faz coisa julgada entre as partes, não se sujeitando a novas alterações pela via da recuperação judicial, ante a ausência de expressa determinação legal a respeito; ou, ainda, que essa interpretação atende aos "fins sociais e às exigências do bem comum, resguardando e promovendo a dignidade da pessoa humana e observando a proporcionalidade, a razoabilidade, a legalidade, a publicidade e a eficiência" (CPC, art. 8º – LINDB, arts. 4º e 5º); parece-nos que, a rigor, esse encaminhamento careceria de nova alteração legislativa, que possibilitasse sua aplicação.

Bastaria, p.e., que a lei de regência previsse, em parágrafo do art. 49, que, em caso de recuperação judicial sucessiva, a situação consolidada na primeira recuperação não se alteraria pela segunda ou condicionar o novo pedido ao cumprimento integral do primeiro plano.

2.3 Terceiro caminho

Um terceiro caminho seria permitir a aplicação, por analogia, do art. 61, § 2º, da LREF, apesar do encerramento da primeira recuperação, tal como o Grupo de Câmaras Reservadas de Direito Empresarial do Tribunal de Justiça de São Paulo fez ao permitir, nas recuperações judiciais, a incidência de regra própria da falência (limitação do pagamento, como trabalhista, do crédito até 150 salários-mínimos).[30] Assim, seria possível considerar o retorno do crédito novado na primeira recuperação às condições originais, com o abatimento dos valores pagos durante o cumprimento do plano da primeira recuperação e atualização do saldo até a distribuição do segundo pedido. Esse valor seria inscrito no quadro-geral da segunda recuperação e, então, sujeito às novas condições de pagamento.

Ou seja, nessa terceira via, o que se propõe é uma repristinação do crédito novado na primeira recuperação, com a relativização de algumas regras existentes na LREF, especialmente os arts. 61, § 2º e 62.

Há sentido na repristinação se o novo plano, no curso do cumprimento do anterior, for considerado como uma espécie de aditivo ao plano original, aplicando-se a jurisprudência que acabou por admitir o aditamento de plano aprovado, se a recuperação não estiver encerrada e o plano estiver sendo cumprido. Ora, diante de um novo quadro, com a recuperanda adimplente, surpreendida por nova crise, que não lhe permitiu chegar ao término do plano anterior, o novo plano se mostra, aparentemente, justificável.

No entanto, ainda que essa posição seja sob determinado ângulo defensável, o que é preciso, na verdade, é que a lei seja complementada pelo Poder Legislativo.

---

30 Enunciado XIII: Admite-se, no âmbito da recuperação judicial, a aplicação do limite de 150 salários-mínimos, previsto no art. 83, I, da Lei n. 11.101/2005, que restringe o tratamento preferencial dos créditos de natureza trabalhista (ou a estes equiparados), desde que isto conste expressamente do plano de recuperação judicial e haja aprovação da respectiva classe, segundo o quórum estabelecido em lei".

2.4 Quarto caminho, uma solução processual

Uma digressão dos encaminhamentos apontados, teria sustentação na interpretação de que, enquanto a lei não for modificada, é possível apropriar-se, como solução, da regra processual da litispendência, exigindo-se, do autor do pedido recuperatório, que se apresente com crise nova, ou seja, com razão de pedir que não fundamentou o primeiro pedido, sob pena de se considerar como um novo ajuizamento de ação idêntica, que autorizaria o indeferimento da inicial, nos termos do art. 485, V, do CPC.

Nos parece que haveria abuso de direito do devedor ao pleitear nova recuperação, mesmo que atenda ao requisito objetivo dos cinco anos, sem se apresentar, ao Poder Judiciário e aos credores, com crise nova.

A situação dos credores considerados extraconcursais na primeira recuperação, sobretudo daqueles que são assim considerados por conta da data da constituição do seu crédito (crédito posterior à recuperação) ou porque assumiram a posição de credor parceiro, para fomentar a atividade em crise, inspira ainda maior reflexão.

Isso porque, a lei garante, em seus arts. 67, *caput*, e 84, I-E, que tais créditos serão considerados extraconcursais na falência.

Não diz nada sobre como serão considerados em hipotética recuperação judicial sucessiva, o que revela outra omissão legal. Mesmo assim, se há tratamento benéfico na falência, mais justificado, ainda, que assim ocorra na recuperação judicial superveniente.

Em defesa de entendimento contrário, afirmam Scalzzilli, Spinelli e Tellechea que:

> (...) essa restrição temporal independe de os planos anteriores terem sido cumpridos em sua integralidade ou não. Em outras palavras, uma empresa em fase de cumprimento do plano de recuperação judicial pode ajuizar outro procedimento recuperatório, inclusive sujeitando a dívida já negociada

> anteriormente. No extremo, nada obsta o ajuizamento de várias recuperações judiciais ao longo da vida da empresa, as quais podem englobar dívidas já novadas em outros procedimentos recuperatórios, desde que respeitado o lapso temporal previsto no art. 48, II e III, da LREF.[31]

Por outro lado, em contraponto, há doutrina que coaduna com a digressão referida.

No capítulo que trata do pedido sucessivo de recuperação, mas ao lecionar sobre a posição jurisprudencial que permite a votação, durante o curso do cumprimento do plano, de aditamentos – situações parelhas, razão da pertinente analogia –, Ricardo Negrão, com percuciência, afirma que:

> [o] STJ, porém, definiu, em mais de uma oportunidade, que "havendo o expresso descumprimento do plano de recuperação judicial não há razão jurídica e sequer sentido para a convocação de nova assembleia, uma vez que a convolação se trata de imposição legal, nos termos do art. 73, inciso IV, da Lei n. 11.101/05" (REsp. n. 1.873.586/RS, Rel. Min. Marco Buzzi, j. 29-6-2020, publicação em 1º7-2020).[32]

Trata-se de posição que nos parece mais adequada, porque não é dado permitir que se promova modificações ao plano original, mesmo que tal caminho seja percorrido pela trilha da distribuição de novo pedido recuperatório, se se encontra inadimplido. A analogia permite concluir que não se deve permitir a concessão de recuperação sucessiva se a anterior, mesmo que encerrada, está com o plano descumprido.

---

31 SCALZILLI, João Pedro; SPINELLI, Luis Felipe; TELLECHEA, Rodrigo. *Recuperação de Empresas e Falência*: Teoria e Prática na Lei 11.101/2005. 3ª ed. São Paulo: Almedina, 2018, pp. 587/588.

32 NEGRÃO, Ricardo. *Curso de Direito Comercial e de Empresa*. vol. 3. 15ª ed. São Paulo: Saraiva Educação, 2021, p. 174.

Em obra coletiva já mencionada, sob a coordenação das professoras Sheila C. Neder Cerezetti e Emanuelle Urbano Maffioletti, Luiz Fernando Valente de Paiva acrescenta, a propósito, que a omissão legislativa, sobre a possibilidade de aditamentos ao plano em vigor, é porque:

> [o] legislador pretendeu estimular o devedor a apresentar um plano que fosse factível, e não uma peça de ficção, fazendo com que, de certa maneira, os credores, por seu turno, fizessem uma análise de viabilidade do plano apresentado, pois teriam, devedor e credores, apenas uma chance em cinco anos para reestrutura aquela dívida.

E prossegue:

> Na prática, o que se observa, desde a entrada em vigor da LRE, é que o plano é modificado em assembleia sem a realização de um novo exame da viabilidade da proposta apresentada.[33]

Ora, como conceber que uma empresa, com todas as facilidades que são propiciadas a partir de uma recuperação judicial, não consiga o soerguimento, a ponto de, sem solver as obrigações assumidas com a primeira recuperação, necessitar uma nova recuperação passados cinco anos?

De se questionar, a partir dessas considerações, a efetividade de um novo remédio ou de mais uma dose do mesmo remédio para uma doença crônica e, aparentemente, incurável ou insuperável.

Como ressaltado por Manoel Justino, na idealização dos grandes pensadores do direito falimentar, estaria a

---

33 CEREZZETTI, Sheila; MAFFIOLETTI, Emanuelle Urbano (Coord.). *Dez anos da Lei n. 11.101/2005*: estudos sobre a Lei de Recuperação e Falência. São Paulo: Almedina, 2015, pp. 145/146.

> (...) preocupação de possibilitar a recuperação da sociedade empresária, de tal forma que, havendo sinais de que determinada empresa não estaria caminhando da melhor forma, propiciasse a Lei um modo de intervenção que, logo aos primeiros sinais de crise, aplicasse remédios que pudessem evitar o agravamento da situação.[34]

Essas considerações são postas não para o fim de inibir a renovação da pretensão recuperacional, mas para chamar a atenção de que os olhos do juízo recuperacional, dos credores e da própria sociedade, não podem ignorar essa realidade que abala a credibilidade do instituto e, indistintamente, afeta a todos, criando riscos para o mercado e para a concessão do crédito.

2.5 Alteração legislativa

Sem prejuízo dos caminhos propostos, para solução, paliativa, do problema advindo da omissão legal, não há como negar a necessidade de alteração da lei, reclamada há tempo pela doutrina.

Assim asseverou, a propósito, Luiz Fernando Valente de Paiva, na já referida obra "Dez Anos da Lei nº 11.101/2005":

> A LRE deve ser alterada, pois, para retirar a disposição que impõe um lapso temporal mínimo para ajuizamento de nova recuperação judicial quando o devedor já obteve outra recuperação, bem como para introduzir uma sistemática para permitir, após a concessão da recuperação, que o plano possa ser alterado, desde que por motivo justificável, hipótese em que devem ser observados os mesmos ritos e requisitos necessários para a aprovação do plano originalmente aprovado, obrigando o novo plano de recuperação judicial a todos os

34 BEZERRA FILHO, Manoel Justino. *Lei de recuperação de empresas e falência*: Lei 11.101/2005 comentada artigo por artigo. 15ª ed. 2ª tiragem. São Paulo: Revista dos Tribunais, 2021, pp. 70/71.

> credores sujeitos, presentes ou não à assembleia que sobre ele deliberar. A LRE também precisa ser aprimorada para esclarecer em que momento se opera a novação definitiva, na hipótese de o plano ser modificado, isto é, se a contagem do prazo de dois anos de supervisão deve ser reiniciado.[35]

Em suma, a verdade é que, apesar da robusta reforma promovida em 2020, que poderia ter resolvido a questão, a lei, que está no seu 18º aniversário, não foi aprimorada nesse importante aspecto, reclamando, portanto, atenção do legislador e, enquanto não sobrevier nova reforma, muito trabalho e sabedoria dos nossos julgadores e doutrinadores, na solução desse complexo tema.

Dessa forma, em nossa opinião, o questionamento sobre a nova recuperação judicial não está no prazo propriamente dito, pois pode esse ser aumentado para além de cinco anos ou reduzido, desde que se exija, do devedor, o cumprimento de requisitos objetivos, e que se possibilite aferição, caso a caso, da análise do sucesso da anterior recuperação, que engloba investigar se, de fato, o pretendente superou a primeira crise, além da real necessidade da segunda, e se há atividade empresarial que mereça e comporte nova proteção.

Em conclusão, na esteira dos caminhos de solução da problemática, a alteração legislativa, sob nossa ótica, é premente e deve caminhar por exigir, do devedor, o cumprimento do plano anterior ou, ao menos, que seu cumprimento esteja em dia, como requisito para pleitear nova recuperação. Deve-se apresentar, portanto, com crise nova, sem se socorrer, do Poder Judiciário, para solucionar dívida já reestruturada no passado.

Vale dizer, deve-se demonstrar que a primeira recuperação judicial foi bem-sucedida, o que exige, ao menos, o cumprimento

---

35 CEREZZETTI, Sheila; MAFFIOLETTI, Emanuelle Urbano (Coord.). *Dez anos da Lei n. 11.101/2005*: estudos sobre a Lei de Recuperação e Falência. São Paulo: Almedina, 2015, p. 147.

regular daquele plano na época do novo pedido e, em consequência, que a nova recuperação tenha por objetivo sanar crise nova (situação mais próxima da segunda proposta de solução).

É igualmente urgente regular como será o tratamento do crédito da recuperação anterior, se não pago integralmente na época da distribuição da sucessiva, apontando-se, como soluções mais adequadas, os caminhos traçados nos itens 6.2 e 6.3.

Conclusão

Sumariando o que até aqui foi dito, pode-se afirmar que empresa deve ser vista na sua individualidade, mas com a compreensão de que faz parte de um todo < do mercado >, de forma que o cumprimento de sua função social repercuta no todo, a ponto de justificar a excepcionalidade do tratamento dispensado pela obtenção da recuperação judicial. O esforço coletivo do mercado, ao sustentar um mecanismo que também tem um custo social coletivo, não pode permitir o uso indiscriminado do instituto, sem que haja uma perspectiva de retorno, com a estabilização da atividade desenvolvida pela sociedade empresária beneficiária da recuperação judicial.

As sociedades requerentes de recuperação, sobretudo aquelas que se apresentam, ao Poder Judiciário, para pleitear novo benefício legal, devem observar a boa-fé e evitar o abuso de direito, exibindo, ao juiz, crise nova a ser superada, conformando-se, se o caso, à solução imposta pelo próprio mercado, de retirá-las, não podendo vislumbrar, no processo judicial, a salvaguarda, a todo custo, de mera proteção patrimonial própria, mas de proteção da empresa que exerce, de fato, o seu mister social.

Só assim se afastará o descrédito que já afeta o instituto da recuperação judicial e a dificuldade de obtenção de crédito novo pelas empresas em recuperação, pois, se o mercado entender que os pleitos recuperatórios são sérios, que se busca a solução da crise antes que ela se torne incontornável, e que os credores não serão tomados de surpresa, com novo pedido recuperatório, para resolver crise que já foi objeto de recuperação judicial, a compreensão dos agentes financeiros/fomentadores será diferente.

Por fim, em que pese a recente reforma, urge nova alteração legislativa, para tratar, não só da possibilidade, durante o transcurso do processo, de aditamentos ao plano de recuperação em vigor, desde que em regular cumprimento e antes de encerrado o processo – em conformidade com a jurisprudência existente –, mas, também, para ampliar o requisito (negativo) do art. 48, II, exigindo-se, além do período de quarentena, que o devedor se apresente, ao Poder Judiciário, com crise nova, além de resolver a situação dos credores/créditos sujeitos a mais de uma recuperação judicial, inclusive daqueles que, na primeira, assumiram o importante papel de que trata o art. 67.

Referências bibliográficas

ABJ. *Observatório da insolvência*: primeira fase. 2016. Disponível em: https://abj.org.br/pesquisas/2a-fase-observatorio-da-insolvencia/. Acessado em: 04.03.2024.

______. *Observatório da insolvência*: segunda fase. Disponível em: https://abj.org.br/pesquisas/2a-fase-observatorio-da-insolvencia/. Acessado em: 04.03.2024.

ALMEIDA, Arthur Cassemiro Moura de *et al. Lei de recuperação e falência*: pontos relevantes e controversos da reforma. Coordenado por Paulo Furtado de Oliveira Filho. Indaiatuba: Foco, 2021.

BEZERRA FILHO, Manoel Justino *et al. Recuperação empresarial e falência*. 2ª ed. rev., atual. e ampl. vol. 5 (Coleção Tratado de Direito Empresarial). São Paulo: Thomson Reuters Brasil, 2018.

BEZERRA FILHO, Manoel Justino; SANTOS, Eronides A. Rodrigues dos. *Lei de recuperação de empresas e falência*: Lei 11.101/2005: comentada artigo por artigo. 15ª ed. rev. atual. e ampl. São Paulo: Thomson Reuters Brasil, 2021..

CEREZZETTI, Sheila; MAFFIOLETTI, Emanuelle Urbano (Coord.). *Dez anos da Lei n. 11.101/2005*: estudos sobre a Lei de Recuperação e Falência. São Paulo: Almedina Brasil, 2015.

COELHO, Fábio Ulhoa. *Comentários à Lei de Falências e de Recuperação de Empresas*. 15ª ed. rev., = atual. e ampl. São Paulo: Thomson Reuters Brasil, 2021.

CONJUR. *Anuário da Justiça*, 2023. Disponível em: https://anuario.conjur.com.br/pt-BR/profiles/78592e4622f1-anuario-da-justica/editions/anuario-da-justica-direito-empresarial-2023/pages/page/28. Acessado em: 08.04.2024.

COSTA, Daniel Carnio; MELO, Alexandre Correa Nasser de. *Comentários à lei de recuperação de empresas e falências*: lei 11.101, de 09 de fevereiro de 2005. 2ª ed. Curitiba: Juruá, 2021.

CUNHA, Fernando Antonio Maia da; DIAS, Maria Rita Rebello Pinho. *Comentários à Lei de Recuperação de Empresas e Falência*: Lei n. 11.101, de 09 de fevereiro de 2005. São Paulo: Contracorrente, 2022.

FORGIONI, Paula A. *A evolução do Direito Comercial brasileiro*. 5ª ed. ref. atual e ampl. São Paulo: Thomson Reuters Brasil, 2021.

NEGRÃO, Ricardo. *Curso de Direito Comercial e de empresa*, vol. 3: recuperação de empresas, falência e procedimentos concursais administrativos. 15ª ed. São Paulo: Saraiva Educação, 2021.

PATELLA, Laura Amaral *et al.* (Coord.). *Estudos sobre a reforma da Lei 11.101/2005*. Belo Horizonte: Expert, 2022.

SACRAMONE, Marcelo Barbosa. *Comentários à Lei de recuperação de empresas e falência*. 4ª ed. São Paulo: SaraivaJur, 2023.

SOUZA JÚNIOR, Francisco Satiro de; PITOMBO, Antônio Sérgio A. de Moraes (Coord.). *Comentários à Lei de recuperação de empresas e falência*: Lei 11.101/2005. São Paulo: Revista dos Tribunais, 2007.

TELLECHEA, Rodrigo; SCALZILLI, João Pedro; SPINELLI, Luis Felipe. História do Direito Falimentar. São Paulo: Almedina [s.d.].

CAPÍTULO XXIV

NADANDO CONTRA A CORRENTE: EM DEFESA DA SUSPENSÃO DAS EXECUÇÕES CONTRA OS FIADORES DO DEVEDOR EM RECUPERAÇÃO JUDICIAL

PEDRO REBELLO BORTOLINI

Introdução

O art. 49, § 1º, da Lei de Recuperação de Empresas e Falência (LRF) dispõe que "os credores do devedor em recuperação judicial conservam seus direitos e privilégios contra os coobrigados, fiadores e obrigados de regresso". Até hoje a norma preserva sua redação original, poupada de todas as reformas ao longo dos quase vinte anos de vigência.

A partir desse dispositivo, construiu-se o entendimento de que o processamento da recuperação judicial não impede os credores do devedor de iniciar ou dar prosseguimento às execuções contra coobrigados, fiadores e obrigados de regresso, nem mesmo durante o prazo[1] de suspensão previsto no art. 6º, § 4º, da LRF.

Desde os primeiros anos da lei, a doutrina já se posicionava nesse sentido de modo praticamente unânime,[2] rejeitando peremptoriamente a extensão do stay period aos coobrigados, fiadores e obrigados de regresso.

Manoel Justino Bezerra Filho,[3] por exemplo, afirmou que "o credor com garantia de terceiro (v.g., aval, fiança etc.), mesmo

---

1 Apesar dos acirrados debates em torno do tema, acabou prevalecendo o entendimento de que o prazo previsto no art. 6º, § 4º, da LRF tem natureza material, porque ataca a própria exigibilidade das dívidas do devedor. Nesse sentido, confira-se: STJ, REsp 1.699.528/MG, rel. Min. Luis Felipe Salomão, 4ª Turma, j. 10.4.2018; e STJ, REsp 1.698.283/GO, rel. Min. Marco Aurélio Bellizze, 3ª Turma, j. 21.5.2019. Antes desses julgamentos, o Superior Tribunal de Justiça já tinha reconhecido que, em relação às dívidas do devedor, o *stay period* implica "a suspensão temporária de sua exigibilidade – até que se ultrapasse o termo legal (§ 4º do art. 6º) ou que se dê posterior decisão do juízo concedendo a recuperação ou decretando a falência (com a rejeição do plano)" (REsp 1374259/MT, rel. Min. Luis Felipe Salomão, 4ª Turma, j. 02.062015). Tratando desse mesmo prazo, Sérgio Campinho é categórico: "[q] uanto à sua natureza, parece evidente tratar-se de um prazo material" (CAMPINHO, Sérgio. *Curso de direito comercial*: falência e recuperação de empresa. São Paulo: Saraiva, 2017, pp. 422-426).

2 Entre as poucas vozes em sentido contrário, Rachel Sztajn observava uma "imprecisão" na norma do art. 49, § 1º, da LFR, sugerindo que, para manter-se "alguma coerência entre o sistema jurídico e o objetivo da nova Lei", tal dispositivo deveria ser interpretado "no sentido de que as garantias, como acessório, seguem o principal, o crédito. Em assim sendo, ficam elas subordinadas às mesmas condições que incidam sobre os créditos garantidos, ou seja, não podem ser excutidas de imediato" (Em: SATIRO, Francisco *et al.* (Coord.). *Comentários à Lei de Recuperação de Empresas e Falência*. 2ª ed. São Paulo: RT, 2007, pp. 228/229).

3 BEZERRA FILHO, Justino Manoel. *A nova lei de recuperação e falências comentada*. 3ª ed. São Paulo: Revista dos Tribunais, 2005, p. 134.

sujeitando-se aos efeitos da recuperação, pode executar o garantidor". No mesmo sentido, Fábio Ulhoa Coelho[4] ponderou que "a recuperação judicial do garantido (avalizado ou afiançado) não importa nenhuma consequência relativamente ao direito do credor exercitável contra o garante (avalista ou fiador). Por isso, a recuperação judicial daquele não importa a suspensão da execução contra este".

A jurisprudência foi a reboque. Em que pesem algumas decisões em sentido contrário,[5] a imensa maioria assentou que, mesmo suspensa a exigibilidade das dívidas do devedor, seus credores poderiam prosseguir com as execuções contra coobrigados e garantidores em geral, independentemente da natureza ou modalidade da garantia.[6] O Enunciado nº 43 da I Jornada de Direito Comercial do Conselho da Justiça Federal, ocorrida em outubro de 2012, sintetizou a opinião dominante: "a suspensão das ações e execuções prevista no art. 6º da Lei n. 11.101/2005 não se estende aos coobrigados do devedor".

---

4 COELHO, Ulhoa Fábio. *Comentários à Lei de Falência e de Recuperação Judicial*. 7ª ed. São Paulo: Saraiva, 2010, p. 149.

5 P. ex., no julgamento dos Embargos Infringentes n. 7.166.479-6/02, do qual foi relator o Des. Antonio Marson, ocorrido em j. 03.12.08, a 21ª Câmara de Direito Privado do Tribunal de Justiça de São Paulo decidiu, por maioria de votos, que a recuperação judicial obstava o prosseguimento das execuções contra os sócios que avalizaram as obrigações do devedor.

6 A posição amplamente majoritária da jurisprudência pode ser exemplificada pelo seguinte acórdão do Tribunal de Justiça de São Paulo: "O deferimento da recuperação judicial gera a suspensão do processo de execução apenas e exclusivamente quanto ao devedor, e não ao terceiro garantidor (avalista ou fiador). Incidência dos arts. 6º, 49, 52 e 59 da Lei 11.101/2005. A linha principiológica que norteia a recuperação judicial é a superação da situação de crise econômico financeira da própria empresa devedora, justamente para que se mantenha a fonte produtora, emprego e a sua atividade econômica – e não dos eventuais garantidores –, como se infere do art. 47, Lei 11.101/2005" (AI 0142463-82.2011.8.26.0000, rel. Des. Sérgio Shimura, 23ª Câmara de Direito Privado, j. 05.10.2011).

Pouco tempo depois, o Superior Tribunal de Justiça colocou uma pá-de-cal no assunto. No julgamento do Tema Repetitivo nº 885, ocorrido em novembro de 2014, a Corte reiterou o posicionamento que já vinha adotando em decisões anteriores[7] para firmar a tese de que

> a recuperação judicial do devedor principal não impede o prosseguimento das execuções nem induz suspensão ou extinção de ações ajuizadas contra terceiros devedores solidários ou coobrigados em geral, por garantia cambial, real ou fidejussória, pois não se lhes aplicam a suspensão prevista nos arts. 6º, caput, e 52, inciso III, ou a novação a que se refere o art. 59, caput, por força do que dispõe o art. 49, § 1º, todos da Lei n. 11.101/2005.[8]

Desse julgamento resultou a Sumula nº 581 do mesmo tribunal:

> a recuperação judicial do devedor principal não impede o prosseguimento das ações e execuções ajuizadas contra terceiros devedores solidários ou coobrigados em geral, por garantia cambial, real ou fidejussória.

7 AgRg no REsp 1334284/MT, Rel. Min. Paulo de Tarso Sanseverino, 3ª Turma, j. 02.09.2014; EDcl no AgRg no AREsp 457117/SP, Rel. Min. Marco Buzzi, 4ª Turma, j. 13.05.2014; AgRg no AREsp 276695/SP, Rel. Min. Ricardo Villas Bôas Cueva, 3ª Turma, j. 18.02.2014; AgRg no CC 124489/MG, Rel. Min. Raul Araújo, 2ª Seção, j. 09.10.2013; AgRg nos EDcl no REsp 1280036/SP, Rel. Min. Sidnei Beneti, 3ª Turma, j. 20.08.2013; AgRg no AREsp 096501/RS, Rel. Min. João Otávio De Noronha, 3ª Turma, j. 06.08.2013; AgRg no AREsp 305907/RS, Rel. Ministra Maria Isabel Gallotti, 4ª Turma, j. 18.06.2013; AgRg no AREsp 133109/SP, Rel. Min. Antonio Carlos Ferreira, 4ª Turma, j. 05.02.2013.

8 REsp 1333349/SP, Rel. Min. Luis Felipe Salomão, 2ª Seção, j. 26.11.2014.

E assim se solidificou o entendimento, que continua sendo reforçado pela doutrina mais moderna[9] e por recentes decisões do próprio Superior Tribunal de Justiça e dos demais tribunais do País.[10]

Tamanha a força dos precedentes e a autoridade da doutrina que o leitor atraído pelo título provocativo pode se achar frustrado, ou ficar desde logo convencido de que já não existe espaço – ou mesmo

---

9 Marcelo Barbosa Sacramone afirma que "os efeitos da recuperação judicial sobre o crédito principal não afetam as obrigações do garantidor, que permanece pessoalmente obrigado à satisfação de sua prestação, por não estar submetido à recuperação judicial. Nem sequer a suspensão das ações e execuções, efeito da decisão de processamento da recuperação judicial (art. 6º), poderá obstar a execução dos coobrigados" (SACRAMONE, Barbosa Marcelo. *Comentários à Lei de Recuperação de Empresas e Falência.* 3ª ed. São Paulo: Saraiva, 2022, pp. 280/281). Assim também se posicionam João Pedro Scalzilli, Luis Felipe Spinelli e Rodrigo Tellechea: "[a] suspensão somente aproveita a empresa em recuperação. Os credores do devedor em recuperação judicial conservam seus direito e privilégios contra os coobrigados, fiadores e obrigados de regresso (LREF art, 49, § 1º) – ainda que sócios. Exatamente por isso não ocorre a suspensão das ações e execuções contra avalistas e fiadores, por exemplo, ainda que sejam sócios da devedora" (SCALZILLI, Pedro João; SPINELLI, Felipe Luis; TELLECHEA, Rodrigo. *Recuperação de Empresas e Falência*: Teoria e Prática na lei 11.101/2005. 4ª ed. São Paulo: Almedina, 2023, p. 712). No mesmo sentido, Luis Felipe Salomão e Paulo Penalva Santos afirmam: "[a] recuperação judicial do devedor principal não impede o prosseguimento das execuções nem induz suspensão ou extinção de ações ajuizadas contra terceiros devedores solidários ou coobrigados em geral, por garantia cambial, real, ou fidejussória" (SALOMÃO, Felipe Luis; PENALVA, Paulo. *Recuperação Judicial, Extrajudicial e Falência*: Teoria e Prática. 7ª ed. Rio de Janeiro: Forense, 2022, p. 59).

10 STJ, AgInt no AREsp 2.224.940/GO, rel. Min. Maria Isabel Gallotti, 4ª Turma, j. 9.10.2023; STJ, AgInt no AREsp 2.267.020/RJ, rel. Min. Herman Benjamin, 2ª Turma, j. 21.8.2023; TJSP, AI 2264129-93.2023.8.26.0000, rel. Des. Ana de Lourdes Coutinho Silva da Fonseca, 13ª Câmara de Direito Privado, j. 16/11/2023; TJRJ, AI. 0049396-38.2023.8.19.0000, rel. Des. Sandra Santarém Cardinali, 17ª Câmara de Direito Privado, j. 24.10.2023; TJRS, AI 51046027820228217000, rel. Des. Vivian Cristina Angonese Spengler, 16ª Câmara Cível, j. 17.11.2022.

motivo – para olhar novamente para um tema pacificado e sobre o qual nem controvérsia houve. Tema, aliás, que só ganhou destaque por conta da reiterada resistência de coobrigados e garantidores, que fez com que o Judiciário fosse chamado a decidir uma vez, e outra, e novamente, que a proteção outorgada ao devedor não lhes aproveita.

O que justificaria então discutir um tema pacífico?

Talvez o fato de nenhuma dessas decisões e opiniões doutrinárias, que repetiram à exaustão a mesma sentença, ter se debruçado sobre as diferenças entre devedores solidários, avalistas e fiadores, que foram jogados numa mesma panela como se fossem farinha do mesmo saco.[11] Ou quem sabe a circunstância de a matéria, tão serenamente pacificada entre nós, despertar intensos debates noutros países.[12] Será não que estaríamos negligenciando aspectos fundamentais do tema?

Por essas e outras, concorda-se integralmente com a crítica de Manoel Justino Bezerra Filho[13] – quiçá um convite a novas reflexões – quando afirma, referindo-se ao próprio art. 49, § 1º, da LRF, que

---

11 A importância da diferenciação entre fiadores e avalistas já foi abordada pelo autor deste artigo, sob perspectiva mais ampla, em trabalho sobre os efeitos da recuperação judicial sobre as garantias prestadas por terceiros (BORTOLINI, Pedro Rebello; MACIEL, Renata Mota. "Efeitos da recuperação judicial sobre as garantias prestadas por terceiros". *Cadernos Jurídicos*, São Paulo, nº 39, jan./mar. 2015, pp. 35-38).

12 A Alemanha, por exemplo, trouxe para dentro do processo de insolvência a discussão das garantias de terceiros prestadas em favor do devedor, permitindo que, satisfeitos determinados requisitos, os direitos delas decorrentes sejam disciplinados pelo plano de insolvência (*Insolvenzordnung*, Seções 217 (2), 220 (3), 223-A, 230 (4) e 238-B). António Menezes Cordeiro comenta sobre a especial atenção que tem se dado ao tema no direito alemão (CORDEIRO, António Menezes. *Perspectivas evolutivas do Direito da Insolvência*. Coimbra: Almedina, 2013 (e-book).

13 BEZERRA FILHO, Manoel Justino; SANTOS, Eronides A. Rodrigues dos. *Lei de recuperação de empresas e falência – Lei 11.101/2005*:

> [o] engessamento que se dá no pensamento jurídico após a edição de recursos repetitivos é lamentável, mesmo que se considerem os benefícios advindos da pacificação jurisprudencial (...). Ainda assim esta matéria deve continuar a ser objeto de divergências.

1 A necessária distinção entre fiadores, avalistas e coobrigados solidários

Diferentemente do que se passa no tocante a certas garantias atípicas e ao aval, marcados pela autonomia em relação à obrigação do devedor principal,[14] o contrato de fiança é materialmente acessório à dívida que assegura. Embora todos esses institutos tenham função econômica similar – isto é, de ampliar a massa patrimonial que garante o adimplemento da prestação –, a fiança produz deveres distintos de outras modalidades de garantia e da própria contratação em caráter solidário.

Nada disso, porém, foi sequer considerado pelas Cortes e pela doutrina pátria, que, com raríssimas exceções, não se preocuparam em verificar se a tese corrente, sintetizada na Súmula nº 581 do STJ, compatibiliza-se com cada uma das diferentes modalidades de garantia e com o sentido da regra contida no art. 49, § 1º, da LRF.

Não há dúvida dos bons propósitos da orientação dominante, que visa dar efetividade às garantias e melhorar o fluxo do crédito.

---

comentada artigo por artigo. 15ª ed. rev. atual. e ampl. São Paulo: Thomson Reuters Brasil, 2021, p. 225.

14 A propósito da distinção entre fiança e aval, Cláudio Luiz Bueno de Godoy leciona: "[d]iferencia-se a fiança do aval, malgrado outra forma de garantia pessoal, porquanto especificamente atinente ao direito cambiário, mas que, além disso, envolve uma obrigação cambiária autônoma e indutiva de uma responsabilidade solidária do avalista, e não subsidiária, como em princípio a do fiador" (PELUSO, César (Coord.). *Código Civil Comentado*. 4ª ed. Barueri: Manole, 2010, p. 834).

Entretanto, isso não pode ser feito à custa da autonomia privada, ampliando as dívidas para além daquelas pertinentes às respectivas categorias jurídicas.

Se conceder fiança, prestar aval ou contrair uma dívida em caráter solidário fossem exatamente a mesma coisa, não haveria por que existirem esses diferentes institutos. Eles existem justamente porque envolvem direitos e deveres distintos, voluntariamente eleitos pelos contratantes quando decidem por um negócio em vez do outro.

No entanto, tais distinções não são observadas quando se impõe tratamento idêntico a negócios significativamente diferentes com base numa norma que meramente estabelece a *conservação dos direitos* contra os coobrigados, fiadores e obrigados de regresso (LRF, art. 49, § 1º).

Conservar significa "manter-se no mesmo estado ou condição", "preservar como está", o que traduzido para o direito significa que, nos planos da existência, validade e eficácia, os direitos detidos contra os coobrigados, fiadores e obrigados de regresso não são afetados. Noutras palavras, a submissão do devedor a um processo de recuperação judicial não implica extinção desses direitos, que continuam produzindo os seus efeitos.

Não há na lei disposição que afirme que esses direitos poderão ser exercidos como se não houvesse recuperação judicial, coisa que vai muito além da mera *conservação* de direitos, esta sim preconizada pelo legislador.

O deferimento do processamento da recuperação judicial não modifica, portanto, os direitos detidos contra coobrigados, fiadores e obrigados de regresso, o que não significa que eles poderão ser exercidos exatamente da mesma maneira como se não houvesse recuperação judicial, ou como se esta não produzisse efeito nenhum. Simplesmente não é isso que está na norma, até porque uma previsão assim faria pouco ou nenhum sentido à vista do caráter transindividual das relações disciplinadas pelo direito concursal.

Do fato de um direito ser eficaz não decorre, em absoluto, que todas as prerrogativas que deles decorrem (ou possam decorrer) sejam exercitáveis. O exercício de direitos eficazes pode depender de certas condições ou pressupostos, que podem ou não se verificar numa determinada circunstância. Além disso, um direito raramente se limita a uma única prerrogativa, no mais das vezes decompondo-se numa pluralidade de diferentes faculdades jurídicas que formam um feixe. Por isso, é perfeitamente possível que determinadas faculdades decorrentes de um mesmo direito possam ser exercidas, enquanto outras tenham seu exercício impedido ou mitigado em determinadas circunstâncias.

Assim, quando as dívidas do devedor se tornam inexigíveis (ainda que temporariamente) por conta do deferimento do processamento da recuperação judicial, é preciso investigar se isso repercute no exercício dos direitos contra coobrigados e garantidores conforme a natureza da obrigação ou garantia.

Nos casos em que alguém, junto com a empresa em recuperação, assume *a mesma prestação* a que esta se obrigou com cláusula de solidariedade (ou seja, como coobrigado solidário), não lhe aproveitam as exceções pessoais do co-devedor (Código Civil, art. 281). Isso significa que o co-devedor solidário não poderá opor ao credor a inexigibilidade temporária aplicável ao devedor em recuperação judicial, justamente porque se cuida de exceção pessoal.

Assim também se passa com o aval, que encerra obrigação autônoma da dívida avalizada.[15] Note-se que o caráter acessório

---

15 Cf. PONTES DE MIRANDA, Francisco Cavalcanti. *Tratado de Direito Privado*. São Paulo: Revista dos Tribunais, 2012, t. 44, § 4.785, n. 8, p. 221. No mesmo sentido é a posição dominante do Superior Tribunal de Justiça: "A jurisprudência desta Corte Superior consagra a autonomia do aval em relação à obrigação garantida, considerando que, 'como instituto típico do direito cambiário, o aval é dotado de autonomia substancial, de sorte que a sua existência, validade e eficácia não estão

aval – cuja função precípua e única é garantir o pagamento[16] – é meramente *formal*,[17] tanto que subsiste a sua validade ainda que nula a obrigação daquele a quem se equipara, a menos que a nulidade decorra de vício de forma (Código Civil, art. 899, § 2º e Lei Uniforme de Genebra, art. 32). Além disso, o avalista, tal qual o devedor solidário, não pode opor ao credor as exceções próprias do avalizado.[18]

Carvalho de Mendonça já advertia que, por maior que seja a analogia ou afinidade que o aval mantenha confiança, dela se distingue substancialmente, dado que, "*ao invés de constituir garantia subsidiária, ele dá vida a uma obrigação principal*".[19] Assim, embora se qualifique como negócio acessório,[20] o aval não segue o destino do principal no plano material.

De tudo é isso se pode concluir, sob perspectiva estritamente dogmática,[21] que a suspensão da exigibilidade em face do devedor,

---

jungidas à da obrigação avalizada'" (REsp 883.859/SC, Rel. Min. Nancy Andrighi, 3ª Turma, j. 10.3.2009).

16 Cf. BORGES, João Eunápio. *Do Aval*. 4ª ed. Rio de Janeiro: Forense, 1975, p. 15.

17 Cf. PONTES DE MIRANDA, Francisco Cavalcanti. *Tratado de Direito Privado*. São Paulo: Revista dos Tribunais, 2012, § 4.785, n. 8, p. 221.

18 PONTES DE MIRANDA, Francisco Cavalcanti. *Tratado de Direito Privado*. São Paulo: Revista dos Tribunais, 2012, § 4.785, nº 8, p. 221. No mesmo sentido, o Supremo Tribunal Federal já decidiu que "não cabe ao avalista defender-se com exceções próprias do avalizado, esclarecendo que sua defesa, quando não se funda em defeito formal do título, ou em falta de requisito para o exercício da ação, somente pode assentar em direito pessoal seu" (RExt 67.378, *RTJ* 57/474).

19 MENDONÇA, José Xavier Carvalho de. *Tratado de Direito Comercial*. 6ª ed. vol. 5. tomo 2. Rio de Janeiro: Freitas Bastos, 1960, p. 21.

20 PONTES DE MIRANDA, Francisco Cavalcanti. Tratado de Direito Privado. São Paulo: Revista dos Tribunais, 2012, § 4.785, nº 8, p. 221.

21 Que não afasta a discussão, de *lege ferenda*, sobre a conveniência de conferir-se ao juízo da recuperação a prerrogativa de, em hipóteses excepcionais, estender os efeitos do *stay period* aos coobrigados e

provocada pelo deferimento do processamento da recuperação judicial, não afeta a exigibilidade perante coobrigados solidários e avalistas. Em ambas as situações, existe uma independência jurídica que permite ao credor exigir o adimplemento, indistintamente, de qualquer um dos que se obrigaram a satisfazer a dívida (devedor, coobrigado solidário e avalista), com a importante ressalva dos que sustentam que o avalista pode opor as exceções pessoais do avalizado na hipótese de o título não ter circulado.[22]

---

garantidores em geral, ainda que respondam de forma autônoma pela satisfação da obrigação. Essa questão que será retomada no item 6 deste artigo.

22 Em geral, doutrina e jurisprudência negam ao avalista o direito de opor ao credor as exceções pessoais do avalizado. Entretanto, existem precedentes, até do Superior Tribunal de Justiça, que admitem tais exceções se título não tiver circulado: "É possível ao avalista opor exceções pessoais relativas à origem do débito se o título de crédito não circulou. Mitigação dos princípios da abstração e da autonomia do aval" (REsp nº 1.436.245/MG, rel. Min. João Otávio de Noronha, 3ª Turma, j. 13.03.2015). Assim também leciona Alfredo de Assis Gonçalves Neto, referindo-se ao aval prestado em título que não circulou: "O avalista não presta seu aval no título aleatoriamente, mas em favor de um determinado obrigado: da pessoa em que ele deposita a confiança de que irá adimplir a obrigação prometida. Como garantir o cumprimento da obrigação do avalizado, se ele mesmo tem o direito de não cumpri-la? Se ao avalizado é reconhecido o direito de não realizar a prestação, quando, por razões que não emergem do título, o credor já foi satisfeito ou não pode ser satisfeito, ao avalista tem que ser reconhecido igual direito, sob pena de, pelo artifício do aval, impedir o exercício atual do direito do próprio avalizado. Se a lei dispõe que o avalista é obrigado da mesma maneira que a pessoa que ele garantiu, qualquer outra conclusão negaria aplicação a essa regra, pois colocaria o avalista, aí sim, em situação mais grave do que a do devedor garantido e – o que é pior – forçado a cumprir sua obrigação, o avalista estaria obstruindo, por esse modo, o direito de o próprio avalizado proteger seu patrimônio e evitar o enriquecimento indevido do seu credor. Some-se a isso uma eventual repetição de indébito futura com resultado frustro". (GONÇALCES, Neto Assis. *Aval*: alcance da responsabilidade do avalista. 2ª ed. São Paulo: Revista dos Tribunais, 1993, pp. 124/125).

Em relação à fiança, por outro lado, a possibilidade de executar-se o fiador durante o *stay period* é duvidosa, na melhor das hipóteses, porque contrasta com a acessoriedade ínsita a esse contrato. Exigir-se do fiador mais do que se poderia exigir do afiançado é vedado pelo ordenamento (Código Civil, 823), de modo que é preciso refletir se o entendimento consolidado na Súmula n. 581 do STJ, no que se refere à fiança, não estaria invadindo o domínio da autonomia privada, por impor ao fiador obrigação diversa daquela que originalmente assumiu.[23]

2 Exceções do devedor oponíveis pelo fiador

Antes de investigar se a suspensão da exigibilidade da dívida do afiançado impede o credor de executar o fiador, é necessário fazer uma reflexão preliminar: seria possível contratar alguma garantia, ainda que atípica, que dispensasse o garantidor de honrar sua prestação durante o *stay period* concedido ao devedor? Afinal, se as partes inequivocamente quisessem contratar nesses termos, pondo à salvo o garantidor enquanto o devedor principal não pudesse ser cobrado por estar em recuperação judicial, estariam impedidas de fazê-lo por alguma disposição legal de ordem pública?

---

23 Em obra recente da melhor qualidade, José Marcelo Martins Proença e Eduardo Mattos, ressalvando a própria opinião quanto à possibilidade de prosseguirem-se as execuções contra os fiadores, reconhecem que "no caso específico de garantidor por fiança, há espaço técnico para debate sobre a efetiva autonomia da relação. Afinal, a fiança é contrato acessório (até se firmada no mesmo instrumento) e segue a sorte do principal. Essa constatação recebe contornos ainda mais marcados caso não haja expressa abdicação ao benefício de ordem, pois a preferência pelo atingimento do patrimônio do devedor principal não poderá ser respeitada em razão do *stay*" (PROENÇA MARTINS, Marcelo José; MATTOS, Da Silva Eduardo. *Recuperação de empresas*: curso avançado em Direito, Economia e Finanças. São Paulo: Revista dos Tribunais, 2023, pp. 533/534).

Desconhece-se norma que imponha tal proibição, que implicaria despropositada intromissão na autonomia privada, sem sentido jurídico ou econômico. Nem se diga que a vedação decorreria do próprio 49, § 1º, da LRF, que, como já referido, limita-se a *conservar* o direito contra os garantidores, sem estabelecer qualquer proibição ao exercício da autonomia privada ou modificação do regime jurídico das garantias. Assim, parece evidente que, se os envolvidos quiserem, poderão contratar uma garantia que não possa ser executada enquanto a dívida garantida não puder ser exigida, inclusive por conta da recuperação judicial do garantido. Contrato nesses termos não viola nenhuma norma de ordem pública, sendo por isso resguardado pela proteção constitucional e legal da autonomia privada (CF, art. 5º, II e Código Civil, arts. 421 e 425). Trata-se, pois, de convenção evidentemente lícita.

Superada essa questão, deve-se então investigar se, ao contratarem a fiança, um negócio jurídico típico, as partes estão ou não resguardando o garantidor (fiador) dos casos em que garantido (afiançado) não poderá ser cobrado por conta de exceções pessoais. Será possível exigir o adimplemento pelo fiador quando o devedor puder opor ao credor a suspensão decorrente da recuperação judicial? Noutros termos: quando se obriga à fiança, o fiador renuncia à exceção que compete ao devedor em recuperação judicial?

É sabido que a escolha de um contrato típico reduz os custos de transação, na medida em que dispensa os contratantes de negociar certas cláusulas do contrato. Ao firmarem um contrato típico, as partes se vinculam *in totum* ao conjunto de regras pré-estabelecidas pela lei, que por sua vez espelham a praxe consolidada ao longo do tempo para um determinado negócio. Nesse caso, a modulação das suas cláusulas só é admitida se compatível com os elementos fundamentais do negócio, traduzidos pelas normas de caráter cogente. Dessa forma, quando os contratantes optam pela fiança em vez de alguma outra garantia, só se pode concluir que, no exercício da autonomia privada, decidiram obrigar-se de acordo com as regras desse contrato, e não conforme as regras de qualquer outro.

Exigir-se do fiador coisa a mais ou diversa da prestação que tipicamente resulta da fiança viola a autonomia da vontade, porque transfigura esse negócio jurídico em qualquer outra coisa que não fiança. É o que ocorre quando se impõe ao fiador prestação mais onerosa que a do afiançado, por impedi-lo de opor as mesmas exceções que o devedor poderia opor ao credor, inclusive as de natureza pessoal.

Desde o direito romano,[24] sobretudo a partir de Justiniano,[25] o traço mais marcante da fiança é a sua acessoriedade. Ainda que

---

24 A fiança moderna deriva da *fideiussio* do direito romano, que veio a suplantar as figuras da *sponsio* e da *fideicomissio*, modalidades de fiança mais primitivas que conservaram sua validade e eficácia mesmo quando a obrigação afiançada fosse nula (cf. CORREIRA, Alexandre; SCIASCIA, Gaetano. *Manual de Direito romano*. Rio de Janeiro: [s.d.], pp. 182/183). Todas elas, no entanto, já impediam o fiador de obrigar-se por mais do que se obrigou o afiançado. Consta das Institutas de Gaio (3.126): "Também neste particular, a condição de todos os sponsores, fidepromitentes e fidejussores é idêntica, porque não podem obrigar-se de modo a deverem mais do que o devedor principal. Podem, ao contrário, obrigar-se por menos, como dissemos, ao tratar do adstipulante, a deles também é assessória da obrigação principal, e não pode incluir o acessório mais do que o principal" (CRETELLA JR., J.; CRETELLA, Agnes. *Institutas do Jurisconsulto Gaius*. São Paulo: Revista dos Tribunais, 2004, pp. 158/159). Assim também rezavam as Institutas de Justiniano (3.20.5): "Os fiadores não podem obrigar-se de modo que fiquem devendo mais do que o afiançado; porque a obrigação deles é acessória da principal, e não pode haver mais no acessório do que no principal; mas ao inverso podem obrigar-se por menos. Assim, se o devedor prometeu dez moedas, o fiador obriga-se validamente por cinco, porém não *vice-versa*. Idem se aquele prometeu puramente, o fiador pode prometer sob condição, mas *vice-versa* não pode. O mais e o menos entende-se não só em relação à quantidade, como ao tempo; portanto é mais dar uma coisa já, e menos dá-la depois de um prazo" (RODRIGUES, A. Coelho. *Institutas do Imperador Justiniano*. vol. 2. Recife: Central, 1881, p. 52).

25 José Carlos Moreira Alves história a evolução da fiança no direito romano, que se aproxima do instituto que conhecemos hoje a partir do direito justinianeu, em que se firma o caráter acessório da garantia

pactuada no mesmo instrumento contratual, a fiança é sempre materialmente acessória ao negócio principal. Derivam dessa característica três consequências fundamentais, que distinguem a fiança das garantias autônomas, como são o aval e outras tantas modalidades de garantias atípicas.

A primeira delas refere-se à vinculação da fiança à sorte do negócio principal, de modo que a extinção deste importa a mesma consequência àquele:[26] "*qualificando-se a obrigação do fiador como acessória, ela irá seguir, necessariamente, o destino da obrigação principal, a cargo do devedor afiançado*".[27]

A segunda consequência envolve a proibição de impor-se ao fiador obrigação mais onerosa que a do afiançado, que no Direito brasileiro é expressada pelo comando contido no art. 823 de do Código Civil. Observa-se na parte final desse dispositivo que, "*quando [a fiança] exceder o valor da dívida, ou for mais onerosa que ela, não valerá senão até ao limite da obrigação afiançada*".

A terceira consequência decorre das duas primeiras, correspondendo ao direito do fiador de opor as mesmas exceções que o afiançado possui contra o credor. Trata-se de um dos reflexos mais relevantes da acessoriedade da fiança, conforme pondera Antunes Varela:[28]

(ALVES MOREIRA, Carlos José. *Direito romano*. 16ª ed. Rio de Janeiro: Forense, 2014, pp. 426-430).

26 *In omnibus speciebus liberationum etiam accessiones liberantur* (em toda as espécies de liberação, liberam-se também os acessórios), anota Clóvis Bevilaqua, transcrevendo passagem de Ulpiano (BEVILAQUA, Clóvis. *Código Civil dos Estados Unidos do Brasil*. 5ª ed. vol. 5. Rio de Janeiro: Francisco Alves, 1943, p. 266).

27 BARTOLO, Luiza Perrelli. *Garantias fidejussórias – os contratos de fiança, garantia autônoma e seguro garantia*: aspectos atuais. São Paulo: USP, 2017, p. 12. (Dissertação de Mestrado).

28 VARELLA ANTUNES, João de Matos. *Das obrigações em geral*. 7ª ed. Coimbra: Almedina, 1997, p. 494.

> *[c]omo, através da garantia pessoal prestada, o fiador responde pela obrigação (principal) que recai sobre o devedor, é evidente que aproveitam ao fiador, em princípio, todos os meios de defesa oponíveis pelo devedor ao credor.*

O art. 837 do Código Civil reza justamente que "o fiador pode opor ao credor as exceções que lhe forem pessoais, e as extintivas da obrigação que competem ao devedor principal, se não provierem simplesmente de incapacidade pessoal, salvo o caso do mútuo feito a pessoa menor". O dispositivo repete, com mínimas alterações de redação, o art. 1.502 do Código Civil de 1916 ("O fiador pode opor ao credor as exceções que lhe forem pessoais, e as extintivas da obrigação que compitam ao devedor principal, se não provierem simplesmente de incapacidade pessoal, salvo o caso do art. 1.259").[29]

Nota-se que a previsão legal se adequa perfeitamente à natureza acessória da fiança e à regra contida no art. 823 do Código Civil. Afinal, se o fiador não pudesse opor as mesmas defesas do afiançado, sua dívida seria mais gravosa do que a do próprio devedor, coisa que o ordenamento pátrio repele.

Conforme Pontes de Miranda,[30]

> *[a] dívida do fiador é acessória, porque ele deve o adimplemento pelo devedor. Não há identidade das dívidas, porque prometer que outrem faça a cerca não é prometer fazer a cerca. Se o fiador não pudesse opor o que o devedor poderia opor, a dívida do fiador seria mais dura do que a do devedor. Por isso, tem-se de atribuir ao fiador a oponibilidade de todas as*

---

29 Vale registrar que o caso do art. 1.259, mencionado no art. 1.502 do Código Civil 1916, referia-se justamente ao mútuo feito a pessoa menor, tal como consta da parte final do art. 837 do Código de 2002. Daí se conclui que o art. 1.502 do Código Civil de 1916 e o art. 837 do Código Civil de 2002 são idênticos.

30 PONTES DE MIRANDA, Francisco Cavalcanti. *Tratado de Direito Privado*. São Paulo: Revista dos Tribunais, 2012, § 4.790, nº 3, p. 287.

objeções e exceções que o devedor poderia opor. Tais objeções e exceções existem para os dois devedores, independentemente, porque quem promete que outrem faça a cerca não promete mais do que a pessoa encarregada teria de fazer.

O legislador brasileiro quis conferir ao fiador todas as exceções do devedor,[31] ressalvando apenas as relacionadas à incapacidade pessoal deste, como no caso da fiança prestada para garantir obrigação contraída por menor impúbere (exceto o mútuo)[32] ou por pessoa relativamente incapaz sem a necessária assistência.

A ideia por trás da ressalva decorre da vedação ao *venire contra factum proprium*: se o fiador aceitou prestar a fiança a despeito da incapacidade do afiançado, não poderá arguir essa circunstância em seu favor. Em alguns ordenamentos, como no português, o fiador poderá invocar a anulabilidade da obrigação principal se desconhecia a sua causa ao tempo em que prestou a fiança (Código Civil português, art. 632º, 1).[33] Do contrário, se o fiador se obrigou sabendo do vício que contaminava a dívida principal *"foi porque se quis responsabilizar não só para o caso de vir a produzir-se essa*

---

31 Cuida-se, portanto, de disciplina diferente daquela aplicável ao devedor solidário, a quem não aproveitam as exceções pessoais do co-devedor (Código Civil, art. 281).

32 No tocante ao mútuo feito a pessoa menor, até mesmo a incapacidade do afiançado poderá ser oposta pelo fiador, regra que se alinha àquela disposta no art. 588 do Código Civil ("O mútuo feito a pessoa menor, sem prévia autorização daquele sob cuja guarda estiver, não pode ser reavido nem do mutuário, nem de seus fiadores").

33 Código Civil de Portugal, Art. 632º (Invalidade da obrigação principal). 1. A fiança não é válida se o não for a obrigação principal. 2. Sendo, porém, anulada a obrigação principal, por incapacidade ou por falta ou vício da vontade do devedor, nem por isso a fiança deixa de ser válida, se o fiador conhecia a causa da anulabilidade ao tempo em que a fiança foi prestada.

anulação, mas também para a hipótese inversa. Como que se garant[isse] que a obrigação não será anulada".[34]

Clóvis Bevilaqua,[35] Silvio de Sálvo Venosa,[36] Pablo Gagliano Stolze e Rodolfo Palmplona Filho,[37] entre vários outros, reconhecem, sem nenhuma dificuldade, o direito do fiador de opor ao credor as defesas pessoais do devedor, com exceção apenas daquelas decorrentes da incapacidade pessoal deste.[38]

Parte da doutrina, todavia, sustenta que o fiador não poderia opor todas as exceções que competiriam ao afiançado, mas somente aquelas inerentes à própria dívida, denominadas de *exceções reais* (como o pagamento, a novação, a compensação, a confusão e a prescrição). Ao contrário, não lhe assistiriam as defesas ligadas a circunstâncias pessoais do devedor, denominadas de *exceções pessoais*, que incluem tanto a incapacidade como quaisquer outras puramente ligadas à pessoa do devedor.[39] Os partidários dessa

---

34 Cf. Mário Júlio de Almeida Costa, que invoca as lições de Galvão Telles para esclarecer que "ainda neste caso opera o princípio da acessoriedade. O que se verifica é a conversão legal da fiança numa fiança de conteúdo diverso: o fiador, que garantia a obrigação resultante do ato anulado, passa a garantir a obrigação que deriva da anulação" (COSTA DE ALMEIDA, Júlio Mário. *Direito das obrigações*. 12ª ed. Coimbra: Almedina, 2013, p. 894).

35 BEVILAQUA, Clóvis. *Código Civil dos Estados Unidos do Brasil*. 5ª ed. vol. 5. Rio de Janeiro: Francisco Alves, 1943, p. 266.

36 VENOSA, Silvio de Salvo. *Código Civil Interpretado*. 3ª ed. São Paulo: Atlas, 2013, p. 1.002.

37 GAGLIANO, Stolze Pablo; FILHO PAMPLON, Rodolfo. *Novo Curso de Direito Civil*: contratos em espécie. 4ª ed. vol. 4. São Paulo: Saraiva, 2011, p. 645.

38 Exceção feita ao mútuo feito a pessoa menor (CC/1916, art. 1.502, CC/2002, art. 837).

39 Sem justificar, Pontes de Miranda afirma que "as exceções que o fiador não pode opor são as que têm caráter personalíssimo, como se o credor dá o título ao devedor somente para que esse o apresente em processo"

corrente citam como exemplos dessas exceções pessoais[40] (que não poderão ser invocadas pelo fiador) as que derivam da cessão de bens, da concordata ou de vícios de consentimento do devedor.[41]

Em comum a grande parte dos autores que adotam essa posição está a referência explícita ou implícita, neste caso evidenciada pelos exemplos que utilizam, à doutrina de Carvalho Santos,[42] para quem

> [a]s exceções que o fiador pode opor ainda que pertencentes ao devedor principal são as chamadas reais; ou as inerentes à dívida, no preciso enunciado do Código Civil francês (artigo 2.036). Quanto às exceções pessoais, como por exemplo as que derivam de cessão de bens, concordata do devedor; vício

---

(PONTES DE MIRANDA, Francisco Cavalcanti. *Tratado de Direito Privado*. São Paulo: Revista dos Tribunais, 2012, § 4.790, nº 3, p. 287).

40 Ao contrário do que parece à primeira vista, não é tarefa simples distinguir as exceções reais (pertinentes à dívida) das pessoais (ligadas a circunstâncias particulares do devedor). Tanto assim que, com frequência, uma mesma exceção ora é referida pela doutrina como real, ora como pessoal, como frequentemente ocorre com a prescrição e com os vícios de manifestação da vontade.

41 Segundo Arnaldo Rizzardo, "as exceções pessoais [do devedor] não constituem meio de defesa do fiador. Unicamente as reais, ou as inerentes à dívida, tomam-se possíveis de invocação pelo fiador. Classificam-se entre as pessoais, indiferentes ao fiador, as que derivam de cessão de bens, concordata do devedor, vício de consentimento, incapacidade para contratar. Pertencem elas ao devedor. Exclusivamente a ele compete apontá-las na defesa" (RIZZARDO, Arnaldo. *Contratos*. 13ª ed. Rio de Janeiro: Forense, 2013, pp. 1026/1027). Citando Carvalho Santos, Gustavo Tepedino *et. al.* afirmam que "[não pode o fiador, porém, recorrer às exceções pessoais do devedor para pleitear a extinção da fiança, uma vez que só pode opor ao devedor principal as defesas inerentes à dívida, ainda que pertencentes ao devedor" (TEPEDINO, Gustavo; BARBOZA, Heloísa Helena; MORAES, Maria Celina Bodin de. *Código Civil Interpretado*: conforme a Constituição da República. 2ª ed. Rio de Janeiro: Renovar, 2012, pp. 653/654).

42 SANTOS, J. M. de Carvalho. *Código civil brasileiro interpretado*: direito das obrigações. 6ª ed. vol. 19. Rio de Janeiro: Freitas Bastos, [s.d.], pp. 489/490.

> de consentimento, incapacidade de contratar, não ocorre o mesmo. O fiador não pode invocá-las, mas tão somente o devedor. Na verdade, o direito de contestar a validade das obrigações assim assumidas pertence ao devedor, exclusivamente e lhe deve ser reservado, a ele somente. Se a ele renunciar o devedor, ninguém pode exercê-lo em seu lugar. (Cfr. PONT, obra cit., nº 387).

Foi com base nesse mesmo raciocínio, aliás, que Fábio Konder Comparato[43] sustentou, em célebre parecer, que a exigibilidade da fiança não seria afetada pela concordata do afiançado: "*o fiador não pode opor ao credor todas as exceções, ainda que extintivas, que competem ao devedor principal, mas tão-somente as que não sejam ligadas à pessoa deste*". Em abono dessa sua afirmação, o autor não invocava, todavia, o dispositivo da lei francesa referido por Carvalho Santos, mas o art. 1.927 do Código Civil italiano de 1865, que era praticamente idêntico ao primeiro.

O parecer de Comparato assentava-se, ainda, nas premissas de que a concordata não ensejava novação[44] e consistia em benefício que aproveitava apenas pessoalmente ao concordatário (comerciante), e não aos fiadores (não comerciantes). Por isso, entendia não serem oponíveis as exceções extintivas da obrigação a que aludia o Código Civil de 1916, "*quando nenhum daqueles efeitos da concordata representa extinção das obrigações por ela abrangidas*"[45] (p. 496).

---

43 COMPARATO, Fábio Konder. "Efeitos da concordata preventiva do devedor principal sobre a relação de fiança". *In*: ______. *Direito Empresarial*: estudos e pareceres. São Paulo: Saraiva, 1995, p. 496.

44 Independentemente do acerto ou correçao dessa conclusao, é certo que, segundo o próprio raciocínio de Comparato, poder-se-ia concluir que, se a concordasse implicasse a extinção da obrigação por novação (como ocorre na recuperação judicial), o fiador poderia opor esta defesa ao devedor. O autor agradece a Cassio Cavalli por esta reflexão, feita por ocasião da leitura da versão preliminar deste artigo.

45 COMPARATO, Fábio Konder. "Efeitos da concordata preventiva do devedor principal sobre a relação de fiança". *In*: ______. *Direito*

Ocorre que os dispositivos legais francês e italiano, invocados, respectivamente, por Carvalho Santos e Fábio Konder Comparato – e cujos preceitos se encontram no inconsciente coletivo da doutrina dada a enorme influência daqueles diplomas sobre as legislações ocidentais –, tinham redação consideravelmente diferente da norma correlata constante do Código Civil de 1916, acima citado, de modo que não se prestavam a orientar a interpretação do nosso direito, até porque há muito revogada a Lei da Boa Razão.

O art. 2.036 do Código Civil de França rezava que "*o fiador pode opor ao credor todas as exceções que pertencem ao devedor principal e que são inerentes à dívida. No entanto, não pode opor exceções que são puramente pessoais ao devedor*".[46] E o art. 1.927 do Código Civil italiano de 1865, de forma muito semelhante ao dispositivo equivalente da lei francesa, estabelecia que "*o fiador pode opor contra o credor todas as exceções que assistem ao devedor principal e que sejam inerentes à dívida; mas não pode opor aquelas que são puramente pessoais do devedor*".[47]

Como se vê, o direito civil francês e o italiano não ressalvavam apenas as exceções decorrentes da incapacidade do devedor, como faz o brasileiro, mas todas aqueles puramente pessoais do devedor. A mesma regra também podia ser encontrada nos Códigos Civis de outros países, a exemplo de Bolívia, Uruguai, Peru e Chile.[48]

Empresarial: estudos e pareceres. São Paulo: Saraiva, 1995, p. 496.

46 No original: "La caution peut oppor au créancier toutes les exceptions qui appartiennet au débiteaur principal, et qui sont inhérentes à la dette. Mais elle ne peut opposer les excptions qui sont purement personnelles au débiteur" (tradução livre).

47 No original: "Il fideiussore può opporre contro il creditore tutte le eccezioni che spettano al debitore principale e che sono inerenti al debito; ma non può opporre quelle che sono puramente personali al debitore" (tradução livre).

48 É o que anota José Augusto Delgado: "O Código Civil da Bolívia, em seu art. 929, dispõe: 'Art. 929. – (excepciones que el fiador puede oponer al acreedor). El fiador puede oponer al acreedor todas las excepciones

Trata-se, todavia, de mera opção legislativa, e não da manifestação de algo inerente ao instituto da fiança, como parece a alguns. Aliás, opera-se justamente o contrário, pois a restrição às exceções que competem ao devedor mitiga a acessoriedade própria da fiança, fazendo com que a dívida do fiador se torne mais gravosa do que a do afiançado. Por isso, a opção do legislador nacional – que se limitou a ressalvar as exceções decorrentes da incapacidade do fiador, sem estender a proibição a outras exceções pessoais do devedor – ajusta-se muito melhor à lógica da fiança.

Tanto isso é verdade que o art. 1945 Código Civil de 1942 – que revogou o diploma de 1865 – passou a prever que "*o fiador pode opor contra o credor todas as defesas que couberem ao devedor principal, exceto as decorrentes de incapacidade*",[49] tal como fizera o legislador brasileiro de 1916.

---

que correspondan al deudor principal y que sean inherentes a la deuda, pero no las puramente personales del deudor (Arts. 361, 370, 318 del Código Civil)'. No Uruguai, conforme revela o art. 2.125 do seu Código Civil, há idêntica permissibilidade: 'Art. 2.125. El fiador puede oponer al acreedor todas las excepciones resultantes del contrato principal y las que él mismo tenga, pero no las puramente personales al deudo (Artículos 1241 y 1503)' (...). O Código Civil do Peru, no artigo 1.885, é expresso: 'Artículo 1.885. – El fiador puede oponer contra el acreedor todas las excepciones que corresponden al deudor, aunque éste haya renunciado a ellas, salvo las que sean inherentes a su persona'. Igual regra contém o Código Civil do Chile, artigo 2.354: 'Art. 2.354. El fiador puede oponer al acreedor cualesquiera excepciones reales, como las de dolo, violencia o cosa juzgada; pero no las personales del deudor, como su incapacidad de obligarse, cesión de bienes, o el derecho que tenga de no ser privado de lo necesario para subsistir. Son excepciones reales las inherentes a la obligación principal'". (TEIXEIRA, Sálvio de Figueiredo. *Comentários ao novo Código Civil*. vol. 11. Rio de Janeiro: Forense, 2004, pp. 287/288).

49 No original: "Il fideiussore può opporre contro il creditore tutte le eccezioni che spettano al debitore principale, salva quella derivante dall'incapacità" (tradução livre).

E o art. 2.036 do Código Civil francês acabou sendo recentemente revogado e substituído por norma que, de forma até mais enfática que o equivalente nacional, expressamente garante ao fiador as exceções pessoais do devedor.

Conforme o novo art. 2.298 do Código Civil de França,[50] "*o fiador pode opor ao credor todas as exceções, pessoais ou inerentes à dívida, que pertencem ao devedor, sujeito às disposições do segundo parágrafo do Artigo 2293*".[51] A ressalva prevista no § 2º do art. 2.293 refere-se às causas de incapacidade do devedor, que não poderão ser invocadas pelo fiador se por ele conhecidas quando prestou a fiança.[52]

Acerca da inovação legislativa, a doutrina francesa ponderou justamente que o restabelecimento da oponibilidade, pelo fiador, de todas as exceções do devedor, inclusive as de ordem pessoal, "*devolve à garantia a plenitude do seu caráter acessório, inerente à sua própria definição*".[53]

---

50 Dispositivo que entrou em vigor em 1º de janeiro de 2022 (cf. Ordenança nº 1192, de 15 de setembro de 2021).

51 No original: "La caution peut opposer au créancier toutes les exceptions, personnelles ou inhérentes à la dette, qui appartiennent au débiteur, sous réserve des dispositions du deuxième alinéa de l'article 2293" (tradução livre).

52 Código Civil francês, Art. 2.293. Le cautionnement ne peut exister que sur une obligation valable. Néanmoins, celui qui se porte caution d'une personne physique dont il savait qu'elle n'avait pas la capacité de contracter est tenu de son engagement. ("*A fiança só pode existir em relação a uma obrigação válida. No entanto, aquele que se compromete como fiador de uma pessoa física, sabendo que ela não tinha a capacidade de contratar, é vinculado ao seu compromisso*"; tradução livre).

53 SIMLER, Philippe. "Les clés de la réforme du droit des sûretés: Les impacts à compter du 1er janvier". *Synthèse*, jan. 2022. Disponível em: https://www.tendancedroit.fr/wp-content/uploads/2021/12/Simler.pdf. Acessado em: 06.03.2024.

O direito brasileiro, portanto, alinha-se à lei atualmente vigente tanto na Itália quanto na França, onde as únicas exceções do devedor que o fiador não poderá invocar são aquelas decorrentes da *incapacidade* do primeiro. A ressalva do legislador confirma a regra, permitindo concluir que o fiador poderá opor todas as exceções pessoais que competem ao afiançado que não resultem estritamente da incapacidade, mesmo que o próprio devedor a elas tenha renunciado[54]. Numa sentença, poder-se-ia dizer que o fiador está obrigado a fazer o pagamento sempre que o devedor, devendo adimplir a própria dívida, deixar de fazê-lo, salvo se a recusa do devedor derivar da sua incapacidade para contratar a obrigação afiançada.

Não se pode concordar com Fábio Konder Comparato[55] quando afirma que a ressalva à incapacidade pessoal do devedor contida no art. 1.502 do Código Civil de 1916 – praticamente idêntico ao art. 837 do Código Civil de 2002 – é mera ilustração de um princípio (de que são defesas ao fiador as exceções ligadas à pessoa do devedor). Com todas as vênias, tal princípio não existe, e nunca existiu. Não se depreende das origens do instituto, nem expressa uma orientação universal em matéria de fiança (*vide* o recente art. 2.293 do Código Civil francês, que autoriza o fiador a opor ao credor as exceções pessoais do devedor). Admiti-lo seria negar todo o sentido dogmático da acessoriedade da fiança, aceita de modo inconteste por todos.[56]

---

54 Cf. SERPA LOPES, Miguel Maria. *Curso de Direito Civil*. 2ª ed. vol. 4. Rio de Janeiro: Freitas Bastos, 1961, p. 463.

55 COMPARATO, Fábio Konder. "Efeitos da concordata preventiva do devedor principal sobre a relação de fiança". *In*: ______. *Direito Empresarial*: estudos e pareceres. São Paulo: Saraiva, 1995, p. 496.

56 Em que pesem as razões dogmáticas que infirmam certas afirmações contidas no parecer de Comparato, não se pode dissociá-lo das circunstâncias políticas, jurídicas e econômicas do tempo em que foi elaborado. O parecer dirigia-se à concordata do Decreto n. 7.661/1945, que guarda profundas diferenças em relação ao sistema da recuperação judicial, quase que permitindo ao devedor, por ato potestativo, impor aos seus credores um desconto ou a moratória das suas dívidas. É evidente que essa disciplina autoritária, própria do período ditatorial em que a lei foi

Quando se sustenta que a ressalva à incapacidade apenas

---

editada, causava efeitos nefastos ao fluxo do crédito, potencializados pela corrosão monetária. Havia, portanto, razões de ordem metajurídica que justificavam defender que os credores podiam cobrar os fiadores apesar da concordata do devedor. Aliás, concorda-se com as ponderações de Sheila Neder Cerezetti e Gabriela de Oliveira Junqueira sobre o referido parecer, que o analisaram sob a perspectiva da recuperação judicial. Embora se refiram à novação das garantias, e não propriamente à sua exigibilidade durante o *stay period*, as reflexões das autoras alinham-se, quanto ao mais, ao que está sendo sustentado nestas linhas: "Ainda acerca da antiga disciplina, que afirmava a inexistência de novação na concordata, cabe destacar o posicionamento de Fábio K. Comparato. Segundo o autor, a novação não atingiria a obrigação do fiador, pois a concordata consistia em favor legal concedido ao empresário comercial "em função de sua qualidade e de sua situação pessoal". Dado que esses atributos individuais não seriam extensíveis ao fiador, também não o poderiam ser os efeitos de que goza. Além disso, defendia que o mesmo resultado seria alcançado com fundamento na análise dualista da relação obrigacional, formada por dívida e responsabilidade. Se o fiador assumia a responsabilidade própria por dívida alheia, o devedor, por seu turno, recebia a suspensão da sua responsabilidade por conta da concordata, permanecendo intacta a sua dívida. Em consequência, o fiador continuava responsável pela dívida que não havia sido modificada pelo benefício legal. Ora, ambos os argumentos parecem ceder face à previsão expressa de novação das obrigações sujeitas à recuperação judicial. Em primeiro lugar, a recuperação judicial já não consiste em benefício legal a ser outorgado ao comerciante honesto. Sabe-se que o atual diploma concursal inaugurou perspectiva profundamente distinta no direito da empresa em crise, segundo a qual, dada a separação da sorte da empresa e do empresário, a reestruturação da empresa não consiste em favor dado ao devedor, mas em mecanismo centrado na organização empresarial e estruturado sobre a tutela dos interesses por ela abrangidos. Em segundo lugar, é a própria lei a prever a extinção da dívida inicial e sua substituição por uma nova. Não se pode mais falar em mera atuação sobre a esfera da responsabilidade. Ambas as frentes da relação obrigacional do devedor parecem ser afetadas sob a recuperação judicial. Se o fiador 'assume responsabilidade própria por dívida alheia' e se esta é atingida em seu âmago, a relação capitaneada por aquele agente também o é" (NEDER CEREZETTI, Sheila C.; JUNQUEIRA, Gabriela de Oliveira. "Breves notas sobre a novação de créditos na recuperação judicial". *In*: WAISBERG, Ivo *et al.* (Coord.). *Temas de Direito da insolvência*: estudos em homenagem ao Professor Manoel Justino Bezerra Filho. São Paulo: Iasp, 2017, pp. 1041/1042).

"ilustra" ou "exemplifica" as exceções pessoais que o fiador não poderá opor, o que se está fazendo é conferir interpretação extensiva à fiança.[57] Ao restringir-se, por via da interpretação, as hipóteses que permitem ao fiador exonerar-se da obrigação, acaba-se, indiretamente, ampliando-se a fiança, coisa que a nosso direito proíbe.

O Código Civil decidiu negar ao fiador *apenas* as exceções pessoais do devedor ligadas à sua *incapacidade*, termo que tem significado técnico específico e imediatamente reconhecido pelo intérprete. Nada dispôs em relação a quaisquer outras exceções pessoais do devedor, vedando expressamente a interpretação extensiva: "*A fiança dar-se-á por escrito não admite interpretação extensiva*" (Art. 819).

Além de contrariar a lei, a limitação das exceções oponíveis pelo fiador contraria a própria acessoriedade da fiança, característica definidora desse contrato em termos genéticos, funcionais e, sobretudo, extintivos.[58] Por isso, negar ao fiador as exceções pessoais que cabem ao afiançado desconfigura a fiança tal qual ela foi prevista em nosso ordenamento, alterando o próprio "DNA" dessa modalidade contratual.

Se o adimplemento não puder ser exigido do afiançado – por alguma causa que suspenda ou exclua a exigibilidade da sua dívida –, mais não se poderá exigir do fiador, que tem a sua própria dívida subordinada a do afiançado.

3 Exceções fundadas na inexigibilidade da dívida

As exceções oponíveis pelo fiador não se limitam àquelas *extintivas* da obrigação, como sugere a interpretação literal do art. 837

57 Código Civil de 2002, Art. 819. A fiança dar-se-á por escrito, e não admite interpretação extensiva.

58 Cf. LEITÃO, Luís Manuel Teles de Menezes. *Garantias das obrigações*. 6ª ed. Almedina: Coimbra, 2019, p. 109.

do Código Civil. Conforme ensina Pontes de Miranda, "*os legisladores raramente distinguem, na redação das leis, o que é extintivo da dívida, o que é extintivo da obrigação e o que apenas encobre a eficácia*". Assim, também as exceções fundadas na inexigibilidade da dívida principal poderão ser opostas pelo fiador.

O exemplo mais significativo dessas exceções é a prescrição, que impede o credor de exigir o adimplemento, embora não extinga nem a dívida nem a obrigação. Conforme anota Clovis Bevilaqua,[59] "*a prescrição não extingue diretamente a fiança; atua somente sobre a dívida principal*". Ainda assim ela poderá ser invocada pelo fiador para eximir-se da prestação:

> *o fiador ou o subfiador pode opor a exceção de prescrição da dívida principal. (...) A fiança é à dívida, e não à obrigação. Mas, se advém a mutilação da dívida pela desaparição ou pelo encobrimento da eficácia da dívida, extingue-se a fiança, uma vez que o fiador reaja.*[60]

Enquanto exigível o adimplemento do devedor principal, o fiador não poderá recusar o cumprimento da própria prestação, que é justamente o adimplemento pelo afiançado. É o que decorre logicamente da regra disposta no art. 204, § 3º, do Código Civil ("*a interrupção produzida contra o principal devedor prejudica o fiador*"). Porém, extinta a pretensão contra o afiançado por conta da prescrição, o credor não mais poderá cobrar o fiador. Porque sendo inexigível o adimplemento pelo afiançado, também o será pelo fiador,[61] que se compromete, repita-se, ao adimplemento *por* aquele.

---

59 BEVILAQUA, Clóvis. *Código Civil dos Estados Unidos do Brasil*. 5ª ed. vol. 5. Rio de Janeiro: Francisco Alves, 1943, p. 267.

60 PONTES DE MIRANDA, Francisco Cavalcanti. *Tratado de Direito Privado*. São Paulo: Revista dos Tribunais, 2012, § 4.790, p. 288, e § 4.796, p. 325.

61 Em sentido semelhante, Caio Mário da Silva Pereira reconhece que, se a dívida do afiançado "for inexigível, como a dívida de jogo, incobrável

De tudo isso resulta que, suspensa a exigibilidade da dívida afiançada por conta do deferimento do processamento da recuperação judicial do devedor (LRF, art. 6º, § 4º), garante-se ao fiador idêntica exceção, que o dispensa de honrar a própria prestação enquanto o afiançado estiver dispensado de honrar a sua.

4 Fiança sem benefício de ordem

Arnoldo Wald e Ivo Waisberg afirmaram que, no caso de fiança sem renúncia ao benefício de ordem, não seria possível ao credor executar o fiador durante o *stay period* porque ele primeiro deveria promover a excussão dos bens do afiançado, temporariamente obstada pelo processamento da recuperação judicial deste:

> *No caso específico dos fiadores, havendo benefício de ordem, a ação ou execução fica suspensa, pois o devedor principal em recuperação está ao abrigo do prazo suspensivo. Dessa forma, a fiança só poderá ser demandada após esgotadas as possibilidades contra o devedor principal.*[62]

Implicitamente, esses autores acabaram reconhecendo que a suspensão concedida ao devedor por conta do deferimento do processamento da recuperação judicial também será oponível pelo fiador, não obstante tratar-se de uma exceção pessoal do primeiro. Além disso, acertadamente notaram que "*os efeitos dos 180 dias de suspensão das ações (art. 6º, § 4º), para estes sujeitos [garantidores], dependerão da natureza da garantia oferecida*", afirmação que endossa a conclusão de que, ao determinar a conservação dos direitos contra coobrigados, fiadores e obrigados de regresso, o art.

---

será do fiado" (PEREIRA, Caio Mário da Silva. *Instituições de Direito Civil*. 4ª ed. vol. 3. Rio de Janeiro: Forense, p. 330).

62 Em: CORRÊA-LIMA, Osmar Brina *et al.* (Coord.). *Comentários à Nova Lei de Falência e Recuperação de Empresas*. Rio de Janeiro: Forense, 2009, p. 341.

49, §1º, não altera os pressupostos para o exercício desses direitos, que pode, sim, ser obstaculizado por conta do regime especial a que se submete o devedor em recuperação judicial.

Havendo renúncia ao benefício de ordem, porém, os mesmos autores admitem o prosseguimento da execução contra o fiador durante a vigência do *stay period*:

> *Situação diversa ocorre com os fiadores que tiverem renunciado ao benefício de ordem. Nessa hipótese, é legítimo o prosseguimento de ação contra estes mesmo durante o prazo de suspensão, pois a proteção concedida ao devedor não foi estendida aos seus garantidores.*[63]

Esse entendimento é compreensível. Afinal, se o fiador não pode exigir a prévia excussão dos bens do afiançado nas hipóteses do art. 828 do Código Civil (seja porque renunciou expressamente ao benefício de ordem, seja porque se obrigou como principal pagador ou devedor solidário), seu próprio patrimônio fica desde logo exposto à ação do credor, de modo que, à primeira vista, parece razoável concluir que o credor poderia promover ou continuar as execuções contra o fiador durante a recuperação judicial do devedor.

No entanto, exame aprofundado do contrato de fiança conduz à conclusão de que, mesmo nas hipóteses em que o fiador não pode invocar o benefício de ordem, não é dado ao credor cobrar-lhe o pagamento se a dívida afiançada não é exigível do afiançado (ainda que temporariamente por conta de alguma situação especial, como o processamento da recuperação judicial deste).

É preciso compreender que o objeto da fiança é diverso do objeto da prestação afiançada. Ainda que se obrigue como principal

---

63 Em: CORRÊA-LIMA, Osmar Brina *et al.* (Coord.). *Comentários à Nova Lei de Falência e Recuperação de Empresas*. Rio de Janeiro: Forense, 2009, p. 341.

pagador ou devedor solidário, o fiador não se compromete a adimplir a mesma prestação do afiançado, tampouco se obriga a pagar no lugar do afiançado. O fiador promete o pagamento *pelo afiançado*, sem se colocar no mesmo polo obrigacional do negócio por este concluído. Em regra, o afiançado nem sequer é parte do contrato de fiança, que se celebra somente entre credor e fiador. Como os vínculos obrigacionais são distintos, fiador e afiançado não são devedores na mesma prestação, ainda que o conteúdo de ambas (i.e., a conduta a ser praticada) seja idêntico.

Como bem esclarece Pontes de Miranda,[64]

> *o fiador não promete pagar se o devedor principal não paga, nem promete pagar em lugar do devedor principal. Promete o adimplemento pelo devedor principal. Se esse não adimple, como o fiador prometeu, há infração da promessa de ato de outrem. Não há assunção de dívida alheia e toda confusão a respeito é nociva à exposição científica. A assunção de dívida alheia pode ser cumulativa ou substitutiva (*Tomo XXIII, §§ 2.819-2.820*), porém mesmo aquela não é a fiança. Quem assume a dívida alheia faz-se devedor da mesma dívida, quer se extinga, quer não, a do devedor originário. (...) o fiador responde pela dívida do devedor principal, porque foi o adimplemento por esse o que ele prometeu ao credor. Por isso mesmo, o objeto do contrato, ou, em geral, da dívida do devedor principal não é o objeto da dívida do fiador. O objeto da dívida do fiador é o adimplemento pelo devedor principal, e não o que o devedor principal deve. Tem de prestar o que o devedor principal deve porque prometeu o adimplemento por esse.*

---

64 PONTES DE MIRANDA, Francisco Cavalcanti. *Tratado de Direito Privado*. São Paulo: Revista dos Tribunais, 2012, § 4.781, nº 1, p. 185, e § 4.788, nº 4, p. 256.

Quando chamado a honrar a fiança, o fiador não paga a dívida do afiançado; paga a própria dívida, que é diversa daquela assumida pelo afiançado:

> *O adimplemento pelo fiador é adimplemento de dívida própria, e não de outrem; porque se vinculara a prestar o adimplemento pelo devedor. Não é adimplemento por terceiro. Apenas se parece com o adimplemento por terceiro na eficácia liberatória da dívida de outrem.*[65]

Cuidando-se, pois, de obrigações distintas – a do devedor de pagar a própria dívida, e a do fiador de garantir o adimplemento pelo devedor –, conclui-se que, estando o devedor dispensado do adimplemento (por circunstância que lhe suspende a exigibilidade), nada poderá ser exigido do fiador.

Alguma dúvida ainda pode restar em relação ao fiador que se obriga como principal pagador ou devedor solidário, sobretudo porque, nesse caso, parte da doutrina confunde os institutos da fiança e da obrigação solidária, equivocadamente pressupondo que fiador e afiançado figuram como devedores da mesma obrigação. Serpa Lopes[66] denuncia o equívoco, divisando uma coisa da outra:

> O princípio comum que rege as relações jurídicas do fiador é a sua não responsabilidade solidária com o devedor. Todavia, na prática, sempre se pactua a fiança com cláusula de solidariedade. Mas, força é observar, apesar disto a fiança não se confunde com a solidariedade. A fiança solidária continua sendo sempre um contrato acessório, embora a corrente doutrinária continue, erradamente, a assimilar o fiador solidário

---

65 PONTES DE MIRANDA, Francisco Cavalcanti. *Tratado de Direito Privado*. São Paulo: Revista dos Tribunais, 2012, § 4.781, n. 1, p. 185, e § 4.788, nº 4, p. 256.

66 SERPA LOPES, Miguel Maria. *Curso de Direito Civil*. 2ª ed. Rio de Janeiro: Freitas Bastos, 1961, pp. 446 e 473.

> ao devedor solidário, nada obstante os termos da obrigação assumida. É verdade que o credor solidário fica desaparelhado do benefício de ordem (Cód. Civil, art. 1.492, inc. II), mas esta é a linha de separação única entre a fiança comum e a fiança solidária.
>
> (...) a fiança, ainda quando solidária, não se confunde com uma obrigação solidária, por isso ela conserva sempre o seu caráter acessório. (...) Dados os pontos de semelhança existentes entre a fiança e a obrigação solidária, a consequência mais importante, quando se pactua a solidariedade, consiste na abdicação por parte do fiador, dos dois benefícios inerente à obrigação fidejussória: o benefício *ordinis* e o benefício *divisionis*, subsistindo, porém, o *beneficium cedendarum actionum*, que se mantém inalterado, pois nada tem de incompatível com a solidariedade, mas sim, ao contrário, com ela se harmoniza.

De fato, a solidariedade do fiador é atípica, porque não faz afiançado e fiador devedores da mesma obrigação.[67] A dívida do fiador é sempre diversa da do afiançado, pois consiste em garantir o adimplemento por este. Por isso, mesmo tratando-se de fiador solidário ou que se obriga como devedor principal, o pagamento feito por ele ao credor não extingue a dívida; esta sobrevive, sub-rogando-se o fiador nos direitos do credor contra o afiançado. Assim leciona Pontes de Miranda:

> [m]esmo quando o fiador se faz devedor principal, a sua principalização não o torna sujeito passivo na relação entre o credor e o devedor. Não há, na cláusula de devedor principal, assunção de dívida alheia. Por isso, é preciso ter-se todo

67 Distinguindo a fiança prestada por aquele que se obriga como devedor solidário das hipóteses de solidariedade passiva, confira-se: BARTOLO, Luiza Perrelli. *Garantias fidejussórias*: os contratos de fiança, garantia autônoma e seguro garantia – aspectos atuais. São Paulo: USP, 2017, pp. 77-80. (Dissertação de Mestrado).

> o cuidado e toda a atenção na invocação de regras jurídicas sobre solidariedade das dívidas quando se cogita de fiador solidário. A solidariedade, na fiança, é atípica.

Mesmo o fiador que se obriga como devedor principal ou devedor solidário não integra o polo passivo da mesma obrigação do afiançado. Não se forma, pois, uma pluralidade de sujeitos da mesma obrigação. Confirma essa conclusão justamente o fato de que o fiador poderá opor as exceções do afiançado contra o credor (Código Civil art. 837), direito que é negado ao devedor solidário, a quem não aproveitam as exceções dos co-devedores (Código Civil, art. 281). Conforme Luiza Perrelli Bartolo,[68]

> [e]m virtude da acessoriedade do débito fidejussório, podem-se identificar importantes e interessantes distinções entre o seu regime e do da solidariedade. A primeira delas diz respeito à possibilidade da oposição de exceções pelo fiador que não podem ser igualmente opostas pelo devedor solidário.

Tudo isso a leva a concluir que as causas de inexigibilidade da dívida perante o afiançado, inclusive na fiança com renúncia do benefício de ordem, poderão ser opostas pelo fiador para recusar o pagamento. Logo, durante o prazo de suspensão previsto no art. 6, § 4º, da LRF, não poderão ser iniciadas ou prosseguir as execuções contra os fiadores do devedor em recuperação judicial.

5 Razões econômicas que justificam a estender o *stay* period ao fiador

A conclusão a que se chegou por razões estritamente dogmáticas pode ser reforçada por outras de ordem econômica que poderiam

---

68 BARTOLO, Luiza Perrelli. *Garantias fidejussórias*: os contratos de fiança, garantia autônoma e seguro garantia – aspectos atuais. São Paulo: USP, 2017, p. 77. (Dissertação de Mestrado).

contribuir para aprimorar a compreensão do direito vigente e auxiliar na tarefa de interpretar as disposições pertinentes à recuperação judicial em conjunto com aquelas relativas às garantias fidejussórias.

Razões que, curiosamente, a doutrina brasileira tem deixado de lado. Especificamente nesta matéria, nossos especialistas não se interessaram em verificar como o tema é tratado em outros países, notadamente nos Estados Unidos, cujo direito é frequentemente citado entre nós como paradigma de eficiência em matéria de insolvência empresarial.

A despeito da acentuada efetividade que o direito norte-americanos confere às garantias,[69] a jurisprudência dos Estados Unidos caminhou no sentido permitir, em hipóteses excepcionais, a extensão do *automatic stay*[70] a terceiros (*non-debtors*), inclusive os garantidores do devedor.

O tema nos Estados Unidos é bastante controverso[71] e até hoje carece de uma solução definitiva. Isso pode indicar que talvez tenhamos nos precipitado ao rejeitar peremptoriamente a possibilidade de estender a suspensão a coobrigados e garantidores em quaisquer circunstâncias, sem maiorias reflexões sobre os casos e motivos que poderiam excepcionalmente justificar conclusão diversa.

Muito resumidamente, as cortes norte-americanas têm deferido a extensão da *automatic stay* a terceiros em duas situações:

---

69 Evidenciada, por exemplo, pelos inúmeros mecanismos autoexecutáveis, que dispensam intervenção judicial (cf. LEVADA, Filipe Antônio Marchi. *Garantias autoexecutáveis*. São Paulo: Revista dos Tribunais, 2022, pp. 72-108).

70 Correspondente funcional da suspensão prevista no art. 6º, § 4º, da LRF, disciplinado pela Seção 362 do *Bankruptcy Code*.

71 Sobre o tema, confiram-se: BAIRD, Douglas. *Elements of Bankruptcy*. 6ª ed. St. Paul: Foundation, 2014, p. 198; TABB, Charles Jordan. *Law of Bankruptcy*. 4ª ed. St. Paul: West Academic, 2016, p. 264; FERRIEL, Jeffrey; JANGER, Edward J. *Understanding Bankruptcy*. 4ª ed. Durhan: Carolina Academic, 2019, § 8.05 (e-book).

(i) quando o devedor e o terceiro guardam tamanha identidade de interesses que a ação contra o terceiro é, essencialmente, uma ação contra o próprio devedor,[72] ou (ii) quando a ação contra o terceiro terá impacto adverso na capacidade do devedor de realizar a sua própria reorganização.[73]

---

72 Conforme Charles Jordan Tabb, "In very limited circumstances, however, actions against nondebtors may be stayed. One such situation is where there is an 'identity of interest' between the nondebtor and the debtor. Stated otherwise, if the debtor should be considered the real party in interest, the action nominally against the nondebtor but effectively against the debtor should be stayed. The most prominent example is the case of A.H. Robins Co. v. Piccinin. The Fourth Circuit held that the stay applied to actions against third parties who were entitled to indemnification from the debtor. Other courts have made clear that this exception does not apply if the third party is independently liable, but only if their liability is derivative of the debtor. The Second Circuit has held that '(t]he automatic stay can apply to non-debtors, but normally does so only when a claim against the non-debtor will have an immediate adverse economic consequence for the debtor's estate'" ("*Em circunstâncias muito limitadas, no entanto, ações contra não-devedores podem ser suspensas. Uma dessas situações ocorre quando há uma 'identidade de interesse' entre o não-devedor e o devedor. Em outras palavras, se o devedor deve ser considerado a verdadeira parte interessada, a ação proposta contra o não-devedor, mas que, na prática, dirige-se contra o devedor, deve ser suspensa. O exemplo mais proeminente é o caso A.H. Robins Co. v. Piccinin. O [Tribunal] da Quarta Circunscrição determinou que a suspensão se aplicava a ações contra terceiros que tinham direito a indenização pelo devedor. Outros tribunais deixaram claro que essa exceção não se aplica se o terceiro for responsável de forma independente, mas apenas se sua responsabilidade for derivada da do devedor. O [Tribunal] da Segunda Circunscrição determinou que 'a suspensão automática pode se aplicar a não-devedores, mas normalmente o faz apenas quando uma reivindicação contra o não-devedor terá uma consequência econômica adversa imediata para o patrimônio do devedor*'"). (TABB, Charles Jordan. *Law of Bankruptcy*. 4ª ed. St. Paul: West Academic, 2016, p. 264, tradução livre).

73 Cf. BENSINGER, Bill D. "The Facts of the Legal Fiction – Extending the Automatic Stay to Non-Debtors". *Norton Annual Survey of Bankruptcy Law*, nº 9, set. 2015.

Determinada com fundamento nos poderes de equidade conferidos ao juízo falimentar pela Seção 105(a) do Bankruptcy Code,[74] essa extensão geralmente depende da demonstração cumulativa de que: (i) haverá prejuízo irreparável à reorganização do devedor se as execuções contra os codevedores ou garantidores prosseguirem; (ii) existe uma boa chance de sucesso da reorganização, ameaçada por tais execuções; e (iii) não haverá (ou será mínimo) o prejuízo causado aos credores se tais processos permanecerem suspensos.[75]

Nessas circunstâncias, a extensão da suspensão a terceiros também serviria ao propósito de viabilizar a reestruturação das dívidas deles próprios. Cassio Cavalli[76] recentemente invocou o julgado paradigmático norte-americano em matéria de liberação da dívida de terceiros (*third party release*)[77] para sustentar a possibilidade de reestruturarem-se as dívidas de concessionárias de energia elétrica

74 U.S. Code § 105 (a). "The court may issue any order, process, or judgment that is necessary or appropriate to carry out the provisions of this title. No provision of this title providing for the raising of an issue by a party in interest shall be construed to preclude the court from, *sua sponte*, taking any action or making any determination necessary or appropriate to enforce or implement court orders or rules, or to prevent an abuse of process" (*O tribunal pode emitir qualquer ordem, determiner qualquer procedimento ou realizar qualquer julgamento que seja necessário ou apropriado para dar cumprimento às disposições deste título. Nenhuma disposição deste título que preveja a arguição de questão por uma parte interessada deve ser interpretada no sentido de impedir que o tribunal, de ofício, pratique qualquer ação ou promova qualquer determinação necessária ou apropriada para fazer cumprir ou implementar as ordens ou decisões da corte, ou para evitar abuso processual*; tradução livre). Esses poderes, todavia, não são ilimitados, pois não podem contrariar as disposições legais, conforme decidido pela Suprema Corte em *Law v. Siegel*, 571 U.S. __ (2014).

75 ETKIN, Michael S.; LEVEE, Ira M. "Automatic Stay Doctrine Applies to Certain Related Nondebtors". *New Jersey Law Journal*, fev. 2001.

76 Parecer não publicado relativo à recuperação judicial do grupo "Light", datado de 03.05.2023, p. 35.

77 *In re* Dow Corning Corp., 280 F.3d 648, 657 (6th Cir. 2002).

(legalmente impedidas de pedir recuperação judicial) no âmbito da recuperação judicial da *holding*:

> [o] precedente paradigmático sobre o tema estabeleceu que dívidas de terceiros (=as sociedades concessionárias) que não estejam em recuperação podem ser reestruturadas na recuperação judicial da empresa devedora (=a sociedade *holding*), contanto (i) haja identidade de interesses entre a devedora em recuperação judicial (=a sociedade holding) e o terceiro (=as sociedades concessionárias) cuja dívida é reestruturada na recuperação judicial da devedora; que (ii) a reestruturação da dívida do terceiro (=as sociedades concessionárias) seja essencial para a recuperação da devedora; e que (iii) se oportunize aos credores do terceiro que não está em recuperação (=as sociedades concessionárias) o exercício de direitos políticos de voto na recuperação da devedora (=a sociedade *holding*) e que o plano também seja aprovado pela maioria dos credores do terceiro.

Nesse mesmo caso, Manoel Justino Bezerra Filho[78] também deu parecer no sentido de que a suspensão das execuções devia ser estendida às concessionárias, apesar de elas próprias não estarem em recuperação judicial:

> aqui a lei proíbe a recuperação judicial para as concessionárias e não se pretende fazer pedido contra a lei, neste momento. A clara solução é estender às obrigações financeiras das concessionárias, a proteção do período de suspensão previsto no art. 6º, o que não é proibido pela LRF e tem sido admitido em diversos outros casos.

Existe, de fato, uma consistente lógica econômica por trás da extensão do *stay* a terceiros. Nos casos em que as garantias são

78 Parecer não publicado relativo à recuperação judicial do grupo "Light", datado de 10.05.2023, p. 16.

prestadas pelos próprios sócios do devedor, por exemplo, a manutenção das execuções individuais contra eles poderá inviabilizar o investimento que poderiam fazer para financiar a recuperação da empresa. Na experiência brasileira, sobretudo por conta das inúmeras dúvidas que cercam o *DIP financing* (ou seja, o financiamento do devedor em recuperação), o dinheiro novo costuma vir dos próprios sócios[79] (e não de terceiros), que também são aqueles que geralmente figuram como fiadores ou avalistas das dívidas do devedor.

Numa situação assim, se a empresa for viável (leia-se: potencialmente rentável) e a injeção de capital dos garantidores for suficiente para colocar a empresa nos eixos e assim pagar os créditos garantidos, possivelmente os demais credores concordariam em pagar um prêmio para que os credores titulares dessas garantias renunciassem a elas ou postergassem a sua execução (*waiver fee*). Essa negociação, todavia, geralmente só seria possível num ambiente de negociação estruturada, que breca a corrida individual, até mesmo em relação aos bens de terceiros. Do contrário, valerá a máxima tantas vezes lembrada por Cássio Cavalli:[80] "*farinha pouca, meu pirão primeiro*".

A rigor, se houver um compromisso sério de que o patrimônio individual dos garantidores será empenhado para reorganizar a empresa, estar-se-á diante do mesmo tipo do problema de ação coletiva[81] que recomenda paralisar as ações individuais contra o devedor em

---

79 Daí, aliás, a própria norma do art. 69-E da LRF, segundo a qual qualquer pessoa, inclusive os sócios, poderá financiar a empresa e recuperação judicial, sendo certo que, em caso de falência, terá assegurada prioridade como credor extraconcursal (LRF, art. 84, I-B).

80 CAVALLI, Cássio. *A teoria do contrato entre credores*: a explicação da análise econômica do direito para a recuperação judicial e a falência. São Paulo: Agenda Recuperacional, 2023, p. 36.

81 Explicando a função do direito concursal enquanto solução para o problema de ação coletiva, confira-se: CAVALLI, Cássio. *A teoria do contrato entre credores*: a explicação da análise econômica do direito para a recuperação judicial e a falência. São Paulo: Agenda Recuperacional, 2023.

favor de uma solução que preserve o sobrevalor do conjunto (ou seja, o sobrevalor decorrente da manutenção da atividade empresarial).

Há outras hipóteses. Embora a fiança seja geralmente gratuita,[82] há casos em que, além de prever a remuneração do fiador, ela também contempla cláusulas penais e prestações de caráter indenizatório para o caso de vir a ser executada pelo credor.[83] Assim, se o fiador for compelido a honrar a fiança, ele não apenas sub-rogar-se-á no crédito garantido, como passará a ter um outro crédito contra o devedor, agravando as responsabilidades patrimoniais deste, em prejuízo de todos os demais credores e, eventualmente, da própria reorganização da empresa em crise.

Note-se ainda que, sendo a dívida afiançada anterior ao pedido de recuperação judicial, ela se sujeitará aos seus efeitos, mesmo que ocorra a sub-rogação em favor do fiador. Contudo, se o gatilho da cláusula penal ou indenizatória aposta no contrato de fiança for o ajuizamento da execução contra o fiador, ou ainda o pagamento por este realizado, o crédito decorrente dessa cláusula poderá ser extraconcursal (p. ex., se a execução ou pagamento da fiança ocorrerem depois do ajuizamento da recuperação). Em tal circunstância, o fiador poderá avançar desde logo sobre os bens afiançado, já que o crédito novo, posterior ao pedido de recuperação, não se sujeita ao *stay period*. Ou seja: não apenas aumenta-se o passivo, com o surgimento de dívidas novas, como ainda se compromete a disponibilidade imediata dos recursos que poderiam ser empregados na recuperação.

---

82 Para parte da doutrina, o contrato típico de fiança é necessariamente gratuito. Porém, outra parte argumenta que tal característica não é ínsita ao instituto, nem decorre da lei. À falta de vedação legal à remuneração do fiador, parece assistir razão a esta segunda corrente.

83 Ressalva-se, todavia, a necessidade de o próprio devedor figurar no contrato de fiança, coisa que não se exige na fiança gratuita.

Como no caso anterior, isso é capaz de dificultar ou até mesmo inviabilizar a recuperação do devedor, em prejuízo de todos os demais credores. Por idêntica razão, esses outros credores poderiam concordar em pagar ao titular da garantia um prêmio para não executá-la. Novamente, contudo, um acordo assim só seria viabilizado num ambiente de negociação estruturada que limita ações individuais.

Finalmente, não se pode ignorar que, em determinados casos, a fiança dos sócios não desempenha sua função econômica típica, que é a de oferecer substancial garantia patrimonial do pagamento da dívida. Não raramente o patrimônio pessoal dos sócios e administradores que prestam a garantia é infinitamente inferior à dívida afiançada, de modo que a exigência de fiança, para além de constituir mera praxe bancária, acaba servindo apenas de instrumento de pressão sobre as pessoas que estão à frente do devedor. Na prática, isso poderá ensejar desvios na negociação do plano de recuperação, que eventualmente poderá conceder vantagens injustificáveis aos credores titulares de garantias prestadas por sócios ou administradores para que o patrimônio particular destes seja resguardado (ainda que em prejuízo do próprio devedor e dos demais credores).

Sem contar que a inexistência de mecanismo de proteção patrimonial dos sócios e administradores que prestam garantia em favor do devedor (seja por não comungarem dos benefícios do *stay period*, seja pela virtual impossibilidade de reestruturarem essas garantias no plano de recuperação,[84] segundo o entendimento atualmente

84 Atualmente, prevalece o entendimento de que as dívidas dos garantidores do devedor só podem ser novadas na recuperação judicial se os credores titulares da garantia aprovarem individualmente a sua repactuação. Nesse sentido, o Superior Tribunal de Justiça recentemente decidiu que "[a] cláusula que prevê a suspensão das garantias, assim como a que prevê a supressão das garantias, é legítima e oponível apenas aos credores que aprovaram a recuperação sem nenhuma ressalva, não sendo eficaz em relação aos credores ausentes da assembleia geral, aos que se abstiveram de votar ou se posicionaram contra tal disposição". Independentemente do acerto ou incorreção dessa orientação, é

vigente)[85] acaba gerando desincentivos ao próprio ajuizamento da recuperação judicial, retardado até o último suspiro da empresa.

O problema de agência é evidente, já que a situação atual alimenta a assimetria de interesses entre a empresa e os seus dirigentes. Como agentes racionais auto interessados, os sócios e administradores tendem a atuar em benefício próprio, ainda que em prejuízo do ente coletivo por cujos interesses deveriam zelar. Campo fértil para todo tipo de fraudes e medidas descompromissadas com a superação da

---

evidente que ela dificulta tremendamente a renegociação das dívidas dos garantidores, desincentivando o recurso à recuperação judicial por parte da empresa, ao mesmo tempo em que incentiva comportamentos oportunistas (*hold up*) por parte dos credores titulares das garantias.

85 Manoel Justino Bezerra Filho, depois de relatar o posicionamento dominante na doutrina e na jurisprudência acerca da matéria (no sentido de que a supressão ou modificação das garantias exige aprovação individual dos credores que delas forem titulares), pondera que "há certos problemas fundamentais não resolvidos, pois este entendimento de não desobrigação é fator fundamental para que a sociedade empresária não opte pelo pedido de recuperação, opção que é tomada por seus representantes que, em grande parte das vezes, são os garantidores que, dito de forma bem simples, salvarão a sociedade empresária e terão seus patrimônios pessoais sacrificados" (BEZERRA FILHO, Manoel Justino. *Lei de recuperação de empresas e falência*: Lei 11.101/2005 comentada artigo por artigo. 15ª ed. 2ª tiragem. São Paulo: Revista dos Tribunais, 2021, p. 304).

crise, sobretudo nas chamadas "empresas de dono",[86] cujo capital se concentra em poucos sócios ou numa única família.[87]

Como a propositura da recuperação precipita as execuções contra os garantidores com base em cláusulas de aceleração de vencimento do tipo *ipso facto*[88] e limita os poderes dos controladores

---

86 Advogados experientes na área observam que "muito embora a regra seja de que apenas o patrimônio da empresa devedora responde pelas suas dívidas, no caso da vasta maioria das empresas brasileiras a separação patrimonial acaba sendo eliminada na prática, de forma que o patrimônio atingido pelas dívidas não é somente o da empresa, mas também o dos sócios garantidores. A forma atual de aplicação da lei, excluindo os garantidores da reestruturação sem prover uma alternativa para equacionar o passivo, incentiva fraudes das mais variadas, em regra praticadas com o objetivo de proteger o patrimônio pessoal dos garantidores quando se verifica uma situação de crise empresarial" (FELSBERG, Thomas Benes; BOACNIN, Victoria Vaccari Villela. "A fraude na recuperação judicial de 'empresas de dono'". *Brazil Journal*. Disponível em: https://braziljournal.com/opiniao-a-fraude-na-recuperacao-judicial-de-empresas-de-dono. Acessado em: 06.03.2024).

87 Em relação às pequenas empresas, o problema é ainda mais grave, porque existe uma coincidência – ou, no mínimo, uma enorme aproximação – entre a empresa e as pessoas naturais por trás dela, o que é admitido até mesmo pela Escola de Chicago. O nosso ordenamento, contudo, ao menos segundo vem sendo interpretado, carece de mecanismos bastantes para permitir aos pequenos empreendedores reverter a crise da empresa, na medida em que os deixa expostos a todo tipo de constrição do seu patrimônio pessoal. Ademais, é difícil esperar que eles consigam se empenhar na recuperação da empresa enquanto os seus bens pessoais estão sob o ataque de diversas execuções. Foi o que Gustavo Lacerda Franco acertadamente ponderou ao autor deste artigo, por ocasião da leitura da versão preliminar. Além disso, vale lembrar que o direito brasileiro, diferentemente de outros tantos países, não permite a qualquer pessoa se valer da recuperação judicial, o que acaba dificultando ainda mais a restruturação da dívida dos sócios.

88 Conforme Cássio Cavalli, "[d]enomina-se cláusula *ipso facto*, ou cláusula resolutiva expressa por insolvência, a cláusula contratual pela qual se pactua que o (i) mero fato do início de processo concursal de falência ou recuperação judicial de uma das partes (sem que haja inadimplemento de nenhum dever de prestar ou instrumentalizado à prestação) acarreta a (ii) resolução do vínculo contratual e a (iii) aceleração do

e administradores para orientar a empresa a honrar as dívidas por eles próprios garantidas, parece evidente que recuperação judicial não será requerida nos estágios iniciais da crise – mais favoráveis à sua superação –, mas somente quando já não restar nenhuma outra possível solução para o estado de endividamento da empresa.

Conclusão

Desde a edição da Lei n. 11.101/2005, doutrina e jurisprudência rejeitaram, em coro, a suspensão das execuções contra o fiador do devedor em recuperação judicial. Esse entendimento restou solidificado na Súmula 581 do Superior Tribunal de Justiça, que determina o prosseguimento das execuções contra todos os garantidores, independentemente da natureza da garantia (cambial, real ou fidejussória).

Entretanto, nem a doutrina nem os tribunais se debruçaram sobre as profundas diferenças entre as várias modalidades de garantia, notadamente sobre as particularidades do regime jurídico da fiança.

Embora a orientação vigente baseie-se no art. 49, § 1º, da LRF, esse dispositivo não determina o prosseguimento das execuções contra os garantidores; apenas estabelece que os credores *conservam* os seus direitos contra os coobrigados, fiadores e obrigados de regresso, o que não implica que esses direitos possam ser exercidos como se a recuperação judicial não existisse, ou não produzisse efeito algum.

Daí a importância de questionar se a suspensão da exigibilidade da dívida afiançada, durante o *stay period* decorrente da recuperação judicial do devedor, poderá ser oposta pelo fiador.

A resposta à pergunta é afirmativa.

---

vencimento de créditos" (CAVALLI, Cássio. *Os efeitos da recuperação judicial sobre os contratos em curso*: a nulidade da cláusula ipso facto e limites à arbitrabilidade objetiva. São Paulo: Agenda Recuperacional, 2023, pp. 13/14).

Por ausência de vedação legal, é lícita a contratação de garantia que não possa ser exigida do garantidor enquanto não puder ser exigida do devedor principal, ainda que por conta da recuperação judicial deste. E é justamente isso que as partes contratam quando celebram uma fiança segundo a disciplina do direito brasileiro.

Desde o direito romano, a partir de Justiniano, a característica mais marcante da fiança é a sua acessoriedade (material) em relação à obrigação afiançada. Dela decorrem três consequências fundamentais: (i) a sujeição da fiança ao destino do negócio principal; (ii) a impossibilidade de a obrigação do fiador ser mais onerosa do que a do afiançado; e (iii) a oponibilidade, pelo fiador, das mesmas defesas que o afiançado possui contra o credor.

O direito brasileiro consagra o direito do fiador opor contra o credor todas as exceções extintivas que assistem ao devedor, ressalvadas apenas e tão somente aquelas decorrentes da incapacidade deste, desde que não se trate de mútuo a menor de idade (CC/2002, art. 837 e CC/1916, art. 1.502).

Parte da doutrina, no entanto, sustenta que o fiador somente poderia opor ao credor exceções reais, ligadas à própria dívida, mas não exceções ligadas à pessoa do devedor. Os defensores dessa ideia baseiam-se, em geral, no artigo 2.036 do Código Civil francês de 1804, enquanto alguns argumentam que a menção à incapacidade do devedor, constante do art. 837 do Código Civil brasileiro, apenas enuncia um princípio, que pode ser extrapolado para compreender qualquer outra exceção pessoal do devedor.

Ocorre que o dispositivo francês – que, diferentemente da lei brasileira, expressamente negava ao fiador a oposição das exceções "puramente pessoais do devedor" – decorria de uma opção política do ordenamento daquele país, sem expressar uma característica inerente ao instituto da fiança (ao contrário, dele se afastava, por impor ao fiador dívida mais onerosa que a do próprio afiançado).

Prova esta afirmação a circunstância de tal norma ter sido recentemente revogada e substituída por outra que, em sentido oposto, expressamente autoriza o fiador a invocar exceções pessoais do devedor. Fato que a doutrina francesa tem aplaudido, por restituir à fiança a acessoriedade que lhe é própria.

No Brasil, embora a lei não seja tão clara quanto o novo diploma francês (leia-se: não autoriza expressamente a invocação de todas as exceções pessoais do devedor), não é possível ampliar a ressalva feita apenas à incapacidade do devedor (que segue uma lógica particular, fundada na vedação do *venire contra factum proprium*) para compreender outras exceções ligadas à pessoa do devedor. Afinal, limitar as defesas do devedor para além do que está previsto na norma importaria conferir interpretação extensiva à fiança (expressamente vedada pelo art. 819 do Código Civil), já que, por via oblíqua, acabaria por ampliar a dívida ao reduzir as hipóteses de exoneração do fiador.

As exceções oponíveis pelo fiador compreendem não apenas aquelas extintivas da obrigação, mas também as que implicam a inexigibilidade da dívida. Conforme a doutrina, os legisladores raramente distinguem, na redação das leis, o que é extintivo da dívida, o que é extintivo da obrigação e o que apenas lhe encobre a eficácia. Exemplo máximo disso é a prescrição, que, conquanto não extinga a obrigação nem dívida, importa a sua inexigibilidade, ainda assim podendo ser invocada pelo fiador. O mesmo se passa em relação a outras exceções que ensejam a inexigibilidade da dívida, como a que decorre do processamento da recuperação judicial do devedor, durante o *stay period*.

A suspensão das execuções contra o devedor em recuperação judicial aproveita até mesmo ao fiador que renunciou ao benefício de ordem, ainda que tenha se obrigado como principal pagador ou devedor solidário. Mesmo nesses casos, quando chamado a honrar a fiança, o fiador não paga a dívida do afiançado; paga a própria dívida, que é diversa daquela assumida pelo afiançado. O fiador não se compromete a adimplir a mesma prestação do afiançado, tampouco se obriga a pagar no lugar do afiançado; compromete-se ao pagamento *pelo afiançado*, sem se colocar no mesmo polo obrigacional do negócio por este concluído. Como os vínculos obrigacionais são distintos, fiador e afiançado não são devedores na mesma prestação, ainda que o conteúdo de ambas (i.e., a conduta a ser praticada) seja idêntico. Por isso, a fiança em caráter solidário não se confunde com a obrigação solidária (a solidariedade aqui é atípica), de modo que o fiador não tem o dever de honrar a sua prestação se o próprio devedor estiver dispensado de fazê-lo, ainda que por causa temporária.

Todas essas razões de ordem dogmática conduzem à conclusão de que a suspensão prevista no art. 6º, § 4º, da LRF se estende aos fiadores do devedor, não obstante o disposto no art. 49, § 1º, da LRF. A mesma solução, ademais, justifica-se por razões de ordem econômica, amplamente debatidas noutros países, sobretudo nos Estados Unidos, mas que a nossa doutrina tem majoritariamente ignorado.

A proibição da extensão do *stay period* aos garantidores, em particular aos sócios do devedor, somada à virtual inexistência de instrumentos de reestruturação das dívidas destes conduzem a um grave problema de agência, na medida em que desincentivam a empresa em crise a pleitear a recuperação judicial até estar à beira do precipício (o que compromete a efetividade do mecanismo).

Além disso, em hipóteses excepcionais, faz sentido estender o *stay period* aos garantidores em geral, e não apenas aos fiadores. Sob a perspectiva de uma possível teoria geral da insolvência, o ordenamento deve prestigiar a autonomia das garantias (desde que dotadas dessa característica), mas não se pode desconsiderar a existência de casos em que a identidade entre o devedor e seus garantidores é tanta que as ações contra estes são, na prática, ações contra o próprio devedor.

Por vezes, a manutenção das execuções contra os sócios-garantidores poderá inviabilizar o investimento que fariam na empresa devedora para permitir-lhe o soerguimento. Em outros casos, a excussão das garantias, por conta de cláusulas penais ou indenizatórias, pode aumentar o passivo do devedor, em prejuízo dele próprio e de todos os demais credores, que poderiam até mesmo consentir em pagar um prêmio ao titular da garantia se ele deixasse de executá-la (o que só seria negociável em um ambiente estruturado, com restrição às ações individuais).

Em todas essas situações, a falta do *stay period* impede ou dificulta tremendamente o estabelecimento das condições necessárias para que as garantias possam ser renegociadas com os credores sem a interferência dos conhecidos problemas de ação coletiva descoordenada, que acabam inviabilizando uma solução economicamente mais eficiente e socialmente mais justa.

Parece haver razões bastantes, portanto, para justificar que a doutrina e os tribunais reflitam sobre a orientação atualmente dominante, se não para modificá-la, ao menos para examinar as particularidades do regime jurídico da fiança e ponderar sobre o tratamento dispensado aos garantidores, sobretudo nos casos versando sobre garantias prestadas pelos próprios sócios ou administradores da empresa.

Referências bibliográficas

ANTUNES VARELA, João de Matos. *Das obrigações em geral*. 7ª ed. Coimbra: Almedina, 1997.

BAIRD, Douglas. *Elements of Bankruptcy*. 6ª ed. St. Paul: Foundation, 2014.

BARTOLO, Luiza Perrelli. *Garantias fidejussórias*: os contratos de fiança, garantia autônoma e seguro garantia – aspectos atuais. São Paulo: USP, 2017. (Dissertação de Mestrado).

BENSINGER, Bill D. "The Facts of the Legal Fiction – Extending the Automatic Stay to Non-Debtors". *Norton Annual Survey of Bankruptcy Law*, nº 9, set. 2015.

BEVILAQUA, Clóvis. *Código Civil dos Estados Unidos do Brasil*. 5ª ed. Rio de Janeiro: Francisco Alves, 1943.

BEZERRA FILHO, Manoel Justino. *A nova lei de recuperação e falências comentada*. 3ª ed. São Paulo: RT, 2005.

______. *Lei de Recuperação de Empresas e Falência*. 15ª ed. São Paulo: Revista dos Tribunais, 2021.

______. *Parecer não publicado relativo à recuperação judicial do grupo "Light"*, datado de 10.05.2023.

BORGES, João Eunápio. *Do Aval*. 4ª ed. Rio de Janeiro: Forense, 1975.

BORTOLINI, Pedro Rebello; MACIEL, Renata Mota. "Efeitos da recuperação judicial sobre as garantias prestadas por terceiros". *Cadernos Jurídicos*, São Paulo, ano 16, nº 39, jan./mar. 2015.

CAMPINHO, Sérgio. *Curso de Direito Comercial*: falência e recuperação de empresa. São Paulo: Saraiva, 2017.

CAVALLI, Cássio. *A teoria do contrato entre credores*: a explicação da análise econômica do direito para a recuperação judicial e a falência. São Paulo: Agenda Recuperacional, 2023.

______. *Os efeitos da recuperação judicial sobre os contratos em curso*: a nulidade da cláusula ipso facto e limites à arbitrabilidade objetiva. São Paulo: Agenda Recuperacional, 2023.

______. *Parecer não publicado relativo à recuperação judicial do grupo "Light"*, datado de 03.05.2023.

COELHO, Fábio Ulhoa. *Comentários à Lei de Falência e de Recuperação Judicial*. 7ª ed. São Paulo: Saraiva, 2010.

COMPARATO, Fábio Konder. "Efeitos da concordata preventiva do devedor principal sobre a relação de fiança". *In*: ______. *Direito Empresarial*: estudos e pareceres. São Paulo: Saraiva, 1995.

CORDEIRO, António Menezes. *Perspectivas evolutivas do Direito da Insolvência*. Coimbra: Almedina, 2013 (e-book).

CORRÊA-LIMA, Osmar Brina *et al.* (Coord.). *Comentários à Nova Lei de Falência e Recuperação de Empresas*. Rio de Janeiro: Forense, 2009.

CORREIRA, Alexandre; SCIASCIA, Gaetano. *Manual de Direito romano*. Rio de Janeiro: [s.d.].

COSTA, Mário Júlio de Almeida. *Direito das obrigações*. 12ª ed. Coimbra: Almedina, 2013.

CRETELLA JR., J.; CRETELLA, Agnes. *Institutas do Jurisconsulto Gaius*. São Paulo: Revista dos Tribunais, 2004.

ETKIN, Michael S.; LEVEE, Ira M. "Automatic Stay Doctrine Applies to Certain Related Nondebtors". *New Jersey Law Journal*, fev. 2001.

FELSBERG, Thomas Benes; BOACNIN, Victoria Vaccari Villela. "A fraude na recuperação judicial de 'empresas de dono'". *Brazil Journal*. Disponível em: https://braziljournal.com/opiniao-a-fraude-na-recuperacao-judicial-de-empresas-de-dono. Acessado em: 06.03.2024.

FERRIEL, Jeffrey; JANGER, Edward J. *Understanding Bankruptcy*. 4ª ed. Durhan: Carolina Academic, 2019 (e-book).

GONÇALVES NETO, Alfredo de Assis. *Aval*: alcance da responsabilidade do avalista. 2ª ed. São Paulo: RT, 1993.

LEITÃO, Luís Manuel Teles de Menezes. *Garantias das obrigações*. 6ª ed. Almedina: Coimbra, 2019.

LEVADA, Filipe Antônio Marchi. *Garantias autoexecutáveis*. São Paulo: RT, 2022.

MENDONÇA, José Xavier Carvalho de. *Tratado de Direito Comercial*. 6ª ed. vol. 5. tomo 2. Rio de Janeiro: Freitas Bastos, 1960.

MONTEIRO DE BARROS, Maria Ester V. "Arroyo". *In*: ALVIM, Arruda *et al.* (Coord.). *Comentários ao código civil brasileiro*: do direito das obrigações. vol. 7. Rio de Janeiro: Forense, 2004.

MOREIRA ALVES, José Carlos. *Direito romano*. 16ª ed. Rio de Janeiro: Forense, 2014.

NEDER CEREZETTI, Sheila C.; JUNQUEIRA, Gabriela de Oliveira. "Breves notas sobre a novação de créditos na recuperação judicial". *In*: WAISBERG, Ivo *et al.* (Coord.). *Temas de Direito da insolvência*: estudos em homenagem ao Professor Manoel Justino Bezerra Filho. São Paulo: Iasp, 2017.

PELUSO, César (Coord.). *Código Civil Comentado*. 4ª ed. Barueri: Manole, 2010.

PEREIRA, Caio Mário da Silva. *Instituições de Direito Civil*. 4ª ed. vol. 3. Rio de Janeiro: Forense, 1995.

PONTES DE MIRANDA, Francisco Cavalcanti. *Tratado de Direito Privado*. São Paulo: Revista dos Tribunais, 2012.

PROENÇA, José Marcelo Martins Proença; MATTOS, Eduardo. *Recuperação de empresas*: curso avançado em Direito, Economia e Finanças. São Paulo: RT, 2023.

RIZZARDO, Arnaldo. *Contratos*. 13ª ed. Rio de Janeiro: Forense, 2013.

RODRIGUES, A. Coelho. *Institutas do Imperador Justiniano*. vol. 2. Recife: Central, 1881.

SACRAMONE, Marcelo Barbosa. *Comentários à Lei de Recuperação de Empresas e Falência*. 3ª ed. São Paulo: Saraiva, 2022.

SALOMÃO, Luis Felipe Salomão; SANTOS, Paulo Penalva. *Recuperação Judicial, Extrajudicial e Falência*: teoria e prática. 7ª ed. Rio de Janeiro: Forense, 2022.

SANTOS, J. M. de Carvalho. *Código civil brasileiro interpretado*: direito das obrigações. 6ª ed. vol. 19. Rio de Janeiro: Freitas Bastos, [s.d.].

SATIRO, Francisco *et al.* (Coord.). *Comentários à Lei de Recuperação de Empresas e Falência*. 2ª ed. São Paulo: RT, 2007.

SCALZILLI, João Pedro Scalzilli; SPINELLI, Luis Felipe; TELECHEA, Rodrigo. *Recuperação de Empresas e Falência*: teoria e prática na lei 11.101/2005. 4ª ed. São Paulo: Almedina, 2023.

SERPA LOPES, Miguel Maria. *Curso de Direito Civil*. 2ª ed. vol. 4. Rio de Janeiro: Freitas Bastos, 1961.

SIMLER, Philippe. *Les clés de la réforme du droit des sûretés*: Les impacts à compter du 1 jan. 2022. Disponível em: https://www.tendancedroit.fr/wp-content/uploads/2021/12/Simler.pdf. Acessado em: 20.11.2023.

STOLZE, Pablo Gagliano; PAMBLONA FILHO, Rodolfo. *Novo Curso de Direito Civil*: contratos em espécie. 4ª ed. vol. 4. tomo 2. São Paulo: Saraiva, 2011.

TABB, Charles Jordan. *Law of Bankruptcy*. 4ª ed. St. Paul: West Academic, 2016.

TEIXEIRA, Sálvio de Figueiredo. *Comentários ao novo Código Civil*. vol. 11. Rio de Janeiro: Forense, 2004.

TEPEDINO, Gustavo; BARBOZA, Heloísa Helena; MORAES, Maria Celina Bodin de. *Código Civil interpretado*: conforme a Constituição da República. 2ª ed. Rio de Janeiro: Renovar, 2012.

VENOSA, Silvio de Salvo. *Código Civil Interpretado*. 3ª ed. São Paulo: Atlas, 2013.

CAPÍTULO XXV

DESCONSIDERAÇÃO DA PERSONALIDADE JURÍDICA: ANÁLISE TEÓRICA E CRÍTICA DO REQUISITO MATERIAL (ABUSO DE PERSONALIDADE)

RALPHO WALDO DE BARROS MONTEIRO FILHO

1 Breve introdução: autonomia das pessoas jurídicas, autonomia patrimonial e a prática de atos fraudulentos

1.1 Autonomia de personalidade

O estudo da desconsideração da personalidade jurídica sempre me pareceu delicado: a teorização do instituto (bem como seus desdobramentos dogmáticos) demanda extremos cuidados. O mesmo se diga – e talvez até com força maior – da sua aplicação prática. De um lado se coloca o cânone da *autonomia das pessoas jurídicas* (e aqui, para nós, nomeadamente das *sociedades limitadas*) e, de outro, os interesses de credores que porventura tenham sido lesados por força do que se chama de *abuso da personalidade*.

O art. 49-A, do Código Civil, carrega o antigo princípio – ou, em verdade, o *postulado maior das pessoas jurídicas – universitas distat a singulis*,[1] i. e., o ente moral tem existência distinta dos seus membros como consequência direta da personificação da sociedade, que passa a ser uma unidade, nada obstante a variedade e pluralidade de membros.

No dispositivo se escreve que *a pessoa jurídica não se confunde com os seus sócios, associados, instituidores ou administradores*. O artigo é, entretanto, de duvidosa utilidade. A crítica, claro, merece explicação. O Código Civil de 1916 continha dispositivo de semelhante teor à norma referida. Era o art. 20, *caput*, assim redigido: "*As pessoas jurídicas têm existência distinta da dos seus membros*". O dispositivo carregava, em verdade, não apenas um princípio ou vetor, como sempre se apontou, mas a verdadeira *essência* do sistema de bipartição dos *sujeitos de direito*. Pessoas físicas (naturais) têm personalidade que nunca se confunde com aquela das pessoas morais. De tão basilar – sem o postulado sequer se poderia falar em visão binária dos sujeitos de direito – que já se apontava a desnecessidade da norma no corpo do Código.[2] Daí

1 Para que fique averbado, a fórmula completa é esta: *univesitas distat a singulis: quod universitati debetur, singulis non debetur: quod debet universitas, singuli non debent*. É justamente desta *separação* que resulta a constituição de novo e único patrimônio, que não pertence a nenhum membro – na expressão do Código Civil atual, a nenhum sócio, associado, instituidores ou administradores –, senão que à *universitas* (SANTOS, J. M. de Carvalho. *Código Civil brasileiro interpretado*: introdução e parte geral. 14ª ed. vol. I. São Paulo-Rio de Janeiro: Livraria Freitas Bastos, 1986, pp. 389/390, coms. ao art. 20).

2 ALVES, José Carlos Moreira. *A Parte Geral do Projeto de Código Civil Brasileiro* – Subsídios Históricos para o Novo Código Civil Brasileiro.

sua ausência quando da promulgação do atual Diploma. É certo que sempre se pode argumentar que *normas óbvias* tem a bondade de servir de padrão hermenêutico, apto a demonstrar, quando menos, a *importância* que uma determinada regra ou princípio (norma), tem para o certo ordenamento. Talvez tenha sido este o espírito que animou o legislador reformista de 2019, que fez reinserir no corpo do Código Civil o *conteúdo* (com outra redação, atualizada e mais precisa) do revogado *caput* do art. 20 (por meio da Lei da Liberdade Econômica – Lei n. 13.874/2019).

Mas deixada a crítica de lado, o que se tem, portanto, é verdadeiro conflito de direitos – ou interesses – que deve ser ajustado com todo cuidado pelo operador do direito, mormente ao julgador, a quem caberá, pois, preservar, em equilíbrio, ambos os interesses, na busca da máxima satisfação possível de cada um deles. Foi certamente por assim considerar que Carlos Alberto Menezes Direito afirmou que em nosso sistema *"a teoria da desconsideração da personalidade jurídica cresceu para desafiar a regra do art. 20 do CC de 1916"*.[3]

1.2 Autonomia patrimonial

A essência da pessoa jurídica é, portanto, a distinção de personalidade entre ela e os seus sócios, associados, instituidores

---

2ª ed. São Paulo: Ed. Saraiva, 2003, pp. 138 e ss. Mais recentemente, Flávio Tartuce: "*Ao final, acabou por prevalecer o entendimento de que o conteúdo do antigo art. 20 da revogada codificação ainda permanece entre nós, pela própria concepção da pessoa jurídica como realidade técnica e orgânica. Por isso, o impacto prático dessa primeira previsão é quase inexistente. Diz-se 'quase', pois a afirmação tem razão didática e metodológica tão somente*". (TARTUCE, Flávio. *Manual de Direito* Civil. vol. único, p. 163, edição do Kindle).

3 A desconsideração da personalidade jurídica, ARRUDA, Alvim *et al.* (Coord.). *Aspectos controvertidos do novo Código Civil*: estudos em homenagem ao Min. José Carlos Moreira Alves. São Paulo: RT. 2003, p. 87).

e administradores.[4] Disso decorre sua essencial característica: o patrimônio da pessoa jurídica não se confunde com o patrimônio dos seus membros. De maneira mais erudita e completa, afirma Fernando Antonio Maia da Cunha que se trata da habilidade de a pessoa moral ser proprietária de ativos os quais são distintos das propriedades de outras pessoas (no campo do Direito Empresarial, e referindo-se às sociedades, é a aptidão de a sociedade ostentar seu patrimônio com autonomia de seus sócios ou investidores, precisamente para afastar os riscos de eventuais perdas que se possam constatar durante o exercício de suas atividades empresariais).[5]

Assim é que, por exemplo, uma associação cujo objetivo é abrigar crianças desamparadas pode ser proprietária de um imóvel e de veículos para transporte dos menores. Ao lado disso, os associados também são proprietários de outros imóveis e de seus próprios veículos. Tais bens não se confundem.[6]

---

4 Para real aprofundamento sobre a essência das pessoas jurídicas, cf. a indispensável obra de SERICK, Rolf. *Apariencia y Realidad en las Sociedades Mercantiles*: El abuso de derecho por medio de la persona jurídica. Trad. José Puig Brutau. Santiago: Ediciones Olejnik, 2020, em especial Livro I, Parte II, § 7º, pp. 63 e ss. O autor deve ser apontado como o *principal* sistematizador da figura da desconsideração, o que fez por meio de sua tese de doutorado defendida perante a Universidade de Tübigen, em 1953.

5 CUNHA, Fernando Antonio Maia da. *Autonomia patrimonial das sociedades limitadas vs. Desconsideração da personalidade jurídica*: desafios e perspectivas da lei liberdade econômica. São Paulo: Contracorrente, 2021, p. 28.

6 Neste ponto, interessante lembrar que a ideia de *patrimônio autônomo* não se confunde com a de *patrimônio separado*. Tratamos neste pequeno escrito daquela primeira realidade: patrimônios inconfundíveis entre si e pertencentes, com absoluta autonomia, à sujeitos de direitos distintos. O patrimônio separado se caracteriza, de outro jeito, pela segregação de *parcela* dos bens *dentro daquele mesmo patrimônio*. Esta *porção separada* fica, sempre, atrelada à certa finalidade (mas repito: trata-se de patrimônio pertencente a mesma pessoa). "*Essa parcela não é, necessariamente, retirada do patrimônio dele, mas apenas destinada a um fim especial, com o que fica livre do alcance dos demais credores*

Mas justamente em razão dessa separação e distinção de personalidades e patrimônios é que atos fraudulentos podem ocorrer. Não é difícil imaginar, pois, que um dos sócios, maliciosamente, aproveite-se do escudo gerado pela distinção patrimonial para praticar atos fraudulentos que venham a lesar terceiros porque, se for posteriormente acionado para responder por prejuízos, jogará a responsabilidade para o ente moral.

Um célebre caso, em 1897, fez despertar a atenção para tal possibilidade. Neste ano, na Inglaterra, um sócio e administrador de uma empresa, emitiu, em nome dela, diversos títulos creditícios com privilégio para o recebimento e, posteriormente, ele mesmo, pessoa física, os adquiriu. Quando a empresa foi demandada para solver todos os débitos, o sócio que comprou os títulos privilegiados recebeu os direitos com preferência sobre todos os demais credores quirografários, que nada receberam. Ficou evidente a manobra ilícita e fraudulenta. A solução foi *ignorar* a distinção entre os patrimônios da pessoa jurídica e a do seu sócio que, então, poderia ser acionado pessoalmente para quitar os débitos. A partir de então desenvolveu-se o que no ordenamento inglês chamou-se de *disregard doctrine*, aqui *teoria da desconsideração da personalidade jurídica*, hoje expressamente prevista no art. 50, §§ 1º a 5º, do Código Civil (com a redação e inclusões feitas pela Lei n. 13.874/2019).

---

que não se vinculam ao negócio a que se destina a referida parcela, e pelo que, também, não há um rompimento absoluto com a concepção tradicional da unidade do patrimônio. Em razão disso, também, Caio Mário da Silva Pereira prefere qualificá-la como 'massa de bens' ou 'acervos bonitários', e não como patrimônio distinto do mesmo sujeito". (DUARTE, Nestor; PELUZO, Cezar (Coord.). *Código Civil Comentado*: Doutrina e Jurisprudência. 17ª ed. São Paulo: Manole Editora, 2023, p. 57, coms. ao art. 40-A).

2 A desconsideração da personalidade jurídica em nosso sistema

2.1 Conceito e característica essencial

Como já deixei aflorar, a regra, entre nós, caminha no sentido de que a responsabilidade dos sócios em relação às dívidas da pessoa jurídica é sempre subsidiária, i. e., exaure-se inicialmente o patrimônio do ente moral para então, se o caso – e desde que o tipo societário assim permita – alcançar-se os bens particulares dos seus membros. Daí, então, que aconteça, de fato, de a pessoa jurídica eventualmente desviar-se de suas finalidades, cometendo fraudes com repercussão lesiva à esfera jurídica de terceiros.

De forma simplificada, pode-se definir o instituto como a superação episódica e pontual da personalidade jurídica do ente moral de maneira a possibilitar o alcance do patrimônio pessoal do seu membro, em casos de *abuso de personalidade*. O que significa, em termos práticos, é que fica o juiz autorizado a não mais *considerar*, em determinado momento, a autonomia de personalidade de que goza a sociedade e, assim fazendo, vincular o patrimônio dos sócios às reparações de danos eventualmente ocorridos. Os bens particulares dos sócios podem, portanto, responder pelos danos experimentados por terceiros, a despeito da autonomia de personalidade.

Observação imprescindível a ser feita – e que na verdade revela justamente uma das grandes virtudes do instituto – é esta: a desconsideração é *momentânea*, *episódica*, *pontual*, i. e., vale somente para aquele determinado ato fraudulento (nos termos do *caput* do art. 50, do CC, "*desconsiderá-la para que os efeitos de certas e determinadas relações de obrigações sejam estendidos aos bens particulares...*"). E onde está a vantagem? No fato de que não é necessário extinguir ou dissolver a pessoa jurídica que, após resolver a excepcional situação, volta às suas normais atividades e, assim, homenageia os princípios da preservação da empresa e de sua função social, tão caros ao Código Civil em vigor.

2.2 O requisito material da desconsideração: análise ao influxo da Lei da Liberdade Econômica (Lei n. 13.874/2019)

A *Lei da Liberdade Econômica* – Lei n. 13.874, de 20/09/2019, fruto de conversão da Medida Provisória 881/2019, trouxe novidades para a regulação da área econômica brasileira, buscando combater as atitudes ineficientes e inibidoras da concorrência no mercado nacional. São princípios que norteiam o diploma a liberdade no exercício das atividades econômicas, boa-fé do particular perante o Poder Público, a intervenção estatal de forma subsidiária e excepcional sobre as atividades econômicas e o reconhecimento da vulnerabilidade do particular perante o Estado (art. 2º).

A lei ainda traz a "*declaração de direitos de liberdade econômica*", disposições acerca das garantias de livre iniciativa, análise de impacto regulatório e alterações em outras leis, dentre as quais destacam-se o Código Civil (Lei n. 10.406/2002), a Lei das Sociedades por Ações (6.404/1976), a Lei de Simplificação do Registro de Empresas (11.598/2007), a Lei de Registros Públicos (6.015/1973), e a Lei trabalhista (5.452/1943). Também revoga expressamente diversas leis e artigos que tratam dos assuntos abordados na nova norma.

No que tange ao diploma civilista, mais especificamente à *Responsabilidade das Pessoas Jurídicas*, a nova lei incluiu o artigo 49-A, já referido, o §7º do artigo 980-A e modificou a redação do art. 50, consolidando o que já vinha sendo em parte adotado pela jurisprudência pátria.[7]

---

7 "*Tratando-se de pedido de desconsideração da personalidade jurídica para responsabilizar sócios e administradores de sociedade de responsabilidade limitada (caso da sociedade limitada e da sociedade anônima) pelas obrigações da sociedade falida, a doutrina e a jurisprudência apontam existirem diversos aspectos, de direito e de fato, a serem examinados, nem todos pacíficos. São eles, essencialmente, no que releva para o caso: (i) existência de confusão patrimonial e/ou de desvio de finalidade da pessoa jurídica, com intuito de fraudar credores; (ii) participação do*

O artigo 49-A, como visto, veio reafirmar a independência entre as personalidades da pessoa jurídica e de seus sócios, associados, instituidores ou administradores, ressaltando a licitude de tal forma para a alocação e segregação dos riscos empresariais, estimulando com isso a geração de renda e empregos. De certa forma, a redação do artigo vem explicitar o que a doutrina já colocava como motivo da existência da pessoa jurídica, a separação dos patrimônios da sociedade e das pessoas físicas que dela participem, além de explicitar o caráter teleológico da separação de patrimônios.

No que tange especificamente à desconsideração da personalidade jurídica, a nova redação do artigo 50 deixa claro que o instituto servirá para certas e determinadas obrigações (fato que, como apontei, é sua grande vantagem em relação a outros instrumentos de responsabilização que poderiam levar o ente moral à ruína), e não para todas as dívidas da sociedade, e que apenas os administradores e sócios beneficiados direta ou indiretamente pelo abuso responderão com seus bens particulares.

---

sócio ou administrador no(s) ato(s) fraudulento(s) praticado(s) ou que dele(s) tenha(m) se beneficiado, direta ou indiretamente; e (iii) extensão dessa responsabilização, havendo divergência (...) Também já decidiu o C. STJ, apreciando pedido de desconsideração da personalidade jurídica formulado no âmbito de processo falimentar, que "mesmo nas situações em que se verifique o preenchimento desses requisitos legais [do art. 50, do CC], os efeitos da desconsideração deve[m] alcançar apenas aqueles sócios ou diretores que efetivamente participaram ou se beneficiaram com o ato ilícito ou abusivo. Isso porque a teoria da desconsideração da personalidade não é instituto que impõe a solidariedade do sócio em relação à sociedade, tampouco o responsabiliza de forma objetiva por atos ilícitos. Aliás, tanto as hipóteses de solidariedade quanto as de responsabilização objetiva são tratadas pelo nosso ordenamento jurídico de forma excepcional, exigindo-se, portanto, a expressa previsão em lei ou contrato". (REsp n. 1.325.663/SP, 3 a T., Rel. Min. Nancy Andrighi, j. em 11.06.2013, DJe de 24.06.2013, destaquei)". (TJSP; Agravo de Instrumento 2138025-95.2019.8.26.0000; Relator (a): Grava Brazil; Órgão Julgador: 2ª Câmara Reservada de Direito Empresarial; Foro de Bauru – 1ª Vara Cível; Data do Julgamento: 06/12/2019; Data de Registro: 06/12/2019).

Neste ponto, é de se observar que a alteração também procurou delimitar o alcance subjetivo da norma, a meu viso de forma saudável. Menciona expressamente que serão atingidos os sócios ou administradores que, direta ou indiretamente, forem *beneficiados* com o mau uso da sociedade. O espírito da alteração é bom, na medida em que procura impedir sejam alcançadas pessoas que não tenham retirado qualquer proveito do abuso perpetrado (seja este proveito direto ou indireto). Note, entretanto, que não se menciona o *membro que praticou o ato irregular, mas aquele que se beneficiou do abuso*, o que é diferente. Aceita o Código Civil, portanto, o mero proveito, ainda que o sócio nada tenha feito, o que é discutível. Me parece que o adequado seria não imputar responsabilidade a quem nada fez. Em face deste quadro, a melhor interpretação vai no sentido de que o membro que não agiu de forma ilegal, mas se beneficiou com o ato, somente responde pela *retomada do estado anterior*, i. e., "devolução" do benefício irregularmente percebido.

Acrescento, ainda, que este proveito, entretanto, não precisa ser financeiro (ou mesmo *direto*), bastando que o membro tenha, de qualquer forma, recebido *situação de vantagem*, como por exemplo uma promoção de cargo, ou, pensando-se em uma pessoa jurídica, uma determinada preferência para aquisição de ativos em face de outras empresas integrantes de grupo. Já é suficiente, nos termos do que desenha o nosso Código Civil atual.

Além disso, houve a enumeração das características que demonstram o desvio de finalidade (§1º - propósito de lesar credores e prática de atos ilícitos) e a confusão patrimonial (§2º): cumprimento repetitivo pela sociedade de obrigações do sócio ou administrador e vice-versa; a transferência de ativos ou passivos sem efetivas contraprestações; e outros atos que demonstrem o descumprimento da autonomia patrimonial da pessoa jurídica. Os parágrafos 4º e 5º determinam que não constitui desvio de finalidade a mera expansão ou alteração da finalidade original da atividade econômica e nem a mera existência de grupo econômico.

Em relação à redação anteriormente vigente (antes da Medida Provisória 881 de 30/04/2019) foi mantida a disposição que determina que a confusão patrimonial e o desvio de finalidade caracterizam o abuso da personalidade jurídica.

A inclusão do parágrafo 7º no artigo 980-A também veio limitar a responsabilidade do sócio, isentando seu patrimônio de responder pelas dívidas da empresa individual de responsabilidade limitada, novo modelo criado pela alteração legislativa, ressaltados casos de fraude. O art. 980-A, entretanto, acabou revogado por completo pela Lei n. 14.382/2022, colocando fim à empresa individual de responsabilidade limitada.

Percebe-se que a lei veio explicitar os casos nos quais é cabível a desconsideração e nos quais ela não pode ser enquadrada, por meio de rol meramente exemplificativo, mas tentando tratar o assunto – que dependia em grande parte da subjetividade do julgador frente às evidências apresentadas pelas partes – de forma mais objetiva. Neste sentido houve uma tentativa de restrição quanto às possibilidades de desconsideração, tornando as hipóteses para sua aplicação mais restritas, ao menos no que tange ao direito material. Se não assim, quando menos servem de *parâmetro de julgamento*, balizas para o julgador nortear-se em face de situações diversas que podem aparecer (e sempre aparecem). Neste sentido, o estabelecimento destes *padrões* traz maior segurança tanto para aqueles que estão ao lado da organização, quanto para aqueles que contra ela pretendem demandar, pois retira a solução desse incidente da demanda processual inteiramente do puro arbítrio, da posição jurisprudencial ou da interpretação doutrinária seguida pelo julgador.

Em linhas gerais, são estes os parâmetros dados pela Lei da Liberdade Econômica.

Quanto aos requisitos para que a desconsideração da personalidade jurídica tome lugar, arrola o Código Civil (art. 50, *caput*) um de *direito material* e outro *procedimental*. O requisito material é o *abuso da personalidade jurídica* e o procedimental, ou formal, é o *requerimento da parte ou do Ministério Público* (quando lhe couber intervir no processo).

É de se apontar que a lei se encarregou de dizer *quando ocorre o abuso de personalidade*. De acordo com o referido art. 50, restará caracterizado abuso ou exagero aptos a fazer incidir a *disregard* quando houver *desvio de finalidade* ou *confusão patrimonial*. Em nosso ordenamento, portanto, o que o direito substancial exige para a aplicação da desconsideração é o abuso de personalidade (em verdade, o mau uso da distinção de personalidade e da autonomia patrimonial, antes estudadas). Este abuso ocorrerá, no sistema do Código Civil, quando a sociedade se distanciar de sua finalidade ou então quando houver promiscuidade entre os patrimônios envolvidos.

Desvio de finalidade era compreendida como a modificação, de fato, do objetivo social da pessoa jurídica, o que poderia, então, lesar interesses de terceiros (normalmente credores). Para este entendimento, descartavam-se as alterações formalizadas, i.e., aquelas levada à efeito por mudança estatutária ou contratual devidamente registrada no órgão de competência. Era este entendimento, inclusive, que sempre sustentei. É que tais alterações fáticas, na prática, normalmente serviam mesmo para a dolosa concretização de atos de abuso, a prejudicar credores.

A Lei da Liberdade Econômica, entretanto, ao definir o fenômeno, ignora o significado gramatical da expressão *desvio de finalidade*, o que, como disse, sempre me pareceu claro (o que é a *finalidade* mencionada na lei? Ora, é o escopo social da associação, é o objeto da empresa na sociedade etc.; seu desvio representaria, portanto, *alteração* deste escopo ou deste objeto, o que poderia se dar, como referi, de forma regular ou irregular). Define desvio de finalidade no parágrafo 1º, do art. 50, como *a utilização da pessoa jurídica com o propósito de lesar credores e para a prática de atos ilícitos de qualquer natureza*. Esta definição, em verdade, de tão ampla, abarca qualquer ato da pessoa moral que tenha como propósito lesar credores por meio de ilícitos por ela perpetrados.

O núcleo – amplíssimo – é *lesar interesse de terceiros* por meio da *prática de atos ilícitos de qualquer natureza*. Se esta foi a opção legislativa – dar conceito extremamente aberto – então bastava este mesmo conceito, e somente ele, para definir *abuso da personalidade*. Em última análise, o que se tem é algo estruturalmente semelhante ao ato ilícito, como cláusula geral, do art. 186 e como abuso do direito, do art. 187, do Código Civil. Veja: lesão ao interesse de terceiros ou credores é o *dano*; ato ilícito de qualquer natureza é a *ação/omissão*. De qualquer forma, é também inegável que praticar atos lesivos sempre equivalera à desvio de finalidade, posto não se admitir, por óbvio, a criação de pessoa jurídica que tenha por escopo a realização de atos ilícitos.

Confirmando a posição – e, assim, derrubando aquela primeira definição que mencionei –, explicitou o parágrafo 5º do art. 50, também inserido pela Lei da Liberdade Econômica que "*não constitui desvio de finalidade a mera expansão ou a alteração da finalidade original da atividade econômica específica da pessoa jurídica*". Acontecendo e gerando prejuízo a terceiros, poderão os membros responsáveis pelos atos responder pessoalmente com os seus patrimônios.

Observo, também, que a nova dicção acrescenta *elemento subjetivo* à prática ilícita, na medida em que menciona, expressamente, o *propósito* de lesar credores. A alteração é ruim, como têm os estudiosos apontado. Primeiro porque a se entender a desconsideração como uma subespécie de *abuso de direito* – o que de fato é –, em tese seria ela forma de responsabilização *objetiva*, como hoje se considera o art. 187, do Código Civil; em segundo porque ao se exigir prova deste elemento anímico corre-se o risco de se inviabilizar a *disregard* em casos que a demandam para a reparação de prejuizos.[8] Neste ponto em particular, me parece crucial considerar que, nos termos

8 Não se esqueça que para além do direito falimentar e outras áreas, o regramento do art. 50, do Código Civil, aplica-se a diversas subáreas em que a exigência do tipo doloso travaria sua incidência. Cito como

da *teoria do abuso do direito*, bastará, para a configuração do desvio de finalidade, a *conduta culposa* dos sócios ou demais membros (o que se tem chamado de *conduta antifuncional*).

A confusão patrimonial é, na verdade, e em vista de tudo quanto foi exposto no início destas linhas, a *própria negação da pessoa jurídica*. Pessoa jurídica *é* autonomia patrimonial. Se há confusão entre os bens da empresa e os dos seus sócios, não há, logicamente, se falar em qualquer distinção entre patrimônios, de maneira que nada mais justo do que permitir aos credores lesados buscar ressarcimento nos bens da pessoa física (ou mesmo jurídica), membro da jurídica.

A Lei da Liberdade Econômica, como já apontei, trouxe *exemplos* daquilo que se considera confusão patrimonial, a consolidar a pacífica jurisprudência. Os casos mencionados nos incisos do parágrafo 2°, do art. 50, giram em torno do que se considera *ausência de separação de fato entre os patrimônios da sociedade e dos seus sócios*. Esta redação reforça ideia que eu sempre sustentei: a confusão não acontece por força de ato único, ou do dia para a noite, mas sim por meio da reiteração prolongada de situações que levam a embaralhar os patrimônios, de modo a não mais se saber o que pertence a quem. É o que se retira, também, do inciso I, ao mencionar, como promiscuidade patrimonial, o *cumprimento repetitivo* pela sociedade de obrigações do sócio ou do administrador ou vice e versa.

O inciso II trabalha com a noção, muito comum no dia a dia do foro, de *transferência de ativos ou de passivos sem efetivas contraprestações*, ressalvando, apenas, os de *valor proporcionalmente insignificante*. Sobre esta última excesso, o que percebo na rotina forense é que, a despeito de não configurar, por si só, confusão patrimonial, surge muitas vezes como o seu início (daí não ser, a

---

exemplos claros a aplicação da desconsideração no âmbito do Direito de Família e das Sucessões, bem como na sua modalidade inversa.

despeito da bagatela, prática recomendável no campo empresarial). Pode mesmo não prefigurar o abuso estudado, mas em face do sistema, é prática irregular (cada patrimônio deve, como regra geral, suportar as dívidas do seu titular).

O terceiro e último inciso, ao mencionar *outros atos de descumprimento da autonomia patrimonial*, serve para confirmar que o rol é meramente exemplificativo. Qualquer situação que coloque em risco a autonomia patrimonial serve como requisito para a configuração do abuso de personalidade, nesta modalidade.

Observe-se, por fim, que se tratando de providência excepcional e drástica, deverá ser determinada pelo juiz com a máxima cautela, sob pena de banalizar o instituto e fragilizar a própria existência das pessoas jurídicas. Para além disso, tenho que somente poderão ser responsabilizados pessoalmente os membros que agiram, no mínimo, culposamente, sob pena de se ferir o princípio da pessoalidade da responsabilidade, que somente pode ser quebrado nos casos expressamente autorizados pela lei.

Referências bibliográficas

ALVES, José Carlos Moreira. *A Parte Geral do Projeto de Código Civil Brasileiro* – Subsídios Históricos para o Novo Código Civil Brasileiro. 2ª ed. São Paulo: Ed. Saraiva, 2003.

ARRUDA, Alvim *et al.* (Coord.). *Aspectos controvertidos do novo Código Civil*: estudos em homenagem ao Min. José Carlos Moreira Alves. São Paulo: RT. 2003.

CUNHA, Fernando Antonio Maia da. *Autonomia patrimonial das sociedades limitadas vs. Desconsideração da personalidade jurídica*: desafios e perspectivas da lei liberdade econômica. São Paulo: Contracorrente, 2021.

DUARTE, Nestor; PELUZO, Cezar (Coord.). *Código Civil Comentado*: Doutrina e Jurisprudência. 17ª ed. São Paulo: Manole Editora, 2023.

SANTOS, J. M. de Carvalho. *Código Civil brasileiro interpretado*: introdução e parte geral. 14ª ed. vol. I. São Paulo-Rio de Janeiro: Livraria Freitas Bastos, 1986.

SERICK, Rolf. *Apariencia y Realidad en las Sociedades Mercantiles*: El abuso de derecho por medio de la persona jurídica. Trad. José Puig Brutau. Santiago: Ediciones Olejnik, 2020.

TARTUCE, Flávio. *Manual de Direito* Civil. vol. único, edição do Kindle.

CAPÍTULO XXVI

MEDIAÇÃO ANTECEDENTE: MAIS UM "DEGRAU" RUMO À RECUPERAÇÃO JUDICIAL?

RONALDO VASCONCELOS

THAIS D'ANGELO DA SILVA HANESAKA

Introdução

A aplicabilidade da mediação aos procedimentos de insolvência por muitos anos foi tópico de relevante discussão no direito falimentar contemporâneo.[1] Com a chegada da tão esperada alteração da Lei

---

1 Confira os artigos dos autores deste estudo sobre o tema: VASCONCELOS, Ronaldo; CARNAÚBA, César Augusto Martins; HANESAKA, Thais D'Angelo da Silva. "Mediação na recuperação judicial: paralelos com a evolução estrangeira. Revista de arbitragem e mediação". *Revista dos Tribunais*, São Paulo, vol. 62, jul./set. 2019, pp. 45-81; VASCONCELOS, Ronaldo. "A mediação na recuperação

n. 11.101/05 ("LRF"), o instituto da mediação foi (finalmente) incorporado ao texto legal.[2]

O texto da Lei 14.112/2020 inseriu ao diploma falimentar o procedimento de mediação no contexto de insolvência nos artigos 20-A a 20-D, abandonando, de uma vez por todas, eventual questionamento sobre a sua aplicabilidade.

Como não poderia ser diferente, novas disposições legais demandam certo tempo de maturação para que atinjam a melhor aplicabilidade, sendo rotineiro o surgimento de questionamentos que levam à necessidade de estudos mais profundos sobre o tema.

Nesse contexto, o presente estudo pretende contribuir com o profícuo debate acerca do procedimento da medição antecedente ao procedimento de recuperação judicial disposto no artigo 20-B da Lei n. 11.101/05 ("LRF") e suas respectivas problemáticas, tais como a possibilidade de obtenção de uma tutela de urgência pelo devedor, a vinculação dos credores ao procedimento e a exigência formal de apresentação de documentos.

Os pontos analisados mostram-se relevantes e atuais na exata medida em que interferem diretamente na efetividade do instituto em si. Consequentemente, a atualidade do presente estudo reside na necessidade de questionamento acerca do sistema de pré-insolvência incorporado pelo legislador brasileiro sob a ótica do seu principal

---

judicial: compatibilidade entre as Leis n. 11.101/2005, 13.105/2015 e 13.140/2015". *In*: CEREZZETTI, Sheila; MAFFIOLETTI, Emanuelle Urbano (Coord.). *Dez anos da Lei n. 11.101/2005*: estudos sobre a Lei de Recuperação e Falência. São Paulo: Almedina Brasil, 2015, pp. 453-469.

2 Ver, sobre o tema: VASCONCELOS, Ronaldo; CARNAÚBA, César Augusto Martins; HANESAKA, Thais D'Angelo da Silva. "A reforma da Lei de Falências e o Curioso Caso de Benjamin Button". *Exame*, dez 2020. Disponível em: https://exame.com/colunistas/opiniao/a-reforma-da-lei-de-falencias-e-o-curioso-caso-de-benjamin-button/. Acessado em: 28.02.2024.

objetivo: evitar que as empresas necessariamente recorram à recuperação judicial ou à falência.[3]

De forma introdutória, será realizada uma breve análise do sistema de pré-insolvência do direito brasileiro, suas principais premissas e disposições, a fim de que sejam estabelecidos os fundamentos teóricos para os questionamentos realizados ao longo do presente artigo.

Ulteriormente, será apresentado um panorama sobre as problemáticas enfrentadas pelo sistema tal como se encontra e, ao final, serão trazidas as sugestões em busca de maior efetividade ao sistema de pré-insolvência do Direito brasileiro.

1 Breves considerações acerca do sistema de pré-insolvência do Direito brasileiro

Muito se discutiu acerca da utilização dos meios consensuais de resolução de conflitos no direito brasileiro e, atualmente, temos um sistema legal que incentiva e estimula ao uso de meios consensuais

3 "*O sistema de pré-insolvência criado pelo PL 4458/20 cria estímulos para que empresas devedoras busquem a renegociação coletiva de suas dívidas de forma predominantemente extrajudicial, com mínima intervenção judicial. A utilização da mediação e da conciliação preventivas necessita da criação de estímulos para que seja eficaz e adequada. Nesse sentido, é preciso proteger o devedor de execuções individuais, como condição para que se crie um espaço adequado para realização dos acordos com os credores. Os credores somente se sentarão à mesa para negociar se não puderem prosseguir nas suas execuções individuais. Por outro lado, a devedora somente terá condições de propor um acordo aos seus credores se tiver um espaço de respiro e uma proteção contra os ataques patrimoniais provenientes de ações individuais*". (CUEVA, Ricardo Villas Bôas; COSTA, Daniel Carnio. "Os mecanismos de pré-insolvência nos PLs 1397/2020 e 4458/2020". *Migalhas*, out. 2020. Disponível em: https://www.migalhas.com.br/depeso/335268/os-mecanismos-de-pre-insolvencia-nos-pls-1397-2020-e-4458-2020. Acessado em: 28.02.2024).

em litígios.[4] Como fruto dessas discussões, a alteração do Código de Processo Civil em 2015 contou com a importante disposição dos artigos 3º, §3º e 139 sobre o fomento da autocomposição entre as partes do processo.[5]

De forma diversa dos litígios gerais presentes no Poder Judiciário, o processo de recuperação judicial foge da clássica construção adversarial que, por muito tempo, serviu de base para a formulação de conceitos e institutos processuais em razão da diversidade de interesses envolvidos no contexto. A existência dessa diversidade de interesses leva à conclusão de que os objetivos da recuperação judicial devem visar à comunhão de interesses dos credores e devedor, bem

---

4 Ada Pellegrini Grinover aduz em seu artigo que existem marcos regulatórios dos meios alternativos de resolução de conflitos no direito brasileiro "*Os marcos regulatórios que regem os métodos consensuais no Brasil são três: (a) a Resolução nº 125/2010 do Conselho Nacional de Justiça, que – embora em nível de norma administrativa – instituiu e continua regendo a política nacional dos meios adequados de solução de conflitos; (b) os novos dispositivos do CPC; e (c) as normas sucessivamente promulgadas como a Lei de Mediação (Lei nº 13.140/2015). Em sua grande maioria, as normas dos marcos regulatórios são compatíveis e complementares, aplicando-se suas disposições à matéria. Mas há alguma incompatibilidade entre poucas regras do novo CPC em comparação com as da Lei de Mediação, de modo que, quando entrarem em conflito, as desta última deverão prevalecer (por se tratar de lei posterior, que revoga a anterior, e de lei específica, que derroga a genérica*)". GRINOVER, Ada Pellegrini. "Os métodos consensuais de solução de conflitos no novo CPC". *In*: VV.AA. *O novo Código de Processo Civil*: questões controvertidas. São Paulo: Atlas, 2015, pp. 1-21.

5 CPC 2015: Art. 3º §3º A conciliação, a mediação e outros métodos de solução consensual de conflitos deverão ser estimulados por juízes, advogados, defensores públicos e membros do Ministério Público, inclusive no curso do processo judicial; Art. 139. O juiz dirigirá o processo conforme as disposições deste Código, incumbindo-lhe: (...) V – promover, a qualquer tempo, a autocomposição, preferencialmente com auxílio de conciliadores e mediadores judiciais.

como a manutenção das unidades produtivas – que não deixa de ser interesse da coletividade presente na recuperação judicial.[6]

Nesse sentido, com vistas a atingir maior comunhão de interesses nos processos de recuperação judicial, as alterações promovidas pela Lei n. 14.112/20 ("Alteração da LRF") trouxeram a inclusão do procedimento de mediação e conciliação no texto do artigo 20-A, deixando claro que o uso da mediação pode (e deve) ser incentivado em qualquer grau de jurisdição.[7]

Para além da inclusão do incentivo a estes meios alternativos (que muito se buscou ao longo dos anos) a Alteração da LRF adicionalmente regulamentou um sistema de pré-insolvência. O texto da LRF incorporou o artigo 20-B que traz a possibilidade da realização de um procedimento de conciliação e da mediação antecedentes (ou incidentais) ao procedimento de recuperação judicial.[8]

---

6 Veja: VASCONCELOS, Ronaldo; CARNAÚBA, César Augusto Martins; HANESAKA, Thais D'Angelo da Silva. "Mediação na recuperação judicial: paralelos com a evolução estrangeira". *Revista dos Tribunais Online*, São Paulo, vol. 62, jul./set. 2019, pp. 45/81.

7 Antes da promulgação da alteração da Lei de Recuperação e Falências o Conselho Nacional de Justiça havia publicado a recomendação n. 58/2019 que, na ausência de uma norma reguladora ao procedimento, trazia aos praticantes da área diretrizes acerca da sua utilização em procedimentos de insolvência.

8 Lei 11.101/05: Art. 20-B. Serão admitidas conciliações e mediações antecedentes ou incidentais aos processos de recuperação judicial, notadamente: I – nas fases pré-processual e processual de disputas entre os sócios e acionistas de sociedade em dificuldade ou em recuperação judicial, bem como nos litígios que envolverem credores não sujeitos à recuperação judicial, nos termos dos §§ 3º e 4º do art. 49 desta Lei, ou credores extraconcursais; II – em conflitos que envolverem concessionárias ou permissionárias de serviços públicos em recuperação judicial e órgãos reguladores ou entes públicos municipais, distritais, estaduais ou federais; III – na hipótese de haver créditos extraconcursais contra empresas em recuperação judicial durante período de vigência de estado de calamidade pública, a fim de permitir a continuidade da prestação de serviços essenciais; IV – na hipótese de negociação de dívidas e respectivas formas de pagamento entre a empresa em dificuldade e seus

O artigo 20-B apresenta em seus incisos diversas hipóteses em que os procedimentos de mediação e conciliação podem ser usados de forma incidental e antecedente (*p.ex.* em disputas societárias ou questões relativas a créditos extraconcursais). Contudo, chama a atenção particularmente a previsão contida no inciso IV que dispõe sobre a utilização deste tipo de procedimento para a "*negociação de dívidas e respectivas formas de pagamento entre a empresa em dificuldade e seus credores, em caráter antecedente ao ajuizamento de pedido de recuperação judicial*".

A hipótese trazida pelo inciso IV revela-se ainda mais curiosa na medida em que o §1º do artigo 20-B dispõe que para as mediações realizadas com fundamento neste inciso "*será facultado às empresas que preencham os requisitos legais para requerer recuperação judicial*" obter uma tutela de urgência cautelar para suspender as execuções propostas pelo prazo de até 60 (sessenta) dias para a tentativa de composição com os credores. O dispositivo legal ressalta que o procedimento deverá ser realizado junto ao Centro Judiciário de Solução de Conflitos e Cidadania (CEJUSC) do tribunal competente ou da Câmara Especializada.

Assim, nota-se que o artigo 20-B trouxe um leque de novidades para o sistema de insolvência brasileiro, uma vez que além conceder ao devedor a faculdade de utilizar o procedimento de mediação *antes* da recuperação judicial, também possibilita a condução dessa mediação com a vigência de uma tutela de urgência cautelar para a suspensão das ações em face deste devedor.[9]

---

credores, em caráter antecedente ao ajuizamento de pedido de recuperação judicial.

9 "As conciliações ou mediações poderão ser antecedentes ou incidentais ao processo de recuperação judicial. Em caráter antecedente, a conciliação ou mediação poderão auxiliar na negociação de dívidas e respectivas formas de pagamento entre o empresário em crise e seus credores. Essa negociação poderá permitir que o empresário equalize o seu passivo exigível a curto prazo ou garanta novas formas de financiamento para que consiga evitar o recurso à recuperação judicial. Previu a Lei, no art. 20-B, § 1º, a possibilidade de concessão de tutela de urgência cautelar

Para fins de diferenciação, ressalta-se que a Alteração da LRF positivou também outro tipo de tutela cautelar contemplado no art. 6º, §12º da LRF. Referido artigo dispõe que, uma vez satisfeitos os requisitos contidos no art. 300 do Código de Processo Civil, o juiz poderá *antecipar os efeitos* do deferimento do processo de recuperação judicial.[10]

A tutela cautelar preparatória prevista neste dispositivo busca assegurar o resultado útil do processo de recuperação judicial, podendo ser concedida ao devedor que atender aos requisitos do art. 303 do Código de Processo Civil, quais sejam, a verossimilhança dos argumentos e o perigo de dano.[11]

Não obstante, a tutela cautelar trazida pelo dispositivo do art. 6, §12º, diverge daquela trazida pelo art. 20-B, §1º – objeto do presente estudo – já que esta última visa a concessão da tutela de

---

para que possa negociar com seus credores. Referida tutela consistirá na suspensão das execuções contra o devedor pelo prazo de até 60 (sessenta) dias. (SACRAMONE, Marcelo Barbosa. *Comentários à Lei de Recuperação de Empresas e Falência*. São Paulo: Editora Saraiva, 2021, p. 23).

10 Para fácil referência, Lei 11.101/05: "Art. 6º A decretação da falência ou o deferimento do processamento da recuperação judicial implica (...) § 12. Observado o disposto no art. 300 da Lei nº 13.105, de 16 de março de 2015 (Código de Processo Civil), o juiz poderá antecipar total ou parcialmente os efeitos do deferimento do processamento da recuperação judicial".

11 "*Prevista no art. 6º, §12º, a tutela cautelar procura assegurar as partes do dano ou risco de dano ao resultado útil do processo de recuperação, consistente justamente na negociação coletiva por meio da qual as partes pretenderiam a maximização dos ativos do devedor, preservação das empresas recuperáveis ou retirada do mercado das empresas irrecuperáveis de modo a se assegurar a higidez do mercado*". (SACRAMONE, Marcelo Barbosa; BRAGANÇA, Gabriel de Orleans e. "A tutela cautelar antecedente ao processo de recuperação judicial". *Migalhas*, 2023. Disponível em: https://www.migalhas.com.br/coluna/insolvencia-em-foco/382081/a-tutela-cautelar-antecedente-ao-processo-de-recuperacao-judicial. Acessado em: 05.04.2024).

urgência com o objetivo de viabilizar a mediação entre os credores e devedores *antes* de um pedido de recuperação judicial.

A decisão liminar nos casos tratados pelo art. 20-B, §1º, portanto, não antecipa os efeitos da recuperação judicial, mas tão somente prevê a suspensão das ações de cobrança em face do devedor pelo prazo máximo de 60 dias, prazo este que, em caso de um pedido de recuperação judicial, será deduzido do *stay period* previsto no artigo 6º da LRF, conforme disposto no art. 20-B, §3º da LRF.[12]

O sistema de préinsolvência incorporado à LRF pelo legislador brasileiro – que à primeira vista pode parecer uma grande inovação – não é novidade dentre as demais legislações de insolvência no mundo. Outros países contam com sistemas de pré-insolvência, tais como a França (*conciliacion* e *Mandat ad hoc*) e da Inglaterra (*moratorium*), revelando-se como grande fonte de inspiração para a criação deste instituto no Brasil.[13]

Em que pese a inspiração da legislação brasileira em sistemas de outros Países, temos encontrado muitos percalços na aplicação

12 Lei 11.101/05. Art. 20-B (...) § 3º Se houver pedido de recuperação judicial ou extrajudicial, observados os critérios desta Lei, o período de suspensão previsto no § 1º deste artigo será deduzido do período de suspensão previsto no art. 6º desta Lei.

13 "*O novo procedimento de negociação preventiva – da mesma forma que a medida de pré-insolvência criada pelo PL 4458/20 – foi inspirado pelo modelo francês de prevenção da insolvência, criado em 1985, e pela Diretiva Europeia (EU) 2019/1023, que dispõe sobre os regimes de reestruturação preventiva, o perdão de dívidas e as inibições, e sobre as medidas destinadas a aumentar a eficiência dos processos relativos à reestruturação e renegociação de dívidas*". (CUEVA, Ricardo Villas Bôas; COSTA, Daniel Carnio. "Os mecanismos de pré-insolvência nos PLs 1397/2020 e 4458/2020". *Migalhas*, out. 2020. Disponível em: https://www.migalhas.com.br/depeso/335268/os-mecanismos-de-pre-insolvencia-nos-pls-1397-2020-e-4458-2020. Acessado em: 28.02.2024).

do instituto da mediação antecedente junto ao Poder Judiciário brasileiro.[14]

A discussão sobre a aplicabilidade de tais tutelas na LRF ganhou tamanha relevância que foi objeto de Enunciados publicados pelo Fórum Nacional de Recuperação Empresarial e Falências (FONAREF), vinculado ao Conselho Nacional de Justiça (CNJ).

O FONREF foi criado com o objetivo de fomentar discussões relevantes acerca do tema de recuperação judicial e falência, sendo que dentre os 15 enunciados publicados após o primeiro congresso realizado, 12 tratam da mediação antecedente à recuperação judicial estabelecendo diretrizes e limites para o procedimento.[15]

---

14 Veja: BORTOLINI, Pedro. "A necessária revisão do Enunciado 6 do Fonaref". *Jota*. Disponível em: https://bit.ly/49x8ncY. Acessado em: 19.11.2023; MILARÉ, Gustavo. "*Mediação, conciliação e tutela cautelar antecedente à recuperação judicial*". *Jota*, abr. 2023. Disponível em: https://www.jota.info/opiniao-e-analise/artigos/mediacao-conciliacao-e-tutela-cautelar-antecedente-a-recuperacao-judicial-12042023. Acessado em: 28.02.2024.

15 CONSELHO NACIONAL DE JUSTIÇA. *1º Congresso do Fórum Nacional de Recuperação Empresarial e Falências*. 2023. Disponível em: https://www.cnj.jus.br/wp-content/uploads/2023/03/1o-caderno-de-enunciados-fonaref-portal.pdf. Acessado em: 04/03/2024. O mesmo documento dispõe que "*No âmbito do Parlamento brasileiro, também reverberou o trabalho do GT, em especial quanto ao incentivo à utilização das soluções adequadas e alternativas à judicialização, ferramenta bastante útil na resolução de litígios recuperacionais e falimentares. Com efeito, em 24 de dezembro de 2020, foi editada a Lei Federal n. 14.112 que, na toada da Recomendação CNJ n. 58/2019, implementou mecanismos adequados e atualizados pertinentes à recuperação judicial, à recuperação extrajudicial e à falência do empresário e da sociedade empresária. Reconhecendo as relevantes contribuições do Grupo, o Plenário do CNJ aprovou a Resolução n. 466/2022, convolando-o em Fórum que, nesta oportunidade, apresenta seus quinze enunciados devidamente debatidos e aprovados durante o I Congresso FONAREF, evento de grande relevância, com ampla participação especializada e diversificada, a fomentar o necessário debate para a evolução e aprimoramento dos processos recuperacionais e falimentares*".

Ainda assim, como já ressaltado, o tema demanda estudos mais aprofundados, na exata medida em que se permanecem diversos "gargalos" para a sua efetiva e adequada aplicação. Referidas premissas merecem ser analisadas e questionadas para que a aplicação deste instituto possa ocorrer de forma mais segura, coibindo abusos tanto por parte do devedor quanto dos credores. Este é o nosso maior desafio.

2 Os desafios da mediação antecedente

2.1 A concessão da Tutela Cautelar

A primeira situação estudada no presente artigo é a possibilidade de o devedor obter uma tutela cautelar de suspensão das ações de cobrança para a realização da mediação com os seus credores, com fundamento no §1º do artigo 20-B. Referido dispositivo legal prevê que a tutela poderá ser concedida nos termos do art. 305 do Código de Processo Civil para que o devedor negocie com os seus credores pelo prazo de até 60 dias.

Considerando que a LRF é silente quanto à prorrogação deste prazo, o Enunciado 3 do FONAREF estabeleceu que o prazo de 60 dias é improrrogável (e contado em dias corridos) e o Enunciado 4 do FONAREF esclareceu que o prazo de 30 dias para apresentação da ação principal contido no artigo 308 do CPC não se aplica à medida cautelar requerida com fundamento no artigo 20-B da LRF.

Há de se ressaltar ainda que, na contramão da LRF e dos enunciados do FONAREF, o art. 28 da Lei n. 13.140/15 (Lei de Mediação) faculta às partes que de comum acordo requeiram a prorrogação do procedimento de mediação.[16]

---

16 Lei 13.140/15: Art. 28. O procedimento de mediação judicial deverá ser concluído em até sessenta dias, contados da primeira sessão, salvo quando as partes, de comum acordo, requererem sua prorrogação.

A multiplicidade de diretrizes e dispositivos legais tratando sobre o tema confere uma certa margem de questionamento à forma como essa cautelar foi estabelecida pela Lei.

Contudo, indo mais além, estes dispositivos legais também trazem à luz um questões sobre a adequabilidade da inserção de uma tutela cautelar a um procedimento de mediação e a sua relação com o sucesso (ou insucesso) do procedimento de mediação antecedente.

Ressalta-se que o questionamento acima não pretende desconsiderar a relevância dos efeitos de uma tutela cautelar para a atividade do devedor, uma vez que lhe este mecanismo tem o poder de lhe conceder um "*breathing space*" (fôlego e ambiente) para negociar com seus credores.[17]

De outro lado, também não se pode perder de vista que o procedimento de mediação é, por natureza, voluntário e consensual e possui como objetivo o estabelecimento do efetivo e coordenado diálogo entre as partes.[18]

---

17 "*A medida de criação do breathing space necessário à realização efetiva de uma negociação coletiva é prevista pelo § 1º, ao art. 20-B, o qual dispõe que 'na hipótese prevista no inciso IV do caput deste artigo, será facultado às empresas em dificuldade que preencham os requisitos legais para requerer recuperação judicial obter tutela de urgência cautelar, nos termos do art. 305 e seguintes da lei 13.105, de 16 de março de 2015 (Código de Processo Civil), a fim de que sejam suspensas as execuções contra elas propostas pelo prazo de até 60 (sessenta) dias, para tentativa de composição com seus credores, em procedimento de mediação ou conciliação já instaurado perante o Centro Judiciário de Solução de Conflitos e Cidadania (Cejusc) do tribunal competente ou da câmara especializada, observados, no que couber, os arts. 16 e 17 da lei 13.140, de 26 de junho de 2015*". (CUEVA, Ricardo Villas Bôas; COSTA, Daniel Carnio. "Os mecanismos de pré-insolvência nos PLs 1397/2020 e 4458/2020". *Migalhas*, out. 2020. Disponível em: https://www.migalhas.com.br/depeso/335268/os-mecanismos-de-pre-insolvencia-nos-pls-1397-2020-e-4458-2020. Acessado em: 28.02.2024).

18 "*A mediação, por sua vez, é conceituada como método consensual de solução de conflitos, pelo qual um terceiro facilitador auxilia as partes em conflito no restabelecimento do diálogo, investigando seus reais*

Em outras palavras: o fato de se iniciar um método consensual de resolução de conflitos com o *reestabelecimento diálogo* e *comunhão de interesses* por meio do deferimento de uma tutela de urgência – impedindo os credores de exercerem os seus direitos – pode não ser um incentivo adequado para este tipo de procedimento.[19]

Nada mais "contraditório" do que tratar da suspensão ao exercício de certos direitos por meio de uma "ordem judicial" em um procedimento que, em sua essência, possui como objetivo principal a busca pelo encontro de vontades e sinergias.

A tutela cautelar estabelecida pela LRF é medida de tamanha imperatividade que, via de regra, sequer deixa margem às partes para a eventual prorrogação da vigência da suspensão caso desejem continuar negociando.

---

interesses, através de técnicas próprias, e fazendo com que se criem opções, até a escolha da melhor, chegando as próprias partes à solução do conflito. Em outras palavras, a mediação é um processo cooperati-vo, que leva em conta as emoções, as dificuldades de comunicação e a necessidade de equilíbrio e respeito dos conflitantes e que pode resultar num acordo viável, fruto do comprometimento dos envolvidos com a solução encontrada. Para tanto, exige-se que os participantes sejam plenamente capazes de decidir, pautando-se o processo na livre manifestação da vontade dos participantes, na boa-fé, na livre escolha do mediador, no respeito e cooperação no tratamento do problema e na confidencialidade". (GRINOVER, Ada Pellegrini. "Os métodos consensuais de solução de conflitos no novo CPC". *In*: VV.AA. *O novo Código de Processo Civil*: questões controvertidas. São Paulo: Atlas, 2015, pp. 1-21).

19 ZAMBONI, Alex Alckmin de Abreu Montenegro. *Incentivos comportamentais ao tratamento adequado dos conflitos*: a audiência de mediação do artigo 334 do CPC como mecanismo de formação do consenso entre as partes. São Paulo: Universidade de São Paulo, 2020, pp. 83-84. (Tese de Doutorado em Direito). "*Some policies take the form of mandates and bans. (...) Other policies take the form of econimics incentives (including desincentives) (...). Still other policies take the form of nudges – liberty-preserving approaches that steer people in particular directions, but that also allow them to go their own way*". (SUNSTEIN, Cass R. *How change happens*. Cambridge: MIT Press, 2019, p. 59).

Não se pode perder de vista que o sucesso da mediação (e de qualquer outro meio consensual de resolução de conflitos) depende da vontade das partes. Dessa forma, a existência de incentivos para que um ambiente favorável ao acordo exista e seja propício é peça fundamental do procedimento.

Não basta que a doutrina defenda veementemente os benefícios da mediação se os sujeitos envolvidos no procedimento não recebem os incentivos corretos para tanto.[20]

De mais a mais, sem desconsiderar a boa intenção do legislador para criar um ambiente propício para a negociação entre as partes, entende-se que a busca por medidas propositivas que concedam a este procedimento os incentivos corretos (e necessários) para o engajamento das partes pode se mostrar de grande valia e deveria ser incentivado pelo Poder Judiciário.

---

20 O interessante estudo conduzido por Alex Zamboni analisou os incentivos legislativos à realização da audiência de conciliação delimitada pelo CPC no artigo 334 e o autor ressalta que "*[O] s dados empíricos disponíveis não demonstram que tenha havido grandes mudanças no uso dos mecanismos consensuais após a vigência do atual CPC. Isso nos trouxe a questão da existência de incentivos adequados para o comportamento dos sujeitos processuais e das partes no sentido pretendido, de mais tentativas de soluções consensuais serem feitas. Por que não houve mudanças sensíveis no número de audiências de mediação realizadas? Por que não houve aumento dos casos resolvidos por meio de acordo? Por que, apesar de manifestações favoráveis quanto à qualidade e às vantagens de uma audiência de mediação para as partes, 130 não são muitos os casos mediados? Nossa hipótese era de que o impacto da lei no comportamento das partes, 131 decorria dos incentivos inadequados para que as partes se comportem no sentido pretendido pelo legislador. Os incentivos podem tomar várias formas, e a descrição esquemática do guia do comportamento132 foi apresentada para demonstrar a importância de não se limitar as possibilidades de incentivos a serem consideradas pelo legislador – pelo arquiteto das escolhas*". (ZAMBONI, Alex Alckmin de Abreu Montenegro. *Incentivos comportamentais ao tratamento adequado dos conflitos*: a audiência de mediação do artigo 334 do CPC como mecanismo de formação do consenso entre as partes. São Paulo: Universidade de São Paulo, 2020, pp. 83/84. (Tese de Doutorado em Direito).

2.2 A Vinculação dos Credores

Além dos questionamentos acerca da tutela cautelar em si, a vinculação dos credores a este procedimento e aos seus efeitos é também um ponto de atenção que coloca em risco a sua efetividade. O tema não será abordado de forma aprofundada no presente estudo, mas serve para corroborar a necessidade de aperfeiçoamento do instituto pela doutrina e jurisprudência.

O artigo 20-B LRF é silente no diz respeito à vinculação dos credores ao efeito da cautelar. Não obstante, a vinculação é parte relevante do procedimento, uma vez que a LRF dispõe que o prazo de 60 dias de suspensão poderá ser descontado do prazo do *stay period* de recuperação judicial futura.[21]

Tentando solucionar essa questão, o Enunciado 6 do FONAREF dispõe que a suspensão da cautelar vincula a todos os credores que tenham sido convidados ao procedimento de mediação, ainda que estes não tenham aceitado o convite. *Contrario sensu*, não estariam vinculados aos efeitos da suspensão aqueles que não foram convidados pelo devedor.

Apesar das boas intenções revestidas na edição deste enunciado, a sua redação cria um problema de ordem *procedimental* para um possível procedimento de recuperação judicial futuro, além de um problema *substancial* de isonomia entre os credores do devedor.

Há de se ressaltar que a questão com relação à vinculação (ou não) dos credores existe porque o prazo da tutela possui relação direta com o prazo de um futuro *stay period*. Caso essa disposição não existisse, o problema da vinculação provavelmente não existiria.

---

21 "*Se houver pedido de recuperação judicial ou extrajudicial posterior à concessão da medida cautelar de suspensão das execuções em face do devedor, o lapso de até 60 dias será deduzido do período de suspensão previsto no art. 6º desta Lei*". (SACRAMONE, Marcelo Barbosa. *Comentários à Lei de Recuperação de Empresas e Falência*. São Paulo: Editora Saraiva, 2021, p. 23).

Contudo, a forma como a tutela foi estruturada pela LRF reflete diretamente na concursalidade do procedimento de recuperação judicial e na sujeição dos credores do devedor àquele procedimento.

Ou seja, não se mostra factível a vinculação de apenas parte dos credores ao procedimento de mediação, com a possibilidade de ulterior sujeição de todos eles a uma recuperação judicial futura. Referida medida acarretaria diversas contagens do *stay period* durante o processo de recuperação judicial, tornando a mediação antecedente um instituto contraproducente ao procedimento.[22]

Ao mesmo tempo, é sabido que engajar todos os credores no procedimento voluntário de mediação, além de difícil operacionalização, pode se mostrar ineficiente para os fins que objetiva, considerando a complexidade da organização, coordenação e manutenção de um procedimento multiparte de mediação.

No mais, além de afetar diretamente a isonomia no tratamento dos credores e aos prazos de uma futura recuperação judicial, o fato de o devedor não ser obrigado a engajar todos os seus credores no

22 "*Enunciado 6 – A medida cautelar de suspensão prevista no art. 20-B, § 1º, da Lei n. 11.101/2005 vincula os credores convidados a participar do procedimento de mediação ou conciliação instaurado no CEJUSC do tribunal competente ou na câmara privada, ainda que não tenham aceitado o convite, não vinculando os credores que não tenham sido convidados. Justificativa: O objetivo da medida cautelar de suspensão das execuções é proporcionar um espaço de respiro e um ambiente mais adequado de negociação da devedora com os seus credores. Na medida em que os credores sujeitos à negociação não podem prosseguir nas suas execuções individuais, cria-se o estímulo necessário para que se sentem à mesa para negociar com a devedora. Nesse sentido, é importante esclarecer que a suspensão das execuções só faz sentido em relação àqueles credores envolvidos na mediação ou conciliação, não atingindo os demais credores que não tenham sido convidados a participar do procedimento de negociação.* (CONSELHO NACIONAL DE JUSTIÇA. *1º Congresso do Fórum Nacional de Recuperação Empresarial e Falências*. 2023. Disponível em: https://www.cnj.jus.br/wp-content/uploads/2023/03/1o-caderno-de-enunciados-fonaref-portal.pdf. Acessado em: 04.03.2024).

processo de mediação traz, novamente, um questionamento com relação aos incentivos fornecidos aos integrantes deste processo.

Isso porque os credores que não forem incluídos no processo de mediação poderão se sentir tolhidos e cerceados de informação e, por conta disso, serem estimulados a adotar uma postura mais belicosa em face do devedor. Referida postura poderia, inclusive, acarretar o início de medidas executivas em face do devedor *durante* a mediação – medidas estas que não seriam afetadas pela tutela cautelar, uma vez que o credor não está vinculado ao procedimento de mediação.[23]

Portanto, nota-se que a questão da vinculação reflete problema atual que ainda deve ser endereçado, na medida em que a não participação de certos credores no processo pode gerar riscos à sua efetividade. Trata-se de questão controversa e, como dito, merecerá um estudo mais aprofundado em outra oportunidade.

2.3 O Excesso de Formalismo

Além das questões ligadas diretamente ao procedimento da mediação, as quais se mostram suficientes para o surgimento de diversos questionamentos acerca do instituto, uma questão que emerge diretamente da prática diária junto ao judiciário igualmente desafia a efetividade do instituto.

---

23 "*Entretanto, qualquer movimento que denuncie o provável ajuizamento do pedido de recuperação, como o requerimento da tutela cautelar, irá produzir uma corrida frenética dos credores em direção ao patrimônio do devedor, que tentarão desesperadamente se antecipar ao concurso, especialmente se não tiverem recebido o 'mui amigo' convite. Se o stay period não alcançar a todos, como propõe o Enunciado 6, o emprego dos mecanismos de conciliação e mediação restará esvaziado*". (BORTOLINI, Pedro. "A necessária revisão do Enunciado 6 do Fonaref". *Jota*. Disponível em: https://bit.ly/49x8ncY. Acessado em: 19.11.2023).

Conforme ressaltado no início, a tutela cautelar concedida para a negociação entre credores e devedores com respaldo no art. 20-B, §1º da LRF diferencia-se da tutela cautelar contida no art. 6, §12º da LRF que antecipa os efeitos da recuperação judicial.

Naquele procedimento, entende-se que a demonstração dos requisitos para requerer o pedido de recuperação judicial é necessária, uma vez que a tutela cautelar apenas antecipa os efeitos de um requerimento futuro.[24]

De outro lado, a mediação antecedente busca justamente *evitar* o pedido de recuperação judicial possibilitando a negociação entre credores e devedores.

Nesses termos, considerando que não se trata de um procedimento de insolvência em si, mas tão somente uma negociação coletiva, a LRF dispõe no art. 20-B que para requerer a mediação antecedente o devedor deve "*preench[er] os requisitos legais para requerer recuperação judicial*".[25]

---

24 "Apesar de a lei autorizar a tutela antecipada para fins de processamento da recuperação judicial, certo é que o pleito deve estar corretamente instruído, de modo a evidenciar o real e iminente prejuízo da continuidade das cobranças para efeito de prosseguimento da atividade empresarial, bem como, os requisitos objetivos do art. 48 da Lei de Falência e Recuperação Judicial". Na oportunidade, o tribunal decidiu ainda que a existência de diversas execuções contra a requerente e a inclusão de seu nome nos órgãos de proteção de crédito não bastariam para configuração do necessário *periculum in mora*" (TJSP, AI 2004298-35.2022.8.26.0000, 1ª Câmara Reservada de Direito Empresarial, rel. Des. J. B. Franco de Godoi, j. 13-5-2022).

25 *Art. 20-B, §1º "§ 1º Na hipótese prevista no inciso IV do caput deste artigo, será facultado às empresas em dificuldade que preencham os requisitos legais para requerer recuperação judicial obter tutela de urgência cautelar, nos termos do art. 305 e seguintes da Lei n. 13.105, de 16 de março de 2015 (Código de Processo Civil), a fim de que sejam suspensas as execuções contra elas propostas pelo prazo de até 60 (sessenta) dias, para tentativa de composição com seus credores, em procedimento de mediação ou conciliação já instaurado perante o Centro Judiciário de Solução de Conflitos e Cidadania (Cejusc) do tribunal competente ou*

O texto legal é silente sobre quais os requisitos legais para requerer a recuperação judicial devem ser demonstrados pelo devedor; se aqueles contidos no artigo 48 da LRF[26] seriam suficientes *ou* se o devedor também deve apresentar a documentação exigida pelo art. 51 da LRF.

Na intenção de sanar essa lacuna, o Enunciado 10 do FONAREF dispõe que para requerer a mediação é necessária a apresentação dos documentos do art. 48 da LRF, de tal forma que os documentos do art. 51 da LRF mostrar-se-iam necessários tão somente por ocasião do futuro e eventual pedido de recuperação.[27]

---

da câmara especializada, observados, no que couber, os arts. 16 e 17 da Lei n. 13.140, de 26 de junho de 2015".

26 Lei 11.101/05 "*Art. 48. Poderá requerer recuperação judicial o devedor que, no momento do pedido, exerça regularmente suas atividades há mais de 2 (dois) anos e que atenda aos seguintes requisitos, cumulativamente: I – não ser falido e, se o foi, estejam declaradas extintas, por sentença transitada em julgado, as responsabilidades daí decorrentes; II – não ter, há menos de 5 (cinco) anos, obtido concessão de recuperação judicial; III – não ter, há menos de 5 (cinco) anos, obtido concessão de recuperação judicial com base no plano especial de que trata a Seção V deste Capítulo; i V – não ter sido condenado ou não ter, como administrador ou sócio controlador, pessoa condenada por qualquer dos crimes previstos nesta Lei*".

27 *Enunciado 10 – Os documentos demonstradores de que a empresa em dificuldade preenche os requisitos legais para requerer recuperação judicial, para os fins do art. 20-B, § 1º, da Lei n. 11.101/2005, são aqueles previstos no art. 48 da Lei n. 11.101/2005. Justificativa: O ajuizamento do pedido de tutela de urgência cautelar antecedente, consistente na suspensão das execuções movidas pelos credores contra a devedora pelo prazo de 60 dias, pressupõe a demonstração pela empresa autora do seu direito para requerer recuperação judicial. Nesse sentido, a petição inicial do pedido cautelar deve ser instruída com os documentos previstos no art. 48 da Lei n. 11.101/2005. Dispensa-se a apresentação dos documentos previstos no art. 51 da Lei n. 11.101/2005 que devem instruir a petição inicial somente no caso de ajuizamento da ação principal de recuperação judicial.* (CONSELHO NACIONAL DE JUSTIÇA. *1º Congresso do Fórum Nacional de Recuperação Empresarial e Falências*. 2023. Disponível em: https://www.cnj.jus.br/

Não obstante isso, o tema tratado pelo Enunciado não é unânime, seja entre os estudiosos do tema,[28] seja pela análise da recente jurisprudência.[29]

---

wp-content/uploads/2023/03/1o-caderno-de-enunciados-fonaref-portal.pdf. Acessado em: 04/03/2024).

28 Fabio Ulhoa Coelho defende que "*A petição inicial de procedimento de tutela cautelar em caráter antecedente, além dos requisitos do art. 305 do CPC, deve obrigatoriamente ir instruída com os mesmos documentos exigidos para a petição inicial de recuperação judicial. Ela deve necessariamente cumprir o disposto no art. 51 da LF. O §1º é expresso ao admitir o procedimento apenas 'às empresas em dificuldade que preencham os requisitos legais para requerer recuperação judicial'. E não poderia ser diferente a previsão legal, em razão do princípio constitucional da igualdade. O agente econômico que não satisfaz aos requisitos do art. 51 da LF não pode obter o mesmo benefício judicial (inexigibilidade temporária das obrigações), acessível somente aos que os atendem, por uma via transversa*". (COELHO, Fábio Ulhoa. *Comentários à Lei de Falências e de Recuperações de Empresas*. 14ª ed. São Paulo: Thomson Reuters, 2021, p. 103). De outro lado, Daniel Carnio Costa e Alexandre Nasser defendem que "*O deferimento dessa tutela de urgência cautelar pressupõe a demonstração, pela devedora, de elementos que evidenciem a probabilidade do direito e o perigo de dano ou risco ao resultado útil do processo (art. 300 do CPC). O perigo de dano ou o risco ao resultado útil do processo é presumido in re ipsa, na medida em que a suspensão das execuções daqueles que estão envolvidos na mediação ou conciliação é absolutamente necessária para a criação de um ambiente saudável e eficiente de negociação. A probabilidade do direito consiste na apresentação dos documentos relacionados no art. 48, que comprovam que a devedora tem direito de pedir recuperação judicial. Não é necessária a apresentação dos documentos do art. 51, uma vez que não se trata de distribuição de um pedido de recuperação judicial, mas apenas dessa medida cautelar. Os documentos sensíveis da empresa, relacionados ao seu funcionamento, poderão ser mostrados aos credores envolvidos na negociação, caso necessário, mediante proteção do sigilo próprio das mediações*". (COSTA, Daniel Carnio; MELO, Alexandre Nasser. *Comentários à Lei de Recuperação de Empresas e Falência*. 3ª ed. Curitiba: Juruá, 2022, p. 148).

29 A título de exemplo "Como se nota, é possível a obtenção do stay period pelo prazo de 60 dias, antes mesmo do pedido de recuperação judicial, por meio de tutela cautelar, como forma de negociação prévia da parte devedora com seus credores, desde que preencha os requisitos

Há quem defenda que para requerer a tutela da mediação antecedente demanda-se a apresentação dos documentos do artigo 51 da LRF, uma vez que o texto legal determina a necessidade de apresentação dos mesmos documentos exigidos para requerer a recuperação judicial.[30] Salvo melhor juízo, respeitosamente discordamos desse posicionamento.

Exigir a apresentação de tais documentos, como se pedido de recuperação judicial fosse, pode ter um efeito devastador ao instituto da mediação antecedente.

A preparação de um procedimento de recuperação judicial é medida extrema e assim deve ser encarada. Exigir que o devedor apresente os documentos do artigo 51 da LRF, nesse exato momento de busca de engajamento entre os sujeitos do processo, faz com que o procedimento de mediação antecedente rapidamente se transforme em uma recuperação judicial, sem os deveres, ônus, direitos e responsabilidades a ele inerentes.

Com o perdão da repetição, o fato de o devedor requerer a mediação antecedente com a apresentação de documentos para pedir a recuperação judicial acarreta grande problema de incentivo e engajamento junto aos credores, uma vez que estes entenderão que o devedor está apenas postergando um pedido "inevitável" de recuperação judicial (o que muitas vezes, infelizmente, não deixa de ser verdade).

---

legais para requerer recuperação judicial, ou seja, àqueles contidos nos artigos 48 e 51 da Lei n. 11.101/05, bem como se comprove que foi instaurado o pedido de mediação ou conciliação no CEJUSC ou em câmaras especializadas" (TJSP, Agravo de instrumento n. 2239515-24.2023.8.26.0000, 1ª Câmara Reservada de Direito Empresarial e, em contrapartida, agravo de instrumento n. 2269638-73.2021.8.26.0000, 2ª Câmara Reservada de Direito Empresarial, rel. Des. Grava Brasil, j. 16-12-2021).

30 Cf. nota de rodapé n. 28.

Somados a todos os outros percalços que este procedimento está encontrando, a insegurança jurídica sobre os seus requisitos acaba tornando este procedimento apenas mais um "degrau" rumo à recuperação judicial – e não uma alternativa viável à superação da crise econômico-financeira – tal como originalmente proposto.

Reduzindo a crítica a uma hipótese concreta, caso o Juízo competente indefira o pedido de concessão da tutela para a realização da mediação em razão da ausência dos documentos do art. 51 da LRF (e este indeferimento seja mantido em sede de agravo de instrumento), o devedor pode perder um tempo valioso de mediação e negociação efetiva com seus credores apenas buscando a documentação necessária para renovar o pedido de tutela.

Assim, apesar de a intenção do legislador ter sido a de instituir um procedimento de mediação que favorecesse a mediação e a negociação entre credores e devedores, a bem da verdade, o procedimento, tal como está sendo utilizado, não tem se mostrado capaz de atingir os benefícios buscados, revelando-se apenas um triste e inevitável passo rumo à recuperação judicial.

E nem se diga que a determinação da apresentação dos documentos do art. 51 da LRF tem como objetivo diminuir a assimetria de informação entre os sujeitos do processo, uma vez que a busca da simetria informacional é justamente aquilo que o procedimento de mediação, conduzido por mediador capacitado para tanto, objetiva fomentar por meio de sistema cooperativo entre os mediados.

3 Possíveis caminhos e soluções

Após identificar alguns gargalos e possíveis problemáticas ao procedimento da mediação antecedente, a seguir são elencadas algumas medidas práticas que este breve artigo propõe para que a mediação antecedente possa alcançar o seu potencial.

O procedimento de *conciliation* do direito francês (que foi fonte de inspiração para o legislador brasileiro)[31] guarda semelhanças com o sistema de pré-insolvência instituído pela LRF, mas, de forma diversa, não possui uma disposição acerca da suspensão das ações de forma automática em face dos credores durante a negociação por meio da obtenção de uma tutela.[32]

O procedimento francês tem início com o requerimento da parte ao Presidente da Corte de Direito Comercial para que o procedimento seja instaurado e a Corte nomeie um facilitador para atuar na negociação. O próprio agente facilitador é quem possui a responsabilidade de buscar um acordo de *standstill* entre as partes que integrarão o procedimento.[33]

---

31 Veja nota de rodapé n. 13.

32 Sobre o procedimento de conciliacion na França "*These are flexible, voluntary and, to some extent, confidential proceedings aimed at facilitating negotiations and reaching a workout agreement (protocole de conciliation) between a company and its creditors under the supervision of a court-appointed agent (conciliateur). A workout agreement sets out any loans extended by creditors or shareholders, and any consents by creditors to grant waivers, rescheduling, and/or cancellation of existing debts. (...)* Protection from creditors. *The opening of conciliation does not trigger any automatic stay*". (TALBOURDET, Paul; GUMPELSON, Joanna. "Restructuring and Insolvency in France: Overview". *De Pardieu Brocas Maffei A.A.R.P.I*, mai. 2022. Disponível em: https://uk.practicallaw.thomsonreuters.com/1=501-6905-?transitionType=Default&contextData-(sc.Default)&firstPage=true#co_anchor_a302422. Acessado em: 05.04.2024.

33 "*Conciliation is a pre-insolvency and amicable procedure available to a company which faces legal, economic or financial difficulties, whether proven or foreseeable (but which has not been insolvent for more than 45 days). It involves the company obtaining, from the president of the commercial court, the appointment of a 'conciliator'. The role of the conciliator is to help reach an amicable agreement with the company's stakeholders in order to resolve the company's difficulties and, in this context, submit any proposal relating to the continuance of the company (as an entity), its business and the maintenance of employment. The company's directors retain control, and the procedure remains*

Na França, durante a pandemia do COVID-19, uma nova regra foi introduzida e passou a permitir que o devedor requeira (em casos específicos) que o juízo defira a suspensão das execuções em face de credores específicos que se recursaram a conceder o *standstill* durante o procedimento negociado. A ordem judicial pode suspender o pagamento do valor pelo período da mediação ou postergar a data de pagamento do débito. Ambas as medidas são excepcionais a analisadas no caso a caso.[34]

Ou seja, no procedimento instituído pelo direito francês, em um primeiro momento, busca-se de forma consensual a suspensão das cobranças em face do devedor e, caso referidas tentativas não sejam exitosas, o devedor pode requerer ao juízo que os credores dissidentes sejam impedidos de pressionar o devedor negando-se

---

confidential". (AMRI, Eugénie. "Overview of French conciliation procedure". *European Restructuring Watch*, abr. 2022. Disponível em: https://eurorestructuring.weil.com/france/overview-of-french-conciliation-procedure/. Acessado em: 04.02.2024.

34 "*However, at the request of the debtor, following expedited and inter-partes proceedings, the judge who had jurisdiction to open conciliation proceedings can force one or several dissenting creditors that attempt to enforce their rights while conciliation is pending to accept a moratorium for up to two years. This can be requested during both the conciliation negotiation phase and the implementation phase (that is, after the workout agreement has been approved by the court), and also benefits third parties acting as joint debtors, as guarantors, or who have secured or transferred an asset as guarantee of the debtor's obligations. Inspired by some of the temporary measures introduced during the COVID-19 pandemic, the 2021 Ordinance extended the scope of the moratorium imposed by the conciliation judge to any creditor that refused to grant a standstill during the conciliation proceedings. In this case, the forced standstill can also apply to claims that have not yet fallen due, but for the duration of conciliation proceedings only (that is, up to five months)*". (TALBOURDET, Paul; GUMPELSON, Joanna. "Restructuring and Insolvency in France: Overview". *De Pardieu Brocas Maffei A.A.R.P.I*, mai. 2022. Disponível em: https://uk.practicallaw.thomsonreuters.com/1=501-6905-?transitionType=Default&contextData-(sc.Default)&firstPage=true#co_anchor_a302422. Acessado em: 05.04.2024).

a conceder o *standstill*. Referida decisão do juízo é realizada após um procedimento cujo contraditório e diálogo é garantido entre as partes.[35]

Entende-se, portanto, que o procedimento tal como é realizado junto ao direito francês possui uma chance maior de promover o engajamento entre as partes integrantes da mediação e/ou negociação, ao invés de buscar a efetivação da mediação por meio de uma tutela cautelar imperativa em face dos credores. Por outro lado, impõe a demonstração de um comportamento participativo e cooperativo do devedor, sob pena de não serem concedidas as medidas requeridas.

Tendo em vista que as premissas da LRF já estão estabelecidas em um procedimento cuja cautelar é uma possibilidade, como forma de equilibrar o *ônus* entre credores e devedores, entende-se que os requisitos para o deferimento da tutela cautelar contida no art. 20-B, §1º da LRF devem também se pautar na *necessidade* de obtenção da cautelar para negociar e na *conduta propositiva* do devedor de demonstrar que possui um efetivo plano de mediação/negociação para atingir o acordo buscado.

Dentro desse contexto, o art. 20-B da LRF dispõe o devedor deve apresentar o requerimento de instauração do procedimento de mediação junto à Câmara competente.

35 "In line with the objectives set by the Restructuring Directive, already partly introduced by Order No 2020-596 of May 20, 2020 on the measures taken in response to the COVID-19 health crisis, the Order enshrines in a lasting way the temporary suspension on a case-by-case basis of the right of a creditor to require payment of a debt. This suspension is not automatic or collective (i.e., it can only occur on assignment of an individual creditor, i.e., in the context of a contradictory procedure)". (GOLSHANI, Saam; HOJABR, Alexis. "Amendment of French restructuring and insolvency laws: a new balance between stakeholders". *White & Case*, 22 set. 2022. Disponível em: https://www.whitecase.com/insight-alert/amendment-french-restructuring-and-insolvency-laws-new-balance-between-stakeholders. Acessado em: 04.02.2024).

Dessa forma, a fim de garantir que o devedor não está utilizando o procedimento com o objetivo torpe de postergar o procedimento de recuperação judicial, entende-se que o Juízo deve requerer a apresentação de uma *agenda de mediação,* que deve contar com o nome dos credores que o devedor pretende negociar, indicando datas e horários para as sessões nos 60 dias subsequentes ao deferimento de eventual tutela cautelar.

E mais. Para que o procedimento seja isonômico e garanta a todos os credores a oportunidade de participação da mediação, sugere-se que *todos* os credores sejam convidados para participar do procedimento. Referida medida teria o condão de promover a isonomia de participação e mitigar os problemas da vinculação ao procedimento.

Não se desconsidera que a mediação também é pautada na negociação estratégica com alguns credores específicos. Dessa forma, a fim de não afetar a efetividade do procedimento para estes credores mais hostis e/ou sensíveis, propõe-se que o procedimento como um todo seja realizado de forma *bifurcada.*

De um lado, os credores com quem o devedor já pretendia negociar, com um procedimento específico alinhado com o mediador da Câmara competente. Do outro lado, uma agenda diversa para credores que se manifestaram de forma favorável após receberem a notícia de que o procedimento de mediação terá início. Tudo isso coordenado pelo mediador que é o profissional mais habilitado para viabilizar o fomento e processamento de um ambiente produtivo e cooperativo de mediação/negociação entre as partes.

Ou seja, a criação de um procedimento bifurcado *opt in* após a correta cientificação dos interessados parece ser a melhor solução para endereçar o problema da vinculação dos credores. Isso porque todos os credores do devedor serão cientificados e convidados a participar, sendo igualmente informados que estão vinculados à medida cautelar, participem (ou não) da mediação.

Dessa forma, garante-se a isonomia e oportunidade de participação, ao mesmo tempo em que é possível atingir uma resolução à questão do desconto do prazo do *stay period* de eventual pedido de recuperação judicial.

Referida medida também é capaz de trazer maior abrangência a um procedimento voluntário que poderá evitar o indesejado pedido de recuperação judicial da empresa devedora.

Como última solução de encaminhamento, mas não menos importante, defende-se veementemente que não se pode exigir que um devedor apresente a documentação do art. 51 da LRF para requerer a mediação antecedente.

Primeiro, porque não se trata da antecipação do procedimento de recuperação judicial ou até mesmo de seus efeitos – tal como já discutido anteriormente.

Segundo, porque o excesso de formalismo demanda atos valiosos do devedor em casos onde o fator tempo pode ser decisivo para a solução da crise da empresa.

Um procedimento de pré-insolvência deve pautar-se pela voluntariedade e pelo caráter negocial apto a fornecer ao devedor uma solução consensual e de mercado ao problema da crise econômico-financeiro da empresa. Não se mostra razoável que os devedores tenham que preparar o pedido cautelar preparatório tal como uma recuperação judicial principal, que é um procedimento extremamente regulamentado pela LRF.

No direito francês, por exemplo, o requisito para que o devedor participe do procedimento de *conciliacion* é apenas a demonstração da sua insolvência ou a previsão de que se tornará insolvente, inexistindo qualquer requisito formal ou documental.[36]

---

36 "*These proceedings are available for all private (as opposed to government) entities and all individuals acting as merchants, craftsmen, or*

O devedor deve estar livre para negociar com seus credores. A mensagem que o devedor deve passar aos seus credores para promover o correto incentivo a cada um é que essa negociação busca *evitar* um pedido de recuperação judicial. Apresentar um pedido de cautelar que conte com toda a documentação do art. 51 da LRF sinaliza que a mediação pode ser apenas um passo precedente ao "inevitável" pedido de recuperação judicial, o que desmotiva qualquer esforço para um acordo negociado.

Não se pode permitir que o excesso de formalismo à aplicação do instituto prejudique a sua efetividade e a chance de trazer uma efetiva mudança ao panorama de insolvência brasileiro. Os devedores, os credores e o Juízo devem entender o sistema como uma efetiva alternativa para insolvência e não mais um procedimento burocrático e adversarial inócuo.

Com ações afirmativas de todos os sujeitos do processo (I) Devedores propondo objetiva agenda de mediação e garantindo acesso à informação à medida em que a mediação avança sob a coordenação de mediador profissional; (II) Credores tendo a opção (ou não) de participar e exigir simetria informacional para a tomada de suas decisões e efetivo engajamento ao procedimento e consensualidade e

---

independent professionals (professions libérales), such as lawyers. The company's legal representative (or the individual concerned) files a petition for conciliation proceedings with the president of the court. Unless otherwise specified in the company's articles, no specific consent or approval is required to petition for conciliation. The initiation of these proceedings is optional and left to the discretion of the company's legal representative. The company must face legal or financial difficulties (whether actual or foreseeable). Conciliation is available to insolvent companies if they have been insolvent for less than 45 days before the petition is filed". (TALBOURDET, Paul; GUMPELSON, Joanna. "Restructuring and Insolvency in France: Overview". *De Pardieu Brocas Maffei A.A.R.P.I*, mai. 2022. Disponível em: https://uk.practicallaw.thomsonreuters.com/1=501-6905-?transitionType=Default&contextData-(sc.Default)&firstPage=true#co_anchor_a302422. Acessado em: 05.04.2024).

(III) Poder Judiciário diminuindo o excesso de formalismo documental e efetivamente estimulando a utilização de métodos adequados e alternativos de solução de conflitos, o procedimento mediação prévio desenvolvido pela LRF tem tudo para se mostrar muito mais eficiente e efetivo, tal como originalmente concebido e festejado pela sociedade brasileira por ocasião da edição da Lei n. 14.112/2020.

Conclusão

O texto da Lei n. 14.112/2020 inseriu ao diploma falimentar o procedimento de mediação no contexto de insolvência nos artigos 20-A a 20-D, abandonando, de uma vez por todas, eventual questionamento sobre a sua aplicabilidade. Ainda assim, o tema demanda um estudo aprofundado, na exata medida em que se notam alguns gargalos na sua condução.

A primeira situação estudada foi a possibilidade de o devedor obter uma tutela cautelar de suspensão das ações de cobrança para a realização da mediação com os seus credores, com fundamento no §1º do artigo 20-B. Entende-se que para que a tutela cautelar trazida pela LRF não cause um problema de incentivo aos credores, demanda-se a cobrança de uma postura proativa dos devedores, que devem demonstrar a intenção firme de negociar com seus credores por meio da apresentação de uma objetiva agenda de mediação para os 60 dias propostos, bem como garantindo efetivo acesso à informação à medida em que o procedimento avança sob a coordenação de mediador profissional.

O segundo problema endereçado foi o da vinculação dos credores a este procedimento, uma vez que o artigo 20-B LRF é silente no diz respeito à vinculação dos credores aos efeitos da cautelar. Sobre esse ponto, apesar de se mostrar necessário um estudo específico e mais aprofundado sobre o tema, entende-se que todos os credores do devedor deveriam ser convidados a participar da mediação. Contudo, a fim de não prejudicar a efetividade do procedimento, sugere-se que o devedor promova um procedimento bifurcado com (I) credores sensíveis que já fariam parte do procedimento e (II) credores que voluntariamente desejem participar após o convite do devedor.

Por fim, mas não menos importante, o último tema analisado diz respeito ao formalismo para o requerimento da tutela cautelar, com a exigência, por alguns Juízos, da documentação do art. 51 da LRF para o seu efetivo processamento. Ao nosso ver, exigir a apresentação de documentos como se fora um pedido de recuperação judicial acarreta um efeito devastador ao instituto de mediação antecedente. O Poder Judiciário deveria coibir eventuais abusos – e não buscar um formalismo exacerbado e inexistente em lei – que pode prejudicar o objetivo do procedimento em si. Deve-se tem em mente uma forma de assegurar o efetivo diálogo entre devedor e credores por meio da atuação de um mediador profissional, com interferência mínima e residual do Poder Judiciário.

O procedimento deve estimular e buscar posturas cooperativas de todos os sujeitos do processo, nos exatos termos do emblemático art. 6º do Código de Processo Civil: "*Todos os sujeitos do processo devem cooperar entre si para que se obtenha, em tempo razoável, decisão de mérito justa e efetiva*". Para tanto, o sistema deve primar por (I) Devedores propondo objetiva agenda de mediação e garantindo acesso à informação à medida em que a mediação avança sob a coordenação de mediador profissional; (II) Credores tendo a opção (ou não) de participar e exigir simetria informacional para a tomada de suas decisões e efetivo engajamento ao procedimento e consensualidade; e (III) Poder Judiciário diminuindo o excesso de formalismo documental e estimulando a utilização de métodos adequados e alternativos de solução de conflitos.

Com a adoção de ações afirmativas por parte de todos os sujeitos do processo, a mediação antecedente poderia efetivamente ser utilizada como uma rota adequada à solução da crise econômico-financeira da empresa e não como mero "degrau" rumo à recuperação judicial.

Referências bibliográficas

AMRI, Eugénie. *Overview of French conciliation procedure*. Disponível em: https://eurorestructuring.weil.com/france/overview-of-french-conciliation-procedure/. Acessado em: 08.02.2024.

BORTOLINI, Pedro. "A necessária revisão do Enunciado 6 do Fonaref". *Jota*. Disponível em: https://bit.ly/49x8ncY. Acessado em: 19.11.2023.

COELHO, Fábio Ulhoa. *Comentários à Lei de Falências e de Recuperações de Empresas*. 14ª ed. São Paulo: Thomson Reuters Brasil, 2021.

COSTA, Daniel Carnio; MELO, Alexandre Nasser. *Comentários à Lei de Recuperação de Empresas e Falência*. 3ª edição revista e atualizada. Curitiba. Juruá. 2022.

COSTA, Ricardo Villas Bôas; COSTA, Daniel Carnio. "Os mecanismos de pré-insolvência nos PLs 1397/2020 e 4458/2020". *Migalhas*, out. 2020. Disponível em: https://www.migalhas.com.br/depeso/335268/os-mecanismos-de-pre-insolvencia-nos-pls-1397-2020-e-4458-2020. Acessado em: 28.02.2024.

GOLSHANI, Saam; HOJABR, Alexis. "Amendment of French restructuring and insolvency laws: a new balance between stakeholders". *White & Case*, 22 set. 2022.

GRINOVER, Ada Pellegrini. "Os métodos consensuais de solução de conflitos no novo CPC". *In*: VV.AA. *O novo Código de Processo Civil*: questões controvertidas. São Paulo: Atlas, 2015.

MILARÉ, Gustavo. *Mediação, conciliação e tutela cautelar antecedente à recuperação judicial*. Disponível em: https://www.jota.info/opiniao-e-analise/artigos/mediacao-conciliacao-e-tutela-cautelar-antecedente-a-recuperacao-judicial-12042023.

SACRAMONE, Marcelo Barbosa. *Comentários à lei de recuperação de empresas e falência*. São Paulo: Editora Saraiva, 2023. Disponível em: https://app.minhabiblioteca.com.br/#/books/9786553627727/.

SACRAMONE, Marcelo Barbosa; BRAGANÇA, Gabriel de Orleans e. "A tutela cautelar antecedente ao processo de recuperação judicial". *Migalhas*, 2023. Disponível em: https://www.migalhas.com.br/coluna/insolvencia-em-foco/382081/a-tutela-cautelar-antecedente-ao-processo-de-recuperacao-judicial. Acessado em: 05.04.2024.

SUNSTEIN, Cass R. *How change happens*. Cambridge: MIT Press, 2019.

TALBOURDET, Paul; GUMPELSON, Joanna. "Restructuring and Insolvency in France: Overview". *De Pardieu Brocas Maffei A.A.R.P.I*, mai. 2022. Disponível em: https://uk.practicallaw.thomsonreuters.com/1-501-6905?transitionType=Default&contextData=(sc.Default)&firstPage=true#co_anchor_a302422. Acessado em: 05.04.2024.

VASCONCELOS, Ronaldo. "A mediação na recuperação judicial: compatibilidade entre as Leis n. 11.101/2005, 13.105/2015 e 13.140/2015". *In*: CEREZZETTI, Sheila; MAFFIOLETTI, Emanuelle Urbano (Coord.). *Dez anos da Lei n. 11.101/2005*: estudos sobre a Lei de Recuperação e Falência. São Paulo: Almedina, 2015.

VASCONCELOS, Ronaldo; CARNAÚBA, César Augusto Martins; HANESAKA, Thais D'Angelo da Silva. "A reforma da Lei de Falências e o Curioso Caso de Benjamin Button". *Exame*, dez 2020. Disponível em: https://exame.com/colunistas/opiniao/a-reforma-da-lei-de-falencias-e-o-curioso-caso-de-benjamin-button/. Acessado em: 28.02.2024.

______. "Mediação na recuperação judicial: paralelos com a evolução estrangeira. Revista de arbitragem e mediação". *Revista dos Tribunais*, São Paulo, vol. 62, jul./set. 2019.

ZAMBONI, Alex Alckmin de Abreu Montenegro. *Incentivos comportamentais ao tratamento adequado dos conflitos*: a audiência de mediação do artigo 334 do CPC como mecanismo de formação do consenso entre as partes. São Paulo: Universidade de São Paulo, 2020. (Tese de Doutorado em Direito).

CAPÍTULO XXVII

A NECESSÁRIA FIXAÇÃO DE LIMITES À UTILIZAÇÃO DA PRODUÇÃO ANTECIPADA DA PROVA NOS LITÍGIOS EMPRESARIAIS

SIDNEY PEREIRA DE SOUZA JÚNIOR

ARTHUR FERRARI ARSUFFI

1 Um merecido agradecimento

Os volumes 1, 2 e 3 da coleção "Direito Empresarial Aplicado" merecem, há muito, a admiração destes autores, que, além disso, sempre os têm "a mão" para as frequentes situações em que a advocacia empresarial exige.

A nota marcante dessa já clássica coleção é a coordenação e organização cuidadosa de Fernando Maia da Cunha, eterno

Desembargador (um dos responsáveis pela criação das Câmaras Empresariais do TJ/SP), exímio comercialista e, mais do que isso, uma pessoa leve, do bem e de uma humildade intelectual rara nos dias de hoje.

Por tudo isso, é uma satisfação enorme participar dessa coletânea a convite desse notável e respeitadíssimo jurista, a quem rendemos nossas sinceras homenagens.

2 Introdução

A produção antecipada da prova é regrada pelos artigos 381 e 382, do Código de Processo Civil de 2015 (Lei Federal n. 13.105/15, com as alterações da Lei Federal n. 13.256/2016), os quais trazem as linhas mestras para a compreensão do instituto.

De acordo com referidos dispositivos legais, a produção antecipada da prova ganhou autonomia[1] [2] – sendo reconhecida a existência de um direito autônomo à prova – e deve ser considerada

1 Cf. TALAMINI, Eduardo. "Produção Antecipada de Provas no Código de Processo Civil". *Revista de Processo*, vol. 260, out. 2016, pp. 75-101.

2 Sobre o tema Chiara Besso afirma que: "*Il modello di prova anticipata proposto è quindi un modello che consente l'assunzione prima del processo di uno qualsiasi dei mezzi di prova purché la parte richiedente dimostri di avere interesse giuridico alla conservazione o alla fissazione dell'elemento di prova un futuro, eventuale giudizio di merito. Lo stato oggettivo di pericolo, che faccia apparire probabile il verificarsi del danno derivabile della insoddisfazione del diritto alla prova, se può costituire il motivo che sta alla base della richiesta di prova prima del processo, non è condizione necessaria per la concessione della misura*". (BESSO, Chiara. *La prova prima del processo*. Turim: G. Giappichelli, 2004, p. 210).

como uma verdadeira ação,[3] [4] de jurisdição contenciosa,[5] como um dos signatários já tiveram oportunidade de defender em outras oportunidades[6] [7] e como será demonstrado a seguir.

A produção antecipada da prova é desvinculada e absolutamente autônoma de eventual e futuro processo no qual se pretenda a declaração do direito material. Seu objetivo é, com exclusividade, a produção de provas.

---

3 Nesse sentido Flávio Luiz Yarshell afirma *que* "A medida probatória autônoma encontra fundamento no poder ou direito de ação (CF, art. 5º, XXXV), que tem amplitude suficiente para autorizar o interessado, sem propriamente invocar a declaração do direito material em dado caso concreto, a postular atuação estatal dirigida a busca, obtenção e produção de providências de instrução" (YARSHELL, Flávio Luiz. *Breves comentários ao novo código de processo civil*. São Paulo: Revista dos Tribunais, 2015, pp. 1-27).

4 "O direito à prova, com os contornos aqui delimitados, pode ser entendido como abrangido pelo próprio direito de ação. Não se trata, é certo – e como se procurou demonstrar –, de desdobramento idêntico ao que pode ser feito em relação ao direito de provar. Esse último, como visto, está ligado essencialmente ao processo cujo objeto é a declaração do direito; e, se e quando a produção for requerida de forma antecipada, seu pressuposto será mesmo a urgência. A prova, no contexto do direito de provar, é pensada como um dos direitos enfeixados pela concepção analítica da ação e também da exceção, e não como a autonomia que aqui se preconiza" (YARSHELL, Flávio Luiz. *Antecipação da Prova sem o Requisito da Urgência*. São Paulo: Malheiros, 2009, p. 69).

5 O próprio CPC, ao afirmar no §1º do art. 382 que "*o juiz determinará, de ofício ou a requerimento da parte, a citação de interessados na produção da prova ou no fato a ser provado, salvo se inexistente caráter contencioso*", reconhece que, em regra, há caráter contencioso na produção antecipada da prova.

6 ARSUFFI, Arthur Ferrari. *A nova produção antecipada da prova*: estratégia, eficiência e organização do processo. Salvador: Juspodivm, 2019.

7 ARSUFFI, Arthur Ferrari; TAKEISHI, Guilherme Toshihiro; MENEZES, Isabella Simão. "Notas sobre produção antecipada da prova e arbitragem: uma visão crítica do recente posicionamento do STJ". *Revista de Processo*, vol. 345, nov. 2023, pp. 443-472.

Apesar de seu escopo ser reduzido, há realidade mostra que há intenso conflito sobre a possibilidade ou não de se produzir determinadas provas, especialmente no âmbito de conflitos empresariais. E isso é absolutamente natural, haja vista que a obtenção de informações é essencial para atuação estratégica em litígios.

Afinal, é como diz célebre frase, atribuída a Francis Bacon, de que "*conhecimento é poder*".

Dentro desse escopo, há a necessidade de se investigar quais são os limites dessa ação de produção antecipada da prova. Sobre o tema, não se pode ignorar que nos países de tradição anglo-saxã há um debate bastante profundo sobre o abuso das partes no âmbito do *discovery* e onde se desenvolveu a teoria do *fishing expedition*,[8] que trata sobre o abuso do direito autônomo à prova para obter informações sigilosas e/ou segredos comerciais.[9]

---

8 *Some abuses of the discovery process are so egregious that the court must intervene to limit discovery in the interest of justice. In Roberts, Judge Naythons discussed not only the abuse of discovery that occurred at the hands of the plaintiff but also the impact of overdiscovery. He acknowledged that overdiscovery, known as a "fishing expedition", is a common practice in litigation. As a result, the plaintiffs conduct, because of the cost associated with overdiscovery, "may well force the [defendant] City of Philadelphia, lacking in sufficient funds, to accept an unfair settlement, or force settlement of an unmeritorious claim". The judge found the plaintiffs requests to be repetitive and indifferent to either costs or alternative sources of information* (NICHOLLS, Jennifer. "A Proportional Response: Amending the Oregon Rules of Civil Procedure to Minimize Abusive Discovery Practices". *Oregon Law Review*, vol. 89, 2011, pp. 1455/1456).

9 Glasner, William A., em obra dedicada exclusivamente à produção antecipada da prova no direito norte-americano, separa um capítulo completo aos conflitos existentes ao longo desse procedimento (GLASNER, William. *Pretrial Discovery and the adversary system*. Nova York: Russel Sage Foundation, 1968, pp. 117-161).

O objeto deste estudo é analisar as principais formas de abuso do chamado direito autônomo à prova e sugerir alguns possíveis meios de evitar – ou coibir – esses abusos.

3 Natureza contenciosa da Produção Antecipada da Prova

A produção antecipada da prova tem como objetivo exclusivamente a produção ou obtenção de determinado(s) meio(s) de prova, sendo vedado, nesse procedimento, a valoração judicial do material probatório produzido (art. 382, §2º, do CPC/15),[10] não sendo permitida, ainda, a análise de temas relacionados a uma eventual controvérsia de direito material que vier a surgir entre as partes.[11]

Diante de tais particularidades, no debate sobre a natureza jurídica da produção antecipada da prova – se de jurisdição voluntária ou se de jurisdição contenciosa – o entendimento de referidos Autores é o de que a produção antecipada da prova tem natureza de demanda contenciosa.

Para chegar a essa conclusão é preciso voltar alguns passos.

No CPC/73 a produção antecipada da prova era admitida apenas nos casos de urgência,[12] [13] após a vigência do CPC/15, seu

---

10 ALVIM, Arruda; GUEDES, Clarissa Diniz. "Produção antecipada de prova e o juízo arbitral". *Revista dos Tribunais*, São Paulo, vol. 1.008, out. 2019, p. 26.

11 ALVIM, Arruda. GUEDES, Clarissa Diniz. "Produção Antecipada de Prova e Juízo Arbitral". *Revista dos Tribunais*, São Paulo, vol. 1.008, out. 2019, pp. 23-40.

12 Vale dizer que a produção antecipada da prova em razão de urgência é historicamente prevista no Direito brasileiro, e já era prevista nas Ordenações Afonsinas".

13 Sobre a produção antecipada da prova no CPC/1973, Humberto Theodoro Júnior coloca que "O direito positivo anterior cuidava da prova antecipada sempre tendo em vista sua utilização em processo

cabimento passou a ser possível em qualquer situação independentemente de qualquer urgência.[14]

Em outras palavras, a produção antecipada da prova consiste em um verdadeiro *direito de ação*,[15] pois se trata de pedido de tutela jurisdicional próprio, independente da discussão acerca do direito material a que as provas se relacionam[16] e, dada a conflituosidade

---

futuro e, por isso, regulava o instituto a partir do fundamento de que a antecipação se justificaria pelo risco ou dificuldade da respectiva produção na fase adequada do procedimento normal. Havia, no entanto, construção doutrinária que defendia a existência de um direito autônomo à prova, exercitável, em determinadas circunstâncias, sem cogitar de qualquer futuro processo". (THEODORO, Humberto Junior. *Curso de Direito Processual Civil*. vol. I. 58ª ed. Rio de Janeiro: Forense, 2017, p. 1157).

14 "(...) a mudança mais importante, certamente inspirada no sistema da common Law, foi destinar a antecipação de provas para permitir a resolução consensual de conflitos, bem como evitar ou justificar o ajuizamento de ações. Trata-se de um mecanismo importantíssimo posto à disposição dos jurisdicionados na medida em que poderão, diante do conhecimento e esclarecimento de fatos, analisar, com maior precisão e segurança, os custos, as vantagens e os riscos de se submeterem à decisão de um juiz". (NERY, Frank Gonçalves. "A produção antecipada de provas no novo Código de Processo Civil". *Escola da AGU*, Brasília, vol. 9, nº 2, abr./jun. 2017, p. 165).

15 Cf. YARSHELL, Flávio Luiz. *Antecipação da Prova sem o Requisito da Urgência*. São Paulo: Malheiros, 2009, p. 69.

16 Cf. TALAMINI, Eduardo. "Produção Antecipada de Provas no Código de Processo Civil". *Revista de Processo*, São Paulo, vol. 260, out. 2016, pp. 75-101.

que o acesso a determinadas informações/provas possa gerar, seu caráter é eminentemente contencioso.[17] [18] [19] [20]

A natureza contenciosa decorre não só do direito material em que as partes estão envolvidas, mas também, de forma independente, da própria produção da prova, já que pode haver controvérsia – e em muitos casos há – sobre a existência (ou não) do direito de produzir/obter determinada prova e, em sendo positiva a resposta, quais os limites da atividade probatória.

---

17 Cândido Dinamarco coloca a jurisdição contenciosa como aquela "na qual o conflito existente entre os sujeitos é posto diretamente diante do juiz e dele recebe solução favorável a um dos sujeitos e desfavorável ao outro" (DINAMARCO, Cândido Rangel. *Instituições de Direito Processual Civil*. vol. III. 7ª ed. São Paulo: Malheiros, 2017, p. 465).

18 SICA MENDONÇA, Heitor Vitor. "O uso estratégico da produção antecipada de provas no CPC de 2015". *GenJurídico*, jul. 2019. Disponível em: genjuridico.com.br/2019/07/24/producao-antecipada-de-provas. Acessado em: 04.03.2024.

19 "O requerimento judicial de produção antecipada de provas é ação (i.e., veicula um pedido de tutela jurisdicional) geradora de processo próprio. Hoje, mesmo a 'jurisdição voluntária' tem sua natureza jurisdicional reconhecida pela maior parte da doutrina, a despeito de nela não se resolver propriamente um litígio. Mas a produção antecipada de prova nem sequer se trata de simples "jurisdição voluntária". Por um lado, ela normalmente se insere no contexto de um conflito, ainda que não tenha por escopo diretamente o resolver. Por outro, pode estabelecer-se um conflito específico relativamente à própria produção da prova (por exemplo, o demandado resiste, não permitindo acesso às fontes probatórias). Em qualquer caso, o juiz substitui-se às partes: atuando como terceiro imparcial, define as normas jurídicas incidentes sobre os fatos postos, relativamente à admissibilidade e modo de produção da prova". (TALAMINI, Eduardo. "Produção Antecipada de Provas no Código de Processo Civil de 2015". *Revista de Processo*, São Paulo, vol. 260, out. 2016, pp. 75-101).

20 No mesmo sentido: DINAMARCO, Cândido Rangel. *Instituições de Direito Processual Civil*. vol. III. 7ª ed. São Paulo: Malheiros, 2017, p. 113.

Essa situação é absolutamente comum nos dias atuais, em um contexto social de dinâmica frenética de informação e comunicação, na chamada "sociedade da informação", em que os dados estão entre os bens mais valiosos de nosso tempo.[21]

Prova disto é a recente aprovação de leis de proteção de dados ao redor do mundo[22] e a intensa discussão global sobre a regulação das *big techs* e o combate às chamadas *fake news*.[23]

Tudo isso coloca o acesso à informação ou a determinadas provas como uma das questões centrais na resolução de conflitos, especialmente no âmbito empresarial.

A jurisprudência mostra que é comum a existência de controvérsias,[24] por exemplo, sobre a necessidade ou licitude de se produzir/exibir determinado meio de prova, sobre o qual possa incidir regra de sigilo profissional ou, ainda, nos casos em que a produção de determinada prova possa revelar informações sigilosas e/ou protegidas por direitos de propriedade intelectual.

Pode haver, ainda, controvérsia quanto à extensão e os limites da produção antecipada da prova, tema objeto desse trabalho.

---

21 "*O modo como você reúne, administra e usa a informação determina se vencerá ou perderá*" (GATES, Bill. *A empresa na velocidade do pensamento*: como um sistema nervoso digital. São Paulo: Companhia das Letras, 1999).

22 Tais como, por exemplo: (i) no Brasil, a Lei n. 13.709/2018, que entrou em vigor em 18.09.2020; (ii) nos Estados Unidos, a Lei de Proteção da Privacidade do Consumidor da Califórnia – The California Consumer Privacy Act of 2018 (CCPA), aprovada em 2018 e que entrou em vigor em janeiro de 2020; (iii) no Japão, o Ato de Proteção da Informação Pessoal – Act on the Protection of Personal Information (Act No. 57 of 2003, emendado em 2020).

23 Vide, por exemplo: PL das *fake news* (PL n. 2630/2020);

24 YARSHELL, Flávio Luiz. *Antecipação da Prova sem o Requisito da Urgência e Direito Autônomo à Prova*. São Paulo: Malheiros, 2009, pp. 270/271.

Dois casos emblemáticos na jurisprudência ilustram essa questão.

O primeiro caso envolve a BUNGE, a CARGILL e UNICAMP[25] e foi julgado pela 2ª Câmara Reservada de Direito Empresarial do Tribunal de Justiça do Estado de São Paulo, sob relatoria do Desembargador Sérgio Shimura. No referido caso, a CARGILL e a UNICAMP ajuizaram a produção antecipada da prova visando à realização de perícia técnica para aferir se a BUNGE estava violando patente de invenção de titularidade das Autoras referente à – segundo consta do voto – tecnologia que produz alimentos industrializados mais saudáveis, com redução de gordura saturadas (recheio de biscoito, sorvetes, bolos etc.). O objeto da prova era realizar prova pericial no emulsificante utilizado pela BUNGE a fim de verificar a potencial violação patentária.

A prova foi deferida em 1ª instância, ensejando a interposição de Agravo de Instrumento pela BUNGE, ao qual foi dado provimento para evitar a realização da perícia, tendo em vista que ela poderia resultar na revelação de segredo de negócio da BUNGE, risco que, de acordo com o posicionamento do Tribunal de Justiça, não seria razoável dada a ausência de indicação de elementos concretos sobre a alegada violação patentária.[26]

---

25 TJ/SP, Agravo de Instrumento n. 2259365-35.2021.8.26.0000, Rel. Des. Sergio Shimura, j. 18 de abril de 2022.

26 Nesse sentido, constou do acórdão proferido no caso que: "*[a] ação de produção antecipada de provas não pode servir de mecanismo que leve à devassa indiscriminada perante empresa concorrente, muito menos que ponha em risco segredos de negócio (art. 195, XI, LPI). (....) é preciso lembrar que as autoras não indicam qualquer ato concreto (supostamente ilícito) que possa caracterizar violação da patente de invenção. Nesse cenário, o procedimento de produção antecipada de provas, quando ainda não há sequer indícios de prática de ato ilícito, não autoriza a amplitude probatória pretendida pelas autoras*".

O segundo caso é o que envolveu o ajuizamento de uma série[27] [28] [29] de Ações de Produção Antecipada da Prova em desfavor das LOJAS AMERICANAS, seus administradores e acionistas de referência, por credores que se viram prejudicados com a divulgação da informação de que haveria um rombo contábil de aproximadamente vinte bilhões de reais na referida companhia.

Em referidas ações, os credores têm como objetivo ter acesso a todas as trocas de comunicação (e-mails, mensagens de aplicativos instantâneos etc.) entre os administradores, acionistas de referência, consultores, contadores etc., a fim de que pudessem colher provas sobre pessoas envolvidas na alegada fraude contábil. Em alguns casos, requereu-se, ainda, a oitiva dessas pessoas em juízo, a fim de que pudessem depor sobre os fatos relacionados à questão contábil.

Nesses casos, houve decisão de 1ª instância autorizando a produção ampla e irrestrita da prova, outra autorizando de forma limitada e outra indeferindo a produção da prova. Tendo sido dada ciência às LOJAS AMERICANAS da existência das referidas ações, iniciou-se uma disputa entre as Partes com o objetivo de aferir se a produção/exibição das provas requeridas pelos credores deveria, ou não, ser admitidas.

O tema chegou ao Supremo Tribunal Federal, tendo o Min. Alexandre de Moraes sobrestado os efeitos de decisão que havia determinado a exibição de e-mails trocados pelos administradores e acionistas de referência das Lojas Americanas, sob o fundamento de que a devassa a essas comunicações poderia violar o sigilo

27 Processo n. 1000147-05.2023.8.26.0260, em trâmite perante a 2ª Vara Regional de Competência Empresarial e de Conflitos Relacionados à Arbitragem.

28 Processo n. 1007203-84.2023.8.26.0100, em trâmite perante a 2ª Vara Empresarial e Conflitos de Arbitragem da Comarca de São Paulo/SP.

29 Processo n. 1000151-42.2023.8.26.0260, em trâmite perante a 1ª Vara Empresarial e Conflitos de Arbitragem da Comarca de São Paulo/SP.

cliente-advogado, já que havia a alegação de que inúmeros e-mails haviam sido trocados com advogados.[30]

Os dois casos acima referidos ilustram o caráter contencioso da produção antecipada da prova, havendo amplos e intensos debates sobre a existência do direito à prova, bem como seus limites e a sua eventual utilização abusiva.[31]

Diante desse cenário, o presente artigo tem como objetivo propor alguns limites à utilização da produção antecipada da prova. O que se faz, vale destacar, em prestígio ao instituto, o qual, na visão dos Autores, é extremamente útil nos litígios empresariais e a sua rotineira utilização no quotidiano forense empresarial é a prova de que essa constatação tem sido compartilhada pelos mais relevantes atores do ramo.

4 O abuso do processo no âmbito da Produção Antecipada da Prova

Dada a amplitude e a importância da produção antecipada da prova no CPC/2015, faz-se necessário compreender quais são suas limitações, a fim de coibir a utilização abusiva dessa medida.

O estudo desse tema se mostra necessário à luz do princípio da boa-fé objetiva no âmbito do processo, bem como de direitos fundamentais como o sigilo de correspondência, o sigilo fiscal e o direito à intimidade.

---

30 Rcl nº 57996/SP (0069730-09.2023.1.00.0000), Decisão Monocrática, Min. Rel. Alexandre de Moraes, j. 03/04/2023, DJE de 04/04/2023.

31 Glasner, William A., em obra dedicada exclusivamente à produção antecipada da prova no direito norte-americano, separa um capítulo completo aos conflitos existentes ao longo desse procedimento (GLASNER, William. *Pretrial Discovery and the adversary system*. Nova York: Russel Sage Foundation, 1968, pp. 117-161).

Para tanto, inicialmente, é preciso levar em consideração que no âmbito do processo civil "os atos das partes estão sujeitos não apenas às normas processuais, mas também àquelas que regulam a vida civil e penal dos indivíduos em sociedade".[32]

Com base nessa premissa, Helena Najjar Abdo afirma que há "plena aplicabilidade da disciplina do abuso do direito *à relação jurídica processual* e, em especial, *à atuação dos sujeitos processuais em juízo*".[33]

Naquilo que diz respeito à produção antecipada da prova, o tema é objeto de interesse nos países em que a produção prévia da prova faz parte da cultura de resolução de conflitos, em especial nos países de tradição de *common law*. Nesses países, há preocupação com os abusos que vêm sendo praticados no bojo do *discovery* ou *disclosure*.[34] [35]

---

32 ABDO, Helena Najjar. *O Abuso do processo*. São Paulo: Revista dos Tribunais, 2007, p. 25. No mesmo sentido: MENDONÇA LIMA, Alcides de. *Probidade processual e finalidade do processo*. Uberaba: Editora Vitória, 1978, p. 14.

33 ABDO, Helena Najjar. *O Abuso do processo*. São Paulo: Revista dos Tribunais, 2007, p. 25.

34 Cf. BARBOSA MOREIRA, José Carlos. "Correntes e contracorrentes no processo civil contemporâneo". *In*: ______. *Temas de Direito Processual*. Nona Série. São Paulo: Saraiva, 2007, p. 58.

35 FLEGAL, Frank F. "Discovery Abuse: Causes, Effects, and Reform". *Review of Litigantion*, 1982.

Um dos pontos de preocupação é o gasto excessivo de tempo e recursos financeiros nessa fase de produção prévia de provas.[36] [37] Isso porque, identificou-se que, não raras vezes, as partes abusam do seu direito de produzir provas antecipadamente com o objetivo de impor altos custos à contraparte ou ainda atrasar o início do processo que verse sobre o acertamento do direito. Com isso, os

---

36 "*In 2009, the American Bar Association (ABA) Section of Litigation conducted a survey of approximately 3,300 attorneys and concluded that '[a]lthough the matter has not reached the level of a crisis, there is dissatisfaction in the bar with litigating civil cases in federal court. This conclusion mirrored the results of a similar survey conducted that same year by the American College of Trial Lawyers (ACTL) Task Force on Discovery and the Institute for the Advancement of the American Legal System (IAALS), which found that. '[a]lthough the civil justice system is not broken, it is in serious need of repair. In many jurisdictions, today's system takes too long and costs too much'. Few practicing attorneys would be surprised that discovery was singled out as 'the primary cause for cost and delay', and often 'can become an end in itself*'" (GRIMM, Paul W.; YELLIN, David S. "A Pragmatic Approach to Discovery Reform: How Small Changes Can Make a Big Difference in Civil Discovery". *South Carolina Law Review*, vol. 64, 2013, p. 495).

37 Segundo anotam GRIMM, Paul W.; YELLIN, David S., com base no estudo denominado "Lawyers For Civil Justice Et Al., The Time Is Now: The Urgent Need For Discovery Rule Reforms": "*the Chairman of the House Judiciary Committee's Constitution Subcommittee recently noted that the costs of civil discovery 'make access to the justice system more expensive for individuals and businesses alike', and even 'hamper the American economy'*" (GRIMM, Paul W.; YELLIN, David S. "A Pragmatic Approach to Discovery Reform: How Small Changes Can Make a Big Difference in Civil Discovery". *South Carolina Law Review*, vol. 64, 2013, p. 499).

litigantes pretendem fazer com que o adversário desista de litigar ou entabule um acordo desfavorável.[38] [39]

Outro problema frequente é o chamado *fishing expedition*.[40] Essa técnica consiste na utilização abusiva da produção prévia de provas com o objetivo de obter informações confidenciais da parte contrária e, com isso, por exemplo, obter vantagens comerciais (é comum a utilização desse tipo de técnica escusa com o objetivo de ter acesso a documentos financeiros de um concorrente ou, ainda,

---

38 "*Discovery as both a tool for uncovering facts essential to accurate adjudication and a weapon capable of imposing large and unjustifiable costs on one's adversary. Litigants with weak cases have little use for bringing the facts to light and every reason to heap costs on the adverse party-on this supposition, the one in the right. The prospect of these higher costs leads the other side to settle on favorable terms. All of the models of settlement imply that parties divide between them the gains from avoiding litigation*" (EASTERBROOK, Frank H. "Discovery as Abuse". *Boston University Law Review*, vol. 69, 1989).

39 O problema se mostrou tão grave e de tamanha repercussão que, em conferência realizada pelas cortes federeais dos Estados Unidos da América em 2010, se questionou: *Is the Litigation Process Structured for Settlement Rather than Trial and Should It Be*? Disponível em: http://www.uscourts.gov/uscourts/RulesAndPolicies/rules/Duke20Materials/Library/ConferenceOAgenda20-20Final.pdf. Acessado em: 16.11.2018.

40 "*One common discovery abuse is the use of overbroad document production requests in an attempt to cast a wide net to launch a litigation 'fishing expedition'. In Regan-Touhy v. Walgreen Co., Ms. Touhy sued Walgreen Co. alleging intentional infliction of emotional distress, breach of duty of confidentiality, invasion of privacy, and disclosure of confidential medical information. Document production requests included a request for log files or other documents capable of identifying which employees had access to her pharmacy account information, a request for all manuals concerning any computer system or program housing data about Ms. Touhy, a request for an employee's personnel file, a request for all e-mails from one employee's e-mail account and a request for all documents that relate in any way to Ms. Touhy*" (HOPWOOD, William; PACINI, Carl; YOUNG, George. "Fighting Discovery Abuse in Litigation". *Journal of Forensic & Investigative Accounting*, vol. 6, seção 2, jul.-dez. 2014).

de empresa que possa vir a ser objeto de uma proposta de aquisição. Da mesma forma, a técnica pode ser utilizada para obter acesso a informações relacionadas à propriedade intelectual, como segredos de negócio).

Esses problemas,[41] guardadas as devidas proporções, também se colocam no direito brasileiro a partir do momento em que a produção antecipada da prova se tornou autônoma. É evidente, por outro lado, que não se pode simplesmente *importar* a doutrina e o posicionamento da jurisprudência estrangeira, especialmente porque há diferenças substanciais entre a produção prévia da prova daqueles países e a produção antecipada da prova brasileira.

Entre essas diferenças, as mais relevantes são: (i) o maior nível de desjudicialização da atividade probatória em países como a

---

41 "*One persistent criticism of the Federal Rules of Civil Procedure is that discovery provisions do not quell the abusive discovery practices of litigants. Discovery abuse or predatory discovery can take various forms. The first is excessive discovery such as the use by the requesting party of an avalanche of interrogatories, deposition notices, and document requests. The responding party may try to bury opponents with thousands of pages of documents. These practices are to harass, cause delay, or wear down the adversary by forcing it to incur costs (Rennie, 2011). The second category is stonewalling or opposing proper discovery requests to frustrate the other party. A significant number of litigants refuse to comply with discovery requests or court orders or only partially comply with discovery requests or court orders. A third type of predatory discovery is obnoxious behavior by attorneys*" (HOPWOOD, William; PACINI, Carl; YOUNG, George. "Fighting Discovery Abuse in Litigation". *Journal of Forensic & Investigative Accounting*, vol. 6, seção 2, jul.-dez. 2014).

Inglaterra e os Estados Unidos[42] [43] e (ii) o papel que o juiz exerce em cada modelo, sendo mais participativo e ativo no Direito brasileiro.

O impacto dessas diferenças na produção antecipada da prova pode ser negativo ou positivo, a depender de como se enxergue o problema. Nesse sentido, do ponto de vista negativo, há o maior

---

42 É de se destacar que existe uma diferença substancial entre o modelo norte-americano e o modelo inglês de produção antecipada da prova. No primeiro, há maior amplitude e possibilidade de plena investigação de fatos que podem vir a se transformar em processo judicial. Na Inglaterra – que nesse ponto se assemelha ao Direito brasileiro – os fatos objeto de investigação e produção prévia de provas somente serão aqueles que estiverem diretamente relacionados com determinado conflito. De outro lado, o fato de nos Estados Unicos haver a previsão de julgamento por júri nos casos civis também é significativo para ampliar o espectro do *discovery*, pois o julgamento é obrigatoriamente concentrado. Cf. CHASE, Oscar. *Direito, cultura e ritual*: sistemas de resolução de conflitos no contexto da cultura comparada. Trad. Sérgio Arenhart e Gustavo Osna. São Paulo: Marcial Pons, 2014, p. 92.

43 Sobre a amplitude do *discovery* norte-americano, GRIMM, Paul W.; YELLIN, David S. afirmam que no último século houve um movimento bastante amplo no sentido de se permitir a produção de provas sobre fatos que sequer dizem respeito àquele conflito. Confira-se: "*An expansion in discovery, generally, has been in progress for most of the last century. In 1911, the United States Supreme Court rejected the notion that pretrial discovery was inherent in civil litigation and held that §724 of the Judiciary Act of 1789-which allowed federal courts to compel parties 'to produce books or writings' – only allowed for the production of such items at trial.84 By way of comparison, the Court noted that an equitable 'bill of discovery' cannot be used merely for the purpose of enabling the plaintiff in such a bill to pry into the case of his adversary to learn its strength of weakness. A discovery sought upon suspicion, surmise or vague guesses is called a 'fishing bill'. Just thirty-six years later, the Court approved broad discovery in the landmark case of Hickman v. Tavlor. In the intervening years, the Federal Rules of Civil Procedure had been adopted, and the scope of discovery had already been expanded in 1946 to expressly permit discovery of evidence that would not be admissible at trial*" (GRIMM, Paul W.; YELLIN, David S. "A Pragmatic Approach to Discovery Reform: How Small Changes Can Make a Big Difference in Civil Discovery". *South Carolina Law Review*, vol. 64, 2013, p. 505).

engessamento da atividade probatória prévia no Brasil. Por outro lado, da perspectiva do abuso do processo, há nítidas vantagens no modelo brasileiro.

Nesse sentido, é preciso observar que no Brasil a atividade probatória ocorre, em regra,[44] no âmbito de um processo jurisdicional – seja ele sobre o acertamento do direito, seja ele exclusivamente sobre a produção da prova – o que significa dizer que toda a atividade desenvolvida pelas partes dependerá de prévia autorização judicial e será fiscalizada de imediato por um magistrado.[45]

Por outro lado, no âmbito do *discovery*, a produção da prova tende a ser desjudicializada,[46] o que permite às partes mais auto-

---

44 Uma das exceções a essa regra é a elaboração de uma ata notarial, a qual, basicamente, "é o instrumento público por meio do qual o notário certifica – por meio de sua condição pública, e do decorrente dever de imparcialidade – a ocorrência de certo fato, por ele presenciado. Por óbvio, considerando que o notário atua aqui com imparcialidade, na função de mero 'certificador' da ocorrência do fato por ele verificado, é vedado a ele a emissão de qualquer juízo de valor sobre aquilo que atesta, bem como atestar fatos 'supostos' ou por ele não pessoalmente presenciados. Pela mesma razão não se admite que, por meio da ata notarial, possa o notário emitir juízos técnicos ou científicos a respeito do que presenciou" (MARINONI, Luis Guilherme; ARENHART, Sérgio. *Comentários ao Código de Processo Civil*. vol. VII. Artigos 381 ao 484. 2ª ed. São Paulo: Revista dos Tribunais, 2018, p. 53).

45 Sobre o tema em países de tradição de *civil law*, ver com proveito: SCHLESINGER, Rudolf B.; BAADE, Hans W.; HERZOG, Peter E.; WISE, Edward M. *Comparative law*. 6ª ed. Estados Unidos: Foundation Press, 1998, p. 470.

46 Sobre o tema, Oscar Chase afirma que: "as normas processuais norte-americanas autorizam uma ampla gama de ferramentas com as quais os advogados dos litigantes podem buscar provas fora do Tribunal, mas estando respaldados pela autoridade da Corte em exigir a cooperação dos adversários e terceiros. Cada parte tem o poder de exigir que o adversário e outras testemunhas em potencial se sujeitem a questionamentos orais sob juramento sem a presença do juiz (deposition), respondam sob juramento perguntas escritas (interrogatories), ofereçam seus documentos para exame do adversário (document discovery) e, quando

nomia na condução dessa atividade, e, consequentemente, maior possibilidade de abusar desse direito. Por essa razão, entendemos que há menos possibilidades para abusos na produção antecipada da prova brasileira.

Há, ainda, importante diferença entre a postura adotada pelo juiz no processo civil brasileiro e a postura adotada pelos juízes no processo civil de países onde prepondera o *adversarial system*, como o Estados Unidos da América.[47]

Sobre esse tema, Oscar Chase afirma que há

> uma diferença significativa entre as demandas judiciais norte-americanas e aquelas de países de *civil law* é aquela relacionada ao papel do julgador: o juiz estadunidense normalmente

---

suas condições físicas e mentais estejam em discussão, submetam-se a exames médicos realizados por um profissional da escolha do interessado. (...) A par de estabelecer um prazo para a conclusão do processo, o juiz normalmente se envolverá apenas se uma das partes pedir uma decisão sobre um pleito ou uma defesa em particular" (CHASE, Oscar. *Direito, cultura e ritual*: sistemas de resolução de conflitos no contexto da cultura comparada. Trad. Sérgio Arenhart e Gustavo Osna. São Paulo: Marcial Pons, 2014, p. 91).

47 Sobre o tema GRIMM, Paul W.; YELLIN, David S. afirmam que: "*Even if the civil justice system should be made more effective at dealing with matters that will never be tried, this is not to say that litigants should be left to work things out for themselves. To the contrary, another frequently heard complaint about the civil justice system is a lack of active judicial management. Seemingly little has changed in the century since Roscoe Pound noted that 'in America we take it as a matter of course that a judge should be a mere umpire, to pass upon objections and hold counsel to the rules of the game, and that the parties should fight out their own game in their own way without judicial interference'. And yet, nearly every study of the issue has found broad agreement that early and active judicial involvement in a case leads to better, and more satisfying, results*" (GRIMM, Paul W.; YELLIN, David S. "A Pragmatic Approach to Discovery Reform: How Small Changes Can Make a Big Difference in Civil Discovery". *South Carolina Law Review*, vol. 64, 2013, p. 505).

> se mantém passivo durante o julgamento, exceto quando lhe é solicitada, enquanto o juiz continental goza de um papel muito mais ativo.[48]

No Brasil, a atividade do juiz tende a ser mais ativa e participativa.[49] Nesse sentido, basta observar que o código brasileiro prevê que os atores do processo devem agir de acordo com o princípio da colaboração (CPC/2015, art. 6º) e autoriza a atividade probatória por parte do juiz (CPC/2015, art. 370).

Nessa ordem de ideias, tendo em vista que (i) a produção antecipada da prova se desenvolve em ambiente jurisdicional, (ii) toda atividade probatória dependerá de prévia autorização e será controlada pelo juiz, e (iii) as provas a serem produzidas têm de ser pertinentes aos fatos subjacentes ao conflito apresentado ao órgão julgador, pode-se afirmar que a possibilidade de abuso e de dispêndio exagerado de tempo e dinheiro se mostram mais restritas no direito processual civil brasileiro, o que não significa dizer, porém, que devamos ignorá-las e tampouco afirmar que aqui elas não ocorram.[50]

A análise de casos reais e da jurisprudência mostra que, não raras vezes, os litigantes têm utilizado a produção antecipada de provas de forma muito abrangente, visando a ter acesso a informações confidenciais, relacionadas à intimidade e/ou protegidas constitucionalmente (sigilo bancário, fiscal e de correspondência) ou, ainda, visando a ter acesso a provas que em nada se relacionam com a narrativa fática trazida na petição inicial.

---

48 CHASE, Oscar. *Direito, cultura e ritual*: sistemas de resolução de conflitos no contexto da cultura comparada. São Paulo: Marcial Pons, 2014, p. 95.

49 ARSUFFI, Arthur Ferrari. *A nova produção antecipada da prova*: estratégia, eficiência e organização do processo. Salvador: Juspodivm, 2019.

50 ARSUFFI, Arthur Ferrari. *A nova produção antecipada da prova*: estratégia, eficiência e organização do processo. Salvado: Juspodivm, 2019.

Tudo isso a mostrar que há *brechas* para utilização abusiva do instituto no Direito brasileiro, o que merece ser devidamente controlado, coibido e desincentivado.

5 Como evitar práticas abusivas

Para evitar a utilização de práticas abusivas no âmbito da produção antecipada da prova, o juiz deve exercer todos seus poderes de condução e gestão do processo, típicos e atípicos (CPC/2015, art. 139).[51]

Como se viu acima, uma das formas de utilização abusiva da produção antecipada da prova é aquela cujo objetivo é aumentar os custos e o tempo deste procedimento.

Entendemos que esse tipo de abuso poderá ser evitado com a atuação do Juiz, provocado pelas demais partes que participarem da ação de produção antecipada da prova. O CPC/2015 buscou equilibrar a atuação do Estado-juiz e a das partes na descoberta dos fatos. Esse equilíbrio permite que as partes alcancem os benefícios da produção prévia da prova, mas, de outro lado, permite que os excessos/abusos sejam coibidos pelo Juiz.[52]

---

51 ARSUFFI, Arthur Ferrari. *A nova produção antecipada da prova*: estratégia, eficiência e organização do processo. Salvador: Juspodivm, 2019.

52 Falando sobre as vantagens do modelo processual em que o juiz atua com certo protagonismo, LANGBEIN, John H., ao estudar o direito processual civil alemão, afirma, ainda que de forma indireta, que é preciso encontrar um equilíbrio entre o aberto modelo estadunidense e os modelos tradicionais de *civil law*: "*My theme is that, by assigning judges rather than lawyers to investigate the facts, the Germans avoid the most troublesome aspects of our practice. But I shall emphasize that the familiar contrast between our adversarial procedure and the supposedly nonadversarial procedure of the Continental tradition has been grossly overdrawn. To be sure, since the greater responsibility of the bench for fact-gathering is what distinguishes the Continental tradition, a necessary (and welcome) correlative is that counsel's role in eliciting evidence is greatly restricted. Apart from fact-gathering,*

Nesse sentido, para evitar problemas como o excesso de custos e de tempo, o juiz deverá analisar a pertinência entre a prova requerida e os fatos narrados, ainda que de forma sumária, pelo requerente da prova. Somente a produção de provas que guardem estreita relação e pertinência com os fatos narrados na inicial deve ser autorizada.

Essa análise de pertinência – que poderá, inclusive, ser provocada pela defesa da parte contrária, uma vez que é flagrantemente inconstitucional a supressão de defesa na produção antecipada da prova,[53] como já decidiu o STJ no REsp 2.037.088/SP[54] [55] – permitirá ao juiz indeferir a produção de provas inúteis e que somente tenham como objetivo atrasar o processo ou aumentar os custos da contraparte. Igualmente, ao perceber a conduta maliciosa da parte, o juiz poderá punir a parte que agiu de forma abusiva, aplicando-lhe,

---

however, the lawyers for the parties play major and broadly comparable roles in both the German and American systems. Both are adversary systems of civil procedure. There as here, the lawyers advance partisan positions from first pleadings to final arguments. German litigators suggest legal theories and lines of factual inquiry, they superintend and supplement judicial examination of witnesses, they urge inferences from fact, they discuss and distinguish precedent, they interpret statutes, and they formulate views of the law that further the interests of their clients. I shall urge that German experience shows that we would do better if we were greatly to restrict the adversaries' role in fact-gathering" (LANGBEIN, John H. "The German Advantage in Civil Procedure". *Faculty Scholarship Series*, 1985, p. 823).

53 ARSUFFI, Arthur Ferrari. *A nova produção antecipada da prova*: estratégia, eficiência e organização do processo. Salvador: Juspodivm, 2019.

54 STJ, REsp 2.037.088/SP, Rel. Min. Marco Aurélio Bellizze, Terceira Turma, j. 07.03.2023, DJe 13.03.2023.

55 Nesse sentido, no voto condutor do ministro-relator Marco Aurélio Bellizze, destacou-se que: "(...) no âmbito da ação probatória autônoma, mostra-se de todo imprópria a veiculação de discussão acerca dos fatos que a prova se destina a demonstrar ou sobre as consequências jurídicas daí advindas. A vedação contida no dispositivo legal em comento (§ 4º do art. 382 do CPC), por evidente, refere-se a essas matérias, absolutamente impertinentes ao objeto tratado na ação de produção antecipada de provas".

por exemplo, as penalidades decorrentes da litigância de má-fé ou do ato atentatório à jurisdição.

Não bastasse isso, é de se observar que, no sistema do CPC/2015, a utilização da produção antecipada da prova é uma faculdade das partes e aquela que se sentir lesada pelo tempo e custo despendidos no procedimento probatório tem o direito de iniciar imediatamente o processo sobre o acertamento do direito.

Diante dessa possibilidade, haverá menos estímulo para que a ação probatória seja utilizada de forma abusiva.

Poder-se-ia aventar, por outro lado, que essa possibilidade só se coloca para a parte que vier a ocupar o polo ativo da futura e eventual demanda sobre o acertamento do direito, o que ilidiria esse argumento.[56]

No entanto, é justamente a parte que ocupa essa posição que, na maior parte das vezes, poderá sofrer as consequências nefastas do abuso da produção antecipada da prova com o objetivo de causar o dispêndio excessivo de tempo e dinheiro na produção prévia da prova. Em se tratando do cenário inverso, o ganho de tempo não trará, em um cenário normal, benefícios para nenhuma das partes, especialmente porque o requerente da prova é quem normalmente terá de custeá-las.

Tendo isso em vista, é possível concluir que a própria natureza contenciosa da produção antecipada da prova, que exige decisão do juiz para que a produção da prova seja autorizada, cria óbices para que as partes façam uso do procedimento de forma abusiva.

---

56 ARSUFFI, Arthur Ferrari. *A nova produção antecipada da prova*: estratégia, eficiência e organização do processo. Salvador: Juspodivm, 2019.

No mesmo sentido, a atuação da parte para obter prova não relacionada ao conflito, mas que possa lhe propiciar vantagem comercial, também se mostrará mais restrita no direito brasileiro.[57]

Sobre esse ponto é preciso considerar que na produção antecipada da prova só haverá autorização de produção de determinada prova quando ela for pertinente aos fatos subjacentes ao conflito narrado. O parágrafo único do art. 370 do CPC/2015 – que também se aplica na produção antecipada da prova – prevê que o juiz indeferirá as provas inúteis ou meramente protelatórias.[58]

Para que não corramos o risco de ser mal interpretados é preciso destacar que a "régua" de admissibilidade da prova aplicável à produção antecipada da prova deve ser muito menor do que aquela aplicável ao processo de conhecimento, justamente porque, na ação probatória autônoma, as partes têm como objetivo a *investigação* de fatos que possam dar sustentação à futura pretensão[59] e não a prova de fatos cuja existência foi afirmada, como ocorre no processo de conhecimento.

---

57 ARSUFFI, Arthur Ferrari. *A nova produção antecipada da prova*: estratégia, eficiência e organização do processo. Salvador: Juspodivm, 2019.

58 "Requerida a produção da prova, deve o juiz examinar a sua oportunidade e cabimento. Trata-se, então, da fase em que o juiz decide sobre a admissão da produção da prova. Para que o juiz possa decidir sobre a admissibilidade da prova, o requerimento deve ser específico – e não genérico ou indeterminado –, devendo mencionar, de forma detalhada, a espécie de prova que se pretende produzir (prova pericial contábil, por exemplo) e sua finalidade (de elucidar certo fato). A prova somente deve ser admitida quando, além de ter sido requerida de acordo com as regras de direito processual, é relativa a uma afirmação de fato principal ou a um fato indiciário que tenha relevância para o convencimento do juiz" (MARIONI, Luis Guilherme; ARENHART, Sérgio Cruz. *Prova e convicção*: de acordo com o CPC de 2015. 3ª ed. São Paulo: Revista dos Tribunais, 2015. p. 129).

59 ARSUFFI, Arthur Ferrari. *A nova produção antecipada da prova*: estratégia, eficiência e organização do processo. Salvador: Juspodivm, 2019.

Nesse sentido, o juiz deverá ter maior flexibilidade e autorizar a produção de provas no âmbito da produção antecipada na comparação com o processo que verse sobre o acertamento do direito, mas sempre deverá haver uma relação – ainda que tênue – entre o meio de prova que se pretende produzir, o fato que se pretende com ele provar e os fatos subjacentes ao litígio em que as partes estão envolvidas.

Contudo, essa maior flexibilidade não elimina a demonstração de interesse – legítimo e lícito – na produção da prova, de modo a se evitar abusos e excessos.

Não demonstrado o interesse na produção/obtenção da prova, o Juiz deverá indeferir o pleito do Requerente da medida.

Além disso, o juiz da produção antecipada da prova deverá indeferir todas as provas ilícitas e/ou moralmente ilegítimas, respeitando a regra do art. 369 do CPC/2015 e a proibição prevista no inciso LVI do art. 5º, da Constituição da República.

Importante destacar que, dada a natureza contenciosa da produção antecipada da prova é possível – em alguns casos recomendável – que o Juiz determine a oitiva prévia da parte Requerida antes de determinar a produção da prova.

Essa possibilidade, importante dizer, só tem lugar quando a prévia cientificação do Requerido sobre a existência da medida não possa colocar em *risco* a higidez das provas. Quando houver esse risco, mas, ao mesmo tempo, houver dúvida sobre o direito do Requerente em ter acesso à prova, o Juiz poderá preservar o material probatório, mantendo-o sob sua custódia (i. e. sem disponibilizá-lo à parte requerente) e, só após o contraditório, decidir se libera o acesso ao Requerente ou não.

Exemplo interessante sobre essa prática, tem se dado em pedidos de acesso à base de dados de e-mails. Nesses casos, alguns juízes – corretamente, ao nosso ver – tem determinado que um *expert* de confiança do juízo faça a busca e apreensão dos dados e, após o material estar devidamente preservado, o Juiz determina a manifestação das Partes acerca da possibilidade de a parte requerente acessar o material coletado.

Ainda, dadas as disposições do artigo 139 do CPC/2015, o juiz deverá atuar de modo a evitar qualquer pretensão abusiva das partes, indeferindo a produção de provas inúteis e, ainda, fazendo uso de todos os meios indutivos, sub-rogatórios e coercitivos para impedir qualquer abuso de qualquer das partes.

Importante destacar que a atuação do juiz – e das partes – no sentido de evitar a prática de abusos na produção da prova é extremamente relevante para evitar que a produção antecipada se torne uma ferramenta de ineficiência e passe a ir de encontro aos princípios fundamentais do processo.[60]

Tendo isso em vista, é necessário, ao nosso ver, que o Poder Judiciário supere a falsa impressão de que a produção antecipada de prova é uma medida de jurisdição voluntária e que a produção de provas não causa prejuízo às partes.

Essa falsa percepção, certamente causada pela redação dos arts. 381 e 382 do CPC, acaba por fazer com que o deferimento da produção antecipada das provas seja feita de forma pouco crítica, quase de forma automática, o que se mostra equivocado, especialmente diante do reconhecimento de que a Produção Antecipada da Prova tem natureza jurídica de demanda contenciosa.

---

60 Segundo anotam William Hopwood, Carl Pacini e Geroge Young, "*numerous tactics can be used to respond to predatory discovery practices. These responses include adopting a collaborative or team approach (i.e., working very closely with counsel), making a good record, insisting on a privilege log, seeking protective orders and the appointment of a special master, and seeking sanctions*" (HOPWOOD, William; PACINI, Carl; YOUNG, George. "Fighting Discovery Abuse in Litigation". *Journal of Forensic & Investigative Accounting*, vol. 6, seção 2, 2014).

Assim, antes de mais nada, é necessário que a cultura jurídica sobre o tema seja alterada, a fim de que a análise sobre o deferimento ou não da produção/obtenção das provas de forma antecipada seja feita criticamente, inclusive, quando necessário, determinando a prévia manifestação do Requerido.

6 O problema do Sigilo das Informações Decorrentes das provas Requeridas na Produção Antecipada da Prova

Dentro do tema do abuso da ação de produção antecipada da prova, questão interessante que se coloca é a do sigilo de informações relacionadas a prova que se pretenda obter ou produzir no curso do procedimento probatório prévio.

Em algumas situações, como a de sigilo decorrente de segredo industrial ou propriedade industrial, é necessário haver um regramento próprio que proporcione equilíbrio entre o direito autônomo à prova e o direito ao sigilo.[61]

Nessas situações,[62] não se pode admitir que, a pretexto de se garantir o livre exercício do direito autônomo à prova, a contraparte tenha seu direito ao sigilo violado.[63]

---

61 ARSUFFI, Arthur Ferrari. *A nova produção antecipada da prova*: estratégia, eficiência e organização do processo. Salvador: Juspodivm, 2019.

62 Sobre o histórico dos problemas e preocupações envolvendo o *fishing expedition*, ver, com proveito: SUBRIN, Stephen N. "Fishing Expeditons Allowed: The Historical Background of the 1938 Federal Discovery Rules". *Boston College Law Review*, vol. 39, 1998, article 6.

63 Segundo anotam William Hopwood, Carl Pacini e George Young, "*the Tenth Circuit Court of Appeals upheld a district court order that these requests were overly broad. A litigant has a duty to state discovery requests with 'reasonable particularity'. A request for document production should be sufficiently definite to 'apprise a person of ordinary intelligence what documents are required and to enable the court... to ascertain whether the requested documents have been produced*"

A utilização abusiva da produção antecipada da prova deve ser vista como um possível meio de violação dos direitos de propriedade industrial, enquadrando-se nas hipóteses do art. 195 da Lei Federal n. 9.279/96 (Lei da Propriedade Industrial), em especial em seus incisos XI e XII.[64] [65]

A questão primordial que se coloca nos casos em que a prova verse sobre direitos de propriedade industrial – em especial no que tange ao segredo de negócio – diz respeito à revelação de informações sigilosas, que passem a ser de conhecimento da parte contrária (desde

---

(HOPWOOD, William; PACINI, Carl; YOUNG, George. "Fighting Discovery Abuse in Litigation". *Journal of Forensic & Investigative Accounting*, vol. 6, seção 2, 2014).

64 "Art. 195. Comete crime de concorrência desleal quem:

(...)

XI – divulga, explora ou utiliza-se, sem autorização, de conhecimentos, informações ou dados confidenciais, utilizáveis na indústria, comércio ou prestação de serviços, excluídos aqueles que sejam de conhecimento público ou que sejam evidentes para um técnico no assunto, a que teve acesso mediante relação contratual ou empregatícia, mesmo após o término do contrato;

XII – divulga, explora ou utiliza-se, sem autorização, de conhecimentos ou informações a que se refere o inciso anterior, obtidos por meios ilícitos ou a que teve acesso mediante fraude".

65 Segundo anotam Alexandre Reis Siqueira Freire e Marcello Soares Castro, há grande especificidade na matéria probatória envolvendo propriedade industrial: "E se o assunto prova comporta diversas análises, quando referido aos direitos de propriedade industrial, as possibilidade são multiplicadas, por se tratar este de um direito diferenciado e que exige um exame especialmente técnico para elucidar os contornos exatos da situação fático-jurídica trazida em juízo: a prova, portanto, desempenha uma função relevante para o exato delineamento das questões para compreender os limites e possibilidade dos direitos de propriedade industrial discutidos e dos ilícitos ou danos praticáveis contra tais direitos". (SIQUEIRA FREIRE, Reis Alexandre; CASTRO, Marcello Soares. *Atividade Probatória e Propriedade Industrial*: alguns comentários acerca da asseguração de provas. Disponível em: http://www.publicadireito.com.br/artigos/?cod=677fa4059ee76333. Acessado em: 04.03.2024.

que não haja uma determinação expressa proibindo-a de fazê-lo em razão de ilegalidade da prova) ou ainda de terceiros que venham a ter acesso ao processo.

É preciso que exista um procedimento próprio para evitar que a parte faça uso da produção antecipada da prova para ter acesso a segredos industriais de concorrentes. Esse procedimento deve ser preventivo, de modo a evitar que o segredo/informação seja revelado.[66]

Não é possível desfazer a publicidade. Uma vez revelada a informação, o dano já estará causado e as medidas que visem a desfazer a ilegalidade serão meramente paliativas. Por isso a importância de se utilizar de medidas preventivas, a fim de garantir que a informação só seja revelada quando houver segurança de que o Requerente da medida tem esse direito e, sempre que possível, preservando a confidencialidade em relação a terceiros. Não é uma tarefa para o magistrado.

De acordo com estudo da *International Trademark Association (INTA)*, a preservação de inovações tecnológicas e inventivas, em especial a conservação de segredos industriais, tem sérios impactos em processos judiciais.[67]

A título exemplificativo, a Itália[68] promoveu alteração legislativa com o objetivo de preservar o sigilo dessas informações e o segredo delas decorrentes. Agora, no direito italiano, os juízes devem proibir as partes de revelarem ou utilizarem segredos de negócio

---

66 ARSUFFI, Arthur Ferrari. *A nova produção antecipada da prova*: estratégia, eficiência e organização do processo. Salvador: Juspodivm, 2019.

67 INTA. "International Trademark Association Publishes Report on Intellectual Property in Times of Recession". *International Trademark Association*. Disponível em: https://www.inta.org/INTABulletin/Pages/ITALYTradeSecretsDirective7314-.aspx. Acessado em: 04.03.2024.

68 Decreto n. 63, de 11 maio de 2018, implementando a diretriz da União Europeia n. 2016/943, que alterou a Lei de Propriedade Industrial e o Código Penal italianos.

obtidos no curso de um processo judicial, podendo, ainda, limitar o acesso a determinados documentos somente às pessoas cujo acesso é essencial.[69]

A mesma preocupação também foi objeto de trabalho pela *American Bar Association*. Um estudo elaborado pelo "*Non-Competition, Trade Secrets, Proprietary Information, and Duty of Loyalty Subcommittee, and the Technology Subcommittee*", denominado "*Using An Expert in Non-Compete and Trade Secret Cases*",[70] tratou das precauções que devem ser tomadas quando informações sensíveis forem objeto de prova, estabelecendo parâmetros para evitar que as informações sigilosas sejam reveladas.

Trata-se de tema relevante, mas que infelizmente não mereceu regramento próprio no CPC/2015. De outro lado, a ausência de previsão legal não autoriza que a questão seja ignorada.

Nesse sentido, entendemos que os princípios e regras de direito material que protegem tais informações (como, por exemplo, a Lei Federal n. 9.279/96 – Lei da Propriedade Industrial – e Lei Federal n. 9.456/97 – Lei Proteção de Cultivares) devem ser aplicados no processo, a fim de estabelecer um procedimento que atenda às

69 "Italian judges may, upon request, prohibit the parties and any other participants in legal proceedings from using or disclosing the trade secrets of which they have become aware during the proceedings. Judges may also, upon request, restrict access to documents containing trade secrets, keep attendance of hearings to a limited number of persons, and redact the passages of decisions containing trade secrets". (INTA. "International Trademark Association Publishes Report on Intellectual Property in Times of Recession". *International Trademark Association*. Disponível em: https://www.inta.org/INTABulletin/Pages/ITALYTradeSecretsDirective7314-.aspx. Acessado em: 04.03.2024).

70 Disponível em: https://www.americanbar.org/content/dam/aba/events/labor_law/2018/papers/strategic-use-forensic-paper.pdf. Acessado em: 16.11.2018.

especificidades do caso, o que se mostra plenamente viável diante do que prevê o art. 139 do CPC/2015.[71]

Assim, nos casos em que a produção antecipada da prova envolver informações sigilosas, em especial informações relacionadas a segredos industriais e/ou outros direitos de propriedade industrial, o juiz deve tomar cuidados extras ao tratar essas informações, determinando, logo de início, que o processo transcorra em segredo de justiça e, além disso, fixando regras procedimentais atípicas para garantir que não haja o vazamento dessas informações.

Tal necessidade, além de decorrer da interpretação dos artigos 139 e 189 do CPC/2015, está prevista de forma expressa no art. 206 da Lei de Propriedade Industrial, que assim dispõe:

> Na hipótese de serem reveladas, em juízo, para a defesa dos interesses de qualquer das partes, informações que se caracterizem como confidenciais, sejam segredo de indústria ou de comércio, deverá o juiz determinar que o processo prossiga em segredo de justiça, vedado o uso de tais informações também à outra parte para outras finalidades.[72]

O juiz deverá atuar de forma ativa para impedir a divulgação de informações sigilosas, portando-se como verdadeiro agente

---

71 ARSUFFI, Arthur Ferrari. *A nova produção antecipada da prova*: estratégia, eficiência e organização do processo. Salvador: Juspodivm, 2019.

72 Segundo a doutrina especializada: "Esse dispositivo visa exatamente assegurar a consecução da finalidade do processo, pois na sua ausência as parte, temendo pela divulgação de suas informações sigilosas, ficariam impedidas de realizar a prova de seus direitos necessária para o deslinde da questão levada à apreciação pelo poder judiciário. É importante notar que a Lei defende o interesse de qualquer das partes e não somente do autor, de proteger a confidencialidade das informações reveladas em juízo sendo vedado o uso de tais informações para outras finalidades" (IDS – Instituto Dannemann Siemsen de Estudos de Propriedade Intelectual. *Comentários à lei da propriedade industrial*. 3ª ed. Rio de Janeiro: Renovar, 2005, p. 428).

fiduciário dessas informações, controlando o que efetivamente deve ser revelado à parte contrária[73] e os demais atores do processo.

Nessas situações, quando a parte solicitar a exibição de documento ou a produção de um outro meio de prova que implique revelação de informações sigilosas, o juiz deverá restringir por completo o acesso a essas informações, determinando que sua exibição se dê apenas ao órgão jurisdicional, que avaliará a pertinência da prova e somente liberará à contraparte as informações essenciais para provar o fato pretendido.[74]

Na mesma ordem de ideias, quando houver a necessidade de perícia que possa revelar informações sigilosas, o juiz deverá limitar o acesso de eventuais assistentes técnicos, bem como exigir que o perito – e porventura demais envolvidos no processo – assine acordo de confidencialidade, obrigando-se a manter o sigilo das informações e não utilizá-las/divulgá-las.

Essas limitações se mostram razoáveis para equilibrar o direito autônomo à prova e a necessidade de proteção do sigilo das informações. Destaque-se, ademais, que a parte que fizer uso de forma abusiva da produção antecipada da prova para obter acesso indevido a informações confidenciais, além de praticar ato de abuso de direito, pode ser enquadrada no tipo penal previsto no inciso XII do art. 195 da Lei Federal n. 9.279/96, o denominado crime de concorrência desleal (Lei da Propriedade Industrial).

A própria legislação internacional vai no sentido de preservar as informações confidenciais. Nesse sentido, podemos citar o art. 39 do *Agreement on Trade-Related Aspects of Intellectual Property Rights* – TRIPs ("Acordo sobre Aspectos dos Direitos de Propriedade

73 ARSUFFI, Arthur Ferrari. *A nova produção antecipada da prova*: estratégia, eficiência e organização do processo. Salvador: Juspodivm, 2019.

74 ARSUFFI, Arthur Ferrari. *A nova produção antecipada da prova*: estratégia, eficiência e organização do processo. Salvador: Juspodivm, 2019.

Intelectual Relacionados ao Comércio"), que prevê a necessidade de proteção das informações sigilosas ainda quando disponibilizadas a Governos (e sendo o Poder Judiciário um dos Poderes da República, não há como deixar de incluí-lo nesse conceito) ou Agências Governamentais.[75] [76]

Assim, plenamente justificável a limitação de acesso a informações confidenciais à parte contrária, bem como a exigência para que o perito assine acordo de confidencialidade, pelo menos até que o

---

75 SEÇÃO 7: PROTEÇÃO DE INFORMAÇÃO CONFIDENCIAL ARTIGO 39 1. Ao assegurar proteção efetiva contra competição desleal, como disposto no ARTIGO 10bis da Convenção de Paris (1967), os Membros protegerão informação confidencial de acordo com o parágrafo 2 abaixo, e informação submetida a Governos ou a Agências Governamentais, de acordo com o parágrafo 3 abaixo. 2. Pessoas físicas e jurídicas terão a possibilidade de evitar que informação legalmente sob seu controle seja divulgada, adquirida ou usada por terceiros, sem seu consentimento, de maneira contrária a práticas comerciais honestas, desde que tal informação: a) seja secreta, no sentido de que não seja conhecida em geral nem facilmente acessível a pessoas de círculos que normalmente lidam com o tipo de informação em questão, seja como um todo, seja na configuração e montagem específicas de seus componentes; b) tenha valor comercial por ser secreta; e c) tenha sido objeto de precauções razoáveis, nas circunstâncias, pela pessoa legalmente em controle da informação, para mantê-la secreta. Os Membros que exijam a apresentação de resultados de testes ou outros dados não divulgados, cuja elaboração envolva esforço considerável, como condição para aprovar a comercialização de produtos farmacêuticos ou de produtos agrícolas químicos que utilizem novas entidades químicas, protegerão esses dados contra seu uso comercial desleal. Ademais, os Membros adotarão providências para impedir que esses dados sejam divulgados, exceto quando necessário para proteger o público, ou quando tenham sido adotadas medidas para assegurar que os dados sejam protegidos contra o uso comercial desleal.

76 ARSUFFI, Arthur Ferrari. *A nova produção antecipada da prova*: estratégia, eficiência e organização do processo. Salvador: Juspodivm, 2019.

órgão jurisdicional tenha condições de avaliar se referida informação realmente exige proteção.[77]

Não bastasse isso, o juiz poderá, com fundamento no art. 139, IV, do CPC e no art. 206 da Lei de Propriedade Industrial, proibir que as partes, ou qualquer pessoa que tiver acesso a informações sigilosas no bojo do processo, façam uso extrajudicial/comercial delas, sob pena de pagamento de multa e indenização.

Tais cuidados se mostram essenciais para evitar que a produção antecipada da prova seja utilizada de forma abusiva, tornando-se ferramenta de litigantes mal-intencionados.

É indispensável, portanto, que – a despeito de não haver previsão legal expressa – sejam adotados todos os cuidados possíveis para preservar o sigilo das informações confidenciais, divulgando-se apenas e tão somente os dados essenciais e, ainda assim, limitando o acesso a tais dados ao menor número possível de pessoas.

O parâmetro normativo para que isso ocorra é o art. 139 do CPC/2015 que permite adequações procedimentais para que o processo atinja sua finalidade.

De mais a mais, importante dizer – até pelo viés prático desse estudo – que caso o Juiz entenda por não conceder sigilo à produção de referida prova, entendemos pela recorribilidade imediata de tal decisão, por meio de agravo de instrumento, uma vez que se houver a violação o sigilo não haveria qualquer utilidade a discussão dessa decisão em momento posterior, pois o dano já estará consumado.[78]

Da mesma forma, caso o juiz determine a produção de prova que contenha informação sigilosa, a parte prejudicada também poderá

---

77 ARSUFFI, Arthur Ferrari. *A nova produção antecipada da prova*: estratégia, eficiência e organização do processo. Salvador: Juspodivm, 2019.

78 ARSUFFI, Arthur Ferrari. *A nova produção antecipada da prova*: estratégia, eficiência e organização do processo. Salvador: Juspodivm, 2019.

manejar agravo de instrumento contra referida decisão. Como já tivemos a oportunidade de sustentar, a proibição de recorribilidade das decisões proferidas em sede de produção antecipada da prova (CPC, art. 382, §4º) é inconstitucional, especialmente por criar um desequilíbrio entre a posição jurídica do autor e do réu (pela lei somente o autor teria direito a recurso), o que é vedado no ordenamento jurídico brasileiro.[79]

Conclusão

Diante do exposto, é importante extrair algumas conclusões que julgamos importantes:

a) A produção antecipada da prova no CPC/2015 tem natureza jurídica de demanda de caráter contencioso;

b) O uso abusivo da ação de produção antecipada da prova é um problema grave e que deve ser coibido, a despeito de haver menos margem para abusos no direito brasileiro do que nos países de tradição anglo-saxônica, especialmente porque a produção da prova se dá em processo jurisdicional em que há atuação ativa do Juiz;

c) A utilização abusiva da produção antecipada da prova para obter acesso a informações confidenciais é nefasta e joga contra a credibilidade do instituto, sendo certo que o Juiz deve fazer uso dos poderes previstos no artigo 139 do CPC/2015 para estruturar um procedimento com o objetivo de evitar o abuso e impedir o vazamento de informações confidenciais;

d) Caso o juiz não determine o sigilo do procedimento ou, ainda, determine a produção de prova que contenha informação sigilosa, a parte prejudicada poderá interpor imediatamente agravo

79 ARSUFFI, Arthur Ferrari. *A nova produção antecipada da prova*: estratégia, eficiência e organização do processo. Salvador: Juspodivm, 2019.

de instrumento contra referida decisão, uma vez que o dano será imediato e irreparável, inviabilizando a recorribilidade diferida da decisão por completa inutilidade;

e) A proibição de recorribilidade das decisões proferidas em sede de produção antecipada da prova (CPC, art. 382, §4º) é inconstitucional, especialmente por criar um desequilíbrio entre a posição jurídica do autor e do réu (pela lei somente o autor teria direito a recurso), o que é vedado no ordenamento jurídico brasileiro, tal como já se decidiu no âmbito do STJ.

Referências bibliográficas

ABDO, Helena Najjar. *O abuso do processo*. São Paulo: Revista dos Tribunais, 2007.

ANDREWS, Neil. *O Moderno processo civil*: formas judiciais e alternativas de resolução de conflitos na Inglaterra. Orientação e revisão da tradução Teresa Arruda Alvim Wambier. São Paulo: Revista dos Tribunais, 2009.

ARSUFFI, Arthur Ferrari. *A nova produção antecipada da prova*: estratégia, eficiência e organização do processo. Salvador: Juspodivm, 2019.

ARSUFFI, Arthur Ferrari; TAKEISHI, Guilherme Toshihiro; MENEZES, Isabella Simão. "Notas sobre produção antecipada da prova e arbitragem: uma visão crítica do recente posicionamento do STJ". *Revista de Processo*, vol. 345, 2023.

BARBOSA MOREIRA, José Carlos. *Comentários ao Código de Processo Civil*. Vol. V: arts. 476 a 565. 10ª ed. Rio de Janeiro: Forense, 2013.

BARBOSA MOREIRA, José Carlos. "Correntes e contracorrentes no processo civil contemporâneo". *In*: ______. *Temas de Direito Processual*. Nona Série. São Paulo: Saraiva, 2007.

BARIONI, Rodrigo. "Preclusão diferida, o fim do agravo retido e a ampliação do objeto da apelação no novo Código de Processo Civil". *Revista de Processo*, vol. 243, 2015.

BESSO, Chiara. *La prova prima del processo*. Turim: G. Giappichelli, 2004.

CALAMANDREI, Piero. *Introducción al Estudio Sistemático de las Providenciais Cautelares*. Buenos Aires: Editorial Bibliografica Argentina, 1945.

CÂMARA, Helder Moroni. *Código de processo civil*: comentado. São Paulo: Almedina, 2016.

CHASE, Oscar. *Direito, cultura e ritual*: sistemas de resolução de conflitos no contexto da cultura comparada. São Paulo: Marcial Pons, 2014.

DINAMARCO, Cândido Rangel. *Instituições de Direito Processual Civil*. vol. III. 7ª ed. São Paulo: Malheiros, 2017.

DINAMARCO, Cândido Rangel. *Fundamentos do processo civil moderno*. 2ª ed. São Paulo: Malheiros, 1987.

DIDIER JR., Fredie; BRAGA, Paula Sarno; OLIVEIRA, Rafael Alexandria de. *Curso de Direito Processual Civil*. vol. 2. 12ª ed. Salvador: JusPodivm, 2017.

DIDIER JR., Fredie; BRAGA, Paula Sarno; OLIVEIRA, Rafael Alexandria de. "Produção Antecipada da Prova". *In*: FERREIRA, William Santos; JOBIM, Marco Félix (Coord.). *Grandes Temas do Novo CPC*: Direito Probatório. Salvador: JusPodivm, 2015.

EASTERBROOK, Frank H. "Discovery as Abuse". *Boston University Law Review*, vol. 69, 1989.

FAZZALARI, Elio. *Istituzioni di diritto processuale*. Padova: CEDAM, 1975.

FERREIRA, William Santos. *Princípios fundamentais da prova cível*. São Paulo: Revista dos Tribunais, 2014.

FLEGAL, Frank F. "Discovery Abuse: Causes, Effects, and Reform". *Review of Litigantion*, 1982.

FREIRE, Alexandre Reis Siqueira; CASTRO, Marcello Soares. *Atividade Probatória e Propriedade Industrial*: alguns comentários acerca da asseguração de provas. Disponível em: http://www.publicadireito.com.br/artigos/?cod=677fa4059ee76333. Acessado em: 08.02.2024.

GLASNER, William. *Pretrial Discovery and the adversary system*. Nova York: Russel Sage Foundation, 1968.

GRIMM, Paul W.; YELLIN, David S. "A Pragmatic Approach to Discovery Reform: How Small Changes Can Make a Big Difference in Civil Discovery". *South Carolina Law Review*, vol. 64, 2013.

IDS – Instituto Dannemann Siemsen de Estudos de Propriedade Intelectual. *Comentários à lei da propriedade industrial*. Revista e Atualizada. Rio de Janeiro: Renovar, 2005.

HOPWOOD, William; PACINI, Carl; YOUNG, George. "Fighting Discovery Abuse in Litigation". *Journal of Forensic & Investigative Accounting*, vol. 6, seção 2, 2014.

LANGBEIN, John H. "The German Advantage in Civil Procedure". *Faculty Scholarship Series*, 1985.

MARCATO, Antônio Carlos. *Procedimentos Especiais*. 17ª ed. São Paulo: Atlas, 2017.

MARINONI, Luiz Guilherme; ARENHART, Sérgio Cruz; MITIDIERO, Daniel. *Novo Curso de Processo Civil*. vol. 1. 2ª ed. São Paulo: Revista dos Tribunais, 2016.

MARINONI, Luiz Guilherme; ARENHART, Sérgio. *Comentários ao Código de Processo Civil*. vol. VII. Artigos 381 ao 484. 2ª ed. São Paulo: Revista dos Tribunais, 2018.

MARINONI, Luiz Guilherme; ARENHART, Sérgio Cruz. *Prova e convicção*: de acordo com o CPC de 2015. 3ª ed. São Paulo: Revista dos Tribunais, 2015.

NERY JUNIOR, Nelson. *Princípios do processo civil na Constituição Federal*. 12ª ed. São Paulo: Revista dos Tribunais, 2016.

NERY JUNIOR, Nelson; NERY, Rosa Maria de Andrade. *Código de Processo Civil Comentado*. São Paulo: Revista dos Tribunais, 2019. (Versão Eletrônica).

NERY JUNIOR, Nelson. *Teoria Geral dos Recursos*. 7ª ed. São Paulo: Revista dos Tribunais, 2014.

NEVES, Daniel Amorim Assumpção. *Ações Probatórias Autônomas*. São Paulo: Saraiva, 2008.

NEVES, Daniel Amorim Assumpção. *Novo Código de Processo Civil comentado*: artigo por artigo. 3ª ed. Salvador: Juspodivm, 2018.

NICHOLLS, Jennifer. "A Proportional Response: Amending the Oregon Rules of Civil Procedure to Minimize Abusive Discovery Practices". *Oregon Law Review*, vol. 89, 2011.

OLIANI, José Alexandre Manzano. *Sentença no novo CPC*. São Paulo: Revista dos Tribunais, 2015.

SCARPINELLA BUENO, Cassio. *Curso Sistematizado de Direito Processual Civil*. vol. 1. 9ª ed. São Paulo: Saraiva Educação, 2018.

SCARPINELLA BUENO, Cassio. *Manual de Direito Processual Civil*. 4ª ed. São Paulo: Saraiva, 2018.

SCARPINELLA BUENO, Cassio. *Comentários ao Código de Processo Civil*. vol. 1. (arts. 1º a 317). São Paulo: Saraiva, 2017.

SCARPINELLA BUENO, Cassio. *Curso sistematizado de direito processual civil*: teoria geral do direito processual civil. vol. I. 8ª ed. São Paulo: Saraiva, 2014.

SCHLESINGER, Rudolf B.; BAADE, Hans W.; HERZOG, Peter E.; WISE, Edward M. *Comparative law*. 6ª ed. Estados Unidos: Foundation Press, 1998.

SILVA, Gilberto Domingues da. "Reflexões em torno da produção antecipada de prova". *Revista Jurídica do Rio Grande do Sul – RJRS*, vol. 98, mar./abr. 1983.

SUNDERLAND, Edson. "Prefácio". RAGLAND JR., George. *Discovery Before Trial*. Chicago: Callaghan and Company, 1932.

SUBRIN, Stephen N. "Fishing Expeditons Allowed: The Historical Background of the 1938 Federal Discovery Rules". *Boston College Law Review*, vol. 39, 1998.

TALAMINI, Eduardo. "Produção Antecipada de Provas no Código de Processo Civil". *Revista de Processo*, vol. 260, out. 2016.

CABRAL, Antônio do Passo; CRAMER, Ronaldo (Coord.). *Comentários ao Novo Código de Processo Civil*. Rio de Janeiro: Forense, 2015.

TARUFFO, Michele. "Il concetto di 'prova' nel diritto processuale". *Revista de Processo*, São Paulo, vol. 229, mar. 2014.

UZEDA, Carolina. *Interesse Recursal*. Salvador: Juspodivm, 2018.

VIEIRA, Cristian Garcia. *Asseguração de prova*. 1ª ed. São Paulo: Saraiva, 2011.

WAMBIER, Teresa Arruda Alvim. *Os agravos no CPC brasileiro*. 3ª ed. São Paulo: Revista dos Tribunais, 2000.

YARSHELL, Flavio Luiz. *Antecipação da prova sem o requisito da urgência e direito autônomo a prova*. São Paulo: Malheiros, 2009.

ZUCKERMAN, Adrian A. S. *Zuckermann on Civil Procedure*. 3ª ed. Londres: Sweet&Maxwell, 2013.

CAPÍTULO XXVIII

BREVE ANÁLISE DOS JUROS DE MORA SOBRE OBRIGAÇÃO MERCANTIL ILÍQUIDA, DECORRENTE DE HAVERES DE SÓCIO NAS SOCIEDADES EMPRESÁRIAS

TATIANA FLORES GASPAR SERAFIM

ALEXANDRE DOMINGUES SERAFIM

1 Haveres de Sócio | Obrigação ilíquida de pagamento, de natureza societária | A ausência de um posicionamento uniforme sobre o termo inicial dos juros de mora aplicáveis sobre os haveres de sócio

Esse artigo pretende analisar a disciplina e tratamento que vem sendo dispensado pela jurisprudência aos juros de mora incidentes sobre a obrigação mercantil ilíquida de pagamento de haveres de sócio, nas sociedades empresariais. Conquanto os haveres possam advir de outros tipos societários, optamos por investigar a questão da referida obrigação acessória sobre os haveres nas sociedades empresárias.

O corte metodológico proposto está ligado ao elevado volume de ações de dissolução parcial ou de exclusão de sócio, com apuração de haveres em sede de sociedades empresariais, que tramitam pela justiça brasileira, e que tem obrigado a um pronunciamento iterativo – e por vezes pouco construtivo - da jurisprudência.

Na disciplina das sociedades empresárias, tão antigo e arraigado quanto o próprio conceito de sociedade[1] é a ideia de desfazimento do vínculo societário. São inúmeras, e não exaustivas, as causas ou concausas que levam ao esgarçamento da relação de mútua[2] colabo-

---

1 Sobre o conceito de sociedade comercial, vale conferir Egberto de Lacerda Teixeira, "celebram contrato de sociedade – afirma o artigo 1.363 do Código Civil – as pessoas que mutuamente se obrigam a combinar seus esforços ou recursos para lograr fins comuns. São requisitos, pois, do contrato de sociedade: a) a presença de duas ou mais pessoas singulares ou coletivas; b) a obrigação, reciprocamente assumida pelos contratantes de combinar esforços ou recursos; c) o fim comum, de natureza econômica ou ideal, para cuja realização convergem os esforços e empregam-se os recursos dos sócios ou associados. Dessa noção ampla, genérica, que serve de substrato comum a todos os tipos de sociedades ou associação passamos a fixação do conceito de sociedades comerciais em contraposição ao de sociedades civis. (...) Sociedade comercial é a que se propõe a prática habitual de atos de comércio por sua própria natureza, tais como: compra e venda, permuta, locação, corretagem, fabricação, comissões, depósito, consignação, transporte, bancos e casas bancárias, fretamentos, seguros, contratos marítimos etc." (TEIXEIRA, Egberto de Lacerda. *Das sociedades por quotas de responsabilidade limitada*. São Paulo: Max Limonad, 1956, pp. 21/22).

2 Para Egberto de Lacerda Teixeira "nas sociedades de pessoas, os sócios aceitam-se tendo em consideração seus atributos pessoais. Repousam tais sociedades na confiança recíproca, no crédito, na solvência, na experiência dos sócios. Dizem-se formadas *intuitu personae*, motivo por que, via de regra, a morte, a incapacidade ou a falência de um dos sócios, provoca a dissolução da sociedade". (TEIXEIRA, Egberto de

ração societária e ao rompimento da comunhão de esforços voltada à consecução de um determinado objeto social.

Qualquer que seja o formato jurídico da sociedade, o direito do sócio de romper o vínculo societário vem sendo reconhecido e disciplinado nos mais diversos diplomas legais[3] [4] que regulam as sociedades empresárias.

O desfazimento do liame societário não acarreta necessariamente extinção[5] da sociedade, que permanece hígida se os sócios remanescentes assim desejarem, dada a natureza plurilateral do contrato de sociedade.[6] É a chamada dissolução parcial – aqui am-

---

Lacerda. *Das sociedades por quotas de responsabilidade limitada*. São Paulo: Max Limonad, 1956, p. 23).

3 O art. 15 do Decreto nº 3.708, de 10 de janeiro de 1919 dispunha que "Assiste aos socios que divergirem da alteração do contracto social a faculdade de se retirarem da sociedade, obtendo o reembolso da quantia correpondente ao seu capital, na proporção do ultimo balanço approvado. Ficam, porém, obrigados ás prestações correspondentes ás quotas respectivas, na parte em que essas prestações forem necessarias para pagamento das obrigações contrahidas, até á data do registro definitivo da modificação do estatuto social".

4 O art. 1.077 do Código Civil – Lei n. 10.406, de 10 de janeiro de 2022 – dispõe que "Quando houver modificação do contrato, fusão da sociedade, incorporação de outra, ou dela por outra, terá o sócio que dissentiu o direito de retirar-se da sociedade, nos trinta dias subseqüentes à reunião, aplicando-se, no silêncio do contrato social antes vigente, o disposto no art. 1.031".

5 A não extinção da sociedade limitada, ou seja, a preservação da entidade empresarial a despeito da dissolução parcial, é há muito reconhecida, valendo conferir, por todos, PEIXOTO, Carlos Fulgêncio da Cunha. *Da sociedade por quotas de responsabilidade limitada*. vol. II. 2ª ed. Rio de Janeiro: Forense, 1958, p. 12.

6 Sobre a teoria do contrato plurilateral de sociedade como mecanismo permissivo da retirada do sócio, com a preservação da sociedade, Evy Cinthia Marques: "Surge, então, liderada por Tulio Ascarelli, a teoria do contrato plurilateral, desenvolvida a partir da teoria contratual clássica e que se distingue essencialmente por defender (i) a possibilidade da participação de duas ou mais partes no contrato; (ii) que as partes

plamente compreendida seja em decorrência de exercício do direito de retirada, seja por morte ou exclusão de sócio[7] – que implica, para o sócio retirante, o direito de ser reembolsado pela sociedade do valor correspondente ao da sua participação, de sua quota-parte na sociedade que foi desfeita (*parcialmente dissolvida*).

---

são titulares de direitos e obrigações não apenas para com uma das partes, mas perante todas as outras partes do contrato; (iii) a inaplicabilidade de todos os princípios contratuais; (iv) a forma diferenciada de tratamento do vício na formação do contrato; (v) a não resolução por inteiro do contrato quando a impossibilidade de execução ou inexecução do contrato plurilateral, caso seu objeto ainda permaneça alcançável; (vi) o caráter aberto do contrato, isto é, a saída de uma das partes não extingue o contrato; (vii) que o contrato tem como função a exploração de uma atividade; (viii) que o objeto das obrigações das partes (participação social) torna possível a consecução do fim comum; (ix) a função instrumental do contrato. A partir desta construção, passa a ser admissível a retirada do sócio de sociedade sem sua obrigatória extinção, visto, principalmente, tratar-se de contrato de caráter aberto. (...) As características das disciplinas das sociedades, além, é claro, da menção nominal ao termo "contrato", no Código Civil de 2002, nos parecem refletir a teoria do contrato plurilateral. (...) Nesse sentido, Mauro Rodrigues Penteado aponta: 'o novo Código Civil, cujo Livro II ('Do Direito de Empresa') ... pautou-se pela teoria do contrato plurilateral, à luz da qual foram articuladas todas as soluções de direito societário". – "Fundamentos Jurídicos do Direito de Retirada", em: ADAMEK, Marcelo Vieira von (Coord.). *Temas de Direito Societário e Empresarial Contemporâneos*: *Liber Amicorum* Prof. Dr. Erasmo Valladão Azevedo e Novaes França. São Paulo: Malheiros, 2011, pp. 117-119.

7 É valiosa a contribuição de José Waldecy Lucena para o tema, conforme se depreende de sua monografia sobre as sociedades limitadas. Para o referido jurista, os efeitos jurídicos decorrentes da dissolução parcial de sociedade, bem assim a forma e método da consequente apuração dos haveres de sócio, ampla verificação dos ativos e confecção de balanço especial de determinação em caso de divergência com relação ao valor da sociedade segundo o último balanço apurado, é a mesma qualquer que seja a *causa* da dissolução. Nesse sentido: LUCENA, José Waldecy. *Sociedades limitadas*. 6ª ed. Rio de Janeiro: Renovar, 2005, p. 980.

Por força da dissolução *parcial*, o sócio que se despede passa, em outras palavras, a ser titular de haveres, a deter um crédito contra a sociedade. Segundo doutrina[8] e jurisprudência amplamente consolidada, referida parcela deve ser apurada, o quanto possível, contemplando o patrimônio societário como um todo, envolvendo bens tangíveis e intangíveis, como se dissolução total se tratasse.[9]

Ao *direito* do sócio de receber os haveres originados de sua participação no capital social, corresponde a *obrigação* da sociedade parcialmente dissolvida, de efetuar o pagamento dos haveres ao sócio retirante, desligado ou morto.

Feitas essas considerações, continua atual e muito útil a definição desenvolvida por Hernani Estrella, para quem a apuração de haveres constitui "procedimento tendente a revelar, num momento dado, a situação patrimonial do sócio, em face da sociedade que a pertença, por motivo de seu desligamento, ou pela ocorrência de fato que lhe afete os bens".[10]

Os haveres de sócio constituem obrigação de natureza mercantil, regulada segundo as regras e princípios do direito de empresa. Ter essa clareza metodológica é vital pois, como se verá, essa importante distinção é constante e reiteradamente ignorada pelos tribunais, o que traz consequências práticas relevantes, já que uma obrigação mercantil deve ser interpretada com lentes distintas de uma obrigação

---

8 Nesse sentido, FONSECA, Priscila M. P. Corrêa da. *Dissolução parcial, retirada e exclusão de sócio no Novo Código Civil*. 3ª ed. São Paulo: Atlas, 2005, pp. 227/228.

9 Nesse sentido a jurisprudência há muito pacificada do Superior Tribunal de Justiça, da qual são exemplo os seguintes precedentes: AgInt no AREsp n. 1.901.559/RJ, relator Ministro Moura Ribeiro, Terceira Turma, julgado em 21/8/2023, DJe de 23/8/2023; REsp n. 1.015.547/AM, relator Ministro Raul Araújo, Quarta Turma, julgado em 1/12/2016, DJe de 14/12/2016.

10 ESTRELLA, Hernani. *Apuração dos Haveres de Sócio*. Rio de Janeiro: José Konfino Editor, 1960, p. 208.

puramente civil, inclusive no que diz respeito ao termo inicial da contagem de juros.

Para Hernani Estrella, as cláusulas "previsoras do modo por que se apuram e pagam os cabedais do sócio morto ou despedido, fundam-se, por um lado, nos usos mercantis e, pelo outro, não contrariam as leis mercantis, antes, com estas se conformam". Realmente, no que toca "ao direito comercial, em gênese, a ao direito de sociedades, em particular, se nos afiguram inaplicáveis ditos princípios e instituições" de direito civil e, "no concernente à disciplina jurídica das sociedades, a legislação mercantil se apartou radicalmente do direito civil". Nessa perspectiva, o direito comercial, que regula a apuração dos haveres, seria "uma disciplina jurídica menos rico de conteúdo, talvez, mas, como quer que seja, mais coerente com o prosaísmo das relações econômicas, para as quais se endereça".[11]

Ainda segundo o catedrático da Faculdade de Direito da Universidade do Rio Grande do Sul,

> o Código permitiu aos contratantes pactuar quanto fosse conveniente para se determinarem com precisão os direitos e obrigações dos sócios entre si e para com o terceiro; a forma de liquidação e partilha (art. 302, ns. 6 e 7), observando-se a convenção e os usos comerciais, assim durante a vida da sociedade, como quando, por motivo de sua liquidação ou partilha, questões que surgissem entre os sócios.[12]

São muitas e relevantes as vozes que apoiam a singela, mas nem por isso menos importante, orientação segundo a qual, sendo os cabedais sociais obrigação originada exclusivamente da relação

---

11 Cf. ESTRELLA, Hernani. *Apuração dos Haveres de Sócio*. Rio de Janeiro: José Konfino Editor, 1960, pp. 129/130.

12 Cf. ESTRELLA, Hernani. *Despedida de Sócio e Apuração dos Haveres*. Rio de Janeiro: José Konfino Editor, 1948, pp. 100-129.

havida nas sociedades comerciais,[13] aqueles são disciplinados consoante as regras e princípios preconizados pelo direito comercial.

Para a professora Vera Helena de Mello Franco,

> o fato do Código Civil de 1916 ter declarado a personalidade jurídica das sociedades, sem exclusão de qualquer uma delas, não implicou em qualquer alteração na redação daquelas normas do Código Comercial. A disciplina, estabelecida ali, permaneceu, como na sua origem, destinada a regulamentar a relações entre sócios numa sociedade.[14]

Ainda na vigência do *Codex* de 1916, Ruy Rosado dc Aguiar Jr. foi enfático ao defender que referido

> Código manteve a separação entre a legislação obrigacional civil e comercial, nada dizendo sobre ato de comércio, sociedades comerciais e títulos cambiais, ficando essas matérias reguladas no Código Comercial de 1850 e na legislação esparsa.[15]

Mais recentemente, e seguindo com a mesma propriedade, a doutrina reconhece que "a definição do valor patrimonial de sociedade limitada no contexto de dissolução parcial é tema de direito

---

13 Segundo Waldemar Ferreira "a liquidação se processa em conformidade com o Código Comercial" (FERREIRA, Waldemar. *Tratado de sociedades mercantis*. Rio de Janeiro: Nacional de Direito, 1958, p. 925).

14 FRANCO, Vera Helena de Mello. "Dissolução parcial e recesso nas sociedades por quotas de responsabilidade limitada: Legitimidade e procedimento: critério e momento de apuração de haveres". *Revista de Direito Mercantil, Industrial Econômico e Financeiro*, São Paulo, nº 75, 1989.

15 AGUIAR JÚNIOR, Ruy Rosado de. "Projeto do Código Civil: as obrigações e os contratos". *Revista dos Tribunais*, São Paulo, vol. 775, 2000, pp. 18-31.

societário, sujeito ao acúmulo da experiência prática das últimas décadas".[16]

Considerado o tema dessa perspectiva, uma vez que a obrigação principal (haveres de sócios) é regulada pelo direito societário, cujas regras hermenêuticas diferem das regras destinadas à interpretação das obrigações civis puras, prestações acessórias ou secundárias como os juros de mora, devem seguir o mesmo regime jurídico diferenciado e autônomo, afastando-as das regras e princípios do direito civil.

E é mesmo impositivo que assim o seja. Afinal, como aponta Waldermar Ferreira "destinada a obrigação mercantil a facilitar o problema circulatório de riqueza, não podia, em geral, acomodar-se às formas hierárquicas e solenes dos contratos civis", reclamando que "se modifique ou se restrinjam os princípios do Direito Comum, ou seja, das Obrigações", obedecendo "então, aos da lei comercial. Ou aos usos e costumes mercantis".[17]

Indo além, o Direito Empresarial originou-se das "combinações nascidas da prática de negócios e que são os instrumentos indispensáveis para a vida econômica moderna", razão pela qual "a técnica ordinária dos contratos não é feita para tais operações". Em suma, "a conclusão das operações comerciais, sua interpretação, sua execução, sua prova, devem, logicamente, obedecer a regras que apresentam um caráter original em relação às ordinárias do direito civil".[18]

---

16 Cf. VILELA, Renato. *Avaliação para fins de apuração de haveres nas sociedades limitadas*. São Paulo: Dialética, 2023, p. 15.

17 Cf. FERREIRA, Waldemar. *Tratado de Direito Comercial*. vol. VIII. São Paulo: Editora Saraiva, 1962, pp. 9/10. No mesmo sentido, Hernani Estrella ensina que a "disciplina jurídica das sociedades, a legislação mercantil se apartou radicalmente do direito civil". (ESTRELLA, Hernani. *Apuração dos Haveres de Sócio*. Rio de Janeiro: José Konfino, 1960, pp. 101-208.

18 VON RYN, Jean. "Autonomia necessária e permanência do Direito Comercial". *Revista do Direito Mercantil*. vol. IV. Rio de Janeiro: Max Limonad, 1954, pp. 7-21.

Para Rubens Requião,

> se não existir nem a lei nem o uso comercial que vislumbrem uma saída à correta aplicação do Direito Comercial, a norma de Direito Civil será aplicável somente se não contrariar o espírito próprio que rege as relações mercantis e não será considerada fonte do Direito Comercial, pelo fato de permanecer preservada a natureza civilista da norma, não havendo a integração da norma de Direito Civil ao Direito Comercial.[19]

A dicotomia entre direito civil e direito comercial desde sempre encontrou forte e muito abalizada resistência na doutrina nacional.[20] Em seu *A evolução do Direito Comercial Brasileiro*, Paula A. Forgioni destaca, além da posição crítica de Teixeira de Freitas, reverberada por Inglez de Souza, o papel desempenhado ao longo dos anos pela jurisprudência, na desconstrução da dicotomia direito comercial-direito civil.[21]

É justamente a forma como a jurisprudência tem desempenhado em parte seu papel que criticaremos mais adiante. Sem menosprezar a importância da jurisprudência como fonte perene e de aprimoramento do direito, nem sempre é possível aos tribunais agir com espírito crítico, muito menos buscando solapar a dicotomia entre os mencionados ramos do direito.

---

19 REQUIÃO, Rubens. *Curso de Direito Comercial*. 19ª ed. vol. I. São Paulo: Saraiva, 1988/1989, p. 25, *apud* BARROS, Fábio Toledo Pedroso de. *Direito de retirada do sócio na sociedade limitada*: o valor do reembolso. vol. 770. São Paulo: Revista dos Tribunais, 1999, pp. 145-165.

20 Nesse sentido, conferir Arnoldo Wald, em artigo intitulado “Uma Nova Visão da Empresa e de Seu Regime Jurídico” em: BARBOSA, Henrique; FERREIRA, José Cesa Ferreira da (Coord.). *A evolução do Direito Empresarial e Obrigacional – 18 anos do Código Civil*: Societário e Direito de Empresa. São Paulo: Quartier Latin, 2021, pp. 117-141.

21 Cf. FORGIONI, Paula Andrea. *A Evolução do Direito Comercial brasileiro*: da mercancia ao mercado. São Paulo: Revista dos Tribunais, 2009, pp. 104-108.

O fato é que a jurisprudência pode ser – e na verdade por vezes é – também construída confundindo a aplicação de institutos positivados, num desvio de precisão jurídica, agravado e amplificado pelo aumento do volume de processos, fenômeno conhecido como litigância judicial,[22] impactando o tempo e a qualidade da prestação jurisdicional.

Espremidos por metas impostas por órgãos corregedores, senão pelo Conselho Nacional de Justiça, e compelidos pelo volume abissal de causas, um aresto impreciso, quando não falho, dá origem a uma cadeia de julgados, com potencial para reproduzir em série imprecisões que afetam o entendimento e aplicação de institutos jurídicos, prejudicando a busca pela pacificação e comprometendo a efetividade da prestação jurisdicional.

Voltando para a evolução dos debates sobre a manutenção ou o fim da dicotomia, Paula A. Forgioni narra como Cesare Vivante e

22 De acordo com Pesquisa divulgada ainda em 2009 pela Escola de Direito da Fundação Getúlio Vargas, sob coordenação de Daniela Monteiro Gabbay e Luciana Gross Cunha, disponível no sítio eletrônico do Conselho Nacional de Justiça – CNJ: "Dentro do Judiciário, as causas, por sua vez, da [litigância judicial] estão relacionadas aos impactos da judicialização dos conflitos, ao gerenciamento do volume de processos, à falta de uniformização das decisões, à gestão de recursos humanos, à organização judiciária, conduta das partes, dentre outras. (...) A demora das decisões dos Tribunais Superiores reflete no aumento da litigiosidade e morosidade processual nas instâncias judiciais e administrativas inferiores, na medida em que verificou-se uma tendência de estas se posicionarem apenas depois uma resposta definitiva da cúpula do Judiciário. Constatou-se na análise dos casos uma tendência de centralização decisória nas instâncias superiores". (GABBAY, Daniela Monteiro; CUNHA, Luciana Gross (Coord.). Diagnóstico sobre as causas de aumento das demandas judiciais cíveis, mapeamento das demandas repetitivas e propositura de soluções pré-processuais, processuais e gerenciais à morosidade da Justiça. São Paulo: Fundação Getulio Vargas, 2010. Disponível em: https://www.cnj.jus.br/wp-content/uploads/2011/02/relat_pesquisa_fgv_edital1_2009.pdf. Acessado em: 15.03.2024).

Clovis Bevilacqua estão entre os que defendem com convicção apaixonada as diferenças metodológicas que impedem a unificação do direito privado, advogando a necessidade de preservar a autonomia do direito comercial em relação ao direito civil.[23]

A razão parece estar com Fabio Konder Comparato, para quem

> não há propriamente, contraposição de dois sistemas jurídicos distintos, em matéria de obrigações: o do Código Civil e o do Código Comercial. O que há é um só sistema, nos quais os dispositivos do Código de Comércio aparecem como modificações específicas das regras gerais da legislação civil, relativamente às obrigações e contratos mercantis.[24]

Cuidam-se de modulações notadamente interpretativas que, mesmo diante da unificação proposta pelo Código Civil de 2002,[25] impõem ao intérprete toda atenção na aplicação da lei, sempre que o fato demandar um olhar cuidadoso, para o fim de segregar uma obrigação puramente civil, de uma obrigação mercantil societária.

Seja como for, é evidente que as prestações acessórias em matéria de apuração de haveres de sócio, como os juros de mora, devem seguir o regime jurídico da obrigação principal e, como visto,

---

23 Cf. FORGIONI, Paula Andrea. *A evolução do Direito Comercial Brasileiro*: da mercancia ao mercado. São Paulo: Revista dos Tribunais, 2009, pp. 104/106.

24 COMPARATO, Fábio Konder. "A constituição da reserva de lucros a realizar e o dividendo obrigatório". *In*: ______. *Novos ensaios e pareceres de Direito Empresarial*. 1ª ed. Rio de Janeiro: Forense, 1981, p. 251.

25 Nem mesmo a unificação do direito privado preconizada pelo Código Civil parece ter eliminado de todo a dicotomia e a necessidade de cuidado quando o assunto é interpretar o direito societário em relação ao direito civil, do que são exemplos as Câmaras e Varas Especializadas em Direito Empresarial, que se multiplicam pelos Poderes Judiciários nos Estados da Federação.

a obrigação de pagamento de haveres é uma obrigação mercantil. Logo, também a interpretação sobre o termo inicial da contagem de juros deve ser realizada sobre as lentes do direito societário/comercial.

Todavia, a verdade é que essa singela, mas muito importante, regra hermenêutica, parece apartada da realidade dos tribunais, que tem dispensado ao tema as mais variadas interpretações.

Realmente, a despeito da regulação do direito de empresa pelo Código Civil de 2002,[26] e mais recentemente pelas regras procedimentais da dissolução parcial de sociedades previstas no Código de Processo Civil[27] e, ainda, dos notáveis esforços do Conselho Nacional de Justiça voltados ao aprimoramento e redução do tempo incorrido na prestação jurisdicional,[28] tramitam pelo Poder Judiciário brasileiro uma multiplicidade de ações de apuração de haveres de sócios, iniciadas ainda na vigência do ordenamento jurídico anterior, – Código Civil de 1916 e do Código Comercial de 1850. Outras tantas foram – e continuam sendo – ajuizadas na vigência do Código Civil de 2002, de tal modo que o Poder Judiciário se encontra povoado por ações de dissolução parcial, exclusão de sócio[29] e apuração de haveres.

---

26 O artigo 2.045 do Código Civil de 2002, Lei n. 10.406, de 10 de janeiro de 2002, revogou a parte primeira do Código Comercial, Lei n. 556, de 25 de junho de 1850.

27 Cf. Lei Federal n. 13.105, de 16 de março de 2015 (Código de Processo Civil), Artigos 599 a 609.

28 Segundo o Relatório. divulgado pelo CNJ, em 2022 foram ajuizadas 31,5 milhões de processos no país. (CONSELHO NACIONAL DE JUSTIÇA. *Justiça em Números 2023*. Brasília: 2023. Disponível em: https://www.cnj.jus.br/wp-content/uploads/2023/09/justica-em-numeros-2023-010923.pdf. Acessado em: 07.03.2024).

29 Especificamente sobre as ações de exclusão de sócio, o professor Marcelo Vieira Von Adamek chegou ao preocupante diagnóstico de que "a exclusão de sócios por falta grave no direito societário brasileiro – como se pôde verificar na amostra trazida neste trabalho – é tema repleto de aspectos controvertidos. O ideal seria que o legislador a tivesse regulado de forma mais pormenorizada, evitando dúvidas e incertezas – devidamente retratadas nas manifestações divergentes da doutrina – que tanto

Em trabalho publicado pela Escola Paulista da Magistratura, Luiz Fernando Silva Oliveira traz um importante dado da realidade em matéria de litígios empresariais. Como apontado pelo D Magistrado,

> o dia a dia forense é marcado por disputas envolvendo problemas nas sociedades empresárias, tais como disputa pelo controle acionário, contendas entre acionistas majoritários e minoritários, descontentamentos dos membros das sociedades que não conseguiram ver suas posições sendo acatadas em assembleias ordinárias e uma infinidade de celeumas decorrentes da luta pelo poder nas corporações.[30]

Sobre essa massa de processos, seja os iniciados ainda na vigência do Código Civil de 1916 e do Código Comercial de 1850, ou mesmo nas ações propostas a partir de janeiro de 2003, quando o assunto é juros de mora sobre a parcela de haveres devida ao sócio retirante, o operador do direito se depara com uma jurisprudência claudicante e multifacetada, especialmente no que tange ao termo inicial de contagem da prestação acessória.

Colhe-se dos tribunais tanto julgados defendendo que os juros de mora incidem desde a data de citação da sociedade na ação de dissolução e/ou de apuração de haveres,[31] posição então majoritária

---

retardam a solução dos litígios, ou fomentam a sua multiplicação, em detrimento das atividades desenvolvidas pela sociedade". (ADAMEK, Marcelo Vieira Von. "Anotações sobre a exclusão de sócios por falta grave" *In*: ______ (Coord.). *Temas de Direito Societário e Empresarial Contemporâneos*. São Paulo: Malheiros, 2011, p. 215).

30 OLIVEIRA, Luiz Fernando Silva. "Exclusão e retirada de sócios na sociedade Ltda". *Cadernos Jurídicos da Escola Paulista de Magistratura*, São Paulo, ano 16, nº 39, jan./mar. 2015, pp. 137-155.

31 "Sócio. Falecimento. Apuração de haveres. Levantamento de todos os valores devidos, não se justificando remeter-se a outro processo a decisão de questões a isso pertinentes. Infração do art. 458 do CPC. Juros. Liquidação. Possibilidade de serem incluídos na liquidação, embora a eles não se tenha feito referência na sentença. Termo inicial. Obrigação

escorada no artigo 1.536, parágrafo 2º, do Código Civil[32] de 1916, e apoiada também pelo enunciado da Súmula STF n. 163,[33] como arestos decidindo que o termo inicial dos juros de mora seria a data da notificação pelo sócio retirante,[34] havendo, ainda, precedentes no sentido de que o termo *a quo* dos juros de mora é o trânsito em julgado da sentença que liquidou os haveres.[35]

---

ilíquida. Não se tratando de ilícito absoluto, fluem da citação". – STJ REsp n. 110.303/MG, relator Ministro Eduardo Ribeiro, Terceira Turma, julgado em 15/4/1997, DJ de 19/5/1997, p. 20633.

32 "Código Civil – Art. 1.536 – par. 2º – Contam-se os juros de mora, nas obrigações ilíquidas, desde a citação".

33 Súmula STF nº 163 – "Salvo contra a Fazenda Pública, sendo a obrigação ilíquida, contam-se os juros moratórios desde a citação inicial para a ação".

34 "Dissolução de sociedade. Apuração de haveres. Fundamentação suficiente do acórdão. Julgamento extra petita. Inocorrência. Inclusão dos fundos de comércio e de reserva e dos dividendos dentre os haveres. Interesse de agir. Sócio retirante. Existência ainda que a sociedade e o sócio remanescente concordem com a dissolução. Ofensa ao contrato social. Juros moratórios. Incidência. Caracterização da Mora. (...) VI – Decorrido o prazo previsto no contrato social, após a notificação do sócio retirante ao remanescente sobre a dissolução, incorrem este e a sociedade em mora, tornando devidos, desde então, os juros moratórios". – STJ, REsp n. 271.930/SP, relator Ministro Sálvio de Figueiredo Teixeira, Quarta Turma, julgado em 19/4/2001, DJ de 25/3/2002, p. 290.

35 "Dentre os efeitos decorrentes da citação na ação de dissolução parcial da sociedade, ora cogitada, de conteúdo declaratório, não se pode incluir o de acarretar à sociedade ré, ora recorrente, o ônus de já ter de suportar a incidência de juros moratórios desde a citação recebida, pois que estes só poderão fluir a partir do título executivo a ser eventualmente constituído pela sentença que fixar o valor do crédito que possa vir a ser reconhecido à sócia/recorrida" (REsp n. 108.933-SC, por mim relatado, DJ de 30/11/1998). Recurso especial parcialmente conhecido e, nessa extensão, provido". (STJ, REsp n. 564.711/RS, relator Ministro Cesar Asfor Rocha, Quarta Turma, julgado em 13/12/2005, DJ de 20/3/2006, p. 278). Nesse mesmo sentido: TJSP, Ap. nº 082.800-4/6, R. Des. Guimarães e Souza, j. 12.05.1998.

Em apurações de haveres iniciadas sob a égide do Código Civil de 2002, tampouco a questão parece pacificada. Embora exista razoável convergência de orientação nas Cortes Especiais para que os juros de mora na apuração de haveres sejam contados do 90º dia subsequente à sua liquidação, mercê da aplicação reiterada do art. 1.031, § 2º, do Código Civil,[36] há também inúmeros julgados, proferidos pelo mesmo Egrégio Superior Tribunal de Justiça e, sobretudo, pelas Câmaras Reservadas de Direito Empresarial do Egrégio Tribunal de Justiça de São Paulo, advogando em uníssono a tese de que os juros de mora são contados da citação inicial da sociedade no processo de dissolução ou de apuração de haveres.[37]

---

36 Código Civil – "Art. 1.031. Nos casos em que a sociedade se resolver em relação a um sócio, o valor da sua quota, considerada pelo montante efetivamente realizado, liquidar-se-á, salvo disposição contratual em contrário, com base na situação patrimonial da sociedade, à data da resolução, verificada em balanço especialmente levantado. § 1º O capital social sofrerá a correspondente redução, salvo se os demais sócios suprirem o valor da quota. § 2º A quota liquidada será paga em dinheiro, no prazo de noventa dias, a partir da liquidação, salvo acordo, ou estipulação contratual em contrário".

37 "Recurso especial. Direito Empresarial. Dissolução parcial. Sociedade limitada. Tempo indeterminado. Retirada do sócio. Direito potestativo. Autonomia da vontade. Apuração de haveres. Data do efetivo desligamento do ex-sócio. Efeitos "ex tunc" da decisão que declara a dissolução parcial da sociedade por tempo indeterminado. Art. 1031 do Código Civil. Juros de mora a contar da citação. Recurso Especial provido. (...) Juros legais devidos a partir da citação, quando foi constituída em mora a sociedade e demais sócios, conforme correta determinação do Tribunal de origem, sem recurso no ponto. O período legal de tolerância estabelecido no § 2º do art. 1031 do Código Civil – prazo para pagamento em noventa dias após a liquidação dos haveres – tem por escopo conferir tempo à sociedade para levantar os recursos necessários ao pagamento da quota do retirante, somente devendo prevalecer caso a apuração e o pagamento dos haveres siga seu curso normal, sem necessidade de litígio judicial". (STJ, REsp n. 1.372.139/SP, relatora Ministra Maria Isabel Gallotti, Quarta Turma, julgado em 28/2/2023); nesse mesmo sentido: TJSP, 1ª Câmara Reservada de Direito Empresarial, Ap. 1000324-27.2020.8.26.0404, r. Des. Azuma Nishi, j. 16/02/2022; TJSP, 1ª Câmara Reservada de Direito

A dificuldade da jurisprudência em uniformizar o entendimento sobre o tema não é senão um indicativo persistente do desafio de fazer justiça quando o tema é juros de mora nas obrigações ilíquidas. Com sua franqueza e notável objetividade, J. M. de Carvalho Santos reconhecia já nos anos de 1950 que "a questão, como se vê, é das mais debatidas. Não há acordo entre os doutores. Ninguém se entende, cada qual sustentando um ponto de vista". Na jurisprudência o duro diagnóstico do jurista é o de que "reina a mesma balbúrdia".[38]

A despeito do desafio quase secular, é necessário, senão mesmo impositivo, ante a necessidade de conferir previsibilidade aos empreendimentos empresariais, visando a sua preservação e manutenção, encontrar um parâmetro capaz de conferir segurança jurídica à temática dos juros de mora em obrigações mercantis ilíquidas, como os haveres de sócio.

Daí a importância de que os haveres de sócio, bem como a incidência de juros de mora, sejam disciplinados segundo a ótica do direito de empresa, que dispõem de regras próprias – e *distintas* – daquelas que disciplinam as obrigações meramente civis.

2 O elemento *culpa* nos juros de mora e seu impacto nos haveres de sócio

Em seu *Tratado de Direito Privado*, Pontes de Miranda conceitua como juros "o que o credor pode exigir pelo fato de ter prestado ou de não ter recebido o que se lhe devia prestar. Numa e

---

Empresarial, AI 2263740-79.2021.8.26.0000, r. Des. Cesar Ciampolini, j. 12/01/2022; TJSP, 2ª Câmara Reservada de Direito Empresarial, AI 2189501-41.2020.8.26.0000, r. Des. Araldo Telles, j. 13/12/2021; TJSP, 2ª Câmara Reservada de Direito Empresarial, Ap. 0019535-82.2012.8.26.0554, r. Des. Ricardo Negrão, j. 14/10/2020.

38 Cf. SANTOS, J. M. de Carvalho. *Código Civil brasileiro interpretado*. vol. XIV. 5ª ed. Rio de Janeiro: Livraria Freitas Bastos, 1955, p. 289.

noutra espécie, foi privado de valor, que deu, ou de valor, que teria que receber e não recebeu". Ainda,

> dois elementos conceptuais dos juros são *o valor da prestação*, feita ou a ser recebida, e o *tempo* em que permanece a dívida, para certo trato de tempo. É o *fruto civil* do crédito; no plano econômico, renda do capital. *Juro* deve vir de iura, direitos, e não de *usura* (ujuera?) créditos do dinheiro.[39]

Para J. X. Carvalho de Mendonça

> os juros representam a prestação devida ao credor como compensação ou indenização pela temporária privação ou pelo uso de uma quantidade de coisas fungíveis, chamada principal, e pelo risco do reembolso desta. Quem goza este capital paga o prêmio ou juros, valor do uso da quantidade, objeto da prestação principal.

Ruy Rosado de Aguiar Jr. conceitua os juros como a prestação que serve "para a indenização pelas perdas e danos decorrentes do inadimplemento de obrigação de pagamento em dinheiro (mais correção custas e honorários)". Sobre os juros *moratórios*, define-o como os "devidos em razão do inadimplemento, e correm depois da mora".

Como consabido, os juros podem ser contratuais ou legais, estes últimos estabelecidos pelo legislador como forma de reparar ou indenizar o credor da *mora* do devedor.

Elemento nuclear dos juros legais, a *mora* pressupõe, segundo Orlando Gomes, *vencimento da dívida*, *culpa do devedor*, além da

39 PONTES DE MIRANDA, Francisco Cavalcanti. *Tratado de Direito Privado*: parte especial: direito das obrigações. Tomo XXIII. São Paulo: Revista dos Tribunais, 2012.

viabilidade do cumprimento tardio. Especialmente quanto à *culpa* do devedor, elemento nuclear da mora, o civilista entende que

> se o atraso não decorre de fato imputável ao devedor, *mora* não há, conforme a doutrina dominante. Cumpre-lhe, porém, provar que o cumprimento foi retardado sem cul*p*a sua. Dentre outras, a iliquidez da dívida, a ignorância a respeito do lugar em que se encontra o credor.[40]

O faz com apoiado pelo artigo 963 do Código Civil de 1916, segundo o qual "não havendo fato ou omissão imputável ao devedor, não incorre este em mora", redação reproduzida totalmente no artigo 396 do vigente Código Civil.

Na mesma linha, J. M. Carvalho Santos é preciso ao ressaltar a importância de apurar o comportamento *culposo* do devedor na aferição da mora. "Em qualquer das hipóteses" diz, "a culpa é elemento essencial da mora".[41] Em outra passagem, agora a propósito das obrigações ilíquidas, como são os haveres de sócio, admite que

> não se verificando culpa nem tardança por parte do devedor, para legitimar a contagem dos juros desde a data da inicial, é natural que eles corram da data da sentença de liquidação em diante, que é o momento preciso em que a prestação poderia ser satisfeita, por ter sido fixada e controvertida em dinheiro.[42]

---

40 Cf. GOMES, Orlando. *Obrigações*. 11ª ed. Rio de Janeiro: Forense, 1997, p. 170.

41 Cf. SANTOS, J. M. de Carvalho. *Código Civil brasileiro interpretado*. vol. XII. 6ª ed. Rio de Janeiro: Livraria Freitas Bastos, 1955, p. 310.

42 SANTOS, J. M. de Carvalho. *Código Civil brasileiro interpretado*. vol. XXI. 6ª ed. Rio de Janeiro: Livraria Freitas Bastos, 1956, p. 54.

Afinal, para que haja mora "é essencial que o devedor saiba o que deve, quanto deve, a quem deve e quando deve fazer a prestação".[43]

J. X. Carvalho de Mendonça também está entre os que entendem que

> não consiste a mora na simples tardança da execução da obrigação ainda que se tenha ajustado um termo fixo para o adimplemento, mas na tardança injusta imputável a quem lhe deu causa. O Cód. Civil, no art. 963, declara que, "não havendo fato ou omissão imputável ao devedor", este não incorre em mora. É, conseguintemente, a culta o elemento da mora do devedor. Não incorre o devedor em mora se tem causa razoável para ignorar *se,* ou *que coisa,* ou *quanto,* ou a *quem* deva, se por isso se deixou levar aos tribunais.[44]

Embora defenda um tratamento *objetivo* para a mora, que segundo seu melhor entendimento deveria se caracterizar apenas "pelo fato de a prestação devida não ser, ou ter sido cumprida fora do tempo, do lugar ou da forma que se convencionou", Fabio Konder Comparato[45] reconhece haver entre nós unanimidade na "ideia de que a culpa constitui elemento essencial da *mora debitoris*. O argumento legal invocado é sempre o art. 963 do Código Civil". Defende, ainda, que "compete à parte à qual se imputa a mora demonstrar que agiu sem culpa, eliminando, destarte, os efeitos jurídicos que a lei faz decorrer daquela situação".

---

43 SANTOS, J. M. de Carvalho. *Código Civil brasileiro interpretado*. vol. XII. 6ª ed. Rio de Janeiro: Livraria Freitas Bastos, 1955, p. 316.

44 MENDONÇA, José Xavier Carvalho de. *Tratado de Direito Comercial*. 6ª ed. vol. 5. tomo 2. Rio de Janeiro: Freitas Bastos, 1960, pp. 338-341.

45 Cf. COMPARATO, Fabio Konder. "A mora no cumprimento de obrigações pecuniárias e suas consequências". *In*: ______. *Direito Empresarial*: estudos e pareceres. 1ª ed. 2ª tiragem. São Paulo: Saraiva, 1995, pp. 365/366.

Ainda a propósito da mora, a doutrina entende que, havendo culpa tanto do devedor quanto do credor, a mora não gera efeitos. Para J. M. Carvalho Santos, "se a culpa é de ambos, a um só tempo, ambos incidem em mora, mas esta não produzirá efeitos, como veremos adiante, por isso que seus efeitos se nulificam".[46]

E discordando o sócio retirante, excluído ou seu espólio, dos valores inicialmente apurados pela sociedade a título de haveres, a controvérsia será então dirimida pelo Poder Judiciário em ação de conhecimento, que deve ser processada e julgada sopesando interesses legítimos e antagônicos, e cujo foco jamais deve ser, única e exclusivamente, a tutela dos interesses do sócio retirante, excluído ou morto. É fundamental, também e essencialmente, que o processamento e julgamento das ações de apuração de haveres de sócio leve em conta também a preservação da empresa.

Há uma grande complexidade técnica de liquidar com a precisão possível o valor da participação societária, fundada na necessidade de fazer justiça ao credor dos haveres, combinada com o princípio da preservação da empresa, a responsabilidade que recai sobre a sociedade desfalcada do sócio retirante, de manter-se em operação e de seguir perseguindo e atingindo resultados que permitam o pagamento da dívida de haveres.

Tais elementos inevitavelmente desafiam e estendem a tramitação do processo de apuração,[47] sem que o tempo consumido pelo processo possa implicar, sequer remotamente, imputação de *culpa* e, consequentemente, de mora e seus consectários sobre a sociedade devedora dos haveres.

---

46 Cf. SANTOS, J. M. de Carvalho. *Código Civil brasileiro interpretado*. vol. XII. 6ª ed. Rio de Janeiro: Livraria Freitas Bastos, 1955, p. 312.

47 Como antecipado, a ação de apuração de haveres dura, em média, cerca de 4 anos e 6 meses de tramitação, conforme relatório mais atualizado do Conselho Nacional de Justiça, *Justiça em Números*, disponível em: https://www.cnj.jus.br/wp-content/uploads/2023/08/justica-em-numeros-2023.pdf.

Originalmente intrincada e controversa, a apuração dos haveres de sócio demanda por si só tempo precioso até que a obrigação seja enfim liquidada, razão pela qual não nos parece juridicamente aceitável que o ônus do tempo de calcular o valor da participação societária seja automaticamente imputado à sociedade devedora, como tem feito a jurisprudência, de forma reiterada e sem maiores reflexões. Nenhum comportamento, por mais protelatório e condenável que seja, é capaz minimamente de se aproximar do tempo que a apuração de haveres efetivamente consome.

Bem considerados, tais elementos não caracterizam, ou não deveriam caracterizar, a *mora debitoris* na apuração de haveres.

Considerando a complexidade inerente à apuração dos haveres de sócio, e não sendo possível, aprioristicamente, imputar à sociedade devedora a culpa pelo tempo consumido em uma demanda de conhecimento para a liquidação da participação societária e do valor devido ao sócio retirante, excluído ou morto, os juros de mora devem correr da sua liquidação. Foi precisamente o que previu o legislador no Código Comercial, como se verá adiante.

3 Juros de Mora na Apuração da Obrigação Ilíquida decorrente de Haveres de sócio | o artigo 1.536, § 2º do Código Civil de 1916 *versus* o esquecido art. 248 do Código Comercial

Ao tempo em que tramitam pelos foros do país uma multiplicidade de ações de dissolução parcial, cumulada com apuração de haveres do sócio que se desligou, faleceu ou foi expulso da sociedade, a jurisprudência, principalmente dos Tribunais Superiores, parece ter encontrado consenso no sentido de que, sendo a ação de apuração de haveres iniciada sob a vigência do Código Civil de 1916, os juros de mora contam-se da citação.[48]

48 STJ, Terceira Turma, EDcl no REsp. nº 1.846.866 – SC; r. Min. Ricardo Villas Bôas Cueva, j. 30/08/2021; STJ, Terceira Turma, EDcl no AREsp.

Essa corrente da jurisprudência está totalmente apoiada no art. 1.536, § 2º, do Código Civil de 1916, segundo o qual "contam-se os juros da mora, nas obrigações ilíquidas, desde a citação inicial".

Todavia, sobram razões para questionar a validade jurídica do pensamento que elege a data da citação da sociedade na ação de dissolução parcial e/ou de apuração de haveres, como termo inicial dos juros de mora da obrigação de pagamento, tal qual o preconizado pela jurisprudência dominante.

Em primeiro lugar, vimos que os haveres de sócio constituem obrigação de natureza mercantil, razão pela qual devem ser disciplinados segundo a ótica do direito de comercial então vigente, mais precisamente o Código Comercial de 1850. Referido diploma legal disciplinou, em seu artigo 248, o termo inicial de incidência dos juros de mora nas obrigações mercantis ilíquidas.

Em vigor até janeiro de 2003, quando só então foi revogado pelo atual Código Civil, o artigo 248 do Código Comercial é taxativo ao dispor que

---

nº 1.524.060 – ES; r. Min. Ricardo Villas Bôas Cueva, j. 29/09/2021STJ, 4T., EDcl no REsp nº 1.335.117-SP, r. Min. Luis Felipe Salomão, j. 23/11/2021; STJ; Terceira Turma, EDcl no REsp. nº 1.483.333 – DF; r. Min. Moura Ribeiro, j. 10/03/2020; STJ; Terceira Turma, REsp. nº 1.784.792 – RS; r. Min. Ricardo Villas Bôas Cueva, j. 03/12/2019STJ, Terceira Turma, REsp n. 1.413.237/SP, r. Min. João Otávio de Noronha, j. 3/5/2016; STJ. 3ª Turma, 149330-SP. Processo nº 2012/0035329-0; r. Min João Otávio De Noronha. j 11/06/2013; STJ, Quarta Turma, REsp nº 1.427.790 – MG, r. Min. Luis Felipe Salomão, j. 02/08/2016; REsp 1413237/SP, Rel. Ministro João Otávio De Noronha, Terceira Turma, julgado em 03/05/2016, DJe 09/05/2016; STJ, Quarta Turma, AREsp nº 108.636 – RS; r. Min. Luis Felipe Salomão, j. 30/11/2012; EREsp 564.711/RS, Rel. Ministro Ari Pargendler, Segunda Seção, julgado em 27/06/2007, DJ 27/08/2007; AgRg no Ag 1079418/SP, Rel. Ministro Massami Uyeda, Terceira Turma, julgado em 05/03/2009, DJe 20/03/2009.

> em comércio podem exigir-se juros desde o tempo do desembolso, ainda que não sejam estipulados, em todos os casos em que por este Código são permitidos ou se mandam contar. Fora destes casos, não sendo estipulados, só podem exigir-se pela mora no pagamento de dívidas líquidas, *e nas ilíquidas só depois da sua liquidação.*

Em reforço da inaplicabilidade do art. 1.536, parágrafo segundo, do Código Civil de 1916, como vetor dos juros de mora nas obrigações mercantis ilíquidas, o art. 121 do Código Comercial dispunha que "as regras e disposições do direito civil para os contratos em geral são aplicáveis aos contratos comerciais, com as modificações e restrições estabelecidas neste Código".[49] Assim, dispondo o Código Comercial de regra específica sobre o termo inicial dos juros de mora nas obrigações mercantis ilíquidas (art. 248), afastam-se obrigatoriamente as disposições do direito civil sobre o mesma tema.

Assim, e uma vez considerando, na linha da jurisprudência dominante, o conjunto de "ações de dissolução parcial de sociedade com apuração de haveres relativa a fatos ocorridos sob a vigência do Código Civil de 1916", o termo inicial da contagem dos juros de mora não é – não deveria ser – a data da citação, mas a data de liquidação da obrigação pecuniária devida ao sócio. Ao contrário do preconizado pela jurisprudência antes mencionada, não se aplica o art. 1.536, § 2º, do Código Civil sobre a referida obrigação mercantil, mas o art. 248 do Código Comercial.

Em apreço ao quanto aqui exposto, J. X. Carvalho de Mendonça entende que, nas obrigações comerciais, "os juros moratórios correm desde que o devedor é constituído em mora nas obrigações

---

49 Como anota Paula Forgioni, "o Regulamento 737 colocou as leis civis como fonte preferencial sobre os usos comerciais, salvo nas questões de sociedade em outras disposições expressamente previstas". (FORGIONI, Paula Andrea. *A evolução do Direito Comercial Brasileiro*: da mercancia ao mercado. São Paulo: Revista dos Tribunais, 2009, p. 119).

liquidas, ou depois da liquidação das ilíquidas (Cod Comercial, art. 248)". Por isso, "não incorre o devedor em mora se tem causa razoável para ignorar se ou que coisa, ou quanto, ou a quem deva, e se por isso se deixou levar aos tribunais".[50]

Darcy Arruda Miranda Jr. emulando, dentre outros, Teixeira de Freitas, é taxativo: "só se exigem juros de mora 'no pagamento de dívidas líquidas', e, 'nas ilíquidas' só depois da sua liquidação' (Código comercial, art. 248, Teixeira de Freitas, 'consolidação', nota 23 ao art. 363; acórdão deste Tribunal de 5 de janeiro de 1903, no 'direito', vol. 90, pág. 555 a 561, e muitos outros posteriores) (ac. do S. T. F., de 23-10-15, rel. min. Pedro Lessa, in 'ver. de direito', vol. 63, pág. 316). Nesse mesmo sentido: "os juros moratórios nas obrigações mercantis, são dividos a partir da data em que for fixado, o "quantum" da condenação" (ac. do 3º grupo de Câms. Civis. do T.J. de S. Paulo, de 6-11-53, nos Embs. Infrs. N. 62.439, da capital, rel. Des. Clóvis de Moraes Barros, in. 'Rev. dos Tribs.', vol. 220, pág. 142)".[51]

Apesar de esquecido e negligenciado pelas Cortes de Justiça brasileiras quando o assunto é termo inicial dos juros de mora das obrigações ilíquidas, o Código Comercial tem sido invocado e aplicado pelos Tribunais, inclusive e especialmente para afastar incidência de juros de mora das obrigações mercantis em geral.

Realmente, e de modo um tanto paradoxal, jurisprudência relativamente recente dos Tribunais Superiores tem decidido, por exemplo, que "nas obrigações mercantis a mora não dispensa a interpelação judicial, nos termos da regra do art. 205 do Código

---

50 MENDONÇA, José Xavier Carvalho de. *Tratado de Direito Comercial*. 6ª ed. vol. 5. tomo VI. Rio de Janeiro: Freitas Bastos, 1960, 1ª parte, pp. 289-341.

51 Em: MIRANDA JÚNIOR, Darcy Arruda. *Repertório de Jurisprudência do Código Comercial e legislação comercial*. Tomo III. vol. I. Rio de Janeiro: Max Limonad, 1959, pp. 949-952.

Comercial", razão pela qual, inclusive, "a regra do art. 960 do Código Civil, não incide nas obrigações comerciais, diante das regras próprias dos arts. 138 e 205 do Código Comercial".[52]

Ainda sobre vigência e aplicabilidade do Código Comercial para regular as obrigações mercantis, ao menos até sua revogação, o Superior Tribunal de Justiça decidiu que

> a citação válida feita pela parte recorrida não supre a exigência do artigo 205 do Código Comercial. Tal norma é direito dispositivo, de forma que as partes até poderiam pactuar de forma diferente de suas relações comerciais. No entanto, em assim não fazendo, submetem-se à legislação, que continua como referência e não foi revogada por nenhuma norma legal posterior.[53]

Distanciando-se da jurisprudência dominante, ainda que não recorrendo ao art. 248 do Código Comercial, o E. Tribunal de Justiça de São Paulo, reconhecendo as peculiaridades próprias da apuração de haveres, decidiu com toda autoridade que os juros de mora devem ser contados da sua liquidação. E a razão parece estar com a Corte Paulista.

Nos termos do referido julgado paradigma,

> não se justifica que a sociedade tenha que arcar com juros moratórios desde a citação para o próprio pedido de dissolução, somente se cogitando da concretude da obrigação de pagar a partir de seu reconhecimento na fase liquidatória própria. Assim, é apenas desse momento – mais propriamente do decurso do prazo que se fixe oportunamente para pagamento do valor

52 STJ, Terceira Turma, REsp nº 41.026-GO, r. Min. Carlos Alberto Menezes Direito, j. 20.08.1996.

53 STJ, Terceira Turma, REsp nº 168.040-SP, r. Min. Waldemar Zveiter, j. 04.10.1999.

> que vier a ser apurado –, que se poderá cogitar de eventual mora no tocante ao cumprimento da prestação pecuniária.[54]

Embora por fundamentos diversos do aqui expostos, também no E. Superior Tribunal de Justiça colhe-se uma jurisprudência francamente minoritária que, assim como decidido pelo aresto da Corte Paulista, entendeu que os juros de mora sobre a obrigação de pagamento de haveres contam-se de sua liquidação.

Em ambos os precedentes analisados, a dissolução parcial da sociedade com apuração de haveres de sócio foi ajuizada sob a vigência do Código Civil de 1916, o que não impediu, no entender da Corte Especial de Justiça, a aplicação do art. 1031, § 2º do Código Civil de 2002, extraído do capítulo que disciplina a sociedade simples, para o fim de estabelecer a data de liquidação dos haveres, como termo inicial dos juros de mora.

De acordo com o *caput* do dispositivo legal em questão,

> nos casos em que a sociedade se resolver em relação a um sócio, o valor da sua quota, considerada pelo montante efetivamente realizado, liquidar-se-á, salvo disposição contratual em contrário, com base na situação patrimonial da sociedade, à data da resolução, verificada em balanço especialmente levantado.

O § 2º, objeto das nossas atenções, estabelece que "a quota liquidada será paga em dinheiro, no prazo de noventa dias, a partir da liquidação, salvo acordo, ou estipulação contratual em contrário".

No primeiro dos precedentes, o Tribunal da Cidadania, primeiro sinalizou haver "diversos outros julgados no âmbito do Superior Tribunal de Justiça que determinam a aplicação das normas contidas

---

54 TJSP, Apelação Cível 0135952-44.2006.8.26.0000; Relator (a): Fabio Tabosa; Órgão Julgador: 2ª Câmara de Direito Privado; Foro de Botucatu – 1ª Vara Cível; Data do Julgamento: 28/02/2012.

no NCC, mesmo na hipótese da ação ter sido ajuizada na vigência do Código Civil de 1916", para então decidir, e por votação unânime, que "ainda que a ação tenha sido ajuizada antes da vigência do Código Civil de 2002, nada impede que a incidência dos juros de mora ocorra apenas após o transcurso do prazo nonagesimal", vale dizer, depois da liquidação dos haveres.[55]

Em outro paradigma, ficou decidido que

> os juros de mora eventualmente devidos em razão do pagamento dos haveres devidos em decorrência da retirada do sócio, no novo contexto legal do art. 1.031, § 2º, do CC/02, terão por termo inicial o vencimento do prazo legal nonagesimal, contado desde a liquidação dos haveres.[56]

A aplicação do regramento das sociedades simples aos casos de dissolução parcial de sociedades limitadas faz sentido e encontra respaldo na regra do art. 1.053 do Código Civil, notadamente se tratar de ações para apuração de haveres que tenham como fato gerador fatos ocorridos após o início da vigência do Código Civil de 2002.

As razões expostas nos referidos julgados convidam a uma reflexão que muito raramente o Poder Judiciário tem oportunidade de realizar: a dificuldade da sociedade, dos sócios remanescentes e do sócio retirante, excluído ou seu espólio de preparar o balanço especial de determinação e de obter um consenso sobre o valor da participação societária a ser liquidada.

Como já aqui antecipado, a apuração dos haveres de sócio é tarefa extremamente complexa, que envolve variados ramos da ciência (economia, contabilidade, engenharia, finanças etc.), conceitos e critérios que, além quase sempre não estarem ao alcance dos sócios

---

55 STJ; Terceira Turma, AgInt no REsp. nº 1.704.505 – PR; r. Min. Paulo de Tarso Sanseverino, julgado em 27/02/2018, DJe 12.03.2018.

56 STJ, Terceira Turma, REsp nº 1.286.708-PR, julgado em 27/05/2014, DJe 05/06/2014.

nem da sociedade, também são controversos, tanto no plano jurídico como no plano econômico e contábil.

Mesmo recorrendo aos métodos de avaliação e precificação de empresas mais consagrados, estes muitas vezes são insuficientes para promover uma adequada apuração dos haveres. A dificuldade inerente ao procedimento de liquidação da participação societária é reconhecida sem ressalva pela doutrina, conformada em admitir que

> a produção técnica sobre avaliação de empresas no campo das finanças corporativas e da contabilidade não necessariamente atende às demandas do direito societário, razão pela qual os modelos de avaliação aplicáveis as situações normais de mercado podem não ser adequados às situações de dissolução parcial.[57]

Cercada de dificuldades técnicas, a apuração de haveres de sócio não raro se torna um conflito de interesses entre os que ficam e os que se vão da empresa, com a disputa, ao fim e ao cabo, indo desaguar nas águas turvas do Poder Judiciário.

Ainda hoje, com suas Varas e Juízos Especializados, com conceitos sedimentados, a apuração de haveres perante o Poder Judiciário é um processo dependente de complexos cálculos periciais, muitas vezes controvertidos, e sujeitos aos mais variados escrutínios e posicionamentos da jurisprudência, claudicante também quanto aos critérios e técnicas de avalição e liquidação da quota do sócio retirante, excluído ou morto.

De fato,

> são recorrentes os exemplos de decisões judiciais e posicionamentos doutrinários que sustentam visões opostas sobre a

57 VILELA, Renato. *Avaliação para fins de apuração de haveres nas sociedades limitadas*. São Paulo: Dialética, 2023, p. 20.

> inclusão de expectativas futuras na avaliação. Face ao embate entre aqueles que defendem ou rejeitam a consideração de expectativas futuras, sob a perspectiva prática há relevante incerteza sobre o escopo de avaliação para fins de apuração de haveres.[58]

De onde se conclui que, além de descurar da vigência e da aplicação do artigo 248 do Código Comercial na definição do termo inicial dos juros de mora na obrigação ilíquida de apuração de haveres, a jurisprudência tem negligenciado a complexidade que recai sobre a sociedade que, obrigada ao reembolso da participação societária, tem sobre si o desafio colossal de (**i**) apurar o valor da participação social, segundo critérios técnicos contábeis, financeiros que dão margem a diferentes interpretações, (**ii**) não uniformemente aceitos pela jurisprudência, (**iii**) num procedimento que deve considerar não apenas o direito do sócio retirante à ampla verificação do valor da sua participação, mas também e igualmente (**iv**) a necessidade da preservação da empresa, imperativa inclusive para fazer frente à obrigação de pagamento.

Nem mesmo o argumento do custo de oportunidade decorrente da retenção do capital do sócio retirante, excluído ou morto, que permanece na entidade empresarial durante o processo de apuração de haveres, nos parece suficiente para modificar a orientação aqui defendida.

Primeiro porque, os juros de mora, seja na forma do Código Comercial (arts. 121 e 248), seja em decorrência do que dispõe o Código Civil de 2002 (art. 1031, § 2º), contam-se da liquidação da obrigação de reembolsar os haveres; segundo porque não devem ser imputados à sociedade dissolvida os ônus do demorado e complexo processo de liquidação da participação societária.

---

58 VILELA, Renato. *Avaliação para fins de apuração de haveres nas sociedades limitadas*. São Paulo: Dialética, 2023, p. 16.

Por fim, mas não menos importante, é preciso ter em conta que o fenômeno dissolução parcial não é um ato *deliberado* da sociedade. Ao contrário, trata-se de um fato totalmente alheio e estranho à vontade da entidade empresarial, ora decorrente da livre manifestação do sócio retirante,[59] ora de sua morte. Nas hipóteses de exclusão, a premissa é de que haja sempre justa causa a desencadear o processo de desligamento e apuração do montante devido pela participação societária.

De modo que, ao mesmo tempo em que vê recair sobre si o ônus do pagamento dos haveres, a sociedade é obrigada a participar de um demorado e muito controvertido processo judicial de conhecimento, sobre um fato o qual a rigor *não deu causa*.

Nessa perspectiva, considerando a média de 5 anos de tramitação de uma ação de conhecimento – apontados por levantamento conduzido pelo Conselho Nacional de Justiça e aqui já referido – fixar como marco inicial de incidência dos juros de mora a data citação da sociedade na ação de apuração de haveres pode representar, só de

59 Na linha do quanto aqui exposto, na retirada a qualquer tempo da sociedade simples por prazo indeterminado, operada com fundamento no art. 1.029 do Código Civil, Mauro Rodrigues Penteado defende que "a exegese meramente literal [do art. 1029] cede, entretanto, à interpretação sistemática, pois no contexto do Código é indispensável ter presentes suas cláusulas gerais, dentre as quais se destacam as que exigem que o pedido do sócio seja qualificado pela probidade e boa-fé (art. 422), ou atenda a função social do contrato social (art. 421, onde nos parece que a expressão 'liberdade de contratar' deve ser lida, também, como 'liberdade de distratar', tal como se acolhe, por exemplo, do parágrafo único do art. 473). Caso não sejam observadas as cláusulas gerais, os demais sócios poderão contestar o pedido, ignorando o como mera declaração receptícia unilateral". (PENTEADO, Mauro Rodrigues. "Estudo Introdutório: Dissolução Parcial (Resolução) das Sociedades Limitadas no Código Civil de 2002" *apud* MARQUES, Evy Cynthia. "Direito de retirada de sócio de sociedade simples/civil e sociedade limitada no Direito Comparado e no Brasil". *In*: AZEVEDO, Erasmo Valladão; FRANÇA, Novaes. *Direito Societário Contemporâneo* I. São Paulo: Quartier Latin, 2009, pp. 246/247).

juros, um acréscimo de 60% sobre a parcela liquidada, impactando de forma severa, e muitas vezes irreversível, a sociedade devedora dos haveres, a ponto, inclusive, de comprometer sua continuidade.

Negligenciar essa realidade para impor à sociedade dissolvida o ônus de suportar juros de mora desde a citação é inviabilizar a dissolução parcial e a continuidade sadia da atividade empresarial, com comprometimento não só dos negócios e da consecução do objeto social, dos terceiros que direta ou indiretamente contratam ou mantém vínculos obrigacionais diversos com a sociedade (funcionários, fisco, fornecedores, bancos), como inclusive da satisfação dos próprios haveres do sócio retirante, excluído ou falecido.

Aplicar o art. 1.536, § 2º do Código Civil de 1916 para regular os juros de mora nas ações de apuração de haveres iniciadas sob o diploma civil anterior, ignorando os arts. 121 e 248 do Código Comercial, compromete o objetivo da pacificação e causa injustiça, justamente porque se está aplicando para uma obrigação de natureza societária (mercantil) uma regra própria e particular das obrigações civis, que acaba por perpetrar um equívoco jurídico e gerar uma distorção econômica e que, por ter o potencial de comprometer a dissolução parcial e continuidade da empresa, jamais poderiam ser ignorados pelo julgador.

4 Juros de Mora na Apuração de Haveres de sócio na vigência do Código Civil de 2002

Nas ações de dissolução parcial de sociedade e/ou com apuração de haveres de sócio ajuizadas já na vigência do Código Civil de 2002, há hoje na jurisprudência razoável uniformidade em torno do entendimento de que os juros de mora são contados da liquidação dos haveres.[60]

---

60 STJ, 3ª Turma, AgInt no AREsp n. 2.227.578/RS, r. Min. Nancy Andrighi, j. 12/6/2023; STJ, 4ª Turma, AgInt no AREsp n. 1.094.880/MG, r. Min. Antonio Carlos Ferreira, j. 22/11/2021; STJ, 3ª Turma,

O amplo consenso foi obtido a partir de uma visão comum

AgInt no REsp n. 1.846.866/SC, r. Min. Ricardo Villas Bôas Cueva, j. 8/2/2021; STJ, 3ª Turma, AgInt no REsp n. 1.891.969/SP, r. Min. Paulo de Tarso Sanseverino, j. 8/6/2021; STJ, 3ª Turma, REsp n. 1.483.333/DF, r. Min. Moura Ribeiro, j. 21/5/2019; STJ, 3ª Turma, REsp n. 1.504.243/DF, r. Min. Moura Ribeiro, j. 21/5/2019; TJSP, 2ª Câmara Reservada de Direito Empresarial. EDs 2017537-72.2023.8.26.0000, r. Des. Maurício Pessoa, j. 01/09/2023; TJSP, 1ª Câmara Reservada de Direito Empresarial, Ap. 1028593-18.2020.8.26.0100, r. Des. J. B. Franco de Godoi, j. 30/08/2023; TJSP, 1ª Câmara Reservada de Direito Empresarial, Ap. 1031296-45.2018.8.26.0114, r. Des. Azuma Nishi, j. 19/07/2023; TJSP, 2ª Câmara Reservada de Direito Empresarial, AI 2301101-96.2022.8.26.0000, r. Des. Ricardo Negrão, j. 17/05/2023; TJSP, 2ª Câmara Reservada de Direito Empresarial, AI 2017537-72.2023.8.26.0000, r. Des. Maurício Pessoa, j. 16/05/2023; TJSP, 7ª Câmara de Direito Privado, AI 2276582-91.2021.8.26.0000, r. Des. Lia Porto, j. 26/04/2023; TJSP, 2ª Câmara Reservada de Direito Empresarial, AI 2140869-13.2022.8.26.0000, r. Des. Natan Zelinschi de Arruda, j. 20/03/2023; TJSP, 2ª Câmara Reservada de Direito Empresarial, AI 2040705-40.2022.8.26.0000, r. Des. Ricardo Negrão, j. 25/10/2022; TJSP, 2ª Câmara Reservada de Direito Empresarial, AI 2292142-73.2021.8.26.0000, r. Des. Ricardo Negrão, j. 05/10/2022; TJSP, 2ª Câmara Reservada de Direito Empresarial, EDs 1020238-63.2013.8.26.0100, r. Des. Maurício Pessoa, j. 23/08/2022; TJSP, 2ª Câmara Reservada de Direito Empresarial, EDs 1020569-74.2014.8.26.0564, r. Des. Maurício Pessoa, j. 31/05/2022; TJSP, 1ª Câmara Reservada de Direito Empresarial, Ap. 1000135-89.2020.8.26.0035, r. Des. Cesar Ciampolini, j. 11/05/2022; TJSP, 2ª Câmara Reservada de Direito Empresarial, Ap. 1020569-74.2014.8.26.0564, r. Des. Maurício Pessoa, j. 02/05/2022; TJSP, 2ª Câmara Reservada de Direito Empresarial, Ap. 0005018-36.2012.8.26.0663, r. Des. Sérgio Shimura, j. 12/04/2022; TJSP, 1ª Câmara Reservada de Direito Empresarial, Ap. 1069283-94.2017.8.26.0100, r. Des. Cesar Ciampolini, j. 06/04/2022; TJSP, 1ª Câmara Reservada de Direito Empresarial, AI 2202875-90.2021.8.26.0000, r. Des. Cesar Ciampolini, j. 16/02/2022; TJSP, 1ª Câmara Reservada de Direito Empresarial, Ap. 1016088-39.2013.8.26.0100, r. Des. Alexandre Lazzarini, j. 20/10/2021; TJSP, 3ª Câmara de Direito Privado, EDs 0028022-52.2002.8.26.0114, r. Des. Viviani Nicolau, j. 19/10/2021; TJSP, 9ª Câmara de Direito Privado, AI 2281766-62.2020.8.26.0000, r. Des. Galdino Toledo Júnior, j. 20/07/2021.

dos magistrados reunidos em colegiado, sobre o já citado § 2º do art. 1031 do Código Civil, que dispõe que "a quota liquidada será paga em dinheiro, no prazo de noventa dias, a partir da liquidação, salvo acordo, ou estipulação contratual em contrário".

Na linha do que defendemos acima, com apoio do artigo 248 do Código Comercial para as apurações de haveres iniciadas na vigência do Código Civil de 1916, a premissa que suporta o entendimento amplamente consolidado da jurisprudência sobre o *dies a quo* dos juros de mora nos processos judiciais de liquidação da quota iniciadas na vigência do Código Civil de 2002, é o de que "não se pode falar em mora antes de se saber o valor devido".[61]

Além da necessidade de conhecer o valor da obrigação ilíquida para, somente após, se cogitar da mora e da indenização correspondente, aplicam-se aqui, em toda sua extensão e conteúdo, as mesmas razões já invocadas neste trabalho sobre o descabimento de se imputar à sociedade devedora as consequências decorrentes do tempo transcorrido para que seja superado e concluído o intrincado processo de apuração dos haveres.[62]

A despeito do entendimento amplamente convergente da jurisprudência no sentido de que, em ações de apuração de haveres

---

61 TJSP, 2ª Câmara Reservada de Direito Empresarial, Ap. 1112709-93.2016.8.26.0100, r. Des. Sérgio Shimura, j. 13/04/2021.

62 Ainda sobre as dificuldades que cercam a apuração dos haveres, vis a vis do art. 1031, §2º do Código Civil em vigor, a doutrina aponta que "na linha da tradição jurisprudencial da avaliação para fins de dissolução parcial e apuração de haveres como dissolução total ficta, o Código Civil de 2002 trouxe o comando de liquidação do valor da quota do sócio. No contexto de uma simulação de dissolução total, a liquidação tem por fim transformar os direitos patrimoniais abstratos de sócio em prestação pecuniária exigível. Dessa forma, é relevante notar que a opção do texto de lei pela liquidação da quota denota comando pela avaliação de todo o patrimônio da sociedade em contexto de dissolução total e liquidação". (VILELA, Renato. *Avaliação para fins de apuração de haveres nas sociedades limitadas*. São Paulo: Dialética, 2023, p. 28).

iniciados na vigência do Código Civil de 2002, os juros de mora se contam da liquidação dos haveres, a questão ainda não se encontra totalmente pacificada, havendo, ainda hoje, precedentes defendendo que o *dies a quo* dos juros moratórios é a data de citação da sociedade no processo de dissolução parcial e/ou apuração de haveres.

Nesse sentido, o mesmo Superior Tribunal de Justiça que consagrou entendimento de que os juros de mora incidentes sobre a obrigação ilíquida decorrente de haveres de sócio contam-se do nonagésimo dia posterior à liquidação, também decidiu, pela condenação em

> juros legais devidos a partir da citação, quando foi constituída em mora a sociedade e demais sócios, conforme correta determinação do Tribunal de origem, sem recurso no ponto. O período legal de tolerância estabelecido no § 2º do art. 1031 do Código Civil – prazo para pagamento em noventa dias após a liquidação dos haveres – tem por escopo conferir tempo à sociedade para levantar os recursos necessários ao pagamento da quota do retirante, somente devendo prevalecer caso a apuração e o pagamento dos haveres siga seu curso normal, sem necessidade de litígio judicial.[63]

Conclusões

Os haveres de sócio constituem obrigação de natureza mercantil ilíquida, regida e disciplinada obrigatoriamente pelo direito comercial societário. Obrigação acessória, os juros decorrentes da mora no pagamento dos haveres ao sócio retirante, excluído ou morto também são – devem ser – disciplinados pelo direito comercial, afastando-se do tema as regras de direito civil.

---

63 REsp n. 1.372.139/SP, relatora Ministra Maria Isabel Gallotti, Quarta Turma, julgado em 28/2/2023, DJe de 14/3/2023.

Assim, nas ações de apuração de haveres iniciadas ainda na vigência do Código Comercial, os juros de mora decorrente da obrigação de pagamento dos haveres de sócio devem ser contados da liquidação, aplicando-se, para tanto, as regras constantes dos arts. 121 e 248 do Código Comercial. Já para as apurações de haveres distribuídas durante a vigência do Código Civil de 2002, aplica-se a regra do art. 1.031, § 2º do referido *Codex*.

Muito mais que reafirmar a autonomia[64] do direito comercial em relação ao direito civil,[65] sujeitar os haveres de sócio à disciplina do direito de comercial é relevante, tanto para fixar com a maior precisão possível os seus parâmetros de apuração, prestigiando critérios de liquidação capazes de valorar de forma economicamente adequada e justa a participação do sócio retirante, como também para estabelecer diretrizes jurídicas seguras quanto aos consectários ou prestações acessórias[66] incidentes sobre a obrigação principal, como é o caso dos juros de mora.

---

64 Para o insuperável Tulio Ascarelli, "o direito comercial se constituiu como um direito autônomo e especial, elaborando seus institutos e os seus princípios, em relação a matérias peculiares, malgrado se terem êles, sucessivamente, tornado de aplicação sempre mais vasta e até geral a ponto de surgir o problema da sua recepção geral no direito comum" (ASCARELLI, Tulio. "Evolução e papel do Direito Comercial". *Revista dos Tribunais*, São Paulo, vol. 725, 1996, pp. 731-744).

65 "Diferentes como são, cada um deve necessariamente abranger uma série de relações sociais e econômicas próprias e bem definidas (1); cada qual tem a sua matéria, o seu território", sendo que "a matéria comercial, assim, contrapõe-se à matéria civil" (CARVALHO DE MENDONÇA, J. X. *Tratado de Direito Comercial Brasileiro*. Tomo I. 1ª parte. Rio de Janeiro: Freitas Bastos, 1957, pp. 16-47).

66 Segundo Orlando Gomes "os juros pressupõem a existência de uma dívida de capital consistente em dinheiro ou outra coisa fungível. São, portanto, objeto de obrigação acessória, que, todavia, pode ser exigida independentemente da dívida principal, passando a ser pretensão autônoma, com exigibilidade executiva própria" (GOMES, Orlando. *Obrigações*. 11ª ed. Rio de Janeiro: Forense, 1997, p. 52).

Eis um dado da realidade: na liquidação e pagamento da participação societária, a sociedade empresária é compelida a um esforço econômico e financeiro monumental, sendo, não raro, obrigada a um empenho extra para produzir resultados e excedentes que viabilizem o pagamento dos haveres; isso quando não for forçada desfazimento de parte dos seus ativos,[67] ou a recorrer a mecanismos de crédito e financiamento, gerando ou agravando seu endividamento, tudo com vistas a satisfazer a parcela de haveres devida ao sócio dissidente.

Obrigando muitas vezes à complexas negociações e a demorados procedimentos de liquidação da participação societária, quando não sujeitando sociedade, sócios e ex-sócios a processos judiciais longos[68] e extenuantes,[69] a dissolução parcial da sociedade, a apuração e o

---

67 Atenta ao profundo desgaste sofrido pela sociedade com a apuração e pagamento dos haveres, a doutrina registra que "se o fim da dissolução parcial é a permanência da entidade empresarial, não há sentido no sacrifício total desta em benefício exclusivo do sócio que se afasta, porquanto os bens imateriais da empresa só têm razão de ser enquanto esta exista" (PEREIRA, Marco Antonio Marcondes. "Regime Dissolutório do Código Comercial. Dissolução Total e Dissolução Parcial. Dissolução judicial e extrajudicial". *Revista de Direito Mercantil, Industrial, Econômico e Financeiro*, 1995, pp. 79/80. Para Priscila M. P. Corrêa da Fonseca, "o pagamento do valor relativo aos bens imateriais implica necessariamente a venda de bens integrantes do ativo. A falta destes pode acabar por impedir ou prejudicar sobremaneira o prosseguimento da empresa, produzindo resultado diverso daquela para o qual a dissolução parcial foi concebida" (FONSECA, Priscila P. M. Corrêa. *Dissolução parcial, retirada e exclusão de sócio no Novo Código Civil.* 3ª ed. São Paulo: Atlas, 2005, p. 228).

68 Segundo o Relatório "Justiça em Números 2023", divulgado pelo Conselho Nacional de Justiça, o tempo de tramitação de um processo na Justiça Estadual varia de 5 a 6 anos Disponível em: https://www.cnj.jus.br/wp-content/uploads/2023/09/justica-em-numeros-2023-010923.pdf. Acessado em: 07.03.2024.

69 "Nos processos de exclusão de sócio ou de dissolução parcial, o que ocorre, geralmente, é o juiz analisar o objeto da pretensão, e em caso de procedência, decretar a exclusão ou a retirada do sócio, remetendo para a fase de liquidação a apuração de haveres. Na prática, o que ocorre é que o processo torna-se interminável, tramitando anos a fio,

pagamento dos haveres é, no mais das vezes, uma experiência traumatizante,[70] especialmente para quem fica na empresa.[71]

Assim, uma vez que o pagamento dos haveres produz por si só um impacto econômico brutal sobre a sociedade parcialmente

---

sem solução prática, pois a resolução da parte financeira da controvérsia fica postergada a momento futuro. Após a sentença, geralmente a parte sucumbente recorre e após o trânsito em julgado da decisão que decretou a exclusão ou autorizou a retirada do sócio é que começa a fase de apuração de haveres, na qual serão resolvidas as pendências financeiras entre a sociedade e o sócio excluído ou retirante da sociedade". (OLIVEIRA, Luiz Fernando Silva. "Exclusão e retirada de sócios na sociedade Ltda". *Cadernos Jurídicos da Escola Paulista de Magistratura*, São Paulo, ano 16, nº 39, jan./mar. 2015).

70 Como anotado por Luiz Fernando Silva Oliveira, Excelentíssimo Juiz de Direito em São Paulo, "muitas das desavenças resultam em ajuizamento de ações da sociedade empresária e seus sócios para excluírem um dos sócios, ou em ações movidas por um sócio para desligar-se da sociedade. Em qualquer dos casos, antes do ajuizamento da ação judicial ocorrem muitos atritos, quase sempre resultantes da disputa pelo poder dentro da sociedade". (OLIVEIRA, Luiz Fernando Silva. "Exclusão e retirada de sócios na sociedade Ltda". *Cadernos Jurídicos da Escola Paulista de Magistratura*, São Paulo, ano 16, nº 39, jan./mar. 2015).

71 Há na doutrina quem critique, e com toda razão, o atual estágio do instituto da dissolução parcial da sociedade. Nesse sentido "é no mínimo curioso que o instrumento que se consolidou originalmente na jurisprudência tendo por objetivo primeiro a preservação da empresa, evitando o encerramento súbito e compulsório do negócio pela simples manifestação de qualquer dos sócios, tenha se transformado hoje numa cômoda e quase paternalista estratégia de retirada da sociedade pelo minoritário. Isso, não raro, fruto de uma mera irresignação individual do minoritário que, não digerindo os ônus de sua posição diminuta – e por vezes omitindo-se no exercício de uma série de outros direitos que pudessem preservar suas alegadas posições violadas – simplesmente pede para sair, mas não sem antes levar poupudos haveres, inflados por metodologia de cálculo prateleirizadas e absolutamente apartadas do bom senso, senão verdadeiramente *contra legem*". (BARBORSA, Henrique. "Um breve retrato da Sociedade Limitada aos 18 anos do Código Civil". *In*: ______ (Coord.). *A evolução do Direito Empresarial e Obrigacional – 18 anos do Código Civil*: Societário e Direito de Empresa. vol. I. São Paulo: Quartier Latin, 2021, p. 254).

dissolvida, com efeitos limitantes e muitas vezes de longo prazo sobre sua performance e capacidade de produção, a falta de consenso ou a adoção de um parâmetro diverso da data da liquidação para o termo inicial de incidência dos juros de mora, pode conferir aos haveres uma dimensão tão desafiadoramente grande em termos de expressão monetária, a ponto de tornar impossível sua efetiva satisfação em favor do sócio credor retirante.

Para além do desafio de reunir os recursos para satisfazer o crédito de haveres, a longa duração do processo de liquidação da participação societária, combinada à aplicação sem critério dos juros de mora, pode sujeitar a empresa a um estado de prostração irreversível, contrariando o propósito da dissolução parcial de sociedade, que é o de permitir a continuidade e perpetuação da marcha empresarial e a sua sobrevivência como agente econômico, independentemente da resolução do vínculo societário com um dos sócios.[72]

A propósito, e

72 Justamente em razão do efeito brutal da dissolução parcial para sociedade empresária, não raro se colhe na doutrina comentários cogitando a dissolução total como mecanismo apto a contornar as dificuldades decorrentes da liquidação da quota do sócio retirante. Nesse sentido, o professor Sergio Campinho e Mariana Pinto apontam que "o recurso à dissolução total da sociedade na hipótese de falecimento de sócio ou de um determinado sócio pode estar já pactuado no contrato social como um remédio alternativo à liquidação da quota. No entanto, ainda que essa fórmula não venha prevista no contrato social, a providência da dissolução total da sociedade é assegurada aos sócios remanescentes, e precedentemente à liquidação da quota, pois a lei não desconsiderou o fato de que essa liquidação pode provocar incontornáveis impactos econômico-financeiros na sociedade, pondo em xeque a sua estabilidade, diante do desembolso a que estará obrigada a fazer, inviabilizando, assim, o prosseguimento da própria empresa por ela realizada". (CAMPINHO, Sérgio; PINTO, Mariana. *A sociedade limitada na perspectiva de sua dissolução*. 2ª ed. São Paulo: Saraiva Jur, 2023, pp. 198/199).

> na medida em que a preservação da empresa nada mais é do que o atendimento do interesse público na função social e econômica que desenvolve, dúvida alguma pode subsistir quanto à necessidade do sacrifício do "interesse privado", quando em conflito com aquele que sustenta prioritariamente. Bem pensando o que se quer preservar é a agregação do capital para fins produtivos, de maneira a produzir consequências sociais favoráveis, tais como a geração de empregos diretos e indiretos e as obrigações tributárias ínsitas a tais fatos.[73]

Em conclusão, seja por equidade, seja para evitar o enriquecimento injustificado de quaisquer dos polos envolvidos na apuração e pagamento dos haveres, ou ainda para *preservar* a sociedade parcialmente dissolvida, o mesmo rigor verificado na liquidação da participação societária, mediante adoção de critérios técnicos, jurídicos, econômicos e contábeis aptos a refletir o real valor da sociedade, deve também pautar a análise da existência e extensão dos juros de mora, incidentes sobre a obrigação principal.

O rigor e o equilíbrio vêm da rigorosa aplicação dos dispositivos legais que regulavam e regulam a matéria, respectivamente arts. 121 e 248 do Código Comercial, para ações iniciadas ainda sob a vigência do Código Comercial de 1850, e art. 1.031, § 2º, do Código Civil de 2002, imperativos no sentido de que os juros de mora devem ser contados da liquidação da participação societária.

Dito de outra forma, alcançar um entendimento comum, estável e sólido sobre os juros de mora em apuração de haveres de sócio, constitui um imperativo que não deve ser negligenciado, mas incessantemente buscado e uniformizado pela jurisprudência, seja pela necessidade de pacificação, seja em razão dos seus profundos

73 NUNES GUIMARÃES, Marcio Tadeu. Dissolução Parcial de Sociedade. Rio de Janeiro: Forense, 1998, p. 79, *apud* FONSECA, Priscila P. M. Corrêa. *Dissolução parcial, retirada e exclusão de sócio no Novo Código Civil*. 3ª ed. São Paulo: Atlas, 2005, 2005.

reflexos econômicos na vida dos atores societários envolvidos e, ainda, como forma de preservar o instituto da dissolução parcial e da continuidade e preservação do empreendimento empresarial.

Num proto-exercício das possíveis alternativas que permitam equilibrar os interesses contrapostos da sociedade e do sócio que dela se desliga, durante o período de liquidação dos haveres – fora, portanto, da faixa de incidência dos juros de mora – talvez seja possível arbitrar em favor do sócio retirante, excluído ou morto, uma taxa pelo *custo de oportunidade do capital*,[74] a ser paga pela sociedade.[75] Referida contrapartida financeira, como aqui antecipado, não se confundiria, nem em extensão, nem em conteúdo, com os juros de mora.

74 Em trabalho intitulado "Custo de Oportunidade", defendeu-se que "o conceito de custo de oportunidade envolve, basicamente, duas características principais, quais sejam: 1) alternativas mutuamente excludentes em função da escassez dos recursos; 2) sacrifício de algum atributo da melhor alternativa desprezada" (SILVA, Alexandre dos Santos *et al.* "Custo de Oportunidade". *IV Congresso Brasileiro de Gestão Estratégica de Custos*, dez. 1997. Disponível em: file:///C:/Users/conta/Downloads/cbc,+IVCongresso_artigo_0056.pdf. Acessado em: 15.03.2024). Em outras palavras, o custo de oportunidade, também conhecido como trade-off, é o benefício potencial perdido ao realizar determinada escolha, no caso a de se tornar sócio de uma sociedade empresária. É o valor a que o sócio renuncia ao tomar a decisão de aplicar seu patrimônio na constituição ou reforço do capital social de uma sociedade, em detrimento de outra opção de investimento.

75 A título meramente ilustrativo, uma forma de remunerar o capital aplicado na empresa pode ser encontrado no "Juros Sobre Capital Próprio – JCP", previsto na Lei n. 9.249/1995. Nos termos do art. 9º da referida Lei, "A pessoa jurídica poderá deduzir, para efeitos da apuração do lucro real, os juros pagos ou creditados individualizadamente a titular, sócios ou acionistas, a título de remuneração do capital próprio, calculados sobre as contas do patrimônio líquido e limitados à variação, pro rata dia, da Taxa de Juros de Longo Prazo – TJLP". A taxa anual dos JCP está hoje em 4,77%.

Referências bibliográficas

ADAMEK, Marcelo Vieira Von. "Anotações sobre a exclusão de sócios por falta grave" *In*: _____ (Coord.). *Temas de Direito Societário e Empresarial Contemporâneos*. São Paulo: Malheiros, 2011.

AGUIAR JÚNIOR, Ruy Rosado de. "Projeto do Código Civil: as obrigações e os contratos". *In*: TEPEDINO, Gustavo; FACHIN, Luiz Edson (Coord.). *Doutrinas essenciais*: obrigações e contratos. vol. I. São Paulo: Revista dos Tribunais, 2011.

ASCARELLI, Tulio. "Evolução e papel do Direito Comercial". *Revista dos Tribunais*, São Paulo, vol. 725, 1996.

BARBORSA, Henrique. "Um breve retrato da Sociedade Limitada aos 18 anos do Código Civil". *In*: _____ (Coord.). *A evolução do Direito Empresarial e Obrigacional – 18 anos do Código Civil*: Societário e Direito de Empresa. vol. I. São Paulo: Quartier Latin, 2021.

BARROS, Fábio Toledo Pedroso de. *Direito de retirada do sócio na sociedade limitada*: o valor do reembolso. vol. 770. São Paulo: Revista dos Tribunais, 1999.

CAMPINHO, Sérgio; PINTO, Mariana. *A sociedade limitada na perspectiva de sua dissolução*. 2ª ed. São Paulo: Saraiva Jur, 2023.

CARVALHO DE MENDONÇA, José Xavier *apud* DE MORAIS, José Salvador. "Lei de usura vigente ante as operações bancárias". *In*: TEPEDINO, Gustavo; FACHIN, Luiz Edson (Coord.). *Doutrinas essenciais*: obrigações e contratos. vol. II. São Paulo: Revista dos Tribunais, 2011.

CARVALHO DE MENDONÇA, J. X. *Tratado de Direito Comercial Brasileiro*. Tomo I. 1ª parte. Rio de Janeiro: Freitas Bastos, 1957.

COMPARATO, Fábio Konder. "A constituição da reserva de lucros a realizar e o dividendo obrigatório". *In*: _____. *Novos ensaios e pareceres de Direito Empresarial*. 1ª ed. Rio de Janeiro: Forense, 1981.

_____. "A mora no cumprimento de obrigações pecuniárias e suas consequências". *In*: _____. *Direito Empresarial*: estudos e pareceres. 1ª ed. 2ª tiragem. São Paulo: Saraiva, 1995.

CONSELHO NACIONAL DE JUSTIÇA. *Justiça em Números 2023*. Disponível em: https://www.cnj.jus.br/wp-content/uploads/2023/09/justica-em-numeros-2023-010923.pdf. Acessado em: 15.03.2024.

FERREIRA, Waldemar. *Tratado das Sociedades Mercantis*. Rio de Janeiro: Editora Nacional de Direito, 1958.

FONSECA, Priscila P. M. Corrêa. *Dissolução parcial, retirada e exclusão de sócio no Novo Código Civil*. 3ª ed. São Paulo: Atlas, 2005.

FORGIONI, Paula A. *A evolução do Direito Comercial brasileiro*. São Paulo: Revista dos Tribunais, 2009.

FRANCO, Vera Helena de Mello. "Dissolução parcial e recesso nas sociedades por quotas de responsabilidade limitada: legitimidade e procedimento: critério e momento de apuração de haveres". *Revista de Direito Mercantil, Industrial, Econômico e Financeiro*, nº 75, 1989.

GABBAY, Daniela Monteiro; CUNHA, Luciana Gross (Coord.). *Diagnóstico sobre as causas de aumento das demandas judiciais cíveis, mapeamento das demandas repetitivas e propositura de soluções pré-processuais, processuais e gerenciais à morosidade da Justiça*. São Paulo: Fundação Getulio Vargas, 2010. Disponível em: https://www.cnj.jus.br/wp-content/uploads/2011/02/relat_pesquisa_fgv_edital1_2009.pdf. Acessado em: 15.03.2024.

GOMES, Orlando. *Obrigações*. 11ª ed. Rio de Janeiro: Forense, 1997.

HERNANI, Estrella. *Apuração dos haveres de sócio*. Rio de Janeiro: José Konfino Editor, 1960.

_____. *Despedida de sócio e apuração de haveres*. Porto Alegre: Globo, 1948.

LUCENA, José Waldecy. *Sociedades limitadas*. 6ª ed. Rio de Janeiro: Renovar, 2005.

MARQUES, Ivy Cinthia. "Fundamentos Jurídicos do Direito de Retirada". *In*: ADAMEK, Marcelo Vieira Von (Coord.). *Temas de Direito Societário e Empresarial Contemporâneos*. São Paulo: Malheiros, 2011.

OLIVEIRA, Luiz Fernando Silva. "Exclusão e retirada de sócios na sociedade Ltda". *Cadernos Jurídicos da Escola Paulista de Magistratura*, São Paulo, ano 16, nº 39, jan./mar. 2015.

PEIXOTO, Carlos Fulgêncio da Cunha. *Da sociedade por quotas de responsabilidade limitada*. vol. II. 2ª ed. Rio de Janeiro: Forense, 1958.

PENTEADO, Mauro Rodrigues. "Estudo Introdutório: Dissolução Parcial (Resolução) das Sociedades Limitadas no Código Civil de 2002" *apud* MARQUES, Evy Cynthia. "Direito de retirada de sócio de sociedade simples/civil e sociedade limitada no Direito Comparado e no Brasil".

In: AZEVEDO, Erasmo Valladão; FRANÇA, Novaes. *Direito Societário Contemporâneo* I. São Paulo: Quartier Latin, 2009.

PEREIRA, Marco Antonio Marcondes. "Regime Dissolutório do Código Comercial. Dissolução Total e Dissolução Parcial. Dissolução judicial e extrajudicial". *Revista de Direito Mercantil, Industrial, Econômico e Financeiro*, 1995.

PONTES DE MIRANDA, Francisco Cavalcanti. *Tratado de Direito Privado*: parte especial: direito das obrigações. Tomo XXIV. São Paulo: Revista dos Tribunais, 2012.

______. *Tratado de Direito Privado*: parte especial: direito das obrigações. Tomo XXIII. São Paulo: Revista dos Tribunais, 2012.

SANTOS, J. M. de Carvalho. *Código Civil brasileiro interpretado*. vol. XXI. 6ª ed. Rio de Janeiro: Livraria Freitas Bastos, 1956.

______. *Código Civil brasileiro interpretado*. vol. XIV. 5ª ed. Rio de Janeiro: Livraria Freitas Bastos, 1955.

SILVA, Alexandre dos Santos *et al.* "Custo de Oportunidade". *IV Congresso Brasileiro de Gestão Estratégica de Custos*, dez. 1997. Disponível em: file:///C:/Users/conta/Downloads/cbc,+IVCongresso_artigo_0056.pdf. Acessado em: 15.03.2024.

TEIXEIRA, Egberto de Lacerda. *Das sociedades por quotas de responsabilidade limitada*. São Paulo: Max Limonad, 1956.

VILELA, Renato. *Avaliação para fins de apuração de haveres nas sociedades limitadas*. São Paulo: Dialética, 2023.

VON RYN, Jean. "Autonomia necessária e permanência do Direito Comercial". *Revista do Direito Mercantil*. vol. IV. Rio de Janeiro: Max Limonad, 1954.

WALD, Arnoldo. "Uma nova visão da empresa e de seu regime jurídico". *In*: BARBOSA, Henrique; FERREIRA, José Cesa Ferreira da (Coord.). *A evolução do Direito Empresarial e Obrigacional – 18 anos do Código Civil*: Societário e Direito de Empresa. São Paulo: Quartier Latin, 2021.

A Editora Contracorrente se preocupa com todos os detalhes de suas obras! Aos curiosos, informamos que este livro foi impresso no mês de abril de 2024, em papel Pólen Bold 90g.